EVOLUTIONAL
CREATIVITY

# 進化思考

［増補改訂版］

太刀川 英輔
EISUKE TACHIKAWA

海士の風

創造とは、いったい何をすることなのか。
その意味を、私たちは理解しているのか。

# 増補改訂版に寄せて

どうすれば人は創造的になれるのか。
どうすれば未来の役に立つ創造ができるのか。

私はそう自らに問いつづけ、デザイナーとしての人生を費やしてきたつもりだ。だからこそ、私は人にそなわる創造力の本質的な構造を理解したいと願い、そしてだれもが創造力を学べる方法を探究しつづけてきた。

その探究のなかで辿り着いたのが、生物の進化から創造力の構造を学ぶ〈進化思考〉だ。生命の進化は、創造に悩みもがき続ける自分に「完璧なデザインは存在しない」けれども「デザインが磨かれる確たるプロセスは存在する」と教えてくれているように見えたのだ。

数年の執筆期間を経て二〇二一年に出版された『進化思考』は、大きな反響をいただき、その賛否両論がきっかけとなって、今回の増補と改訂を促してくれた。

『進化思考［増補改訂版］』は、東北大学の進化学者である河田雅圭（まさかど）先生に監修いただいた。河田先生との改訂の作業は、これまで独学で進化学の方法論を学んできた私にとっては、かけがえのない探究の旅となった。

本書の第一版と「増補改訂版」は、あまり変わっていないように見えるかもしれないが、実は本文の半分近くを書き直した。さらに歴史上の先人たちの科学的探究を学ぶなかで気づいた新たな方法を積極的に取り入れた。その結果、50頁も増えてしまった。だからこそ、この重たい本にひるまずに手に取ってくれたあなたに感謝したい。

進化には、完璧も終わりもなく、創造にもまた完成はない。この「増補改訂版」もまた、進化の途上だ。チャールズ・ダーウィンの『種の起源』や、リチャード・ドーキンスの『利己的な遺伝子』が何度も版を重ねたように、この本も改定を重ねる日がくるかもしれない。完成などないと知りつつも、いつか校了するから本になるのだ。とはいえこの「増補改訂版」は、胸を張って皆さんを「創造力の本質に出会う進化の旅」にご招待できる本になったと自負している。

創造力の構造を探究しはじめてから、二〇年近い月日が流れた。この本には、私が発見した創造のプロセスの全体像を、余すことなく記した。本書は進化と創造の類似を示す本であるだけでなく、自発的で創造的な学びと向き合うための本でもある。学びつづけることは何よりも楽しい。それが命をかけるに値するテーマであれば、なおさらだ。

どうかこの本での旅が、あなたの内にひそむ創造力を呼び覚ますきっかけになりますように。そして、あなた自身が未来を変えるための一助になりますように。

関東大震災から一〇〇年を経た横浜にて　二〇二三年九月一日　太刀川 英輔

# はじめに

レオナルド・ダ・ヴィンチが描いた人体図、あるいは伊藤若冲が描いたニワトリの絵をじっとみつめてみる。チック・コリアの「リターン・トゥ・フォーエヴァー」を耳を澄まして聴く。アントニオ・ガウディのサグラダ・ファミリアの空間に圧倒される。

理解できない。なぜ、これほどまでの作品を創ることができたのか。とうてい人間業とは思えない。そこで、私は思い知る。ああ、この人たちは天才なんだと。私など彼らの足下にも及ばない平凡な人間に過ぎないのだと。

あるいは、飛行機を完成させたライト兄弟、ガソリン自動車を発明したカール・ベンツ、印刷機を発明したヨハネス・グーテンベルク、コンピューターを開発したフォン・ノイマン。こうした歴史を変えた発明家たち。彼らも創造の天才だったから、それを生み出せたのだ。自分とは違うのだ、と思い知らされる。

だが人の創造力とは本当にそういうものなのか。
創造的なモノは、天才にしか生み出せないのか。
私やあなたも、そう諦めるしかないのだろうか。

実はどんな人でも、驚くべき創造力を秘めている。私はそう確信している。だがよく考えてみると、創造性の構造とか、創造性を育む適切な学習方法について、私たちは何も知らないのだ。椅子の設計や料理の作り方のように、ものづくりの方法なら教えてもらったことはあっても、こと「創造性」の体系について教わった人はいるだろうか。

ではもし創造性に確固たる構造があって、それを体系的に身につけられるとしたらどうだろう。そうなれば創造は、誰もが挑戦できる科目になるはずだ。

では創造とは何なのか。それはとても不思議な現象だ。他の生物が無数にいるなかで、人間だけが圧倒的な創造力を発揮しているように見えるのはなぜだろう。私たちも自然の一部だから、創造もまた自然現象には違いない。それに似た自然現象は存在しないのか。

そう考えていたら、ふと思いついた。自然界には、創造によく似た現象が一つ存在する。生物の進化だ。生物は進化を通じて、機能する多様な形が発生している。これは人間の創造力と本当によく似ている。この観点から、創造の不思議を解き明かせないだろうか。

こうして私は進化に取り憑かれてしまった。創造の構造と生物の進化について、気づけば二〇年近くも考えつづけ、それがついに「進化思考」という考えにまとまった。

本書には、進化思考の体系と、そこに至る私の探究、そして練習方法がまとめられている。進化思考の目的は、創造を巡る知の構造を解き明かし、多くの人が創造力を発揮することだ。この本があなたにとって、そしてこれから文明が直面する課題を、みずからの力で創造的に解決する人にとっての羅針盤になれればと願っている。

« CONTENTS »

# 序章

# 創造とは何か

What is Creation?

動物の系統樹模型（EVOLUTION）：ggg 企画展「NOSIGNER Reason behind forms」

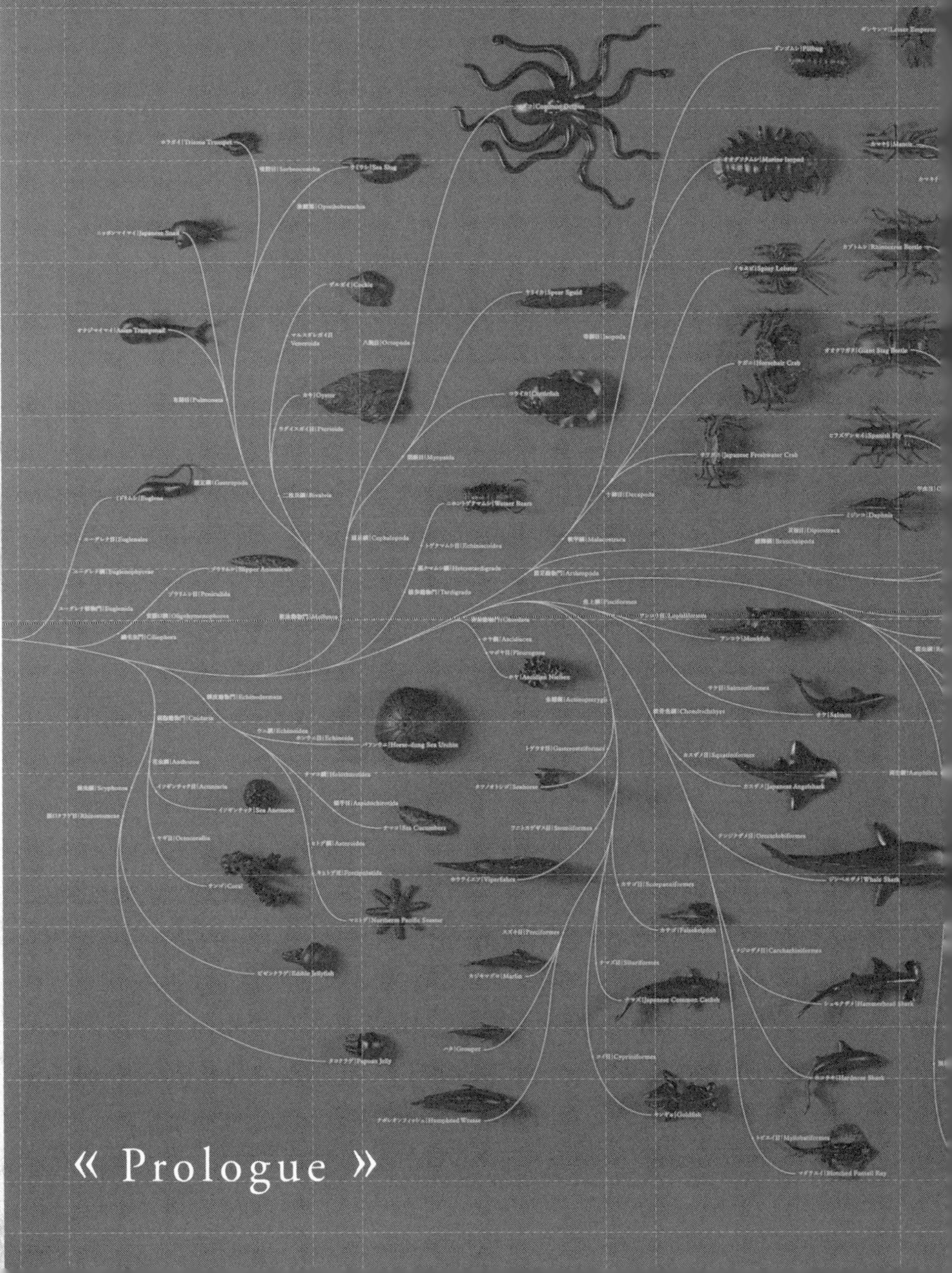

# « Prologue »

# 創造と関係のあいだ

二〇年ほど前、学生だった私は建築デザインにどっぷりとのめり込んでいた。建物の形を考えるのが楽しくて、模型やＣＧを駆使しながら、かっこいいデザインを作るためには徹夜も辞さない。そんな建築中毒の学生の一人だった私に、ある疑問がふと頭に浮かんだ。

創造とは、いったい何をすることなのか。
その意味を、私たちは理解しているのか。

唐突で凡庸な疑問と思うかもしれない。辞書にも創造とは「新しいものを作り出すこと」と書いてある。それくらい私だって知っている。また「神が宇宙・万物をつくること」という意味もあった。確かに天地創造と言うけれど、その二つの意味が同じ単語に宿っているのも不思議なことだ。神様のことはさておき、私は人がものをつくる力、つまり「創造力」に強く興味を持っていた。普段私たちは、創造力という言葉をあまり深く考えずに口にしている。だが、そもそもなぜ人はモノを作れるのだろう。作っても作っても、創造がうまくなっているのかは、よくわからない。うまくなりたいのに、創造について何も知らないことに気づく。この創造という現象を、説明しようとすればするほど途方にくれてしまう。もちろん私は建築デザインを「創造」したいけれど、かっこいい建築を作ることが、はたして優れた創造なのか。ひょっとしたら私は勘違いをしていて、創造という現象の重要なものを見過ごしているのではないか。そんな不安がたびたび脳裏をよぎった。今思うと、この不安は私の人生にとって大きな転換点だった。

私が不安を覚えたのは、日本中の建築を見に出かけたときのことだった。学生ながらに、本や資料などで名作の建築をたくさん見てきたつもりだった。その頃の私は、優れた建築デザインとは、見たことのない「新しい形」に帰着すると思っていた。だが旅に出て実際に憧れの奇抜な建築物を見ても何の感慨も湧かなかったり、逆にまったく期待せずに訪れた建築の心地良さに感激することがあった。要するに、視覚メディアを通して見たデザインの良さと、現場で身体全体で感じる気持ち良さのあいだには、大きな乖離があったのだ。何か目に見えない関係が、私たちとデザインのあいだにはある。

いたるところに存在しているこの関係性は、どう考えてもデザインの定義や評価と密接に関わっているようなのだ。いかに目を引く椅子でも、すぐにお尻が痛くなれば、優れたデザインとはいえない。逆に人との関係が優れていれば、時には何百年も愛されることがある。この見えない質の正体はなんだろう。しだいに私は形よりも、むしろ関係のほうが重要だと気づいていった。こうして私は、よいデザインとは形によって関係性を生み出すことだと、自分なりに再定義するようになった。

箸一つにも関係性のデザインは含まれている。壁のポスターにも、空気の温度にも。形の裏には関係性があらゆる場所に存在していて、それが建築の良さを決定しているとすれば、建築を設計するとは、どこからどこまでの出来事なのか。建築家を目指していたのに、何から始めればいいのかが皆目わからなくなってしまった。いわゆるゲシュタルト崩壊というやつなのかもしれない。関係性こそがよいデザインの本質だと気づいてしまうと、奇抜な造形を売り物にした建築には深い意味を感じられず、新しい形を作るだけでは不十分に思えた。本当にすごいデザインは、人とモノとの新たな関係性を生み出す。そうだとしたら、まだ箸一つも作れそうにない自分に、建物のような巨大なモノを設計できるのか。関係性をつくるといっても、そもそも何をどうすればいいのか雲を掴むような話になってしまった。そうして私は、大学院を休学した。

そこで立ち止まって考えてみた。すると古くから、建築家とは「人とモノとの新たな関係性を生み出す人」で、「専門領域など存在しないように振る舞っている」ことに気づいた。万能の天才といわれたレオナルド・ダ・ヴィンチはもちろん、最古のピラミッドを設計したイムホテプは医師だったし、二〇世紀を代表する建築家を見ても、ル・コルビュジエは画家・編集者・都市計画者であり、ミース・ファン・デル・ローエは家具のデザイナー・学長・発明家であり、イームズ夫妻は起業家・エンジニア・サイエンスコミュニケーター・映像ディレクターだった。古来、創造力を発揮してきたデザイナーたちには、現在のような専門分化した姿はなく、ただ創造的な技術と思考があった。私にとって、その事実は一つの希望になった。しかし、かつて総合的に創造力を発揮していた職能は、一体どこへ消えてしまったのか。過去の偉人たちが成し遂げてきた総合的な創造のあり方をもう一度お手本にして、私たちの未来に希望をもたらすような関係を生み出すデザインや発明をするには、何から手を付ければよいだろう。

デザイン領域の専門分化が進んだのは高度成長期頃のことで、むしろその頃からデザインは矮小化し、社会運動としての勢いを失ったように見える。いや、デザインだけではないだろう。あらゆる分野が専門分化によって矮小化したのかもしれない。自分の偏狭な専門分野に終始すれば、その範囲だけを業務範囲だと考え、結局その領域の革新すらおぼつかなくなる。多くの領域にまたがる問題は他人にまかせ、社会の問題は政治家のせいにでもしたほうが簡単だ。こうした専門分化は、理系文系みたいな言葉にも表れている。しかし分けたところで、そこから未知の新しい発想やモノを創り出せなければ、内にも外にも影響を与えることは難しいはずだ。それなのに、あらゆる専門の基盤にある創造性の学習を、私たちは端から諦めてしまっているのかもしれない。

私は、いったん建築デザインという専門分野を放り出して、創造という現象そのものを解明したい気持ちに駆り立てられた。まずは小さいモノでいい。新しい関係を生むデザインを作れるようになりたい。そして私はいつからか、当時ほぼ絶滅していた「総合的な創造力を発揮するデザイナーになること」を目指していた。

## 創造の本質に関わる謎

創造という現象を理解しようという試みは、まるで雲を掴むようだった。創造の痕跡は日常のいたるところにある。ためしに周囲を見回してほしい。床、壁、窓、照明、椅子、テーブル、電話、ドア、鍵など、さまざまなモノが見えるはずだ。自然物ではないこれらのモノは例外なく、かつて誰かがデザインしたものだ。

言うまでもなく、創造力を発揮する人は建築家やデザイナーに限らない。松下幸之助や本田宗一郎も、創業期には経営者でありながら図面を引いていた。ゲーテはドイツを代表する詩や小説作品を書きながら科学者や政治家として活躍した。そこには役割分担や理系文系の隔たりなど存在せず、彼らはただ創造していた。

そして創造は、時に誰が作ったかを問われない。私たちは、誰が作ったのかもわからないものに囲まれている。電球を発明したトーマス・エジソンや、電話を発明したグラハム・ベルのように、発明者がわかっているものもある。だが壁や柱、ドアや鍵などの創造者を知るのは至難の業だ。いや、そうした「誰か」が実際に存在するかどうかも怪しい。今の私たちの生活を構成しているのは、多くの無名の人たちによる連鎖的な創造によって、たゆまぬ改善を積み重ねてきた結果ではないか。誰が作ったかわからないものを誰かが改善する。その繰り返しが世界を創ってきたという事実を見つめると、創造は限られた人だけのものという考え方が揺さぶられる。

さらに創造は、私たちの物理的な世界を構成しているだけではない。どうやら創造という行為そのものが、私たちの心にも直結しているのだ。絵を描くのが好きな子ども、料理が好きな高校生、ギターを弾くのが生きがいのおじいちゃん、あるいは陶芸や彫刻やプラモデルのような趣味の創作のために大金をつぎ込む多くの人を見ればわかる通り、創造の目的は生活のためとは限らず、人はむしろ創造に幸福を見出している。

企業の創業者や投資家が一生使い切れないほどの巨万の富を得たとき、何をやりたいかはだいたい決まっている。建築家と美しい自宅を設計したり、収集したアートの美術館を作ったり、自身の関わった文化の博物館を作ったり、学校を創始したりするのだ。こうして結局、人は経済的に自由になっても創造をやめない。創造は、人の根源的な欲求の一部を成し、私たちは創造という行為を、時には生きる目的にまで昇華させる。

創造は、私たちの世界と心の両方に深い影響を与え、私たちの生と密接に関係している。それなのに、私たちが創造という現象をきちんと理解しているとは思えない。

創造とは何なのか。そもそも創造には、たくさんの謎がついてまわる。このあてもない探究を始めた私の前に、いくつもの「創造の本質に関わる謎」が立ちはだかった。これらの謎を探究した人物は、私だけではなかった。ソクラテスやプラトンから現代の哲学者や芸術家に至るまで、多くの人によって連綿と問われつづけてきた創造性の謎に私もまたぶつかることになったのである。この本で探究する目的地をあらかじめ地図に記しておくために、浮かび上がってきた六つの謎をここに書き記してみる。

## 1　「美しさ」とは何か

「何をもって人は美しいと感じるのか。なぜ美という感覚が必要なのか」

創造を語るとき、必ずといっていいほど問われるのが美の概念だ。美はこれだけで学問分野が成立するくらい、きわめて難解な概念だ。現実的にも、デザイナーやアーティスト、工芸の職人など、創造的な職能の多くに共通する感覚として、美は創造にとって究極的な目的の一つとなっている。デザイナーやユーザーは「いい形」という状況をなんとなく共有しているが、その善し悪しには明確な理由がない。美を定義するには困難をきわめる。とはいえ、私たちには美への共通感覚があるので、それを習得できないわけではない。説明するのは難しいが、それは確かに存在している。その意味で、美は捉えどころがない。

たとえば、デザインを学ぶ学生たちが、どうすれば「いい形」になるのか理解するには長い時間を要する。初めて自転車に乗れたときと同じだ。ある日突然、できてしまう。ふいに気づきが訪れ、美しい形が再現可能になる。その一方で、それまでなぜ作れなかったのかを忘れてしまうし、できあがった形態がなぜ「美しい形」なのかも説明できない。さらに、生理的に美しくないと一度知ってしまったモノに触れると、時には嫌悪感すら覚えはじめる。このような基準を知るプロセスを「目を養う」と表現するけれど……。

では、「いい形」の基準となる「美しさの本質」とは、一体何なのか……。

## 2 「発想の強度」とは何か

「どんなアイデアが、強いアイデアなのだろうか」

この問いも創造とは切っても切れない。「発想の強度」なんて言葉もあるくらいだ。デザインでもアートでも経営でも、創造的な活動では、発想＝アイデアがその中核を成すことが多い。このアイデアが「強い・弱い」といった議論が、コンセプトを作る段階では必ず出てくる。

どうやら美などの表現の質とは別のところに、発想の強度という、まったく別の評価軸があるようだ。しかもその軸は、美とは違って形には表れないため、さらに曖昧で捉えにくい。しかし歴史に残る優れた創造は、必ずといっていいほど強いアイデアを内包していた。むしろ発明や事業について目を向ければ、創造性という言葉は「強度のあるアイデア」を主に指してきたことにも気づく。

アイデアを出す仕事といえば、デザイナー、アーティスト、映画監督、研究者、発明家などが思い浮かぶが、アイデアはこうした職業の種類に関係なく、実際にはすべての仕事で問われる。どうやら強いアイデアを出すには専門性とは違ったコツがあり、優れたアイデアメーカーの思考の背景には、何か共通の仕組みがあるのかもしれない。

では、強いアイデアを生み出す仕組みとは、一体何なのか……。

## 3 「関係」をどう捉えるか

「複雑に広がる繋がりは、どうすれば理解できるのか」

優れたデザインに見られる性質は、形の美しさや発想の強度だけにとどまらない。その周辺の関係を理解する力も必ず求められる。モノを機能させるためには、それを利用する人との関係性の深い考察や知識が不可欠だ。

創造のプロセスには、制約を読み解き、関係を把握する力が問われる。この力は、創造性と密接に関わっている。訪れる場所が変われば着る服も変わるように、その善し悪しを決めるのはモノ自体ではなく、むしろ周囲の関係性のほうだ。

関係を把握する技術は、デザイナーや研究者や経営者だけでなく、あらゆる仕事で必要な力だ。この能力もまた、学校で教えてもらえることは稀だ。だが我々が教わっていないだけで、その把握プロセスにも共通のルールがあるのかもしれない。文化人類学のエスノグラフィと雑誌のインタビューはよく似ているし、生物の食物連鎖はドラマの人物相関図と似ている。複雑な関係性を分解し細かく理解することを、数学の因数分解にたとえたりもする。世の中の関係を理解する手法は数あれど、それらの多くには、共通点が感じられる。関係を考察するための技術には、何らかの思考の型がありそうだ。

私たちはこうした関係を、どのように捉えればいいのだろうか……。

## 4　「真に作るべきもの」は何か

### 「こんなにモノが多い時代に、創造に意味があるのか」

さらに広い意味で創造を捉えてみよう。これだけモノが飽和した時代に、それでも作るべきかと、デザイナーとしていつも自問している。これ以上、新しいモノを作る必要があるのか。これも創造に関われば避けて通れない根本的な疑問だ。

価値のあるものを作ろうとすれば、それが私たちにとってなぜ必要か、本質的な理由を見つけることが重要になってくる。なんのために作るのか。その理由もまた永遠に変わらないものではないだろう。また機能ばかりが価値を発揮するわけでもない。新しい問いによっては、問いかけそのものが社会を動かすことがある。

たとえばＳＦ映画に登場する未知の創造物が現実の社会の変化を促すように、問いかけが人々の意識を刺激し、技術の出現を早めた事例は多い。デザインの分野ではスペキュラティブデザインとも呼ばれる。逆に何も新たな観点が問われなければ、創造的な答えが用意される機会は先送りされてしまうかもしれない。

では、改めて現代の私たちが問いかけるべき問いとはなんだろう。持続不可能が叫ばれる中で、あらゆるものが飽和しているように見える現代で、真に作るべきものとは、一体何なのか……。

## 5　「自然は創造がうまい」のか

### 「なぜ創造力において自然には勝てそうにないと感じるのか」

窓の外を見てほしい。街路樹や草花、飛んでいる鳥や入道雲などが見えるかもしれない。植物は自然物だが、木々は美しい造形であるだけでなく、葉は光をエネルギーに変える変換器であり、根と葉の相互作用が水を高くまで吸い上げ、必要な水分を行き渡らせる。また果実の仕組みによって、動物との共生関係を巧みに利用して自らの子孫を広く残そうとする。

デザイナーからすれば驚異的な創造性を感じる。こうした形態によって生まれる美しい関係は、自然界のあらゆるところに数多く存在している。生物は基本的に、ヒトが作り出す人工物より、遥かに緻密で効率的な仕組みを構築しているように見える。

生物は人工物のデザインとはまったく違うプロセスで発生しているのに、なぜ私たちは創造性を感じるのだろう。そこにはひょっとしたら、人の創造性という現象を解明する手がかりがあるかもしれない。

図0-1　美しい幾何学を描くロマネスコ（野菜）

## 6　「ヒトが創造できる」のはなぜか

「ヒトが他の生物よりも、新しい道具を作り出す能力が圧倒的に高いのはなぜだろう」

あらゆる生物のなかで、私たち人間が特に道具を作れるのはなぜなのか。「人がモノを作るのなんて、当たり前だ」と思われるかもしれない。だが、よく考えてほしい。チンパンジーとホモ・サピエンスのＤＮＡはかなりの割合が一致するという[1]。近縁の共通祖先をもち、かなり人間に近いチンパンジーでも、原始的な道具を作ることは報告されていても、人と同じように旺盛な創造力を発揮しているようには見えない。サルだけでなく地球上にいる人間以外の動物と、人間とでは、新しい道具を作り出すことの圧倒的な能力差がある。

さらにいえば、私たちホモ・サピエンスだってつい数万年前までは石器時代だったので、人類史のほとんどは、原始的な道具しか作れていなかった。しかし中期旧石器時代を脱する三・五万年より少し前頃から突然、衣服や装身具など爆発的に石器以外の道具を創造しはじめている。なぜ同じ人類に、これほどの創造力の違いが生まれたのか。現在の私たち人間は、朝食を作ったり、教室でおしゃべりしたり、会社で企画を考えたりするときにも、創造性に頼って生きている。創造性はもはや私たちの生存と切り離せない重要な能力なのに、太古の人類や動物が、これほど便利な能力を身につけられていないのは、なぜだろうか。

私たちは、この超能力を、一体どのようにして獲得したのだろう……。

創造を探究する中で、こうした根源的な謎は私を捉えて離さなかった。創造という現象は、考えれば考えるほど深淵をのぞかせ、複雑性を増していく。

一体、創造とは何なのか。

こうした疑問から二〇年近くにわたって、私は創造性の謎を解き明かそうとしてきた。最初はデザイナーとして、私自身が創造性を磨くための探究だった。しかし徐々にこのテーマは、すべての人類に関わるものだと考えるようになった。創造性は苦手意識や劣等感を生みやすく、才能の問題と諦めてしまいがちだ。どうすれば、この諦めを超えられるだろうか。もし創造的な発想を誰もが学べる方法があるなら、どんなに素晴らしいだろう。

地球も社会も限界を迎えそうな時代に、答えを導くには創造性が不可欠だ。創造力への諦めを払拭する教育こそ、困難を解決するための道ではないか。

ある日こんな計算をしてみた。私たちは一生のあいだにいくつのプロジェクトを手がけられるのか。もし毎年二〇個の新しい発想に基づくプロジェクトを、勤勉に五〇年間生み出しつづけたら、ようやく一〇〇〇個になる。私にはここまで頑張れる自信はないので、きっと数百個が関の山だろう。

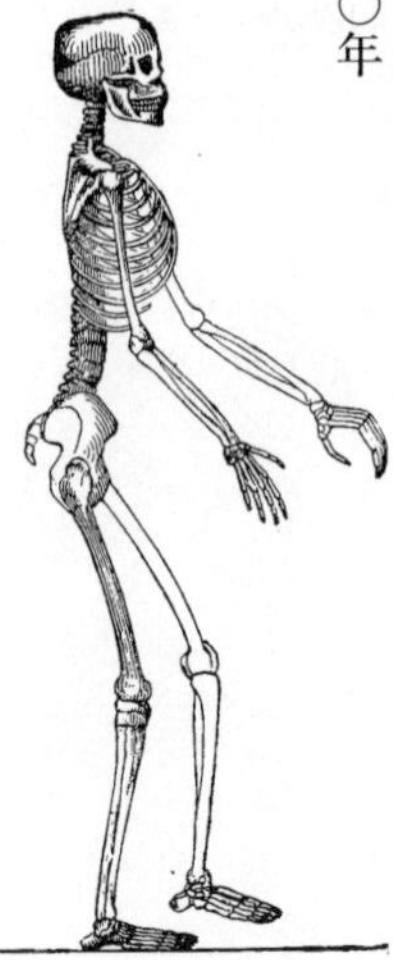

FIG. 208.
(Plate XIV. Fig. 4.)
Man.

ではもし幸運にも、創造性にまつわる教育を革新できたとしよう。そしてもし世界の一%の人が一生のあいだで一つだけ多くプロジェクトを実現できたら、どうなるか。世界の人口は二〇五〇年頃に約九七億人に達すると言われている。その一%ならば、約一億もの新たな可能性が生まれるのだ。創造的な教育の再発明が可能なら、それには大きなインパクトがある。だから私は創造性を高める学びを秘密にせず、共有する道を選んだ。

何か困難に出会ったとき、それらを解決できる自信に満ちた、創造的な人を一人でも増やしたい。

そんな創造性探究のなかで見えてきた一筋の光を、この本であなたにも共有したい。創造にまつわる自然の普遍的な法則が、どうやら存在している。そんな確信が湧いてきたのだ。

これからみなさんと、創造力という自然現象の謎を解き明かす旅に出たい。その謎の扉を開く鍵は、生物の進化にあった。

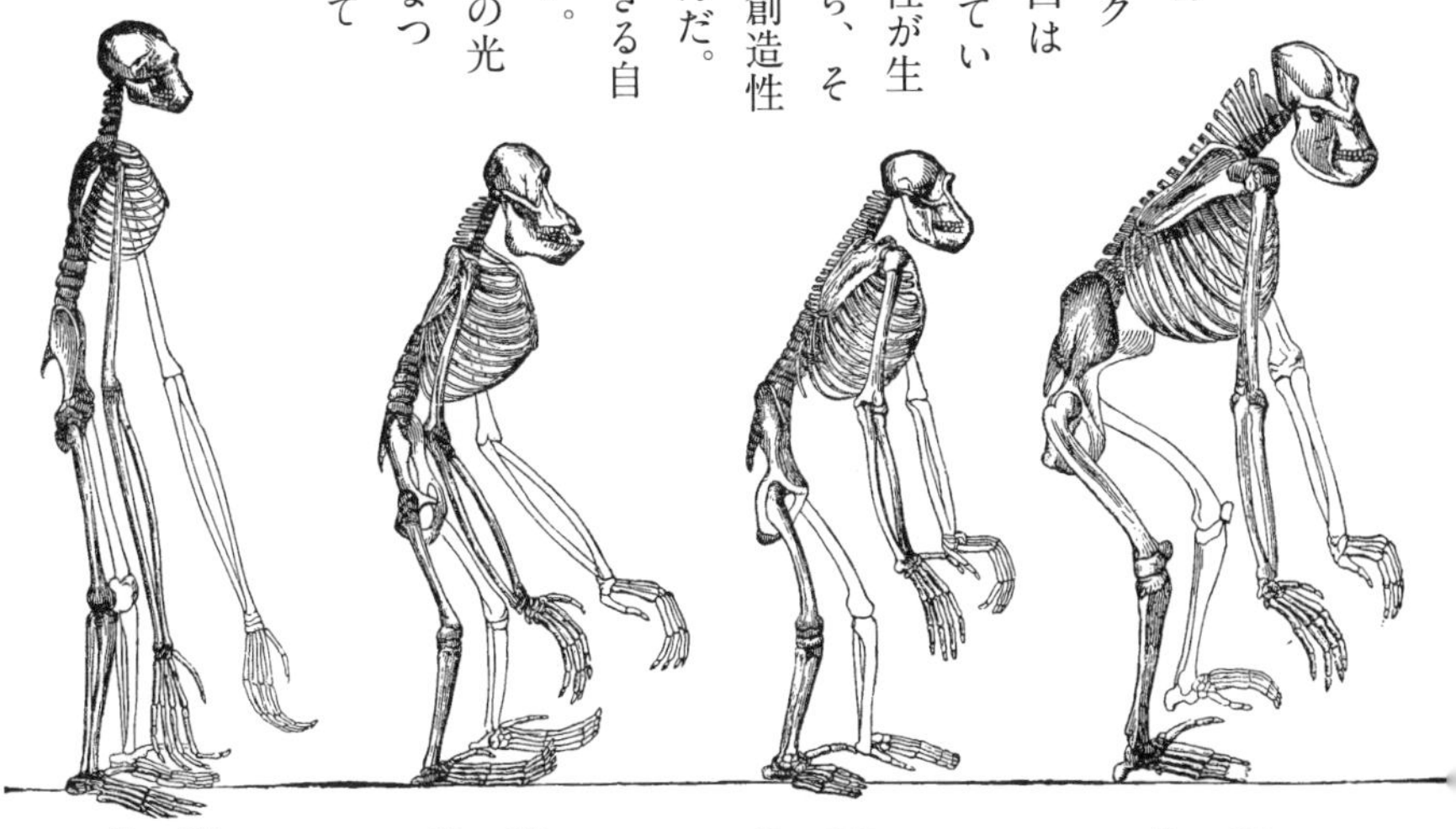

FIG. 204. (Cf. p. 181.) Gibbon.　FIG. 205. (Plate XIV. Fig. 3.) Orang-outang.　FIG. 206. (Plate XIV. Fig. 1.) Chimpanzee.　FIG. 207. (Plate XIV. Fig. 2.) Gorilla.

図0-2　こんなに似ているのに、人間が他の生物から一線を画して創造できるのは、なぜだろうか

# 第一章

# 進化と思考の構造

# The Structure of Evolution & Thinking

乗り物の系統樹模型（EVOLUTION）：ggg 企画展「NOSIGNER Reason behind forms」

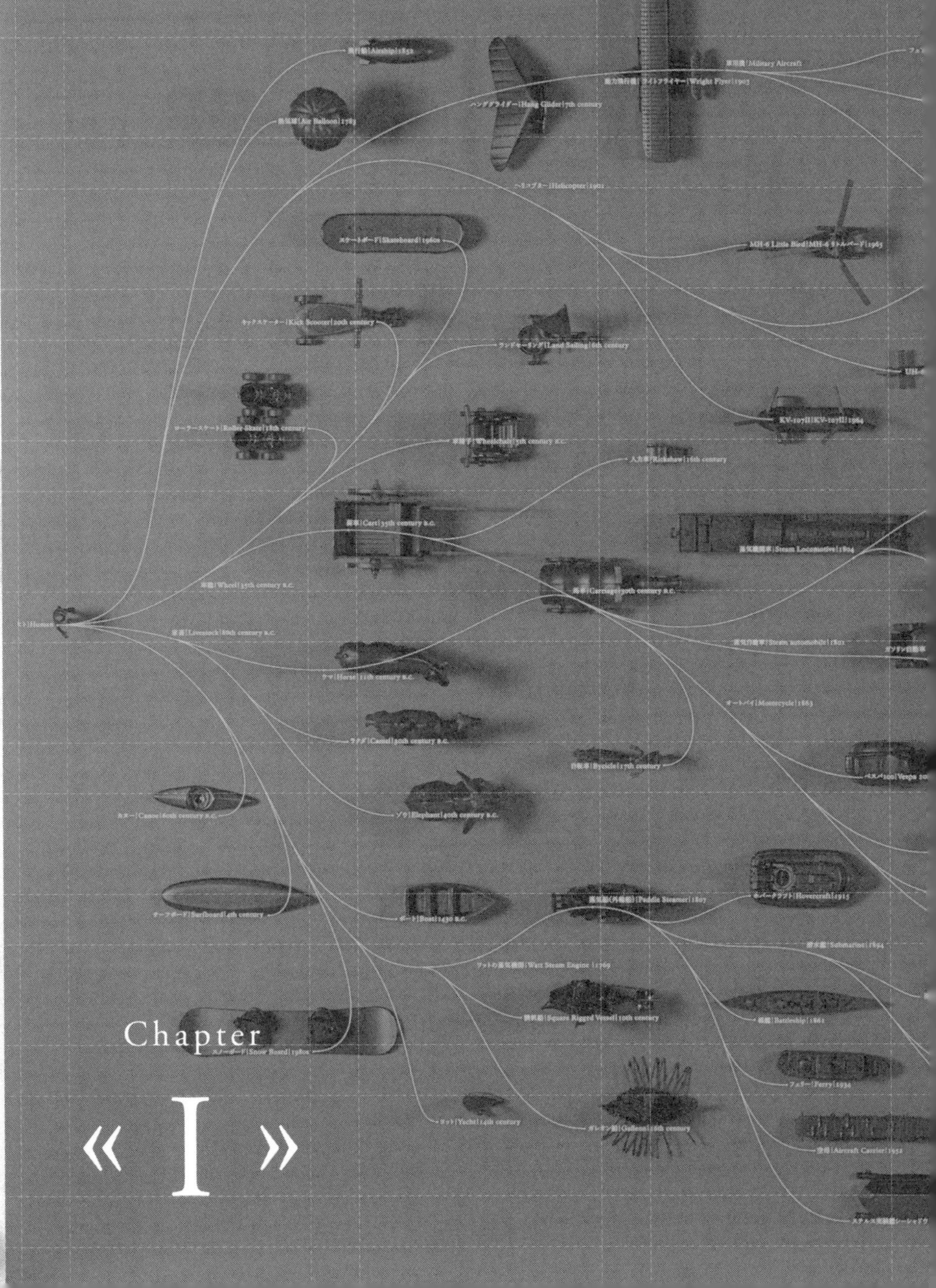

# Chapter «I»

# バカと秀才と天才

## 創造性とIQ

創造性は、しばしば先天的なものとして語られる。

「あの人には生まれつき才能があるからね」といった諦めともつかぬ声が、世界中のあちこちから聞こえてくる。私も建築学科の学生だった頃、発想が出ないという理由で建築家になる夢を諦めた友人を、何人も見てきた。そして私には、発想の方法を体系的に教えてくれた先生はいなかった。だから誰もが、その違いこそ才能なのだと思った。

誰だってなれるなら天才になりたいけれど、天賦の才がなければ優れた創造力は発揮できないのか。どうやら日本ではこう考える傾向が顕著なようだ。自らを創造的だと思う日本の学生の数は、わずか八%に過ぎなかったというデータもある。世の中には、持つものと持たざるものがいて、持たざるものは創造を諦めなければいけないのか。本当に？

天才の創造性を観察する前に、よく天才の基準として扱われるIQ（知能指数）について見てみよう。IQは本当に創造性の基準になり得るのか。たとえばノーベル賞級の歴史的な発見をした科学者のIQを比べてみると、コンピューターの理論の礎を築いたフォン・ノイマンのＩＱは三〇〇だったという逸話があるそうだ。さすがにこれは異常値だが、ＩＱ一二〇くらいの方々も受賞されているというデータもあり、広範囲にわたっていることがわかる。つまり知能だけを創造的発見の因子と考えるのは軽率だ。

またノーベル賞の受賞者インタビューを読むと、偶然に歴史的な発見したことを強調する方がとても多いことにも気づいた。もちろんそれは彼らの謙遜かもしれないが、実は本当に創造性のかなりの部分は、知性などの生まれつきの要素にもまして、それぞれの人生の経験が生み出す偶然に左右されているのかもしれない。

科学者は論理的な分析を必要とする仕事なので、ＩＱと直結している可能性は高そうだが、それ以外の職業ではどうか。創造的な職業として、芸術家のＩＱも調べてみた。歴史に名を残した優れた芸術家のなかにはＩＱが高い人も多く見られる一方で、下はＩＱ八〇くらいから分布していることもわかった。

さらに、ＩＱが高ければ創造的かを見るために、ＭＥＮＳＡ（ＩＱ一三〇以上の人が入会できる国際団体）の会員がどのような職業についているのかについても調べてみたが、創造的な職種とＩＱの因果関係はよくわからなかった。

実は私たちが思っているよりも、創造力と知能指数には深い関係はないのではないか。もちろんＩＱで測定できない生得的な因子もあるだろう。しかし才能の有無など、生まれながらに特別な知能を持った人だけが創造力を発揮すると決めつけて、諦める必要はないはずだ。では天才について、今度は逆の角度から見てみよう。

## バカと秀才の実像

天才について語られた言い回しや、天才自身の言葉に注目してみよう。ちまたでは、昔から「バカと天才は紙一重」という俗説が頻繁に使われてきた。

極度の才知は、極度の精神喪失と同様に、狂愚として非難される。

——ブレーズ・パスカル[2]

ハングリーであれ、愚かであれ。

——スティーブ・ジョブズ[3]

こうした天才の狂人性にまつわる俗説の起源は、紀元前三〇〇年代のアリストテレスやプラトンの時代にまで遡る。私たちは歴史に登場する天才たちを見て、有史以前から現在に至るまで「天才はバカである」と考えつづけてきたようなのだ。それほど「バカ（狂人性）」であることは創造的才能にとって重要なのか。またブッダは「もしも愚者がみずから愚であると考えれば、すなわち賢者である」と説いている。[4] バカだと自覚することで高まる知があるのかもしれない。創造的な発想のことを「ヤバいアイデア」「ぶっ飛んだ発想」などと言うことがあるが、この形容詞もバカ性を彷彿とさせる。狂人性と創造性のあいだには、どんな関係があるのか。望んで天才になるのは簡単ではないけれど、バカにならなら私でもなれそうだ。一縷の希望が湧いてくる。

「バカと天才は紙一重」は、なんだか陰口のようにも、私たち凡人のひがみにも聞こえる一方で、エジソンは新聞のインタビューでこう言ったらしい。

> 天才とは、一％のひらめきと九九％の努力である。
> ——トーマス・エジソン

エジソンは後にこの言葉を「ひらめきが大切だ、という意図で言ったのだ」と釈明したようだが、多くの天才が卓越した知を培った努力の人なのも確かだ。そういえば、偉人の伝記には、苦労しながら勉学や研究に没頭した場面がたびたび美談として出てくる。

創造性はわずかなひらめきと、大量の汗と努力の結晶だというのは、まあそうなのだろう。だが少し夢のない結論だ。やはり、バカなひらめきだけではダメなのか。

とはいえ十分な知識や経験を積めばいいなら、努力次第でなんとかなるかもしれない。知識を身につけるなら、学問という開かれた道が一応はある。しかし、私が経験した学校の授業は知を探究する行為というより、画一的で苦行めいており、創造性からは程遠い教育だった。そして残念ながら、勉学が優秀で偏差値が高いだけでは天才的な創造力を手に入れられないことは、私たちの誰もがもう痛いほど知っている。

若い頃エジソンの助手を務め、その研究への姿勢に嫌気が差して飛び出し、後にライバルとなる天才ニコラ・テスラは、努力の人エジソンを皮肉ってこう言った。

「私なら少々の理論と計算によってその努力を九〇％省けるのにと同情を禁じえなかった」[5]

なんだか胸が痛くなるが、残念ながらこの一言にも一つの真実を感じる。天才を巡るバカと秀才の議論は、歴史のなかで数え切れないほど語られつづけてきた。一体天才とは「孤独な狂人」なのか、それとも「努力を惜しまぬ秀才」なのか。創造性の本質として語られるこの二つの資質をもう少し詳しく整理してみよう。

ここでいう狂人性とは、人のやらないことをやること、すなわち常識からの逸脱度を指していると考えてよいだろう。それに対して秀才性は、状況を把握して適切な選択をする力と位置づけてみよう。これらの定義を前提とするならば、同居しないように見えるバカと秀才は、実は相反していないことになる。エジソンやテスラのように「努力によって培った知識や実証を武器に、前例のない行動に踏み込む人たち」は、この定義でいえば「秀才的狂人」であり、二つの資質を兼ね備えているのだ。

狂人的と言われる性質が未知に挑戦する躊躇のなさを表しているなら、それは変化への柔軟性（ＨＯＷ）とも呼び替えられるだろう。そして秀才的と言われる性質が状況を理解する力のことなら、それは物事の本質を観察する力（ＷＨＹ）に他ならない。これらは両方とも、創造性にとって不可欠な思考なのは間違いない。もしかしたら創造的な思考の構造は、バカと秀才という二面性をどう扱うかに、その答えのヒントがあるのではないか。これらは、一見すると互いに相性がよくない組み合わせの思考のように見える。しかしこの二つの思考を両立させる方法がわかれば、誰でも天才のような創造力を発揮できる可能性が見えてくるかもしれない。では、バカと秀才が両立する脳や心には、一体何が起こっているのだろう。

## 創造性と年齢の関係

　創造的思考の二面性の仮説を補ってくれる理論は、心理学や脳科学でも研究されている。こうした研究の中には、年齢と創造性の関係について示唆的なものもあった。年を追うごとに頭が固くなるとはよく聞くけれど、本当にそうなのか。一方で、経験があるから創造できるのも間違いない。年齢と創造性の関係はどうなっているのだろう。

　心理学者のレイモンド・キャッテルは、人の知能には二つの異なる性質があることに気づいた。それらの二つの異なる知能について彼は「結晶性知能」と「流動性知能」と呼んでいる。結晶性知能とは、過去の学習経験を高度に適用して得られた判断力や習慣による知能を指す。一方、流動性知能は、新しい場面への適応を必要とする際に働く能力や臨機応変に問題を解決する創造的な知能のことだ。この二つの知能は、私がこれまで指摘した、天才のなかにある秀才性と狂人性の二つの性質に近い概念に思えてくる。

　キャッテルの研究によれば、図1-1（35頁）のように、流動性知能は一〇代で急激に発達するが、二〇歳前後をピークに、その後は徐々に下がっていく。逆に、結晶性知能は、経験を積んで、年を重ねれば重ねるほど高まっていくという。さらに調べる中で発見した興味深い事実は、図1-2（35頁）のように、この流動性知能の曲線が、犯罪をどの年齢で犯しやすいかを調査した「年齢犯罪曲線」のピークとほぼ一致することだ。犯罪に駆り立てる思考と、新しい挑戦を促す流動性知能には、何らかの関係が疑われる。

成長とともに危険を冒さなくなる代わりに、私たちは創造性の一部を失っていくのかもしれない。もし社会が安定していて状況の目的（ＷＨＹ）が変わらないなら、結晶性知能を備えた熟練者は効率的に活躍できるだろう。だが世界は急速に変わりつづけている。そのため時代とともにＷＨＹも変化してしまうのだ。この変化に対応するには新しい方法（ＨＯＷ）を取り入れる柔軟な流動性知能が必要だ。

しかし年をとるに従って流動性知能は減少し、知っている状況や手法も固定化するため、熟練者ほど変化の激しい時代には適応できない。つまり変化が激しく先の読めない現代社会では、年功序列の組織では立ち行かず、変化に対応できる世代に危険を承知で意思決定の権限を与えたほうが良い結果を導く可能性があるのだ。

企業経営においても、二種類の知能の性質や両者の組織全体でのバランスを意識することは価値がある。この年齢のデータに立ち返って日本とアメリカを比較してみよう。二〇一八年の日本の大手上場企業一〇〇社の経営者の就任年齢の平均は、五七・五歳。一方でアメリカの主要企業一〇〇社の経営者の平均は四六・八歳だ。[6] この差が、日本が高度成長期以降の変化に対応できなかった理由の一端かもしれない。

一九九〇年代初頭のアメリカと日本の平均株価を一〇〇％として、増加率の推移を見てみよう。その後の三〇年間は、日本株がほぼ横ばいなのに対してアメリカ株は約一〇倍まで伸び、決定的な差がついてしまった。これは日本にとって本当に残念なことだった。その一因も、この知能のバランスの違いにあるのかもしれない。

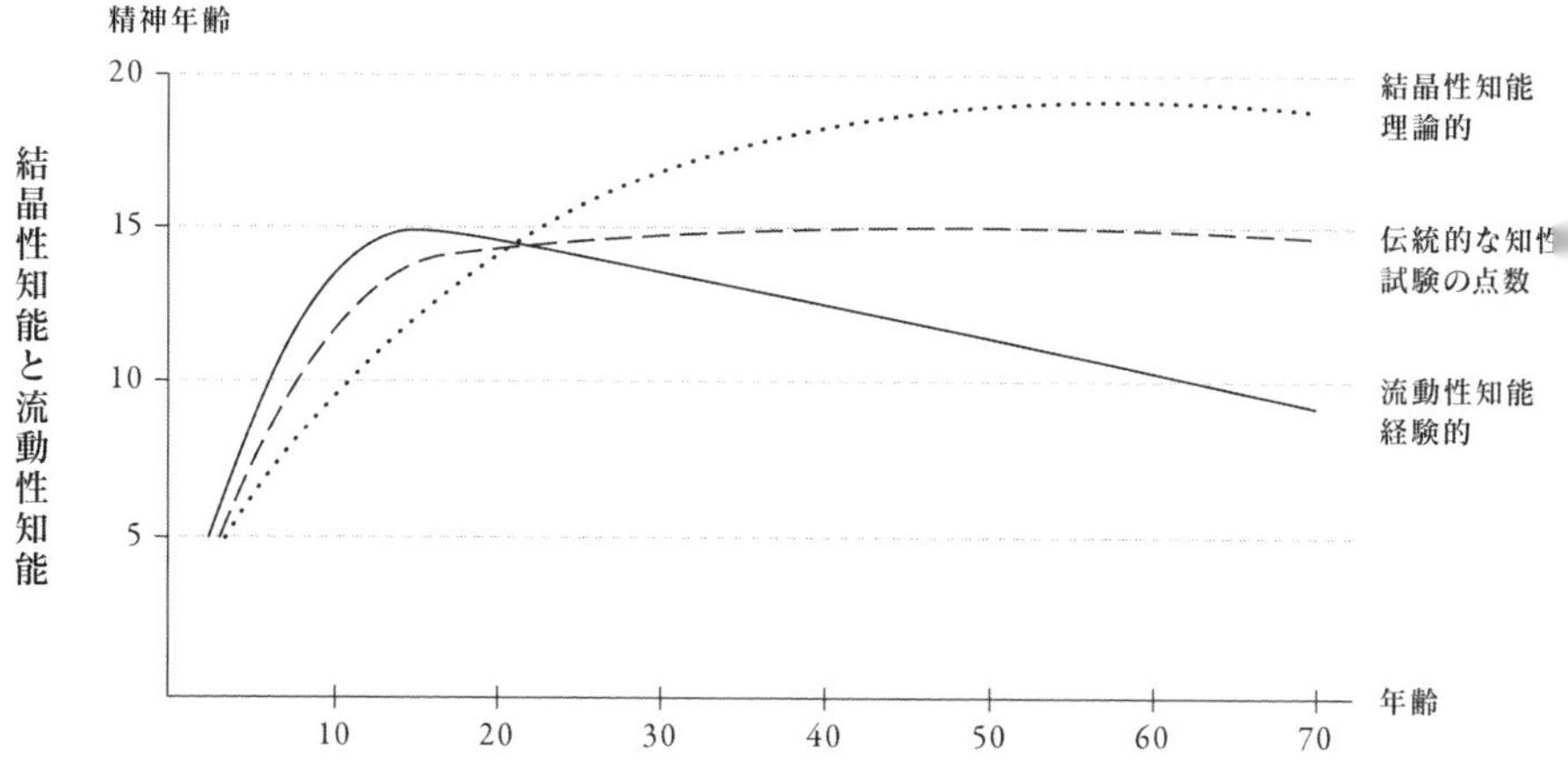


図1-1　レイモンド・キャッテルが提唱した結晶性知能と流動性知能のグラフ

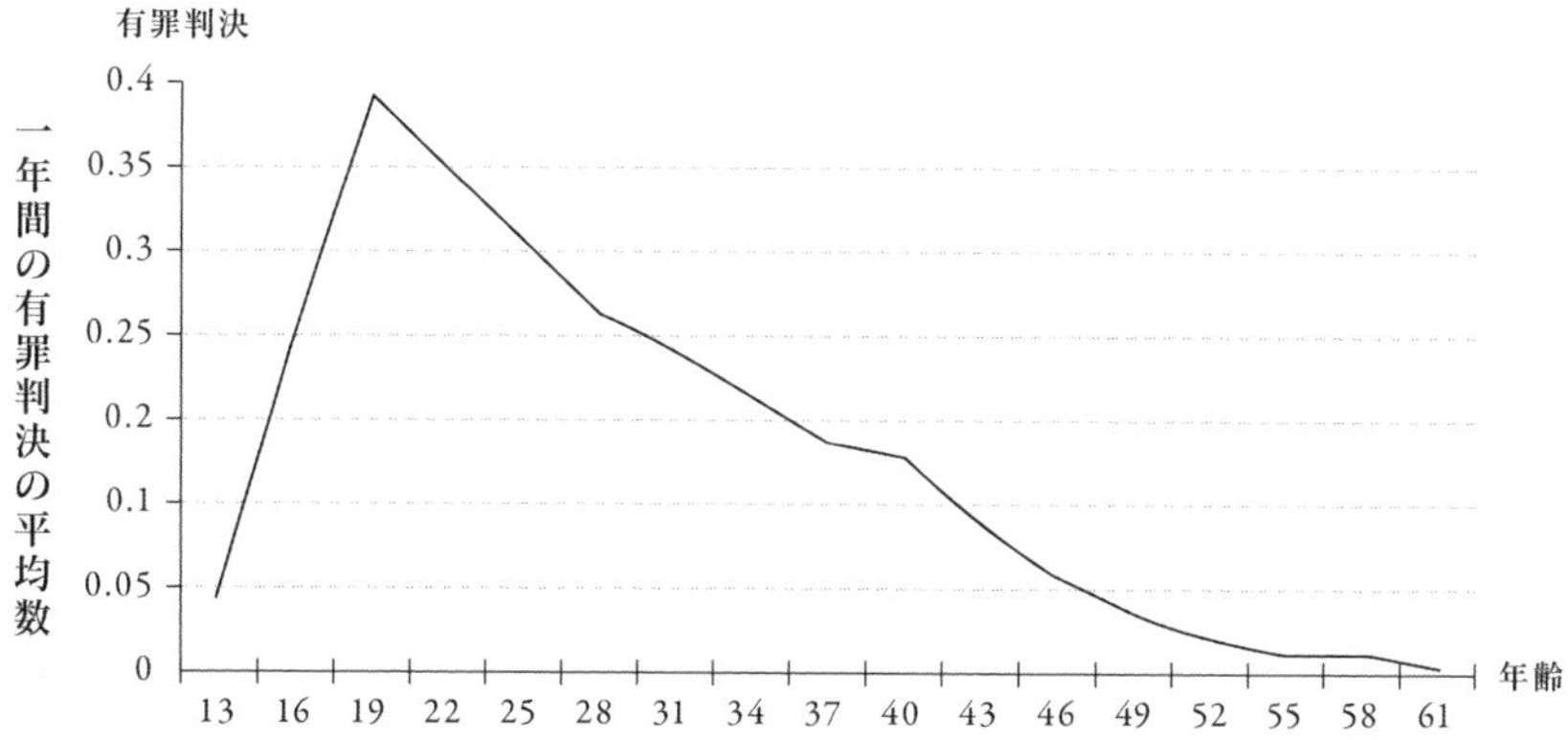


図1-2　年齢犯罪曲線。犯罪率の年齢のピークは19歳。流動性知能のピークとほぼ一致する

ちなみに一つの参考として、ノーベル賞受賞者を調べてみると、受賞した研究を開始した平均年齢は三六・八歳だという。[7] 創造力の発揮にとって不可欠な二つの思考のベストバランスを示す時期は、本来そのあたりの年齢なのかもしれない。

断っておくが、私は世代論の話がしたいわけではない。確かにキャッテルは流動性知能が年を重ねるごとに減少することを指摘した。つまり変化の激しい時代には、高齢の社会自体が不利だとも読み取れる。しかし先述したように、そもそも私たちは創造性の構造を理解しておらず、どんな教育が必要かもわかっていないのだ。

つまり流動性知能を維持し、高めるための教育をまったく受けていないのだから、流動性知能の発揮を年齢のせいにして諦める必要はないはずだ。私たちが変化に挑戦する柔軟さを育む新しい教育を実現できさえすれば、老いてもなお新鮮な発想をする人を増やせるかもしれない。実際に新鮮な思考力や発想力のまま生きている高齢者を、私はたくさん知っている。

また逆に、結晶性知能が熟すのには時間がかかるため若者には適切な選択ができない、と切り捨てるのも軽率だ。好奇心ある子どものなかには、大人も舌をまくような驚異的な観察力を発揮する子がいる。物事を深く観察し、社会の背景に流れるさまざまな関係性を理解する探究を促す具体的な教育手法があれば、結晶性知能の向上はもっと早い時期に訪れるはずだ。みなさんはどうだろう。変化への柔軟性を十分に備えているだろうか。また状況への考察ができているだろうか。二つの知能の観点から振り返ってみてほしい。

## 脳内の葛藤と対話

脳科学では、脳内で異なる場所が異なる機能を担い、相互作用することが明らかにされている。脳は葉といわれるさまざまな領域に分かれて、それぞれの場所が別々の機能を担当する。それぞれの葉は連合線維というネットワークで互いにコミュニケーションをとっている。この信号の交換に、実に脳機能のエネルギーのうち九〇%が使われているらしい。

脳科学者のロジャー・スペリーやマイケル・S・ガザニガは、左脳と右脳のあいだにある脳梁が切断された人の脳（分離脳）を詳しく調べた。その結果、図1-3（39頁）のように、右脳と左脳には部位ごとに独自の働きがあり、互いに機能を補い合っていることがわかった。よく通説のように語られている「感覚的な右脳」と「論理的な左脳」という考え方はこの研究に影響を受けているが、実はあまり現代の脳科学では支持されていない。しかしこうした考えが一般に広がった背景には、「天使と悪魔のささやき」などのよくあるたとえのように、多くの人の中に相反する思考のあいだで葛藤した実感があるからだろう。

いささか乱暴だが、キャッテルの心理学研究と照らし合わせると、天使と悪魔のごとく、脳内には「変化的な脳・狂人的な思考」と「選択的な脳・秀才的な思考」が、別々の部位の働きとして存在しているとも考えられるのではないか。こうした狂人性と秀才性のある思考の絶え間ない往復が、創造力が発揮されるときに脳内で起こっているならば、天才たちを形容する性質の二面性にも納得がいく。むしろ二面性が不可欠なのかもしれない。

## 天才性の正体

これまでの話を俯瞰すると、創造性を巡る一つの仮説が浮かび上がってくる。つまり創造性とは、「バカと秀才」や「変化と選択」に見られる、二つの異なる性質を持ったプロセスが往復して、初めて発揮される現象ではないか、という考えだ。

歴史上の天才と呼ばれる発想豊かな人たちは、時には常人には想像すら及ばない数々の偉業を成し遂げてきた。しかし、彼らだって、身体や脳の構造は私たちと違っているわけではない。天才の頭のなかで起こっているのが、この往復だとしたらどうだろうか。

天才たちは、狂人のように変化的思考を全開にして、前例のない発想を無数に生み出しながら、秀才のような選択的思考によって取捨選択している。こうした発想と取捨選択を何度も繰り返しているのが思考の構造なら、私としては大いに納得がいく。天才と呼ばれる人たちは、変異と選択を繰り返す癖がついているのではないか。

私自身、長年にわたってデザイナーとして、何か新しいことを発想し、作りあげる仕事をしてきた。そんな私にとっても、この変異と選択の往復が、アイデアを考える頭のなかで起こっている感覚は確かにある。みなさんの頭のなかにも、二面性ある思考が往復していないだろうか。この二つの異なる知性の往復こそが創造的思考だと、私は考える。この構造を前提とすれば、創造性とは、天才だけに再現可能な、秘密のベールに包まれた魔法ではなくなり、実習可能な技術となるだろう。

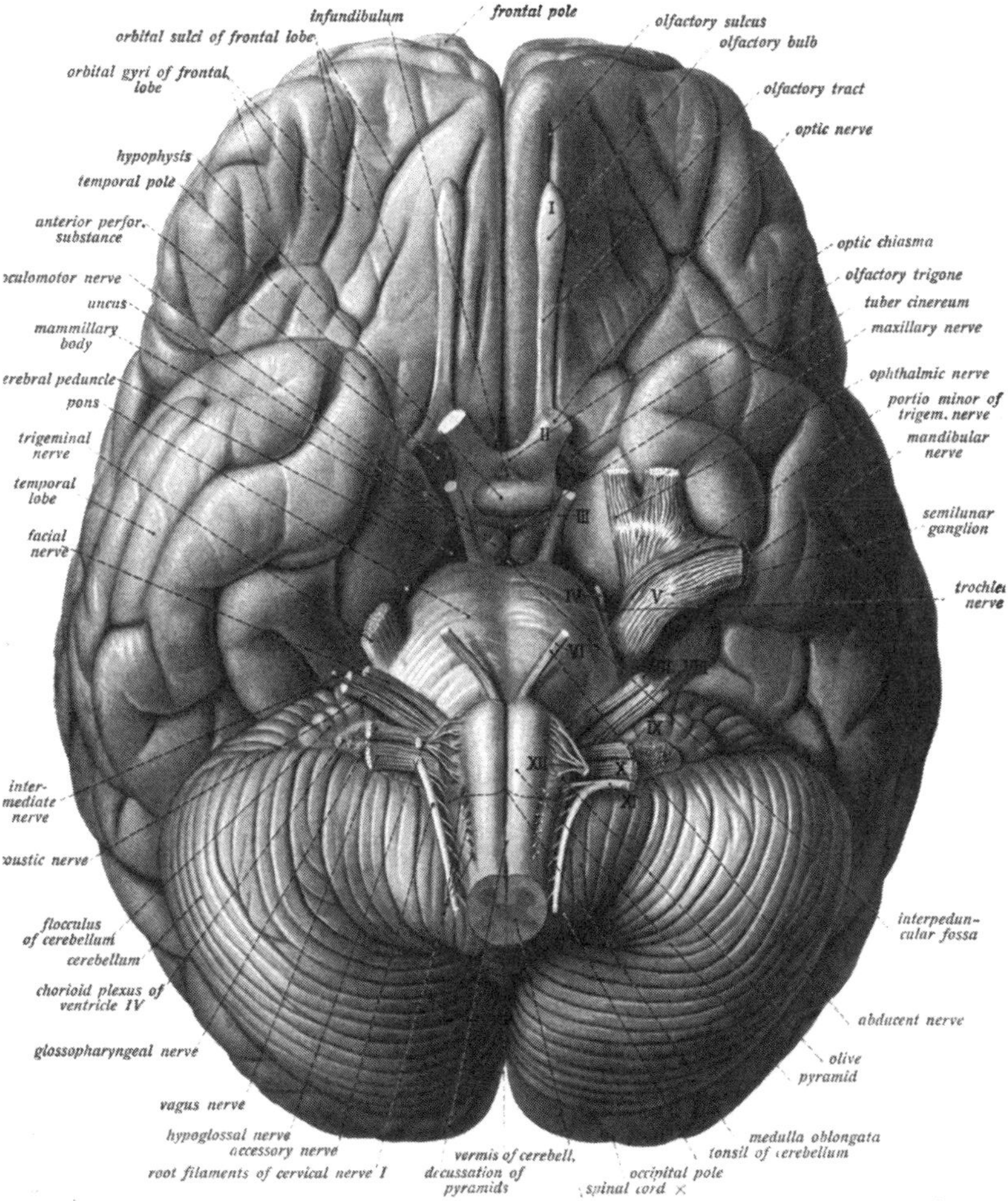


図1-3　脳の各部位はそれぞれ違った役割をもち、お互いに信号を交換している

## 創造力を育む教育

教育を創造的にアップデートするには、変化への挑戦と適切な選択を両立する思考プロセスが肝心なのかもしれない。そう思って二つの思考の両立に挑戦すると、これが口でいうほど簡単ではない。「変化に挑戦する思考」と「適切に選択する思考」は、すぐに互いにつぶし合うのだ。選択型の思考は、変化型の思考に集中を邪魔されるし、変化型の思考は、選択型の思考によって自由を奪われる。そのため二つの思考の両立にはコツがいる。生徒の創造力を育みたいと願ってきた教育者のみなさんも、これら二つの思考プロセスを考慮した教育を前提とすれば、今のカリキュラムに根本的な疑問を投げかけられるのではないか。

改めて、現代の小中高の学校教育がこうした二種類の知能に基づいているかを考えてみよう。まず変化型の思考の教育に関してはなかなか厳しい状況だろう。多くの学校ではカリキュラムは前例がある問題が中心で、共通の評価軸で判断される。こうした中では生徒は平均化されるし、前例のないことに挑戦する傾向は必ずしも評価されない。人と違えば白い目で見られることもあるだろう。変化を抑え込まれた不自然さゆえに、一部の子どもたちは思考の自由を求めて暴れるのかもしれない。もちろん暴れた子どもたちは、教育の仕組みから排除されてしまうのだ。創造的な変化を提案する力を、正解に偏った教育が奪っている可能性はないのか。本来は「はい、今からバカになりましょう」といった、思考の変化を練習する授業を補うべきなのかもしれない。

エラーを評価しなければ必然的に、未知へと挑戦する創造性の牙は、学年を重ねるごとに鈍っていく。この評価の仕組みのなかで、失敗することは大きなリスクだからだ。

また逆の観点で教育を見れば、適切な選択のための観察力を経験から学ぶ教育ができているかも大いに疑問だ。本当に現在の基礎教育は、子どもたちが世界を捉えて人生を選択する物差しとして十分だろうか。実際に我々は、試験や受験ありきの教育を十数年続けた末に突然、それまで期待されなかった角度の結果を問われる。


「これまでにない商品企画を提案してくれ」

「斬新な発想で新規事業を構想してほしい」

「独自性ある研究内容を申請してください」


これらの問いにテストのような明確な答えはなく、もちろん明確な点数もつかない。けれどもこうした問いによって我々は個々人の創造力を暗黙のうちに判断される。これまでとは違う問いが突然求められれば、才能がないと茫然自失しても仕方ないだろう。

二〇一七年、二〇一八年に学習指導要領が改訂され、「生きる力」を養うために、学びに向かう人間性と、思考力・判断力・表現力や、社会で実際に役立つ技能を身につけるべき、という内容が追加された。この内容には希望を感じるが、具体的にどうすればそんな教育ができるのか。その具体手法こそが、いま教育に問われている。

ここまで仮説を追ってきた二種類の知能を前提として、新たな教育の構造を考えてみてはどうだろう。創造的な教育には、変化と選択という二種類の学習があると考えるのだ。だとすれば、遊びの中で行われる、ふざけるような変化の練習は学校では排除されやすいが、実は教育の価値がある。そして子どもたちに必然性から選択する観察力を養う教育も求められるだろう。実際にこうした知的トレーニングは、課題の創造的解決に役立つだろう。なぜなら新しくて変なことを臆せず考える変化の力も、状況を観察して方針を導く力も、創造性に不可欠なものだからだ。

では、固定観念を外してバカのように考えるにはどうすればよいのか。前例のない行動には、失敗の可能性にも能動的に立ち向かう勇気や無謀さが欠かせない。そんな行動への心理的障壁や恐れを乗り越えて常識を突破する力こそ、私は現在の教育が取り入れるべき最重要課題の一つだと考える。なぜならそれは、ともすれば価値を認めてもらえず、予測不可能な状況を嫌う教育現場からすれば簡単に排除されてきた類の学びだからだ。

逆に秀才的に観察から物事を適切に選び取る思考は、どうすれば獲得できるのだろう。これは未知の出来事に対して観察から状況を読み解き、関係を解き明かす思考力と言い換えてもいい。こうした知性は、詰め込み型の学習とは別の次元にある。なぜなら言い換えれば、これこそが自ら学び方を発見し、自分自身で学ぶ知性に他ならないからだ。つまりこの力には、秀才についてよく言われる「努力」という言葉よりも、「好奇心」という言葉のほうがよく似合う。

好奇心の高い人にとって、知るための努力は苦行を意味しない。没頭して楽しむ人のほうが状況を深く理解し、成果をあげることを私たちは経験的に知っているはずだ。しかしこれまでの一般的な教育は、好奇心を育む探究の方法を教えられているだろうか。

この二つの思考を往復させ、自分の風変わりなテーマを楽しみながら、その内容を深く探究する力を育むには、どうすればよいだろう。この社会を構成するあらゆる人工物は、人類の創造性によって生み出されている。だから当然、創造力を育むことは、教育の最も重要な目標の一つのはずだ。しかし私たちは、創造力を育む教育の具体的な手法について、わかっているとはとても言えない。あらゆる人が創造力を無意識に発揮しているのに、実際はどう発揮しているのか、その仕組みすらよくわからないのだ。

革新的な教育者は創造的な授業に挑戦してきた。その中で有効な手法を、改めて「創造性とは何か」という本質的疑問から統合しえないだろうか。創造性の学習は、世代や領域を問わず、世界中のすべての人に関係するテーマだ。もし創造性の構造を定義できれば、私たちのコンプレックスにとっての福音になるだろう。

人間の創造性もまた、自然現象なのだ。どんなに人間のもつ創造性が、三八億年の生命史の中で唯一無二の超常的現象に見えても、必ずやそこには自然科学的に説明できる理由があるに違いない。自然現象として探究するならば、せめて自然界に比較できる現象を見つけたいが、そんな現象は果たして存在するのか。そんな類似の自然現象から、創造性の本質を読み解くヒントが見えてこないだろうか。

## 原始生命の知性

生物における最古の知性とは、どのようなものだったのか。そんな観点で自然界を眺めたら、変異と選択にそっくりな現象を原始的な生物にも発見できた。地球上の生命のなかで最初期に生まれたバクテリアの知的な習性を見てみよう。動物や植物の細胞よりずっと小さいバクテリアには、もちろん脳も目も備わっていない。それでも、バクテリアはあたかも知性を持っているかのように、食物を効率的に捕食する仕組みを持っている。単細胞生物に過ぎないバクテリアになぜ、そんなことが可能なのか。

あるバクテリアを観察すると、食物（栄養）を探してランダムな方向へ進む性質を示す。さらに注意深く観察すると、彼らは一秒ほど「まっすぐに走り」、そのあと「方向転換する」。こうした単純な動きを交互に行っていることがわかった。動きが単純なロボット掃除機を思い浮かべるといいだろう。あるときランダムに動いていたバクテリアが食物と遭遇する。するとバクテリアは瞬時に方向転換のスイッチを切り、食物のなかをまっすぐ走るようになる。こうしてバクテリアは食物のなかを効率よく進む。もし食物の外に出てしまったら、ふたたびランダムな方向転換のスイッチを入れる。結果的に誘引物質を選ぶかのようにバクテリアはそちらに近づいていく。

こうした性質は化学走性と呼ばれている。バクテリアはこの単純な作業を延々と繰り返すだけだが、結果的には効率的に食物を摂取できるのだ。バクテリアは単純な動きを機械的に切り替えているに過ぎないが、この行動を外部から観察すると、まるでそこに「餌を探す思考」が存在するように見える。

この化学走性は、生命が持っている知的性質のなかでも最初期に獲得されたものだ。そして化学走性の原理は、バカと秀才のたとえと同じような構造を持っている。つまり「ランダムに動く不規則性（狂人性・変化する思考）」と「周囲の食物を認識して行動を選ぶ力（秀才性・選択する思考）」という二つのプログラムの最小の組み合わせとして説明できる。

こうしたランダムな変化と周囲に合わせた選択が伴えば、それが単なる化学的な反応であるにもかかわらず、知的な現象が出現するというわけだ。創造性の基盤となるはずの思考や知の本質を、深く考えさせられる現象だといえよう。

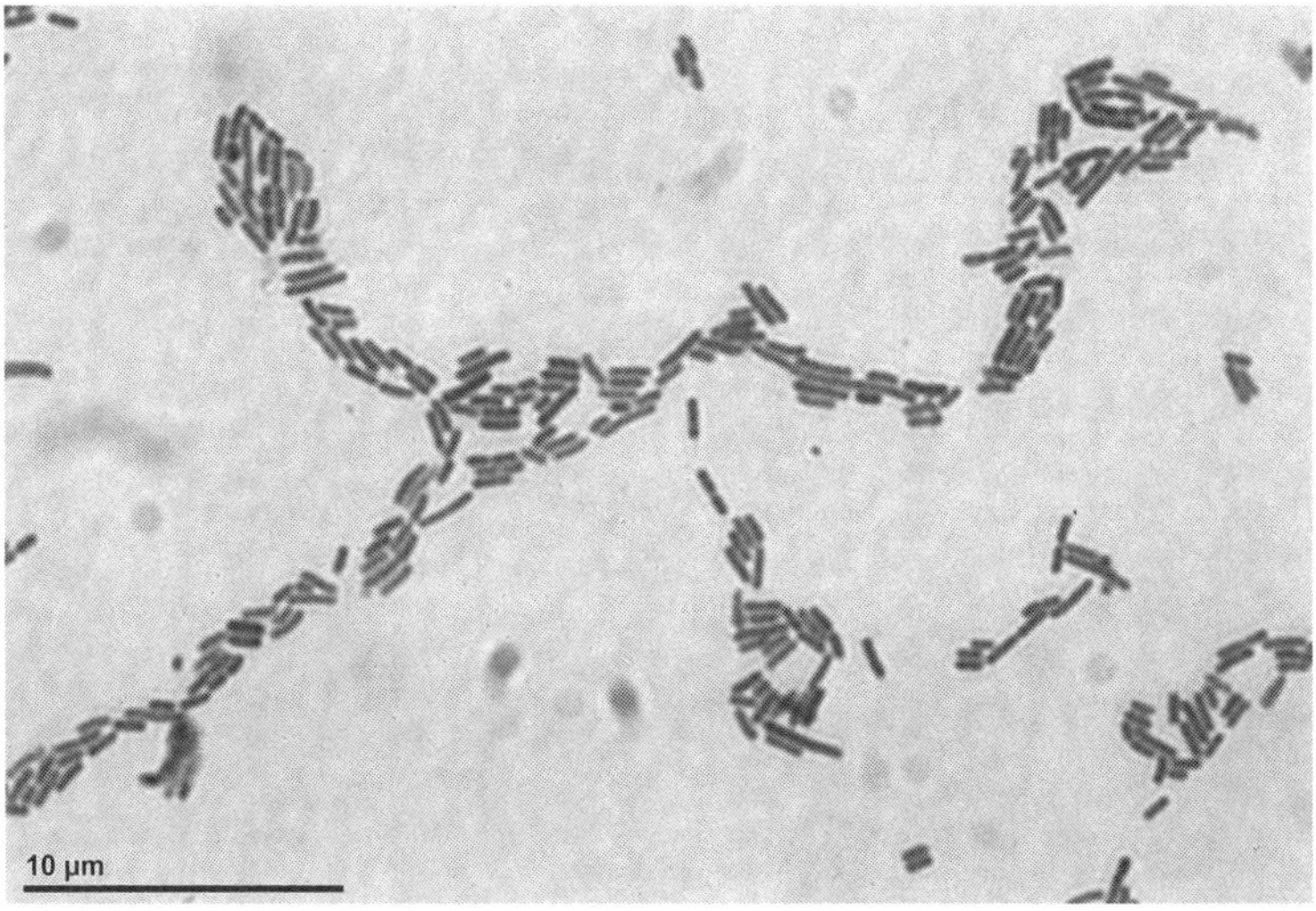


図1-4　動き回る大腸菌　栄養濃度が高いと直進し、低いとランダムに動く

## 進化の知的な構造

自然界に存在する創造のような現象の極めつきとして、大変よく似た現象がある。それは生物の進化だ。そして生物学では、生物が生存や繁殖に有利な形質を備えていることを「適応」と呼ぶ。生物の適応は、自然界のいたるところにある。よいデザインを「形が導く美しい関係性」とするならば、それは人工物だけでなく生物の適応にこそ無数に存在する。私を含めた世界中のデザイナーは、自然の形態がもつ美や機能性を前にして、ただ白旗を上げ、その片鱗を学ぶことしかできない。まさに進化は「創造性の宝庫」なのだ。これを見て「誰かに巧妙にデザインされたもの」と誤解する人がいても無理はないだろう。しかし適応進化は誰も設計者をもたず、変異と自然選択によって自然発生する現象だという。つまり、よいデザインが自然発生している。これは一体、どういうことなのか。

生物の進化についての大胆かつ本質的な仮説を提示したのが、一八五九年にチャールズ・ダーウィンが発表した『種の起源』[8]という驚異的な書籍だ。優れた博物学者でもあったダーウィンが、膨大な証拠を元に提唱した自然選択による進化論は世界にすさまじい衝撃を与え、自然に対する認識をひっくり返した。

進化は、性質が改良されるだけの現象ではない。進化とは「生物の性質が、世代を経てしだいにその頻度を変化させた結果、世代を超えて引き継がれる生物の性質が累積的に変化すること」であり、遺伝する性質の頻度の変化こそがその本質だ。

ではどのように生物は進化のなかで適応を獲得してきたのだろう。適応進化のプロセスは、複製時の偶然のエラーにより個体差が生じる「変異」の仕組みと、環境の中で子孫を残すのに有利な形質が「自然選択」される仕組みが、遺伝によって何世代も繰り返され、徐々に個体が状況に適応したものに変わっていく現象として説明される。つまり適応進化という現象は、ここまでの例にあるような、偶然による変異と、必然的な選択を繰り返し、適応に近づく現象を指すのだ。生物は三八億年という悠久の時の中で、変異と選択の無数の往復を経て、徐々に状況に適応した形質を獲得してきたのである。

適応進化を引き起こす二つの要因、つまり偶然の変異も、必然的な傾向がある自然選択も、個体の意思とは関係なく起こる現象だ。つまり自然選択説とは、非常にうまくできている生物の形態は誰かがデザインしなくとも、変異と自然選択の往復から発生し得ることを論理的に説明した、コペルニクス的転回だったのだ。ここで改めて、自然選択説の進化論を理解するために重要ないくつかのキーワードを紹介してみよう。

変異　　生物が子孫を残すときに、個体のさまざまな形質に僅かな変化が偶然発生する
多様性　変異によって、集団の中にさまざまな性質を持った個体が同時に存在している
選択　　子どもを多く残すのに有利な形質の個体が多様性の中から自然選択される
適応　　変異と自然選択が何世代も繰り返されると環境に適応した形質に進化する
遺伝　　このプロセスの前提として形質が子どもに引き継がれる遺伝の仕組みがある

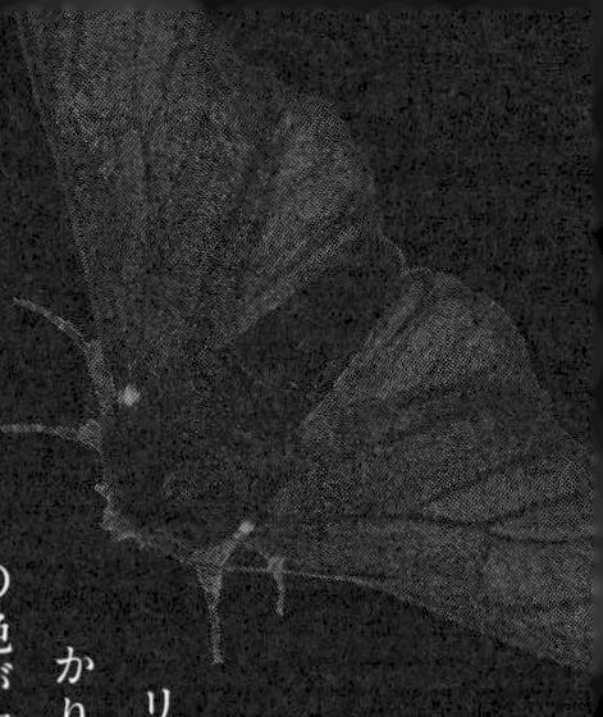

自然選択による進化を説明するには、産業革命の頃にイギリスに生息していたオオシモフリエダシャクという蛾の話がわかりやすい。この蛾のほとんどは、本来明るい色をしていた。その色が周囲の樹の上で保護色として機能していたのだ。しかしちょうどダーウィン説が提唱された19世紀中頃から、徐々に黒い個体が報告されるようになり、一部の個体群ではほとんどが黒い個体で占められるようになった。これはなぜだったのか。

ダーウィンが生きていた時代のイギリスはまさに産業革命の真っ只中だ。大気汚染の影響で樹木の色が変わってしまった。すると白い色をした個体は、天敵の鳥に見つかりやすくなってしまうので、鳥に食べられて淘汰されやすい傾向が生まれる。そんな中で最初は偶然出てきた黒い個体が生き残り、次の世代に性質を広げやすい状況が生まれた。必然とも言える自然選択の方向性が働いた結果、すすの黒色に溶け込む暗化した蛾が増えていったのだ。この「工業暗化」と呼ばれる出来事は、自然選択による適応進化の性質をよく表している。生物は変異と自然選択を何世代もかけて繰り返し、自ずと品種改良されるかのように環境に適応進化する。この往復が実に三八億年続いてきた結果、世界は環境によく適応した無数の生物で覆われることになった。こうした適応進化を見れば、自然界には確かに変異と選択の繰り返しによって合理的なデザインが自然発生することがわかる。

本書で扱う進化は主にこの適応進化を指し、この現象を単純に「変異と選択」の繰り返し

図1-5
鳥に見つかりやすい色は背景によって変わる

と表現する。実際の生物進化には、個体の生存や繁殖を向上させる適応進化だけでなく、生存や繁殖と関係のない中立進化や生存に有害な進化も発生することは一応補足しておきたい。

後述する進化論の歴史（282頁）にも書いたが、実はダーウィン以前の進化論では、進化は生物や神の意思が結果を決める現象だと考えられていた。ダーウィン説のすごみは、その歴史的観念を、この適応進化の説明によって乗り越えたことにある。

この自然選択説の前提を、私たちの創造性にあてはめてみよう。ダーウィン以前の進化論は、創造を個人の才能によるものだと諦める思考によく似ている。実は私たちはかつての進化論と同じ誤解を、創造性にも抱いているのではないか。つまり創造が意思の問題だという考えは、思い込みかもしれない。その前提を疑ってみると、確かに私たちは、意図的に発想を生み出せないことに気づく。そして自分自身のアイデアに驚くこともある。つまり創造は、自分が驚くほどに偶然による現象で、かつ状況の必然性によって選ばれる現象なのだ。

創造を、意図を超えた偶然の変異と、必然性による選択を往復する、進化的現象として再考してみよう。自己の意思を超えた偶然と必然の往復に、創造力を開く鍵がある。これは優れた創り手が口にする「無我」の正体かもしれない。この進化と創造のあいだにある細い道が、創造性の鍵になることを、私は徐々に確信していった。

では、どうしたら創造の変異的偶然は加速し、選択の必然性は高められるのか。それがわかれば私たちは、意図して創造できなくとも、その発生確率を上げられるかもしれない。

## 進化と創造のデザイン展

進化と創造の関係を追いたい。そう思っていた二〇一六年頃、幸運にも私はギンザ・グラフィック・ギャラリー（ggg）で個展を開く機会を得た。gggはデザインの殿堂として知られ、毎年数名のグラフィックデザイナーに個展の機会を提供している、業界では栄誉ある場だ。そこで私はデザイン作品を見せるだけでなく、進化と創造についての探究の一端を展示したいと考えた。この本に数多く紹介されている動物と乗り物の進化系統樹や、蝶の標本と色紙の比較や、扇風機と樹木の解剖模型、iPhoneのアプリに統合された古い道具などは、このときの展示によるものだ。この風変わりな進化と創造の展示での探究を通して、自然にこそデザインの本質があるという確信が深まり、私はさらに生物の進化という現象にのめりこんでいった。

　デザインの現場でも、進化のような往復現象は起こっている。何度も未知の偶然に挑戦し、必然性を観察して方針を選択する。進化と相似形を成すこの往復現象こそは、私の実感してきた創造のプロセスそのものだったのだ。

図1-6　ggg　生物の進化とデザインの対比を展示した

## 物の創造は進化の模倣か？

生物における進化と人間による創造はあまりにもそっくりなので、ダーウィニズムの登場から一六〇年以上を経た現在では、「製品が進化した」「組織を進化させる」のように、「新しいモノが生まれたり改善されたりすること」の意味で「進化」が使われているくらいだ。「進化」と「創造」を同じ意味で使うのは誤用だ。しかし今では新商品の広告などでの一般的な表現として、世界中に広がってしまった。それくらい進化と創造は似ている。

ダーウィンが進化論を発表した当時でも、人々は生物だけでなく道具や社会にも同じ進化のシステムが働いていると考えたようだ。たとえば『種の起源』の考え方への皮肉を込めて、イギリスの小説家サミュエル・バトラーが「機械のあいだで動物界や植物界のような自然淘汰が行われる機械界がある」という考えを小説のなかで提唱している。時は産業革命の黎明期。まさに人々は機械の出現を目の当たりにしていたはずだ。

ところで生物は、自分自身の身体を、自ら望んで進化させることはできない。身体の基本構造を変えるには、数百万年という長い年月を必要とする。私たち人類も、二〇万年前にホモ・サピエンスに進化して以来、その身体の構造はそれほど変わっていないはずなのに、社会や行動は同じ生物とは思えないほど激変してしまった。この変化にとって、道具の創造が大きな原因になっているのは間違いないだろう。

道具はまるで、ヒトの身体の限界を補うように発明される。たとえば「箸」はどうやら約五〇〇〇年前には、黄河流域ですでに使用されていた。[10] 熱い食べ物をつかんだり、衛生的に食べるためだ。この箸は、指のもつ身体の限界を拡張した道具として説明できる。箸と同じように、人間の身体が不自由だからこそ、身体の一部を進化させる数多くの道具が作られたと考えると、あらゆる道具の理由に説明がつく。たとえば、人の「目」では見えないほど遠くや微細なものを見るために、望遠鏡、顕微鏡、はてはビデオ通信まで発明した。人の「声」は遠くまで届かないので、発声法を体得し、メガホンやマイクを作る。料理法を工夫することで不自由な「消化器官」に合わせて食物に変換し、そのために調理道具や冷蔵庫を作った。衣服によって傷や寒さに弱い「皮膚」を補った。すぐ痛くなり、運動能力の低い「足」を補うかのように靴や乗り物を生み出した。あるいは忘れっぽい脳を補い大量・正確に「記憶」できるように本や記憶装置を発明してきた……。創造力は、道具を進化させることによる擬似的な進化能力を人類にもたらしてきたのだ。この擬似進化能力によって、私たちは身体を拡張し、無数の道具を使って日々を生きている。

こうしてやむことなく道具を創造し、万物の根源を成す素粒子の世界から深遠な宇宙空間までを観察する千里眼と、超音速で空を飛び、数百年忘れない記憶力をもち、通信網によって地球の裏側にも届く声を備え、とうとう人間の知能を超える可能性を秘めた「電子の頭脳」を発明し、ヒトはある意味で地球上で最強の生物となった。

やはり進化こそが創造性にほとんど唯一近似する自然現象なのではないか。こうした前提を踏まえて、私の中での創造性への仮説が、次のように発展していった。

創造とは、モノを適応的に「進化」させる能力である。

創造はこれまでの他の生物にはほぼ見られない現象であり、また地球規模で与えているインパクトからしても、他の自然現象とは一線を画した現象にも思える。だからこそ人間は人間だけを特別視してしまうのかもしれないが、いったんその色眼鏡を外してみたい。

創造という不可解な知的現象も、それがヒトという生物によって、自然環境の中で起こっている以上、何らかの自然現象なのだ。そして進化という現象は、創造にきわめて似ている。さまざまな状況を解決する形態が無数に自然発生する現象は、他にほぼ存在しないからだ。ならばヒトの創造性という自然現象を理解するには、適応進化の構造を探究することが、自然科学的に見ると数少ない確かな方法になるのではないか。

もし「創造」が進化の未完成の代用品というか、進化と同じ構造をもつ現象だと考えられるなら、なぜ生物の形態が創造的に見えるのかにも説明がつく。

人類の「創造」はたかだか数万年しか行われておらず、未来を生き残る必然的な選択をくぐり抜けてきたとは言い難い。三八億年という悠久の時間をかけて選択圧に磨かれてきた生物の形質が、わずかな適応期間しか経ていない人工物よりも完成度が高く感じられるのは、ある種の必然かもしれない。逆に生物の適応進化から学ぶことで、人類はもっとうまく創造ができるようにならないだろうか。それはすなわち、気候や生態系への人類の適応を探る方法にも直結するだろう。

## 進化思考の誕生

進化は「変異と選択」の往復から自然発生する創造的な現象だ。そして不思議なことに、この構造は進化だけにとどまらず、自然界のさまざまな知的現象にもよく見られる。こうした類似性を知るにつれ、私はこの適応進化の構造を、自然物にも人工物にも共通する、普遍的な創造の法則なのではないかと考えるようになった。

もしあらゆる創造的な結果は、「変異」と「選択」の往復が生み出すのだとしたら、それぞれの詳細な構造を理解すれば、そこから創造の法則を体系化できるかもしれない。

進化から創造の秘密を読み解く。これはおもしろそうな探究だ。しかしこの二つの現象はあまりにも似ているため、すでに同じ取り組みをした人もいるのではないか。そう思って探してみると、文化進化論や社会進化論という考え方があったり、文化と進化の類似性を指摘する論考が数多く見つかった。リチャード・ドーキンスは、遺伝子のように次世代に伝えられる情報として文化をジーンの代わりにミーム（文化的遺伝子）と呼び、文化が生物進化と類似した進化をすると唱えた。また著作では、エドワード・O・ウィルソンが一九七五年に出版した『社会生物学』[11]、最近ではブライアン・アーサーの『テクノロジーとイノベーション』[12]やケヴィン・ケリーの『テクニウム』[13]などの、人工物の進化を扱う観点の本もあった。

これらの論考では、社会やテクノロジーの進化を自然の進化と対比させることで浮き彫りにしようとしていた。彼らもまた私と志を同じくもち、ヒトも進化の産物である以上、人間の社会行動や創造性も生物学として同じように扱おうという信念を持っていた。私は、これらの論考に知的好奇心を深く刺激され、励まされもした。しかし私が探していたのは、

創造性という自然現象は、進化から解き明かせるのか（創造できるのはなぜか・ＷＨＹ）
創造の具体的な手法として、進化の構造は使えるのか（創造する方法はなにか・ＨＯＷ）

という視点だった。残念ながら、先のような学術領域や著作からは、明確な答えを得られなかった。とりわけ、これらの文化進化論的な考察には、「進化のプロセスを創造的な発想に活かす具体的な手法」を提示する考え方は皆無だった。

次に私は、「創造のための具体的な手法（ＨＯＷ）」を探るべく、発明やイノベーションのための発想法にはどんな知見があるのか調べることにした。すると第一次世界大戦以降、各国が技術開発のために発明を促したり、市場競争のために優れたアイデアを生むさまざまな「手法」を提唱していたことがわかった。たとえば東西冷戦の時代、旧ソ連では技術開発の手法として、ＴＲＩＺ（トリーズ）という発明法が考案されていた。西側にはその存在すら知られていなかったこのＴＲＩＺは、複雑な体系とともに四〇個ほどの、発明やアイデアを生み出す手法を提唱していた。また、アメリカの広告会社ＢＢＤＯの創業者Ａ・オズボーンは、彼が見つけた発想の方法を『創造力を生かせ』[14]にまとめ、ベストセラーとなった。彼はこの本でかの有名なブレインストーミングを紹介している。著書のなかでオズボーンは、

「人間の思考力は〈分析する判断力〉と〈アイデアを生み出す創造精神〉の二重構造になっている」と論じたが、これは選択的思考と変異的思考によく似ている。その後の一九六七年になると、情報処理を研究していた心理学者のエドワード・デボノが水平思考という考え方を提唱する。[15] 彼によると水平思考とは偶然による発想で、垂直思考とは論理的な思考のことらしい。彼は時期的にもオズボーンの影響を受けているかもしれないが、この二つの対比もまた変異的思考と選択的思考の往復を示唆するところがある。さまざまな発想法を調べてみたが、特にこの三つの発想法は、思考を二つに分けたり、偶発性から発想するという意味で、変異と選択に分けて思考する仮説に似た観点を備えた発想法（HOW）に思えた。また昨今のマーケティングやR&D（研究開発）で利用される手法にも、生物学的手法との共通性があった。たとえば、リバース・エンジニアリングは解剖学的だし、ポジショニング戦略、ブルー・オーシャン戦略などには生態学的な観点がある。

だが、こうした発想法や戦略の類は、その成り立ちの都合上、効率よく発想するための方法論（HOW）に終始していた。その中には創造が起こる不思議を自然現象として説明可能な形で論じた考え方はほぼなく、さらになぜその発想法で私たちが創造できるのか（WHY）に答えてくれるものは見つけられなかった。こうした探究の過程でも、進化の構造こそがこの謎に答えるものなのではという確信が私にはあった。しかし懸命に探してみたが、結局「なぜ進化と発明は似ているのか」に答える内容や、「進化のプロセスを応用した創造の具体的な手法」は発見できなかった。

卓越した先人たちが探究を重ねても、進化のプロセスを応用して創造性を学習する方法はまだ確立されていないのかもしれない。これほどイノベーションや変革が叫ばれる時代にもかかわらず、創造性を学習する明確な型を見つけられない。

創造性の仕組みは天才的な人の暗黙知のなかにあり、今もまだ魔法のままだ。だが変異と選択を繰り返す構造が、もし生物学的進化でも創造的思考でも同じならば、この謎を解く鍵になるのではないか。この観点から進化と創造の関係を解き明かせば、私たちは創造性を再現性のある自然現象として学習可能なものに変えられるかもしれない。これこそ私たちが創造性と向き合い、その学習方法を更新するために、探究する価値のある哲学だと私は徐々に確信していった。

万能酸……ふと、そんな言葉が頭をよぎった。かつてダニエル・C・デネットは、進化という思想の万能性を、なんでも溶かす万能酸だと表現した[16]。よし、私も進化の万能酸に、創造という現象を徹底的に溶かしきってみることにしよう。その先に残る創造性の骨格を知るために。そして二〇一六年の後半から、進化の観点でヒトの創造性を引き出す方法論を「進化思考」と呼び、それまで私がさまざまな企業や学校で一〇年以上教えていた創造性の方法論を、すべてそこに統合することにした。一から再出発して、ヒトの創造性を生物学から学び直そう。新しい旅の予感がした。ダーウィンがビーグル号で出発したときは、どんな気持ちだったのだろう。自分の専門とはかけ離れた領域への探究の不安と期待を秘めながら、私は未知の海に漕ぎだすように、進化と創造の共通構造を探しはじめた。

## 変異と選択の思考を分ける

創造性とは、変異と選択の往復による進化的現象である。

進化思考は、創造を擬似的な進化として捉え、偶然の発生確率を高め、観察によって必然的な選択を導くことで、自分の意思を超えた発想をもたらす方法だ。もし創造性が進化と共通構造をもっているなら、その構造から創造性を学習可能にできるかもしれない。そうなれば創造性を個人の才能の問題として諦める必要はなくなる。それは子どもから大人まで、創造性を活用する私たち全員にとっての福音になるのではないか。

改めて、変異と選択を前提とした二つの思考について簡単に説明してみよう。

**変異的思考 ： 偶発的アイデアを大量に生み出す、変化のための発想手法**
**選択的思考 ： 自然選択圧を模倣して、観察から必然的な選択を導く手法**

進化思考では、創造性の発揮を、生物の進化ときわめて近い構造の現象と捉え、「変異的思考」と「選択的思考」という二つのプロセスの往復によってモノを進化させるプロセスだと考える。進化思考における変異的思考と選択的思考を別の言葉に言い換えると、次のようにWHYとHOWの組み合わせとして表現することもできる。

## 変異的思考（HOW）：どのように、変われるのか
## 選択的思考（WHY）：なぜ、そうあるべきなのか

この二つの思考を独立し、往復することが、創造的思考のコツだ。生物の進化では、偶然に変異を生み出す仕組みと、自然選択によって徐々に適応に近づく仕組みはまったく異なる。それと同じように創造的な思考でも、二種類の思考を分けて扱えないと、固定観念に縛られたり、新しい挑戦に躊躇してしまったりと、創造性にとって不毛な状況が生まれ得る。私たちはついつい、この二つの思考を深く結びつけて固定化してしまう。すると変化できず、新たな選択も発生しないことになるだろう。しかしこうした陥りがちな罠も、二つの思考を意識して別々に繰り返していくうちに、いつしか思ってもいなかったような適応的な解決へとたどり着くはずだ。

創造的な思考のプロセスでは、状態を観察して選択の必然性を掴み、アイデアを変異させながら出す。この両方が大切なのだ。つまり創造のためには、リサーチだけでは不可能で、変異の挑戦だけでは非効率だということになる。まず、これらの変異的思考と選択的思考は、それぞれまったく違う性質の思考だと理解しておこう。この往復を何度も繰り返した結果、だんだんと解決策へと近づく。創造力を発揮するとき、実はこの往復現象を我々の誰もが行っていると考えるのが、進化思考における創造性の前提だ。

## 進化の螺旋を回す思考

変異的思考と選択的思考。この二つを切り分けて往復的に用いることが、創造性の鍵だ。下の図を見てほしい。エラーによる変異が多様性を生み、多様性の中から必然性によって選択されたものが、より適応したものとして生き残る。その形質が遺伝し、次世代の変異に繋がる。

これが生物進化と創造的思考に共通する循環構造だとしたらどうだろう。このサイクルを回していけば、いずれ偶然と必然が一致する瞬間がやってくる。会議などの場で、創造的な人からいきなり的を射たアイデアが出てくることがあるが、彼らはこの往復を素早く何度も行っているのではないか。この構造を前提とすれば、創造性とは、変異の発生確率や選択の精度、そしてこの周回数の問題に過ぎない。

そしてイノベーションが起きない現場での、よくある間違った考えの構造的原因にも気づくかもしれない。

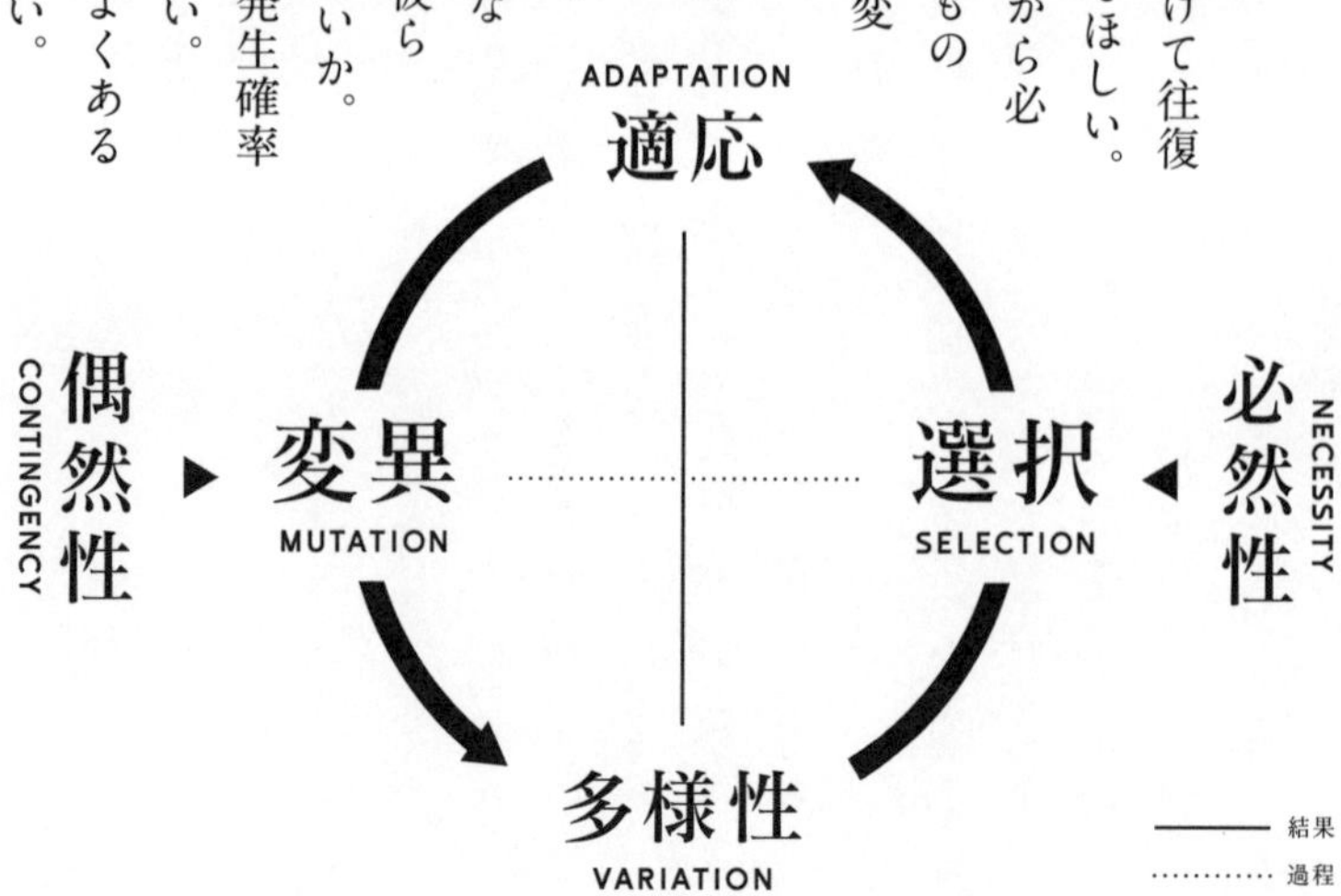


図1-7　変異と選択のループを繰り返して生物も創造も進化する

×ともかく思いつきを書くのが発想法だ（変異的思考だけに陥る）
×知識さえあれば発想は自ずと生まれる（選択的思考だけに陥る）
×今までと異なる意見はすぐ是正すべき（変異的思考を否定する）
×アイデアのクオリティは無視していい（選択的思考を放棄する）
耳が痛い人もいるだろう。イノベーションを起こしたい組織でも、こうした残念な状態はよく見られる。意識したいのは、自然界では偶然的な変異の発生と、必然的な自然選択圧によって導かれる適応は、別のプロセスで起こっているという事実だ。それと照らし合わせれば創造もまた、変異的エラーの許容と、必然的な方向性の選択を、異なるプロセスとして扱うことの重要性に気づく。つまり創造的プロジェクトに向き合うとき、偶然のエラーの許容と、上司の主観などではなく社会の必然性からの選択、この二面性を備えることがイノベーションの発生確率を飛躍的に上げる。

創造的な組織もまた、これらの往復がシームレスに行われやすい場と考えればイメージしやすい。変化や多様性、観察による選択は、組織に不可欠なのだ。しかし二つの思考を同時に行うと思考停止になったり、どちらかに偏ったりしてしまう。何しろバカなエラーを考えながら秀才的に選択するのは、まるで二重人格のようなプロセスではないか。そのため進化思考では、慣れるまでは変異的思考と選択的思考で考える時間を分け、バカになる時間と本質を見つめる時間、それぞれに集中することを推奨している。

二つの思考の繰り返しから、創造的な発想が自然発生する。進化思考の変異的思考のパートでは、生物の進化に見られる変異のパターンを学び、いつでもバカになれる偶発的な思考を手に入れる。生物や発明には、ある種の共通する変異パターンが存在している。そしておもしろいことに、これは漫才師の笑いのパターンや、アートやデザインに見られるパターンにも共通するのだ。それらのパターンを体得すれば、固定観念を打ち破るクレイジーな発想を、短時間のうちに無数に量産できるようになるだろう。大量の変異的アイデアを短時間で生み出すスキルは、新しい可能性が生まれる確率を上げる。この変異的思考プロセスを習得すると、他のアイデアを出せる自信が湧き、考え方が自由になり、一つの発想にこだわる必要がなくなる。

そして選択的思考のパートでは、自然科学的な観測手法に則って、状況によって必然的に選択される方向性の観察を学んでいく。自然科学の観察手法を学ぶことで、客観性によって固定観念や思い込みを外し、現象を理解する力を養うのだ。創造性を評価できれば、自ずとアイデアやコンセプトは磨かれる。そしてこうした観察は、必然性が低く、変えてもいい部分を発見することに役立つ。つまり、どこを改善すべきかがわかるようになるだろう。

進化と創造の螺旋（図1–8）を見てほしい。これは進化的な観点で捉えた創造のプロセスを図示したものだ。左側の変異的プロセスではさまざまな可能性が偶然から発生して、枝のように無数に生えていく。そして右側の選択的プロセスによって枝が剪定され、状況が大きく変わらなければ、徐々に有利な方向へと収束する。すべての枝が剪定されるわけ

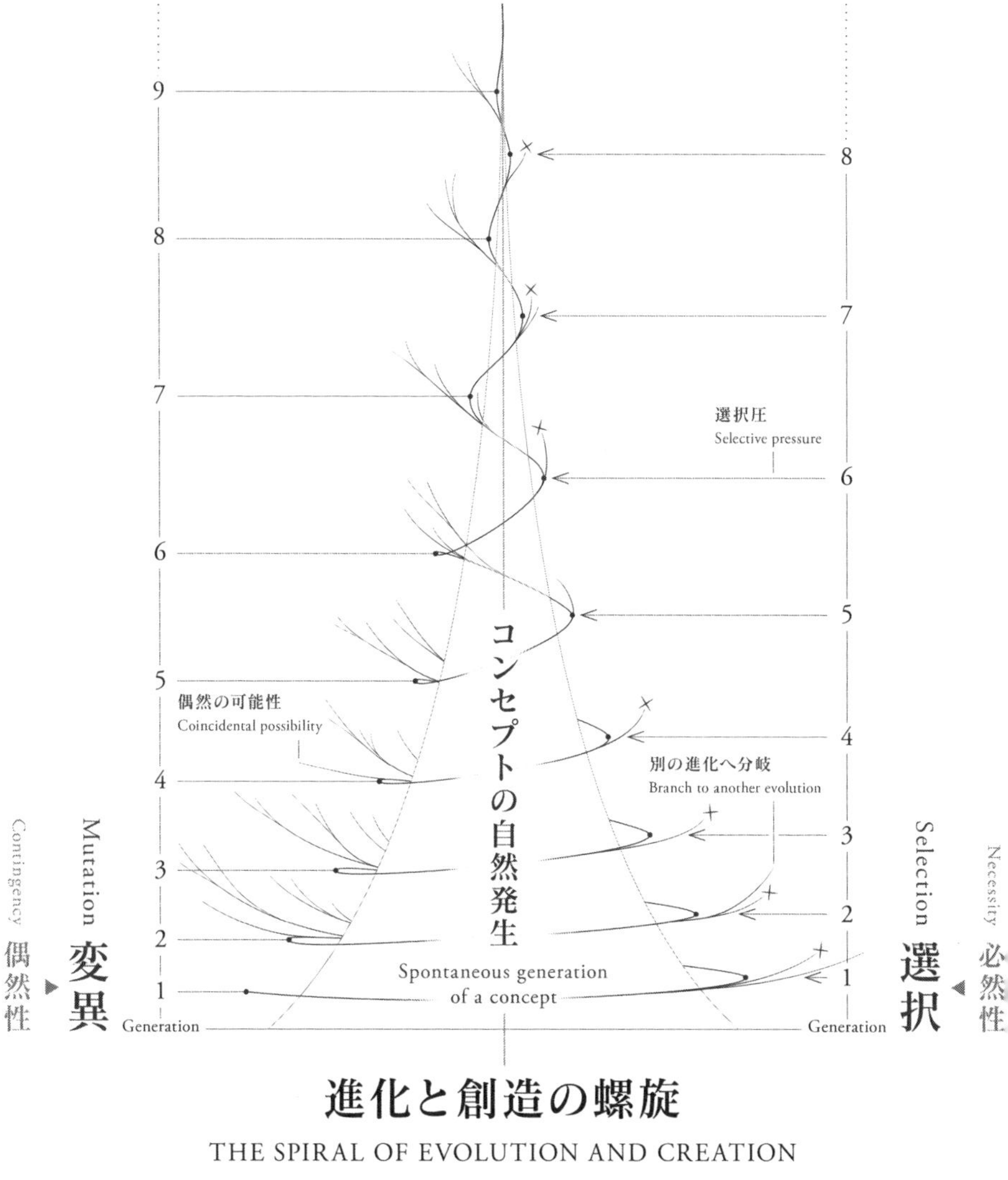


図1-8　生物も道具も、あらゆる創造は変異と選択の往復から生まれる

ではない。枝が他の生存戦略に伸びれば、その先には別の螺旋が現れ、状況による選択圧も、その変異の方法も分岐していく。進化思考では、この変異と選択の繰り返しこそが、生物進化と創造に共通する普遍的な仕組みだと捉えている。

この二つの思考の螺旋をスムーズに回せると何が起こるのか。私自身の変化を振り返ると、一言で言えば「素直になり、自由になった」気がしている。

まず進化の仕組みからは、完璧な生物は存在せず、どんな生物にも変化の余地があることが見えてくる。そして、その発生に意思は介在していない。創造にもこの前提を当てはめてみると、まず完璧な創造は存在しないことに気づく。完璧な生物がいないように、人類史上、完璧なモノを作った人は誰もいないのだ。そして、変異的な失敗や挑戦がなければ進化しないことが見えてくる。実は失敗もまた創造的なプロセスだったのだ。

こうした気づきは私の思考を自由にした。失敗したとしても、選択的思考の観点があれば、すでに存在する選択圧の流れに気づきやすくなり、失敗の理由を理解して客観的に納得しやすくなるのだ。大きな流れと繋がる観察の術を覚えると、意固地にならずにすみ、安心感を得られるだろう。観察から流れを理解することで、客観性に基づく意見を発信しやすくなり、自ずと素直さと自信が身につく。つまり二つの思考が身につくに従って、私は発想への自信をもてるようになり、気持ちが楽になっていった。

進化思考では、創造は個人の意思を超えて起こる現象だと考える。そもそも意思のせいにするからコンプレックスをもつのだ。偶然を目指す変異的な思考と、必然を目指す選択的な思考は、どちらも意思の外と繋がる方法を教えてくれる。

これらの思考の往復によって、アイデアを無数に生み出し、それを観察に基づく必然性で選択してみよう。創造性を二つの思考を往復する現象と捉えれば、誰もがたどれる創造の道のりが見えてくる。私たちは意図して創造できないかもしれないが、このプロセスの繰り返しは、自ずと創造の発生確率を格段に引き上げるだろう。そして肝心なのは、この思考プロセスは誰でも学べる。つまり創造性は暗黙的な才能の問題ではなく、学習できるものなのだ。

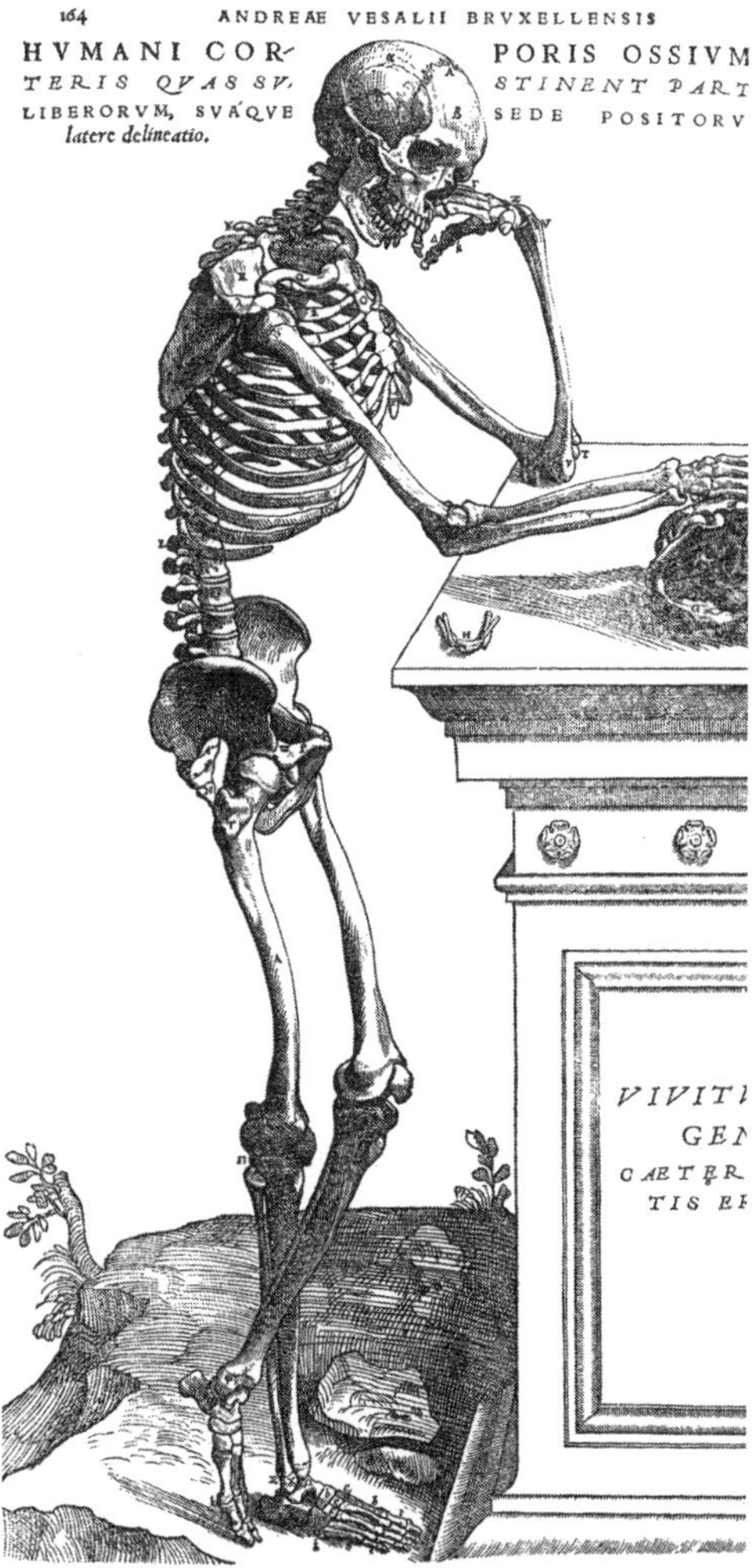


図1-9　アンドレアス・ヴェサリウスの『ファブリカ』より
彼もまた自然と創造の類似について考えていたのかもしれない

## 進化ワーク――進化思考を始めよう

この本は読んで理解するだけでなく、「あなたが実際に、進化思考を実践しながら身につけて」「未来に希望をもたらす創造的プロジェクトを考え出す」ことを目指している。

そのため本文中では五四の進化ワークを紹介している。進化ワークは、それぞれ二〇分もあればできる簡単な内容だ。第二章の「変異」ではアイデアを出す方法を、第三章の「選択」では、観察によって必然性を理解する方法を学ぶ。進化ワークには進化思考のエッセンスが詰まっているので、できれば立ち止まって、実際にやってみてほしい。

### ☑ 進化ワーク01　進化の対象「x」を決める［10分］

この本は、あなたが創造したいものを進化させるための本だ。そこでまずは、あなたが進化させたい創造の対象「x」を定めてみよう。

xは具体的なもののほうがやりやすい。「愛情」や「教育」や「自分」などの抽象的な概念は、探究する価値は高いが、難易度も高いので、進化思考に慣れるまでは避けたほうが無難かもしれない。抽象的な対象を考えたい場合、その概念から具体的な要素を取り出すことをおすすめする。たとえば「教育」を進化させたい場合、「教科書」「カリキュラム」「学校」などを選んでみよう。

## 進化ワーク02　5W1Hタグの用意［10分］

進化思考のワークに共通する情報整理の方法として、5W1Hで考えることをおすすめしている。そのための基本的な付箋の使い方を紹介したい。ある絵本にちなんで、5W1Hタグと名付けている。

社会の複雑な関係を把握するには「いつ」「どこで」「何が」「なぜ」「どのように」で整理することが役立つ。六色の付箋紙を用意して、それぞれの色ごとに分けて書き出してみよう。

WHAT　モノ・パーツ・物質・仕組み
WHO　人・生物などの他者
WHERE&WHEN　場所や時間などの状況
WHY＋　ポジティブな理由
WHY－　ネガティブな理由
HOW　生まれてきたアイデア

モノ・パーツ・物質・仕組み

人・生物などの他者

場所や時間などの状況

ポジティブな理由

ネガティブな理由

生まれてきたアイデア

図1-10
5W1Hタグ

# 第二章 変異

HOW

Chapter

«II»

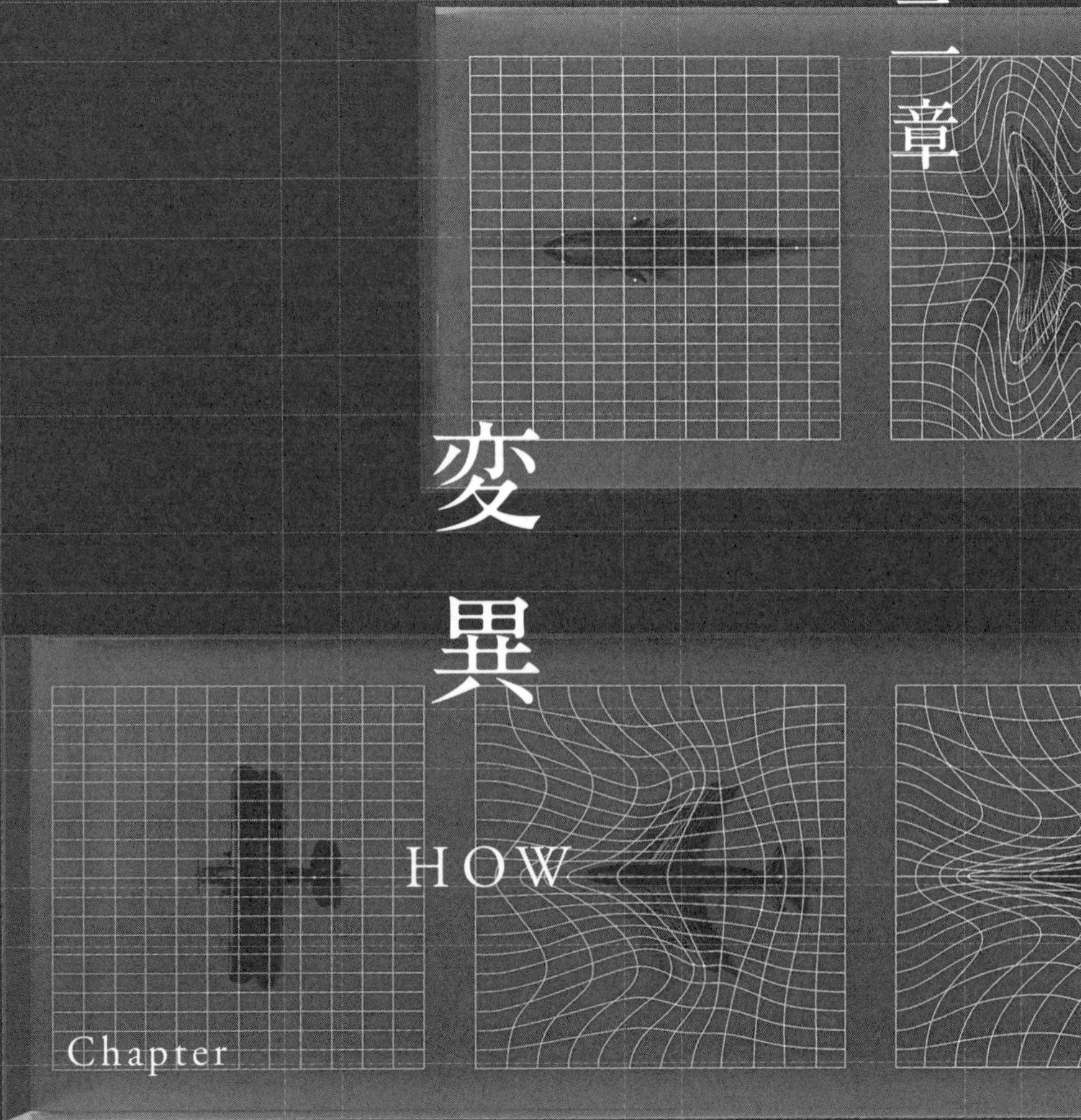

## 変量

極端な量を
想像してみよう

## 擬態

ちがう物や状況を
真似よう

## 消失

標準装備を
減らしてみよう

## 増殖

常識よりも
増やしてみよう

## 移動

新しい場所を
探してみよう

## 交換

違う物に
入れ替えてみよう

## 分離

別々の要素に
分けてみよう

## 逆転

真逆の状況を
考えてみよう

## 融合

意外な物と
混ぜ合わせよう

# 進化は変異から生まれる

ビバップの本質は変化であり、進展だ。じっと動かず、安全にしているのとは違う。創造しつづけようという人間には、変化しかあり得ない。

——マイルス・デイビス[17]

ジャズ史上最大のイノベーターともいうべき帝王マイルス・デイビスは、変化こそ創造の源泉だと看破した。彼は絶対的な評価を得ながら、その評価を捨てるかのように何度もスタイルを作り直し、時に批判に晒されながらも、いつしか大きなうねりとして現代のジャズを築き上げた。

私たちは身の回りにあるモノを当然だと思い込んでいる。蛇口をひねれば水が出るし、コンロからは火が出るし、プラグをさせば電気が使える。世の中のさまざまなモノはすでに完成形のように見えるし、あらゆるモノにはすでに名前がついていて、使い方も決まっている。生まれたときから数え切れない道具に囲まれて生きているから、それは空気のように生存の前提になっている。だから私たちは、その前提が、ある日いともたやすく変わる可能性があることに気づかないのだ。

しかし私の実感からすると、こうした当たり前の出来事を疑って、現在の常識に縛られずに変化の可能性を想像することは、思考の自由そのものだった。そもそも現在の常識的なモノが正解ではなく、もっと言えば正解など存在せず、あらゆるものが失敗しているとしたらどうだろう。事実として人類史が始まって現在まで、完璧な道具は一度たりとも発明されたことはない。これは地球史上に完璧な生物が存在しないことと、まったく同じことだ。すべてのものは変わり続けているし、まだ見つかっていない他の方法はいくらでもある。だから今よりも少しマシな方法を見つけて、常識を変えたっていいのだ。

私が住んでいる横浜は、さまざまなモノが日本で最初に取り入れられた街だ。オフィス近くにある石碑によると、電信事業が日本で初めて東京・横浜間で行われたのが一八六九年、さらに横浜にガス灯が灯ったのは一八七二年だという。それは一五〇年も前の出来事だが、二〇万年前のホモ・サピエンスの誕生からみれば、人類史のわずか〇・一%にも満たない期間に、生活に不可欠なインフラが激変したことがわかる。

私の曽祖母が生まれた頃は、街に自動車の姿などなく、夜は真っ暗で、電気は通っていなかった。信じられない話だが、それが一〇〇年ほど前の日常なのだ。そして、あと一〇〇年もすれば、間違いなく新しいインフラが登場し、常識は様変わりするだろう。当然のように、ガスや電気を使っていない可能性もある。いま我々が使っている道具も、一〇〇年後にはほとんど存在しないだろう。常識がいつか変化するなんて誰も教えてくれないが、一〇〇年前を想像すればわかる通り、それはいつか確実に変化する。

## 変化はエラーが引き起こす

私は失敗したことがない。ただ、一万通りのうまくいかない方法を発見しただけだ。

——トーマス・エジソン

創造性のよくある誤解は、創造的な人はそうでない人よりも頭が良く、間違えずに洗練された創造ができるという固定観念だ。でも実際の創造は、間違いに満ちている。右のエジソンの言葉は、決してたとえ話ではない。実際に彼は、電球を明るく長時間照らすために、フィラメントに十分な性能を求めて約六〇〇〇種類の素材を試し、そのほとんどが失敗した。それでも彼は、諦めずに短い糸切れを入れ替えつづけ、最終的に京都産の竹の繊維がフィラメントに適していることを発見した。彼の生み出した電球の新しい光は、世界の暮らしを根底から変えてしまった。では彼は完璧なモノを発見したのだろうか。もちろんそうではない。エジソンが発見したフィラメントの素材も、変化の過程に過ぎなかった。ご存じの通り、今では京都の竹をフィラメントに採用した電球は骨董品となり、フィラメントすらないLEDによる省電力な電球が世の中を席巻しつつある。

そして、このエジソンの電球の発明自体も、決して〇から一を生み出したわけではない。エジソンの電球以前にはガス灯があり、その隣には電線が通っていた。ガス灯を作るガラスの成形技術と電気が合わされば、電球の発明へと繋がる道が見えてくる。すでにエジソン以前から、電球が出現する兆しがあったのだ。エジソンのすごさは失敗を恐れず、すでにあるモノの組み合わせを何度も試したことにある。そして既存産業の可能性を最大限に利用したからこそ、彼の電球という大発明は世の中に急速に浸透した。

何度でも言おう。世の中に完璧な発明やデザインは存在しない。すべて何かを失敗している。これは、どんなに美しく見えても完璧な生物が存在しないのと同じことだ。万物は流転する。あらゆる常識的な慣習は、いつか覆る。機能も名前も用途も、あらゆる創造物は常に周囲の影響を受けながら変化しつづけている。世界は私たちの想像よりもずっと早く変化し、新しい創造は毎日世界を更新している。つまり私たちがこの手で非常識な変化を生み出す余地は世界の全領域で残されており、また新たな変化が日々生まれ続けているのだ。

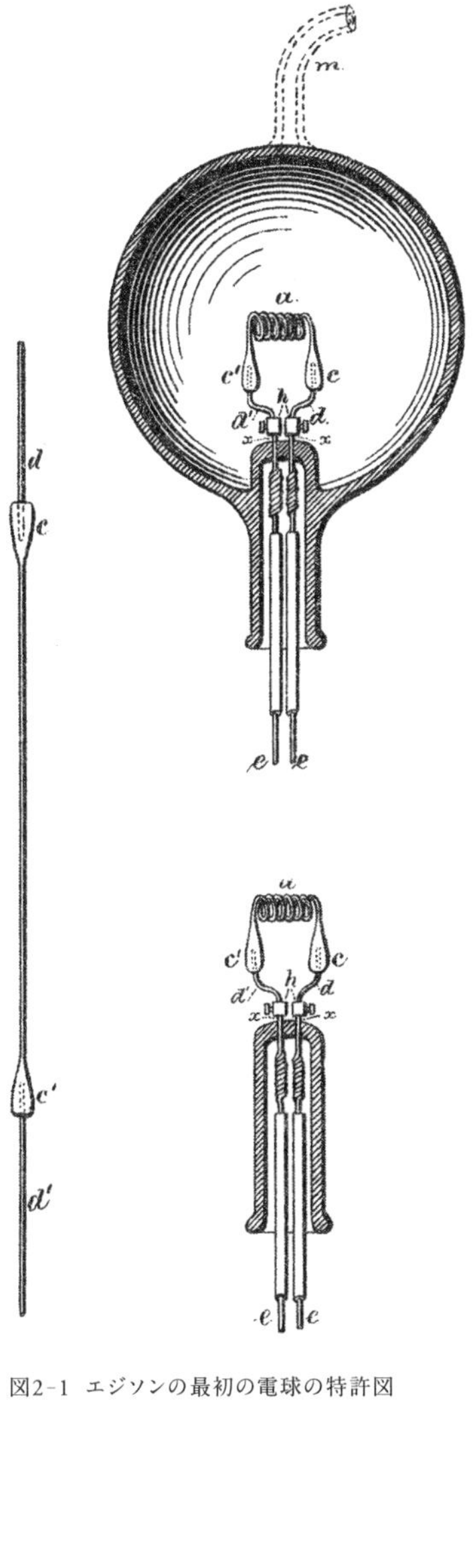


図2-1　エジソンの最初の電球の特許図

人工の世界に現れる新たなものは、すべて何らかの既存のものに基づいて出現する。

——ジョージ・バサラ[18]

バサラによれば、この二〇〇年のあいだにアメリカ一国だけでも五〇〇〇万の特許が登録されたという。生物は三八億年の進化のなかで膨大な多様性を生み出してきたが、人工物の多様性もまたそれに負けないほどに驚異的だ。そしてホモ・サピエンスの誕生から比べると、創造によって人工物のバリエーションが増えるスピードは、急激に加速しているように思える。決して完璧ではない膨大な数の挑戦が、時代を前に進めてきたのだ。

これまで創造性を多くの人に教えてきた実感として、人は誰でもプロセスを学べば創造的な発想ができる。だが多くの人は序盤に出たアイデアにこだわってしまい、発想を捨てるのを躊躇する。現在のアイデアが最良だという思い込みは発想の幅を狭め、可能性を限定する。確かに自分の作ったものはかわいいが、それに自分を投影しすぎて、時には自分自身だと錯覚すると、それを守ろうとして変化できなくなる。まるで自分自身が否定されるのを恐れるかのように、モノの進化と向き合えなくなるのだ。だが覚えておいてほしい。アイデアはあなたから生まれたものだが、あなた自身ではない。

本当に創造的な人は、より良い方法があれば自分のアイデアを即座に捨て去り、他者のアイデアも躊躇なく採用する。進化になぞらえれば、創造的な教育は必然性に基づく選択の判断軸をもつ力と、変異的な偶然を活かして代案を出す力を育むことと定義できる。

そもそも失敗・変異的なエラーがなければ、成功・自然選択による適応進化もないのだ。けれども我々は失敗を悪しき経験として捉え、挑戦を躊躇してしまう。こうしたバイアスの背景には、教育の常識のなかに失敗を避けさせようとする構造上の問題がある。

これまでの教育は、私たち自身に常識を変える可能性があることを教えてきただろうか。あるいは失敗やエラーをして偶然から学ぶ方法を教えているだろうか。規範的な秀才が評価される教育の仕組みでは、予測不能な変化を起こす人は当然、評価されない。これは創造性の本質から逆算すると、教育上の大きな誤りだ。変化を起こす人を育ててこそ、その中から新しい価値を生む人が現れるのだから。変化を抑制する教育ばかりを続けたら、部下の発想は論破するのに代案はない残念な上司のような、非創造的な人が増えてしまう。

もし変化の才能がある人がいても、そもそも変化が許されなければ、その人を社会的弱者にしてしまう危険すらあるだろう。変化を起こす実践的なカリキュラムは、現代教育にはまったく足りない。学校でたくさんの失敗をさせ、そこから解を導く力こそ養うべきだろう。エラーを自在に使いこなせる人が、真に創造的な人ならば、大いにバカになる練習をしようではないか。

進化思考では、変異と選択にまつわる両方の思考力を育む。それはつまり、バカになる変異の価値を学びながら、観察の好奇心を養い、必然性に基づいて選択する力を育むプロセスだ。これが教育に取り入れられたとき、学校は創造的な思考が飛び交う、遥かに楽しい場所になると、私は確信している。

## 進化は進歩ではない

進化という言葉はその語感から、前よりも良くなる進歩的現象だとよく誤解される。しかし実際の進化はある方向への進歩的現象ではなく、ランダムな変化に導かれて起こる現象だ。こうした変異の中には、うまくいかないものも多い。しかし稀に適応的な変化が偶然生まれることはある。こうして、有利なものも不利なものも混ざった多様性ある状態が生まれ、それが進化の材料になる。つまり生物は、不合理を抱えながら進化する。

進化思考では進化の考え方に倣って、創造という現象を進歩的現象とは捉えない。むしろ、偶然の変異という意思の外の力を借りてランダムに発生する現象だと考える。この進化の構造は、創造性に向き合う上で、三つの勇気を与えてくれる。

まず一つ目に、進化は結果論であり、「適応するとあらかじめわかっている変異はない」。創造でも、計画通りに進歩する必要はないのだ。そして二つ目に、ほとんどの発想は良くも悪くもない変化であり「実は進化は偶然に支配されている」。アイデアが出ないのは才能の問題だけではないのだ。そして三つ目に、「失敗するからこそ進化する」。

失敗をたくさん孕んだ変異があったからこそ、これまでよりも適応した進化という結果にたどり着けるし、多様な可能性が発生するのだ。バカ性を発揮してアイデアを出し、あとからでも理由に適ったものを選択できれば、発想はいずれ適応進化する。つまり進化を生み出すには、失敗を承知の上で、多様なエラーへの挑戦が不可欠なのだ。

## デザインの文法

　ここで、少しだけ昔話をさせてもらいたい。進化思考に至る私の研究の始まりは、二〇〇五年まで遡る。当時休学中の大学院生だった私は、いつまでもブラブラしていられないので修士論文を書いて卒業するために大学院に戻った。しかし興味がない研究には気が乗らず、デザインという現象について研究することにした。ちょうど同じ頃、徳島県で人生初の講演会の機会をいただいた。相手は徳島の木工職人のおじいちゃんたちで、デザインとは何かを説明してほしいという依頼だった。カタカナばかりの内容を話してもきっと伝わらないだろう。そこで私は、デザインを漫才にたとえることにした。

「デザインは言葉に似ていて、漫才のボケとツッコミのような構造があります。ボケのように意外性を入れた上で、愛のあるツッコミを入れてデザインを育てましょう」

　ざっくりこんな話をしたところ、初めてデザインがわかった！　という感想をたくさんいただく大評判の講演会となった。進化思考的に考えてみれば、ボケは偶然の変異、ツッコミは必然の選択だ。この講演の成功体験にヒントを得て、私はデザインと言語のあいだにある類似性をテーマに修士論文を書くことにしたのである。

　当時考えられる限りの知恵をしぼって、いかにデザインと言語が近い現象かという内容をベースとして、創造性の法則を修士論文にまとめた。私のゼミの教授だった隈研吾先生も、建築で卒業しないという宣言にもかかわらず、「太刀川君、結論は断言するなよ」

という妙に含蓄ある大人のアドバイスとともに、この研究を快く許可してくれた。
改めて研究してみると、デザインと言語は本当によく似ていた。たとえ話や誇張やイントネーションのような言語的性質があり、また言語的に伝達しやすいアイデアを、明快なコンセプトとして捉えているようだ。言語とデザインの二つの現象の類似性を突きつめていくなかで、ノーム・チョムスキーの生成文法やチャールズ・パースの記号論をベースとして独自の分析と発想方法ができあがった。客観性をもたせるため、この論文ではMoMAのパーマネントコレクション（時代を代表するデザインが所蔵されている）のデザインに共通する性質を言語学的に分類した。こうして「デザインの言語的認知」というタイトルの、青さの詰まった論文が書き上がった。

論文の指導教官だった隈先生や妹島和世先生たちは、この青臭い駄文をその年の最優秀論文に選んでくれた。後日談としてその論文は後輩のあいだで話題となり、激しい回し読みの憂き目に遭い、提出の二週間後には図書館から忽然と姿を消してしまった。こうして私は二冊目の修士論文を図書館に収め、大学院を卒業した。不思議なことに、この論文を書くことで私の発想力は飛躍的に向上したようにも思えた。そのまま私は、見えない関係性を中心に据えてデザイン活動を行う組織NOSIGNER（ノザイナー）を創設し、この論文をきっかけに私はライフワークとして創造の不思議を探究することになる。

あらゆるデザインや発明には言語的なパターンが存在する。その性質を応用することで、新たな発想を生み出すこともできた。この論文で発見した「デザインの文法」は、実によく機能した。私自身、もともと発想が得意とは思っていなかったが、発想のパターンが見出せたことで一生アイデアに困らないと断言できるまでに自信がつき、それから数年のうちに、デザイン分野では世界一と称される賞もいくつかいただいた。デザイン活動と並行して創造性教育の活動を始め、ソニーやＮＥＣなどの大企業や、慶應義塾大学や東京大学i.schoolなどの教育機関でデザインの文法を教えるようになった。しかしデザインと言語の関係性を考えつづけるなかで、それだけでは語りえないさまざまな疑問が生まれ、徐々に別の角度の本質的な思考の輪郭が見えてきた。そんな思考の蓄積が、私の中で徐々に進化思考へと発展していった。

進化と創造はとてもよく似ている。もっと詳しく比較してみたいと私は考えた。例えば生物学者たちは生物進化の不思議を探究する中で、変異が起こる仕組みの正体がＤＮＡの偶発的なコピーエラーであることに気づいた。では創造性にも複製子（遺伝子のような性質を示すもの）はあるのか。リチャード・ドーキンスは、それをミームという言葉で仮定した。その一〇〇年ほど前にも、エヴァルト・ヘリングがムネメという言葉でこの文化的遺伝子を表現していたらしい。ではこの複製子の正体とは、一体なんだろう。

私にはそれが、ヒトの言語に思えてならないのだ。言語は創造に似ている。そして創造は進化に似ている。ここで当然の疑問が浮かび上がる。はたして言語と進化の源泉は似ているのか。この先を探究するために、言語と進化という二つの現象に秘められた類似性について、改めて向き合ってみよう。

## 言語とＤＮＡ

人類は爆発的なスピードで道具を発明し、発展してきた。しかし人類史をひもとくと不思議なことに気づく。二〇万年の人類史の中で、石器のような原始的な道具だけを用いていた時代は、約七万年前まで続いた。つまり人類誕生から約一三万年のあいだ、人類が開発できた道具はごくわずかだったのだ。言い換えれば人類史のほとんどの時間、人は今日のような創造性を発揮していないように見える。しかし現在、私たちは数多の発明や道具に囲まれて生きている。この数万年で私たちの創造性にはどんな奇跡があったのか。

初めに言があった。言は神と共にあった。言は神であった。

——ヨハネによる福音書[19]

創造という人類史の大きな謎の手がかりとなるのが、言語の登場だ。言語が発明されたのもまた七万年ほど前だったという説がある。その説の論拠としてあげられるのが、弓矢の発明だった。弓矢のような組み合わせる道具は、言語の発明なくしては困難だったと考えられている。この説が正しいなら、言語の歴史は、人類が道具と技術を進化させてきた歴史とぴたりと重なる。進化と同じように、言語も変異と選択を繰り返しながら分化していった。紀元前三五〇〇年頃にシュメール人が文字を開発し、その後さまざまな言語の進化の結果として、人類は地球全体で六〇〇〇種類を超える言語を生み出し、プログラミングのコードや楽譜のスコアなどの文化的な言語を含めるとその数はもっと多く、今日も増えつづけている。さまざまな言語の登場は、人類が道具を創造するスピードを必然的に加速させただろう。

言語には言い間違えや聞き間違えという変異が自然発生する仕組みがあり、環境との相互作用による選択があり、遺伝のように世代を超えて未来に継承できる、進化的な性質がある。地球史に登場した生物のなかで、人間だけが圧倒的な創造力を発揮する背景には、言語の獲得が大きく寄与したのではないか。

そして言語は、あまりにもDNAに似すぎてはいないだろうか。デザインと言語の類似を探究していた私のなかに、言語こそが創造にとってのDNAの代替品となり、変異を促したという妄想的な仮説が、徐々に明確なイメージとして浮かび上がってきた。

図2-2
約30万年前の石器、アシュールハンドアックス

図2-3
ロゼッタストーン。古代エジプト語の神聖文字（ヒエログリフ）と民衆文字（デモティック）、ギリシャ文字の3種類の文字で記述されている

変異≫
変量
擬態
消失
増殖
移動
交換
分離
逆転
融合

DNAはコンピューター・プログラムに似ている。だが、これまでに作られたどのソフトウェアよりも、遥かに高度なものだ。

——ビル・ゲイツ[20]

ビル・ゲイツも指摘するように、進化を生み出すDNAと、言葉やプログラミングなどのさまざまな言語は、大変よく似ている。この類似性こそが、私には創造と進化を繋ぐ鍵に思える。DNAは、生命という国の言語のような分子だ。アデニン(A)とグアニン(G)、シトシン(C)とチミン(T)の四種類の塩基(ヌクレオチド)が文字として書かれており、人間の場合はこれらが三〇億文字並んでゲノム(一セットの遺伝情報)となる。もしDNAが生命の共通言語だとしたら、塩基が文字、それを三つ組み合わせたコドンが単語のように見えてくる。そしてまったく違うように見える多様な生物たちも、ゲノムの基本的な塩基配列はよく似ているのだ。さらに種が違ってもDNAの記述ルールは共通していて、DNAは違う種の生物とのあいだでも編集や交換ができる。そこにはまるで、生命を形作る「DNAの文法」が存在するかのようだ。

DNAの変異は例えば複製時などに発生する。DNAの複製ではまず二本鎖が半分に裂け、裂けた鎖(親鎖)の周りに塩基が集まって新しい鎖(娘鎖)ができて、二倍ずつに増えていく。その際にうまくコピーされない場合があるのだ。こうしたエラーはゲノムのどこかでランダムに発生する。そのときの変異の多くは有利でも不利でもない中立的なものので、子どもに受け継がれて増加したり消失しながら、ある程度集団中に留まって、種内

TGACGTCGCGGACAACCCAGAATTGTCTTGAGCGATGGTAAGATCTAACCTCA
GGGGCTTTACTGATGTCATACCGTCTTGCACGGGGATAGAATGACGGTGCCCG
TTTCTGAAAGTTACAGACTTCGATTAAAAAGATCGGACTGCGCGTGGGCCCGG
TTTCGACGTGTCAAGGACTCAAGGGAATAGTTTGGCGGGAGCGTTACAGCTTC
ATAAAATTCAACTACTGGTTTCGGCCTAATAGGTCACGTTTTATGTGAAATAG
CTGGGTGTTCTATGATAAGTCCTGCTTTATAACACGGGGCGGTTAGGTTAAAT
CCAAGCGCCCGCTAATTCTGTTCTGTTAATGTTCATACCAATACTCACATCAC
CCCAGTCGCAAGGGTCTGCTGCTGTTGTCGACGCCTCATGTTACTCCTGGAAT
TTAAGGCGTGTGATCGACGATGCAGGTATACATCGGCTCGGACCTACAGTGGT
GCGGTTCGGCGCGTAGTTGAGTGCGATAACCCAACCGGTGGCAAGTAGCAAGA
ACAACCTAACTAATAGTCTCTAACGGGGAATTACCTTTACCAGTCTCATGCCT
ATGATATCGCCCACAGAAAGTAGGGTCTCAGGTATCGCATACGCCGCGCCCGG
CAGTAGAGAGCTATTGTGTAATTCAGGCTCAGCATTCATCGACCTTTCCTGTT
TCGTCCGTAACGATCTGGGGGGCAAAACCGAATATCCGTATTCTCGTCCTACG
CGCGTGATCGTCAGTTAAGTTAAATTAATTCAGGCTACGGTAAACTTGTAGTG
GGGTTCGCTACAGATGAACTGAATTTATACACGGACAACTCATCGCCCATTTG
AGTGGCAGATTAGGAGTGCTTGATCAGGTTAGCAGGTGGACTGTATCCAACAG
AAAGCGTTGTAGTGGTCTAAGCACCCCTGAACAGTGGCGCCCATCGTTAGCGT
GTGCGACATGGGGCCAGTTAGCCTGCCCTATATCCCTTGCACACGTTCAATAA
TTTAAATTAGGATGCCGACCCCATCATTGGTAACTGTATGTTCATAGATATTT
CTGACACGCAAGGGTCAACAATAATTTCTACTATCACCCCGCTGAACGACTGT
TAGATTCGCGTCCTAACGTAGTGAGGGCCGAGTCATATCATAGATCAGGCATG
CACGAGTTGTAAACAACTTGATTGCTATACTGTAGCTACCGCAAGGATCTCCT
CTGGATCCGAGTCAGAAATACGAGTTAATGCAAATTTACGTAGACCGGTGAAA
ACCGTAGTCAGAAGTGTGGCGCGCTATTCGTACCGAACCGGTGGAGTATACAG
GAGCTCGGTCCCCAATGCACGCCAAAAAAGGAATAAAGTATTCAAACTGCGCA
ATTATCCATCCGAACGTTGAACCTACTTCCTCGGCTTATGCTGTCCTCAACAG
GCTGTGGATCTTAACGGCCACATTCTTAATTCCGACCGATCACCGATCGCCTT
TAAGTTATCCAGATCAAGGTTTGAACGGACTCGTATGACATGTGTGACTGAAC
GTTTCAAGGCCTCTGCTTTGGTATCACTCAATATATTCAGACCAGACAAGTGG
AGGTATTCACGCAACCGTCGTAACATGCACTAAGGATAACTAGCGCCAGGGGG
AGACTACCCTATGGATTCCTTGGAGCGGGGACAATGCAGACCGGTTACGACAC
TATTATTAGCAAGACAATAAAGGACATTGCACAGAGACTTATTAGAATTCAAC
GTTGGGTCGGGCAAGTCCCCGAAGCTCGGCCAAAAGATTCGCCATGGAACCGT
CTGCTCCTGTTCCGGGTACCATAGATAGACTGAGATTGCGTCAAAAAATTGCG
TAGAAATACCAGACTGGGGAATTTAAGCGCTTTCCACTATCTGAGCGACTAAA
AATCCGCAGTAGGCAATTACAACCTGGTTCAGATCACTGGTTAATCAGGGATG
CCGACGCGACAGCTCTTCAAGGGGCCGATTTTTGGACTTCAGATACGCTAGAA
CTGCGGCCTGCAGGGACCCCTAGAACTTGCCGCCTACTTGTCTCAGTCTAATA

図2-4　あるウイルスのゲノムDNAから抜き出した塩基配列。DNAは4種類の文字で書かれた文章だ

に多様性を生み出す。木村資生氏は、このような中立な変異が進化の重要な要因であるとした中立説を提唱した。多くのエラーを孕んだまま、生物は進化する。中立な変異が蓄積することによって、多様性が生まれるのだ。

そして私たちの言葉やデザインもまた、細部を見ると他の手段でもいいような中立なディテールに満ちている。一見完成されている道具なども、そのディテールを観察すれば、良くも悪くもない、成り行き任せの決定の集積なのだ。この曖昧さが創造にも多様性を生み出す。

### 〈創造にとっての言語 ≒（ほぼ等しい） 進化にとってのＤＮＡ〉

この言語と遺伝子の類似性が、人類が創造という進化のような特殊能力を急速に発揮しはじめた理由なのではないか。人類の文化史を見れば、新しい言語の誕生に伴って、その都度新しい創造が生まれてきた。楽譜が生まれれば音楽が発展し、モールス信号が電信を、プログラミング言語がデジタル社会を発展させた。言語は、伝達ミスや誤解を引き起こす。言葉で相手の考えを一〇〇％理解するのは不可能で、私たちは常に誤解しながらエラーを許容して生きている。この言語的誤解のプロセスは、まるで悪いことのようだが、実は創造にとって不可欠なものかもしれない。実はそれがＤＮＡの複製エラーと同じように変異を発生させる源になり、創造の源泉になっているのではないか。

こうした視点に立つと、進化と創造の類似性の背景を上手に説明できる。一つの仮説として、人間による創造という超常的な知的現象が自然発生した裏側には、言語というＤＮＡの代役の獲得があるのではないか。この仮定に基づいて、私は言語的なエラーが発生する偶発性を高められれば、創造的発想の発生確率を上げられると考えている。

意図的か偶然かによらず、エラーには創造的な価値がある。意図的な言語エラーにおける会話といえば、ダジャレなどが典型的だ。「ダジャレを言うのはだれじゃ。」空気を切り裂くそんな一言を放つ人ほど、実は創造的な御仁かもしれない。

「ヒトが創造できる」のはなぜか。この本の冒頭で、そんな疑問を投げかけた。

現在まで地球上で人間以外に言語をこれほどうまく操る生物が確認できないことを見れば、創造性という人類に起こった奇跡に合点がいく。実は個体以上に言語そのものに、創造性の源泉が宿っていると私は考える。逆に他の生物も、言語を発明したときに初めて、多様な創造力を発揮しはじめるかもしれない。たとえばシジュウカラの鳴き声に秘められた言語性を証明した研究もある。ニューカレドニアのカラスは、原始的な道具を植物で作り出し、環境によって道具の形態を変えるという。そこに共通文法を持った言語が出現し、それを記述する方法が獲得されれば、鳥もまた文明を築く可能性がある。

近年のChatGPTなど近年の自然言語処理ＡＩの急速な発達は、コンピューターとのあいだに自然な会話を可能にした。命を宿していないはずの計算機に感じる知性の背景に、言語処理そのものから自然発生する知性の片鱗を、私たちは見ているのかもしれない。

## 偶然的変異のパターン

どうやら創造性には言語的なエラーのパターンがある。そう気づく中で私は、こうしたパターンにはどのくらい種類があるのか、徹底的に数えてみることにした。言語の変化には特有のパターンがある。言い忘れたり、何度も同じことを言ったり、誇張したり、別の単語を言ったり、つい真似をしたり、言う状況を間違ったりする。私が数え上げた変異のパターンは、こうした言語的なエラーのパターンと一致するところがある。左頁の「偶然的変異のパターン」を見てほしい。私が発見できたのは、せいぜいこれくらいだった。これらの変異のパターンそのものが、バカになるためのルール、つまり発想の型になる。

すべての変異パターンを網羅しているとは思わないが、実はこれだけでほとんどの発想を説明できる。オズボーンのチェックリスト（SCAMPER 法とも呼ばれる）やＴＲＩＺなどどこのパターンに近い手法はあるが、なぜパターンが発生するのかは語られてこなかった。私はこうした創造のパターンの背景に、言語の性質があると考えている。

そして不思議なことに、これらのパターンは生物進化によって獲得された表現型（目に見える形質）や、偶然の奇形にも共通する。さまざまな生物の奇形の発生パターンを研究していたウィリアム・ベイトソンは、一八九四年に出版した『多様性の研究のための材料群[21]』のなかで、数多くの生物の奇形の例を網羅的にあげている。確かに変異の中には触角が生えるところに足が「交換」されたかのように生えているハエや、卵管の本数が「増殖」

# 偶然的変異のパターン

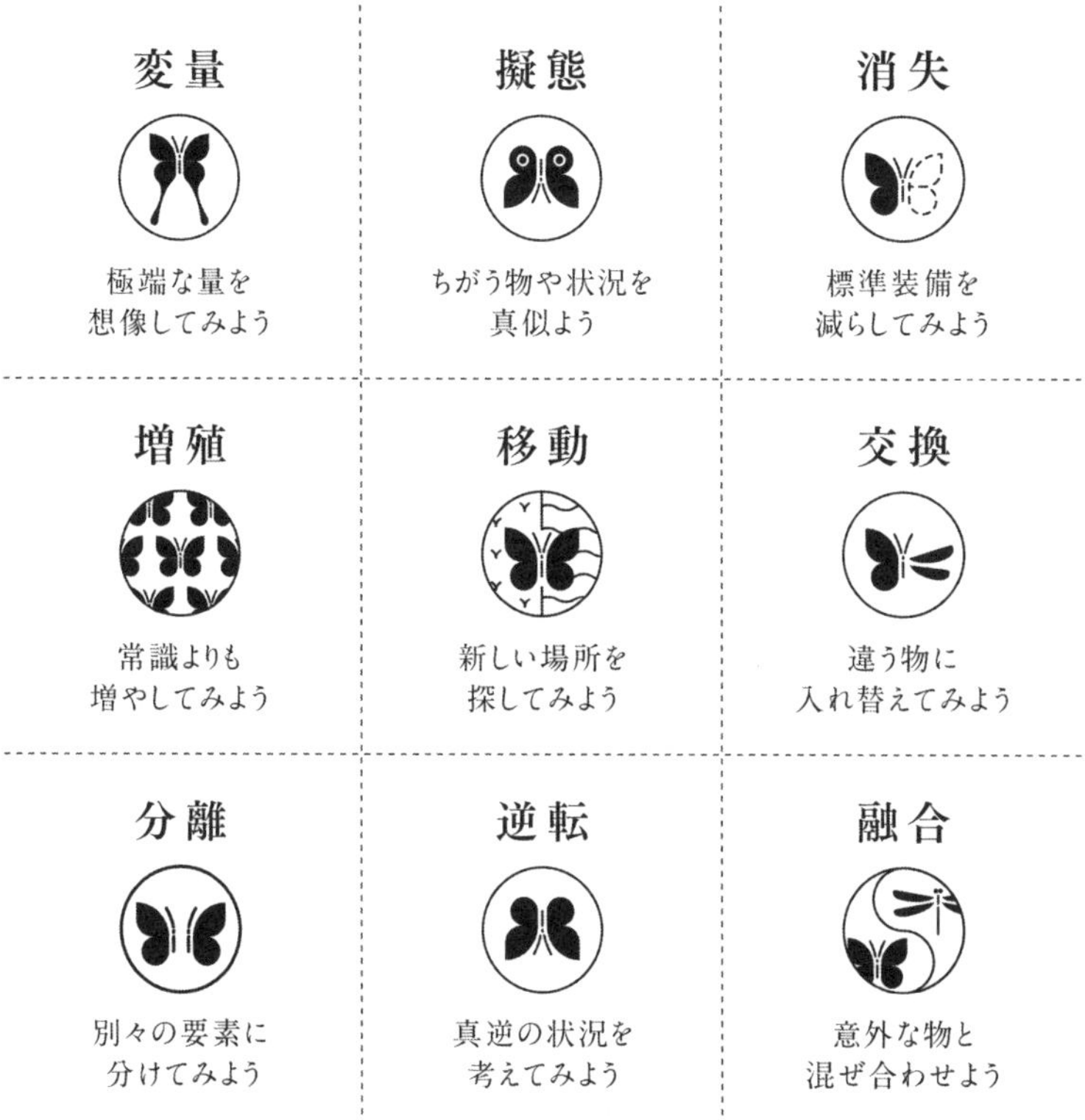
変量
極端な量を
想像してみよう
擬態
ちがう物や状況を
真似よう
消失
標準装備を
減らしてみよう
増殖
常識よりも
増やしてみよう
移動
新しい場所を
探してみよう
交換
違う物に
入れ替えてみよう
分離
別々の要素に
分けてみよう
逆転
真逆の状況を
考えてみよう
融合
意外な物と
混ぜ合わせよう

図2-5　進化と創造に共通して観察される偶然的な変異のパターン

したザリガニ、羽の模様が「消失」した蝶などが見られる。そこには明らかに創造と共通する突然変異のパターンが存在しているように見える。このように自然界と創造に共通のパターンを発見できるのは、考えてみれば興味深いことだ。

言語にそっくりな構造を持ったＤＮＡが引き起こす変異にも、結局は言い間違えや聞き間違えのような、言語が引き起こす創造に共通するパターンがあるのではないか。こうした考えから私は、言語構造がもたらすエラーによる変異が、創造と進化の本質に共通する変異のパターンを形成しているという仮説に至った。

また一つ断っておきたいこととして、進化思考においてはこうしたＤＮＡと言語の性質に由来する変異だけでなく、何かに似てしまう擬態のような変化も含めて、進化と創造の類似性から変異のパターンを抽出している。厳密には擬態は適応のあり方であり、生物学では変異としては見なされないが、創造的発想においては強力な型になるからだ。

では一例として、自動車産業に見られる変異のパターンを観察してみよう。カール・ベンツによって発明された世界初の自動車は、見るからに馬が「消失」した馬車であり、馬がエンジンに「交換」された、あるいは内燃機関と荷車が「融合」した馬車でもあった。ある意味ではエンジンが馬に「擬態」したともいえるだろう。ご存じの通り、自動車のエンジンの出力の単位は馬力と呼ばれている。また、馬車の時代からイギリス型の左車線とフランス型の右車線が分かれていたので、結果的に左ハンドルと右ハンドルという「逆転」した自動車が今日でも作られている。

自動車の普及によって人の暮らしは郊外へ場所を「移動」したし、自動織機など別のモノを作っていたトヨタのようなメーカーは、その技術を「移動」して新市場に参入した。自動車産業は大きな産業インパクトがあったので、ホイールやシートなどさまざまな専門メーカーに「分離」して、それぞれの道を追求した。エンジンの性能も時を追うごとに向上し、当初は二気筒だったエンジンも、乗り心地とパワーを求めて一二気筒などに「増殖」した。また、たくさんの自動車が「増殖」することで、まさにその巣となる駐車場やレンタカーのような新しいビジネスが生まれた。軍事利用の自動車は、迷彩色に「擬態」した。また、用途に合わせて自動車は物理的な「変量」によってバリエーションを生み出し、バスやリムジンのように巨大に、軽自動車のように超小型に、あるいは技術の進化によって超低燃費・超高速のような「変量」を果たした。また、バッテリーの発展によってエンジンはモーターに「交換」されつつある。そして昨今では自動運転によって、運転という行為自体が「消失」しようとしている。こうして自動車の進化は脈々と続き、さまざまな種に分化した。創造の変異パターンが自動車のさまざまな可能性を開き、わずか約一三〇年のあいだに現在の自動車社会ができあがったのがわかる。この自動車産業の例のように、あらゆる創造のなかに変異のパターンが発見できるのだ。

進化思考における変異、つまり秀才とバカでいえば「バカ」側の思考プロセスは、言語的パターンに従って「エラー」として起こる。新しいアイデアは常に想定外だ。

進化思考の変異の探究では、生物の突然変異や発明的な創造に見られる共通のパターンを応用して、常識を超えたバカな発想を練習する。創造の変異パターンを習得すれば、発想は難しくないし、むしろ規格外のバカな発想を考えつづける変異的思考の学習は、とても楽しいプロセスだ。

椅子を椅子でしかないと思い込んでいる人にとって、椅子は変化しないままだ。だが椅子を楽器だと思える人こそが、新しい発明を成し遂げる。実際に一九世紀にアフリカから中南米に渡った黒人たちは、積荷の箱に座っていたときに、それをドラムにしようとひらめいた。そこから椅子と楽器が「融合」したカホンという楽器が生まれた。

こんなふうに創造に繋がる変化は、生物の変異のように半ば偶然に起こる。卵が先か、鶏が先か。創造とは、偶然か、それとも必然か。実際の創造はそのどちらかではなく、偶然の変異と必然の選択が往復する現象なのだ。偶然のエラーが鍵となるプロセスだからこそ、意図的に創造できなくてもしかたない。地動説や相対性理論などの発明や法則は実験中の偶然のエラーや、計算式のなかのエラーの発見がきっかけとなって生まれた。つまり偶然のエラーそのものが創造的な出来事であり、そのエラーが選択圧をくぐり抜け、状況に適応したとき、初めて創造は結実する。

一年間に千のアイデアが浮かんだとして、その中のたった一つがすばらしいということであっても、私はそれで満足だ。
——アルフレッド・ノーベル[22]

創造的な成功は通常、案出した試案の数に正比例する。
——A・オズボーン[23]

ノーベルやオズボーンが語るように、創造的な思考においては、エラーへの挑戦の数もまた重要なのだ。偶然の発生確率が高まれば、結果として創造性は高まる。変異的思考は、バカになって、たくさんの新しい挑戦への可能性を妄想する技術だ。生物の進化にも創造の現場にも、下手な鉄砲がその後の進化に繋がることがある。一回の思考が失敗するリスクよりも、むしろ過去の成功に縛られて思考が変化できなくなることのほうが、進化的かつ創造的な思考においてはずっと大きなリスクとなるのだ。

この章では、偶然の発想の練習として、極端な形質の生物の変異や発明の例を紹介する。固定観念を超えた柔軟な発想のために、こうした例から変異的思考を訓練するのだ。進化には、ＤＮＡによる制約、環境からの制約などの結果として、進化しやすいパターンが存在する。そしてどうやら創造にも、このパターンの多くが共通しているのではないかと私は考えるようになった。これから紹介する九つの変異パターンは、新しい発想を偶然から生み出す、具体的かつ強力な思考のツールとなるだろう。

変異的思考を学び、固定観念を破る妄想力を育もう。常識に縛られるのをやめ、バカな挑戦を新たな名前で賛美しよう。一つ一つの言葉に定義された固定観念を疑おう。狂ったように妄想しよう。アイデアの質は問わない。ふざけたアイデアも大歓迎だ。思考に起こる偶然の発生を抑制せず、思いがけない可能性に心を開こう。なにせこれは、バカになるための訓練なのだから。

# 変量

## 偶然の変化 1

### 極端な量を想像してみよう

「三五〇〇キログラムの大きな赤ちゃんですよ〜！」

……ベビーというよりヘビーである。こんな規定外の赤ちゃんが言い間違いによって誕生してしまうように、エラーは想像を超えた妄想を生み出す。言語にも生物の形態にもこうした変異は発生しやすく、時には適切な量を逸脱した変異が生まれる。

また誇張表現が可能な言語の性質を私たちは積極的に使っている。印象に残った出来事を一生懸命伝えるとき、ついつい誇張してしまったりする。きっとものすごく大きくて、臭くて、金持ちで、かっこよかったんだろう。わかるわかる。こうした言葉は印象に残るので、私たちは量的極論を問うことをやめない。

「もし私が一トンのデブなオバサンになっても好きでいてくれる?」

「もし地球上で私たち二人だけになったらどうする?」

いやいや、どっちもさすがにないだろう。こんな調子で、振り切った量を設定し、普遍性を確認しようとする。このように言語伝達には、誇張的なエラーがつきまとう。こうした異常な量的変異は、創造性にとっては有効な偶発性を生み出す。

## 生物進化における「変量」

変量的な発想は、先鋭化した状態を想像するのに役立つ。そしてこうしたタイプの先鋭化は、実は生物進化のなかにもよく表れる。かつてダーシー・トムソンは一九一七年の著書『生物のかたち』[24]のなかで、多くの魚の形態は、ただ伸ばしたり膨らましたりという単純な変形をしただけで、構造の構成は基本的に同じことを指摘した。確かに、ほとんどの魚は似たような骨の形をしていて、大きさや形状に若干の単純な変形が施されただけのようにも見える。

生物の近縁種同士は、その骨格に共通する構成を持っている。見かけ上の違いが大きくても、基本構造は変わらずに、どこかの部位が誇張されるような形で変異することが多い。

たとえばコウモリの骨格は、生物進化における誇張表現の典型のように見える。コウモリは哺乳類で、イヌや馬の近縁だ。とうていイヌには見えない

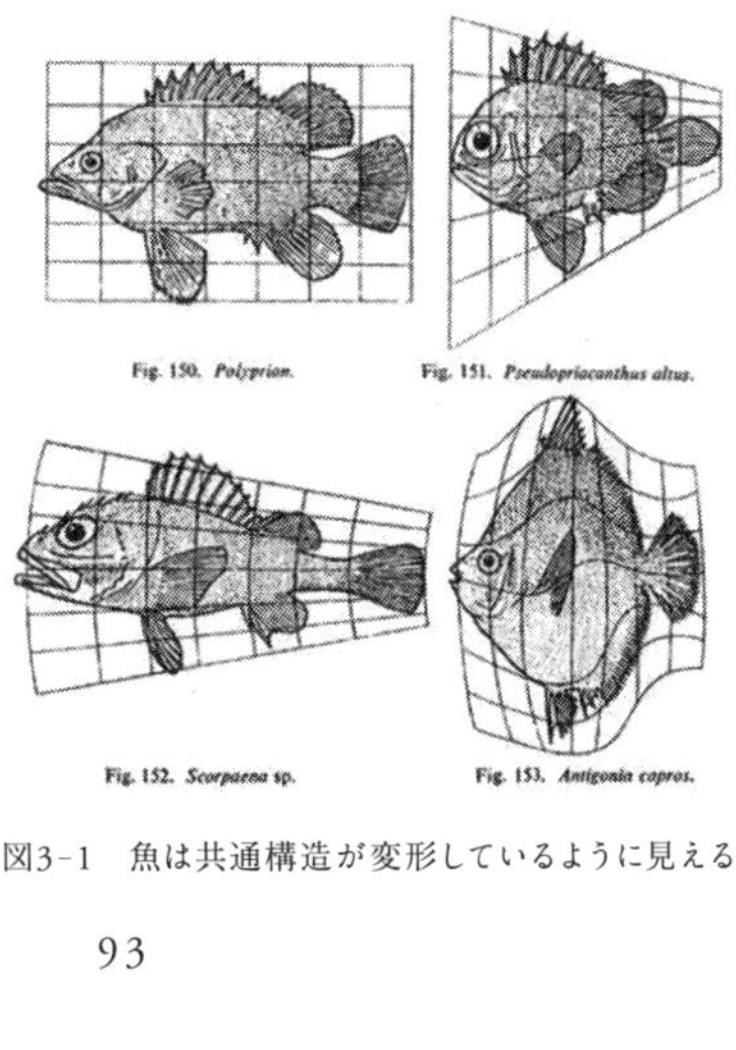

Fig. 150. Polyprion.
Fig. 151. Pseudopriacanthus altus.
Fig. 152. Scorpaena sp.
Fig. 153. Antigonia capros.


図3-1　魚は共通構造が変形しているように見える

図3-2　ミツツボアリは身体にミツを貯める

コウモリだが、そんなコウモリの骨をよく観察すると、羽を構成している骨は哺乳類の指を伸ばした形そのものだと気づく。あの大きな翼は、実は超巨大な手だったのだ。この形態を獲得する際に、骨の数を増やしたりして全体構成を変えるよりも、それぞれの骨の大きさや長さの変量のほうが、わずかな変異でたどり着ける適応だったのだ。

ムササビやモモンガなども、自らの皮膚を引き伸ばして飛行能力を獲得しているように見える。働きアリのなかでミツツボアリと呼ばれるアリは、自らの身体をはち切れんばかりに膨らませることで、自分の質量よりも多くのミツを体内に蓄え、壺のように自らアリの巣の倉庫の機能を果たす。キリンの首が伸びる、ペリカンのくちばしが大きくなるといった例のように、量的な変異による進化はたくさん存在する。

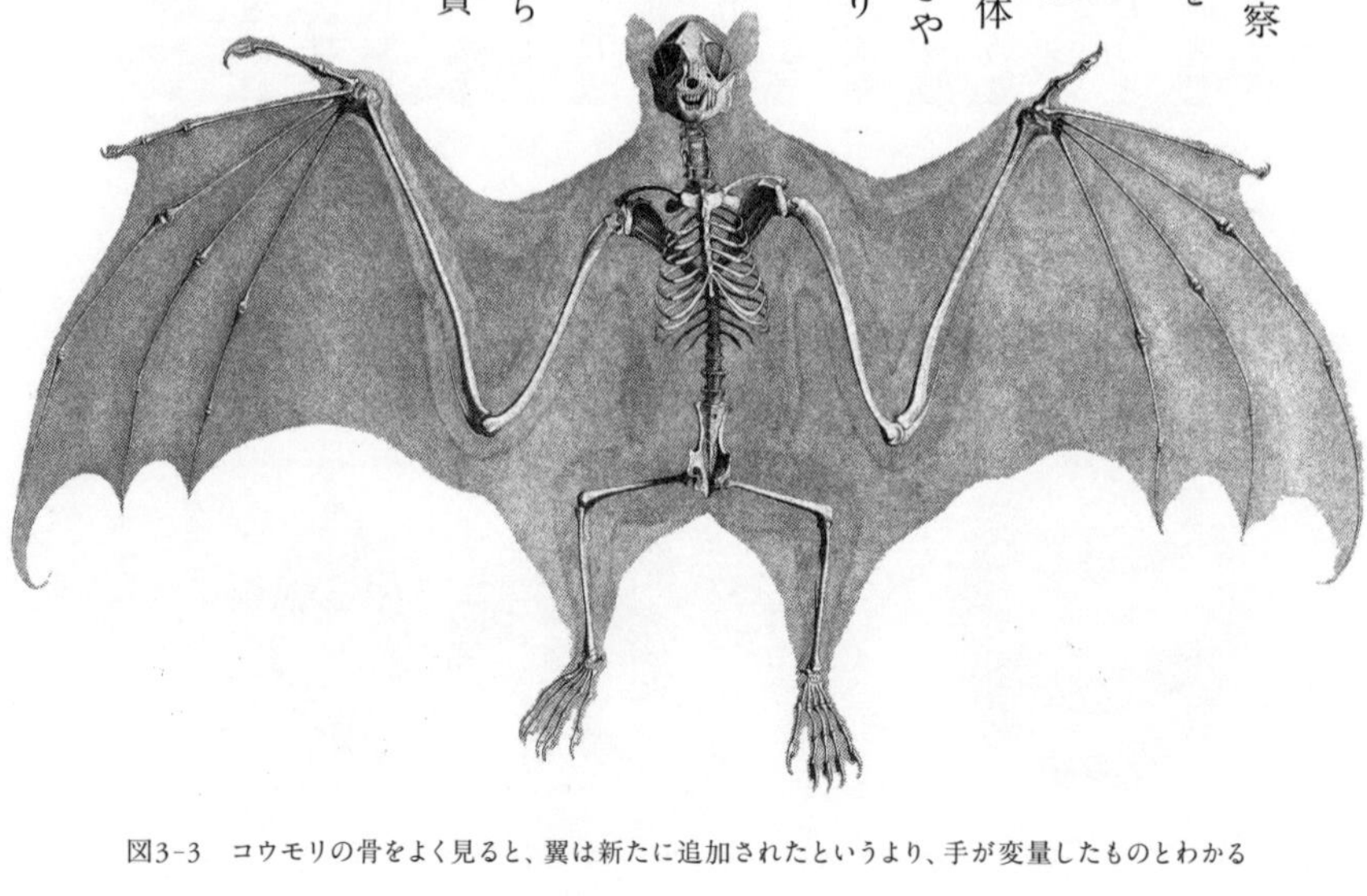

図3-3　コウモリの骨をよく見ると、翼は新たに追加されたというより、手が変量したものとわかる

生物の身体が発生するときには、細胞分裂によって一つの細胞が二倍になり、それが四倍になり、さらに八倍になり、といった具合に指数関数的に細胞を増やしていく。つまり単純計算では、一つの細胞が人間の身体を構成するまでには、わずか四五回程度の倍化のプロセスで十分な計算となる。

生物が細胞分裂によって成長する際には、ちょうどいいところで分裂が止まり、それ以上大きくならないようにできている。この分裂回数のコントロールはとても興味深い現象だ。量的な変異が生まれるときには、その分裂回数と、分裂後の細胞の大きさの両方の変異が発生している。この仕組みによって、量的な変異が発生しやすくなっているのだろう。もちろん、身体の大きさだけがこの例に当てはまるわけではなく、重さとか色の彩度や明度といったパラメーターが、祖先の状態から大きく変化した進化の例はたくさんあり、進化上の変異のパターンの一つの典型例を示している。

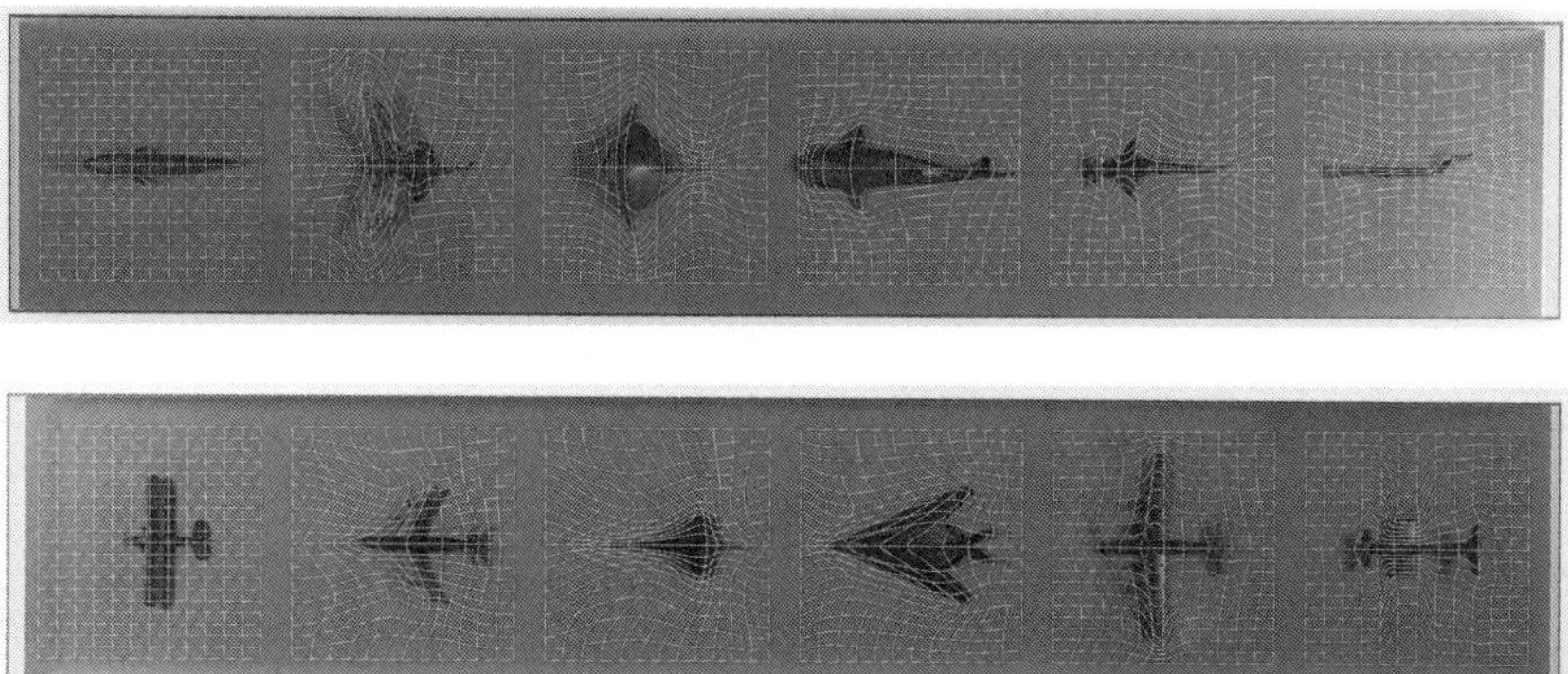

図3-4　ggg　飛行機と魚の形態変化を、模型の上に線を重ね合わせて表したアートワークを作った

## 創造における「変量」

量を誇張した変異はもちろん生物の進化だけでなく、発明やデザイン、あるいはアートにも数多く見られる。スーパーなんとか、といった名称のように、創造において変量的な発想は、最も典型的なパターンの一つだ。常識破りの発想をするとき、量の変化で圧倒するのは、単純に思いつきやすい方法だからだろう。

椅子を例にあげてみよう。椅子の幅を横に伸ばせばベンチになり、上下に伸ばせばプールの監視員の椅子になる。低くすればラウンジチェアになるし、高くすればカウンターチェアだ。面積を大きくすればベッドになり、小さくすれば自転車のサドルになる。柔らかくすれば長居したいソファになり、硬くすれば顧客の回転率の高いハンバーガー屋の椅子になる。小さくして子どもや人形を座らせたり、大きくしたら家として座面の下に住めるかもしれない。モノに秘められた量のパラメーターが変化するだけで、役割や機能も変化する。このように、パラメーターを誇張的に変える思考プロセスに慣れ、瞬間的に多くの未知の可能性を連想できれば、固定観念のバイアスを簡単に外せるようになる。

変量的な発想のやり方は簡単だ。発想したい対象をxとしたときに、xそのものや中身について、「超〜な x」を無数に妄想していけばいい。パラメーターを変えるだけで、さまざまなバリエーションが生まれる。こうしたパラメーター調整から発明された道具は数え切れない。こうした変量的な創造と進化の例を少し紹介しよう。

## 変量1　超大きく

・世界最大の哺乳類「シロナガスクジラ」
・超大きい目玉「メガネザル」
・商店を大きくした「スーパーマーケット」
・車を大きくして乗客定員を増やした「バス」
・iPhoneを大きくした「iPad」
・超大きい人形「大仏」
・超大きい風車「風力発電機」

## 変量2　超小さく

・最小の哺乳類「コビトジャコウネズミ」
・約一センチの「イベリアコヤスガエル」
・ラジカセを超小さくした「ウォークマン」
・スピーカーを小さくした「ヘッドフォン」
・超小型の「スパイ用カメラ」
・地球を小さく描いた「地球儀」

図3-5　超大きい哺乳類

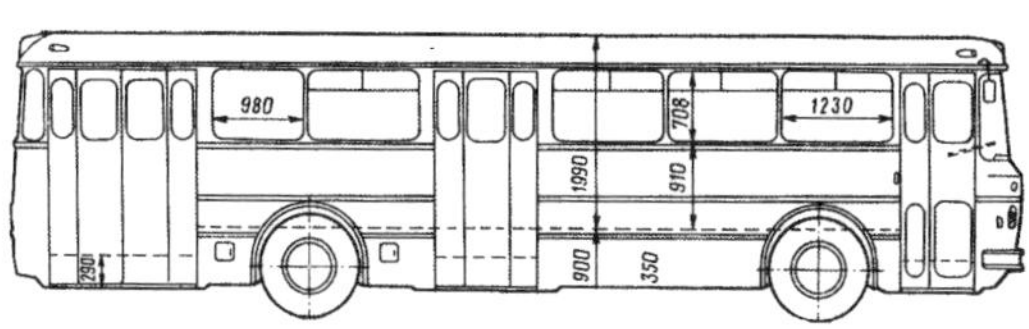


図3-6　超大きい車

図3-7　超小さい地球

図3-8　超小さい哺乳類

## 変量3　超薄く

・薄いことで隠れる「カレイ」や「ヒラメ」
・木を超薄くした「紙」
・薄さが売りの「〇・〇一ミリのコンドーム」
・土器を高温焼成し薄く軽くした「弥生式土器」
・封筒から出せるパソコン「MacBook Air」

## 変量4　超厚く

・超分厚い肋骨を甲羅にした「亀」
・世界中のあらゆる単語を集めた超厚い本「辞書」
・若い女性に人気の「厚底ブーツ」

## 変量5　超高く

・高いところの草を食べる「キリンの首」
・エレベーターが可能にした「超高層ビル」
・消火のためにはしごを伸ばす「消防車」

図3-9　超薄い木の皮

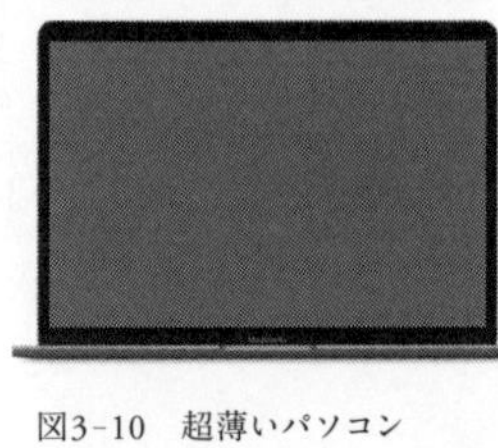
図3-10　超薄いパソコン

図3-11　超厚い本

図3-12　超厚い甲羅

図3-13　超高い建物

## 変量6　超長く

・全長最大約一〇メートルの「アミメニシキヘビ」
・約五〇センチにもなる「コシグロペリカンのくちばし」
・とても細くて長い「ナナフシの足」
・食道を通すために細長くなった「胃カメラ」

## 変量7　超軽く

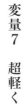

・軽くなるように内部が空洞化している「鳥の骨の構造」
・AIによって軽さを最適化する「ジェネラティブ構造設計」
・指一本で持ち上げられる名作椅子「スーパーレッジェーラ」

## 変量8　超速く

・時速一一〇キロメートルで泳ぐ「バショウカジキ」
・速さを競う機能に特化した「F1カー」
・毎秒八〇回羽ばたく「ハチドリ」

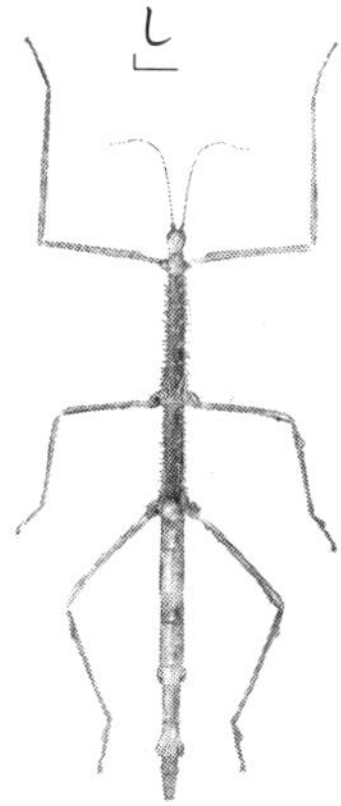

図3-14　超長い足

図3-15　超軽い骨

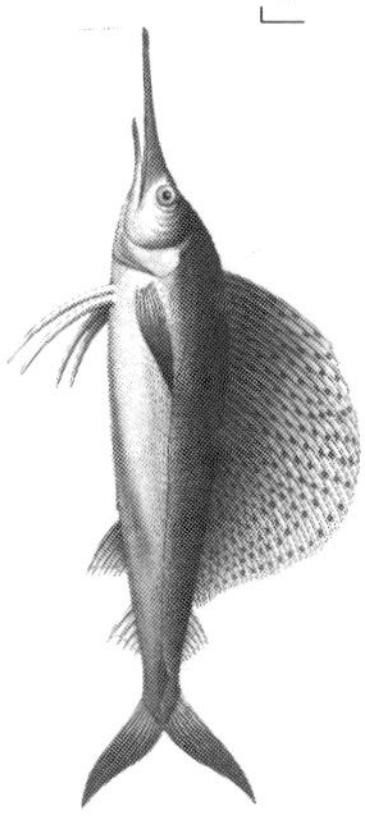

図3-16　超速い魚

**変量9　超遅く**

・映像に新しい効果を与える「スローモーション」
・毎秒三センチメートルしか進まない「ナマケモノ」
・毎秒一・三ミリメートルしか進まない「カタツムリ」

**変量10　超柔らかく**

・超柔らかい身体「タコ」
・化学反応によって超柔らかくなった「ゴム」

などなど、変量は生物の進化に見られるだけでなく、さまざまな発明を生み出したアイデアの源泉になっている。モノに備わるパラメーターの量を振り切るという単純な発想だけでも、さまざまな新しい発想を切り開くことができる。人はなぜか極端な変量に挑戦しつづける。世界最速、最薄、最軽量といった困難な挑戦の達成が価値として認識されているのは、変異に対する人類のチャレンジ本能を表しているようでおもしろい。極端な量の妄想は、常識を揺さぶる変異として創造性を刺激する。ありえないほどの量が、時に偶然の一致や新たな手法の創出に繋がるのだ。

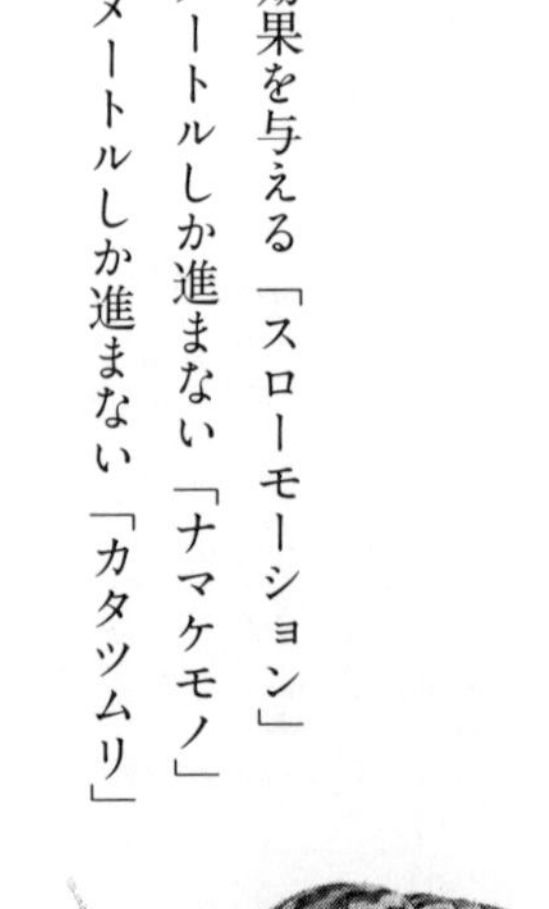

図3-17　超遅い動物

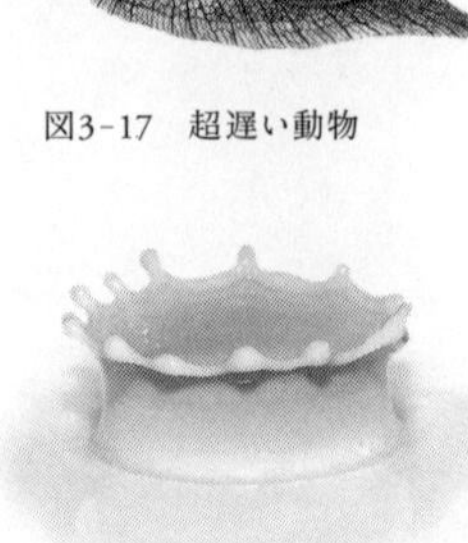

図3-18　超遅い映像

図3-19　超柔らかいゴム

## 「変量」をデザインする

変量的なパラメーターを振り切る発想を、考えてみれば私自身も頻繁にデザインに活かしている。三つほど実例を紹介しよう。二〇二〇年、新型コロナウイルスの蔓延を防ぐために世界中の街中の足元には距離をとるためのステッカーが貼られ、行動制限されていた。PANDAIDという新型コロナウイルス対策プロジェクトを進めていた私たちは、ソーシャルディスタンシングを楽しく実践するための「SOCIAL HARMONY」という体験型アートを作った。

床に描かれた二〇メートルの超巨大楽譜の上に立つと音が鳴るサイネージだ。踏んだ音符が反応するため、同じコードの和音の中でそのタイミングでしか聞けない「ジムノペディ」が空間を彩る、美しい体験だった。このアートワークは、世界各国のメディアに紹介され、ドイツデザインカウンシルが発行する建築賞ICONICの最優秀賞を受賞している。

図3-20　SOCIAL HARMONY　20メートルの大きい楽譜で音を鳴らす感染症対策

食に対する不安が世界中で広がる中、安心・安全な食の提供にチャレンジしつづける事業者たちがいる。山口県を拠点とする秋川牧園は、国内有数の規模を誇るオーガニックファームだ。一九二七年に初代秋川房太郎氏が中国・大連で自らが理想とする農園を興して以来、彼らは安心・安全な食を追求しつづけている。「口に入るものは間違ってはいけない」。これは初代房太郎氏の言葉だ。創業以来、秋川牧園はこの理念を守りつづけてきた。

この秋川牧園のブランディングを担うことになった私たちは彼らの理念を体現すべく、通常は裏面に小さく入る内容物表示をデザインの主要素として巨大化させ前面に示した。食品添加物など「余計なもの」が一切入っていないことを公明正大に表明するデザインだ。

こうしたブランディングの効果が表れたのかは定かではないが、発表後に株価が約二倍に増加したことも特筆しておきたい。このデザインは使用言語がすべて日本語であるにもかかわらず広く共感され、ドイツデザイン賞（GERMAN DESIGN AWARD）の最高金賞を受賞した。

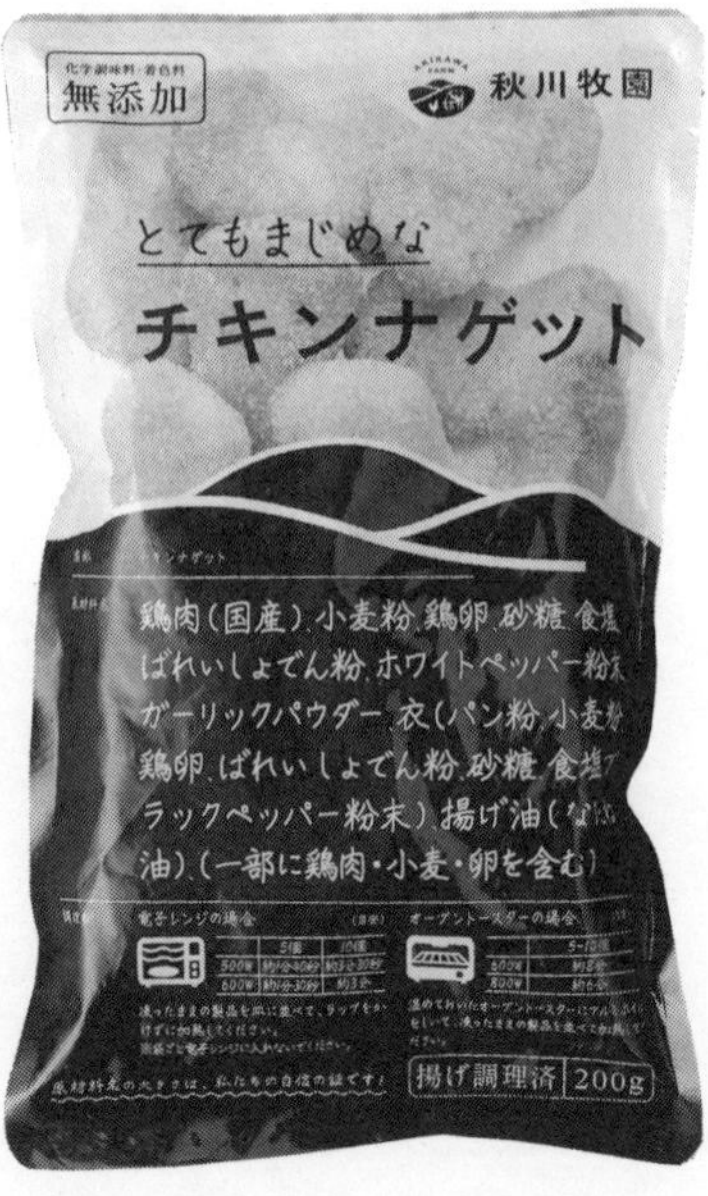

図3-21　巨大な内容表示をもつ商品パッケージ

世界最大のガラスメーカーＡＧＣ㈱は、デザイナーと協働して素材の可能性を試すために、ミラノデザインウィークというイベントに参加している。そのイベントのために世界最大のガラス製の分子構造模型をデザインした。ガラスの分子構造を一〇億倍に拡大し、それを約五二〇〇枚のガラスをつないで再現する。Amorphous と名付けられたこのインスタレーションがもつ自然の構造は、写真や映像のアーカイブでは表現できないほど美しかった。結果的にこの作品は、来場者に大きな感動を生み出し、「FRAME」というオランダのデザイン誌においてミラノデザインウィークのベストワークとして紹介された。まさに、超小さいガラスを超大きくするという変量的な発想だ。

いずれも極端な状況を想像するところからアイデアが生まれた。変量は作り手の記憶や認知の限界を超えて発想を広げる力になる。

図3-22　Amorphous / AGC㈱　10億倍に拡大したガラスの分子構造を、5200枚のガラスで製作

## 「変量」が世界を変えるとき

変量的な変異は、単純な増減を超えて、時には世界を劇的に変えてしまうことすらある。たとえばカメラのシャッターの時間が極端に短いとどうなるのか。アハメド・ズヴェイルはレーザーを用いて、フェムト秒（0.000000000000001秒）のシャッター速度のカメラを作った。なんの用途があるのかって？ この超ハイスピードカメラは瞬間的な化学反応を記録できるため、さまざまな科学の領域で実験観察に活用されているのだ。この発明によって彼は一九九九年にノーベル化学賞を受賞した。

また、小さければ小さいほど性能が良い、という分野もある。それはコンピューターのプリント基板だ。半導体の処理速度は、電気の速度に限界があるので、小さいプロセッサほど速くなる。それだけでなく、小さければ同じ面積のなかに多くの半導体を入れられる。つまり単純に半導体の印刷精度が上がれば、コンピューターはどんどん速くなる。そしてこの本の出版時現在では、最初期のコンピューターと比べると、スーパーコンピューターの速度は二六億倍ものスピードにまで跳ね上がっている。

また、こうした変量的な発明は、必ずしも計画通りに起こるわけではない。たとえば東京通信工業（現在のソニー）でトランジスタを作っていた江崎玲於奈氏は、リンを入れ過ぎた不良品のトランジスタがきっかけで、理論上でしか存在しなかった「トンネル効果」を実証し、まったく新しい半導体技術を開発した。

また、高分子の合成を研究していた白川英樹氏は、実験装置が止まって動かないという報告を研究生から受けた。調べてみると溶液の表面に何かがこびりついている。よく見ると、それは今までどうしても合成できなかったポリアセチレンのフィルムだった。調べてみると、実験を頼んだ研究生がうっかり間違えて、指示された量の一〇〇〇倍以上の触媒を使っていたことがわかった。この偶然がきっかけとなって、導電性高分子の研究が発展する。こうした偶然に導かれ、江崎氏と白川氏は二人ともノーベル賞を受賞することになる。

あらゆる発想において、変量的な変異は有効だ。単純にパラメーターを変えて考える練習によって、固定観念を打ち破る癖がついてくる。そして頭のなかで無数に生まれた異形を眺めてみると、そこには別の生存戦略の可能性が隠れていることがある。極端な思いつきの中の可能性を見逃さない視点が、時には世界を変える発見に結びつくのだ。

---

## ☑ 進化ワーク03「超〜なx」［15分］

進化させたい対象xの固定観念を取り払うために、そのモノがもつさまざまな量に注目してみよう。量の単位を徹底的に洗い出したら、そのパラメーターを極端に変化させてみよう。「超〜なx」、つまり「バカでかいx」「超軽量のx」など、大きさ・長さ・重さ・形状・量を極端に振り切った状態で想像して、なるべくたくさん書き出そう。

---

変異≫　変量　擬態　消失　増殖　移動　交換　分離　逆転　融合

# 擬態

## 偶然の変化 2

### ちがう物や状況を真似よう

お笑いにモノマネというジャンルがあるように、私たちは日常会話のなかで、特徴を真似ながらコミュニケーションをとっている。一九八二年から二〇一四年という長期にわたって続いたバラエティ番組「笑っていいとも!」の司会として知られるタモリさんの、お笑い芸人としてのデビューのネタはモノマネだった。まったく話せない外国語をさも話せるかのように真似する「インチキ外国語芸」だ。話せない異国語を、抑揚と声色だけで流暢に話せるかのような真似をする芸なのだが、これが抱腹絶倒するほどおもしろい。

そして日本語のモノマネは物真似と書くように、人が人を真似るだけでなく、さまざまな物同士を似せる行為全般を指している。コミュニケーションと物真似の歴史は古く、江戸時代の落語の声色芸はもちろん、日本書紀にも火闌降命(ホノスソリ)が溺れる真似をするところが描かれている。さらに遡れば数万年前、人類も国家やコミュニティを作るよりも前から、動物の声真似をしていたと考えられている。

ちなみに日本語の「学び」は「まねび」を語源としていて、その二つの現象のあいだにある不可分な関係を示唆している。学ぶことは真似ることなのだ。

学びのために物真似をするのは人間だけではない。一九五〇年代にケンブリッジ大学のウィリアム・ソープは興味深い実験を行った。[25] ズアオアトリという鳴き声の美しい鳥のヒナに、産まれてから一度も大人の鳴き声を聞かせずに育てたら、子どもは一体どうなるのかを実験したのだ。その結果、大人の鳴き声を聞かせたヒナは正常に大人の鳴き声を習得したが、聞かせなかったヒナは単調な鳴き声しか出せなかったという。つまり鳴き声は遺伝だけでなく、親から子どもに物真似を通して伝承されていることがわかった。実際に、さまざまな生物の親が子どもに真似をさせることで行動を覚えさせているようだ。物真似は言語的現象だけでなく、生物のあらゆる学びの本能と結びついている。

真似という現象について考えてみよう。真似ることは特徴を抽出して再現することだ。私たちはこの性質を言語においても頻繁に用いている。たとえ話によって、似た例から現象を説明しようとする場合や、状況を再現するために誰かの声色を真似る場合などがそうだ。追体験が難しい状況や、複雑な状況説明を要する場合には、単純に真似たり、近い構造を持った別の例を引き合いに出すことで、コミュニケーションが円滑になる。

このように他のものに似せて説明することで理解を促す高度なコミュニケーションを、私たちは無意識のうちに行っている。言語学でメタファー（比喩）などと呼ばれるこうしたコミュニケーションの手法がなければ、私たちの会話は臨場感のない冗長なものになってしまうだろう。つまり物真似のように類似性を発見し、再現する行為は、学びや相互理解の本質的な技術としての側面があるのだ。

## 生物進化における「擬態」

物真似は、生物の形態でも頻繁に観測される。そう、擬態のことだ。見た目をごまかせば存在を消したり、別のものに誤認させられる。相手の目を欺く擬態は、生物の生存戦略においても頻繁に観察される。意図的に似せたようにしか見えない優れた擬態は、とても興味深い。擬態は厳密には生物学的な意味での変異ではなく環境に溶け込む適応進化なのだが、ここでは典型的な変異のパターンとして創造性に応用することとする。

環境に溶け込むことで姿を消し、どこにいるかまったくわからなくなってしまう擬態生物たち。こうした隠れるタイプの擬態をカモフラージュ（camouflage）という。たとえばコノハチョウやコノハムシ、葉ヒキガエル、エダハヘラオヤモリなどは、葉っぱになりきる達人たちだ。よく見ると表皮の上に葉脈の形まで精巧に再現している。木の枝の上を歩くナナフシは、もはや枝にしか見えない。木に止まるミミズクやフクロウ、ヘラオヤモリ属のヤモリは、幹の色や模様にそっくりな表皮で身体を覆っている。リーフィーシードラゴンは、その生息域の海藻にそっくりだ。カラフトライチョウは、雪に紛れると見えなくなってしまう。イシガレイは、砂と同化して獲物が来るのをじっと待

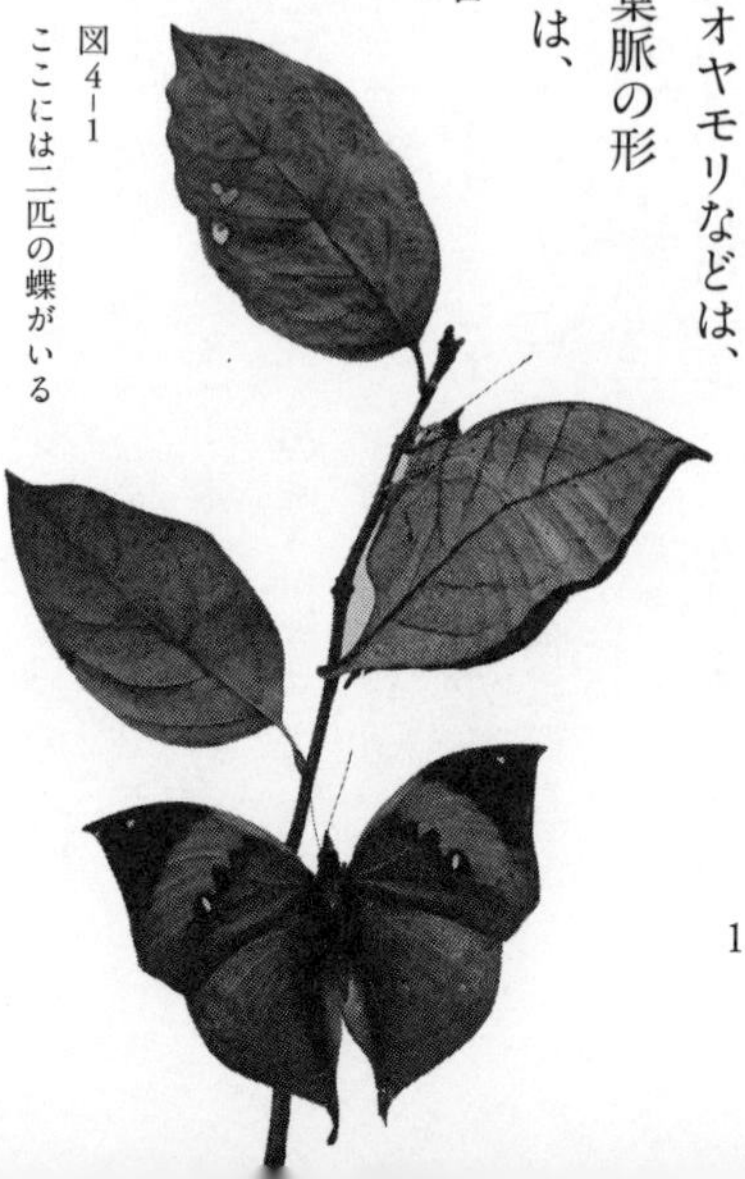

図4-1 ここには二匹の蝶がいる

つ。さらにカメレオンやタツノオトシゴは、自分の背景色に合わせて皮膚の色を自在に変え、さまざまな環境に擬態する。相手に見つかりたくない被捕食者は周囲に擬態してその身を隠すが、捕食者がその変装を見破るスキルもまた進化の過程で磨かれていく。

あるいは、同じ環境に存在する別のオブジェクトに姿を似せることで自分の身を守る者たちもいる。このタイプの擬態をミミクリー（mimicry）という。ミミクリーのなかには、自分よりも強い種に姿を似せて安全を得る擬態も数多くある。

トリニダード島などに生息するダリウスフクロウチョウのサナギは、猛毒を持ったガボンアダーという蛇の顔にそっくりだ。フクロウチョウは、その名の通り、羽の上に目を開いたフクロウそっくりの模様が描かれている。カミキリムシの一種、トラカミキリは強力なアシナガバチにとても似た外観だ。

このように自身の天敵にとって嫌な相手に姿を似せて、強いふりをするタイプの擬態はベイツ型擬態と呼ばれている。私が子どもの頃の『週刊少年マガジン』に、喧嘩が弱いことを隠すために、強そうなヤンキーの格好をする主人公を描いた不良漫画「カメレオン」が連載されていたが、あれはベイツ型擬態の話だったのか。

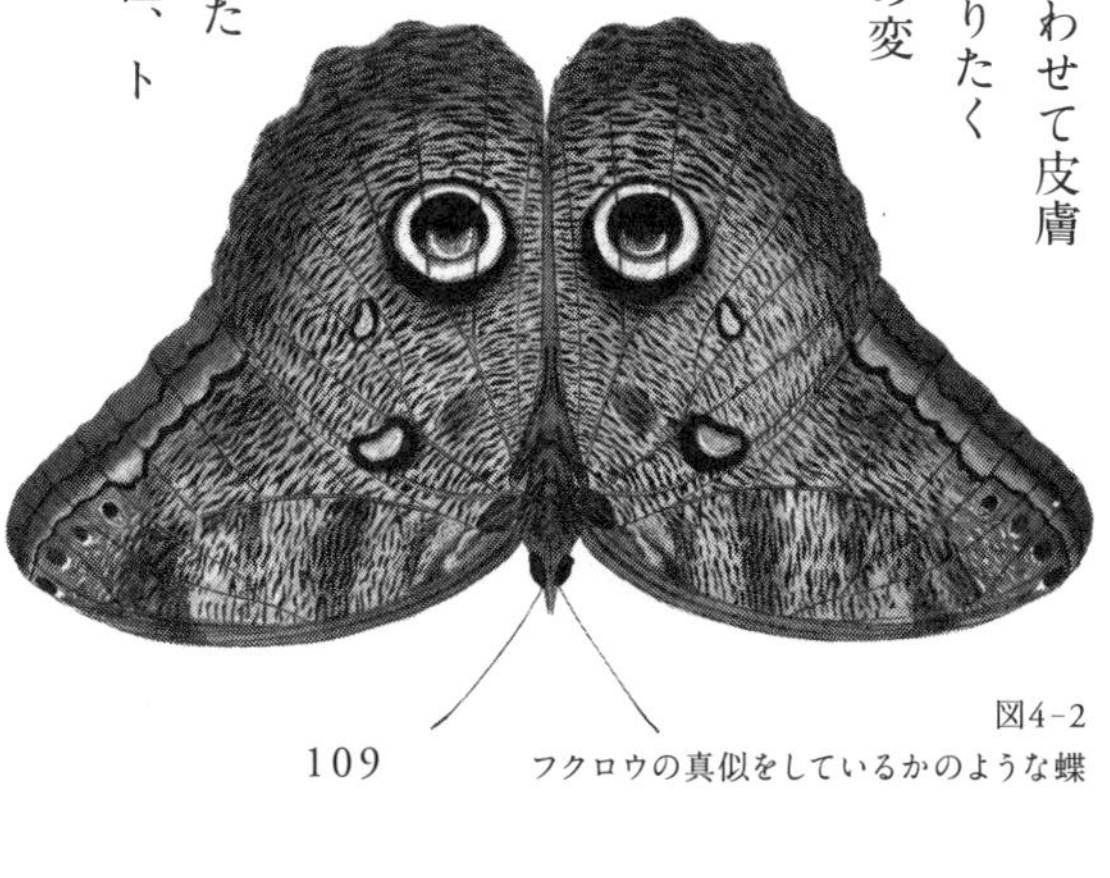

図4-2
フクロウの真似をしているかのような蝶

## 創造における「擬態」

擬態というと、とりわけ蝶がよく取り上げられる。蝶の種類はなんと一万七〇〇〇種以上と言われているが、特に目を引く違いが翅だ。そして、こうした翅の多くのパターンが擬態と深く関わっている。つまり蝶は、さまざまなバリエーションによって適応する達人、自然界のグラフィックデザイナーなのだ。進化においても、デザインやエンジニアリングと同じく、骨格や構造を変えるよりも、表皮の模様などの表面的なデザインを変更するほうが実現しやすいのかもしれない。

グラフィックデザインは、広義にいえばあらゆる物の表面のデザインでもあり、必然的に多様な色やパターンを扱う。応用範囲は広いが基本的には平面のデザインにとどまるため、建築や道具のような構造的なデザインに比べて、コストが低く、消費が早く、自由度も高い。そんな多彩なバリエーションを生み出す道具として、数多くの色と質感を備えた紙がある。

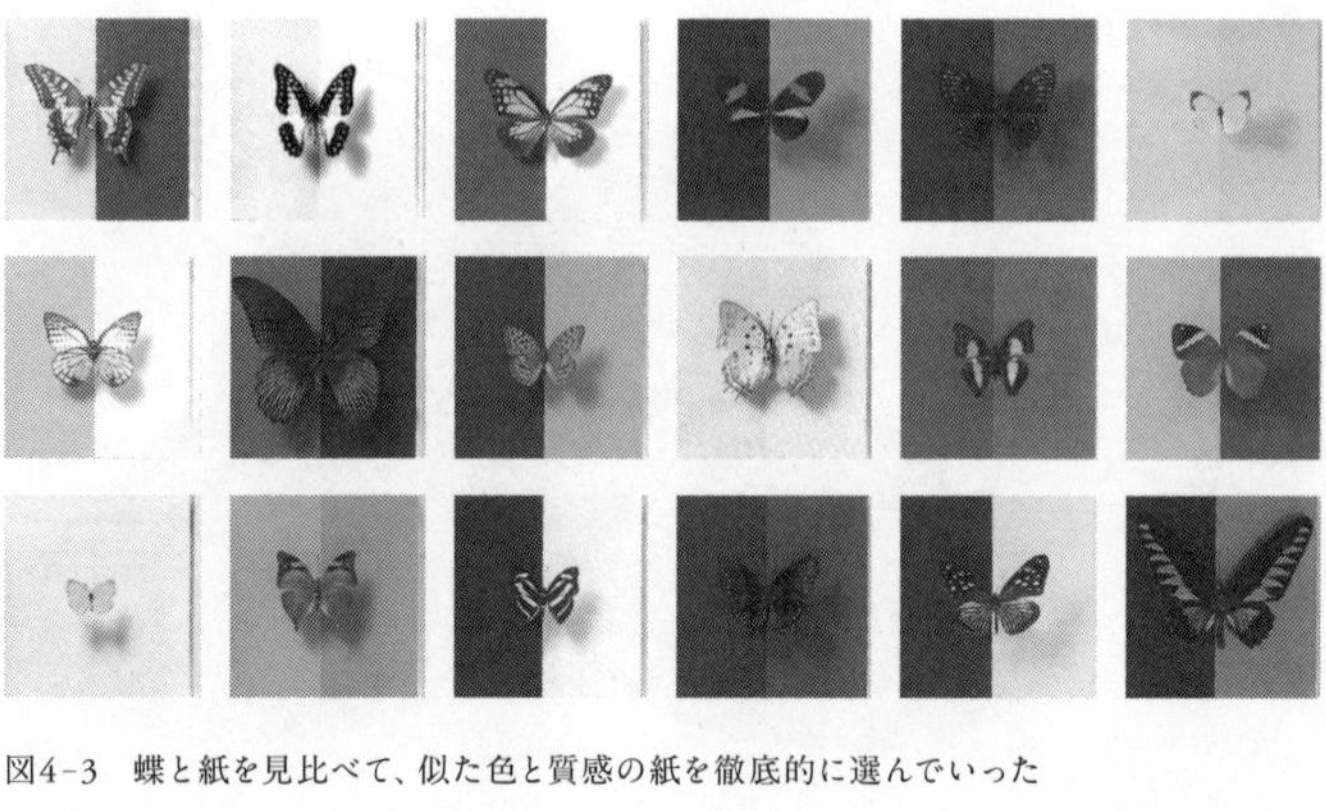

図4-3　蝶と紙を見比べて、似た色と質感の紙を徹底的に選んでいった

あるとき、私のオフィスにある数万枚の紙見本を見ながら、ひょっとしたら紙の種類は蝶の翅と同じぐらい多くの質感があるのではないかと思い立った。そこで私は蝶の標本を買い集め、それらに近い質感の紙が存在しているのかを比較対照してみることにした。

さすがに蝶の翅はほれぼれするほど美しく、特に黒やモルフォ蝶のような構造色になると、蝶の翅のような美しい紙を見つけることはできなかったが、それでもかなり近い色の紙は発見できた。そして、この実験的なアートワークを作ったことで、おもしろい気づきがあった。偶然か必然か、ティファニー、エルメス、ナイキなどの有名ブランドと近い配色の蝶が次々と見つかった。異性へのアピールのためにも使われる色が、種を超えて似ているのは興味深い。色彩パターンへの感受性やその捉え方は、ヒト以外の生物にも共通した感覚があるのかもしれない。

擬態的な思考プロセスで発想された発明やデザインは数多く存在する。たとえば人型ロボットやノート型

パソコン、迷彩柄（葉っぱ型の洋服）など「〜型〜」と呼ばれるものの多くは擬態的な思考による発想だ。擬態的な形を受け継ぐと、私たちを含めた生物の認知は見た目に容易に騙される。プラスチックの筐体（きょうたい）にセンサーとサーボを詰め込んだ集合体に過ぎないはずの犬型ロボットを、私たちはとてもかわいいものだと認識してしまう。

また白い部屋の白物家電やアースカラーのアウトドアグッズなど、生物の擬態のように環境に溶け込むデザインは数多く存在する。かくいう私もかつて、さまざまな建築の壁と同じ質感を表面に印刷して再現できるエアコンのデザインをメーカーに提案したことがある。

擬態的な思考は、見た目の形質だけではなく、時にはその構造自体も引き継ぐ。オットー・リリエンタールは、小さい頃から鳥のように自由に空を飛びたいと夢見る子どもだったらしい。彼は鳥の飛行原理を研究し、固定翼のグライダーを何種類も発明した。彼の情熱が詰まった美しいスケッチを見てほしい（図4-4）。鳥の羽の断面を観察している絵だ。この絵からもわかる通り、彼は一貫して鳥の真似をしようとしていた。彼は一八九六年の試験飛行中に強風に煽られ、

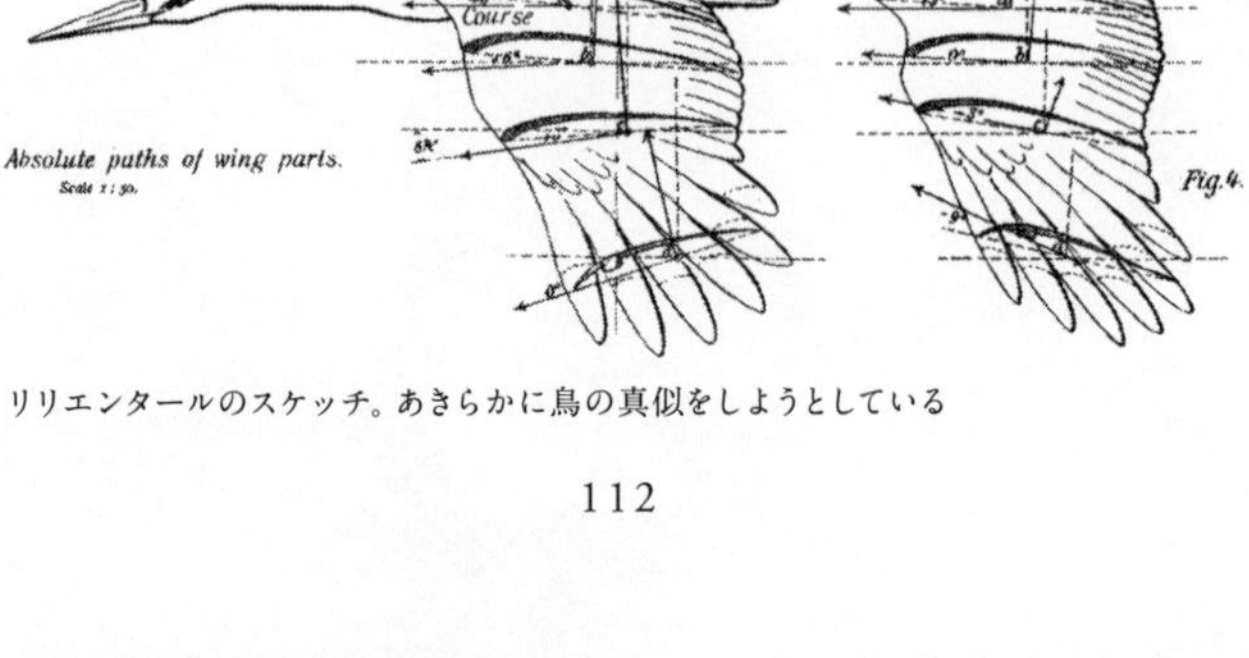


図4-4　リリエンタールのスケッチ。あきらかに鳥の真似をしようとしている

残念ながら飛行機を完成させることなく帰らぬ人になってしまった。しかしリリエンタールの挑戦に憧れたライト兄弟が彼の遺志を継いでグライダーに内燃機関を取り付け、一九〇三年に世界初の有人動力飛行を実現する。そもそもリリエンタールが、人だって鳥の真似ができると考えなければ、ライト兄弟もまた空を夢見て飛行機を完成させることはなかっただろう。

　別の例として、ベルクロ、つまり面ファスナーの発明も擬態的発想だった。発明者のジョルジュ・デ・メストラルは一九四一年、自分の服にひっついてきたゴボウの実の性質に興味を持った。服にくっつくけれど、取り外しても主体のトゲトゲが壊れたり傷ついたりする様子もなく、何度もつけられる。そこで彼はそのトゲを微細に観察し、トゲの先端にある鉤状（こうじょう）の構造を発見した。この自然界の機構を真似て、彼は何度も剥離可能なベルクロを発明したのだ。その後はスニーカーから宇宙服まで広範囲に採用され、今やご存じの通り世界中のあらゆる日用品に普及している。

図4-5　そして鳥になろうとするリリエンタール。しかし実験で強風に煽られて亡くなってしまう

擬態的な思考は、現代アートにおいても特に顕著に見られる。たとえば、世界で過去最高値で落札された存命のアーティストの作品は何か、ご存じだろうか。それは彫刻家ジェフ・クーンズの「ラビット」という作品で、二〇一九年のオークションで記録をたたき出した。[26] その額なんと約一〇〇億円。彼の彫刻のモチーフは明確にバルーンのラビットだ。素材はステンレスでできている。クーンズはその手法を用いてアメリカ白人社会のキッチュ性（低俗化）を投影した。

まったく新しいモノへの理解は、似ているモノや現象にたとえて促すことができる。私たちが日々送っているＥメールも、デジタルの信号を手紙に擬態させ、擬似的な住所（アドレス）と手紙（メール）として定義したという意味では、擬態的な発想だろう。インターネットの前身となるアーパネットを開発していたレイモンド・サミュエル・トムリンソンは、一九七一年に初めて、異なるＯＳ間で電子メールの送受信を可能にする仕組みを開発した。二〇一六年の調査では、全世界で一日のあいだに二一五三億通ものＥメールがやり取りされており、その数は日々増えつづけている。技術が素晴らしいだけでなく、彼はこの仕組みを手紙とポストに似せることで未知の概念をわかりやすくユーザーに伝えることに成功し、デジタル上の文章のやり取りを直感的なものにした。

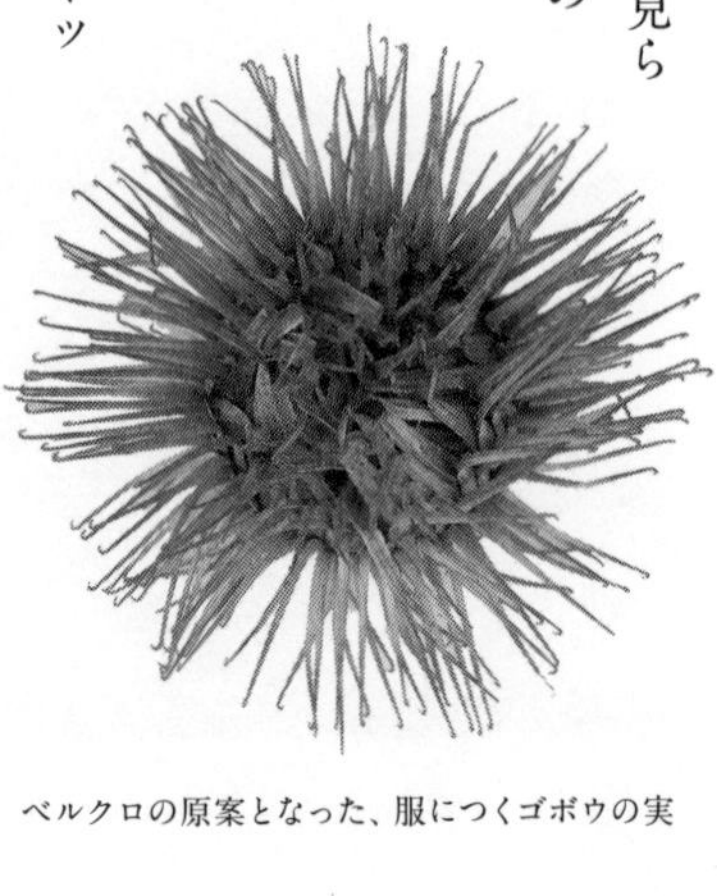

図4-6　ベルクロの原案となった、服につくゴボウの実

ユーザーに未知の概念を理解させるには、擬態的な発想がとても有効だ。たとえば元祖スマートフォンであるアップルのiPhoneは、Phone（電話）でなくてはいけなかった。もしiPhoneが電話機能のついた月額制の電子手帳と説明されたら、ほとんどの人は買わなかっただろう。まったく新しいインターネットデバイスの契約体系をユーザーに理解させるには、彼らがすでに持っている携帯電話に擬態するのが手っ取り早かった。ユーザーはこの新しいデバイスを、自分の電話の代わりに契約するだけでよかった。スマートフォンは現在でも電話と呼ばれたままだが、従来の携帯電話として使われている割合よりインターネットデバイスとして使われるほうが遥かに多くなっている。

擬態的な発想は、時にはさまざまなメタファーとして、意図を超えて偶発的に発生する。ある日、大学の食堂で誰かが皿を投げ上げて遊んでいた。皿がグラグラと揺れる動きを眺めていたリチャード・ファインマンは、その動きを方程式にすることを思いついた。この方程式によって電気力学と量子力学が融合し、彼は一九六五年にノーベル物理学賞を受賞した。偶然は時として強烈な創造力を生み出す。

その形に意味があるならば、形を似せれば、モノはその意味を獲得できることがある。別の形態を借りることは、その形に伴う適応を獲得する近道となるのだ。異なる領域に磨かれた形に従うと、現在の領域を革新する創造が出現するかもしれない。

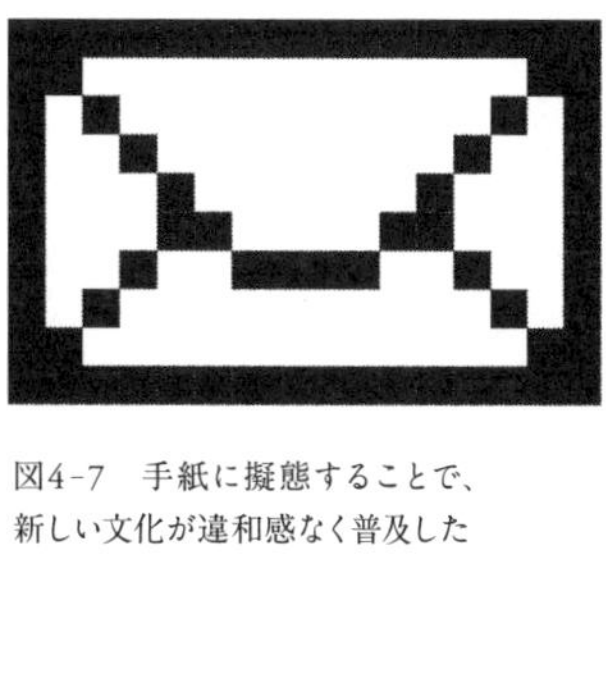

図4-7　手紙に擬態することで、新しい文化が違和感なく普及した

## 「擬態」をデザインする

私も擬態的な発想でデザインをすることがある。二〇一一年にデザインしたTHE MOONというライトは、月を徹底的に真似たものだ。

JAXAの衛星「かぐや」が観測した月の3Dデータを元に、精巧な満月を3Dプリンタで再現した史上初のライトだ。地球史の中で闇夜を照らしつづけてきた最も明るい光は、月に他ならない。つまりあらゆる照明は、すべて月を擬態したのではないか。そんな考えから、このデザインを考案した。数多くの媒体で世界中に拡散したこのデザインの画像は、結果的に数え切れないほどのコピー商品を生み出した。そしてこれまで数千万個は作られているだろう、一つの商品ジャンルとなった。知財を守れなかった迂闊な話だが、これも擬態的な発想が生み出したデザインの一例ではある。

図4-8　THE MOON　地球史上最古のライト「月」をそのままの形で3Dプリンタで出力したライト

学生の頃、初めて家具のデザインを手がけたときも擬態的な発想を使った。木の成長パターンを示すフラクタル幾何学を用いて、屋外用のテーブル Arborism を設計した。このテーブルは、屋外の庭などに置いたとき、周辺に広がる木々や草に溶け込めるようデザインした。自然物と人工物が一体となって有機的な景色を創り出すことを意図したのだ。その後、コトブキという老舗家具メーカーのフラッグシップモデルとして発売され、羽田空港では今でも一〇〇脚ほどが使われている。

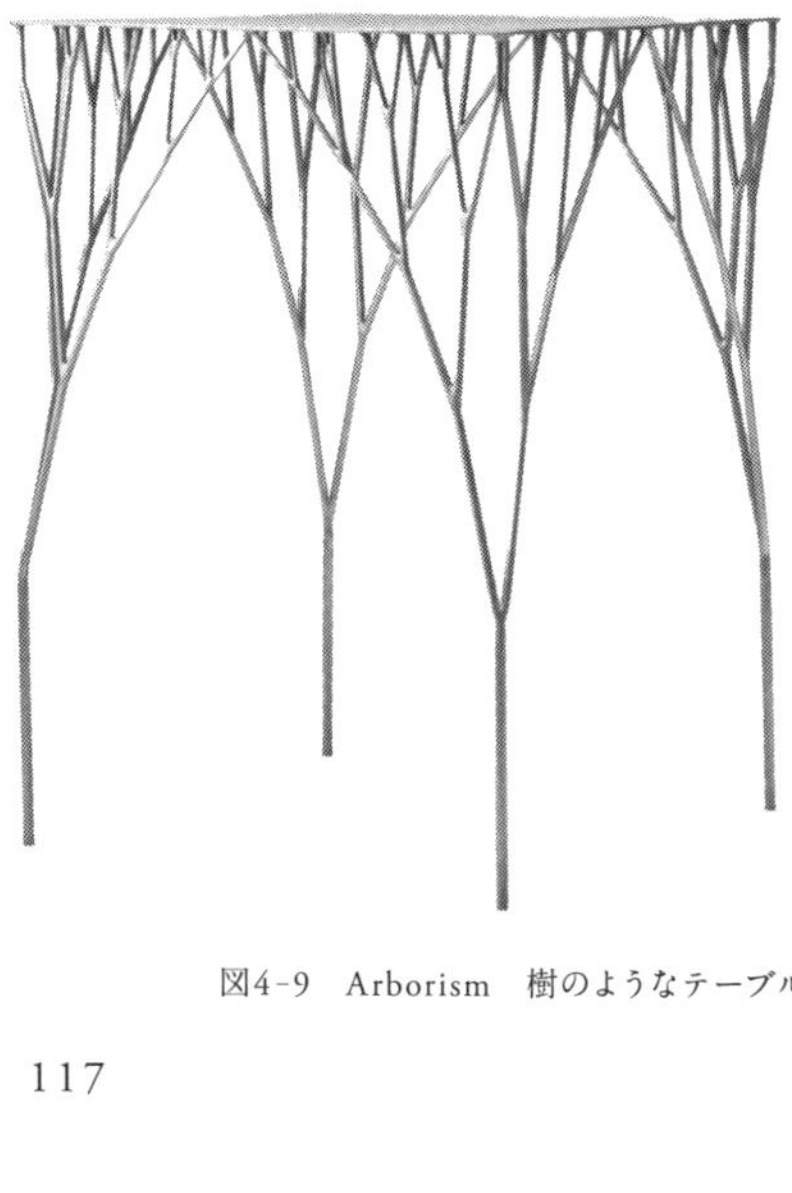
図4-9　Arborism　樹のようなテーブル

もう一つ紹介したい。私たちは、仕事や作業の合間に一服することによって気分転換や疲労回復をしたり、リラックスして新たな行動に移るための英気や活力を養う。「一服」や「ひと休み」は、人間の行動様式において欠かせないものだ。その際に使用される嗜好品のプロダクトを考えるプロジェクトだ。現代の技術を活用して、現代人のための息抜きを再発明できないものか。そんな課題を解決するスタートアップの立ち上げに協力することになった私たちは、「深呼吸のアップデート＝BREATHER」をプロダクトのコンセプトに据え、息抜きやひと休みのためのまったく新しい吸引デバイス「ston（ストン）」のデザインを手がけた。

stonは、蒸気に溶け込んだカフェインやGABAを吸引し、味や香りを楽しめるデバイスだ。人が最も落ち着けるのは、森や高原、河原など自然の環境だという仮説の元、限りなく自然の石に近い造形を追求した。

インターネット限定で販売が開始された「ston」は、リリース後数時間で完売になるほど大きな反響を巻き起こし、アマゾンの健康家電およびホーム&キッチンランキングでは一位のセールスを記録した人気商品になった。このデバイスを仕事の合間に利用する人たちも増えており、健康的な休息のライフスタイルが徐々に広がっている。現代の「ひと休み」を健康的に更新し、健康で幸せな人たちが増えることが私たちの願いだ。

擬態的な思考は、「見立て」や「メタファー」など、人類史の数千年にわたってさまざまな文化領域で発想の手法として用いられてきた。擬態的思考を創造に活かすと、短時間で数多くの発想に出会える。別のモノの形態から学び、その形質を得ることは、視覚に影響されやすい私たちの観念の殻を破り、新しい発想を生み出すための強力なツールとなるのだ。あなたもぜひ目の前の当たり前となっている形を疑って、他の形を取り入れた擬態的思考から、新しい可能性を発見してみてほしい。

図4-10　ston
石のような休憩デバイス。充電器も石の形だ

## ☑ 進化ワーク04　擬態Ⅰ（～型ｘ）［60分］

ｘが真似できるものを探してみよう。アイデアは偶然から生まれる。擬態的な発想を探すときには、あなたの視覚を最大に活かしてほしい。売り場に行き、街や自然のなかを歩き、視界に映るもののすべてがもしｘだったら、と考えてみよう。たとえば電話を考えるなら、床もドアもライトも窓ガラスも、すべて実は電話だと考える。多くの発想は成立しないが、稀に思ってもいなかった意外な答えに結びつく。こんなふうに、頭に浮かんだものを次々と書き出してみよう。一時間もあれば、一〇〇を超える擬態的発想を書き出せるはずだ。

## ☑ 進化ワーク05　擬態Ⅱ（似せる対象への理解）［60分］

似せる候補を連想したら、今度はその対象（ｙとする）の状況に向き合ってみよう。たとえば猫型ロボットを考えているなら、猫についてしっかり観察していないロボットはうまくいかない。その形の力を十分に使えないからだ。ｙの周囲や内部にはどのような繋がりが広がっているか、ｘの進化に繋がる因子がｙにあるかを、必然性に基づく「選択」の観点で見定めよう。

# 偶然の変化 3 消失

## 標準装備を減らしてみよう

「オレがやらなきゃ、誰かやる！」そうね、誰かやるよね。惜しい。よく見るとかっこよくない。濁点が抜けただけで内容は様変わりし、しかも文法的意味は通っている。言語は一文ずつで完結するので、ある部分が抜けても成立することがあるのだ。だからこんな書き間違いが発生しても、相手が気づかないままエラーが伝わってしまう。

そうでなくても言語には抜けやすい性質があるのに、そもそも人は忘れる。言い忘れる。覚え忘れる。伝え忘れたことすら忘れる。間抜け、なんていう言葉があるように、何かが抜ける間違いは日常茶飯事だ。困ったものだが、そもそも私たちの脳は、忘れるようにできている。こうした脳の性質があるから、私たちは議事録や録音など、さまざまな方法で記録を残すのだ。それくらい、私たちのエラーのなかには「消失」がつきものだ。

逆にこうした消失的なエラーが偶発性を導くことで生まれた創造も、世界には数多く存在する。そしてアーティストや発明家はこの性質を意図的に発想に用いている。自然にも創造にも共通する、「消失」という変異パターンを学び、偶発性を生み出す発想の引き出しのなかに入れておいてほしい。

## 生物進化における「消失」

消失的な性質は、言語にも生物の変異にも共通して見られる。生物の進化でも、まるで言葉の言い忘れのように、しばしば作り忘れる変異を起こし、その方向に進化することがある。たとえば、近縁種であるコアラとウォンバットのうち、コアラは尻尾を進化の過程で失った。トカゲに近縁する種であるはずのヘビには足がない。

形ばかりでなく色が消失することもある。多くの種では一定の確率で色素をもたない個体、アルビノが生まれる。ヒトでも約二万人に一人の割合でアルビノが生まれる。本来模様があるはずのジャガーや鳥のなかには、模様のない個体が生まれることもある。

消失的なパターンの変異は進化に頻発している。何かが失われた個体がむしろ好都合な場合、何世代も経つと消失した個体が種全体を占める。言い忘れたのにうまくいったような状態だろうか。こうした消失的な変異の偶然は、農業に活かされることもある。たとえば突然変異で生まれた種のないみかんを交雑育種に利用したように。

図5-1　トカゲの足がなくなってヘビに進化

変異≫　変量　擬態　消失　増殖　移動　交換　分離　逆転　融合

## 創造における「消失」

ここに古い図面がある（図5−2）。馬車だろうか。しかしこの馬車に馬は登場しない。なぜならこれは、カール・ベンツが発明した世界初の自動車の図面だからだ。彼はそれまで培われてきた馬車のテクノロジーを徹底的に応用した。この車を組み立てたのも馬車の工場だったし、見かけはほとんど馬車である。ただし、彼は小さなエンジンを搭載して、そこから馬だけを消し去った。

このように、創造ではあえてなくすパターンの変異がよく見られる。伝承のなかにも、のっぺらぼうのように顔のない妖怪や、足のないお化け、影のない幽霊が出てくるし、歌や小説や番組の題名には「名前のない色」「題名のない音楽会」など、あるはずの何かをなくした発想が無数に見つかる。

ベンツの自動車のように、発明でも消失的現象は頻繁に登場する。ダイソンは羽根のない扇風機を発売しているし、共鳴胴（振動音に共鳴

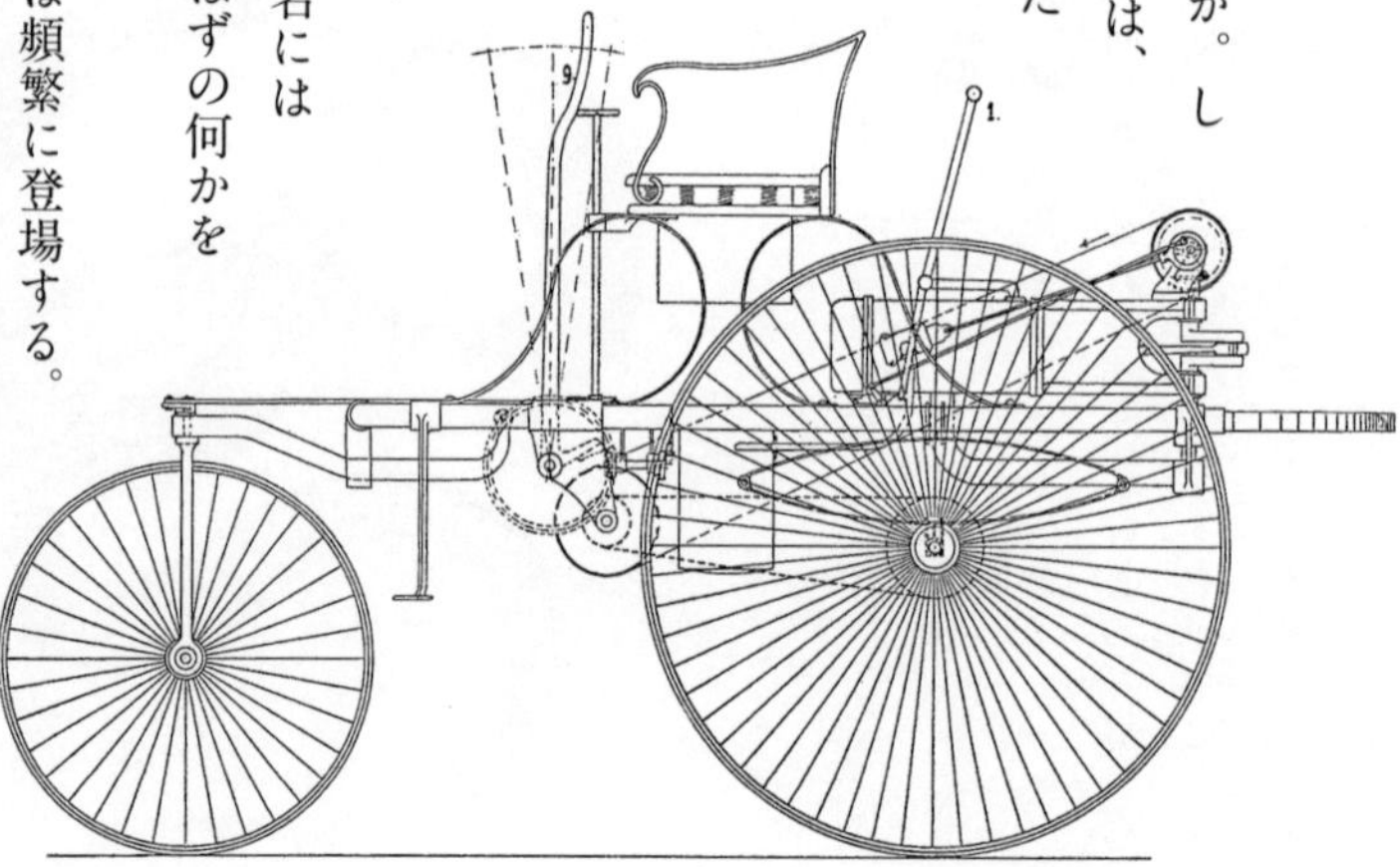

図5-2　馬のなくなった馬車「ベンツ・パテント・モートル・ヴァーゲン」の特許図

する胴）をもたないサイレントギター、バイオリン、チェロがヤマハから発売されている。そのほかにも、キャッシュレス、ペーパーレス、キーレスなど、あげようとすればキリがないほど出てくる「〜レス」といわれる発想は、基本的にすべてこのパターンに当てはまる。

消失的思考は、モノの日常的な改善にも役立っている。私たちは何かを改善させるとき、大きく分けると二つのパターンを想定する。既存のモノから役に立ちそうな新しい概念を足すか、不合理な部分を取り除くかだ。消失的な思考は難しくはない。モノを解剖すれば、不合理さは自ずと見えてくる。こうした不合理を取り除く発想をすれば、消失的な発想を生み出すことになる。

あるのが当たり前だと思っていた概念がないことを仮定したときに、科学や社会が一気に進むこともある。たとえば〇（ゼロ）という数字の発明がいい例だ。ゼロは紀元六三〇年頃にはインド数学で使われはじめたことがわかっており、一二〇二年にはフィボナッチによってインド数学の概念にあったゼロが再発見され、数学を飛躍的に前進させた。

図5-3　YAMAHA　サイレントチェロ　SVC110S

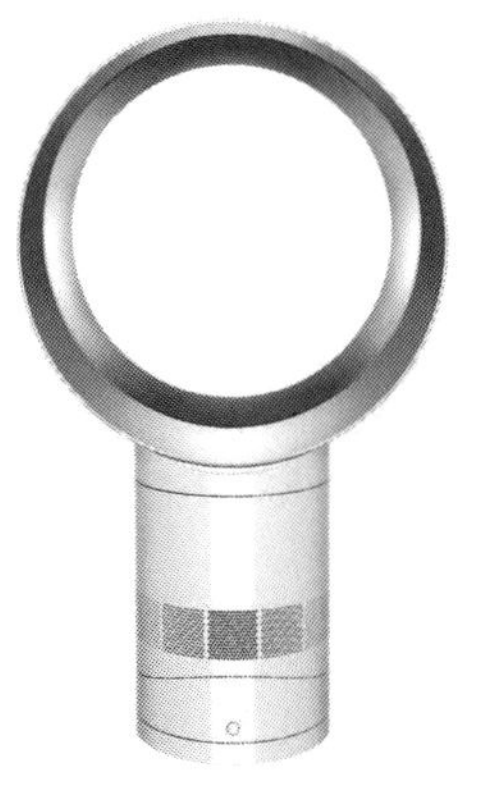

図5-4　DYSON　羽根のない扇風機　Air Multiplier

目の前にある空気すら、存在しない場合を考えた人もいる。一六六二年にロバート・ボイルは装置を使って「真空＝空気のない状態」を作り出し、炎には酸素が必要なこと、真空では音が伝播しないことなどを証明した。

細菌の発見は、菌をなくす殺菌の発明によってもたらされた。一八六二年にはルイ・パスツールとクロード・ベルナールが低温殺菌法を発明し、食べ物が腐ったりするのは目に見えない細菌の働きが原因で、十分に管理された環境では生物が自然発生しないことが検証された。電線のような物理的手段を使わなければ情報は伝達できないという考えも間違いだった。一八九六年にはニコラ・テスラが無線通信を発明し、テレビから携帯電話、あらゆる家電製品まで、配線を必要としない通信によって世界は劇的に変わった。

当然のように起こっている差別だって、なくすことはできるはずだ。差別者にとって差別はすでにある常識的環境であり、それが差別として認識すらさ

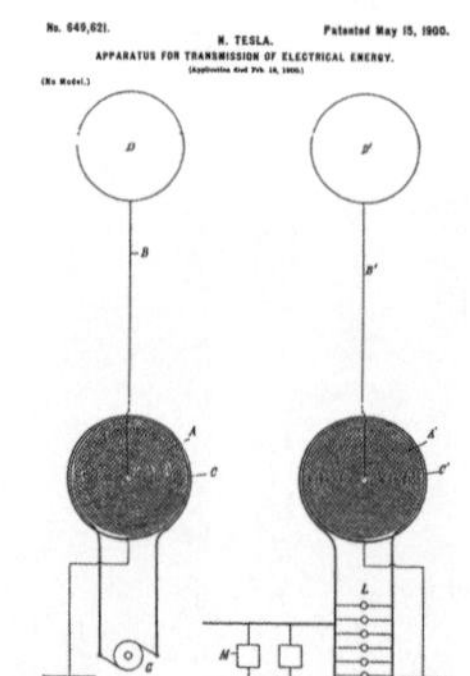


図5-5
テスラが開発した無線機の特許図

図5-6
実験中に本を読むテスラの様子

れていないこともある。その常識は未来の非常識であり、なくせると示すことも一つの創造だ。

それを歴史的に実現した手段もまた、マハトマ・ガンジーやマーティン・ルーサー・キング・ジュニアの「非」暴力運動に代表される消失的な変異だった。差別の撤廃を促すために、暴力は必ずしも有効な手段ではなかった。むしろお互いが同じ存在だと、暴力を排除して対話的に理解し合うほうがずっと有効だった。キング牧師の運動はアメリカ合衆国議会の選挙権に関する重要な法律を可決に導いた。その後、南アフリカ共和国でのネルソン・マンデラの根強い活動も影響し、一九九一年にはアパルトヘイト（人種差別・隔離政策）が終結した。二人はそれぞれノーベル平和賞を受賞している。二一世紀に入ってもBlack Lives Matterという黒人非差別運動や、セクシャルハラスメント・性差別に声を上げるMeToo運動が広がっている。偏見や差別を当たり前とせず、なくせるものとして見つめよう。

図5-7　徹底した非暴力によって黒人の公民権運動を導いたキング牧師

「〜のないx」といった消失的なアイデアによる発明が世の中には数多くあるが、そのなかでも大きく二〇世紀の社会を変えた例をあげるとすれば、内燃機関やモーターの登場による「無人」あるいは「自動」というコンセプトだろう。

二〇世紀は無人化を目指す世紀だった。それまで膨大な労力を費やした作業が、さまざまな技術で自動化された。蒸気機関は労働力を代替し、機織り職人が膨大な時間をかけて織る布を自動織機が瞬く間に織り上げ、ロボットが組み立ても塗装も全自動で行う。工場の生産現場から農業や生活サービスまで、あらゆる産業が無人化を目指した。

こうして生み出された発明たちによって、私たちは全自動を謳うさまざまな創造物に囲まれて暮らしている。日々の生活も無人化というコンセプトによって劇的に変わった。留守番電話、自動改札、ロボット掃除機、全自動洗濯機、自動湯沸かし器、自動ドア、自動運転、無人飛行機など、それこそ枚挙にいとまがない。

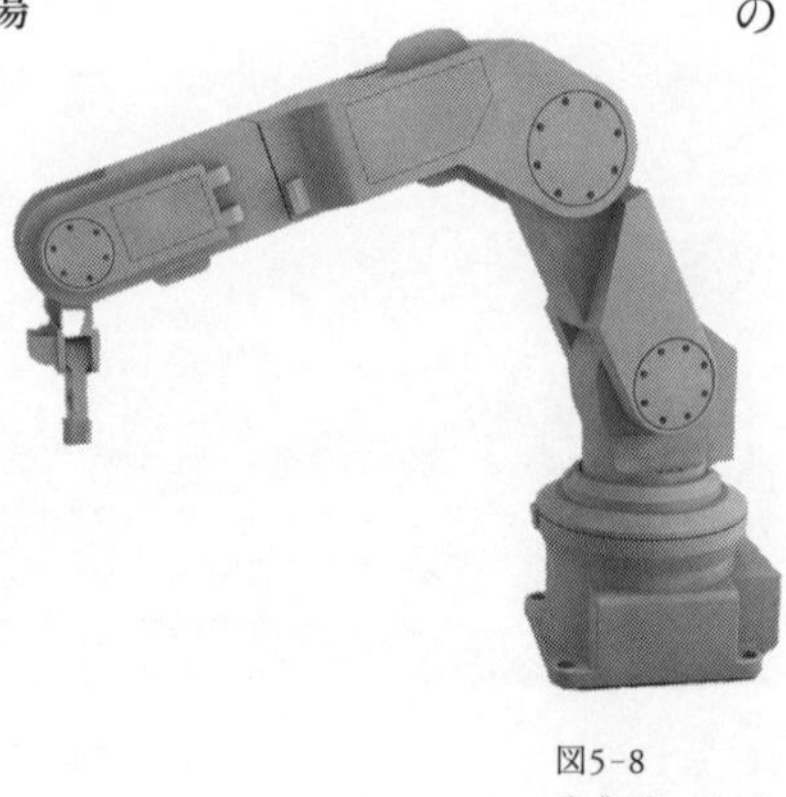

図5-8
産業用ロボット

図5-9
ロボット掃除機　ルンバ

## 「消失」をデザインする

固定観念を打ち破り、なくせるモノはないだろうか。なくても成立するモノをなるべく減らす思考プロセスは無駄を減らし、適応に繋がる（224頁の「解剖」で詳述）。

こうした思考プロセスを活用すれば、ゴミだって劇的に減らせるかもしれない。ここで、私たちが消失的思考をデザインに応用した例を少し紹介しよう。

私の仕事柄、商品のパッケージデザインを考えることが多いが、その無駄にはいつも頭を悩ませている。パッケージは店頭で商品を魅力的に伝えるためにあるので、箱を開けたらすぐゴミになってしまう。包装をゴミにしないためには、包装そのものをなくせればいいが、市場の競争が激しく、なかなかそうもいかない。

だがあるとき幸運にも、消失的変異に基づく包装デザインを実現できる機会があった。靴を長持ちさせるための紙製の使い捨て中敷きを製造販売しているアシートの新商品をデザインすることになり、ブランドのコンセプトからパッケージまでを考えることになった。まず、私たちはブランドのポジションを「足が臭い人が使うモノ」というイメージから「靴を素足で履きたい人のためのモノ」に転換し、「SUASI」と名付けた。

SUASIのシートは基本的には片段ボールと似た構造だ。そこで、パッケージそのものを商品にすることにしたのである。従来の商品が箱に入れて販売していたのに対し、私たちは商品の形と素材そのものをパッケージに採用した。

パッケージの表面と裏面も商品として使えるので、五足セット＋一セットの商品として売り出した。結果的に、私たちはパッケージの重量比で九二%の削減に成功した。デザインする対象が紙製だったという幸運もあったが、さまざまな領域でこうしたパッケージのリユースやリデュースを手がけていけば、ゴミ問題を劇的に改善できる可能性もある。

近年、生態系の状況悪化が要因となって、それまで開発してきたダムを取り壊して生態系を復活させる動きがあったり、モビリティの進化によって車道のアスファルトを取り除いて公園にする動きがあるなど、逆開発ともいうべき現象が起こっている。

ピューリッツァー賞作家で生物学者のエドワード・O・ウィルソンは、ハーフ・アースという概念を提唱している。彼によれば、地表はその四分の三を人工物が覆ってしまっており、生物多様性を維持するためには地表の半分を自然界に残しておく必要があるという。人の営みが過剰の度を増しつつある現在、私たちはこれまで開発してきたものをいかに手放して自然に返せるのかが問われる。そんな消失的発想が、きわめて重要になっていくだろう。

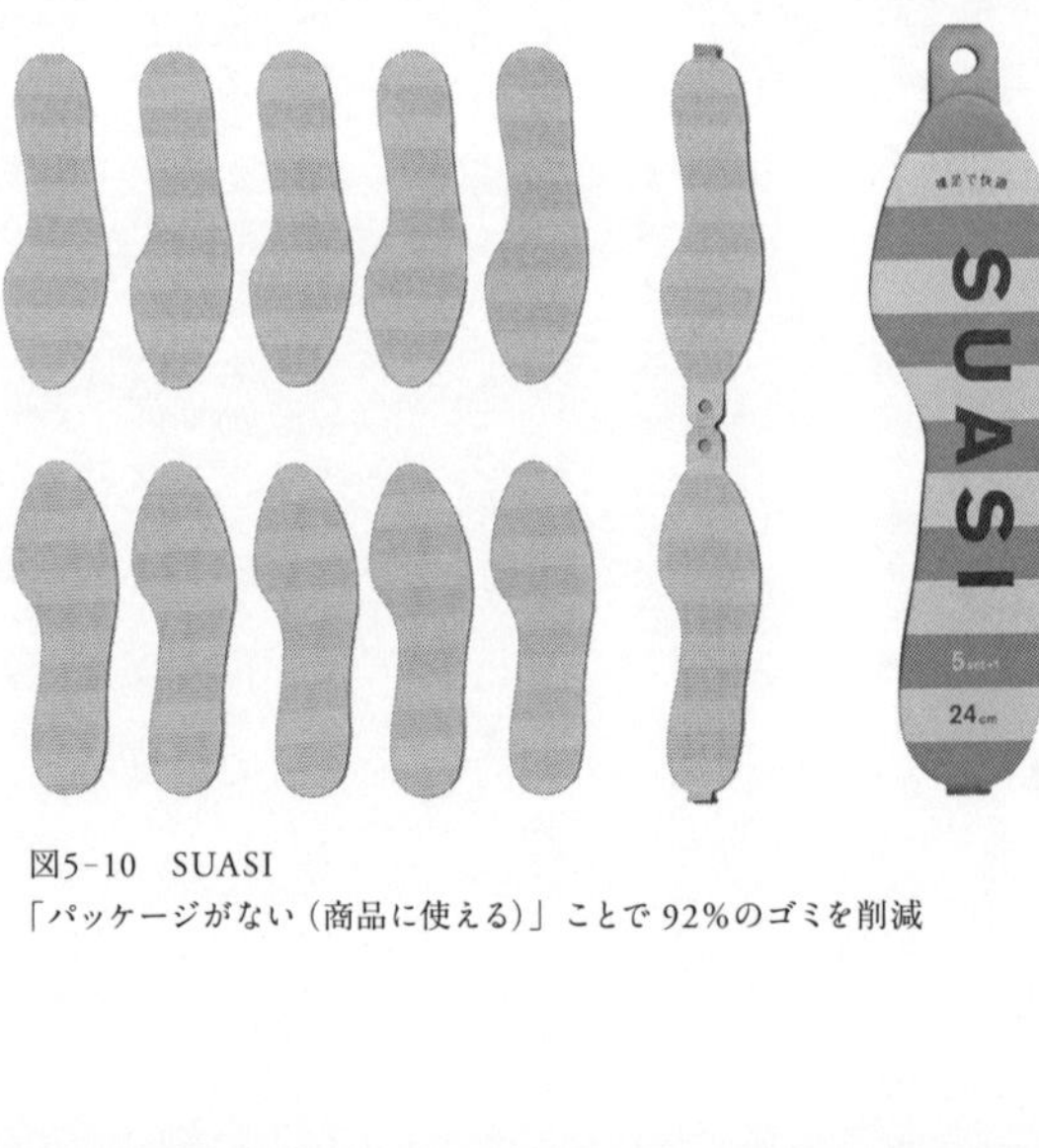


図5-10　SUASI
「パッケージがない（商品に使える）」ことで92%のゴミを削減

「何かがなくてもいい」という状態の探究は、究極的にはデザインの思想や生き方の哲学にも繋がる。禅の思想では「喜捨＝喜んで手放すこと」や「知足＝足るを知り、求めないこと」など、なければいけないと思い込んでいるモノを手放すことを修行として実践する。自然界の造形も、不要なものは進化の過程で削られて、いつのまにかなくなっていく。進化のプロセスでは、選択圧によって無駄が削がれ、形態が磨かれる。最終的に必要なものが残った自然の姿は、人間の感覚から見ても大変美しい。

あると思い込んでいるモノが、ない状況を想像してみる。「消失」の考えを使って、それぞれの要素を観察してみると、「なければいけない」と思い込んでいた要素を取り除く方法があると気づくかもしれない。

## ☑ 進化ワーク06　消失（〜のないx）［15分］

あるのが当たり前だと思い込んでいるモノやプロセスを、なくすことを想像してみよう。「馬のない馬車＝自動車」のように、技術や時代の変化によって「〜のないx」が歴史を変えてきた。いま当たり前の存在だと思っているモノも、一〇年後にはないことが当然となっているかもしれない。「〜のないx」「xレス」「自動x」「非x」という言葉で連想できるものを、できる限り書き出してみよう。

変異 ≫ 変量 擬態 消失 増殖 移動 交換 分離 逆転 融合

# 偶然の変化 4

# 増殖

## 常識よりも増やしてみよう

元プロボクサーのガッツ石松氏が世界タイトルマッチに挑戦する際にコメントを求められ、こう語った。「いやあ、怖いのが半分、恐ろしいのが半分でしょうね」……それ一〇〇%怖がってるやん。そして彼は世界チャンピオンになり、この言葉は伝説になった。繰り返されるエラーに出会うと私たちはつい笑ってしまうようだ。

実際に、楽しげな言葉には繰り返しが多い。ピロピロピロ〜。パヤパヤ〜。ドッカンドッカン。逆にどんな言葉でも繰り返すと楽しい感じが出てくる。これ、ほんまほんまでっせ。ほんまに。……さて漫才では同じネタを何度も使って笑いを取る、天丼という一般的なテクニックがある。何度も同じパターンを言って、「もうええわ」とツッコミが入るわけだ。ちなみに語源は、蓋を開けると同じ海老天（ネタ）が並んでいるから天丼というらしい。天丼のテクニックは昔も今も多くのお笑い芸人に使われている。

言語に備わる増殖的な性質は、さまざまな単語を生み出した。次々、続々、山々、などなど日本語にも多数存在する。この性質は商品ネーミングにも多用される。ペイペイ、フランフラン、ホイホイ、コロコロ、ボンボンなどはご存じの通り、実在の商品名や企業名だ。

## 生物進化における「増殖」

こうした繰り返しによる言い間違いやお笑いのパターン、あるいはネーミングのように、言語には性質上、増殖するエラーが発生しやすい。そしてＤＮＡにも同じような重複するエラーは頻発する。それだけでなく、進化上獲得される表現型においても、同じような機能や形質を増やしたかのような変異は、頻繁に発生している。

たとえば、生まれつき手足の指が多い人のことを多指症といって、手の場合では四〇〇人に一人程度の割合で発生する先天異常だ。言い伝えによると豊臣秀吉は多指症で、指が六本あったという。部位の数が増減する変異は他にもある。たとえば、通常五つのはずの腰椎が六つある人は、なんと五～一〇人に一人もいるらしい。特に大きな不都合もないから自分でも気づいていない人が多いという。こうした事実は、数が増減する変異が進化において発生しやすいことを示している。このような変異が結果的に、多様な進化を生み出しているのだ。

生物の臓器が重複した例として、牛の胃袋が四つあるのは有名な話だ。焼肉屋さんでもミノ・ハチノス・センマイ・ギアラと呼ばれる別の部位として売っている。牛、羊、山羊などは反芻（はんすう）動物と呼ばれ、四つの胃を持っている。消化しにくい草を食べるので、第一胃に飲み込んだ食べ物を、第二胃を使ってまた口に戻し、何度も咀嚼しながら食べる。そして十分に咀嚼したものを第三胃と第四胃で栄養に変える仕組みだ。どうやら四つの胃のうち三つは正確にいうと食道が変形したものらしいが、その様子を見れば確かに胃袋が増えているように見える。つまり牛は胃と同じ機能の部位を増やすことで、他の生物が見向きもしない雑草を食べられるように適応進化したわけだ。

単純に数を増やす生物の進化戦略といえば、ムカデの足などが思い浮かぶ。DNAのなかのディスタルレス遺伝子と呼ばれる共通パーツの増減が、一般的に動物の足や羽の数に関わっているそうだ。オーストラリアに生息するヤスデの一種ユーミリペス・ペルセフォネには、なんと足が一三〇〇本以上もあったそうで、二〇二一年までに発見されているなかで最も足が多い生物だ。だがこうした足の本数は個体差が激しく、ムカデやヤスデなど多足亜門の生物には足の数が正確に決まっていない生物がかなりいる。彼らにとっては、足は何本でもいいようだ。

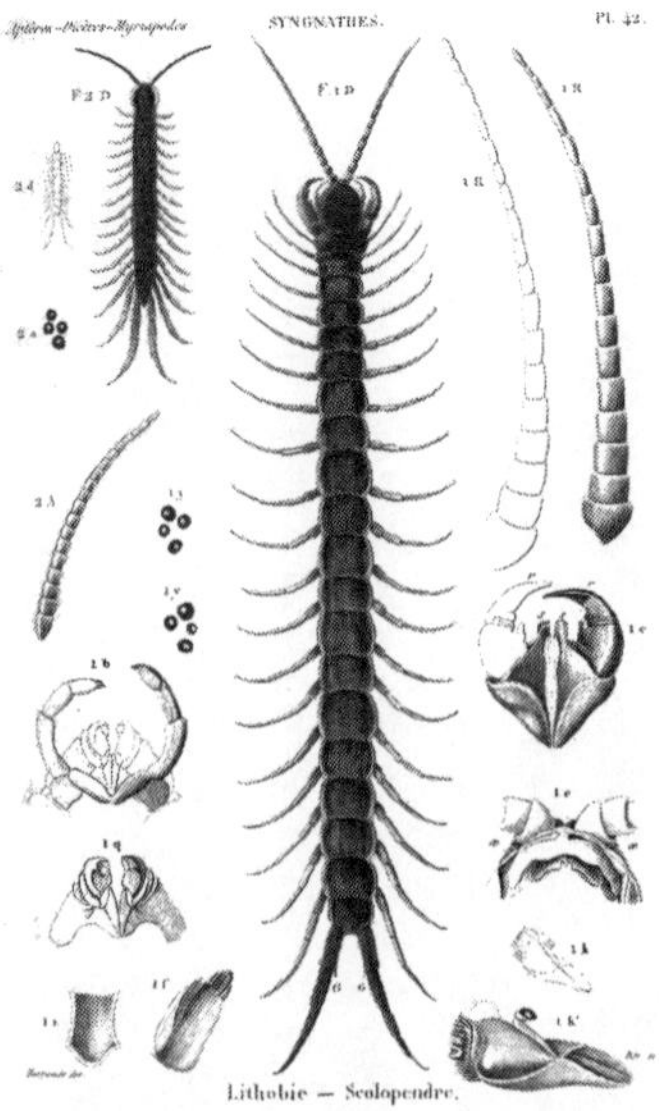


図6-1
節足動物には足が増えるタイプの変異がたくさん見られる

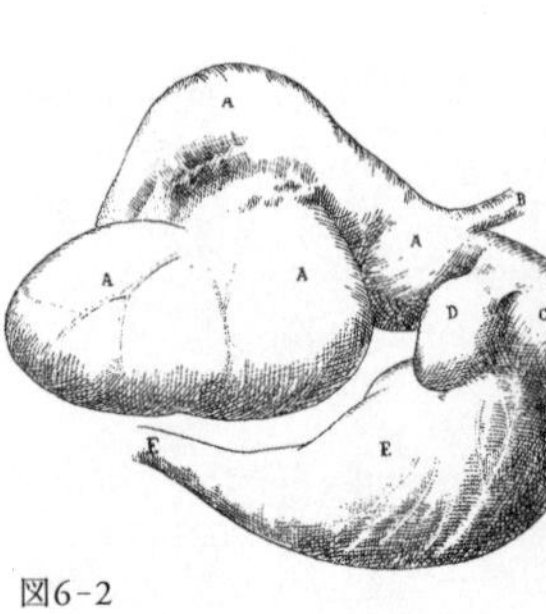

図6-2
牛の胃袋はこのように連続して4つの袋に増えている

ちなみに世界で最も歯の多い生き物は、意外なことにカタツムリだ。その歯の本数、なんと約二万本……。桁違いである。一列あたり八〇本もの歯が数百列並び、この歯でおろし金のようにさまざまな物を削り取り、なんと彼らはコンクリートまで食べる。

また、目が多い生物といえば昆虫や甲殻類のうち複眼をもつ生物だが、トンボは約二万個、ハチは三〇〇〇～五〇〇〇個、イエバエは二〇〇〇個、ナンキョクオキアミは約一〇〇〇個と、種によっても大きく違う。

あるいは同じ脊椎動物でも、椎骨の数は生物によってまったく違う。蛙の椎骨は一〇個程度なのに、ヘビは三〇〇個を超えたりする。数は種によって本当にばらばらだ。

こうしたさまざまな例からの考察として、どうやら生物進化も発明と同じく、最初に開発する（獲得する）までは大変だが、一度開発した要素の重複は、どうやら比較的簡単に起こるようだ。

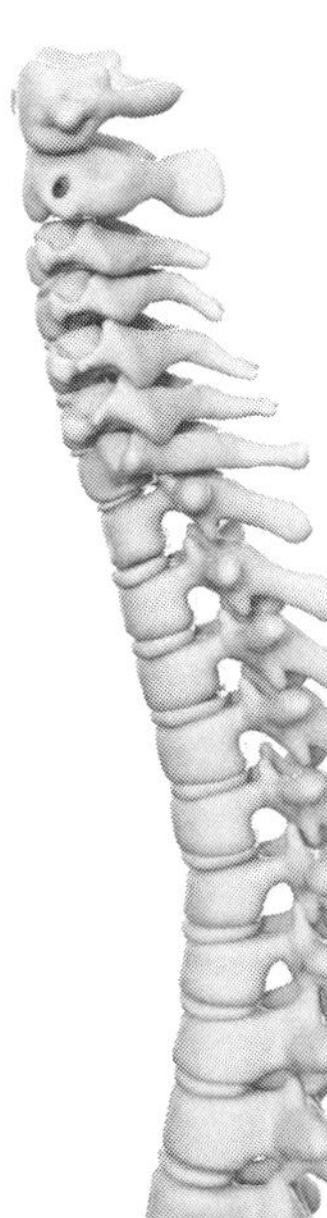

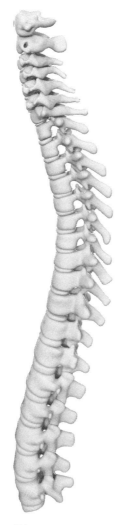

図6-3
人間の椎骨の模型
同じようなユニットの連続だ

## 「群れ」になる性質の獲得

生物は数え切れないほどのタネや卵を作ることもある。たとえばマンボウはなんと数億個という天文学的な数の卵を産むらしい。一説には三億個と言われているが、多すぎて誰も実際に数えた人はいない。マンボウは極端な例だが、自身のDNAを受け継いだ個体をたくさん作る戦略をとる生き物は少なくない。その中には群れを作るものもいる。生物の進化のなかでは群れによる個体たちの関係を生存戦略に有効に用いる種も多く、群れ全体で一つの生命体のような調和を保って動く種がいる。

たとえばイワシやサバは、数万匹の仲間とともにベイトボールという集合を作る。横浜の水族館では七万匹のイワシのベイトボールを観察できるが、その調和のとれた動きと形態は、ずっと見ていたくなるほど美しい。ムクドリの群れも同じように、空中で美しい造形を描く。もちろんこうした習性が進化した背景には、そのほうが天敵から身を守れたり、しかも繁殖しやすいなど、適応的な理由があるわけだ。

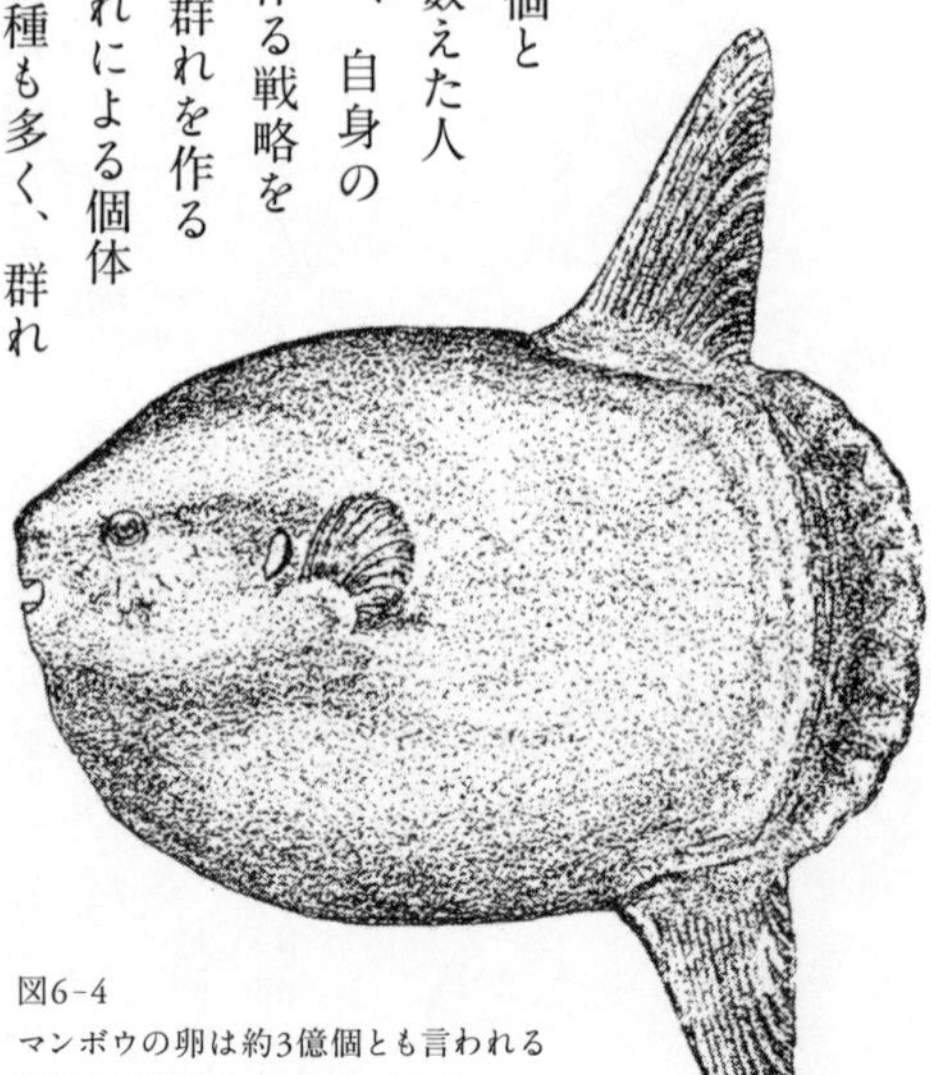

図6-4
マンボウの卵は約3億個とも言われる
意外と子沢山のマンボウである

群れのなかの個体それぞれが全体を認識できているわけではないのに、全体が一つの生命のように調和的に動けるのはなぜだろう。実は各個体は自分の周りの環境だけを見て、隣の個体との距離を一定に保とうとしているだけなのだが、個体間に共有された法則性が、全体に一つの構造的性質を自然発生させる。つまり個体同士が自律的に相互作用すると、集団レベルでの特性が表れるのだ。

群れが常に有利なわけではないが、群れることで個体の生存可能性が高まる状況はさまざまに存在する。個体の自律的な相互作用から始まり、群れる習性に優位性があれば時間をかけて進化し獲得されていく。

たとえば集団越冬する昆虫たちにとっては、寒さを凌ぐために群れとなることが有利だった。ライオンやオオカミは群れることで狩りの成功率が上がったし、ミーアキャットは群れることで危険を察知する能力が上がった。群れる習性の獲得もまた適応進化の結果であり、ある種の個体にとっては生存においてきわめて重要な変異なのだ。

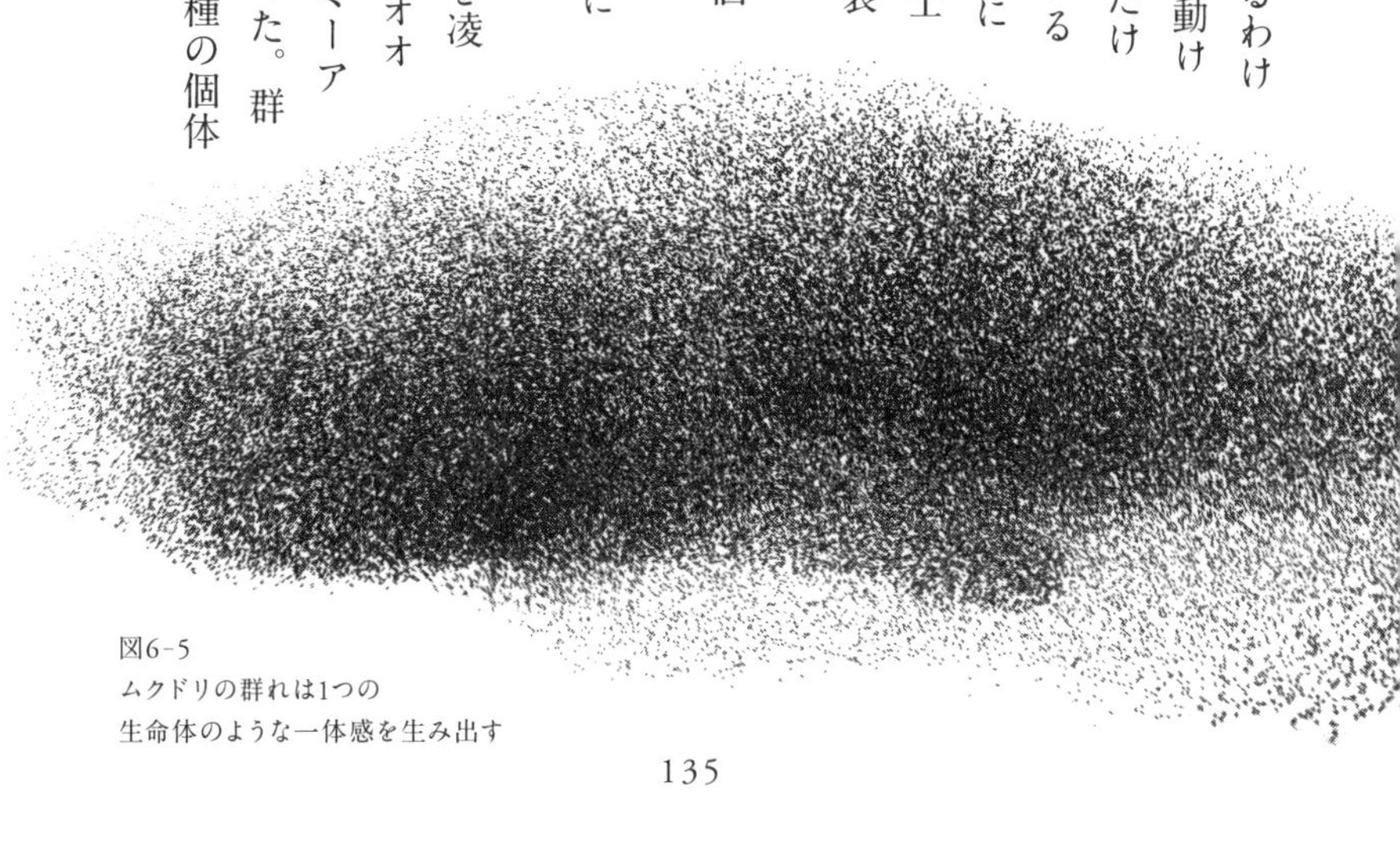

図6-5
ムクドリの群れは1つの
生命体のような一体感を生み出す

## 創造における「増殖」

増えて適応する生物の性質は、人の組織や創造を考える上でも示唆的だ。生物が進化のなかで同じ要素を増やしたり、群れを作ったりするように、デザインやアートあるいは発明でも、内部の要素の数を増やすタイプの創造は数多い。いくつか例をあげてみよう。

わずかに違う同じようなものをアソートした（分類して組み合わせた）、トランプ、色鉛筆、マニキュア。同じものをパッケージにたくさん入れたポテトチップスなどの食品、スパイス、クリップ、輪ゴム、薬。レンズの数を増やして新しい機能を獲得した望遠鏡や顕微鏡。スタッキング（積み重ね）可能にした椅子や小物入れ。踏み台の段数を増やしたはしご。同じ輪っかをたくさん繋げた鎖。単語の情報を集めた辞書。本をたくさん集めた図書館。小さい店舗を集めたショッピングモール。同じような部屋を一つのビルにした集合住宅。同種のパケットを重ねているデジタルデータ。トランジスタを集めた集積回路。このように、要素の数を変えるタイプの創造を「増殖的な創造」と定義してみると、日常のなかに無数にこの種の発明品があることに気づく。

たとえば、本も増殖的な創造の一種だ。一枚の紙ができるまでに、石板から始まって古代エジプトのパピルスが生まれ、数千年にわたってさまざまな紙の作り方が再開発されてきた。その壮大な発明史と並行して、たくさんの紙を束ねて扱う仕組みが必要となり、二〇〇〇年ほど前にコデックス装などの製本技術が生まれ、[27]本の歴史が始まる。そして現代に至るまでに糸かがりや無線綴じなど、製本方法も何度も再発明されている。

一本だけでは機能性に乏しい糸を、たくさん束ねて布にしたのも、増殖的な創造だ。布を誰がいつ最初に発明したのかは定かではないが、三万四〇〇〇年前にはすでにグルジア（現在のジョージア）で繊維が使われていたことがわかっており、六〇〇〇年前にはもう布で服が作られていたらしい。また効率的に布を増殖させるための発明として、約五〇〇〇年前の中国ではすでに原始的な織機が使われていたようだ。手織り布を作るのは大変な仕事で、時には一枚作るのに数年かかるものもあったという。その後、五〇〇〇年のあいだに織機はゆっくりと進化し、それに伴って布は日常に広がっていった。

織機のスピードはrpm（分速）で表される。初期の手織りのスピードは、5rpmくらいだったようだが、シャトル式自動織機になると100rpm程度まで上がり、近年のシャトルレス織機になると2000rpm以上の猛烈なスピードで織れるようになった。こうして布は贅沢品ではなくなり、今やあらゆる汎用品に使われている。

どうだろう、この本に使われている大量の紙のように、私たちの周囲には増殖的発想から生まれたモノが数多くある。電子版を読んでいる読者のデジタル画面も、一つの素子を何千万個と増殖させて、画面が構成されている。そんな目で世の中を見ると、モジュールを増幅する単純な発想によって、さまざまな創造が生み出されていると気づく。一つではうまく行かずとも、多くが集まることでまったく違う機能を果たすことがある。何かが増殖するとおもしろいものができるかもしれない。これから、そんな増殖的発想を見ていこう。

## 増殖1　部位を増やす

道具の一部が増殖するタイプの発想からも、数多くの道具が生まれてきた。たとえばピアノやタイプライター、キーボードなどは、一つ一つが独立したボタンだが、全体が揃っていないと意味を成さない発明だ。他にもLEDは、単体では光るだけの機能しかないが、たくさん並べて制御することでディスプレイとなる。レンガや電車、線路なども、そういった増殖的性質を前提とした発明の例だろう。

増殖的な発想の背景には、常に共通ルールの設定、すなわち規格化が関わっている。規格化は「交換」でも出てくるが、たとえば交換可能に設計した乾電池は、何本も同時に使うという増殖的な創造も同時に生み出している。必然的に、変異パターンの交換と増殖と分離は密接に関わりながら表れることが多い。

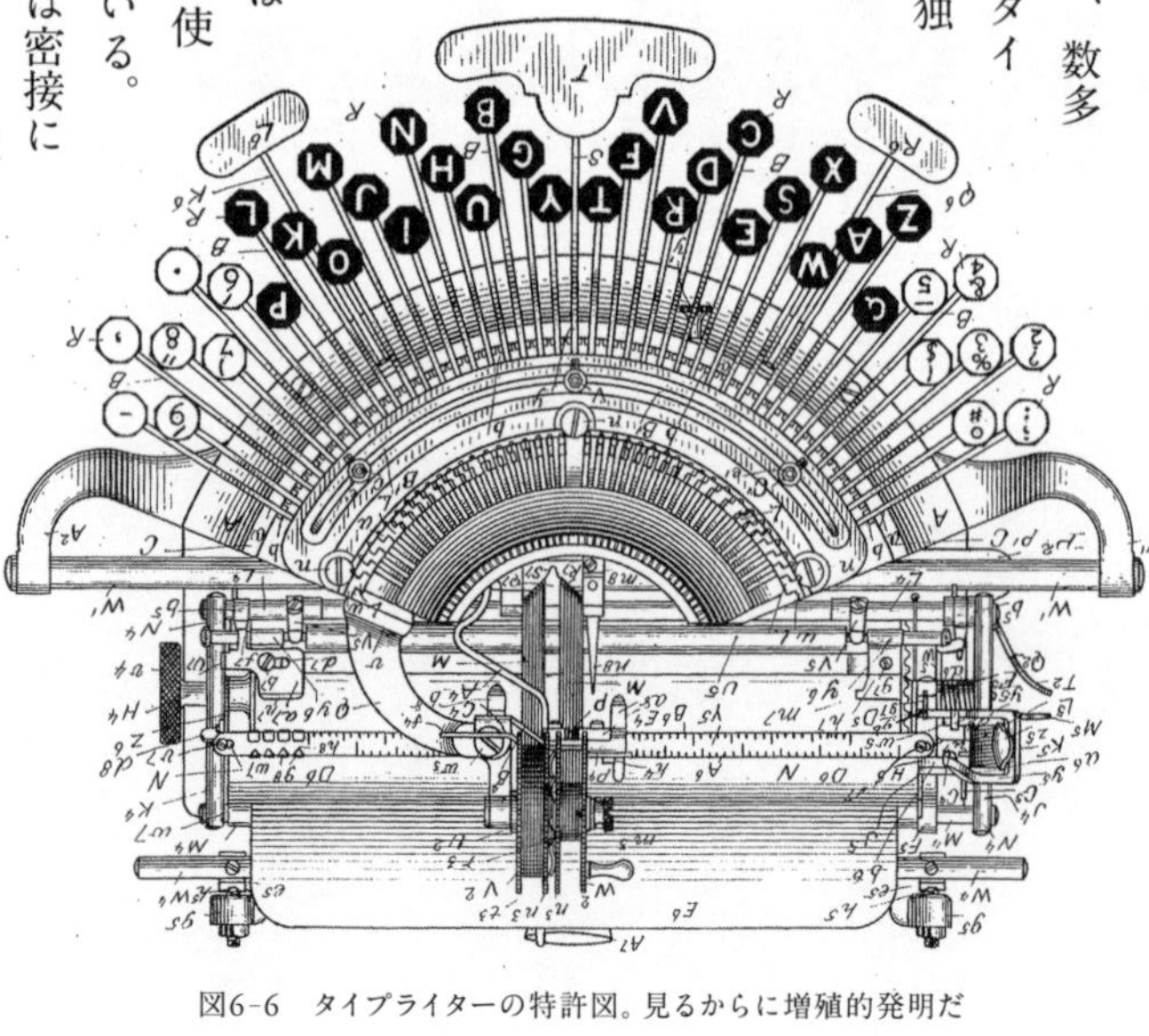

図6-6　タイプライターの特許図。見るからに増殖的発明だ

## 増殖2　群れや巣を作る

要素を増やすことで新しいアイデアが生まれるだけではない。何かの個体の数が増殖すると、それを受け止めるために、別のインフラが必要となり、新しい発想が生まれることもある。たとえば、車が増殖したことで駐車場が必要になったり、コンテナ物流が増えることでコンテナ船が発明されたり、コンテナヤードが整備される。データのやり取りが増えることでサーバーやデータセンターが必要になり、ゴミが増えることでゴミ処理場が必要になる。このように、何かが増えるとそれに伴ったインフラもまた増え、発想は派生する。まるで巣ができるように、今度は少し大規模な範囲で、器としての増殖的な発想が生まれるのだ。

こうした多くの増殖的な創造では、要素同士に共通する性質がその鍵となる。この共通性が、全体に一つの統合した機能をもたらす手がかりとなる。そのため増殖的な発想の中には、共通性のあるパーツが際限なく増えるタイプの発想がよく生まれる。たとえばブロック同士を脱着可能にしたレゴブロックは良い例だ。共通性があるからこそ、全体の集合はまとまるのだ。

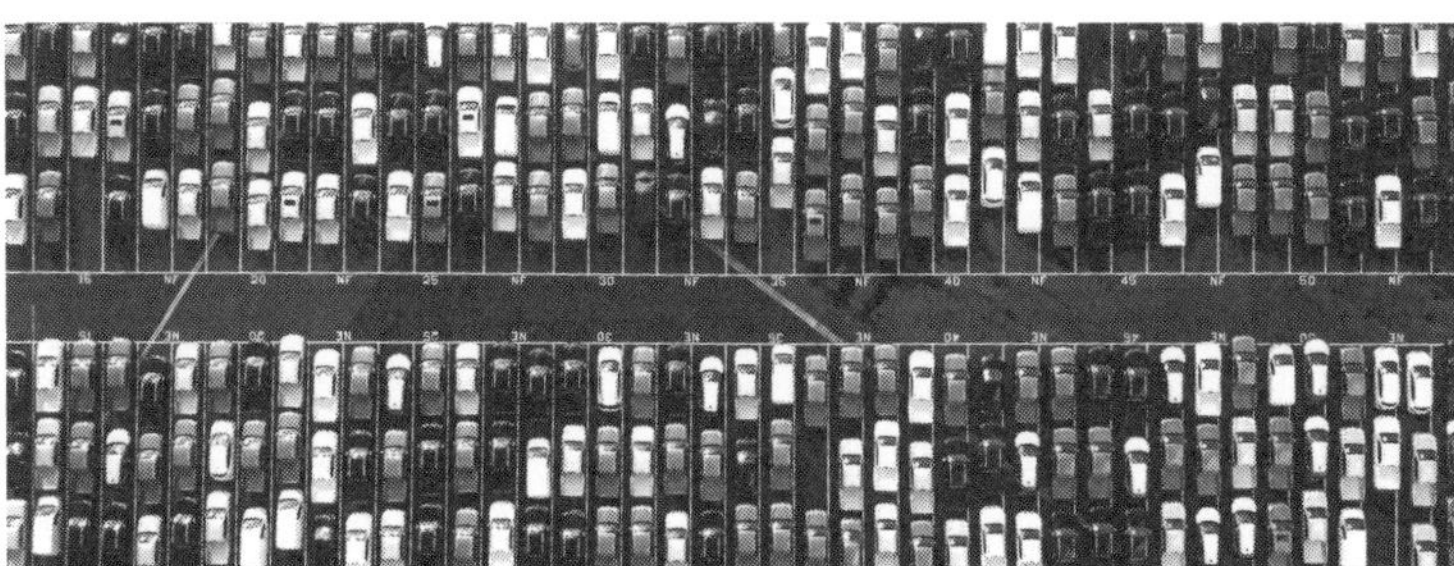

図6-7　駐車場は、車が社会に増殖したことによって生み出された巣だ

群れや巣は、その集まり以外とを分ける、分離的変異とも密接に関わっている。人間社会の組織も同じで、共通の性質を保ったまま個々が動けば全体が機能するが、別の性質を元に各々が動けば全体を統合しようがない。変異的に発想するときは、このような創造的増殖の性質を頭の片隅に入れておいてほしい。

新たな発想が欲しいなら、とにかく増やした状態を想像する癖をつけてみよう。内部のパーツはどうだろう。増やすとおもしろい部品はあるだろうか。それとも外部に広がる組織の仕組みや人数を増やしてみようか。群れにしてみようか。

いま常識とされている数は、変わり得ることを覚えておいてほしい。その常識が変わる時、新たな発想が生まれる。

数に対する固定観念を壊す練習をしよう。そんな増殖的妄想から、既存のスケールを超えて自律的に広がる発想がもたらされるかもしれないのだから。

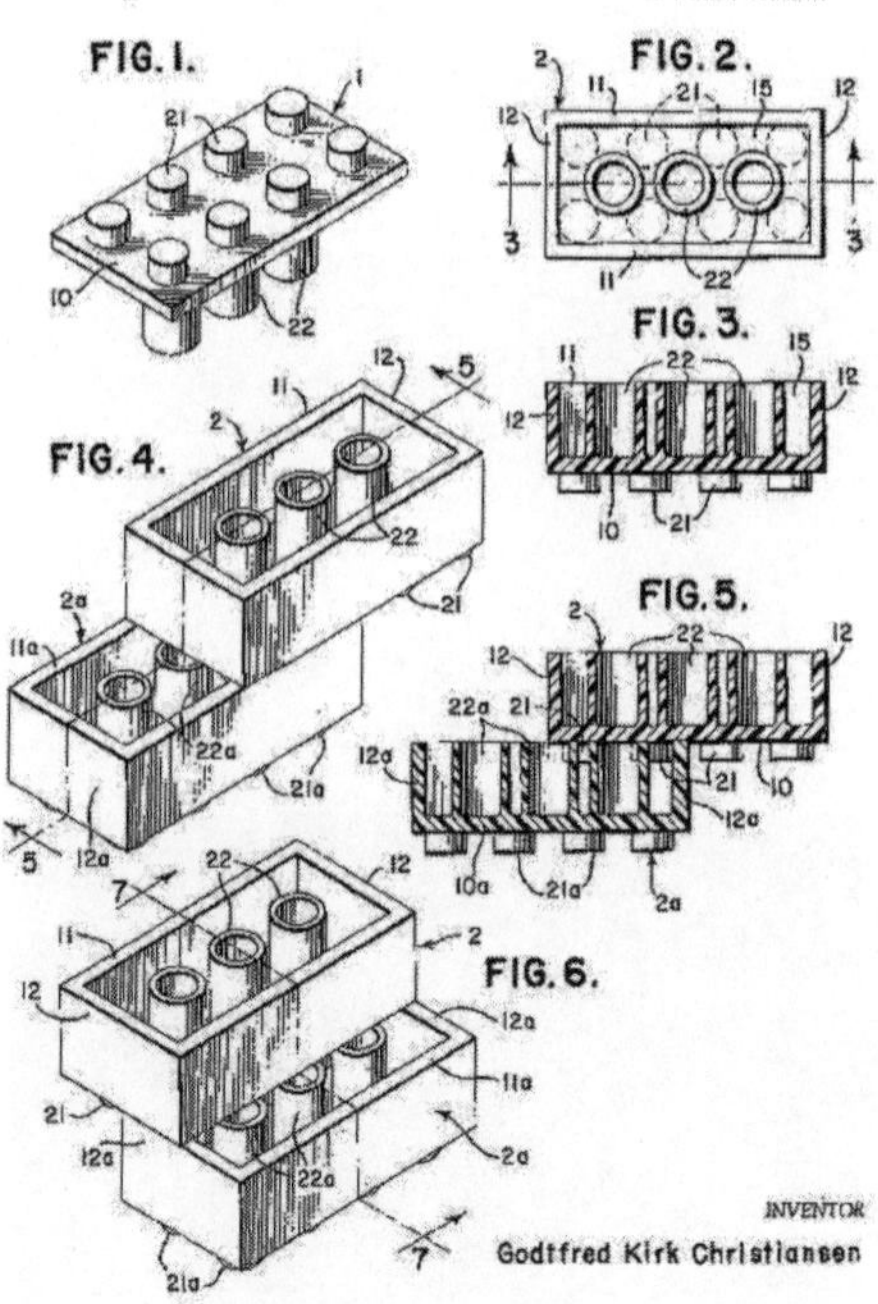


図6-8　レゴの特許図。群れになって意味をもつ製品

## 「増殖」をデザインする

一つ一つだと取るに足らないものでも、増殖的な思考で扱えば価値を生み出すことがある。たとえば廃棄物の資源化にも、増殖的な発想が応用できることがある。たとえば私のデザイン事務所であるNOSIGNERのオフィスデザインも、そんな発想で設計された。

現在の日本国内の産業廃棄物のうち、建築廃棄物は約二割を占めている。既存建築物のリノベーションは、新築に比べて環境負荷を大幅に抑える有効な方法だ。しかしそれでも、内装解体の過程では大量の建築廃棄物が生じる。私たちの暮らしの裏側で発生する大量の廃棄物を減らすために、デザインには一体何ができるだろうか。

NOSIGNERの新しいオフィスが引き渡される前、既存の内装の解体現場に立ち会った私たちは、石膏ボードの壁を留めるために用いられていた約二トンの軽量鉄骨の残骸を目の当たりにした。この素材を私たちの内装にそのまま活かせないだろうか、そう考えた私たちは解体業者に廃棄物をそのまま置いていってもらうことにした。

こうして私たちは建築廃棄物によるオフィスデザインに挑戦することにした。廃棄物をその場でアップサイクルするリノベーションができれば、それは最も環境負荷が少ない廃棄物処理になる。そこで大量の軽量鉄骨の廃棄物をランダムな長さにカットし、それらを同じ方向に並べるという、ユニークな表情の天井ルーバーを設計した。このルーバーは照明器具やプロジェクターなどの機能を内包し、移動不可能だった大量の配線やダクトを目隠しする機能を併せ持っている。こうした軽量鉄骨の廃棄物だけでなく、廃材を混ぜて焼成されたタイル「SOLIDO」や、リサイクルされた工業用アルミ箔を多用することで、空間デザインを構成する材料の大半が廃棄物由来となる、他に例を見ないサステイナブルなオフィス空間が完成した。この空間は英国王立建築家協会（ＲＩＢＡ）が発行する持続可能な内装デザインの教科書に掲載されている。

今日も世界中の解体現場では、大量の軽量鉄骨が廃棄されている。建設に関わる二酸化炭素排出量は全世界の約四〇％にも及ぶという。建設廃棄物に新たな価値を与えることは、いまデザインが目指すべきことの一つだと考えている。こうした廃棄物の利活用を広く浸透させるためには、多くの創造的な工夫が必要だ。持続可能な未来に一歩ずつ近づくために、私たちができることを積み重ねていきたい。

図6-9　NOSIGNER Regene Office　現場で発生した建設廃棄物など、ほぼ廃棄物で設計された

## 進化ワーク07　増殖（〜を増やしたx）［15分］

一個だと取るに足らないものも、増やしてみると意外とうまくいくかもしれない。「〜を増やしたx」を思いつく限り書き出してみよう。その対象物を増やすだけでなく、その中身を増やしてみてもいい。xを解剖すると、内部のさまざまな要素がある。その中身を増やしてしまおう。増えても無駄なだけかもしれないが、構いはしない。どうせたまにしか発想は適応しないのだ。やたら増えたところを妄想しよう。増やすという単純な思考から新しい発想に出会えることもある。

## 進化ワーク08　群化（xの群れ）［15分］

xを増やして連動させると、何か今とは違うことができないだろうか。集まるために必要な場はあるだろうか。発想の対象やその内部のパーツにおいて、要素が集まるための巣や群れの性質を思い浮かべよう。車にとっての駐車場や、集積回路にとっての基板のように、何かが集まるための発明が生まれることがある。xの群れが新しい可能性を開くかもしれない。

# 偶然の変化 5

# 移動

## 新しい場所を探してみよう

オーストラリアのクイーンズランド州南西には、「熱風の吹く平原」というアボリジニの言葉に由来する名の町がある。この町こそ、エロマンガ盆地のエロマンガ町だ……。この名前のせいで、日本の一部ではすっかり有名になっている。日本人としてアボリジニの方々に申し訳ない気持ちである。また、オランダの南ホラント州デン・ハーグにあるビーチリゾート地であるスケベニンゲンも、日本で人気の地名だ。スケベニンゲンではヌーディストビーチも開催され、冬でもビキニで海に飛び込むイベントがある。その名に偽りなく、デートスポットとして人気の風光明媚な場所と聞く……。それだけではない。アメリカのアリゾナ州にはアホという街があり、チェコの東部にはフルチンという街がある。インドネシアのバリ島にはキンタマーニという村があるが、村人は何も知らないかもしれない……。これらは珍地名という趣味の一ジャンルを築いており、珍地名マニアもいる。逆に日本にも、外国人が見たら目を丸くする地名があるだろう。音(おん)は同じであっても場所が変われば意味がまったく違ってしまうことがある。そんな偶然が変異的発想を生み出すこともある。こうした場所が変わることで生まれる変化を、進化思考では移動と呼ぶ。

## 生物進化における「移動」

場所を移動する生存戦略は、生物の進化でもよく見られる。渡り鳥や種子を飛ばす植物、サバンナでのさまざまな動物の大移動など、移動戦略は数え切れない。あるいは時に人為的な移動が大惨事を引き起こすこともある。

イチイヅタをご存じだろうか。観賞用の水槽では一般的な美しい海藻だ。一九八〇年代の初頭にモナコ海洋博物館の水槽で展示するために、イチイヅタが東南アジアから運ばれてきた。ある日、このイチイヅタが排水と一緒に地中海に流出してしまう。水槽の過酷な環境によって突然変異を起こしたのか、このイチイヅタは野生種の一〇倍以上もの毒を持っていた。悪いことに、外海でこの外来生物は大量発生し、数年のうちに在来種の海藻を死滅させ、地中海の生態系に壊滅的なダメージを与えてしまった。今では地中海で大繁殖し、すでにオーストラリアやアメリカなど世界中に広がっており、キラー海藻という名前で恐れられている。この恐ろしい話は、外来種の拡散に注意する必要性を教えてくれる。また同時に、時に種は移動によって新しい環境下で大繁殖に成功することもわかる。

イチイヅタによる生態系の破壊は恐ろしい例だが、実際のところ移動はあらゆる種にとって重要な生存戦略だ。一時の移動にとどまらず、太古の昔に魚類が陸に上がって四肢動物になったり、逆に哺乳類が海を目指してクジラになったように、生物進化のなかでは何度も、大きな身体の変化を伴うような移動による進化が起こってきたのだ。

タンポポなどの植物が遠くに種を拡散できる形態を獲得したり、花が受粉に有利な形で進化したのも移動戦略の一種だ。このように空を飛んで移動する習性を磨いた生物といえば、渡り鳥や渡り蝶がその典型でもある。北アメリカ大陸のオオカバマダラに至っては、なんと四世代もかけて五〇〇〇キロメートルもの距離を移動し、メキシコとカナダを往復する。あるいは、他の種が絶対に行きたくないような場所をあえて選ぶのも一つの生存戦略だ。たとえば、ヤマトハナダカバチモドキというハチの一種は、摂氏五〇度以上にもなる焼けた砂地を選んで巣を作る。蜂の巣というと大きなコロニーを想像するが、灼熱の砂の中の彼らの巣は大変小さく、それぞれの巣で一匹ずつ子を育てるために作られるものだ。こんな灼熱の場所では、子どもにとって強敵のアリも手が出ない。ハチたちはあえて過酷な場所に巣を移動させ、大切な子どもを外敵から守る戦略をとった。生物は安全で豊かな移動先がある場合、移動できる習性を進化によって徐々に獲得していくのだ。

他にも進化では、既存の遺伝子がかつてとは別の用途に流用（co-option）される現象や、ある働きで進化した形質が、現在では別の働きとなって進化する現象（exaptation）がある。こうした転用されるようなタイプの変異も、進化思考では「移動」という変異のパターンの中で扱うことにする。

図7-1　タンポポの種。ときに生物は移動しやすい形に進化する

## 創造における「移動」

生物と同じく、さまざまな道具にも移動的な戦略が見られる。実際にあらゆる創造の領域では、別の領域間との知の水平転用が頻繁に起こっている。実はダーウィンの進化論にも、移動的発想は影響している。たとえばダーウィンの進化論は、マルサスの人口論やハットンの地質学のような専門外の領域から大きな影響を受けて誕生したと言われている。知は偶発的に移動する。ダーウィンのような大発見の背景を見れば、専門にとらわれず知の移動を志向する学際融合の重要性がよくわかる。実際に移動的な変異によって生まれた創造は、世の中に無数にある。たとえば「〜にある〜」や「〜のための〜」と形容できるものは、移動的な発想の可能性が高い。たとえば次のようなものだ。

口のなかに入れたブラシ――歯ブラシ　腕にある時計――腕時計
女性のためのスーツ――シャネルスーツ　子どもの職業体験――キッザニア

こうした移動的な発想を探してみれば、あなたの身の回りにいくらでも発見できるだろう。移動的発想は無数にあるので、探したり発想しやすいように、便宜的に三つのパターンに分けてみた。「モノの移動」「人の移動」「場所の移動」だ。それぞれ特徴があるので、一つずつ考察していこう。



変異と変量　擬態　消失　増殖　移動　交換　分離　逆転　融合

## 移動1　モノの移動

この印刷機は、新しい星のように、無知の闇を消し去ることになろう。
――ヨハネス・グーテンベルク[28]

私たちが今こうして本を読めるのも、かつてグーテンベルクが活版印刷機を発明したおかげだ。実は彼の印刷機は、ワインを製造するときに使うブドウ搾り器を応用したものだった。活版印刷機が登場する以前から、このブドウ圧搾機は捺染（なっせん）などの布のプリントにも使われていたらしい。そこからヒントを得て、彼は史上初の活版印刷機を発明した。グーテンベルクの生まれたマインツにある博物館には、ブドウ搾り器を改造して作られた活版印刷機も展示されている。こうしてみなさんに本を読んでいただけるのは、ブドウ搾り器のおかげである。ワインでも飲みたくなってくる。

転用の技術史としては、石油もきわめて興味深い変遷をたどっている。石油は紀元前から用いられていたが、当時の石油は、今とはずいぶん違う用途だったようだ。メソポタミアやペルシャでは、石油がミイラの保存に使われていたのではないかという説もある。あるいは一三〇〇年頃には、万物に効く怪しげな霊薬として売られていたという記録が残っているが、現代の感覚からすると、石油を体に塗ったり飲んだりする気持ちにはとうていなれない。ともあれ、謎の物質であった石油にも転機が訪れる。一八四六年にエイブラハ

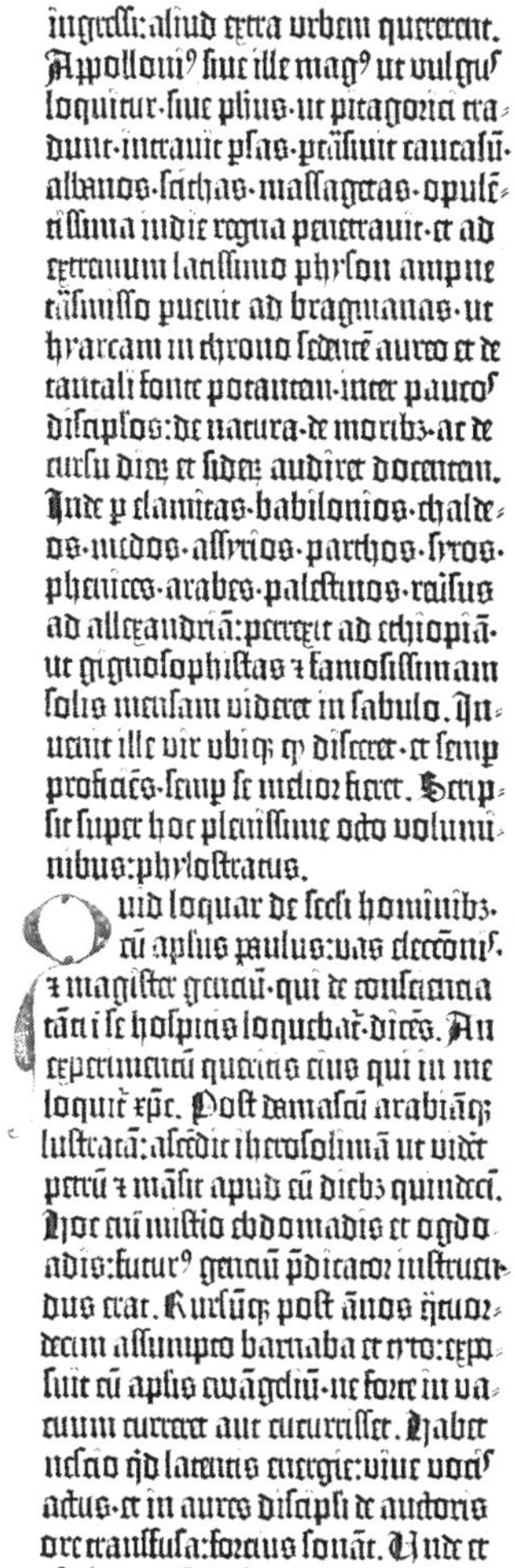
ingressi: aliud extra urbem quererent.
Apollonius sive ille magus ut vulgus
loquitur· sive phus· ut pitagorici tra-
dunt· intravit psas· ptransivit caucasũ·
albanos· scithas· massagetas· opulē-
tissima indie regna penetravit· et ad
extremum latissimo physon amne
transmisso pervenit ad bragmanas· ut
hyarcam in throno sedentē aureo et de
tantali fonte potantem· inter paucos
discipulos: de natura· de moribȝ· ac de
cursu dierȝ et siderȝ audiret docentem.
Inde p elamitas· babilonios· chalde-
os· medos· assyrios· parthos· syros·
phenices· arabes· palestinos· reversus
ad alexandriã: pergit ad ethiopiã·
ut gignosophistas ⁊ famosissimam
solis mensam videret in sabulo. In-
venit ille vir ubiqȝ qđ disceret· et semp
proficiēs· semp se melior fieret. Scrip-
sit super hoc plenissime octo volumi-
nibus: phylostratus.
Quid loquar de seculi hominibȝ·
cũ apls paulus: vas electōis·
⁊ magister gentiũ· qui de conscientia
tanti i se hospitis loquebat᷑· dicēs. An
experimentũ queritis eius qui in me
loquit᷑ xp̃c. Post damascũ arabiãqȝ
lustratã: ascēdit ihrosolimã ut videt
petrũ ⁊ mãsit apud eũ diebȝ quindecĩ.
Hoc eñi mistio ebdomadis et ogdo-
adis: futurus gentiũ p̃dicator instruen-
dus erat. Rursũqȝ post ãnos quatuor-
decim assumpto barnaba et tyto: expo-
suit cũ aplis evãgeliũ· ne forte in va-
cuum curreret aut cucurrisset. Habet
nescio qđ latentis energie: vive vocis
actus· et in aures discipli de auctoris
ore transfusa: fortius sonãt. Unde et
eschines cũ rodi exularet· ⁊ legeretur

図7-2
グーテンベルクが印刷した聖書の一部

ム・ゲスナーらによって、灯油を作る精製の技術が確立された。その後石油には、灯油の他にも、さまざまな用途が開発された。今ではあなたもご存じの通り、あらゆる動力の燃料から、プラスチックや繊維、界面活性剤などのように、膨大な種類の素材が石油から作られている。実は保湿剤のワセリンは精製した石油なので、体に塗る用途も生きているのだ。怪しい霊薬から一大産業へと、石油は偉大なまでの水平転用を果たした。

技術の水平転用は、なかば偶然によって発見されることがある。一九四五年、パーシー・スペンサーはレーダー装置を開発していたとき、ポケットに入れていたチョコレートが溶けたことを不思議に思った。そこからマイクロ波によって温度が上がることを突き止め、今や私たちの家に欠かせない電子レンジを発明した。軍用レーダー装置の一部が各家庭にあると考えると、不思議な気持ちになる。

日本にもこんな例がある。菓子メーカーのロッテの研究チームが脱酸素剤を研究していたとき、鉄粉が酸化する過程で熱を発することに気がついた。熱くなるのでお菓子には使えないが、これを応用してできたのが史上初の使い捨てカイロのホカロンだった。脱酸素材としては大失敗だが、発明は大成功だ。この現象は予定とは違う創造への結実であり、創造における種の分化のような現象だ。ある目的のために開発された技術が、その目的に役立つとは限らない。偶然は創造と進化の友であり、意図を超えて優れた結果は生まれ得る。偶然の繰り返しによって、水平転用が数多くの創造を生み出してきた。

古くからの伝統産業を水平転用して生まれた産業もまた興味深い。日本が誇る半導体メーカーの京セラは、清水焼の技術をファインセラミックスに水平転用したと言われている。また、書道用筆の生産量で日本国内シェアの八割を誇る広島県の熊野筆は、毛筆産業が急速に廃れゆくなかで化粧用筆への水平転用によって生き残り、今日では世界的にも化粧筆のトップブランドになっている。他にもオルゴールの機構がコンピューターの構造に影響を与えていたり、ガラス技術から生まれたグラスファイバーが光ケーブルとして世界中のインターネットを高速化したりと、他の目的で作られた技術が移動して価値を発揮することは技術史では頻発している。

また、まったく意図していなかったモノからの移動も創造的な発想に繋がることがある。一九二八年の夏のある日のこと、アレクサンダー・フレミングは汚い研究室のなかで細菌の培養をしていた。そして彼は、うっかりシャーレにカビを生えさせてしまった。痛恨のミスかと思われたが、よく見るとカビの周りに細菌がいない。この偶然からペニシリンを発見し、ノーベル生理学・医学賞を受賞。偶然の移動的エラーから抗生物質が研究されるようになり、その後、数え切れない人の命が救われた。

モノの移動はデザインにも応用できる。Firefoxというブラウザで有名な世界最大級のオープンソースコミュニティであるMozillaの日本オフィスを、我々が設計したときのことだ。オープンソースコミュニティなのだから、オフィスデザインまでオープンソースにしようと提案し、誰でも図面をダウンロードできる著作権を放棄したオフィスを設計した。誰でも調達可能な材料にするため、本来は違う用途の物流用のパレットやプラスチックコンテナを応用してデザインした。このプロジェクトは世界中で喜ばれ、そのオフィスのコピーが世界中に広がっている。

図7-3　Mozilla Factory Space
物流用プラコンテナを使った自動給水のプランター

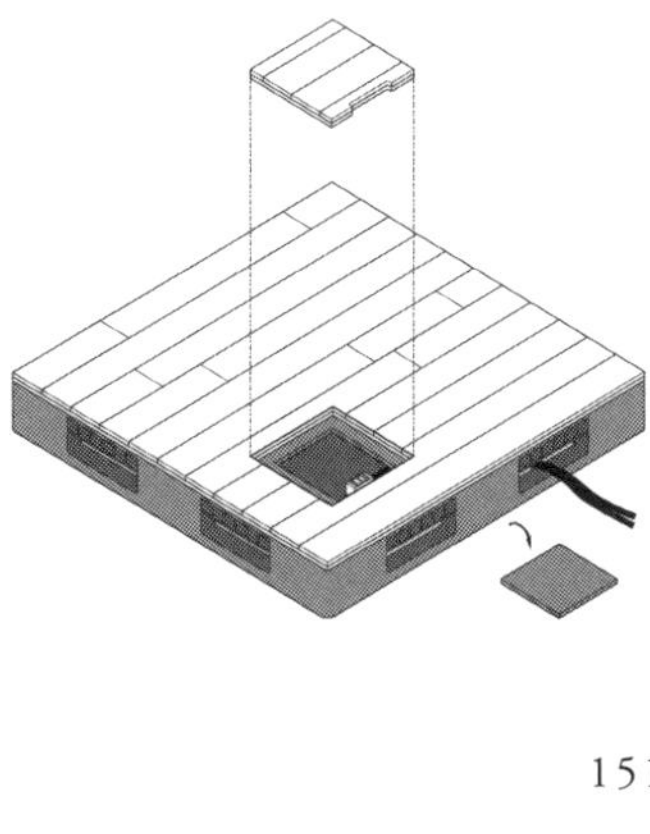

図7-4　物流用パレットを使ったOAフロア

## 移動2　人の移動

モノの移動だけでなく、人の居場所や役割が移動する変異のパターンもある。たとえば、現代のあらゆる医学生は病院内でインターンとして勤める期間がある。この制度は、一八九三年にウィリアム・オスラーによって始められたメディカル・レジデンシー制度を元としている。医療現場は人が足りない。そして医学生は実際に現場を目にしないとなかなか勉強にならない。つまり医療現場のインターン制度は、二つのニーズを移動の発想で繋いだ好例だ。この制度は医療教育のプロセスとして優れた教育プログラムであるばかりか、医療現場の人的負担を下げる効果もあげている。

偶然にも同じ年の一八九三年、ニュージーランドでは世界初の女性参政権が認められた。それまではなぜか男性だけの領域だった政治に、女性が移動したともいえるだろう。差別は移動的発想で解決されることもある。オリンピックを障害者にも応用したパラリンピックの誕生なども、こうした移動的発想の一例だろう。

ムハマド・ユヌスが創業したバングラデシュのグラミン銀行は、銀行が相手にしなかった貧困層にお金を貸し出した。返済可能性という意味で社会的信用のない人物にお金を貸すのはリスクだが、そこをグラミン銀行はどう乗り越えたのか。グラミン銀行は信用の考え方を更新し、多くの友人が進んで保証人になる人物は、真面目で信用のおける人物だと考えた。そしてお互いの連帯保証人になれる五人組の「グループ貸付」などの手法でお金を借りられるようにしたのが、マイクロファイナンスの誕生だった（その後は別の仕組みで運用されている）。既存の連帯保証人の仕組みをハックすることで、貧困層の人々も借り入れできる社会を作り、働く意欲と生産性を与えたのだ。彼はこの仕組みの発明によって、ノーベル平和賞を受賞している。限られた立場の人しか何かを行う権利がないと考えるのは、それまでの社会が生み出した幻想かもしれない。差別を乗り越えて平等を獲得していくには、移動的な発想が有効なことがある。

人の位置や役割の移動だけでなく、遠隔コミュニケーションの装置もまた何度も発明されてきた。古くは狼煙による通信や手紙もその一例だ。また特に顕著な発明として、グラハム・ベルによる電話（telephone）やフィロ・テイラー・ファーンズワースによる電子式のテレビ（television）は、その名にtele（遠隔）がつく通り、人の存在の一部を遠くに移動させることに成功した。それ以降、こうした技術が融合して登場したビデオ電話や、新型コロナウイルス蔓延時に急速に普及したインターネットを介したビデオ会議システム、あるいはスマートフォンなど、人の身体を遠くに移動させる発想は人の行動の自由に大きな影響を与え、社会の変化を加速させている。

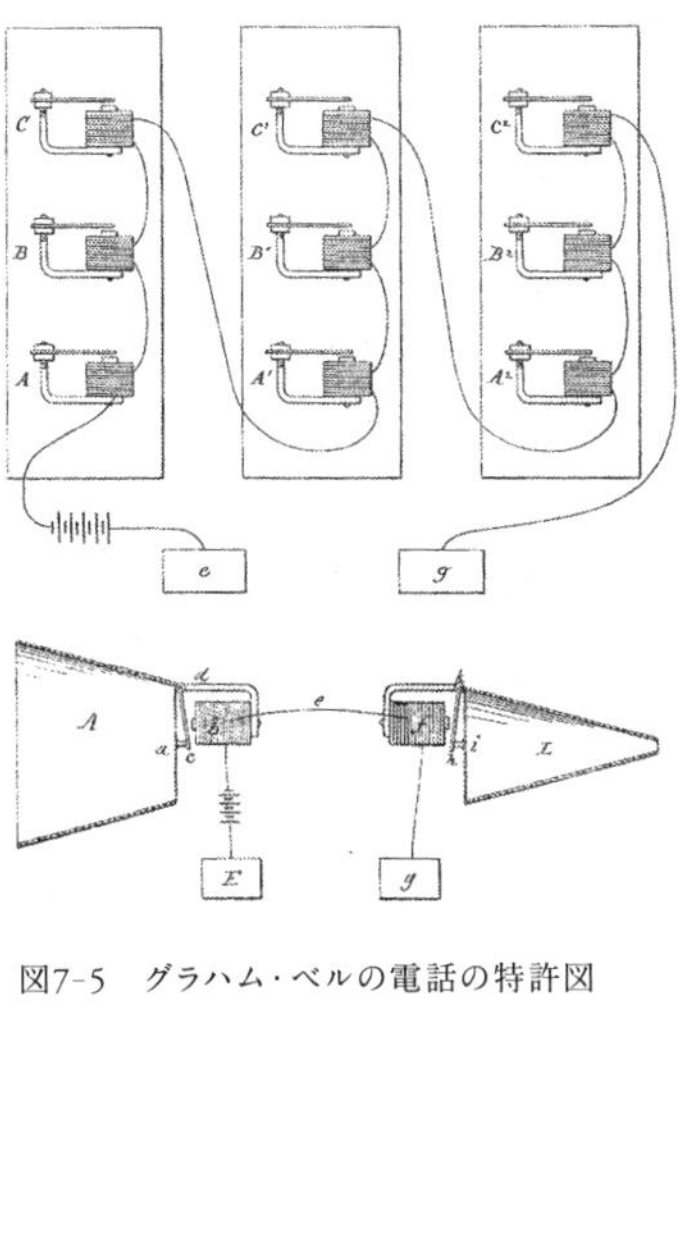

図7-5　グラハム・ベルの電話の特許図

## 移動3　場所の移動

外来種が別の場所で急激に繁殖するように、モノにおいてもまったく違う場所に移動することで、急速に社会に広がるイノベーションもある。地上を走る電車を地下に移動させた地下鉄や、橋を船のなかに移したカーフェリーなども、場所を移動する発想から生まれた変異といえる。意図的か偶然かを問わず、別の場所に移動させたら思いがけずうまくいった、という発想は無数にあるのだ。

いつも販売している市場を応用して、まったく別のものを売る戦略もある。コンピューターゲームで世界中を席巻する任天堂は、もともとは花札の会社で、日本で初めてトランプを作った会社でもある。彼らは娯楽用の機器を開発する中で、テレビゲーム産業を生み出した。門外漢だったはずの彼らは、アナログゲームで培った既存の流通網を最大限に利用して、まったく新しいコンピューターゲームを速やかに日本中の市場に展開した。私が子どもの頃には、おもちゃ屋とテレビゲームの関係は現在よりも深かったように思える。それは玩具市場からテレビゲーム市場へ任天堂が市場を移動したからだろう。

そして現在最も社会に大きな影響を与えている移動が、リアルからデジタルへのサービスの移動だ。一九九〇年代初頭にはまだデジタル空間上のマーケットは存在していなかったが、そこに目をつけたジェフ・ベゾスが一九九五年にアマゾンを創業。彼らに続く形でデジタルマーケットプレイスが社会を席巻し、私たちの消費は瞬く間にリアルからデジタル上に移行した。アマゾンの成功とともにベゾスは二〇二〇年には、二〇兆円の資産をもつ世界一の富豪になった。これもデジタルという広大かつ未開の新天地への、既存サービスの壮大な移動によるものだ。

新たな文明の移動先として、近年は宇宙開発が活況を呈している。宇宙にロケットの駅を作る宇宙ステーションという考え方がそもそも移動的だし、地上のあらゆるものを宇宙空間に移動する技術が問われる、人類史上初めての壮大な移動への挑戦が続いている。

民間の宇宙開発も活発だ。これまではミサイル技術開発のための水平転用先として宇宙ロケットに各国は投資してきたため、打ち上げたロケットが破棄されるのは当然だと考えられていた。

しかし、スペースX創業者のイーロン・マスクがロボット制御によって発射台に帰ってくるロケットを開発したことから、圧倒的にコストが下がるめどが立ち、それが契機

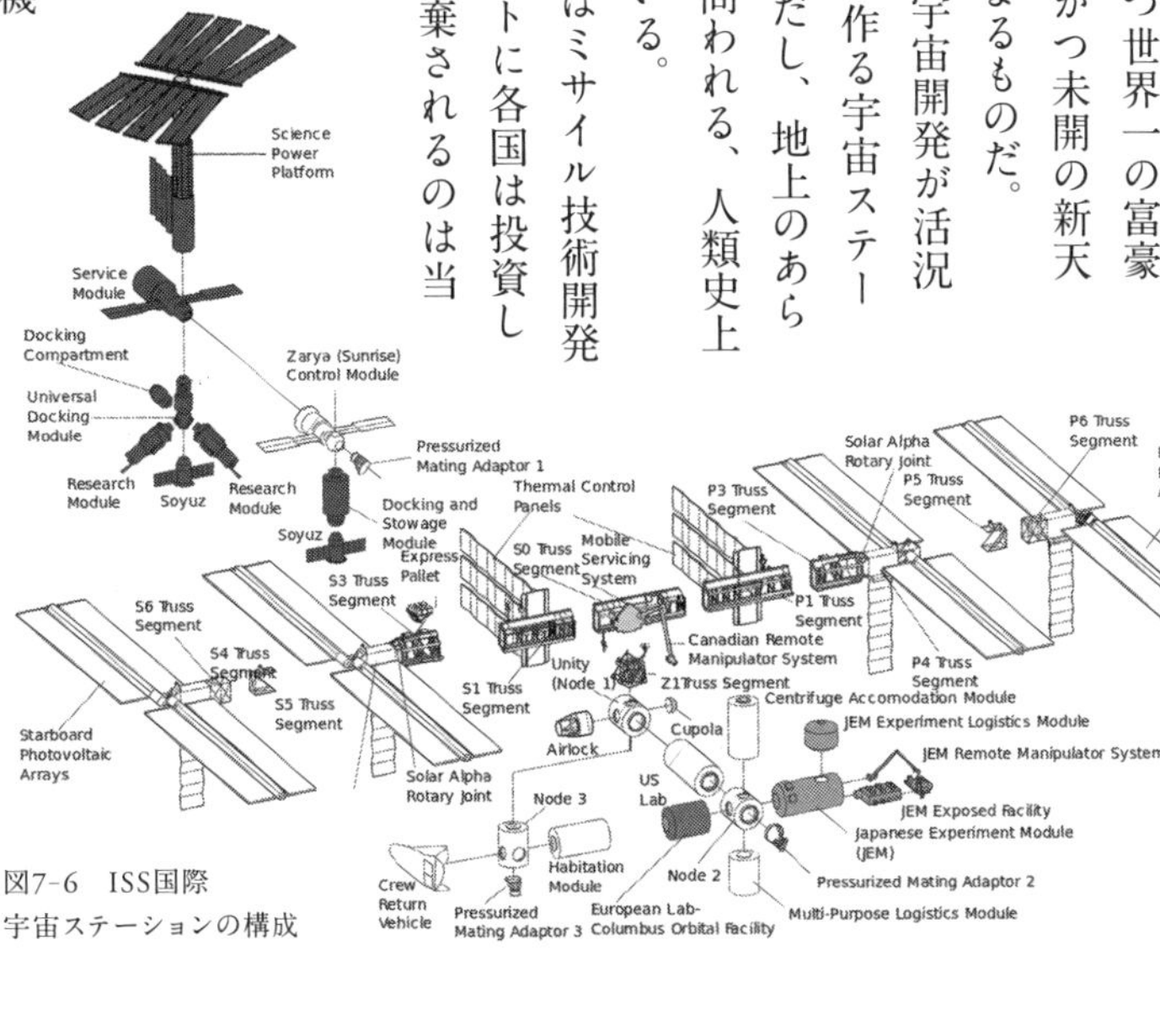


図7-6　ISS国際宇宙ステーションの構成

となって民間の投資が集まる市場になっている。地球から一歩外へ出た宇宙空間でのビジネスはまだまだフロンティアで、宇宙旅行や宇宙での生活の基本的なインフラとなる技術は確立されていない。こうした創造の先には、宇宙で生まれ、宇宙空間に適応する人類が登場するかもしれない。まさに機動戦士ガンダムに登場するスペースノイドの話のようだが、人類の地上から宇宙への壮大な移動の先には何が待っているのか。宇宙空間や他の惑星に適応する身体を、現在の我々はまったく持っていないはずだが、これからの創造はそれを可能にするだろうか。

別の場所に移動したり、まったく違う領域へと応用するのは、いつも勇気がいる。慣れない領域での出来事には、失敗も多いだろう。しかし私たちが意図しようとしまいと、この世に生まれた創造は、他の場所にも移動する。まるで生態系のニッチが埋まっていくように、エラーを頻発しながらも、未踏領域は自然に開拓されていく。今いる場所に留まるだけでは生まれない創造がある。そして移動先での適応可能性を感じられるのは、異世界にひるまず、その挑戦をした人だけの特権なのだ。思い切って別の場所に移す勇気をもつ人にだけ、新しい創造に出会う幸運は降りてくる。

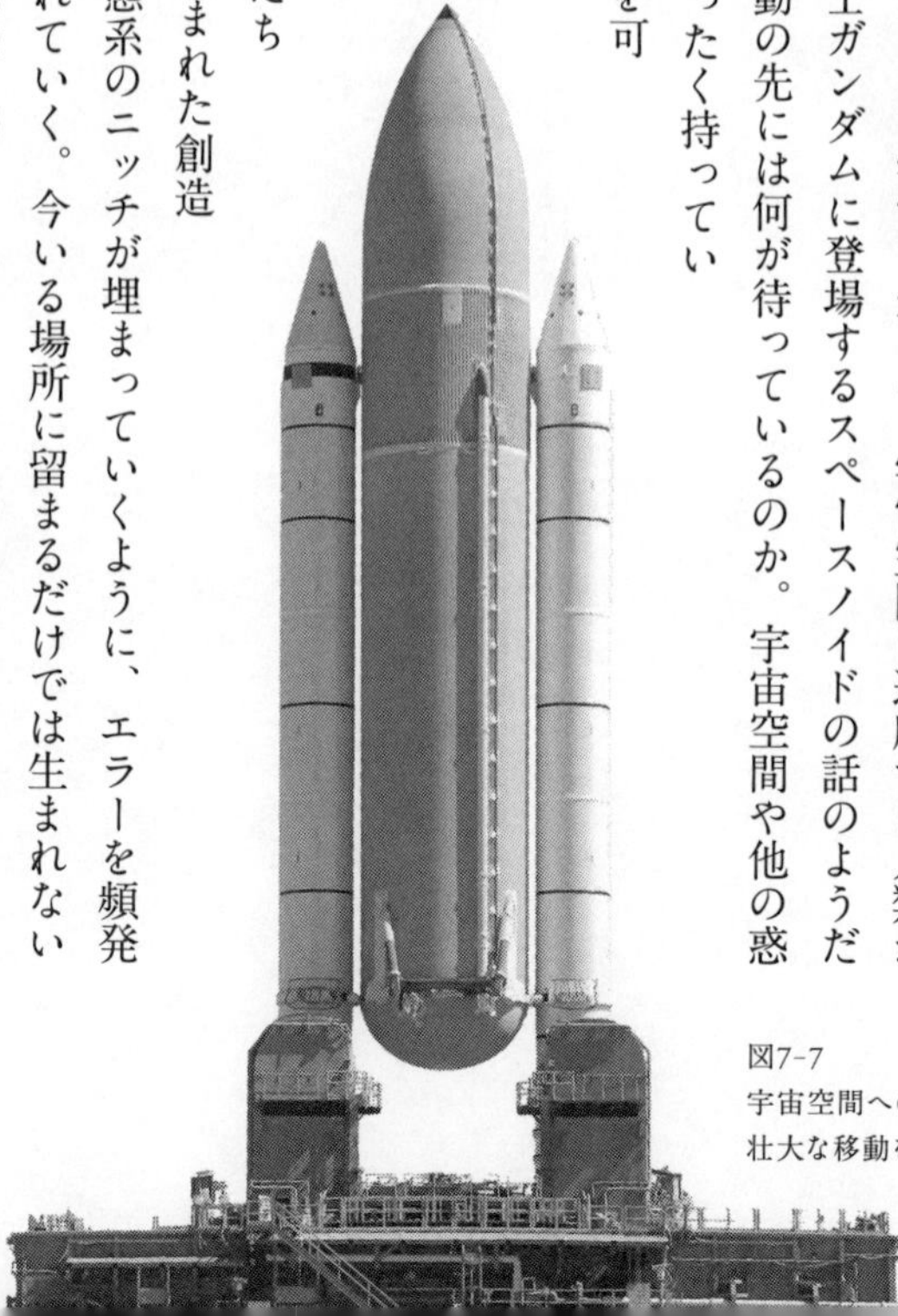

図7-7
宇宙空間への
壮大な移動を目指す挑戦

## 進化ワーク09　移動（〜にあるx、〜のためのx）［15分］

そこで花が咲かないからといって、咲く可能性を諦めるのは早いかもしれない。別の場所では別の適応があり、他所で咲く手は残されている。人でもモノでも、その歴史を振り返れば今までとは異なるフィールドに移しただけで、まったく新しい価値を発揮することがある。こうした移動型の変異を、思考のなかに取り入れてみよう。

技術の移動：その技術は、別の領域に応用できないだろうか。
ヒトの移動：関係者を代えたり配置を変えられないだろうか。
場所の移動：そこではない場所に、モノを移せないだろうか。

「〜にあるx」「〜のためのx」といった言葉から連想される、予想外の答えはないだろうか。まったく違う場所や人の元へと、それが移動してしまったおもしろい姿を妄想してみよう。そんなキーワードを、思いつくだけ書き出してみよう。こうした移動をイメージさせる造語を考えてみよう。「青空教室（青空の下に移動した教室）」のような、移動先の固有性を含んだ名称が頭に浮かぶと、具体的なイメージにぐっと近づくはずだ。

変異 》 変量 擬態 消失 増殖 移動 交換 分離 逆転 融合

# 偶然の変化6 交換

## 違う物に入れ替えてみよう

「明日でオレら卒業だけど、これからも、禿げ増し合って生きていこうな!」

……変換ミスで青春が台なしである。単語の誤交換が頻繁に起こるように、言語的な交換にはエラーがつきものだ。言葉は単語の連続であり、単語が連なって文章を成している。そしてこれらの単語や文章は、同じ程度の情報のコンポーネントであれば互いに交換可能だ。この交換可能性があるから、言い間違えや聞き間違えといった、言語特有のエラーが発生する。交換から生まれるエラーは、今までにない単語の組み合わせを生むきっかけでもある。

変異の源泉となるDNAもまた、言語と似た交換可能性を備えている。私たちは生命がもつこの交換可能な性質を人為的に用いて、遺伝子組み換えの技術に活用している。また進化においても、まるで部分を交換したかのように進化した種がいる。そして生態系の中でも、物理的にモノを交換する行動を進化させた種が数多く観察されている。進化思考では交換的な表現型の進化と、何かを交換する行動の進化などを合わせて「交換」という変異パターンで解説する。

## 生物進化における「交換」

生物の進化上で獲得されてきた交換的な行動を見てみよう。よく知られているところでは、ヤドカリの背中の巻き貝もその一例だ。ヤドカリ自身はエビとカニの中間のような生物で、脱皮によって成長する。しかしヤドカリはエビやカニのように甲殻を発達させるのではなく、他の個体が残した巻き貝を背負うことで身を守る生存戦略をとっている。

この方法だと強力な鎧を生産コストなく身につけられる一方で、脱皮のたびに自身の体が大きくなると、巻き貝のサイズが合わなくなってしまい、定期的に交換する必要がある。体の大きさに比例して大きな巻き貝が必要になるため、ヤドカリは小さいものから大きいものまでが順番に行列を成して、互いの巻き貝を一つずつ大きなものに交換して、いっせいにお引っ越しすることが知られている。

水鳥も体内で巧みに交換機能を使っている。氷点下の冷たい湖に浮いている水鳥は、なぜ低体温症にならないのか。冷たい水に足をつけていると、普通はそこからどんどん体温を奪われてしまうはずだ。しかし実は水鳥の体内では、足から上がってくる冷たい静脈と、足に向かう温かい動脈が絡み合う構造があり、血管のあいだで熱を交換する。これによって冷たい静脈の血液が動脈に温められ、体温を保つようにできているのだ。これは静脈と動脈の融合（192頁の「融合」で詳述）とも言える。この熱交換する仕組みには「ワンダーネット」というかっこいい名前がついている。

またカッコウの托卵も、交換によって適応した例だ。托卵をする鳥はカッコウだけでなく、ホトトギスやツツドリ、アフリカのテンニンチョウの仲間や北アメリカのコウウチョウなど、世界中のおよそ八〇種類、全体の約一％の鳥が托卵鳥として知られている。

托卵は、他の鳥の巣に卵を産みつけて育てさせる、騙しと寄生のテクニックだ。もちろん騙される側の鳥も、何とか自分たちの子どもの生存のために、それを見破らなければいけない。騙す側と騙される側の進化上の競争が、数百万年規模で繰り広げられてきた。いわゆる「赤の女王」競争だ。これらの共進化によって、托卵鳥の卵は、騙される側の卵の色や形に似るように擬態するし、種によってはヒナの顔さえ似るようになった。その一方で、見破る側の精度もどんどん高くなっていった。

まずカッコウは、他の鳥の巣にある卵を一つ落としてから、その巣に自分の卵を産みつける。その卵は不思議なことに、もともと巣にあった卵の色にだんだんと似ていき、親鳥の目を欺くのだ。さらにここからが壮絶だ。カッコウのヒナは他の卵より先に孵化し、まだ目も見えないうちに、他のすべての卵を巣から落とす。そして巣の親鳥からの餌を独り占めにし、しまいには親鳥よりも大きくなるのだが、親鳥はその頃になっても、偽物の我が子に餌をあげるのをやめない。なんともサスペンスドラマ的な恐ろしい生態である。

こんな交換が成立するのは、偽物が本物にそっくりだからだ。交換的思考を生物から学ぶ上で、交換したいものに擬態することは重要な意味をもつ（106頁の「擬態」で詳述）。ある種の共通性質があって初めて、交換の可能性が生まれるのだ。

## 創造における「交換」

生物の例にも増して、人工物のデザインや発明にも交換的発想が数え切れないほどある。たとえば規格化された製品は、すべて交換可能性を前提としている。交換的発想は、あまりにも数多く社会に存在するため、便宜的に「物理的な交換」「意味的な交換」「概念的な交換」の三つのタイプに分類して説明してみたい。

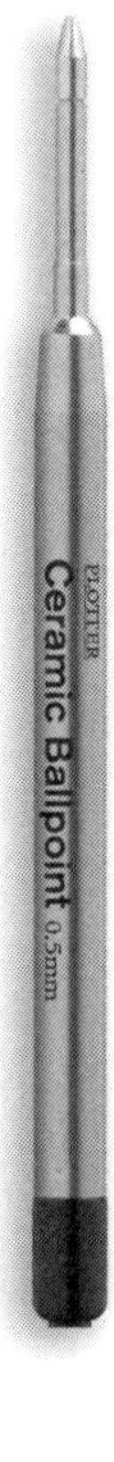


図8-1　ペンの替え芯。交換可能な設計

### 交換1　物理的な交換（ＷＨＡＴ）

同じくらいの大きさや性質のものは、物理的に交換できる。たとえば電池もそうだし、色違いのボールペンの芯もそうだ。あるいはハードディスク、空気清浄機のフィルター、ゴミ袋、フィルム、印刷用紙、ゲームカセット、ＣＤ、自販機のペットボトル、日本家屋の障子、ふすま、畳など、物理的な交換は創造のパターンの一つを成している。交換可能性を担保するため、規格化された材料が世の中にはあふれている。

図8-2　電球とソケットは交換を前提として設計されている

規格化されたものには、交換を容易にするためのデザインが施されている。また規格化がうまくいくと、技術の進化も加速する。規格化されたソケットがあったからこそ、白熱電球からLED電球への交換はスムーズに行われたのだ。

交換のためには、大きさや物性など物理的な性質が揃っている必要がある。ガスの充填もその一例だ。ポテトチップスの袋には最初は空気を入れたが、窒素に替えたことで酸化を防げるようになった。コンビニのおにぎりの具を詰め替えたり、同じくらいのサイズのおもちゃを作ってガチャガチャの中身にしたりと、物理的な交換では、交換するもの同士の物性が揃っていることが条件となる。逆に偶発的な発想力を高めるためにも、同じようなサイズのものを入れ替える挑戦に慣れよう。おにぎりにジャムを突っ込んでみたら、意外といけるかもしれない。

図8-3　記録メディアは容量があるため、規格化によって交換可能に設計されることが多い

## 交換2　意味的な交換（ＷＨＹ）

物理的には似ていないもの同士でも、同じ意味や目的を果たせるモノと交換することで、新たなイノベーションが起こることは多々ある。たとえばモノを解剖し、そのなかの要素を同じ目的をもつ別の技術と交換すると、劇的に進化する場合があるのだ。例えば馬の代わりにエンジンを載せ、さらにエンジンをモーターに換えるような発想は、形状はまったく違うが、動力という目的が共通している。

利便性や安全性、そして省エネルギーを求めて、ロウソクからガス灯、白熱電球、さらにＬＥＤへと、夜の明かりは交換されていった。コンピューターの記憶装置も、パンチカードからフロッピー、そしてハードディスクドライブ、さらにＳＳＤ（ソリッドステートドライブ）へと小型で容量の大きなものに進化していった。

同じ目的をもつものに交換される場合を、ここでは意味的な交換と定義する。意味的な交換では、交換する対象同士が同じ目的（ＷＨＹ）を果たすことが一つの条件になる。

なぜその要素があり、どんな目的を果たしているのか。ぜひじっくり考えてみてほしい。選択の章で後述するが、変異は手段の発生である一方で、選択圧はモノの目的と適応の方向性を教えてくれる。手段は寿命が短いのに対して、目的は数万年単位で変わらないことも多い。そうすると必然的に、同じ目的に適う別の手段に交換される現象が繰り返される。

## 交換3　概念的な交換（ＴＨＡＴ）

人間社会には、交換を概念的に成立させるためだけに作られる創造もある。すぐに思い浮かぶのはお金だ。お金そのものは金属や紙切れだが、社会的信用によって価値の代替品として交換できる。こうした代替品があると、大量の米とか野菜のような物体そのものを交換しなくてすむので便利だ。

たとえば、切手を買って荷物を運んでもらったり、チケットを買って入場できたり、切符を買って電車に乗れたり、カードでマイルを貯めたり、株式を買って法人や工場を手に入れたり、保険を買って将来の安心を買ったり、契約書を取り交わして約束をしたり、合言葉を言って仲間を確認するように、価値の代替品を設定して交換しやすくするタイプの交換的発想はたくさんある。交換と創造には並々ならぬ関係があるのだ。交換の代替を担う仕組みはたくさんある。これらは必ずしも物理的実体を伴わないが、それが社会的信用と紐づくことで交換を約束として成立させる。究極的には言語もまた、本来互いに交換できない思考を概念的に交換するために生まれた道具だ。

「物理的な交換」「意味的な交換」「概念的な交換」によって、これまでに数多くの発明が生み出されてきた。逆に言えば、交換的な思考は普遍的な発想方法の一部なのだ。既存のものの中で、何が交換可能かを常に意識しよう。

図8-4　世界最古のコイン
「エレクトロン貨」（原寸大）

図8-5　世界初の切手
「ペニー・ブラック」（原寸大）

## ☑ 進化ワーク10　交換Ⅰ（～を～に替えたx）［15分］

白熱電球をLED電球に、レコードをCDに替えたように、従来のモノより、もっと効率が良いモノに交換できないだろうか。

「～を～に替えたx」という言葉のようなイメージで、連想できる可能性をたくさん思い浮かべてみよう。もし思いつかなければ、まずはxを解剖してみることをおすすめする。中身の要素を俯瞰してみて、それらの要素を同じような性質の他のものと交換できないか想像してみよう。それを思いつく限り書き出してみよう（解剖は224頁で詳述）。

## ☑ 進化ワーク11　交換Ⅱ（xの代わりに）［15分］

お金のように、概念的な意味での交換を担う仕組みはたくさんある。それと同じように、xの代わりになるものを発行し、流動性を高める仕組みが他にないか、想像してみよう。物理的な交換は流動性が問題になることがあるが、概念的交換に変換すると流通スピードは上がるかもしれない。

だが概念的交換には偽物がつきまとう。その仕組みに対する偽造やハックを防ぐにはどんな工夫をすれば信頼性を高められるか、考えてみよう。

# 偶然の変化 7 分離

## 別々の要素に分けてみよう

「言葉は分けられるようにできている」
「言葉　は　分けられる　ように　できている」
「こ　と　ば　は　わ　け　ら　れ　る　よ　う　に　で　き　て　い　る　」
「KOTOBAHAWAKERARERUYOUNIDEKITEIRU」

なんだかヤバい人のようだが、ここに書いた通り言葉には、分離可能な性質がある。節があり、単語があり、文字があり、子音や母音がある。そのそれぞれが入れ子構造になっていて、言語の構造そのものに、分離可能な仕組みが何層にも組み込まれているのだ。第三章の「解剖」で詳しく述べるが、あらゆるモノも言語と同じく何層にもわたる概念の膜に包まれていて、内部を階層的に分離できる。言語だけではなく、モノや生物も分離可能な構造を備えている。分けることで交換可能にしたり、別の機能を担ったり、別の場所に移動しやすくなるからだ。それだけでなく、この性質はさまざまな人工物でも、パターンとして頻繁に応用されている。

## 生物進化における「分離」

私たちの身体もまた、内外を分離するために発達したかのような分離構造がさまざまに存在していて、何層にも分かれながら全体が機能している。進化の歴史のなかでは何度も、生命の体内で新しい膜が作られて、生理的機能が分離されつづけてきた。膜に包まれれば、膜の内側は別物として扱えるので、内外の干渉を防げる。

そして膜の獲得によって、初めて部位は分離可能になる。膜は一見なんの機能ももたないが、実は偉大な存在だ。膜は、細胞という極小単位から最外層の皮膚まで、体内で何層にも重なっていて、膜による分離に頼りながら生物は生理機能を獲得してきた。

そう考えてみればあらゆる生物の皮膚が、外界の影響から身体の内部を分離して守る機能を進化させてきたと気づく。皮膚には回復可能な表皮があり、外界からの影響のバッファとなるような脂肪があり、外界のダメージを受け流す柔軟な弾力を備えることで、内部を外の影響から守っている。柔らかい外皮だけでなく、アルマジロや亀、あるいはカブトムシやカニのように、強固な外装を備えることで内部を守るように進化した種も多い。

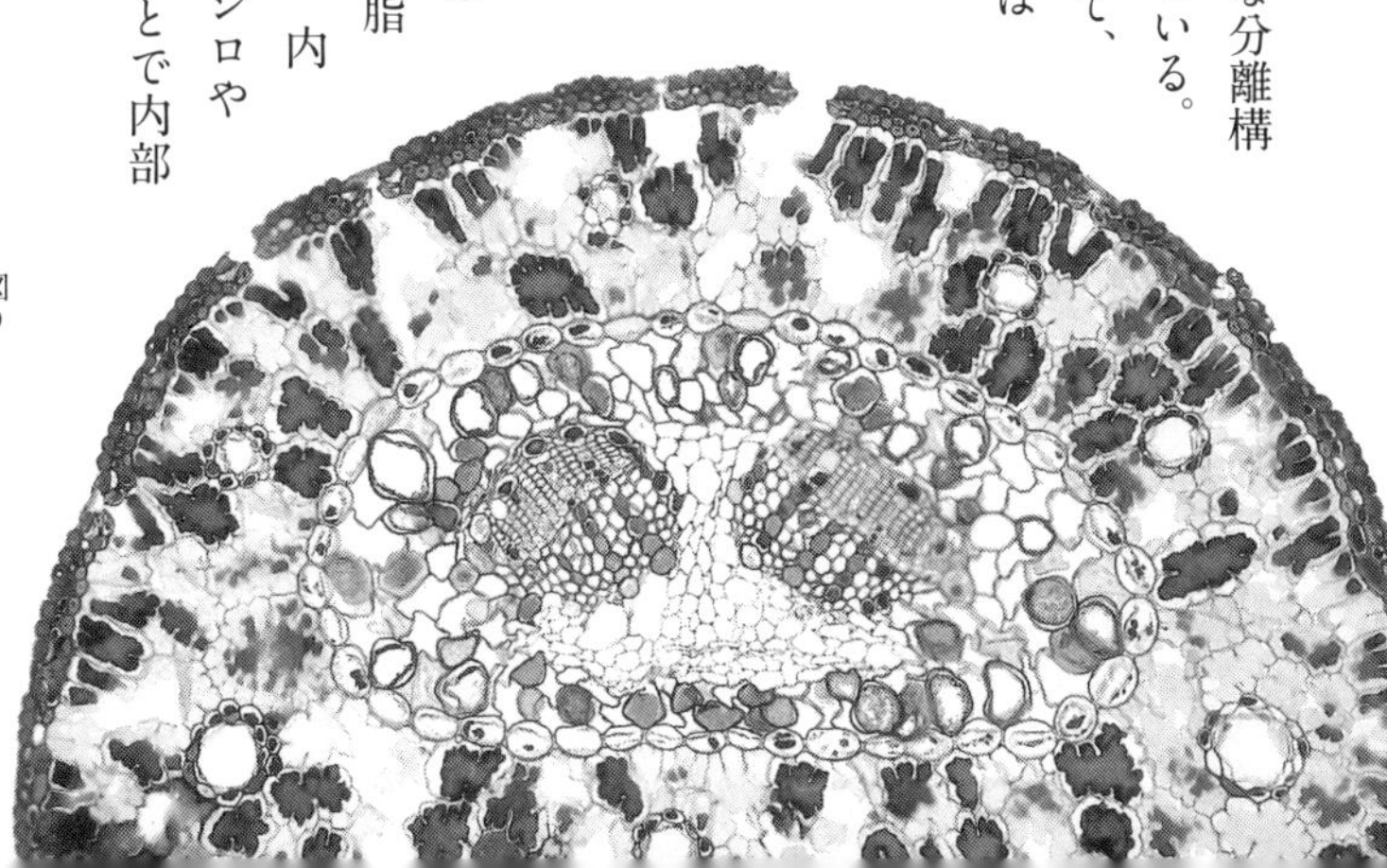

図9-1
植物の茎も無数に分離されている

獲得した分離の能力を、興味深い方法で生存戦略に役立てる生物もいる。有名なのは、トカゲのしっぽ切りだろうか。ご存じの通り、トカゲは危険に遭遇すると自分のしっぽを切り落としておとりにし、自分はそのあいだに逃げる自切（じせつ）という習性を持っている。トカゲのしっぽには脱離節（だつりせつ）という部位があり、皮膚にも切れ込みが入っているので、しっぽが切れやすくなっている。これも体内の分離構造を発達させた変異だ。しかもこのしっぽ、切ってもしばらく生命を持ったように動きつづけて餌を演じるだけでなく、驚くことにまた再生して生えてくる。

このように、ある生物は分離能力を進化の中で獲得し、生き残ってきた。身体の内部の部位同士でも、身体と外部を分ける皮膚においても、分離する戦略はさまざまな生物の形質に広く確認できる。

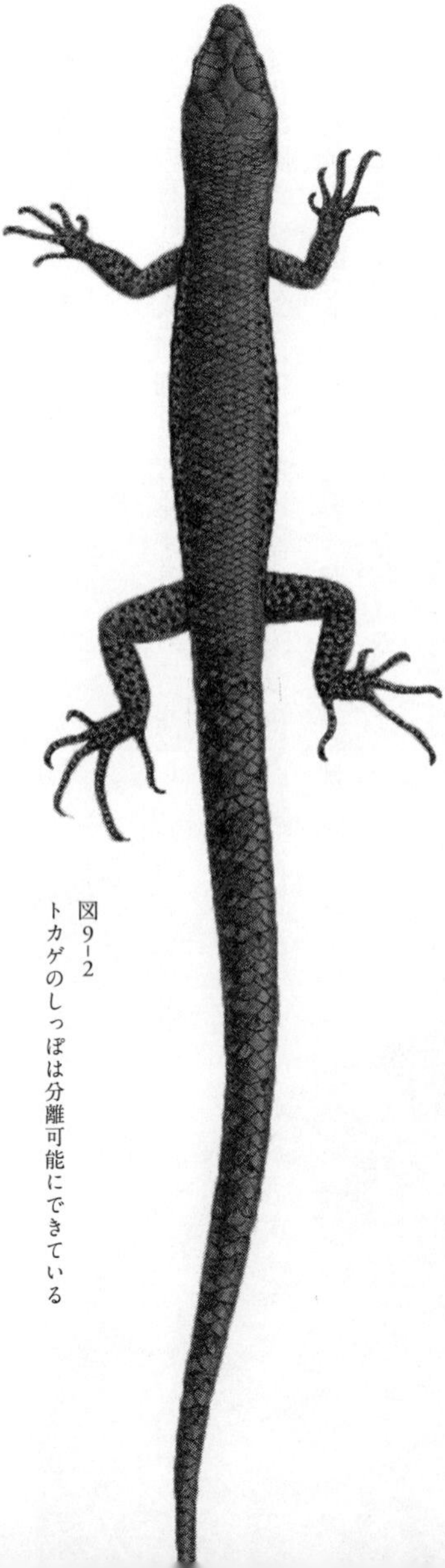

図9-2
トカゲのしっぽは分離可能にできている

## 創造における「分離」

生物の分離的な進化と同じように、道具の創造にも分離的な発想が活用されている。そもそも、モノは適切に分離するだけで価値になる。これは廃棄物のリサイクルでも同じだ。素材ごとに分ければ、資源としての価値は上がる。石油の精製や医薬品の創成もそうで、不純物なく分離できるかが鍵になる。つまり、すでに混ざっているモノから、ある成分を分離できると価値になるのだ。逆に、ポテトチップスの袋のなかに髪の毛や虫が混入したら価値がなくなる。ある成分だけで分けられているからこそ役に立つのだ。

そして分離には分離壁がつきものだ。改めて考えると、私たちは無数の分離壁を発明してきている。生活のなかでも、分離のための膜のような道具をたくさん使っている。カプセル、外装、プラスチック容器、コップ、缶、瓶、鍋、弁当箱、引き出し、靴、袋、包帯や服などの布、カーテン、コンドーム、上水道と下水道、壁、天井、部屋など、あげればきりがない。そうした日用品のほとんどは、さまざまな素材でできた分離壁で何層にも包まれている。あるいは無料会員と有料会員を分けたり、ゴミの分別、チーム対抗戦など、概念上の分離も、多くの発想によく見られる。

分離壁となる素材や機構の発明だけでなく、部分的に膜の内外を繋ぐ開口の発明も数多い。ボタン、コルク、王冠、靴ひも、ファスナー、パッキン、鍵、ドア、カーテンレール、門、逆浸透膜、改札口のような発明は、内部と外部の往来を可能にするための開口の発明だ。

物理的な膜の開口だけでなく、電気のスイッチや迷惑メールのフィルターなどもこの種の発明に相当するだろう。あるいはチョコレートの折れ目、きりとり線、セキュリティーのためのシールなど、不可逆性を設計した開口のデザインもある。茶こし、浸透膜、透析器、ザルなどの濾過装置や遠心分離機のような、何かと何かをふるいにかけて分ける発明も数多くある。

広い意味では、汚れを分離する石鹸や抗菌剤なども分離的変異に相当する。分離的発想もまた、創造における典型的なパターンなのだ。そしてこの分離的発想は、膜と開口の二つの視点で考えるとイメージしやすいだろう。

ここで、分離的な発想から生まれた歴史的発明をいくつか紹介しよう。一八世紀末、ナポレオン・ボナパルトは兵隊たちの食料の供給に困っていた。そこで彼は、食品の優れた保存方法の発明に賞金をかけ、市民に広く呼びかけることにした。

一八〇四年、これに応募した菓子職人のニコラ・アペールが、加熱後に瓶詰めする保存方法を発明した。こ

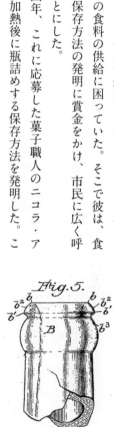

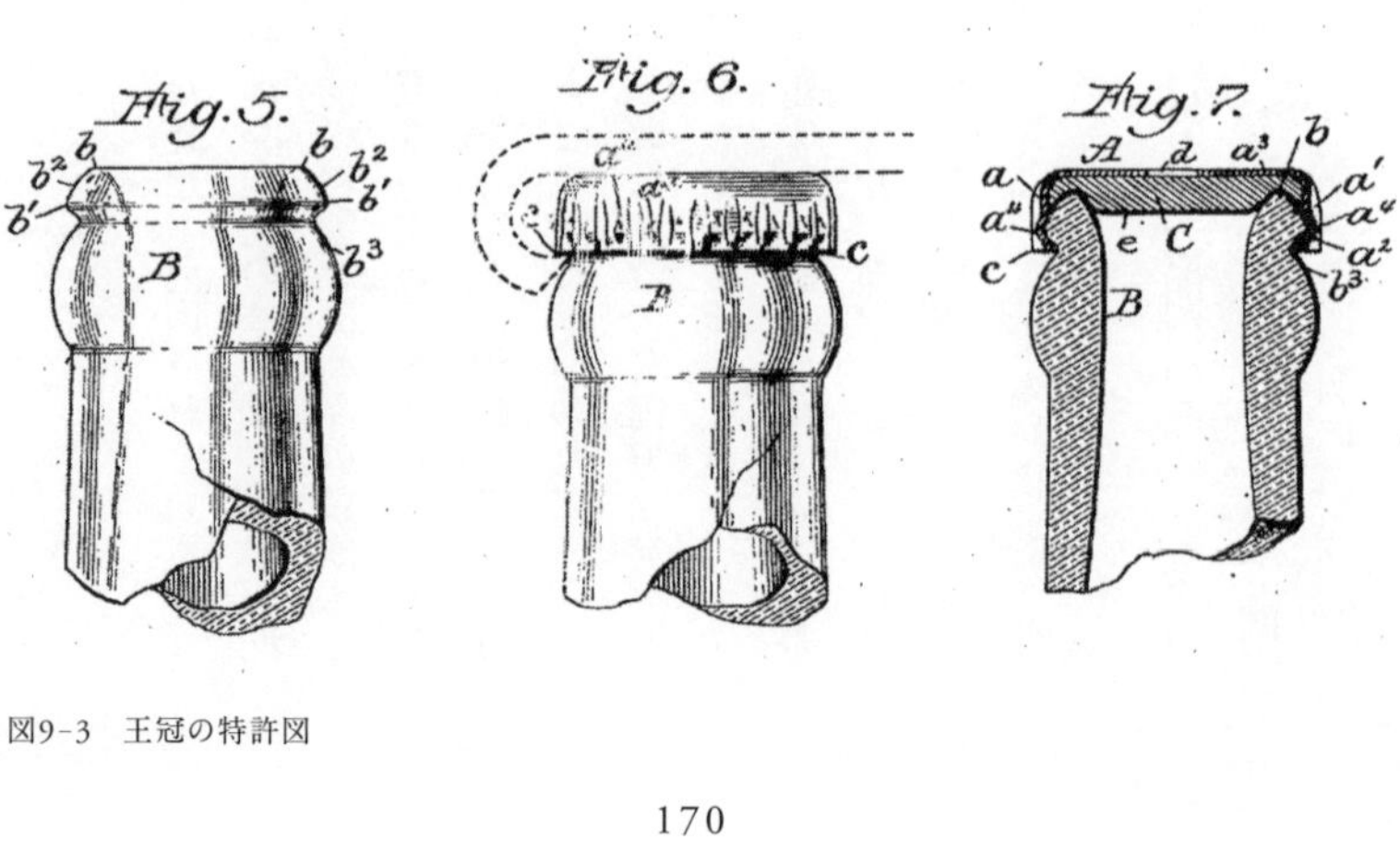


図9-3　王冠の特許図

れも膜の発明だ。そして、アペールによる瓶詰めの発明があったからこそ、一八一〇年に英国でピーター・デュラントが金属の缶詰を発明できたのは間違いない。

一八九二年には、それまで保存瓶のフタとして使っていたコルクが腐ったり、気密性が低かったりする問題を解決するために、ウィリアム・ペインターが王冠を発明している。領域こそ違えども、これも膜の開口という課題に挑んだ発明だ。そして日本人にはおなじみのボンカレーが、一九六八年に世界初のレトルト食品として登場した。人類にとって病原細菌は最大の脅威の一つであり、食物を細菌による腐敗から守ることは生命に直結する課題だ。それだけでなく、食物の長期保存を可能にする技術は、少ない食料を最大限に活かすためにも役立っている。これらはすべて食品の保存にまつわる膜の発明だ。

また、王冠の発明とほぼ同時期に、ウィットコム・L・ジャドソンはある発明を思いついた。彼は靴ひもを結ぶのが苦手だった。世界中の人が、こんな面倒くさいことに毎日時間を奪われているなんて、ばかばかしい。もっと簡単に靴ひもを結ぶ方法はないのかと考えた彼は、さまざまな試行錯誤から一八九一年にファスナーを発明した。その発想はご存じのように、靴だけでなく服飾やテントのような建築、雑貨まで、その後あらゆる産業に広がったことで、私たちの生活はとても便利になった。このファスナーもまた、膜の開閉を往復できる発明の一種だ。

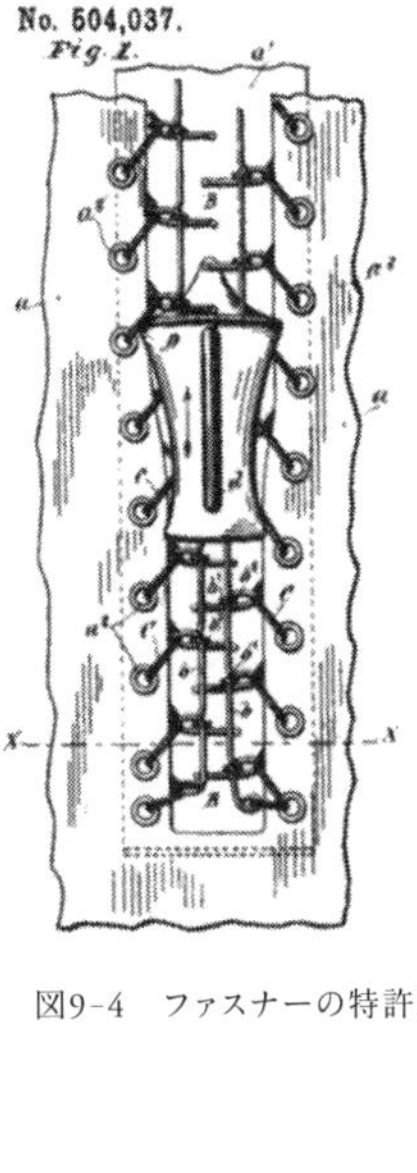

図9-4　ファスナーの特許図

## 「分離」をデザインする

歴史的な発明を考えろと言われるとハードルが高いが、誰でも思いつきそうな日常のさまざまな道具の発想にも、分離的な変異的思考パターンが使われている。

身の回りを見回してみてほしい。キャニスターや一斗缶などのさまざまな容器はもちろん、財布、ペンスタンド、収納家具なども分離のための膜の発明の一種だし、分離可能にするための脱着式のバッグ、取っ手が外れるフライパン、ワンタッチ式のカメラの雲台、磁石でくっつくコネクターなども分離的な性質を応用した創造の一種だ。それだけではなく、自動車のボディ、住宅、城壁、防波堤、国境など、小さなものから巨大なものまで、何かと何かを分けるデザインが、世界を包み込んでいる。

図9-5　この写真のなかにも、引き出し・戸棚・箱・靴・服などの分離壁が何層にも存在している

私自身がデザインした例も少し紹介しよう。私たちNOSIGNERは、創造的な人を助けるためのアナログツールを提供する文具ブランドPLOTTERの総合プロデュースを手がけており、そのなかでメッシュポーチを使いやすくデザインした。

従来のポーチはファスナーのものが多く、開けるのにひと手間かかる。そこで携帯灰皿などに使われるバネ口の機構を開口部に取り入れて、一瞬で中身にアクセスできるメッシュポーチを考えた。これまでのポーチが、開けて取り出すまでに五秒程度かかっていたのに対して、私たちのメッシュポーチはわずか一秒程度でアクセス可能になった。また片面だけがメッシュで中身が二層になっているため、外に見せたいものと見せたくないものを内部で分けられ、格段に使いやすくなった。考えてみればこの二つの工夫も、膜と開口のデザインだ。この程度では発明と呼べるレベルではないけれど、このように開口の見直しには新しい発想の可能性が詰まっているのだ。

多くのデザイナーは、さまざまなプロダクトの表皮をデザインすることが多い。つまりデザイナーや設計者には、内側と外側の相互作用を観察し、そのあいだにある分離壁の形状を設計し直すチャンスがある。

図9-6　PLOTTER
開口部の改良によって使いやすくなったPLOTTERのメッシュポーチ。内部も二層に分離している

## 不可分のものを分離する

分離する発想は「本当にそれ以上分けられないのか」という疑問を生み出し、常に新たな発見を導いてきた。たとえば「光はこれ以上分けられないのか」と考えた人もいる。白い光をプリズムに通すと虹が発生するのはみなさんもご存じだろう。この現象は古代から知られていたが、白い光に色がつく現象だと考えられてきた。しかしアイザック・ニュートンは、まったく違う考え方でこの現象と向き合った。

彼の仮説は、もともと白い光のなかにさまざまな色が含まれていて、プリズムによって光が分離されて虹色に見えるのではないか、という仮説だった。コペルニクス的転回とはこのことだ。そして彼は、白い光をプリズムで虹色に分離し、それを再度レンズで集光させて白い光に戻し、またもう一度その白い光から虹を作り出すというエレガントな実験で、白い光のなかには無数の色の光が含まれていて、逆に多くの色を含んだ光を束ねると白い光

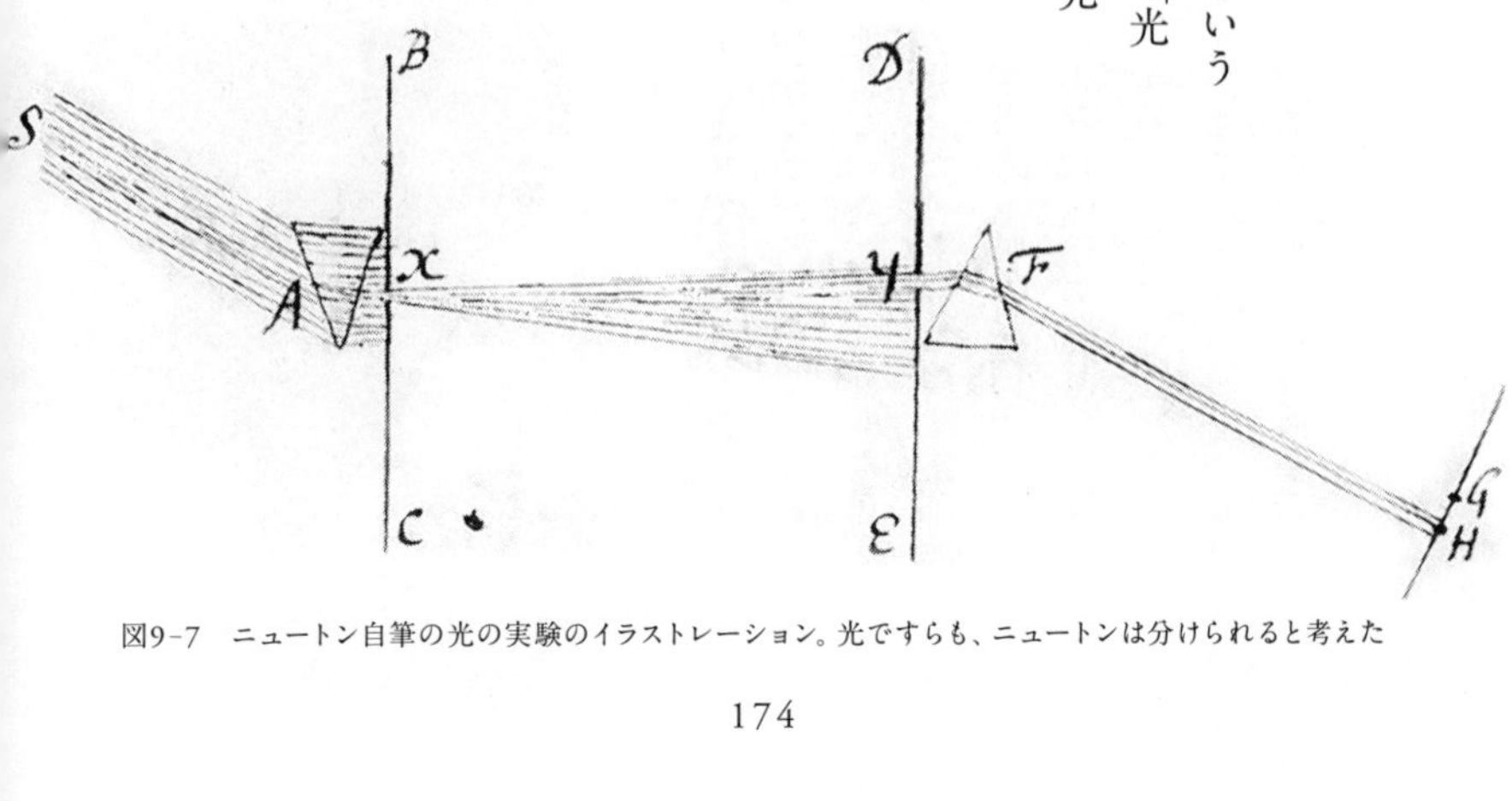


図9-7　ニュートン自筆の光の実験のイラストレーション。光ですらも、ニュートンは分けられると考えた

図9-8　「ラジウム線の影」ラジウムからラドンへの崩壊で生じた$\alpha$粒子が描いた影。芸術作品のようだ

になることを確かめた。もちろんこの発見によって、光学技術は大きく進展した。

さらに根本的な問いとして、物質はどこまで細かく分けられるのかと考えた人もいる。古代ギリシャのレウキッポスやデモクリトスらは、物質をそれ以上分けられないところまで徹底的に小さい単位に分けると最後に残るのは何なのかを妄想し、それは目には見えないほど微細な、これ以上細かく分けられない粒子に分かれると結論づけた。これ以上分けられないほど細かい粒子。ギリシャ語の「できない＝ア」と「切る＝トモス」から、彼らは「アトム＝原子」という概念を提唱した。

それから約二三〇〇年後、ウランの性質を研究していたマリー・キュリーとピエール・キュリー夫妻は、ウランの原子から放射線が飛び出しているという仮説に至り、原子ですら不可分ではないと推測した。そしてキュリー夫妻はノーベル賞を受賞。分離できないという名前で定義されたものですら、まだ分離できるかもしれない。未知の分離可能性への挑戦によって、科学は大きな進展を遂げた。

ニュートンやデモクリトス、キュリー夫妻らに共通するのは、他の人が分けられないと思っていたものを分けられると信じた、常識に縛られないマインドセットだ。思い込みを超えて、分離できると信じた人だけが、空気も光も物質も分離させた。

もっと微細にその現象に向き合えば、今まで一体だと考えていたものでも、初めて分離できる手段が見つかるかもしれない。分離可能性は純度を高めることに繋がり、代謝を促すことにも繋がる。その探究もまた一つの常識の壊し方なのだ。

変異≫　変量　擬態　消失　増殖　移動　交換　分離　逆転　融合

## ☑ 進化ワーク12　分離（xを～に分ける）［15分］

分離した姿を想像してみよう。できる限り分けて考えることで、そのモノについて考える解像度を上げたり、扱いやすくできるかもしれない。「xは分けられない」と思い込みを超えよう。どうしたら分離できるだろうか。

まずは徹底的に解剖して中を見てみよう。これ以上は分離不可能だと思うところまで分解したら、改めてその部位を分ける方法を考えてみよう。あるいは、現在分離している方法をもっと効率の良い方法に変えられないか考えてみよう。

1　膜の分離
今まで分けられていなかったモノを分けるために、どんな膜のなかに入れられるだろう。今までの容器に問題点があるなら、どうすればその問題を解決できるか。

2　開口の分離
膜の内側と外側で出し入れが頻繁に発生する場合、その開口部はどんな仕組みが良いだろう。今までとは違う方法で開口部を作れるだろうか。

# 偶然の変化 8

# 逆転

## 真逆の状況を考えてみよう

世界的な名経営者として知られるソフトバンク創業者の孫正義氏は、Twitterで彼の髪を中傷する相手に対して「髪の毛が後退しているのではない、私が前進しているのだ」という名言を残した。[29] ネット上では「ハゲしく同意!」と共感が沸き起こり、感動が生まれた。誰も傷つけず、逆転の発想で誹謗中傷を感動に変えた、さすがの人物である。

言葉には逆転や否定の性質が常に伴い、真逆の意味に捉え直すこともできる。日常会話のなかでも相手の認識を否定して正そうとしたり、釈明したり、反語表現で強調したりと、否定・逆転表現は言葉のなかでも重要な性質を帯び、コミュニケーションに彩りを添える。プラスマイナス、上下、左右、男女、金持ちと貧乏、幸福と不幸、白と黒など、多くの言葉には反対の意味となる言葉が設定され、その中間は曖昧だ。実際には両者のあいだに曖昧なグレーゾーンがあっても、私たちは言語的性質に引っ張られるように白か黒かをはっきり分け、世界を二分して物事を単純化する。曖昧さの排除は時に偏った視点を生みやすく、さまざまな社会の分断にも繋がってきた。言葉が万能ではないからこそ、私たちは変異的な思考を磨いて、中庸を捉える柔軟さを持って物事を見たいものだ。

## 生物進化における「逆転」

実は生物の進化においても、逆転は頻繁に起こる。たとえば私たち人間の六人に一人は左利きとなって左右が逆転するし、およそ一三人に一人がＬＧＢＴ（性的マイノリティ）として性自認が周囲と異なり、[30]二万二〇〇〇人に一人が内臓逆位、つまり体内の内臓が鏡のように左右を反転した状態で生まれてくる。[31]

こうした反転は特別なことではなく、ただ一定の確率で生まれるし、進化を促す多様性の一部でもある。稀に逆転的な変化が起こる性質を、ＤＮＡや生物の生理的機能がすでに備えていると言ってもいい。

進化上の生存戦略にも、逆転の発想を思わせる適応を遂げた生物は数多く存在する。わかりやすいたとえでは、上下反転してぶら下がって過ごすコウモリやナマケモノのような種もそうだろう。彼らはいつのまにか私たちとは真逆の方法で重力に適応した動物たちだ。彼らは人間を見て「あいつら、二本足なんて危なっかしい体勢でよく立っていられるよな」と思っているかもしれない。

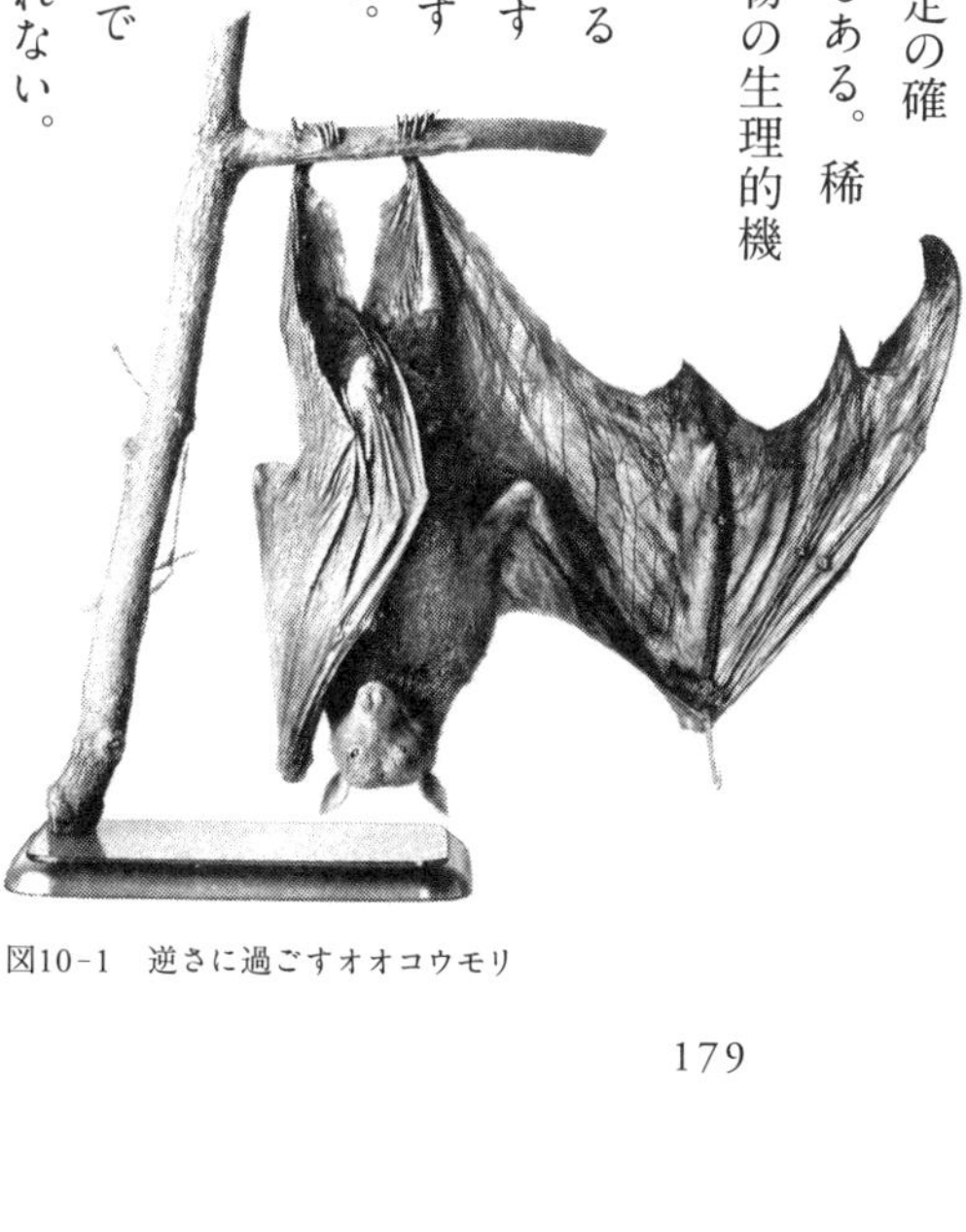

図10-1　逆さに過ごすオオコウモリ

逆転的な変異のなかには、ちょっと変わったやつもいる。たとえば、名前からしてすでにいわくありげなアベコベガエルというカエルがいる。学名はPseudis paradoxa。学名にすらパラドックスが入っている（！）カエルだ。アベコベガエルは、オタマジャクシの頃にはとても大きいのに、成体のカエルになった途端に小さくなってしまう。大人だからといって大きいとは限らないのだ。

タツノオトシゴには、一度に二〇〇〇匹ほどの大量の赤ちゃんを出産する種もいる。その数も興味深いが、ここでもっと興味深いのは、その出産をするのがメスではなくオスだということだ。タツノオトシゴのオスの体には育児嚢（いくじのう）という袋がついていて、メスはここに卵を産み落とす。その後、数週間にわたってオスが体内で子どもを育て、出産に至る。つまり彼らにとっては出産も育児もオスの仕事だ。なんと素晴らしいイクメン夫だろうか。

もう一つおもしろい例があった。二〇一七年、イグ・ノーベル賞に輝いた日本人の研究で、トリカヘチャタテという昆虫の生態を研究したものだ。チャタテムシの一種であるトリカヘチャタテは、メスに突起が付いていて、オスの生殖器に挿入して受精する。共同研究者の吉澤

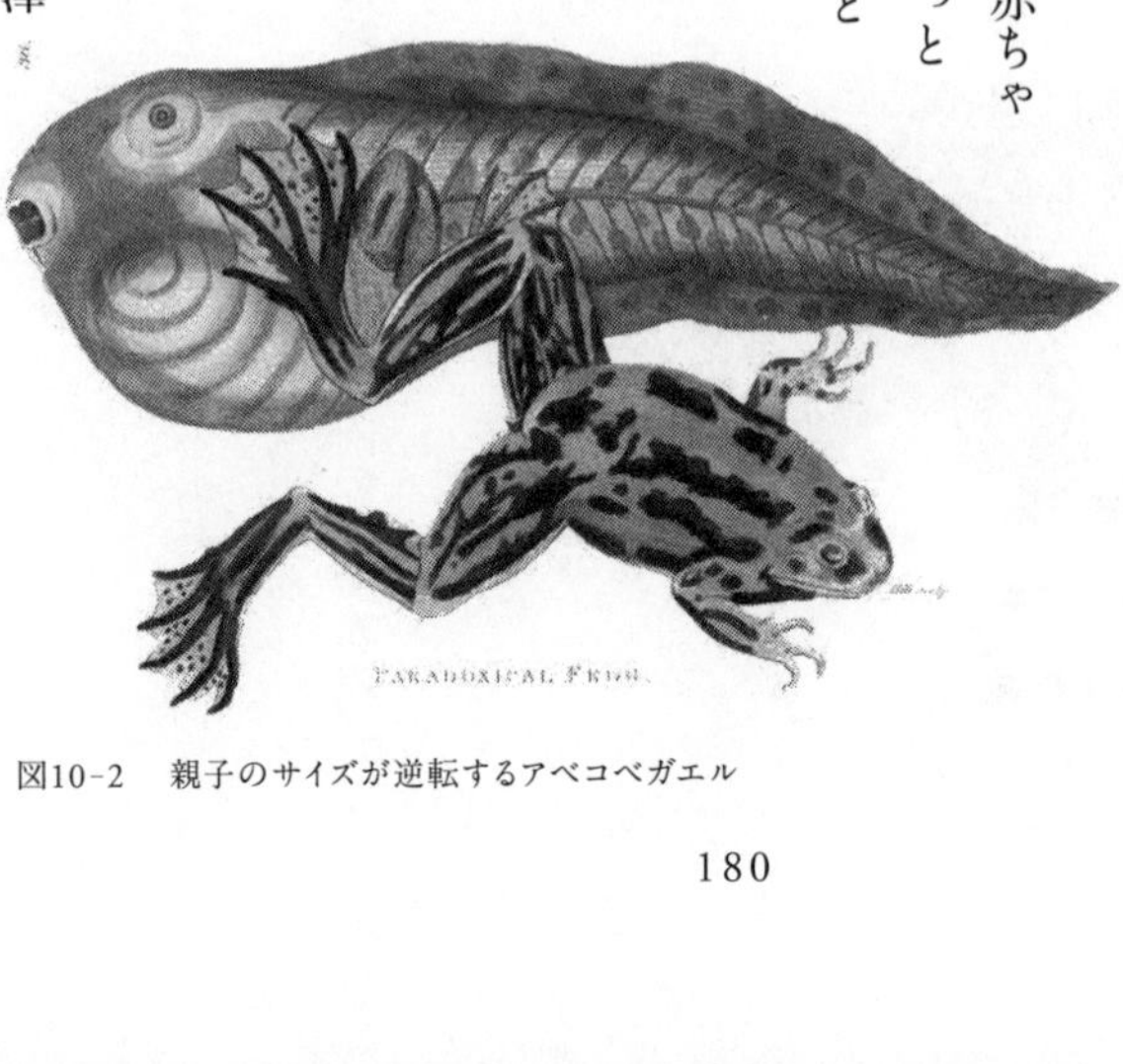


図10-2　親子のサイズが逆転するアベコベガエル

和徳氏の言葉をそのまま借りると、「〈女の子におちんちんがついていた〉と子どもにもわかりやすい驚きがあるし、素直におもしろい研究だと思っている。私たちの性に対するイメージを一変させ、進化や性の選択といった研究に重要な意味もある」とのことだ。見つけた人すごい。世の中って本当に広い。上下になったり、左右逆転したり、凹凸が逆になったり、色が反転したりと、逆転的な変異を遂げた生物は多いのだ。

こうした物理的な逆転の一方で、あくまで私たち人間から見た認識に過ぎないが、あべこべな状態に進化しているように見える種もいる。たとえば「〜ではないx」「〜に戻ったx」「〜が逆さになったx」と表現できるような、状況が逆転したように見える種たちのことだ。いくつか例を出してみよう。

ネコと同じ哺乳類なのに空を飛び、立たずに枝や天井からぶら下がるコウモリは「陸にいない、逆さにぶら下がるネコ」という何度も倒錯した種に思える。カバの仲間から派生したにもかかわらず海を泳ぐクジラも、かつて魚から陸上に上がる進化を遂げたのにまた海に戻った、という意味では「海に戻ったカバ」とも言える。古代の人々には、クジラは魚、コウモリは鳥と思われていたことだろう。ちなみに、クジラを胎生動物（現在の哺乳類）だと指摘したのはアリストテレスだと言われている。アリストテレス、さすがというべきか。クジラを魚と分けて捉え、その生態の本質を見抜くのは、固定観念に縛られていたら難しいだろう。「ひょっとしたら逆なのでは」とバイアスを外して考える癖が、偶発的発見を引き寄せるのだ。

変異 »
変量
擬態
消失
増殖
移動
交換
分離
逆転
融合

## 創造における「逆転」

「逆転の発想」は、創造的なアイデアを生み出す典型の一つだ。創造は、常識の逆を想像するところから始まる。今までと真逆の方向から物事を見た視点が、いつも道具の歴史を進めてきた。逆さまに考えてみよう。逆転の発想を癖にするためには、「物理的な発想」「意味的な発想」「関係的な発想」などに分けて考えるとわかりやすい。

### 逆転1　物理的に逆転する

上下・左右・前後・裏表・凹凸・補色・動きの方向など、物理的な逆転から生まれた発想は、世の中に数え切れないほど存在している。

ハサミやギターなどの左利き専用の道具は鏡面反転したモノだし、コウモリのようにワイングラスやフライパンを逆さにつるすキッチン収納もたくさんある。あなたのクローゼットのなかにも、裏表逆に着られるリバーシブルの服があるかもしれない。

こうした単純な発想が、社会に大きな影響を与えることもある。普通のカメラのファインダーは、撮影する人の前方にある被写体を写すために付けられているが、スマートフォンなどのカメラは、その関係を逆転して撮影者を被写体としてモニタ画面で覗けるようにした。結果的に私たちのコミュニケーションは劇的に変わった。そう、自撮りとビデオ通話だ。この逆転によってビデオ通話を通して世界中の人と顔を見ながらコミュニケーションができるようになった。エレベーターやエスカレーターは、人間ではなく建物側を動かすという、建物内の移動を劇的に変え、街の景色が様変わりしてしまうような偉大な逆転の発想だ。エリシャ・オーチスは一八五二年、安全に乗車できるエレベーターを初めて開発した。彼が創業したＯＴＩＳ社は、世界最大のエレベーター会社となった。エレベーターの発明によって、建築は垂直に高く伸ばせるようになり、大きな建物は水平方向に広く作らなければいけないという固定観念から私たちを解放した。そして都市には高層ビルが立ち並び、街の景色は一変した。この誕生に伴って生まれた超高層ビル群もある意味では、都市像を根底から覆す水平から垂直への逆転の発想だった。

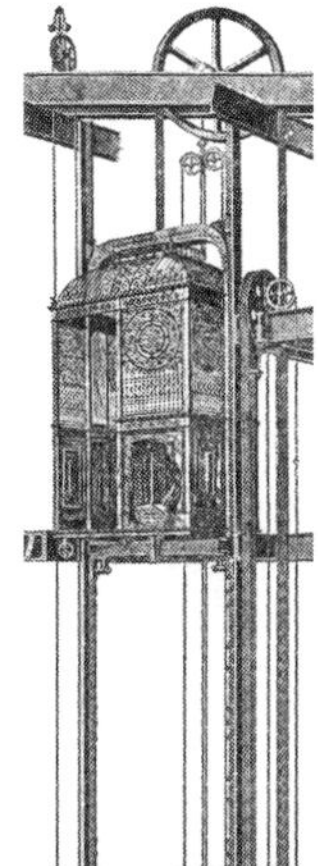

一九一一年、ＯＴＩＳ社のエレベーターの機能を示すイラストより

　不可逆な時間を逆転するタイプの創造もある。すぐ思い浮かぶのはビデオの逆再生などだが、将来が期待される技術を一つ紹介しておこう。ガラスは一度割れたら元には戻らず、しかも割れやすいため、毎年のように膨大なガラスが廃棄物となる。ではもし割れたガラスが元に戻るとしたらどうだろう。そんな夢のガラスを開発した人たちがいる。

　東京大学の相田卓三教授らは二〇一七年、自己修復するガラス素材を開発した。ポリエーテルチオ尿素を素材とするこのガラスは、割れたあと六時間圧着されることで自然に修復し、同じ強度を取り戻すという。まるで肌の傷が再生する現象のようだ。こうした自己修復する素材の研究は、建築や道具の耐用年数を飛躍的に伸ばすかもしれない。

## 逆転2　意味的に逆転する

逆転の発想には、物理的に反転したものだけでなく、意味が反転してしまうような発想も多く存在する。多くの言葉には対義語があり、反対の意味から新しい発想が生まれることもある。すでに世の中に広がっている概念を逆転させてみると、それが当然と思われていればいるほど、発想のコントラストが際立つ。

世界中のあらゆる学校で黒板が使われているが、色を反転して黒板の不便さを解消した「ホワイトボード」が現れた。むしろ近年はホワイトボードのほうをよく見かける。また、「ブラックライト」という明るくない光が照明技術の発達から生まれた。紫外線を照射できるため、蛍光塗料と組み合わせてカラオケボックスの演出に用いられたり、ウイルスの殺菌や紫外線硬化樹脂の接着に用いられたりと、さまざまなところで活躍している。「潜水艦」は、すでに沈んでいる船として登場し、戦争の戦略や安全保障に大きな影響を及ぼした。ファストフードが一大産業として世界中を席巻したからこそ、スローフードの概念が生まれた。逆の名前から新しい発想が生まれることはよくあるのだ。

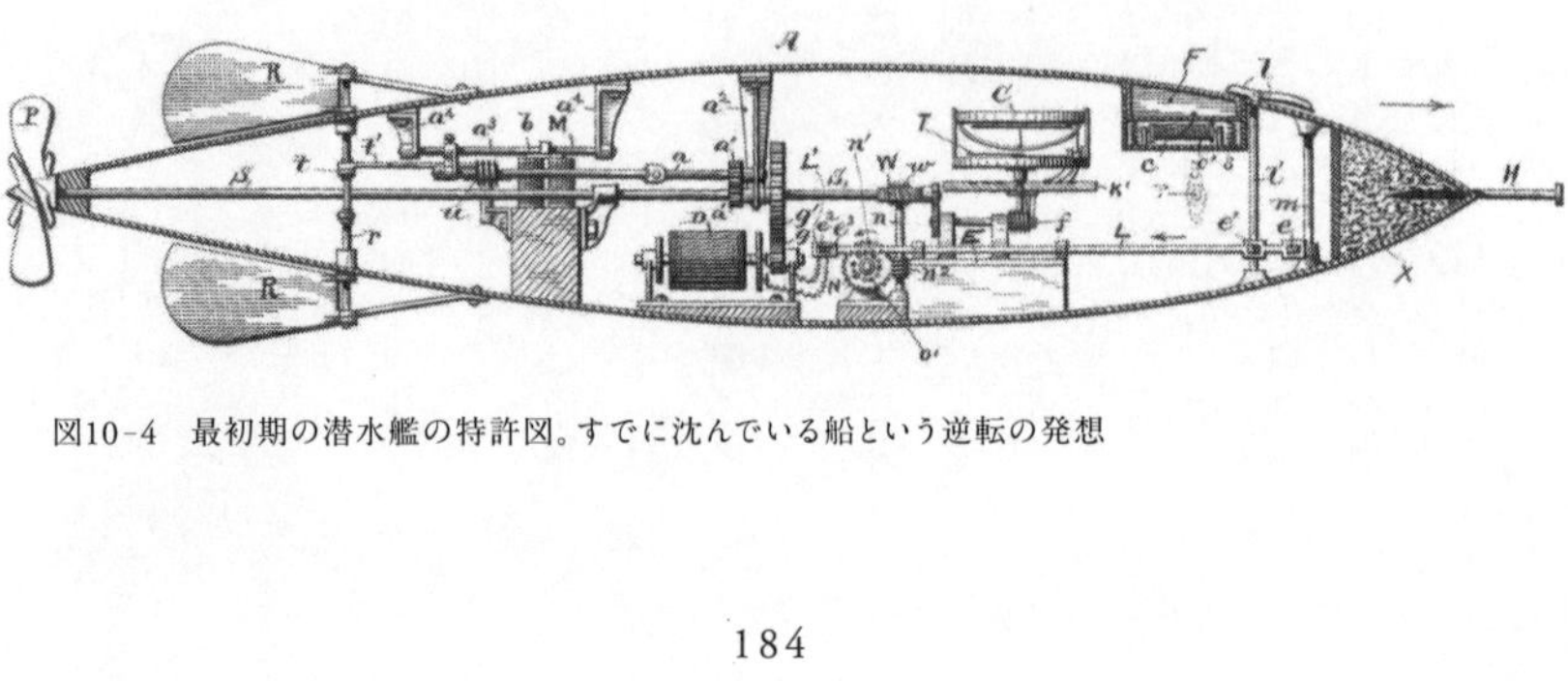

図10-4　最初期の潜水艦の特許図。すでに沈んでいる船という逆転の発想

二〇〇二年にオランダのアムステルダム市では、ナイトタイムエコノミーを代表する人物としてナイトメイヤー（夜の市長）が誕生した。読めない文字「暗号」が確立されたことで、敵に知られずに仲間に情報を送れるだけでなく、インターネット上のセキュリティーや暗号資産の技術にも応用され、暗号は情報社会を支える重要なインフラに発展した。こうした数え切れないほどの逆転の発想は、何度も世界を変えてきた。もちろん、ここまですごい発明でなくても逆転の発想は応用できる。

私も「すでに破れているチラシやポスター」をデザインしたことがある。一枚目が仮面になっていて、わざと破ることで顔が現れる単純な仕掛けだ。このデザインは宮城聰さん率いるSPACが中心となり、継続的に静岡で行われている「ふじのくに↑↓せかい演劇祭」のブランディングで使われた手法で、演劇の本質を仮面の裏側の人間性という表現に込めたつもりだ。破ったほうの紙も捨てられずに、演劇祭のフラッグとして会場を彩った。

このコミュニケーションの手法は高く評価され、WOLDAという世界的なロゴデザインのコンテストにおいて、アイデンティティ部門のグランプリに選ばれた。

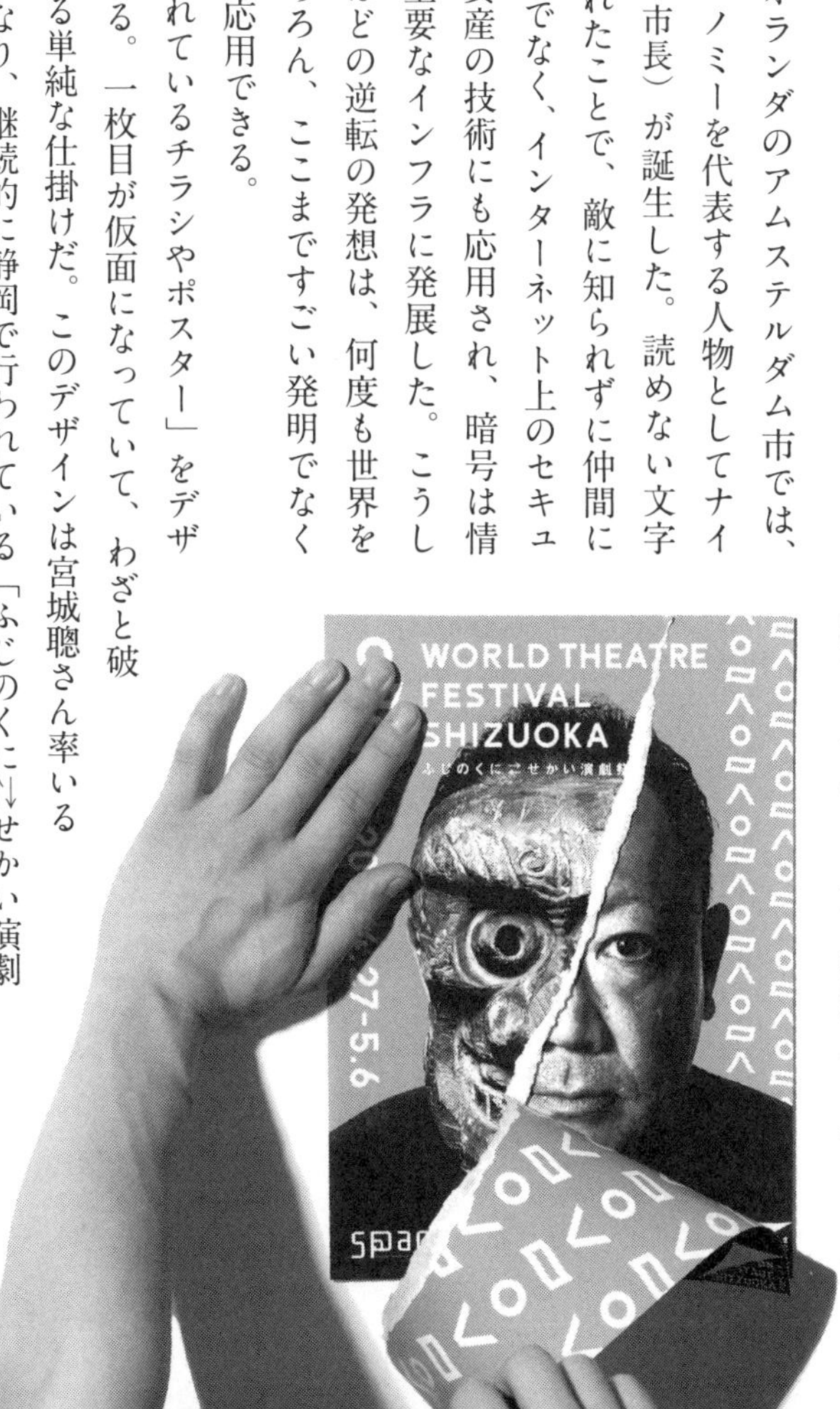


図10-5　ふじのくに↑↓せかい演劇祭　すでに破れているチラシ

## 逆転3　関係的に逆転する

何かがうまくいかなくても、諦めるのはまだ早い。うまくいかなかったという事実もまた逆転の発想に活かせるかもしれない。ある日、ゲオルク・ド・ヘヴェシーは、著名な科学者のアーネスト・ラザフォードから、放射性ラジウムが入っているように見える鉛の塊をポンと渡されて、中のラジウムDを分離するように頼まれた。だが、どんなに頑張っても分離できない。それもそのはず、実はこの物質は、現在は鉛の同位体210Pbとして認識されている放射性物質だったのだ。「こりゃ、どうやっても無理だな」。そこで彼は逆転の発想に至った。鉛とラジウムDを分離できないのなら、逆にこの性質を利用して、ラジウムDで鉛の移動に目印をつけられるのではないか。これは放射性同位体をトレーサーとして用いる方法として世界中の科学を進展させる大発見となった。

またアルバート・アインシュタインは、どうしても計算が合わない数式のちょっとした矛盾から、空間と時間が絶対的だという固定観念を打ち破り、光の速さこそが絶対で、空間や時間は相対的だと考えた。その逆転の発想から彼は特殊相対性理論を発見した。

私たちの身近にあるものは絶対的だろうか。ひょっとしたら逆に考えられるかもしれない。こうした逆転の発想から、ヘヴェシーもアインシュタインも、歴史的な大発見を成し遂げている。立場が逆転したり、時間軸が逆転したりといった、関係性の逆転から発見されたモノは、こうして数多く歴史に刻まれている。

## 逆転4　地球環境危機を逆転する

生態系の崩壊に直面している私たちが今最も逆転の発想を必要としているのは、資源の分野かもしれない。文明が持続するには、生態系への負荷を大逆転する発想が全領域で求められている。私たちが日々大量に出すゴミは価値にならないだろうか。逆転の発想でゴミを資源化するアップサイクルや、捨てられるもののリペアなど、ゴミを価値として再度社会に実装する仕組みを作るには、まだまだ多くの発想が必要だ。

たとえば、現代の電子機器や家電製品の廃棄による電子ゴミは都市鉱山といわれ、そこには金やレアメタルがたくさん含まれている。ここからレアメタルを回収できれば有意義だが、複合材料化してしまったものから一種類の物質を取り出すのは至難の業だ。まだ本格的な規模での実施は少ないが、これから大いに期待される分野だ。

この都市鉱山という逆転の発想を最初に提案したのは、伝説的な漫画家、手塚治虫だった。彼は一九六七年に描いた『鉄腕アトム』の続編『アトム今昔物語』[32]のなかで、都市鉱山のコンセプトの先駆けとなる発想を描いている。当時、彼の漫画に憧れた子どもたちが大人になり、今こうした事業を実現させていると思うと胸が熱くなる。

発想は誰かにインスピレーションを与え、時代を超えて受け継がれ、いつか時代を反転させていくのだ。もはや限界を突破したと言われる生態系の状態に対して、私たちにも、逆転の神話を描くことはできないだろうか。

## 「逆転」をデザインする

ここで、私が手がけた逆転の発想の例も一つ紹介したい。それは放射性廃棄物の最終処分場を日本で実現するために、進化思考で住民が納得できるコンセプト案を描いてほしいという、個人的には最も重たい課題の相談だった。

原子力発電所が出す放射性廃棄物は、きわめて危険だが行き場がなく、世界各国でも深刻な問題になっている。「トイレのないマンション」とたとえられるように、使用済み核燃料の最終処分場がないにもかかわらず、放射性廃棄物は日々生み出されている。放射性廃棄物の最終処分を実現するために電気料金の一部を積み立てている資金は、すでに一兆円を超えている。しかし事は簡単には進まない。最終処分場を作るためには地域住民の賛成が必要だが、賛成してくれる地域のめどはまったく立っていない。

日本では二〇一一年の福島原発の事故もあったため、原子力政策に対する国民の信用は低く、説明会にも多くの反対者が訪れる。もちろん、現時点で原発をすべてやめたとしても、いつかは必ず放射性廃棄物の最終処分をする必要がある。しかも、放射性廃棄物は数万年にわたって安全に隔離しなくてはならない。まさか自分がこの難しい問題に多少なりとも関わることになるとは思いもよらなかったが、知恵を絞って提言書をまとめあげた。

放射性廃棄物最終処分場のデザイン戦略は、概ね以下のような内容だ。

1　放射性廃棄物管理の政策を原子力発電政策から切り離す（変異／分離）
NUMO（原子力発電環境整備機構）や原環センター（原子力環境整備促進・資金管理センター）の名称に用いられる、「原子力発電環境整備」を「放射性廃棄物安全管理」とし、原子力推進という概念から逆転させ、政策としても切り離す。日本に電気が導入されてから二〇〇年も経っていないのに、数万年後に私たちが現在と同じ原子力に頼っていることはまずありえない。政策として分離するべきだろう。

2　福島の事故の反省と学びを示す（選択／歴史）
福島の原発事故の原因と真摯に向き合い、その失敗からの学びを伝えること。安全神話はすでに崩壊しているのだから、失敗への反省から次の安全を学ぶことが合意形成への道であろう。

3　最終処分場は、現在よりも遥かに安全だと伝える（選択／生態）
最終処分場ができれば、現在の状況よりも危険性が下がる。なぜなら日本各地の原発には、すでに海抜〇メートルの使用済み核燃料プールに、合計数千本もの使用済み核燃料が待機しているからだ。福島の原発事故が証明した通り、現在の状態で置いておくことこそ、危険きわまりない。最終処分場の地下三百メートルの地中深くの地層に収めることで、遥かに国の安全性は高まることを伝える。

4

希望の丘をつくる（変異／逆転）

最終処分場の場所を再生可能エネルギー政策にとっての日本の最重要投資拠点に逆転させる。人類にとっての「希望の丘」にする。原子力政策を推し進めるなら、再生可能エネルギーに力を入れてほしいという反対意見が出るのは明白だ。福島の痛みを受けた私たち日本が、急成長した再生可能エネルギー産業への転換を果たせずに各国に追い抜かれたのは、とても悲しいことだ。数兆円の予算がある放射性廃棄物最終処分場の政策を活かしきれば、地球の未来の希望を実現できるかもしれない。

5

世界最大のガイガーカウンター（変異／変量・擬態）

処分場のトンネルから掘り出したたくさんの土嚢をキロメートル四方のメガソーラーとし（変異／移動）、それを世界最大の発光するガイガーカウンター HYPER GEIGER と名付け、安全を発信しつづける聖地として、数キロ先から観光によるサイエンスコミュニケーションも行う。運用終了まで世界中に理解を促す。

6

数万年後の未来を真剣に考える場

言語が登場したのは約五万年前。数万年後に生きている生命は、今とはまったく違う知的生命かもしれないし言葉も通じないだろう。その前提に立ち、どんな状況でも未来の知的生命の安全を確保する方法を、未来学的に議論・検討する場を作る。

こうした内容の提言書が、各所と協働してまとめられた。原子力政策と再生可能エネルギー政策が真逆だと考える人たちにとって、この逆転の発想が光明になると期待したい。

複雑な状況を抱えた問題なので、この提言通りに事が運ぶかはわからないが、これが日本あるいは世界のどこかで実現し、放射性廃棄物の安全管理の実現とともに、その巨額の資金が持続可能な社会の変化を加速させる契機として使われることを願っている。

**進化ワーク13　逆転（〜ではないx）［15分］**

当然だと思っているモノを疑い、真逆のモノを連想してみよう。上下・左右・裏表など物理的に逆転したり、明暗・敵味方など真逆の意味にしたら、どんな可能性が見えてくるだろうか。狂った発想も大歓迎だ。数を出そう。「〜ではないx」「逆x」などの言葉で、逆転の発想を考えてみてほしい。

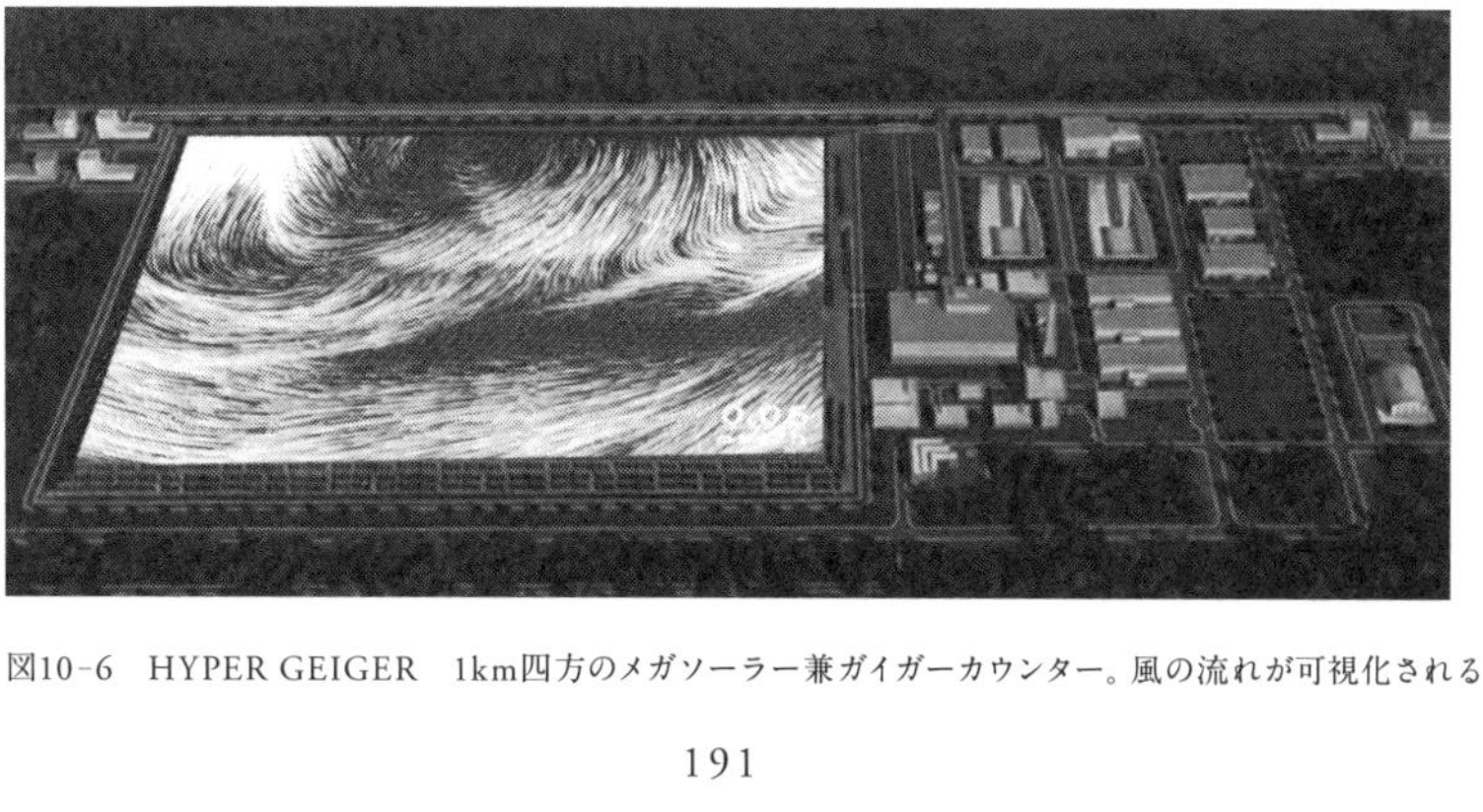

図10-6　HYPER GEIGER　1km四方のメガソーラー兼ガイガーカウンター。風の流れが可視化される

# 偶然の変化 9

# 融合

## 意外な物と混ぜ合わせよう

言い間違いのなかには、つい足してしまう、というパターンがある。彼女の誕生日に奮発してBVLGARI（ブルガリ）のジュエリーを渡そうとして「君の好きなブルガリアだよ」と言い間違えると、ヨーグルトを食べさせようとする男になってしまう。六本木ミッドタウンを、「六本木ミッドナイトタウンに行こうぜ」とうっかり言い間違えると、サングラスをかけた三人の怪しい男たちが、アスファルト・タイヤを切りつけながら暗闇を走り抜けていく姿が脳裏に浮かぶ。

こうした足し算型のエラーは、逆説的に言えば、さまざまなモノへの命名にも応用できる。カレー＋うどん、絵＋本、トイレット＋ペーパー、ビニール＋袋、ウェブ＋カメラ、インターネット＋オークション。これらの何気ない言葉に共通するのは、言語に備わっている足し算的な性質からできていることだ。人の言葉だけでなく、数学から音楽やプログラミングに至るまで、あらゆる言語のなかには必ず、融合的な性質がある。この性質に導かれ、私たちは生活のなかで偶発的に概念を融合しつづけている。そしてこうした偶発的な概念の融合から、まったく新しいコンセプトが生まれつづけているのだ。

## 生物進化における「融合」

実は生物も足し算的な進化を繰り返し引き起こしてきた。特に、原始生物の進化には、この足し算的な現象が深く関わっている。身近な例で考えてみよう。私たち人間も含めたすべての真核生物の細胞のなかには、ミトコンドリアという器官が含まれている。人間には約三七兆個ほどの細胞があり、その細胞の一つ一つに、三〇〇から四〇〇〇のミトコンドリアが存在する。

これは細胞がエネルギーを生み出すための重要な器官だ。実はこのミトコンドリア、もともと私たちとは違う生物だった。ミトコンドリアは、ATPと呼ばれるエネルギーの素を酸素と栄養から効率的に作る能力をもつバクテリアだったので、二〇億年以上前に真核生物が誕生する過程で、その機能が共生関係によって身体ごと細胞のなかに取り込まれたと考えられている。

その証拠に、実際にミトコンドリアのなかには、母体となる私たちとは違うDNAが入っている。なんともゾワゾワしてくる話だが、私たちの身体には一京匹の古代生物が棲んでいるのだ。

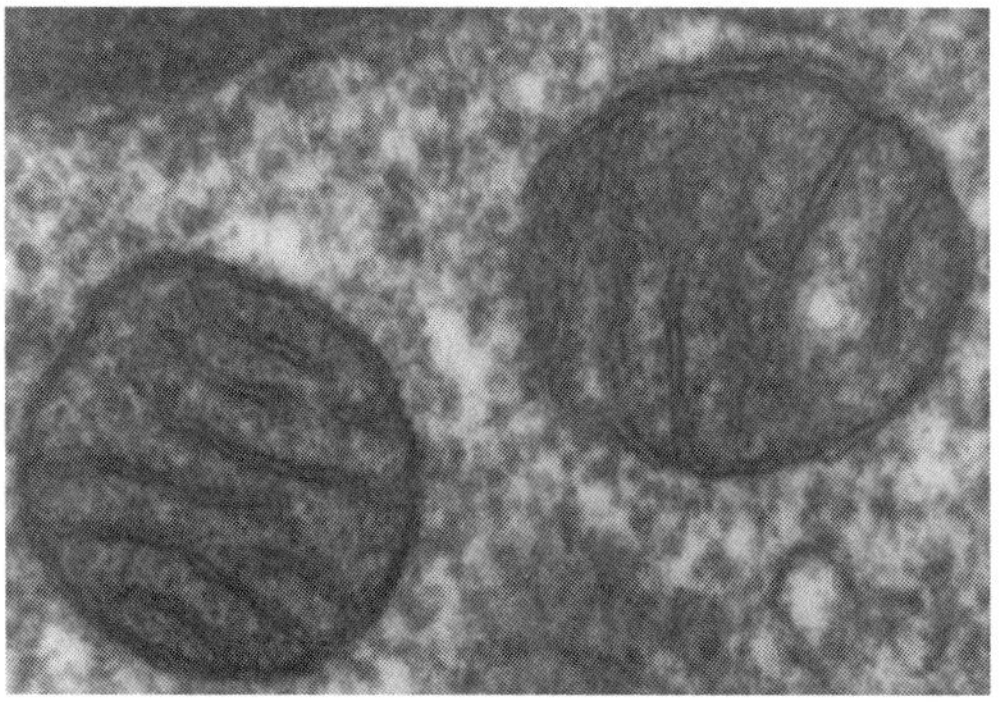

図11-1
真核生物の細胞には、かつての古代生物ミトコンドリアが大量に棲んでいる

私たちと不可分に共生しているのはミトコンドリアだけではない。たとえば腸内や皮膚に棲む細菌叢もその一例だ。私たちの腸には約一〇〇〇種類、合計約一〇〇兆個ほどの腸内細菌が生息しているという。彼らのおかげで食べ物を消化できる。こうした微生物との共生によって初めて、私たちは外敵から身を守れているのだ。他にも口腔細菌、皮膚の常在菌、寄生虫など、一体私たちは、何京匹の生物の合計でできているのか。こうした別の生物同士が合わさる現象が、進化の過程ではしばしば見られる。

サンゴはまさにその一例だろう。サンゴはその体内に小さな藻を取り込み、その藻を外装で守りながら育てる。それによってサンゴは栄養を藻から受け取りながら生きていく。サンゴにとって藻は、もはや自己と不可分の存在として融合しているのだ。

また融合はDNA内でも引き起こされている。一九四〇年代頃には、微生物が遺伝子を水平伝播させて交換していることが発見された。当初はこうした融合的な変異は稀にしか起こらない現象だと考えられていたが、一九九〇年代にDNAの解析技術が発展すると、こうした微生物間のDNAのやり取りはきわめて頻繁に行われている。その結果として、複数の生物由来の形質を併せもつ個体が生まれることがある。

生物がもつさまざまな融合的な性質を活かして発展した農業技術の例に、接ぎ木がある。ある植物体を切断して、その断面に別の植物体を接着すると、いずれ二つが融合して一つの植物個体となるのだ。たとえば新品種の果樹を増やしたい場合、生殖に頼ると遺伝子が固定されずに変わってしまうため、この融合的な性質を活かして果樹を増やすのだ。

## 創造における「融合」

創造にも融合的な変異は頻発している。むしろ創造は生物進化よりも遥かに融合しやすく、これまでの歴史上のすべての創造に融合型の思考が関わっているといっても過言ではない。進化と創造における融合的性質の違いを「犬人間」を例にして考えてみよう。

生物学的には、私たち人間が犬と交配しても犬人間は生まれない。遺伝的距離が離れると交配の成功率は下がっていくのだ。しかし創造では、狼男の物語のように空想のなかで融合をすぐに妄想できる。改めて説明されるまでもなく、創造には融合の制約が存在しないのだ（288頁の「系統観察」で詳述）。

私たちは無意識に思考の中でさまざまなモノを足している。それが新しい創造に繋がるのだ。融合的な思考から発明された道具は、身近なモノの中にもきりがないほどある。カレーうどん、弓矢、ペットボトル、水陸両用車、多機能ナイフ、カメラ付き携帯電話、レンズ付きフィルム、シュークリーム、電気こたつ、クレーン車、車椅子、原動機付き自転車、合金、ブレンデッドウイスキー……出そうと思えばこの本を埋め尽くすくらい、あらゆる芸術・発明・伝承などの創造に、融合的発想から生まれたコンセプトは無数に存在する。

硝石を6、柳の若葉を5、硫黄を5——これで雷鳴と稲妻が作りだせる。

——ロジャー・ベーコン[33]

ベーコンの言葉は、一二四二年に火薬の合成の仕方を伝えたものだ。目に見える道具だけでなく、素材の融合によるさまざまな発明も世の中を変えてきた。

世の中に新しい素材が発見・発明されると、その周囲には自然発生的にさまざまな融合的変異が生まれる。たとえばアルフレッド・ノーベルが発明したダイナマイトも、弟がニトログリセリンの爆発で命を落としたことを悔やみ、安全な爆発物の研究をする中で、ニトログリセリンと珪藻土を融合して生み出された。皮肉なことに、安全のために発明されたこの融合的発明は、使用者だけには安全な軍事用の爆弾の開発へと繋がり、戦争で多くの人の命を奪った。

こうしてはからずも「死の商人」という汚名とともに富を築き、胸を痛めたノーベルが遺言によって作ったのが、ノーベル賞だったのだ。このエピソードもまた、創造が目的に沿って発生するわけではなく、時には偶然のなかで思わぬ応用へと繋がってしまうことを表している。

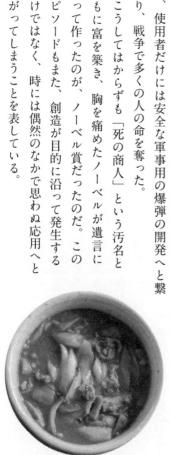

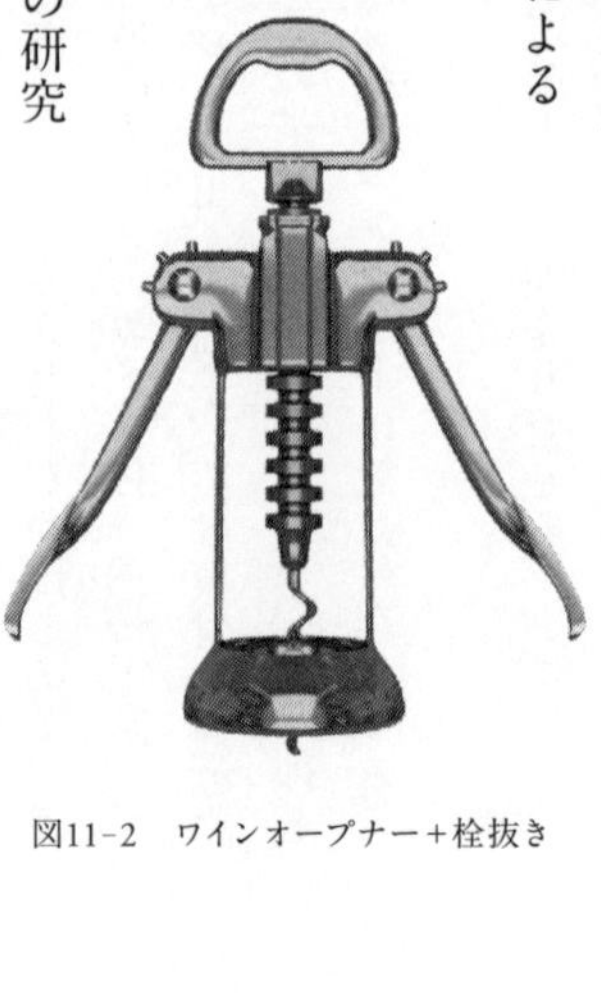

図11-2　ワインオープナー+栓抜き

図11-3　カレー+うどん

こうして融合的発明は、素材や仕組みなどの基本的なコンポーネントが発明されると、ドミノ倒しのように連鎖的に発生する。ノーベルのダイナマイトも然りだが、モーター、車輪、バッテリー、エンジン、ディスプレイのような汎用性のある商品が開発されると、それらを内部に取り込む融合的な発明の数々が瞬く間に発生する現象が、歴史をひもとくと浮かび上がる。

たとえば、一八八五年にゴットリープ・ヴィルヘルム・ダイムラーとヴィルヘルム・マイバッハの二人はガソリンエンジンの前身となる特許を出願した。それだけかと思えば、彼らは間髪をいれずこのエンジンを、二輪車にも駅馬車にも小型船にも取り付け、一瞬にしてあらゆる輸送手段のパイオニアになった。このとき彼らは、とにかく片っ端からエンジンを足してみたのだろう。一九二六年にはカール・ベンツの会社と合併し、その後彼らの技術がどれほど社会にインパクトを与えたかは、あなたの目の前にある道路が物語る通りだ。そして現在は、エンジンに代わってバッテリーやモーターやＣＰＵとの融合が、さまざまな領域で急速に行われている。

図11-4　Xiaomi Corporation
モーター＋キックボード

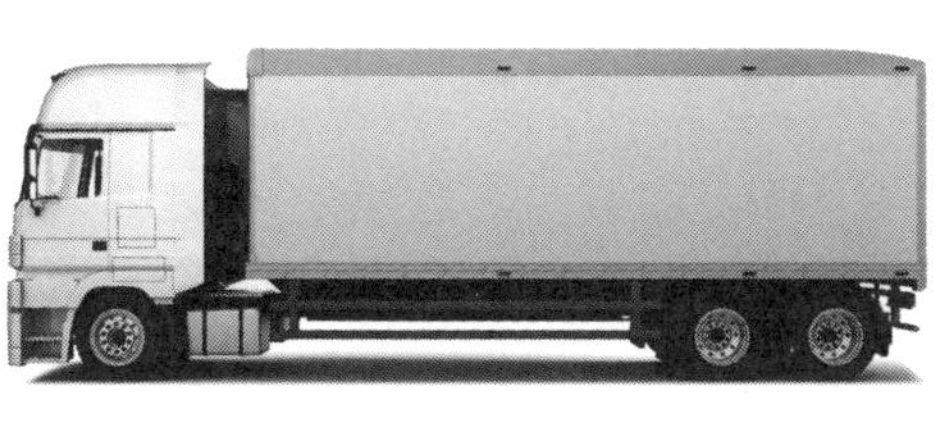

図11-5　自動車＋倉庫

融合への挑戦は、新しい学問領域の扉も開いてきた。一九二九年、ドイツの若い医師だったヴェルナー・フォルスマンは、人間の心臓まで血管を通して細い管を入れることを思いついた。だが、そんな危険な人体実験は誰も許してくれない。そこで彼は自分の腕を切開し、血管からカテーテルを入れ、心臓に達した状態をX線写真に撮って結果を発表した。命がけの危険な融合だ。彼は危険人物と見なされ大学を解雇された。しかし彼の危険な融合への挑戦は、一〇年以上の時を経て再評価され、一九五六年にノーベル生理学・医学賞を受賞した。

DNAの構造の発見までのプロセスは、彼らの共同研究のあり方そのものが融合的だった。X線結晶学に長けたロザリンド・フランクリンの研究にヒントを得て、生物学者のジェームズ・ワトソンと物理学者のフランシス・クリックが領域を融合しながら真理を探究した結果、今日私たちが知るDNAの二重らせん構造が発見された。つまり学際融合は研究を加速させる。勇気をもって異分野に越境することが大切なのだ。

こうして学術や技術の融合への挑戦は、時に世界を変えつづけてきた。そんな現象を深く考察したヨーゼフ・シュンペーターは、既存のものの新しい組み合わせを「新結合」と呼び、経済発展に不可欠なものと定義した。のちに彼はこの現象を「イノベーション」と呼び直し、まさにイノベーションの父となった。つまりイノベーションは、融合的な発想の概念を説明しようとして生まれた言葉なのだ。それほど融合は創造と切っても切り離せない、根本的な現象だと言えよう。あらゆる発明にはコンポーネント同士の融合からなる発想が詰まっている。

## 「融合」をデザインする

スマートフォンに機能として追加されたさまざまな発明は、どれくらいの種類があるだろう。電話、電卓、音楽デバイスはもちろん、辞書、ゲーム、カメラ、航空券、財布、コンパス、地球儀など、ありとあらゆるものがスマートフォンに融合している。これらを実際に集めて並べてみるとどうなるのかを、デザインの殿堂 ggg での個展で試してみた。機能が融合したものを書き出して並べてみると、その光景は圧巻だった。これらの膨大な物量の発明がデジタル空間に格納され、あなたの手のひらのなかに収まっているのだ。

デジタル化が社会に与えた衝撃が、これを見るだけでよくわかる。今までの発明は何かを融合すれば余計な形が足されてしまうのが常だった。しかしデジタルには質量がなく、物理的な制限を受けずに機能を盛り込める。こうしてデジタルは融合を加速し、生活に必要なさまざまな道具を代替してしまった。今後スマートフォンには、一体何が融合されるのか。そのような思考に立ったとき、すでに新しい携帯の発明の一歩は始まっている。

もちろん、融合がうまくいかないこともある。新しい携帯電話を考えるときに、融合するモノは何でもいいわけではない。たとえば既存の携帯電話にペットボトルをテープでぐるぐる巻きに固定すれば、水筒機能をもつ携帯電話ができあがる。けれども、その新しい携帯電話は笑いの種にこそなれ、顧客となってくれる人はいないだろう。イノベーションを提唱したシュンペーターも「郵便馬車を次から次へと繋げるようなことをしても、鉄道は決して生まれてこない」と語る。つまり融合から発想するには、足してもなおシンプルな状態を保つデザインが不可欠だ。

意味と形は一体で、意味をつけ足そうとすると形も足されていく。融合を成功させるには、ただ足すだけでなく、それらの形態が美しく融合して一つの調和を成さねばならない。音楽の和音のようなイメージだろうか。不揃いの音を同時に鳴らしても、ほとんどの場合は不協和音になる。しかし素晴らしい組み合わせを見つければ、それは和音のように足し算を超えた乗算的な価値を生み出す。世界に存在する道具はどんどん増えているので、未発見の新たな融合の可能性も増えつづけている。ランダムに融合を試しつづけ、美しい融和を目指し、新しい可能性を探そう。それがイノベーションの源流なのだ。

### ☑ 進化ワーク14 融合（〜＋x）［15分］

可能性のある融合を片っ端から書き出してみよう。

たくさんの融合的アイデアを出すコツは、偶発性を活かすことだ。今見えている景色のなかにも、融合を考えられる要素がたくさん詰まっている。周囲を見回し、目に入ったモノをどんどん融合させてみよう。ソファ、ホワイトボード、テレビ、机、椅子……と空想のなかで融合を繰り返せば、そのなかの一〇〇に一つくらいは、可能性が期待できるかもしれない。

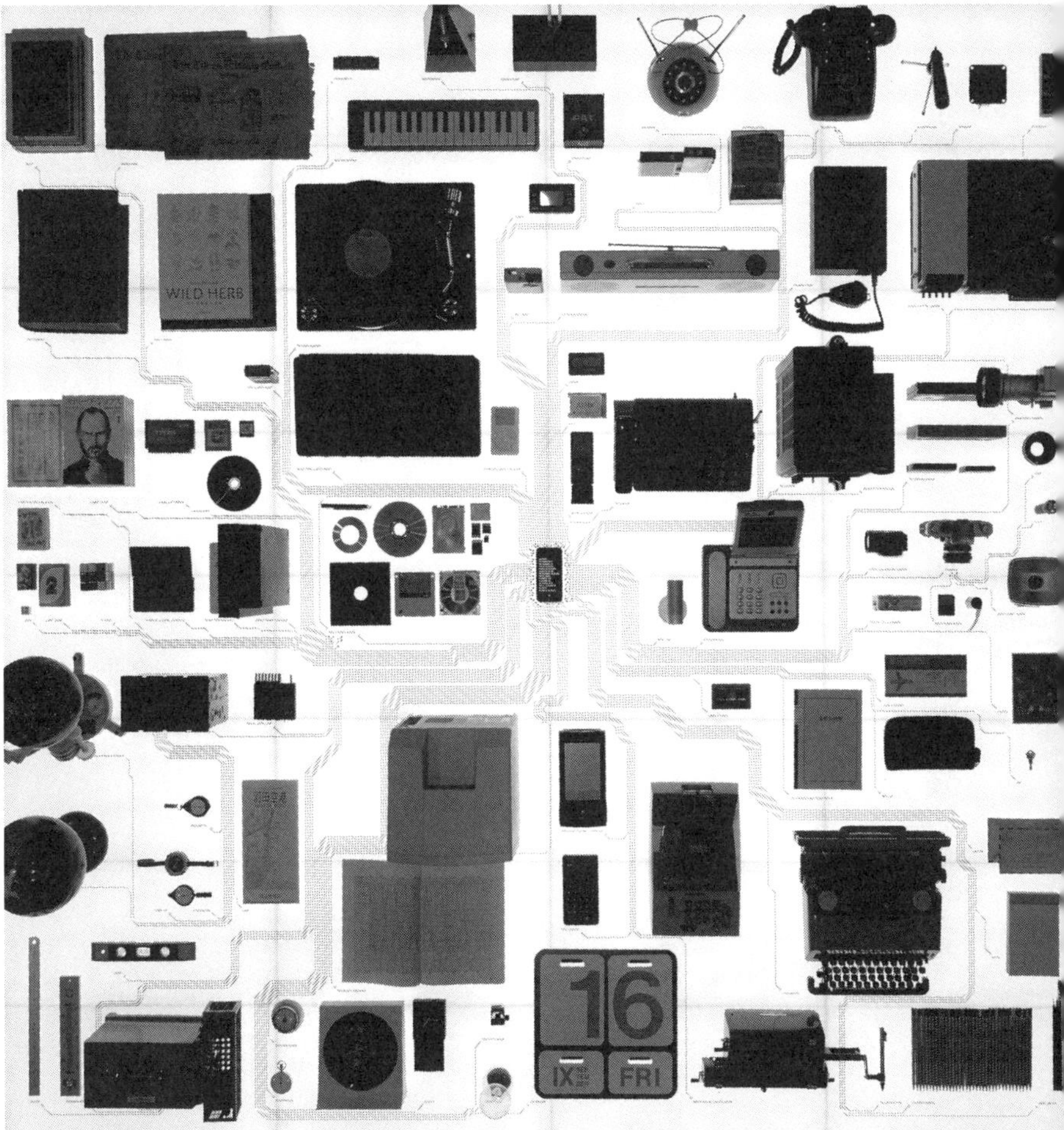


図11-6　ggg
スマートフォンに融合したアナログツール・デジタルツールの一部を並べると、社会におけるデジタルの革新的な威力がわか

## 変異的発想のパターンリスト

創造と進化に共通する変異パターンは、偶発的な思考を揺さぶる。その鍵は、DNAと言葉に共通する言語性だと、私は考えている。

変異的なアイデアを発想するには、言葉遊びのように言語的性質を活かして、思いもよらない変化を楽しむことが役に立つのだ。改めて、思考を偶然に晒す変異的発想を生み出しやすい言語的パターンを記してみよう

xにはあなた自身が進化させたい対象を、〜にはランダムに思いつく言葉を入れてみよう。これらの変異的発想のパターンを、ぜひ多様な発想の創出に役立ててほしい。新たな可能性は、言語的偶然への挑戦から生まれるのだ。

# 変異のまとめ――偶然の可能性

多様な変異を生み、偶発性を高めよう。そして先鋭的に突き抜けよう。

この言葉は変異的な発想に熟達するための姿勢を、一言にまとめてみたものだ。ここまで、進化と創造に共通する変異の九つのパターンを紹介してきた。アートやデザインのような創造の領域では、他と違う新しさを備えることが暗黙的なルールとなっている。そのため創造的な職能では、模倣はある種の罪となる。創造的な発想は明快さがその鍵となり、きわめて変異的であることが求められる。つまり新しくて明快な、先鋭的な変異のコンセプトによってこそ、創造性は輝きを放つのだ（変異のコンセプトは499頁で詳述）。

変異的思考は固定観念を打ち破り、思考に偶然のエラーを発生させるプロセスだ。新しくて、極端な変異なのに、状況に適応した選択。とてもクレイジーなのに、社会が必要なもの。そんな答えを求めて、アイデアメーカーたちは頭を悩ませることになる。ここでは九つの変異的思考を学んだ。変異のパターンはもっとあるかもしれないし、重複もあるだろう。しかし肝心なのは、発想にはパターンが存在するという事実なのだ。言語が引き起こしやすいエラーの性質を活かして、あなたの思考や行動にもノイズやエラーを積極的に起こす偶然の力を手に入れよう。

進化は、偶然から始まる。それは無数の偶然的変異が稀に適応する、壮大な結果論だ。

そして変異のパターンとは、創造的偶然が発生しやすいパターンを示している。まずはやってみよう。変わってみよう。理由はあとから付いてくる。偶発性が高まれば、いずれその無数のエラーの中に、状況に適応した結果が発生する。つまり前例がない方向にガチャを回しつづける大切さを、進化という現象は教えてくれる。ランダムに起こる変異こそが、進化の根幹の一つなのだ。

未来の環境に何が残るのかは、誰にもわからない。だからこそ創造において、偶然への挑戦には価値があるのだ。偶然のエラーに導かれた創造的発想によって、時には世界が変わることとすらある。創造もまた、偶然から始まるのだ。これが変異的思考の要点だ。

極端な変異は、薬にも毒にもなる。少なければ効かないし、的を外せば逸脱する。そのほとんどはうまく行かず、コストになることもあるだろう。だが常識を逸脱した挑戦こそが変化を生み出してきたのだ。恐れずに未知に向かってみよう。常識はずれの挑戦から、進化のきっかけを掴もう。世の中には、必ずそうしなければいけない方法なんて存在しない。いつか常識は変わり、新しい方法は常に生まれつづける。

今とは違う未来の可能性は日常に無限に転がっていて、誰かがその視点に気づくのを待っている。変化をリードするのは、常識外れの方法を思いついてしまった人たちだ。バカになろう。妄想的なエラーは多いほどよく、また風変わりであるほどよい。まずは変化を楽しもう。そして思考に多様性を生み出し、選択の幅を広げよう。結果はわからないからおもしろい。歴史的な発明もまた、まさかの偶発から生み出されてきたのだから。

# 第三章

# 選択

WHY

Chapter

《III》

蝶の羽根と近い質感をもった紙の比較（TEXTURE）：ggg 企画展「NOSIGNER Reason behind forms」

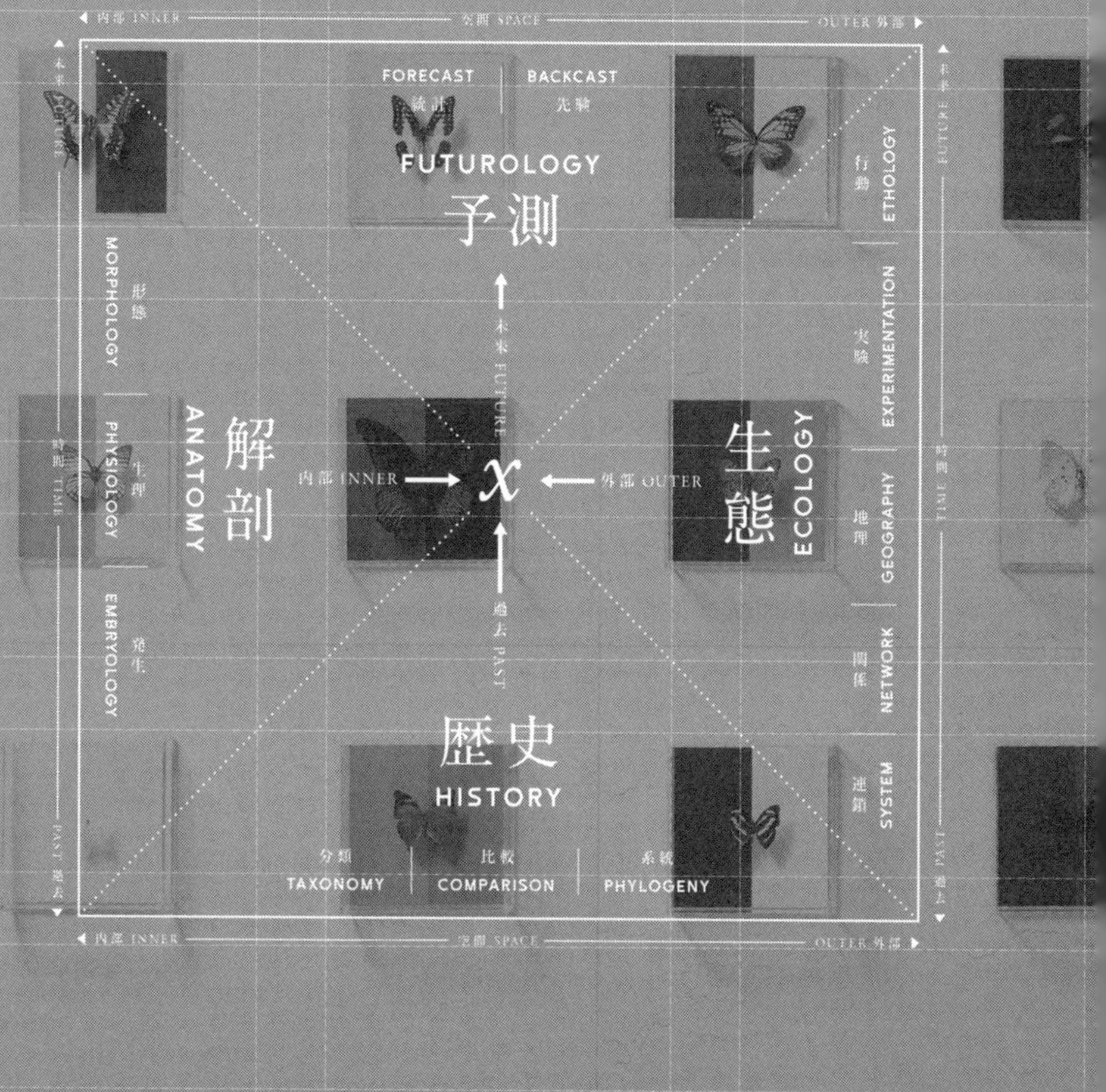

# 進化を磨く時間と空間

トーマス・エジソンが二一歳のときにアルバイト代をつぎ込んで作った最初の発明は「電気投票記録機」だった。高給取りの政治家が議会でのらりくらりと投票しているのを見たエジソンは、ボタンを押せばすぐに投票結果がわかり、議会の無駄な時間を短縮でき、政治家をもっとまともに働かせる装置として、この電気投票記録機を発明した。

政治がよくなれば市民も幸せになるに違いない。これは大発明だと、彼は思っただろう。この発明は市民から拍手喝采を受けると思いきや、売り込みに行った議会にはまったく相手にされなかった。投票時の政党間の関係や導入する人の利害など、その発明が置かれる状況や関係性を理解していなかったためだ。若き日の天才エジソン、大失敗。人生初の発明を否定され、なけなしのアルバイト代で発明をしていた彼はさぞ悔しかったことだろう。この失敗から彼は何を学んだのか。この経験は彼に何をもたらしたのか。その後に遺された言葉から、失敗に対する彼の姿勢がうかがえる。

失敗したわけではない。それを誤りだと言ってはいけない。
勉強したのだと言いたまえ。

――トーマス・エジソン

……タフである。彼はこんな失敗くらいでは挑戦を放棄しなかった。彼にとっては失敗はただの学習プロセスだったのだ。逆にエジソンはこの経験をバネに電球や映像装置など、世界を変えるさまざまな発明を生み出していった。

エジソンのようなタフさをもち合わせたいところだが、彼の最初の失敗のように状況への配慮が弱い無垢な発想は、適応できずに淘汰される可能性が高い。お金と時間をかけて努力の末に生み出したモノが淘汰されるのは、空想の段階でボツにするよりも辛い経験だ。この谷を越えるには、どう創造と向き合ったらよいだろう。

一般的な感情として、人は発想が否定されることを本能的に避けようとする。自分の発想が否定されると、まるで自分自身が否定されたように錯覚し、心に痛みを感じる。誰かに否定されるくらいなら、やらないほうがいい。そんなふうに忌避本能で自分を守ってしまう。しかしこれは合理的な姿勢とはいえない。痛みという個人の主観で選択圧が肥大化してしまい、現実から乖離してしまうのだ。このように私たちの主観はよく間違える。重要ではないものに重きを置いたり、大切なものを見落としたりする。

こうした失敗は私自身、何度も挫折のなか

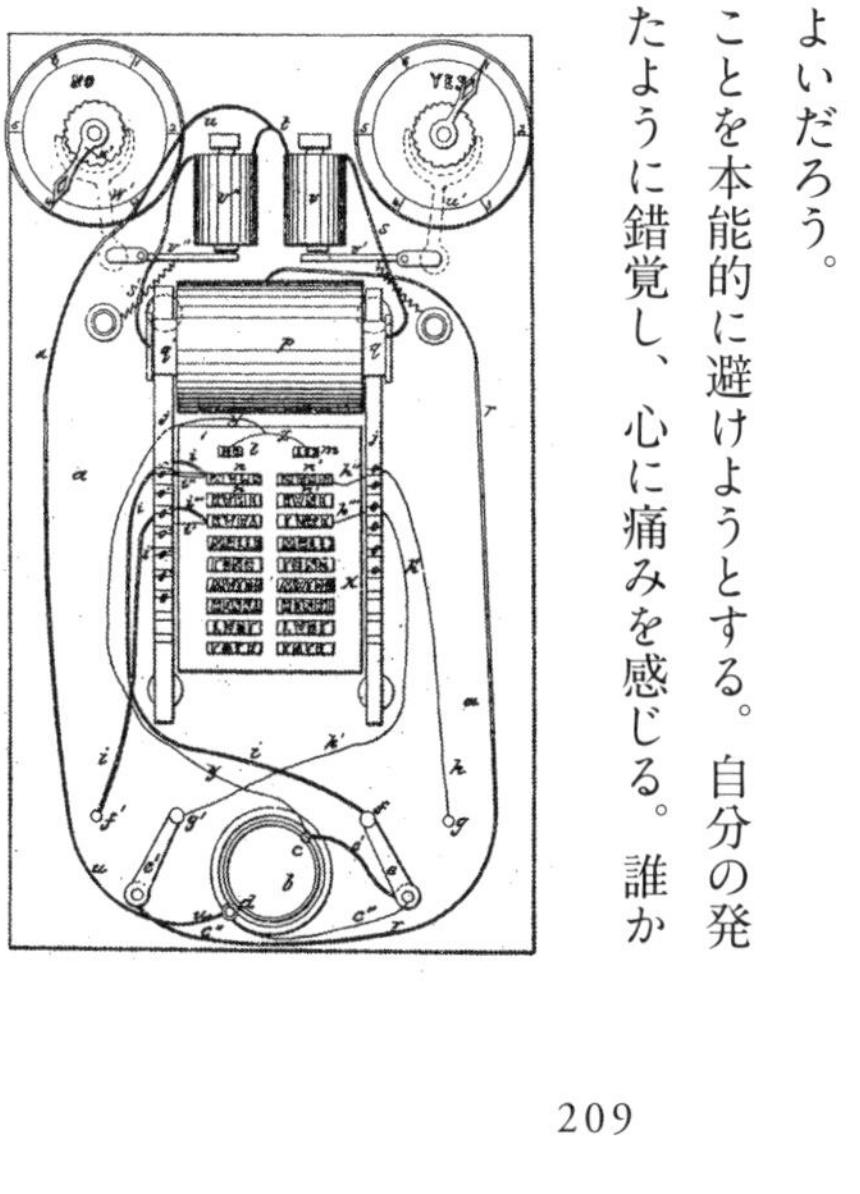

図12-1　エジソンの電気投票記録機の特許図。どことなく後年の電話を彷彿とさせる

で経験したし、あなたにもあるかもしれない。現実を冷静に受け入れるには、誰かに指摘されたり無理強いされる前に、自分で対象を観察し、その必然性や修正可能性に心から納得する必要がある。逆に言えば、観察力こそが、可能性があるのに諦める挫折や、そもそも可能性のないものへの投資から自分を守る力となるのだ。そして観察力の向上は、人を狭い自意識の檻から自由にする。

そもそも観察力は、創造性の基盤だ。しかしこの観察力も、まるで注意深い人と不注意な人が生まれつき決められていて、学習できないものとして扱われてはいないだろうか。だが私は自分自身の実感から、観察力は学習可能だと確信している。

デザインがうまくなるには、些細な改善点に気づきつづける観察力を身につける必要がある。最初はなかなか気づかないが、いくつかの観点に気づくと、この観察力は飛躍的に向上する。こうした観点を体得するにつれて、観察力はどんどん向上するのだ。だがこうした観察の方法論を、学校などで教えてもらった記憶は、私にはない。この観察力を身につけるプロセスが、体得的な経験によってしか得られないと考えられていることもまた、創造的な仕事が才能の問題と捉えられる大きな原因になっているように思う。

観察力の向上にとって重要な観点は、一体どのようなものがあるのか。どうすれば、観察を学習できるのか。そんな探究から気づいたのは、デザインする上で必要だった観察の観点によく似たさまざまな方法論が、すでに自然科学の観察手法の中では、数百年前あるいは数千年前から存在している、ということだった。

進化のように、変異的な発想から多様性が生み出されること。それを状況に宿っている選択圧が淘汰し、より適応した状態へと近づくこと。そしてこれを何度も繰り返すこと。それが進化思考における創造力の前提だ。だとすれば私たちはまず選択圧に、いち早く気づく必要がある。むしろ必然的な選択のために邪魔なのは、自分の思い込みや意識なのだ。自分の意思による選択を手放して、観察から必然性ある適応の方向性を探る。そのために世の中の選択圧や繋がりを観察する力を身につける。それが選択的思考だ。

創造にも自然界とよく似た生態系が発生し、モノにも常に選択圧が働いている。創造を洗練させるのはユーザーや市場や自然環境の生態系による選択圧なのだ。この自然発生する選択圧の流れこそが、創造を適応へと導く。適応には理由があり、その理由は観察できる。創造のクオリティを上げるのは必然性のある選択圧、すなわち本質的な理由なのだ。

自分の意思や観点を超えて、悠久の時間が自然選択するかのように考えるのは人類には荷が重いだろう。しかし私たちに、人類が淘汰される未来を待つ時間や資源の余裕はない。だからこそ私たちには、必然的な選択圧を感じ取る、思慮深い観察力が問われている。

選択的思考では、観察力を体系的に学ぶ。思慮深く状況を観察するための技法を先人たちの叡智に学び、状況にふさわしい選択によって、創造を必然に近づけよう。適応に向かう選択圧の流れは、世の中にあまねく張り巡らされている。状況の観察から、その素直な方向性を観察から導く力こそが、私たちの創造性を磨く根源なのだ。そしてあまねく広がる関係性の大きな流れを理解する力は、個人の思い込みを遠ざけ、人の心を素直にする。

## 時間と空間を観察するための地図

願わしいものなら喜んで本当と思い込む人間の一般的な傾向。
——ユリウス・カエサル[34]

私たちは誰しもさまざまな経験を積み重ねるなかで、徐々に固定観念を積み重ねていく。カエサルの言う通り、人は自分の物差しでしか物事を測ろうとしない。そうすると、そのモノが何で構成されているのかに無自覚になったり、周囲の繋がりに気がつかなくなったり、過去からの恩恵に目が向かなくなったりする。思い込みの発生だ。思い込んでしまうと、わかったつもりになって、実はわかっていない自分に気づかなくなる。だから自分とは違うモノの見方をする人を見ると、相手が間違っていると考えてしまう。ネット上での匿名の批判は、たいていこの類のものだ。知っている範囲で批判をしながら、実際には、単に自分がそれ以外について無知なだけかもしれない。

もちろん、目の前にあるモノすら理解していなければ、新しいモノを創造するなど無理な話だ。創造的であるには、世の中に張り巡らされている見えない関係性を観察して、思い込みを外す方法を培う必要がある。それは簡単ではないけれど、今までの学問のなかには明らかに、そのヒントとなるさまざまな観測手法が遍在している。では、状況に適応したアイデアを選ぶために、関係を観察する力を養うにはどうすればよいだろう。

生物の行動をあらゆる側面から理解するために、関係性の観察手法を整理した人物がいる。動物行動学（ethology）を確立し、ノーベル生理学・医学賞を受賞したニコ・ティンバーゲンは、生物の適応を観察する考え方として「四つのなぜ」を提唱した。

機構　　　生物の身体の機構がどのように働いているのか：主に解剖学的観察
個体発生　生物の身体が発生するプロセスはなんだろうか：主に発生学的観察
系統発生　生物はどんな歴史的な経緯で進化してきたのか：主に系統学的観察
適応　　　生物は環境の中でどんな適応的関係を示すのか：主に生態学的観察

この「四つのなぜ」の観点によって、ティンバーゲンは生物の行動を網羅的に研究する学術分野を整えた。「四つのなぜ」は、過去から現在の時間軸にフォーカスして生物の生態を理解する網羅的な方法だが、ここには一つだけ、創造性における観察に足りないものがあると私は感じた。それは未来だ。人は未来を志向する動物であり、世界の未来を観察しようとするなら「予測」の観点が不可欠だ。そして言うまでもなく、実際に未来を予測的に扱う天気予報のようなフォアキャストや、絶滅危惧種の保護を考える際のバックキャストは、広く自然科学でも用いられている。

そこで進化思考では、ティンバーゲンの方法を一歩前へ進め、解剖学的観察と発生学的観察を「解剖」として統合し、未来を考察するための「予測」の手法を加えて、「解剖」

「歴史」「生態」「予測」という四つの観点によって選択圧を観察する体系を構築した。時間と空間で世界を観る手法を「時空間観察（Space-Time Observation）」と呼んでいる。

実は現在存在しているあらゆる観察手法にとって、この四種類がその起源に当たるのではないかとすら、私は考えている。なぜなら私たちが何かを観察しようとすれば、空間と時間しか観察できないからだ。これら四つの観察手法はそれぞれ、空間のミクロ（解剖）からマクロ（生態）、時間の過去（歴史）から未来（予測）に対応しており、時間と空間を網羅できるフレームワークとなる。そのため、ほぼすべての観察手法はこのどこかに含まれ得る。そして自然科学は圧倒的にその歴史が古い。そのため多くの観察手法はこれらの影響を受けてきている。四つの観点が揃うことで初めて、事象を網羅的に理解できるのだ。

この四つの観点は自然科学の中で人類が培った強力な思考法であり、創造のための観察にも応用できる、誰もが暗黙のうちに行っている観察の集合だ。この四つの観点は、自然科学だけでなくあらゆる領域の世界の関係を知るために、超強力な思考のツールになり得る。一つだけでも強力だが、四つを組み合わせることで、さらにその力が発揮される。

四つの観点で適応を分析すると、時間的・空間的に漏れなく関係性を考察できるので、アイデアが選択される基準や、その背景にある関係的必然性を理解でき、創造のクオリティを高められるだろう。傷つかずに何度でも自己否定的な選択を行うには、この時空間観察のような明確かつ本質的な判断基準をもつことが役に立つ。客観的な観察による高い基準をもつことこそが、自分を超えた創造性を発揮し、クオリティを育む土壌となる。

## 時空間マップ：時空間観察の４つの観点

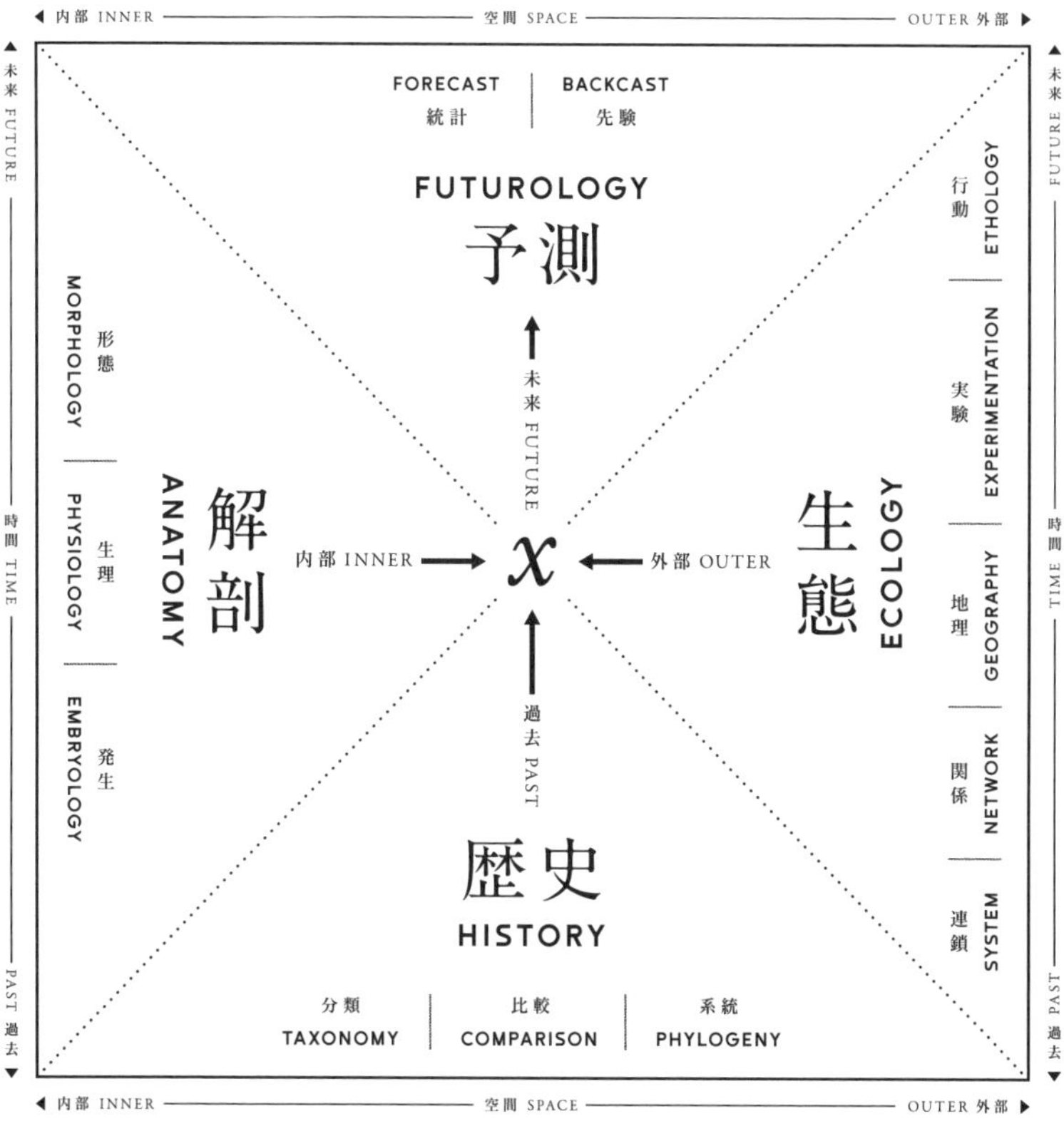


図12-2　時空間マップ　自然科学の観察手法を、時間と空間の軸に体系化した

これら四種類の観察手法は、創造性の鍛錬になるだけでなく、状況を正しく捉えるメタ認知力の育成にも役立つ。四つの観点を身につけると、問われるべき本質的な問いが明確になり、必然的な選択の方向が示され、思考の無駄が減るだろう。さらには、固定観念に縛られずに関係を捉えて判断ができるようになり、創造的な成果が遥かに出しやすくなるはずだ。実際のところ、プロジェクトを達成できるようになった。

実はあらゆる既存の調査手法には、この軸と構造的な共通点がある。そのため時空間観察は、創造性にまつわるあらゆるリサーチ手法を包含する。少し例をあげてみよう。

解剖――リバース・エンジニアリング、ＢＯＭ（部品表）、レシピ、組立図などの手法
歴史――収集、芸術のキュレーション、プログラミングにおけるフォークなどの手法
生態――マーケティング、バリューチェーン、エスノグラフィ、対話の場などの手法
予測――フォアキャスティング、シナリオプランニング、ビジョン、ＳＦなどの手法

これまで無数のマーケティングやエンジニアリング分野の新たな分析方法が、毎年のように提唱されてきたが、本当にそのすべてを覚えなくてはいけないのか。実はさまざまな観察の手法には共通する起源があるのに、その全体構造は体系化されてこなかったのかもしれない。時空間観察は、こうした観察の全体像を示す地図になり得るものだ。

時空間観察は、事業のバランスを整えることにも役立つ。たとえば、既存の技術開発手法と時空間観察の四つの観点を比較すると足りないことが見えてくる。二〇世紀に生まれたイノベーションやR&Dのためのリサーチ手法には、解剖と歴史を中心としたアプローチが多く、生態と予測の観点での分析が軽視されがちだったことがわかる。売上や株価以外の影響を理解せず、環境や未来への観点に欠けていた経済発展は、ついに生態系を破壊してしまった。世界は偏ったバランスを早急に立て直さなければならない最中にある。モノを改善する解剖と、過去の歴史から学ぶことが二〇世紀的な分析手法だったとすれば、これからは人や自然との繋がりを取り戻す生態的な視点と、未来を想像する予測によって創造性の枠を広げることが不可欠となるだろう。

こうした観察を、多くの子どもたちは本能的に遊びの中で行おうとする。好奇心を持った子どもは、モノを分解し（解剖）、たくさんの種類を集めて歴史的な繋がりを覚え（歴史）、どのような挑戦がどんな反応を引き出すのかを観察し（生態）、未来にワクワクする（予測）。そんなコンテンツが子どもたちの心を掴んでいる。つまりこれらの四つは、まさに好奇心の構造とも呼べるものなのだ。そして子どもたちと触れ合う中でもう一つ気づいたことがある。これらの観察にはどうやら、学習しやすい順番があるようなのだ。

何かを観察するとき、まずは解剖的観察から始めてみよう。目に見える観察対象は、理解しやすい。その次は歴史的に観察してみよう。すでにある種類を知るなど、事実からは学びやすいはずだ。こうした理解を元に、生態的な観察をしてみよう。複雑な状況の背景を把握するには、その状態に至るまでの探究が役立つ。それらを踏まえて予測すれば、三つの観察が未来への視座の解像度を上げ、具体的なシナリオが思い浮かぶだろう。

この順番は不思議に、それぞれの科学的観察が発展した歴史の順序とほぼ一致する。私にはこの順番が学問だけでなく、何かを習得し目標を叶える学習の順番のように思える。仕組み（解剖）を知り、前例（歴史）を知り、社会（生態）から目標や未来（予測）へと向かう発展は、さまざまな探究において自然な発達の順番なのではないか。そこで進化思考ではこの探究の順番「解剖」「歴史」「生態」「予測」に基づいて観察を発展させていく。

解剖的観察——中身を分けて理由を観察する（224頁「解剖」）
歴史的観察——物事の古くからの文脈を知る（268頁「歴史」）
生態的観察——モノや人の繋がりを理解する（316頁「生態」）
予測的観察——未来の課題を知り希望を描く（418頁「予測」）

自然科学にはこうした素晴らしい観察の体系があるのに、なぜこんなにも大切な学びを、私たちは子どもの頃から習わないのだろう。これらの四つの本質的な観察を念頭に置くと、一般的な学習カリキュラムは、観察から世界を理解する方法とはかけ離れているようにも思える。テスト範囲の正しい答えを求めるといった評価軸では、子どもたちが未知の世界を生きるための、答えのない問題に挑む知恵は身につけられないだろう。

そして実際に、これらの四つの観点は既存教科の学習にも応用できる。カリキュラムそのものを観察するプロセスが組み込まれれば、その授業が大切な理由や、自分とどう関わるのかも含めて、ずっと理解しやすくなるだろう。また教科同士の関係も見えてくる。

現在の生物の生態系は、社会の政治経済と密接に関連している。世界史は、科学技術史や美術史と深く関わっている。生物の解剖と家庭科の料理の材料を並べる思考プロセスは同じだ。カリキュラムの種類によらず、今も昔も優れた教師の中には暗黙のうちに観察の重要性を伝えていた人もいただろう。そこに共通の体系があれば、あらゆる探究の基盤となる。

日本最大手の教育企業であるベネッセコーポレーションのベネッセ教育総合研究所では、創造的な未来の教育を考える委員会が開かれている。私は二〇二二年度に「高等教育の未来を考える会」の座長を務め、「学生よ野望を抱け：希望ある未来を描く大学教育ビジョン」と題した提言書を、教育界の革新的な委員の仲間とともに発表した。そのなかでも、この軸に基づく自然科学的な観察による自己決定の重要性を提案している。私の目標の一つは、時空間観察の四つの観点に代表される、自然科学が体系化した観察的学びを子どもたちの基礎教育に普及させ、未知の課題に出会ったときに、その事象を観察から理解し、自ら創造的に解決できる人を増やすことにある。

世界の見方を教えてくれる時空間観察の四つの観点は、数千年にわたる科学が磨いた、好奇心を最大限に発揮するための思考の地図だ。そして子どもの頃からの好奇心を育み、観察力を養うには、この四つの自然科学的な観察が大いに役立つはずだ。

## 進化ワーク15　時空間マップ［15分］

時間的・空間的に、過去から未来、細部から全体を観察する時空間観察のプロセスを簡易的に体験する、時空間マップというツールがある。この時空間マップを使って体験してみよう。いま探究している何か（対象x）を中心に置き。内部・外部・過去・未来に広がる繋がりを再確認すれば、さまざまな気づきがあるはずだ。

1　模造紙を用意して、図12-3のように折ってみよう。
2　進化させたい対象 xを、この図の中心に置こう。
3　解剖的観察：対象の内部にある不可欠なモノを書き出そう。
4　歴史的観察：対象と共通の分類にあたる前例を書き出そう。
5　生態的観察：対象の状況に関わるモノやヒトを書き出そう。
6　予測的観察：対象の未来に関わる変化の兆しを書き出そう。

時空間マップには特に正解はないので、思いつきをメモする感覚で描いていただいて構わない。この時空間マップのワークは、今後探究する「解剖」「歴史」「生態」「予測」のためのウォーミングアップとなる。またチームで共創すれば、共通認識を深める効果が期待できるので、ぜひ実践してみてほしい。

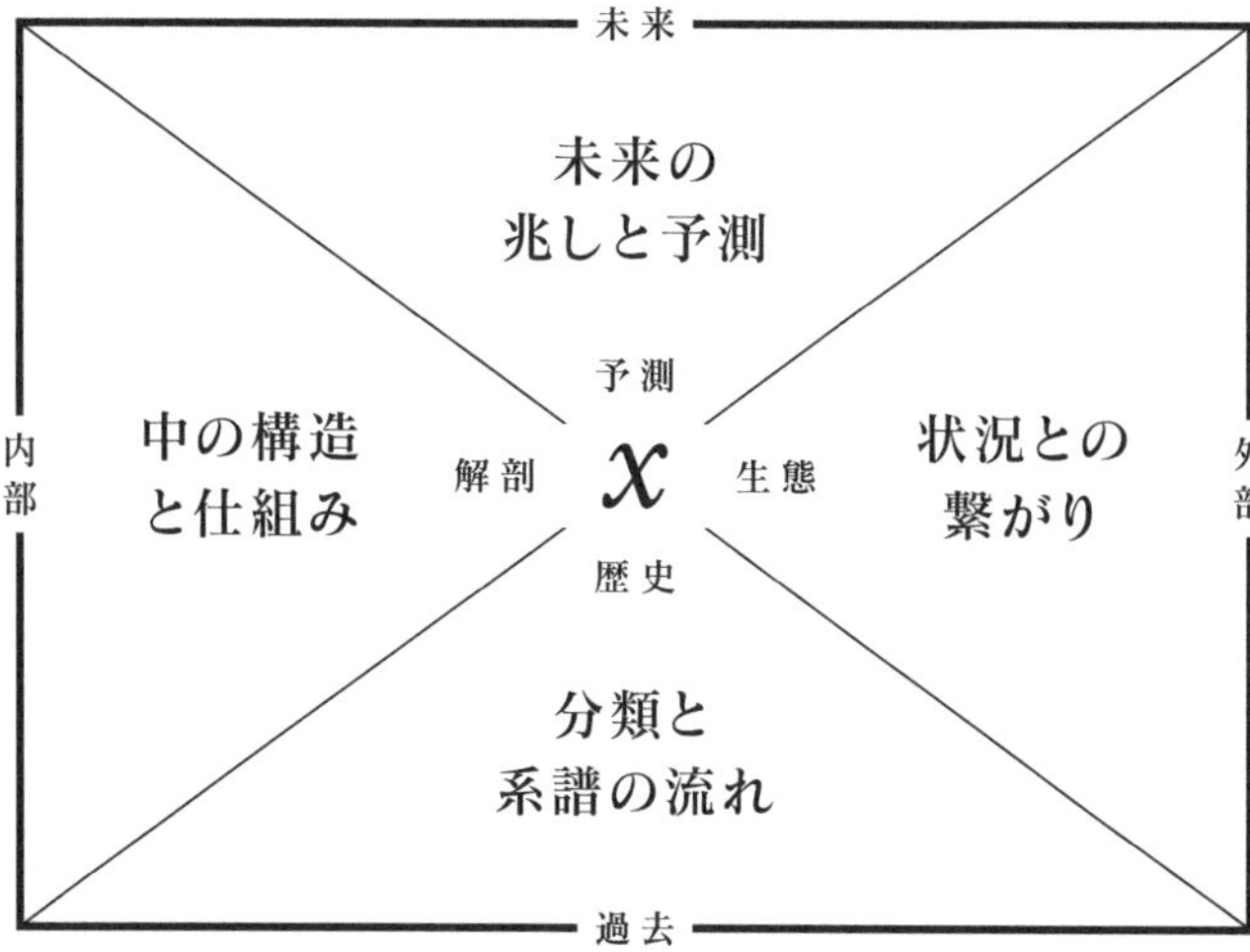


図12-3　模造紙を折ったり、スライドツールなどで上記のような時空間マップを作る

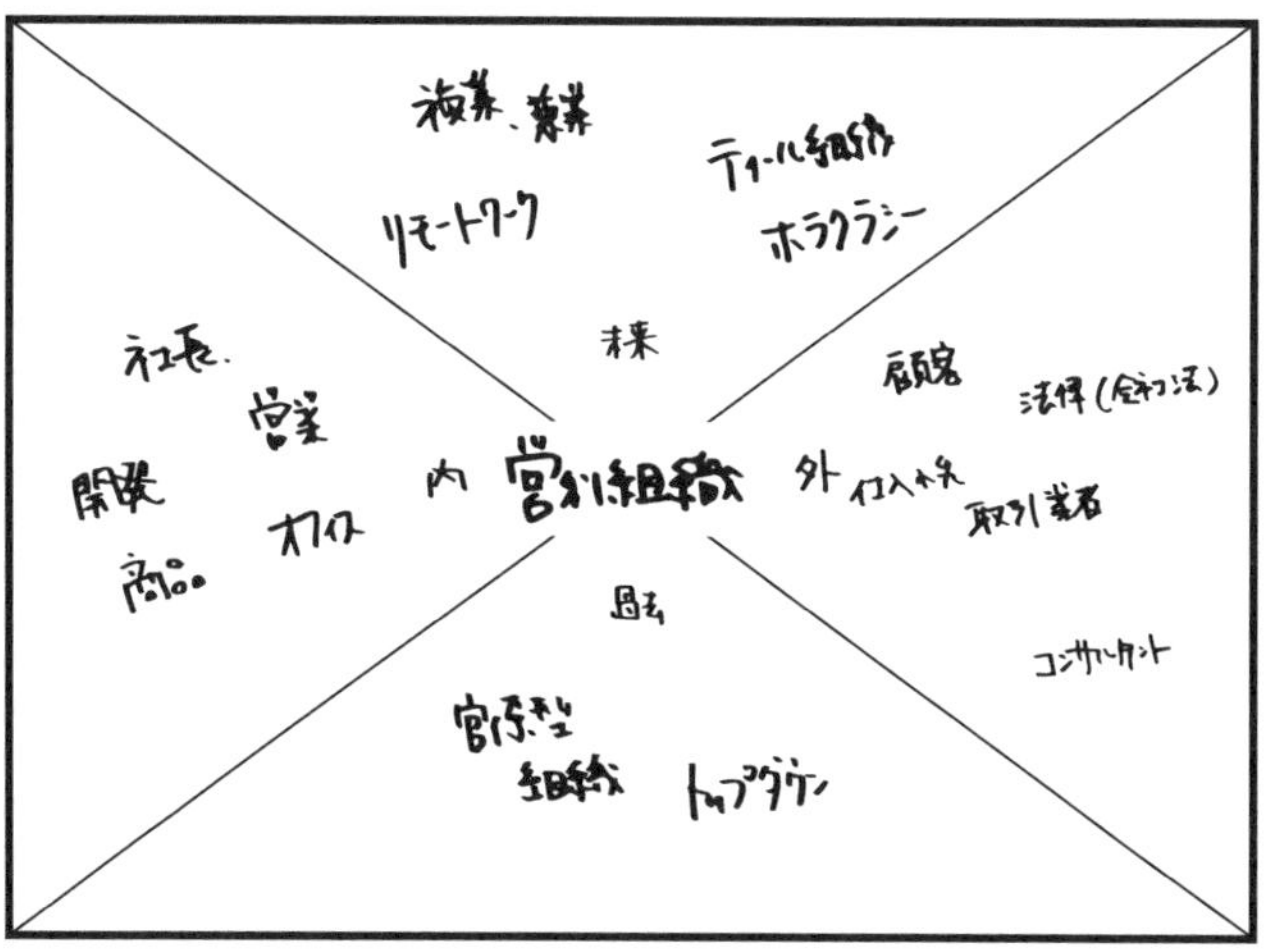


図12-4　対象xを「営利組織」とした時空間マップの例（嘉村賢州氏による参考例）

## 進化ワーク16　自己時空間マップ［15分］

進化思考を学ぶコミュニティの中で流行したのが、時空間マップを使って自己理解を深める方法だ。やり方は簡単で、中心のxに自分自身を置き、自身にとって大切な内部・外部・過去・未来の繋がりを可視化してみるというものだ。進化思考のxの設定や、自身が探究するテーマに迷ったときに役立つ。

1　模造紙を用意して、図12-5のように折ってみよう。
2　自分自身を、この図の中心に置こう。
3　解剖的自己観察：自分の得意なことや持っているものを書き出そう。
4　歴史的自己観察：自分に影響を与えた記憶や経験などを書き出そう。
5　生態的自己観察：自分を支えてくれる社会との関係性を書き出そう。
6　予測的自己観察：自分の将来の目標や不安などの未来を書き出そう。

「解剖」「歴史」「生態」「予測」的な観点で自己理解が深まると、自分と目の前のプロジェクトの関係性に気づいたり、さまざまな指針やヒントに出会えるはずだ。これから一生をかけて探究するテーマにも、出会いやすくなるだろう。ぜひ自分自身の現在地点を知るために、試してみてほしい。

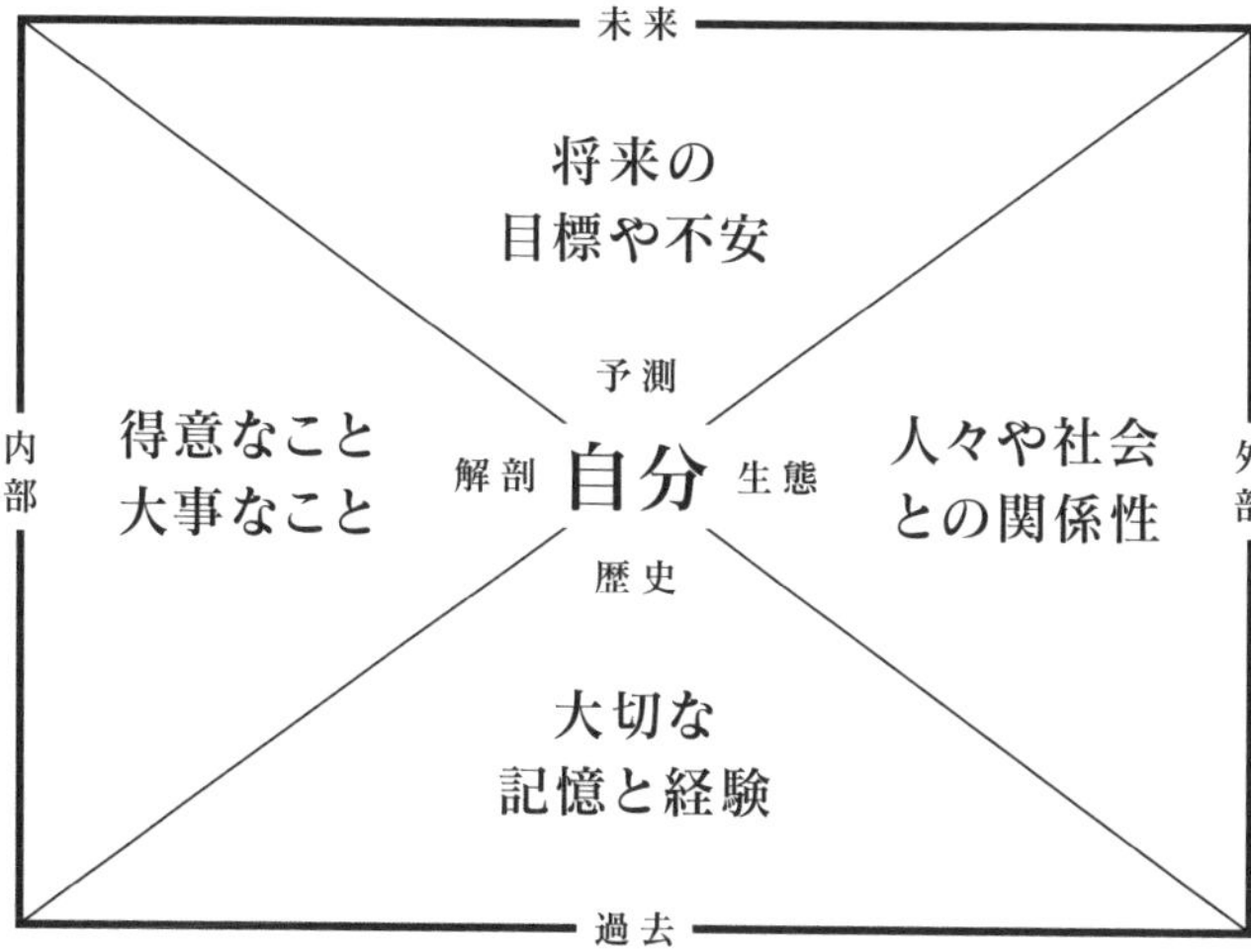


図12-5　模造紙やスライドツールなどで上記のような自己時空間マップを作る

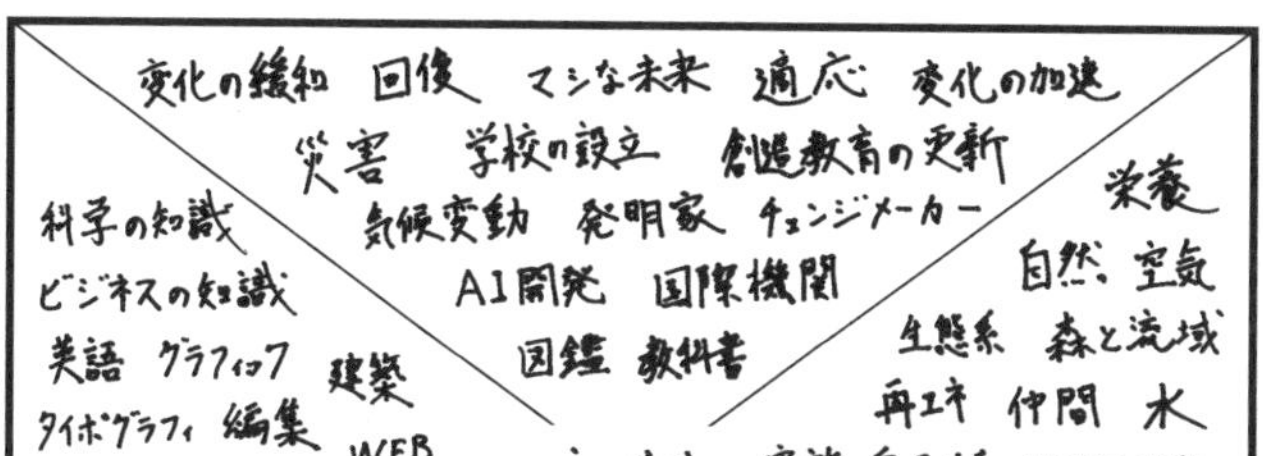

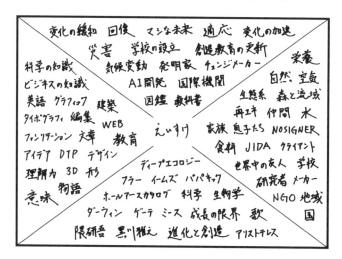


図12-6　対象xを「自分」とした時空間マップの例（著者による参考例）

# 必然の観察 1

# 解剖

## 内側の構造と意味を知ろう

世界は不思議に満ちている。生まれたときから当たり前に自然環境があって、人の生活環境にはコンピューターや貨幣など、さまざまなモノがある。けれども多くの場合、それがどんな仕組みでなぜ機能しているのかについて、私たちは疑問に思わない。だがいざ説明しようとすれば、身の回りはよくわからない不思議なものに囲まれていると気づく。

人類はわからないものに出会うと、それを細かく解剖して観察してきた。つまり解剖を繰り返しては、世界の不思議を解き明かしてきたのだ。どんなに複雑な仕組みでも、要素を細かく分解して観察すれば、ごく単純な仕組みの連鎖によって構成されている。人は解剖によって、部位の連鎖がどのように機能するのかを理解していった。

とりわけ人にとって身近で、最も謎に満ちた物体は自分たちの身体だった。その複雑な機構を理解できるかどうかは、文字通り自分たちの生死に関わっていた。記録に残る限り最古の医学書は、紀元前二六三〇年頃に古代エジプトの高級神官を務めたイムホテプが医学の知識を記したものだったようだ。彼は解剖の知恵を駆使して、人体の仕組みがどうなっており、病気や怪我の際にはどうすればよいかを広く伝えていった。

イムホテプは記録に残る限りでは最古の医師であり、解剖を実践した人物だ。それだけでなく、世界最古のピラミッドを設計した建築家としても知られている。その大きな功績も讃えられ、死後には「知恵と医術と魔法の神」として永く崇められている。

こうしたイムホテプの記録によれば、四六〇〇年以上前にはすでに自然のなかの関係を理解するために、あるいは幅広い創造力を発揮するために、解剖を深く活用した人物がいたことになる。それ以前の記録をたどるのは難しいが、もしイムホテプよりも前に、すでに一般的に解剖が行われていたとしたら、解剖という探究の手法は、さらに数千年前から行われていた可能性もある。つまり解剖は古来より、人類が世界を理解する根源的な方法だった。

さらに医学だけでなく、生物学もまた最初期から解剖を実践していた。紀元前三五〇年頃に活躍したアリストテレスも、解剖によって世界を解き明かしていった偉大な探究者だった。政治や科学など、さまざまな分野で偉大な知恵を発揮しながら哲学の概念を確立した知の巨人が、科学の分野で最も功績を残したのは、自然学や動物学における発生学の分野だった。彼はさまざまな動物を解剖し、それらを記録することで自然の仕組みを深く理解しようとしていたことがわかっている。

アリストテレスから約二〇〇〇年後の一六七〇年代、近代生物学の重要分野もまた解剖がその起点にあった。もともと医者を生業としていたネヘミア・グルーは、医学における解剖の知恵を植物にも応用しようと考えた。それまで曖昧だった植物の構造を、根・幹・

葉・花・実・種などの部位ごとに分け、さらに各部位を詳細にわたって解剖し、その複雑な構造を解き明かしていった。こうした医学的な解剖の手法が共有されれば、他の多くの研究者も同じ手法で植物に秘められた謎を探究できる。グルーをはじめとする研究者の丹念な研究によって、近代の植物解剖学が確立された。こうして古代から現代に至るまで、生物学は解剖を研究の根幹に据えて発展してきた。

創造の歴史のなかで、解剖の知恵は何度でも登場する。なぜなら解剖の知恵そのものが、創造性の本質の一翼を担っているからだ。例えばルネサンス期を代表する発明の天才としてよく知られるレオナルド・ダ・ヴィンチも、解剖の魔力に魅せられた一人だった。

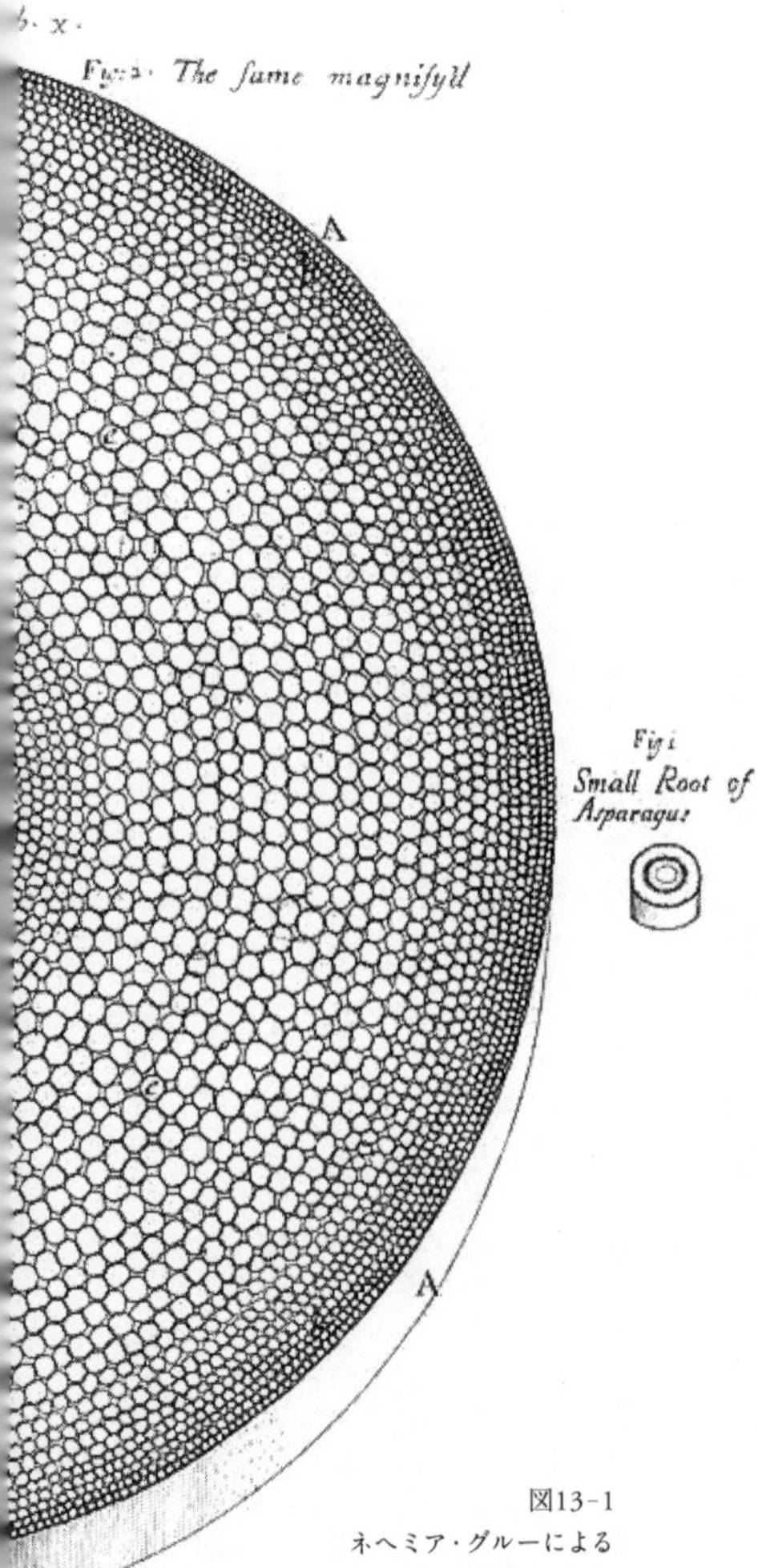


図13-1
ネヘミア・グルーによる
世界初の植物の解剖図

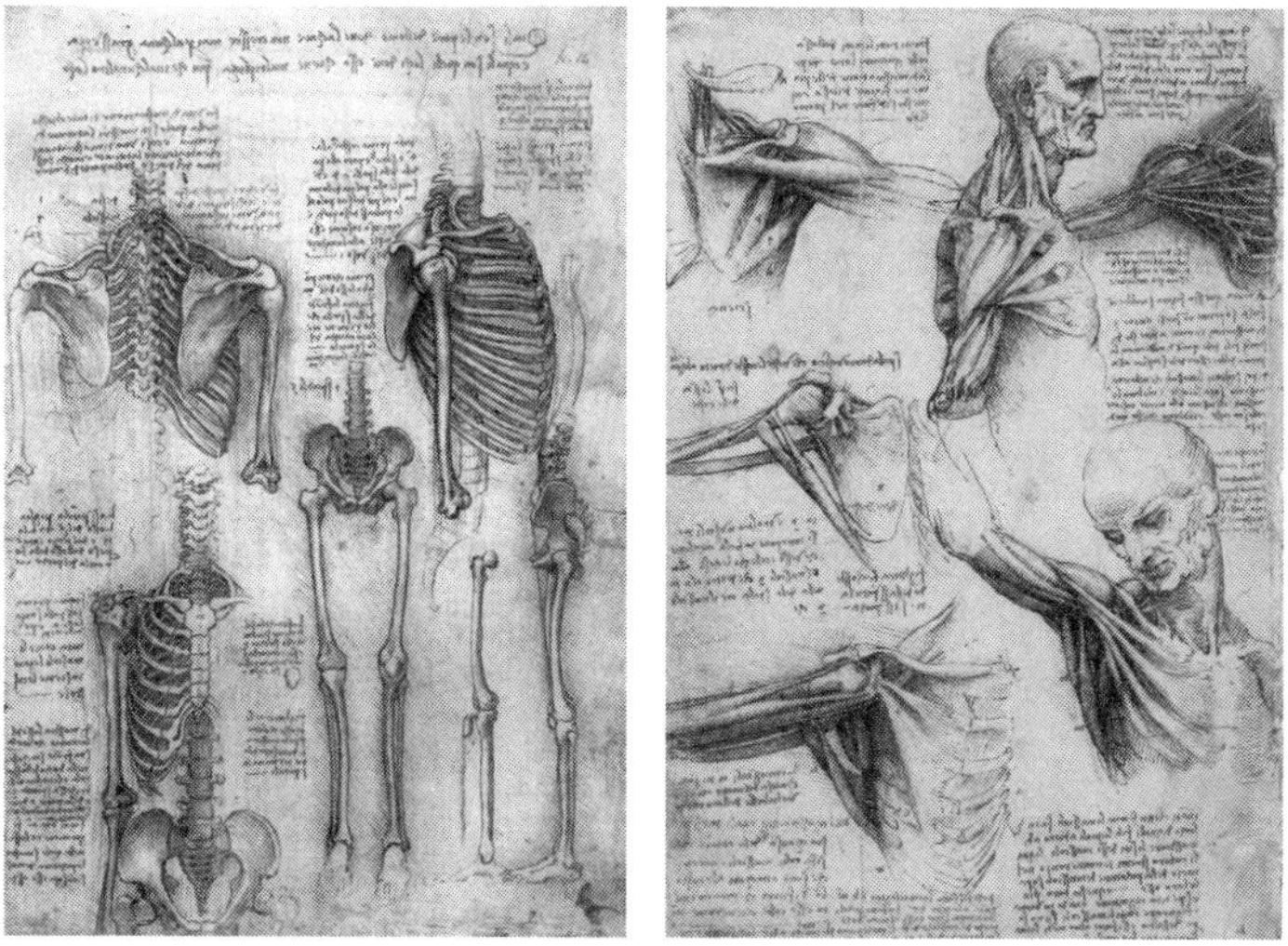

図13－2　ダ・ヴィンチが描いた解剖図。観察が書き込まれている

ダ・ヴィンチは画家や発明家として現代でも最高の評価を得ている人物だが、彼の遺稿は意外なことに医学の解剖書だった。彼は一四八九年から二〇年にわたって三〇の死体を解剖し、七〇〇〇枚を超える膨大な数のスケッチを残している。

残念ながらダ・ヴィンチは、この本を執筆する前に亡くなってしまい、残された草稿が発見されるのは一九世紀まで待たねばならなかった。史上初の近代的な人体解剖の本『ファブリカ』をアンドレアス・ヴェサリウスが出版したのが一五四三年なので、ダ・ヴィンチがもし解剖学の本を書き上げていたら、医学はもっと早く進化した可能性がある。

これまで発見されたダ・ヴィンチの八〇〇〇枚と言われるノートの数々には、明らかに彼の解剖的な思考の片鱗が垣間見える。ヘリコプター、戦車、エンジン、太陽エネルギー、計算機などの実現されなかった膨大なアイデアスケッチは、部品同士の関係がよくわかり、模型の製作が可能なほど緻密に描かれていて、解剖図さながらの表現力だ。イムホテプやダ・ヴィンチのように、発明・発想・芸術・医術にまたがる統合的な創造力を発揮するには、解剖的に事象を理解する能力が必須なのかもしれない。

　解剖と創造性には、どうやら深い関係がある。近代以降になっても、二〇世紀の歴史を変えた多くの発明には、解剖的発想から生まれた例がたくさんある。たとえば二〇世紀初頭に機関車工場の責任者を務めていたウォルター・クライスラーは、ピアース・アローという車を買って分解した。彼は当時超高価だった自動車を、解体して学ぶためだけに買ったのだ。この解体を通して、彼は当時の自動車のさまざまな改良点を発見し、のちにビュイック社の社長となり、その後クライスラー社を創業した。四輪に搭載されたブレーキ、乗り心地のよい大きなタイヤなど、今では当たり前になっている機能は、クライスラーが解剖によって発見した改善点の一部だ。そうしたこまやかな改善から生まれたクライスラーの車は乗り心地がよく、当時大変な人気を博したそうだ。

図13-3　クライスラーが解剖したピアース・アローの広告イラスト

また、日本にも自動車の解剖から大成功した人物がいた。一九三三年、アメリカでの自動車産業の爆発を目の当たりにして、紡織機の会社を営んでいた豊田喜一郎は自動車産業への挑戦を決意した。そして彼は工場の片隅に一台のシボレーを持ち込み、解体して当時の未熟な日本の技術で自動車を再現することにした。

自動車の開発に成功した彼は、トヨタ自動車を創業し、世界的な自動車メーカーの創業者として歴史に名を刻んでいるのはご存じだろう。他社の製品を解体して、その機能や構成を学ぶ手法は、R＆Dではリバース・エンジニアリングと呼ばれ、最も一般的な技術分析の方法になっている。

こうして現在でもあらゆる分野の製品開発で「解剖的観察」の知恵が応用されている。競合の分析に明け暮れた二〇世紀の産業は、その成り立ちの根幹に解剖的な発想があったといっても過言ではない。

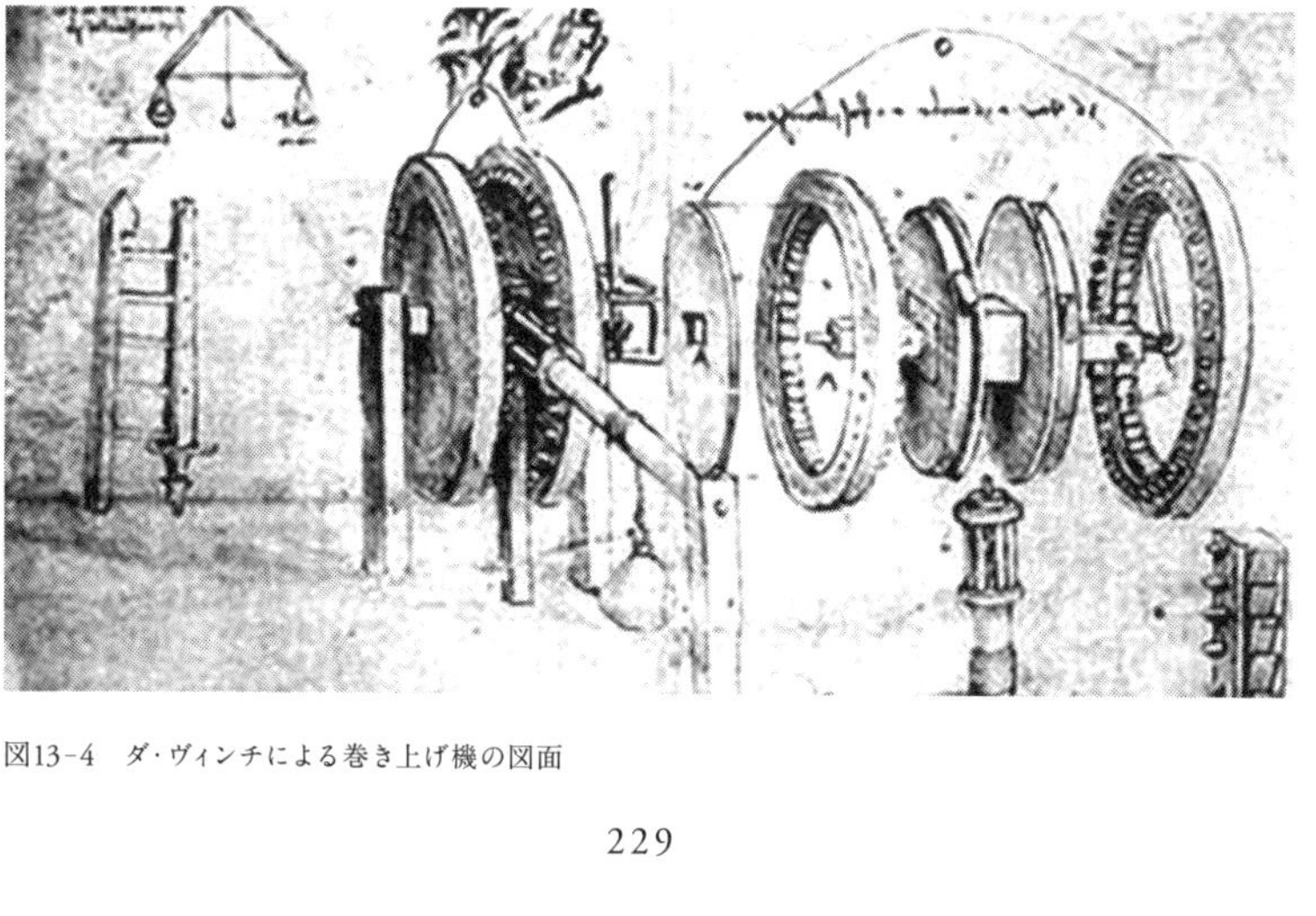

図13-4　ダ・ヴィンチによる巻き上げ機の図面

## 解剖学――形態・生理・発生

私たちは、目の前のあらゆるモノについて、わかったつもりになっている。一度そのモノを使えば、もう知っているように思うのだ。でも実際には、それがどんな仕組みで動いているのか、どう製造するかなど、中の構造の理由がわからなければ、理解したとはとても言えない。中の仕組みや作り方を理解して初めて、過去の偉大な創造のプロセスを、あなた自身のモノ作りに活かせるようになるのだ。日本語の「分かる」は「分ける＝分解する・解剖する」が語源だそうだ。確かに、何かを細かく分解することで得られる知恵は計りしれない。

どんなに難しいことでも、細かく分ければ簡単な仕組みの集合になっている。これは、私個人の大きな気づきでもあった。高校生の頃のある日、古本屋で立ち読みしていると絵本の一節に出会った。「難しい問題に出会ったときは、その問題を階段だと思って分解して、一段ずつ上ればいい。わからない問題は、階段を抜かしてしまっただけなのだ……」。世の中に本当に難しい問題は一つもなく、どんなに難しい問題も、実は簡単なものの集合できているという考え方が、私の記憶に妙に深く残った。それから私は難しい問題に出会うたび、簡単な単位まで分解して考えるようになった。あなたも悩ましい問題があるなら、それを細かい問いに分解してみてほしい。難しい問題は、実際にはその多くが簡単な問題の集合なのだ。

私たちは、既知のものを精細に解剖することで、新たな未知とも出会う。解剖的探究の歴史は、内部の観察による未知との遭遇の連続だった。先人たちが確立してくれた解剖的観察は、自然を解き明かすだけでなく、実はあらゆる創造領域に役立つ知恵として、あらゆる科学の領域に深遠な影響を与えているのだ。毎年のように新しい分析手法が出てきてしまう現代だからこそ、時には何千年もの時間によって磨かれた、歴史的な根源にある分析手法たちに立ち返ってみよう。

では解剖学では、具体的にどのような手法で解剖を行うのかを見ていこう。解剖学の体系から、次の三つの考え方を観察の型として抽出した。進化思考では、この解剖学における分類を援用し、対象のＷＨＡＴ（それは何か）・ＷＨＹ（なぜ必要なのか）・ＨＯＷ（どう創るのか）を理解する手法として、内部に潜んでいる必然的な関係を読み解く。

1　内部にあるモノを分類して形態を観察する――形態学的な解剖（ＷＨＡＴ）
2　各部位がどう機能しているのかを理解する――生理学的な解剖（ＷＨＹ）
3　要素がどのように発生するのかを理解する――発生学的な解剖（ＨＯＷ）

三つの解剖を実践すれば、「形を分解し」「その形の意味を理解し」「実際に作れる」までの方法がわかるだろう。解剖することで、知っているつもりのモノに秘められた構造や目的を再確認でき、今までよりも遥かに対象を深く理解できるはずだ。

## (観察) 形態観察――要素の細部を見る観察

私たちは形についつい騙されやすい。私たちがモノを認識するときには、まず視覚的な認知から始まるので、形に意識が向きすぎるのかもしれない。かつて見たものは知っている気になるし、逆によく知っているものでも形が少し変わっただけで戸惑ってしまう。普通に暮らすにはそれで不自由はないかもしれないが、もし新しいものを作りたいなら、形を疑うことも大切だ。モノには形があり、あらゆるモノの内部には何層にも形が詰まっている。その形に無駄があれば、構造や製造プロセスにも無駄が発生するだろう。形を丹念にひもとき、全体の構造を理解するといった、形態に対する洞察力を身につけよう。

いざ解剖してみると、生物であれ無生物であれ同じように、ものの中身はさまざまな部位の集合になっている。そして全体の形も部分の形も、すべての形には少なからぬ理由がある。まずは内部の構成要素を理解して、それぞれの形を注意深く観察し、そこに秘められた理由に思いを馳せてみよう。

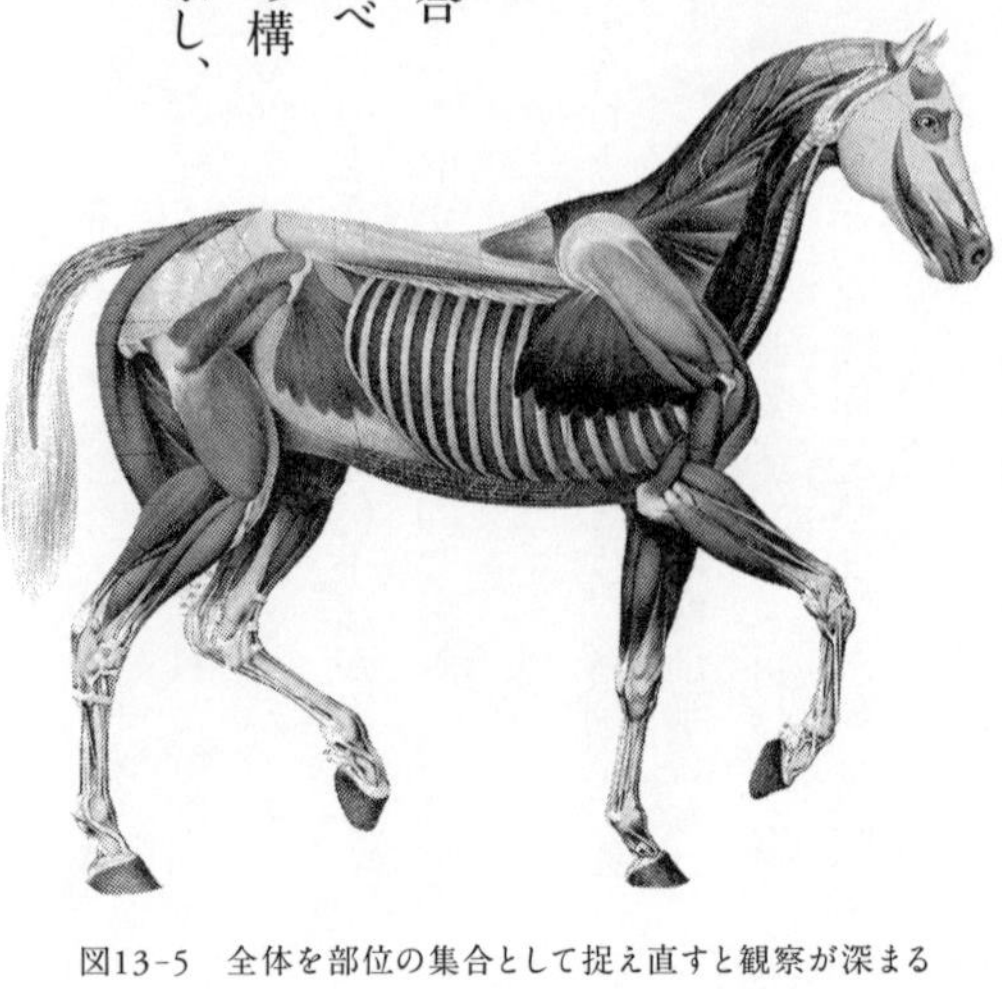

図13-5　全体を部位の集合として捉え直すと観察が深まる

## 入れ子構造を想像する

実際に生物を解剖してみると、骨のように硬いものもあれば、袋のように柔らかいものもある。さらにそれぞれの内部には、また別の要素が詰まっており、体のパーツは何層にもわたる膜に包まれている。

たとえば、人間の頭部を垂直に切った状態を観察してみよう。一番外側の髪の毛から順番に、頭皮、腱膜、骨膜、頭蓋骨、硬膜、クモ膜、軟膜、脳細胞膜、核膜と、DNAに至るまでに少なくとも九層以上の膜が入れ子状に構成され、それぞれの膜が形を作っている。人形のなかにまた人形がある、マトリョーシカ人形のような入れ子構造とでもいえるだろうか。そして、それぞれの部位の形を定義しているのが、まさにこれらの膜だ。

こうした入れ子構造はあらゆる生物に見られるだけでなく、ほとんどの人工物にも観察できる。試しにコンピューターを解剖してみよう。パソコンの筐体を切断すると、外装の

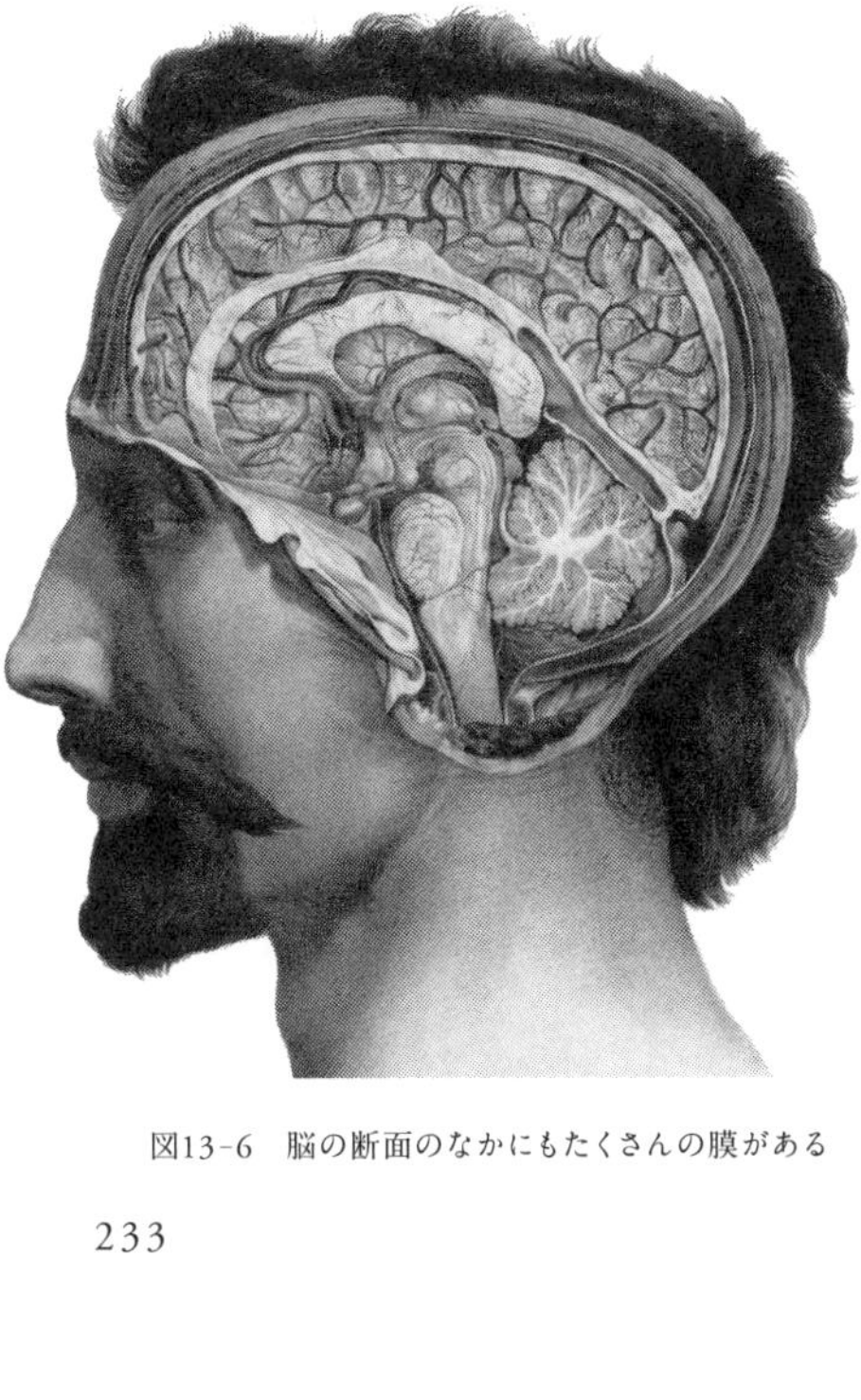

図13-6　脳の断面のなかにもたくさんの膜がある

塗膜から始まって、筐体ケース、基板、ＣＰＵクーラー、グリス層、ＣＰＵパッケージ、ＣＰＵコア、演算ユニット、回路の導線と、ＣＰＵ内を流れる電子に至るまで、何層にもわたる入れ子構造がある。解剖すると、必然的にこれらの膜に出会うため、まるでファイルシステムのディレクトリ構造のように、内部を段階的に分類できる。解剖するときには、こうした多層の構造を常にイメージしておこう。

生物も無生物も、それぞれの膜ごとに要素がコンポーネントとなり、形態が生まれている。膜で分けられたコンポーネントはそれぞれ機能をもち、多くの場合臓器移植やコンピューターのメモリ交換のように交換できる。考えてみれば臓器を交換しても身体が動くというのは不思議なことだが、私たちの身体自身も多くの共通パーツによって成り立っている。複雑な機構を機能させるために、内側と外側を分ける膜が何層も重なった入れ子構造となっていて、部位ごとに別の役割を果たし、それらが連携して全体が機能している。

解剖するときには、この入れ子構造を理解しておくと全体をイメージしやすい。こうした入れ子構造の存在を前提に、構成する要素を徹底的に書き出していくと、生物にも創造にも共通して、分類のための階層が自ずと生まれてくる。それぞれの要素のなかにはさらに細かい要素が入っているので、それを繰り返して順番に記述すれば、最終的には樹形図のような解剖マップが描ける。内部の構造がわかったら、モノのなかに潜む形を注意深く観察してみよう。形の繋がりがうまく行けば、全体の機能がうまく流れるはずだ。内部の要素を一度ばらばらに解剖して、その全体の構造を探究してみよう。

## ☑ 進化ワーク17　創造の解剖マップ［20分］

あなたが進化させたい対象の内部を、解剖によって分解してみよう（下図の解剖マップを参考に）。実際にばらばらにできるなら理想的だが、メモや付箋に書き出して、想像のなかで分解しても構わない。

1　内部にある部位の名前を徹底的に書き出していこう。

2　それぞれの部位の形を観察して、なぜその形になっているのか考えてみよう。

3　それらの入れ子構造を観察して分類し、解剖マップを描いてみよう。

このように解剖してみると、よく知っているつもりのものでも、その全体についてのイメージが深まるはずだ。こうした観察によって、短い時間で対象を深く理解できるだろう。

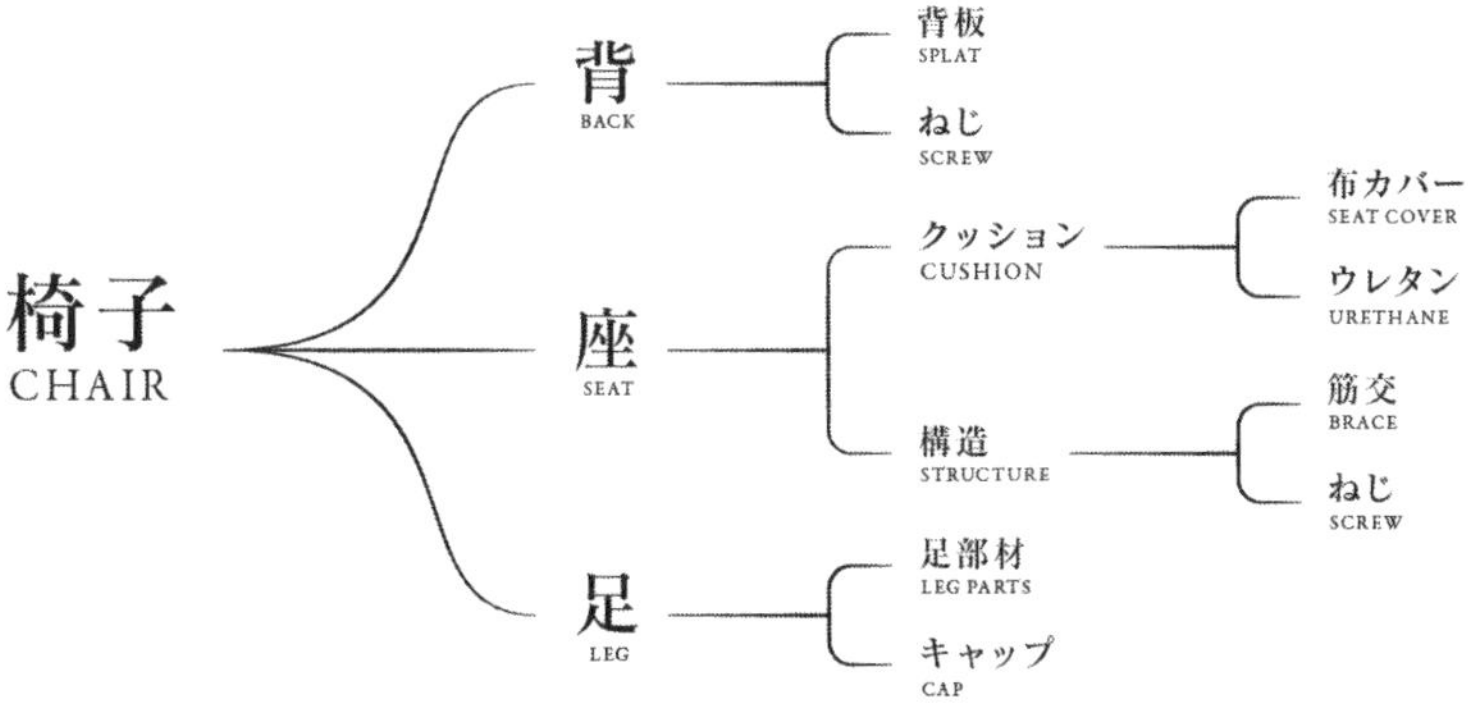


図13-7　解剖マップ　中に込められたモノの種類と形を探究する

## 観察 生理観察――要素の意味を知る観察

モノはなぜ機能しているのか。それぞれの部位は、他の部位にとってどんな意味があるのか。こうした観点に目がいけば、あなたはすでに解剖の次のステップに踏み出している。

解剖して観察すれば「こんなふうに仕組みが繋がっているのか」と気づくかもしれない。モノのなかには連携した機構、すなわち繋がりが詰まっている。それぞれのモノは、他のモノのために何らかの役割を果たしているのだ。こうした要素同士の繋がりを観察して、部位の構造と機能を理解する学問は、生物学では「解剖生理学」と呼ばれている。

モノの内部も生物と同じように理由の集積になっているので、解剖によって要素の繋がりを理解すると、その本質が見えてくる。知っているつもりのモノでも、解剖して要素同士の関係を考察すると、遥かに短時間でその本質が理解できるようになる。

少し例を紹介しよう。238頁と239頁の写真は「オリーブの木」と「扇風機」の部品を並べた模型作品だ。かつて私は、解剖の考え方を示す展示のためにオリーブの木と扇風機を分解して、スタッフと一緒にせっせと並べてみた。分解しながらパーツごとの機能や意味を書き出してみると、細部に宿った連携機構の一部始終の流れを理解できる。

創造では、こうした機能の繋がりが自ずと生まれる。しかし私たちが何かの機構に触れるときには、こちらが与える操作への反応しか見ていないので、内部で起こっている連鎖反応を意識することはほとんどない。スイッチを入れれば電気がつくし、アイコンをクリックすればソフトウェアが立ち上がるが、それがなぜなのかは考えないのだ。

つまり仕組みの本質は、見えない裏側に隠れている。だからこそ、モノを作るにはその背景にある関係性を知る必要がある。要素を解剖生理学的に解体し、関係性の繋がりを一つ一つ顕在化させれば、そのモノを進化させる手がかりが掴める。

それぞれのモノの目的（なぜそれはあるのか＝ＷＨＹ）は、他のモノや状況に働きかける。そのため、パーツそれぞれの目的にはベクトルのように繋がりの方向性がある。テーブルの天板の意味は「モノを置くための平らな面」だが、その目的は「上に置くモノ」があってこそ生まれる。そのため、何も置かなければ天板単体では意味を成さない。つまりテーブルと食事は、目的のベクトルで繋がっている。この目的のベクトル、すなわちモノや人の関係こそが、創造の背景にある見えない繋がりの正体だ。

少し抽象的な話になるが、目的にも入れ子構造があることを補足しておきたい。たとえば、テーブルの天板の目的が「モノを置くための平らな面」なら、その奥に広がる意味をさらに問いかけてみよう。つまり、改めて「モノを置くための平らな面」の意味は何かを考えるのだ。すると「皿などが置けるので、食事をするのに便利だ」という上位の目的が見える。そうしたら再度「皿など食事で利用するのに便利な平面」がなぜ役立つのかを問おう。するとさらに「家族団欒のためにみんなで食事をしたい」といった上位の目的が浮かび上がる。これを繰り返していくと、ただのテーブルの考察から「人類の生存に不可欠な共同コミュニティ内の信頼の構築」といった壮大な目的が見えてくる。

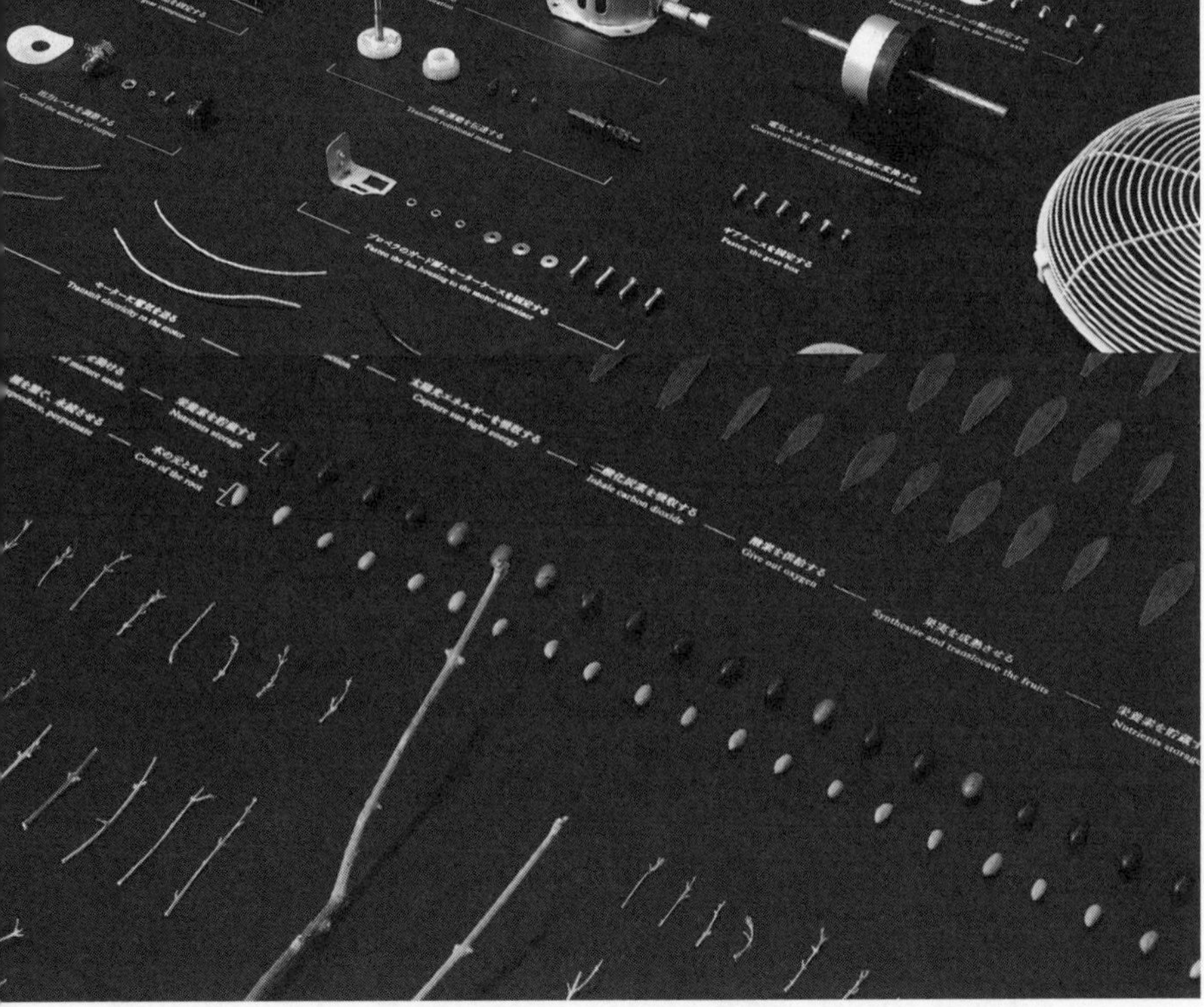

3-8　自然物の部位は人工物よりも機能が統合され、一つの要素に複合的な意味が込められているように見える

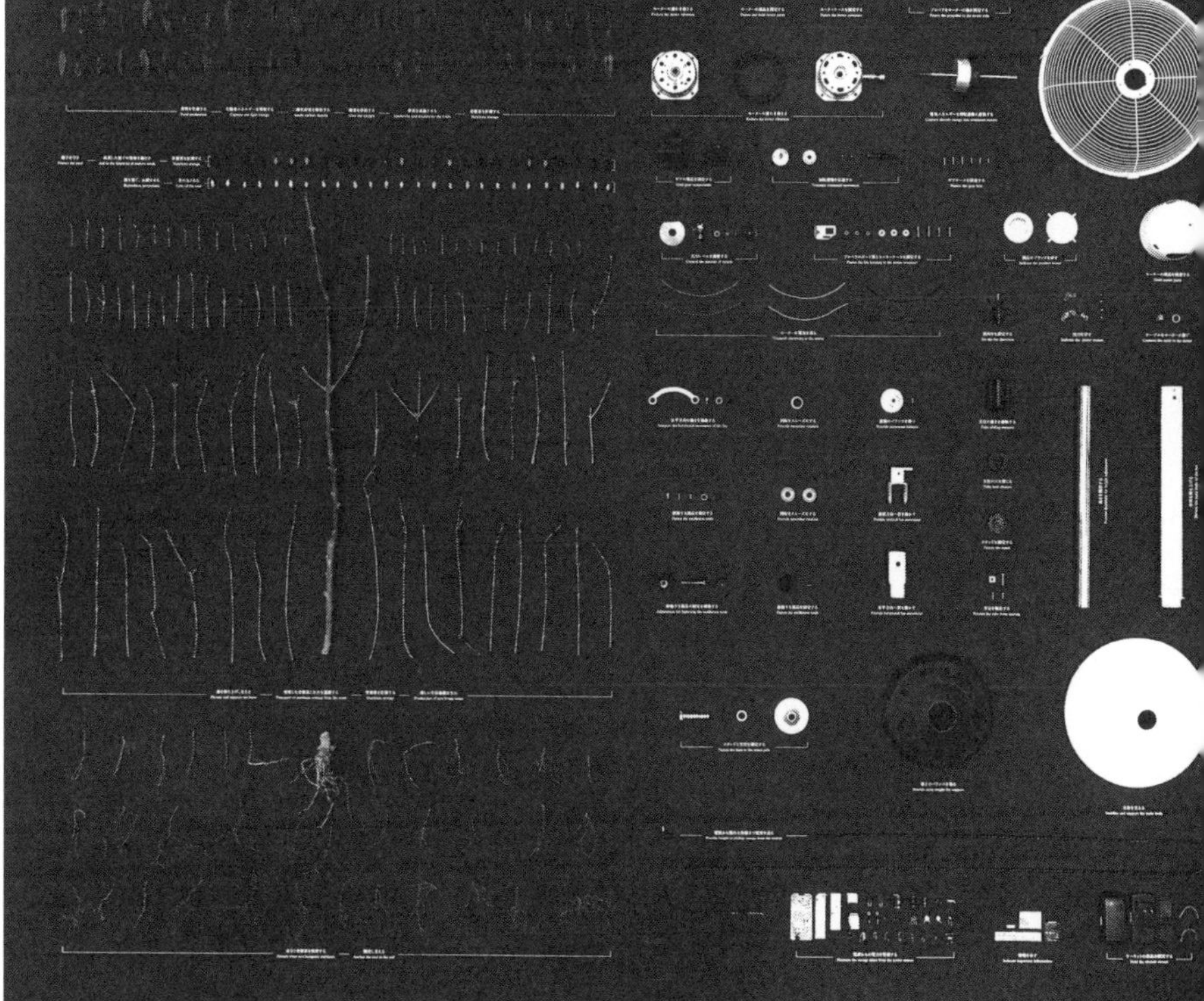

図13-9　左がオリーブ、右が扇風機の解剖的観察

こう考えれば、人はテーブルを買うとき、ただの平面を買っているわけではないことがわかる。モノの本質的な目的に立ち返ると、いかにそれが重要な役割を持っているかを再確認できるはずだ。「コミュニティが信頼関係で結ばれる場を作る」という本質的な視点に立ってテーブルを設計すると、デザインの結果はまったく異なるモノになるだろう。

こうしてモノに秘められた目的は、入れ子構造の内側から外側へ向かって広がる。外に広がる本質的な意図を探れば探るほど、人類史上の普遍的な観点と繫がり、内部は外との生態的関係や、過去からの歴史的関係へと繫がっていくのだ。

テーブルはあくまでも一例だが、当たり前のように存在しているあらゆる道具が、こうした目的の入れ子構造を持っていて、文化や文明と繫がる。そのモノの本質的な目的に近づけば近づくほど、重要な意味が見えてくるのだ。あらゆるモノは、歴史とも社会とも密接に繫がっている。創造の過程でも、上位の意図から下位の意図までの流れを意識しながらモノを作ることを心がけてみよう。

うまくいかなくなったモノは、誕生した当初の本質的な目的からいつのまにか乖離したり、社会やユーザーとの繫がりが乏しくなっていることがよくある。

生理学的な観察を通した目的と意味の探究は、大差を生み出す微差を見つけるために不可欠だ。細部の意味や目的を読み解き、その上位の目的へと自問自答を重ねれば、わずかな細部の変化が実は全体に重要な意味をもつことに気づくだろう。その着眼点が、細部を変え、そしてその先に大きな変化を生み出す起点となるかもしれない。

## 進化ワーク18　創造の解剖生理学［20分］

モノのなかのそれぞれの要素には、どんな意味が込められているのか。

「解剖マップ」によって見えてきた要素の意味を確認し、それぞれの部品の存在意義を深く考えてみよう。こうした内部の探究から、そのモノが背負う見えない理由を読み解ける。すると作るモノの本質的な意味を高める新たな手段を想像しやすくなる。

1　解剖マップで分類された各要素の目的（WHY）を書き出していこう。

2　目的（WHY）は、必ず何かと関わるためにあるので、働きかける方向性があるはずだ。要素同士が補い合う関係を、矢印で繋いでみよう。

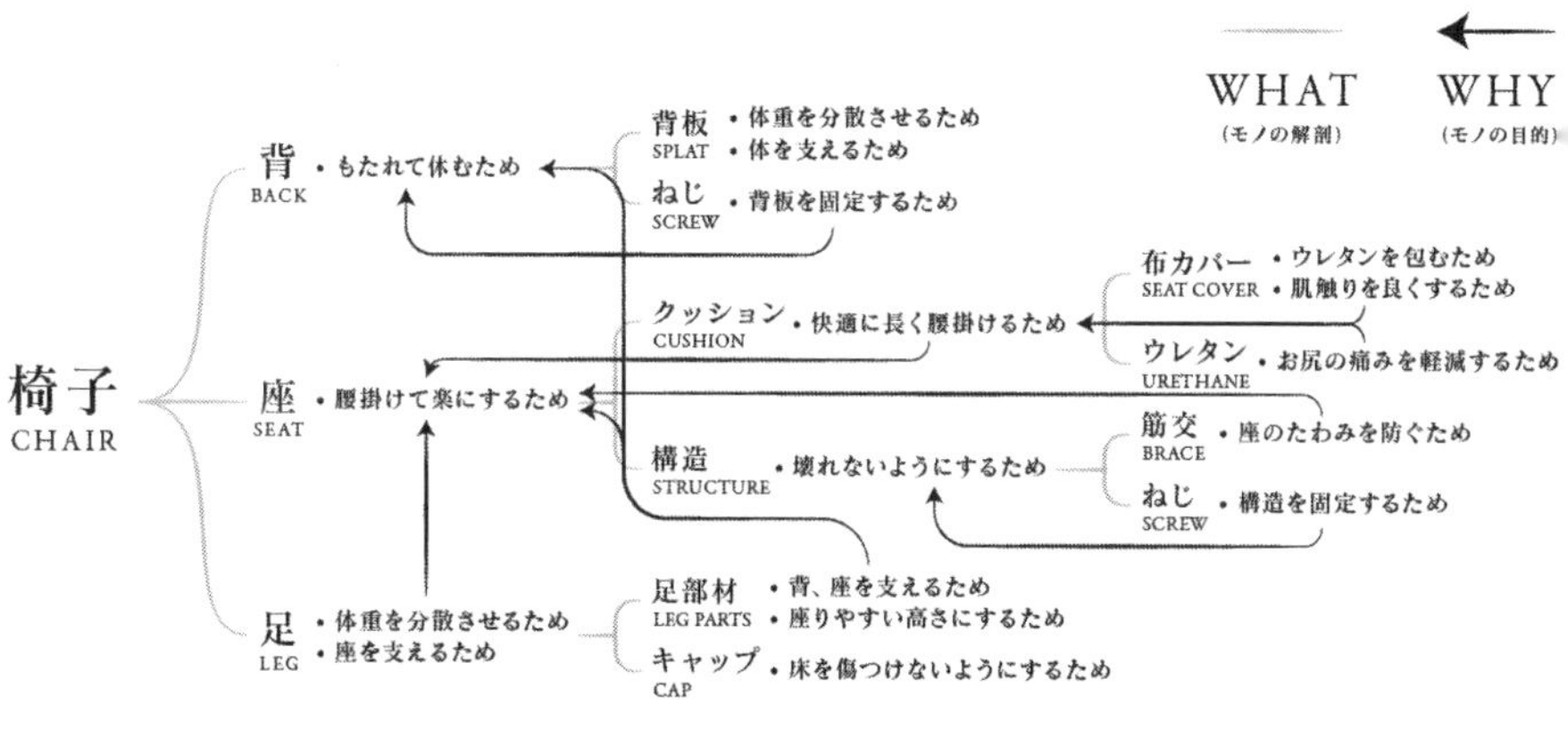


図13-10　解剖生理学マップ　モノに込められた内部のパーツの意味を読み解こう

## 観察 発生観察――できあがる過程の観察

生物は、どのように発生するのか。そんな疑問は、古くから人の好奇心を刺激しつづけてきた。その探究は古く、紀元前三五〇年頃の『動物発生論』[35]というアリストテレスの著作やそれ以前にまで遡れる。アリストテレスは、生育していく卵を段階的に解剖することで、器官ができていくプロセスを考察しようとした。このように、生物が発生するメカニズムを研究する分野を、現代の生物学では「発生学」と呼ぶ。

生物の形は、種ごとにまったく違う。けれども発生学的に観察すれば、違う生物同士でも受精からの発生プロセスはきわめて似ていることがわかる。卵子と精子が受精することで受精卵が生まれ、それが細胞分裂を繰り返しながら身体を作っていく。その幼生の頃の姿は不思議と、魚類や爬虫類や哺乳類も似た形態を持っている。それぞれの成体の形にたどり着くまでの発生プロセスは、三八億年を一瞬でたどるかのような神秘的な現象だ。

では、モノはどのように発生するのだろう。創造にとっての発生プロセスは、モノの生産プロセスや生産方法（ＨＯＷの解剖）を知ることに相当する。

生物の発生プロセスと人工物の生産プロセスはまったく異なる現象だ。解剖的に考察すれば、人工物には人工物らしい生み出され方があると気づく。一つの細胞から巨大な生物に成長していく生物の発生に対して、モノを作るプロセスは素材ごとにまったく違うし、それらの異なる素材でできた部品同士を組み立てて、多くのモノは生み出される。

モノの生産プロセスには必ず料理のレシピのように、順番に従った組み立ての手順と、それを構成する部品や材料が存在する。モノは金属、木、石、プラスチック、ガラスなどのさまざまな素材の寄せ集めで成り立っていて、素材ごとに典型的な製造プロセスがある。こうした研究は材料工学に代表されるが、コンクリートの打設・木材加工・プラスチック成形など、同じ素材には代表的な加工法があり、素材ごとに概ね共通している。素材ごとの生産プロセスに精通すると、一瞥（いちべつ）しただけで製作手順がわかるようになる。そしてモノが生まれる過程を知ることは、創造にとって計りしれない価値がある。

そもそも作り方を知らなければ、新しい発想があっても実現不可能なのだから、当然といえば当然だ。逆に生産プロセスを知っていれば、実際に作れるだけでなく、そのプロセス自体の改善を構想できるかもしれない。生産プロセスが変化すれば、今まで不可能だったモノが実現できることもある。こうした生産プロセスを学ぶには、実際に作っている現場に足を運んで話を聞くとよい。製造現場は発想の宝庫だ。私もデザイナーを目指していた学生の頃、工場を回って話を聞いた。金属、樹脂、木工、印刷などの素材ごとに町工場のリストを作り、デザインをもち込んで試作させてもらっていた。こうした生産の現場でモノに実際に触れた経験には、学校では得がたい学びがあった。

もし工場に足を運ぶのが難しければ、生産プロセスを解説した本で知識を身につけるのもいいだろう。身近なモノでも、いざ自分で作ろうとすると方法がわからないものだ。製造のプロセスを知ることで、そのモノの誕生にまつわる本来の特性が見えてくる。

選択

## 生産性——効率的に実現されるか

何かを創造するにあたっては、そのものの実現性が最初に問われる。「本当にできるの?」という問いかけは、新しい提案には必ずついて回るのだ。それを問われたときに説明できなければ、アイデアはいつまでたっても絵に描いた餅のままだろう。

そのモノが実現するまでの生産のプロセスを知っているだろうか。実現に必要な知識や予算、時間や人の繋がりなど、資源は十分にあるか。あるいは資源がなくても埋め合わせる方法はあるか。もしこれらの質問に答えられないとしたら、まだ実現の準備が整っていないので、徹底的に調べよう。デザインする人には、作り方への深い理解が求められる。それがなければ、創造の入り口には立てないのだ。方法を知っているだけでなく、リソースやプロセスの面から見ても効率的に実現できるかどうかも問われる。生産プロセスも、なるべく少ないほうがいい。形だけでなく、その作り方にも減らす圧力が常に働いている。同じ目的を実現するなら、時間や材料の無駄は少なければ少ないほど良い。

どうすれば効率的に作れるだろう。こうした削減の先に、プロセスの美しさが生まれる。左頁にエッフェル塔の膨大な図面の一部を載せた。ものを作るには膨大な工程が必要だが、その工程の一部に過ぎないこの図面からも、美しいプロセスを生もうとする愛情を感じないだろうか。理想と現実のあいだで頭を悩ませるのが創造だ。モノの発生学をよく理解し、生産プロセスを知り、それを応用して、美しい創造のプロセスを目指そう。

## ☑ 進化ワーク19　発生観察［30分］

内部の解剖から見えてきたパーツの作り方を知っているだろうか。さまざまなパーツを作る方法や、その組み立てのプロセスを徹底的に調べてみよう。

1　そのモノを作るプロセスを、始まりから完成まで順序立てて説明してみよう。製造や組み立てのプロセスを想像し、その順序を書き出せるだろうか。

2　同じ素材や構成のものは、同じような作り方が可能なこともある。各要素に含まれる素材ごとに、その作り方を調べてみよう。モノを作る工程への理解から改善点が浮かび上がり、創造に直結する知恵となるだろう。

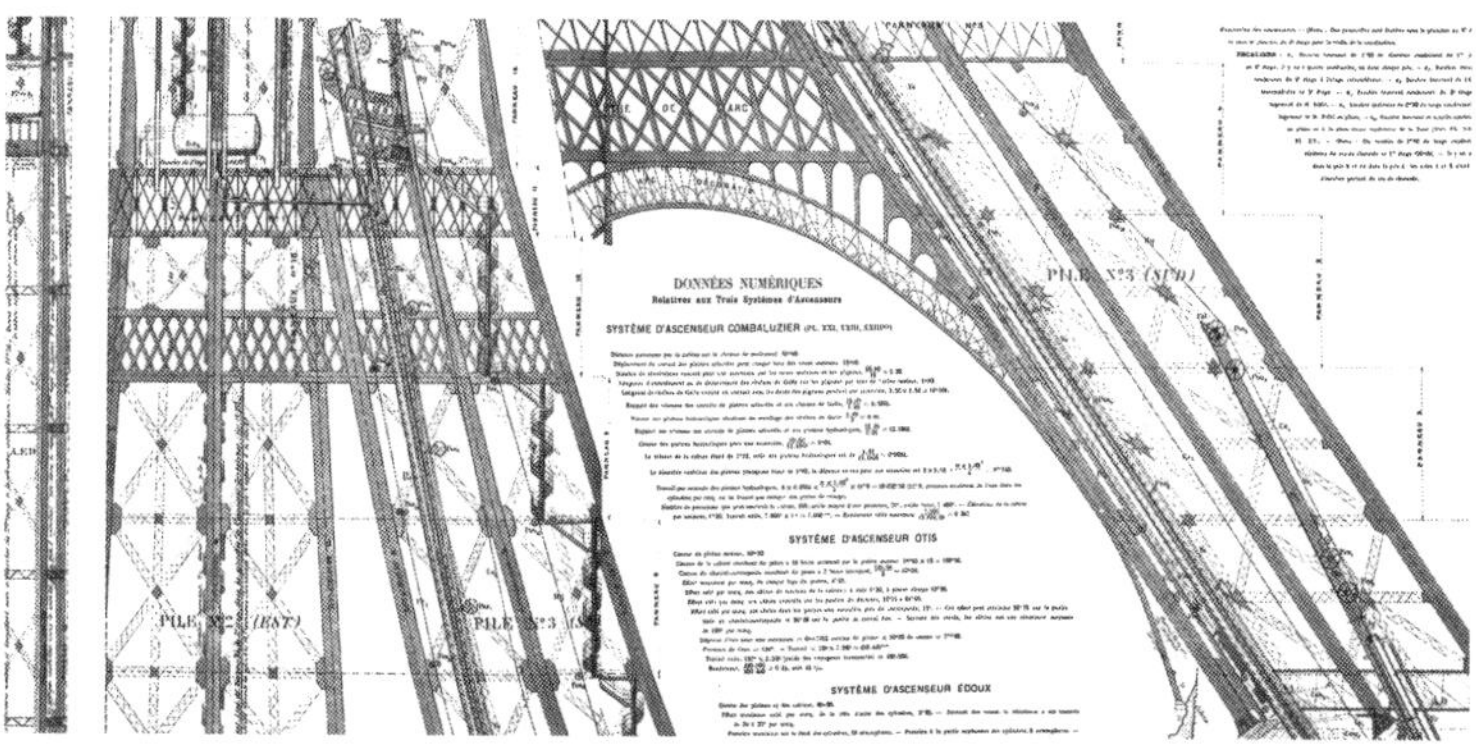


図13-11　エッフェル塔の膨大な図面の一部。生産プロセスへの深い理解を感じる

# デザインという自然現象

優れたデザインへとたどり着くための最初の一歩として、解剖の思考を使ってみよう。そして形態が生まれるプロセスを探り、デザインの本質に迫っていこう。

デザインはモノの創造における形態の発生プロセスと考えることもできる。しかしデザインの難しさは、どちらに向かえば「いいデザイン」や「美しさ」へと近づくのか、その物差しがないことだ。だからこそ美しい形態が発生するプロセスのヒントを、自然に求めることに意義がある。生物が適応進化によって獲得した形態や、川の流れなどさまざまな自然現象は、私たちの本能に深く訴えるほど美しく、そしてうまく機能しているように見える。それはなぜだろう。

ここでは解剖的な観察を活かして、微視的な視点で自然界における形態発生の原理を見ていこう。そこには美に向かうプロセスへのヒントが詰まっている。

また解剖から垣間見える形態の決定要因に限らず、さまざまな選択的思考の中では、創造力を磨くのに役立つ必然的な選択圧となるものが数多くある。こうした選択圧の自然発生を意識すべき場所には、そのヒントとして「選択」というマークをつけた。第三章の章末には、選択のチェックリストがある。

必然性に磨かれたデザインは美しい。進化の自然選択のようにうまくはいかなくとも、あなたが創造のクオリティを磨くヒントとしてぜひ参考にしてほしい。

図13-12　泡が美しいデザインを描くのには物理的理由がある

## 張力――関係と形が一致するか

ここまで私たちはモノの解剖を通して、内部の要素を探究する方法を学んできた。では、生物や創造に宿る形態はどのように決まるのか。形態発生の不思議に迫ることは、私たちが造形をデザインするための大きなヒントを与えてくれるはずだ。

形の発生を考える上では、まず膜という概念を思い出すとわかりやすい。膜が縮まろうとする応力と内部の圧力がせめぎあうと、その表面には張力が発生する。この張力こそが、あらゆる形態を決定する鍵となる。

たとえば、液体の泡について考えてみよう。泡はまさに張力を持った膜の集合だ。それぞれの泡の表面には、常に内側へ向けて引っ張ろうとする表面張力が働く。これは、その面積を最小にしようとする力だ。同じ体積で最も表面積の小さい形は球形なので、空気中に放出されたシャボン玉は美しい球体になるわけだ。そして泡同士が合体すると、お互いの表面張力による引っ張り合いが起こり、曲面の面積ができる限り小さくなるように形を変える。

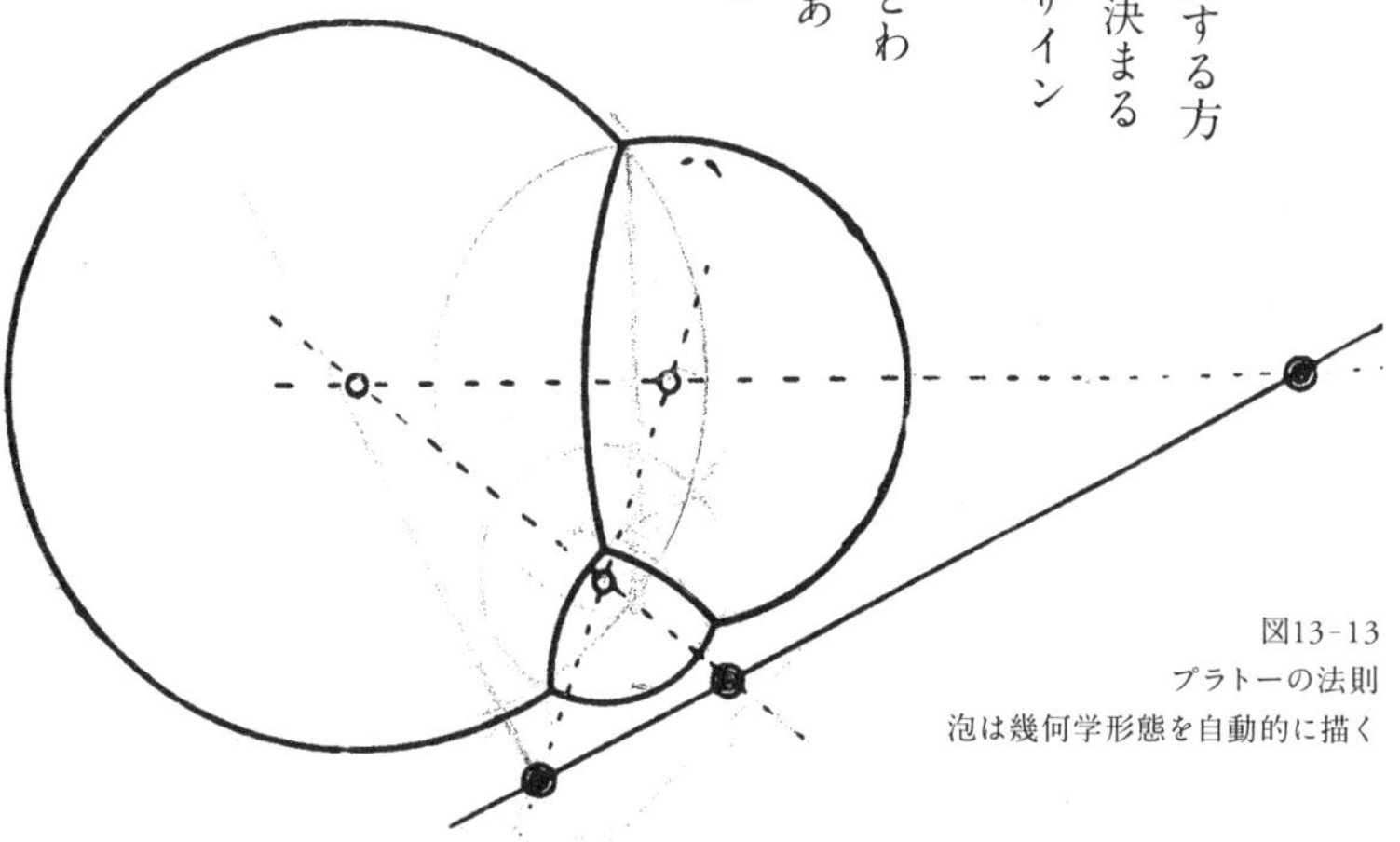

図13-13
プラトーの法則
泡は幾何学形態を自動的に描く

その結果、泡は、何の知性も使わずに、美しく純粋な幾何学形態を自律的に描きだす。このとき、三つの泡が繋がった面同士の角度は一二〇度を保ち、四つの泡では一〇九・四七度を保つ。内部の気体を保つ最小の面積を計算すると、自然とそうなってしまうのだ。

つまり泡は、泡であるだけで最適化される性質があり、自動的に造形が美しくデザインされる。一九世紀の物理学者ジョセフ・プラトーが発見したこの幾何学的性質は、彼の名にちなんで「プラトーの法則」として知られている。

美しい幾何学的構造をもつことで知られる放散虫の一種に、カリミトラという生物がいる。カリミトラの構造はまさに、泡そのものの形だ。泡の形は最小の材料で作れるので、状況さえ合えば進化上も有利な構造となる。何層もの膜に包まれている生物もまた、表面張力によって自動的に最小の面積になろうとする性質を備えている。

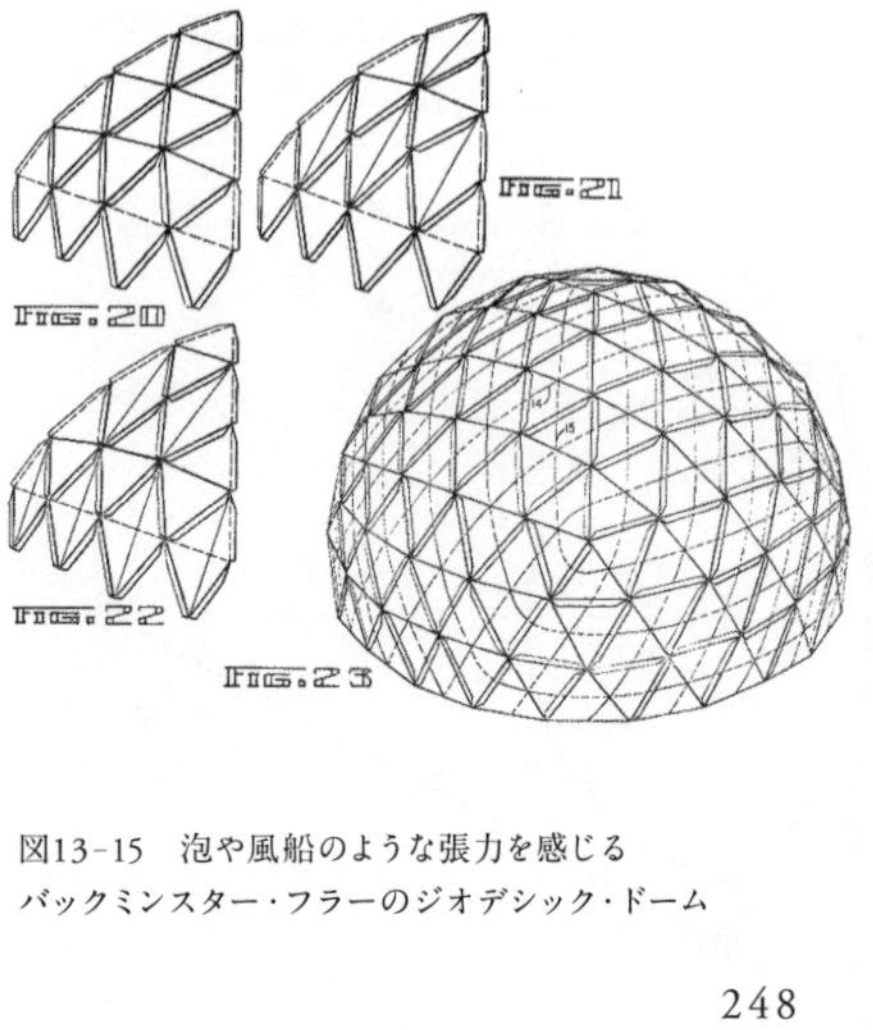


図13-15　泡や風船のような張力を感じる
バックミンスター・フラーのジオデシック・ドーム

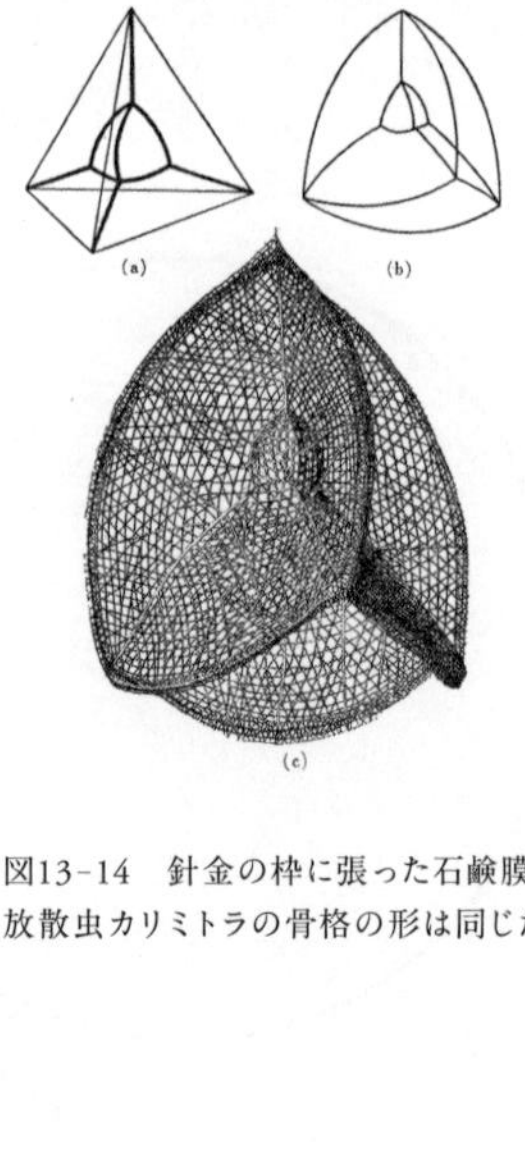


図13-14　針金の枠に張った石鹸膜の形と
放散虫カリミトラの骨格の形は同じだ

泡のように張力のせめぎ合いが形態を決定しているのは、人工物のデザインも同じことだ。右頁の図のバックミンスター・フラーのジオデシック・ドームは、まさに泡の形を再現した建築だし、ガスタンク、ガソリンボトル、水筒など、私たちはさまざまな膜を道具として用いている。こうしたすべての分離壁には、張力による形態決定要因が関わっている。張力に導かれた造形は美しい。紐の両端を持ってぶらりと垂らしたときに、張力に従って自然とできるカーブはカテナリー曲線と呼ばれる。一説によれば、人が最も美しいと感じる曲線はカテナリー曲線だと言われている。紐の内部に流れる応力（内部の面にかかる力）に最も素直な造形は、なるほど確かに美しい。そればかりでなく、この曲線でできるアーチ構造は、応力を最もきれいに逃がせる最強のアーチ形状でもある。

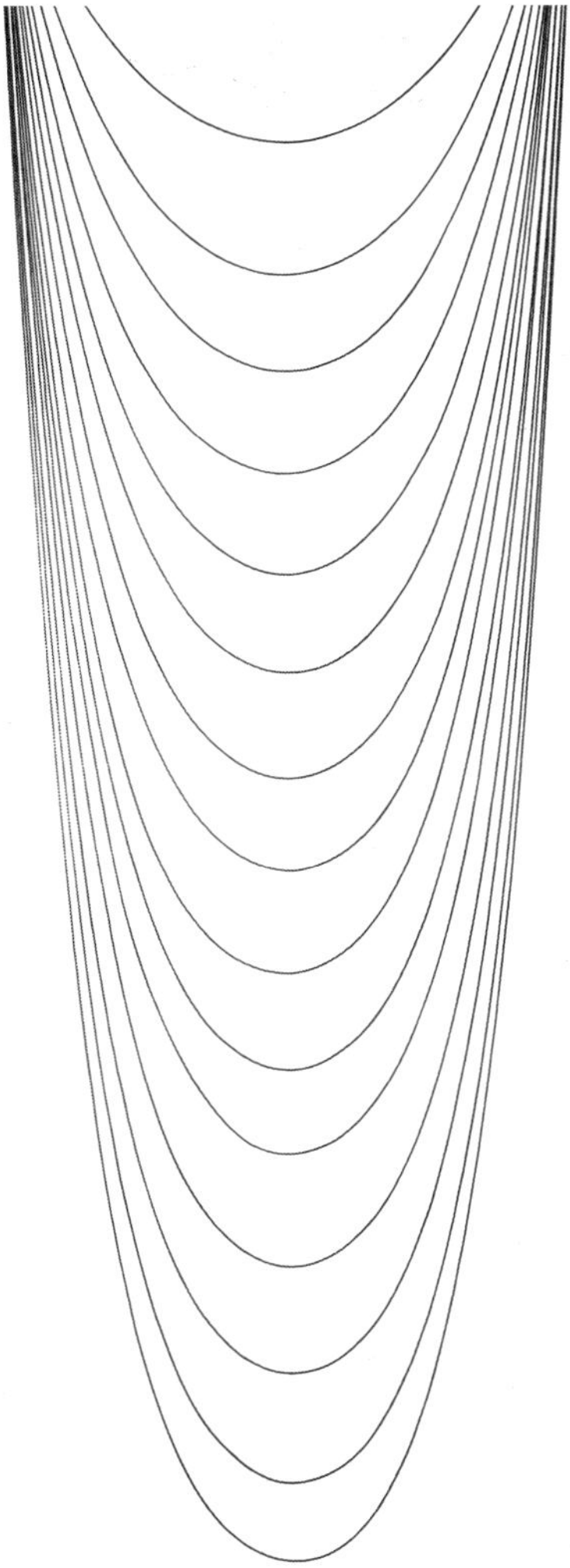

図13-16　ggg
NOSIGNERの個展では15本のロープでカテナリー曲線を可視化した

カテナリー曲線の性質を素直に取り入れてデザインされた人工物も数多くある。アントニオ・ガウディの代表作であるバルセロナの教会「サグラダ・ファミリア」の構造は、このカテナリー曲線を元に設計されている。ガウディは、紐をたくさん垂らした模型を逆さまにして、その基本造形を決めていった。自然の思想に強く影響を受けたガウディのデザインは、その造形の根拠もまた自然界の張力に求めていたのである。一八八二年に始まった工事は永遠に続くのではと思われたが、それから一四〇年以上の歳月を経て、ついに二〇二六年に完成するとの予定が発表された。

また、ガウディから過去にさかのぼること二〇〇年、日本にもガウディとまったく同じ考え方をした天才的な技術者がいた。児玉九郎右衛門が設計した山口県岩国市にある錦帯橋は、世界でも珍しい巨大な木造の橋梁だ。美しいリズムで描かれるこの橋もまた、カテナリー曲線で設計されたことがわかっている。

私は、デザイナーには暗黙知としての張力観があると感じている。それは建築だけでなく、プロダクト、グラフィック、アートなど、デザインのどの領域にも及んでいる。そして張力観を巧みに捉えて活用するデザイナーたちは、半ば自動的に形を決定しているようにも感じる。たとえばグラフィックデザイナーは、文字と文字のあいだのカーニング（字間）を整えるとき、文字同士の張力を観ている。それがポスターのレイアウトになっても同じく、図形同士に働く張力を見ている。分野の違うカーデザイナーもまた、自動車の外を流れる空気の圧力と内側の室内空間の圧力の拮抗を張力として感じている。

発生する形態と周囲のさまざまな関係は、互いに張力のせめぎ合いによる相互作用で、物理的に制約されている。この張力の拮抗を捉える感覚は、あらゆる造形を洗練させるときの根幹を成し、デザインの決定に深く関わっている。そして張力によって自然と決定された造形は、必然的に美しくなっていく。つまりデザインの周囲にあまねく存在している物理的な張力は、そのモノをより効率的にし、最適化しようとする。

よいデザインとは何だろう。答えのない問いだけれど、私は「最小の形態によって適した関係を生み出すこと」と考えている。だとすれば私たちはまさに、どこにでもある泡からその本質を学べるはずだ。複雑な関係を秘めながら最小の形状を保ち続ける泡は、どのような粒度に姿を変えても美しくそこにある。だがヒトによる創造は、泡のように柔軟には行かない。

モノに新しい機能を取り入れようとすると、たいていは余計な形が増えてしまう。張力を意識せずに決定された余計な形は歪みを纏い、形から素直な美しさを奪ってしまう。

こうした複雑な関係性をなるべく素直な形態のまま成立させるのが、デザインの技術なのだ。ただ素直に垂らされた紐に勝てる造形力をもつデザイナーは皆無だと、まずは認めることから始めたい。そしてこの世界に宿る張力の流れと形態発生の原理を感じられれば、私たちは今よりも少しだけ良いデザインへと近づけるだろう。

**TACHIKAWA**

↓

**TACHIKAWA**

図13-17
カーニングは文字のあいだの張力を調整する技術だ

## 対称性と周期性

たとえば、小さなシャボン玉が正確な球体になるように、周囲に働く力がシンプルであればあるほど、生まれる形の対称性は強く形成される。

そのためだろうか、進化上で獲得された形態の多くは、対称性を持っている。放散虫やウイルスのように、小さくて単純な生物は美しい点対称の造形をしていることが多く、ヒトのような複雑な生物でも外観では面対称性は維持されている。

こうして対称性が現れると、そこには必然的な幾何学のパターンが生まれてくる。たとえば立体的に点対称な正多面体には、正四面体、正六面体、正八面体、正一二面体、正二〇面体の五

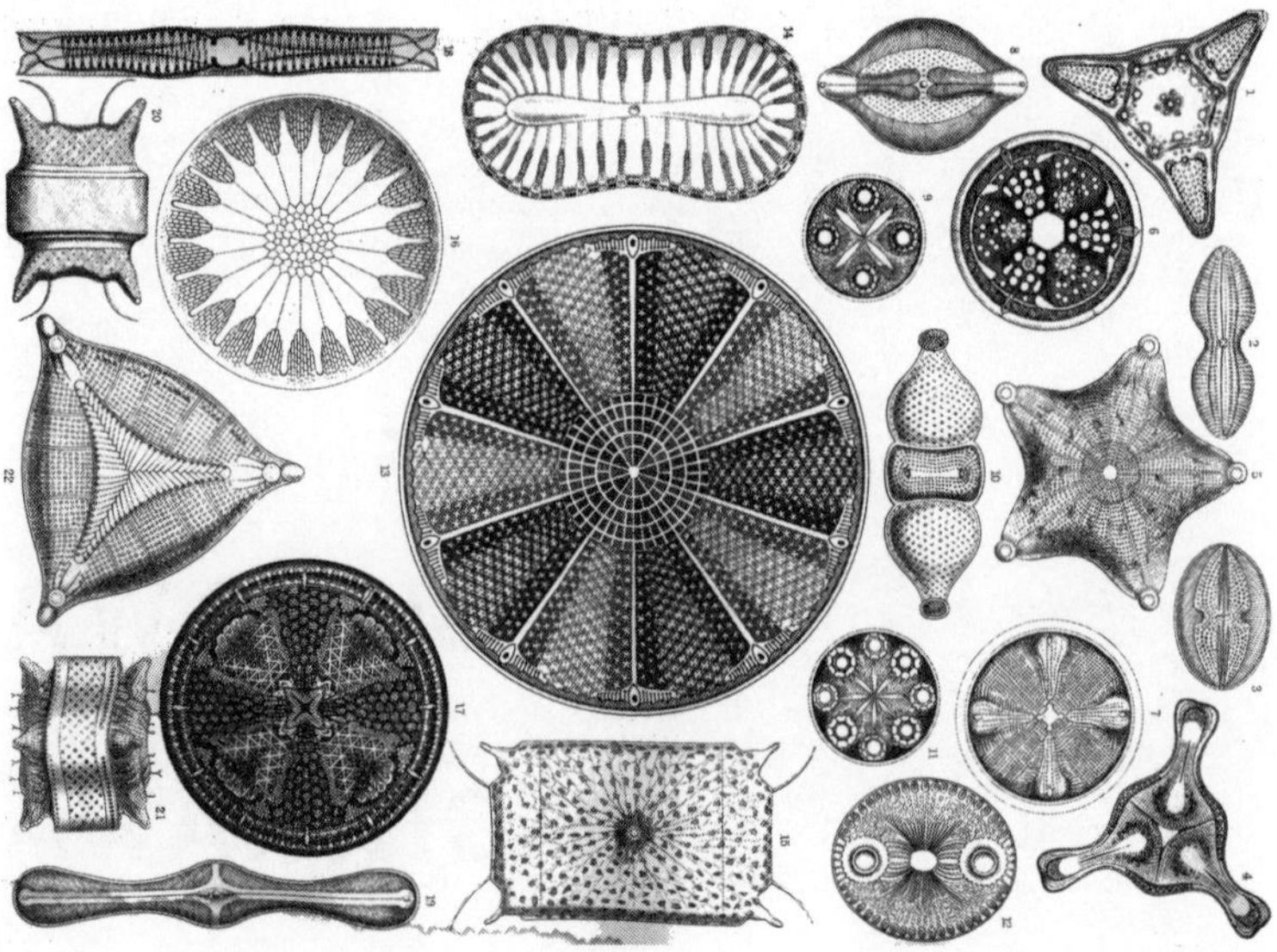

図13-18　エルンスト・ヘッケルが描いた珪藻の絵

種類が存在するし、平面的に点対称な造形には円や多角形がある。放散虫やウイルスや結晶の構造のなかにも、これらの純粋な幾何学形に近い形態が数多く存在する。こうした美しい対称性は、生物だけでなくさまざまな無機物の結晶にも見られ、特定の環境下においては必然的に発生する。

私たちは幾何学的なパターンを見ると、完成された美しく揺るぎのないものだと理解し、時には神々しさまで感じる。そのため純粋幾何学はカテドラルの天井やアートなど、多くの形態デザインに取り入れられてきた。完成された造形は動かない。その形を永遠に留めようとするのが幾何学的なデザインの特徴だともいえる。古代エジプトのピラミッドやキリスト教の大聖堂のような時を超えてきた文化財の形態と幾何学的造形が共通するのは、偶然ではないのかもしれない。

しかし時間をかけて膜が固定化され、ある造形が定着すると、その完成度ゆえに、その形を変化させるのが困難になることがある。この固定化によって歪みが生まれると、内部の応力が次第に高まる。いずれ外部から強い力が加わって限界を超えると表面が破れ、そこから勢いのある流動が生まれる。

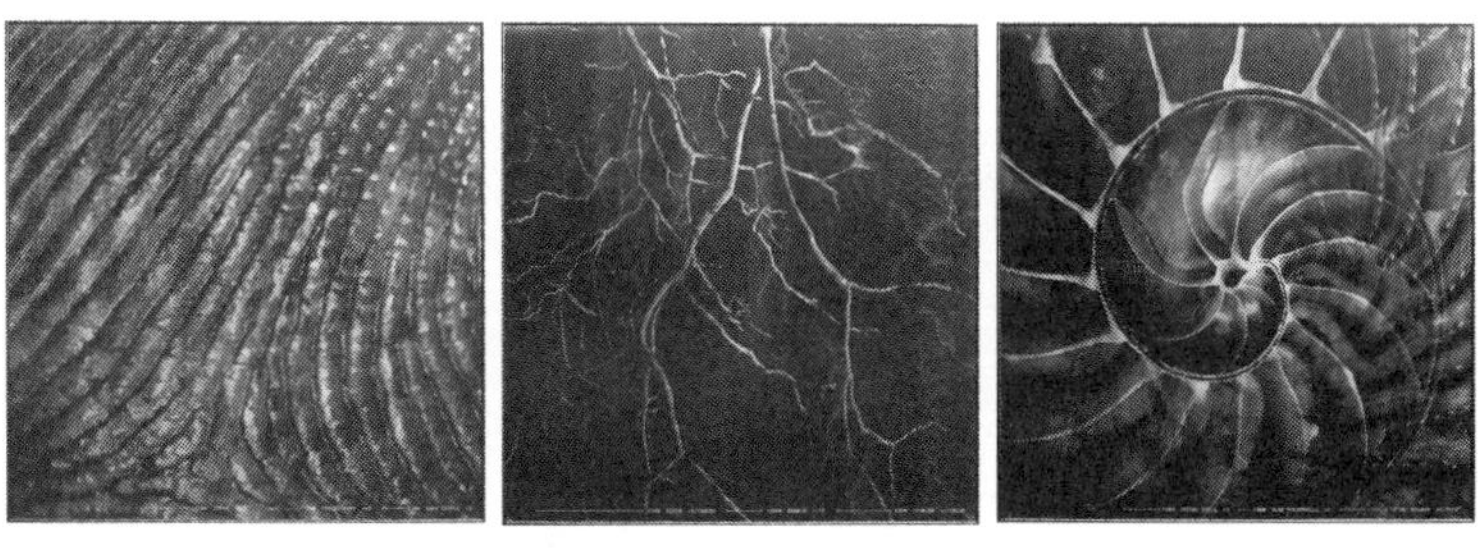

図13-19　ggg　左からチューリングパターン（256頁参照）、枝分かれ、フラクタル

## 流動とフラクタル

流動が生み出す模様は、不思議なことにそれが無生物だとしても、まるで生命のような躍動感ある美しさを備えている。そして実際のところ、流動が生み出す形と生物の多様な形態には、共通点が多い。図13–20は、私が888での展示の際に、砂をゆっくりと流して制作した作品の砂の部分だけをズームインしたものだ。なんの生命ももたない無機物の流れだが、その造形のなかに、生き物を彷彿とさせる形が見えてくる。さまざまな生物は流体の流れのような造形を描く。逆に、川の流れが樹形を描いたり、美しいカーブを描いて蛇行したりするように、流動が生み出す形は生命のような一定の傾向を示す。これらの法則性は、自然物の構造における本質的なパターンの一部を示している。

流動が安定的に成長するとき、そこには「ランダムな液体の流れ」と「調和のとれた対称性」の両方の性質を備えた新しいパターンが出現する。この成長パターンにおいては、基本的なルールが、小さい状態から大きい状態までずっと繰り返されるので、自然界のありとあらゆる造形のなかには、同じ構造を繰り返す自己相似性（フラクタル）が発生する。たとえば、図13–21に示すように、オウムガイは角度を維持しながら成長することで、小さかった過去の自分の相似形であり続ける。こうしたパターンは、水のうず、竜巻、台風、銀河などにも見られる。

あるいは、上空二万メートルから見た川の分岐にそっくりな樹形状のパターンが、足下に落ちている葉の葉脈にも観察できる。こうした分岐を繰り返しながら成長するパターンは、血管、樹木、昆虫の翅、雷の形などに見られ、樹形状の構造を形成していく。

また、生物が成長するときに発生するフラクタル構造には、フィボナッチ数列で表せるパターンがよく発生する。フィボナッチ数列とは、1、1、2、3、5、8、13……と増えていくもので、前の数字と足した数が次の数字となる単純な数列だ。しかし興味深いことに、この数列から導かれる幾何学的な造形は、私たちにとって大変心地よいデザインを形成する。たとえば黄金比の四角形は、まさに螺旋状に中心から外側へ向かって、フィボナッチ数列に従って成長していく形を表している。それ以外にも、ヒマワリの種が螺旋状に並んでいる形態のルールにも、このフィボナッチ数列が関わっている。

そしてこの数列が生み出す形は、流体の流れの中にも表れることがある。さまざまな自然の形状は流れと張力の相互作用によって自然発生するのかもしれない。

図13-21　オウムガイの断面図

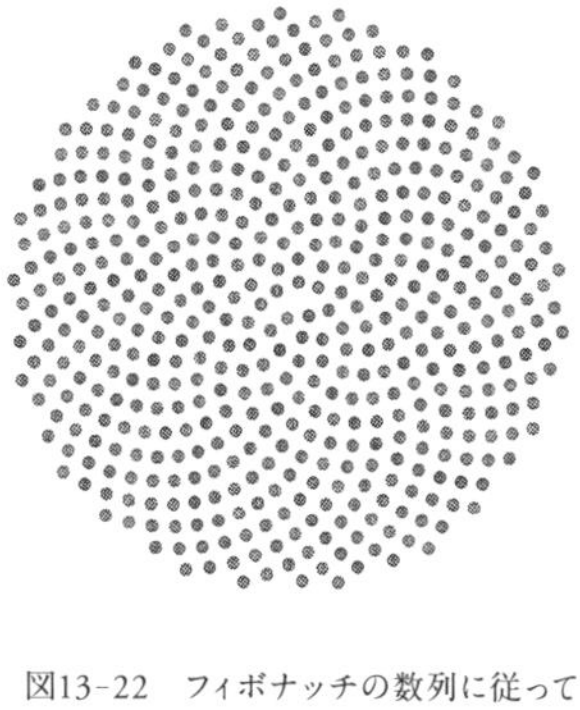

図13-22　フィボナッチの数列に従ってヒマワリの種は並ぶ

## 視覚的な表面の形成

計算機科学の父と呼ばれる数学者のアラン・チューリングは一九五二年の論文で、さまざまな動物に刻まれた模様は反応拡散方程式で説明できると説いた。[36] どういうことかといえば、生物の表面に発生するさまざまな模様は、二つの液体同士の対流現象によって説明できるらしい。つまりこの仮説は、生物の表面パターンもまた、対流が生み出すことを示唆している。こうした模様はチューリングパターンと呼ばれている。流れはどうやら、生命の形態の本質に深く関わっているらしい。

二〇一二年には生物学者の渡邉正勝氏や近藤滋氏らが、ゼブラフィッシュのある遺伝子にさまざまな突然変異を人工的に加えることで、シマウマやヒョウといった野生動物の体表に見られる模様を再現できることを示した。この研究では、生物体表の模様形成においてチューリングパターンが広く役割を果たしていることが示唆された。さまざまな生物はこうした原理によって皮膚表面のバリエーションを獲得し、そこから生まれた多彩な模様のなかで、環境に適応した模様が残っていった。

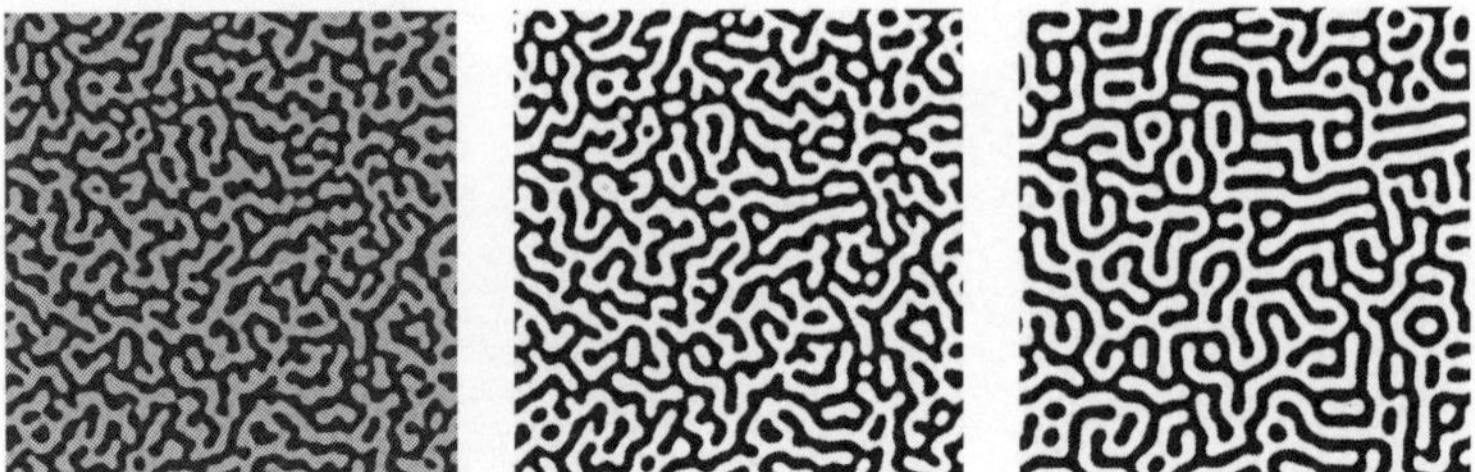

**Figure 1**: *Time step 20.* **Figure 2**: *Time step 100.* **Figure 3**: *Time step 10000.*

図13-23　チューリングパターンによって、さまざまな動物の模様を自動的に描くことができる

カンブリア紀に脊椎動物の祖先が複雑な眼を獲得して以来、この世界は視覚優位になった。なぜなら相手からどう見え、また見えないかが、生死や繁殖の成功を分ける最重要ファクターの一つになってしまったからだ。こうして生物は、擬態して環境に隠れたり、魅惑的に身体を彩って異性にアピールしたりといった視覚的な生存戦略を進化させてきた。その結果、色や模様といった、個性あふれる視覚的な表面を獲得したのだ。

私たち人類は、動物にもまして視覚優位の世界に生きている。印刷やディスプレイなどの発明によって、視覚を疑似再現できるようになったことも大きい。商品を選ぶときも、色や形によってその良し悪しを判断している。

興味深いのは、スズメバチや唐辛子のように赤や黄色の危険色をしている商品はアピール性が強く、茶色や緑のような木や土を連想させるアースカラーのものは落ち着いた商品として認識することだ。私たちの色彩感覚は、自然界がそもそも持っている模様や色彩の意味と重なる。この不思議な一致には文明誕生以前から、生物としての私たちのＤＮＡに宿っている色彩と情報への本能的感覚が表れているのかもしれない。

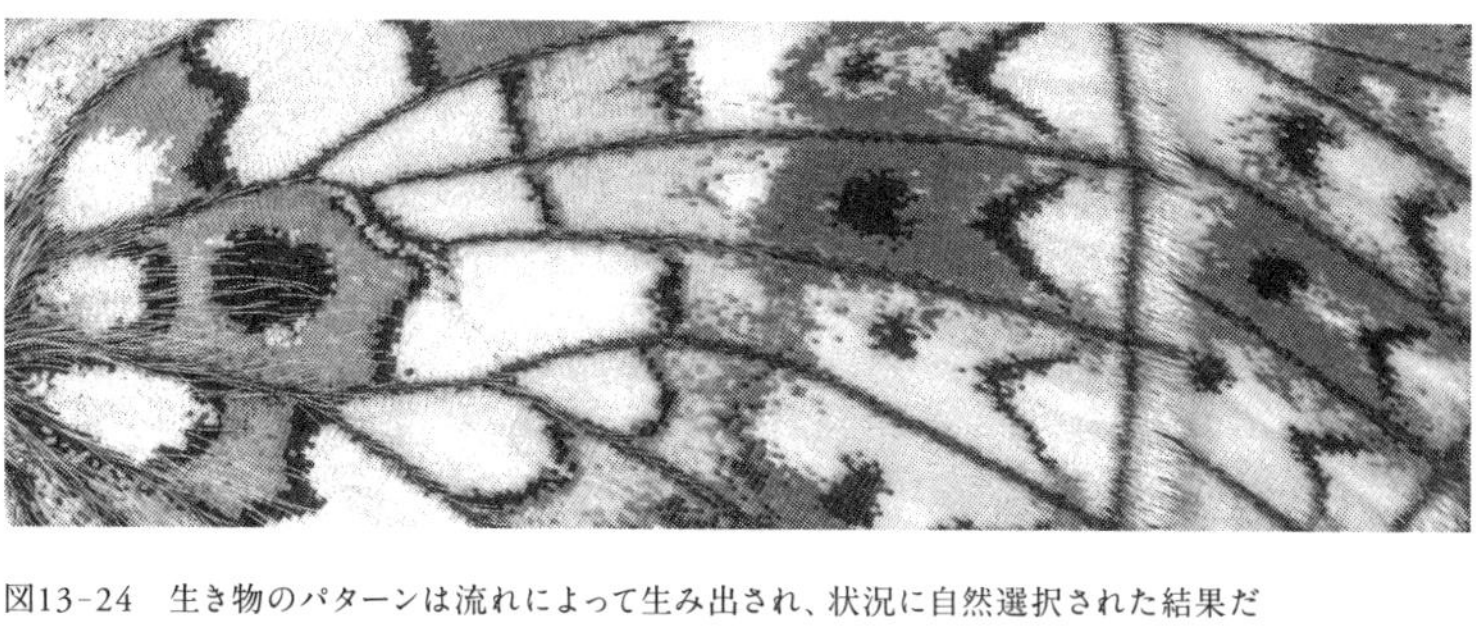

図13-24　生き物のパターンは流れによって生み出され、状況に自然選択された結果だ

## 膜の表面と質感

膜の表面は、内部と外部を繋ぐインターフェイスだ。内側と外側の関係を適切に取りもつ役割がそこにはある。生物進化で獲得した皮膚の表面も、さまざまなモノの外部表面（たとえば、タイヤの溝の表面）も、内部と外部に適応したものが選択される。

膜の表面には多様なテクスチャーがある。ピンと張った膜の表面はつるつるしているが、膜がしぼんで襞（ひだ）を形成すると表面に凹凸ができる。ざらざらした表面は摩擦力を高めるため、ヒトの指の表面を覆う指紋は滑りにくいように凹凸に進化したし、工具のグリップ部分にも滑りにくさを高めるという同じ理由でざらざらした質感が与えられることが多い。また、凹凸の表面は摩擦係数を高めるだけでなく、表面積が増えることで放熱効果が生まれる。たとえば、ゾウには汗腺がなく発熱量が高いため、その皮膚を余らせて多数の皺（しわ）を生み出すように進化した。これらがヒートシンクのように機能して高熱を効率的に空気中に逃がしている。逆に、寒いところに生息する生物たちは、細胞同士の隙間からふかふかした毛を生やす戦略によって、毛の内側に空気をとどめる層を作り、極寒の地に適応していった。

図13-25　ゾウの皮膚は凹凸で熱を逃がす

## デザインの収斂

さまざまな制約を乗り越え、さらに美しい形を生み出すためには、モノの形の意味や作り方に精通する必要がある。そしてこれまで見てきたように、流動と張力が、さまざまな生物やモノの形を決定している。生物は状況による自然選択によって、適応的な形態を獲得した。そして環境側に複雑な選択圧の張力がせめぎ合えば、長い時間をかけて状況に合わせて形態を複雑に変化させてきた。

創造も同じだ。状況から求められる性質に導かれ、適切なテクスチャーや膜の素材が選び取られる。たとえば、アコースティックギターの表面には良く鳴るスプルース材やハカランダ材が選ばれるし、キッチンには汚れがすぐに拭き取れるステンレスやホーローが使われ、床には滑らないように適度な摩擦係数のある素材が使われる。つるつる、ざらざら、さらさら、ぺたぺた、ふかふか……さまざまなテクスチャーには理由があるのだ。あらゆる表面は、その内側と外側の関係を取り持っている。そして膜の性質は、多くの場合には内部と外部への適応度によって、半ば自動的に選択される。

似通った環境で生きる生物同士は、その形態の発生理由も共通する。同じような生態系の圧力に晒されている生物は、その選択圧の類似によって、必然的に似た形態を生み出すのだ。たとえば、サメ、イルカ、ペンギンが泳ぐときの形はほとんど同じだ。これは選択圧に適った膜の形態が、自ずと自然選択されたからなのだ。

このように、まったく違う進化の歴史をたどったはずの種同士でも、同じような選択圧に晒されることによって類似した形に進化していく現象を、収斂進化と呼ぶ。

収斂進化と同じ現象は、モノでも確認できる。たとえば時速三〇〇キロで走るスポーツカーは、エンジンの位置や大きさ、運転席からの視界など内部の都合と、猛烈な空気抵抗を受け流す外部の圧力のせめぎ合いによって、空気の流体を感じさせる流線型にデザインされる傾向がある。逆に、ミニバンのようなファミリーカーは、内部の空間を最大化しようとして膨らみ、直方体のようなフォルムになりがちだ。さらにマーケットのニーズや法律などの選択圧があるため、結局のところ、似た用途の車は形態が似通っていく。こうした典型的デザインの収斂は、あらゆる産業に見られる。

用途が違っても、類似した原形をもつ造形は、生理的な理由や製造方法といった発生的な理由など、共通した理由に従って収斂的に創造され得る。たとえば、世界中には円筒形の道具がたくさんある。植木鉢、湯呑み、バケツ、電池などは、同じような円筒形をしている。その理由は、円筒形が内部の圧力を吸収でき、地面に接地したときに転倒しにくく、また円形は容易に描ける図形のため設計や製造が容易で、美的に見ても造形の主張が少なく造形として使いやすいなどのメリットが共通するからだ。近い状況の選択圧は、共通する形態のデザインを誘発し、創造もまた収斂進化する。解剖的な観点に立って、膜に発生する張力の拮抗を注意深く観察すれば、デザインを収斂的に形成する必然性にたくさん出会える。こうした圧力を意識すると、そのデザインは必然に近づく。

本書の序章で問いかけた「〈美しさ〉とは何か」という、正解のない問いを思い出してほしい。形ばかりが美しさではないが、あえて形にフォーカスを当てて、この問いに答えるとしたら、「美しい形とは、張力と流動の制約によって生まれる、私たちの本能に訴えかける自然な形態だ」と答えるだろう。

自然が力の拮抗から生み出すパターンに、私たちは芸術的な美を感じてしまう。そこには、世界にあまねく広がる調和の秘密が隠れているような気がする。デザインを決定する上で、ある状況下では、それにふさわしいデザインが自ずと選択されていく仕組みが自然界にはすでに備わっていることを理解しておくとよい。

こうした流れと争っても、良いデザインにはならない。むしろデザイナーができる最高の仕事は、こうした流れのままに形を作ることだと私は信じている。優れたデザイナーの多くは、自らに本質的な制約を探し求める。関係の張力を発生させる必然的な要素が見つかれば見つかるほど、その形は必然に近づくからだ。

美的な形態を選ぶ感覚は、センスが良い・悪いといった残念な議論に陥りやすい。そしてこの不毛な議論は、時にたくさんの人の創造力への自信を奪ってしまう。しかし実際には、形の背景には張力の流れが渦巻いていて、その張力を解剖的に観察することに慣れていけば、美しい形の方向性やその理由は捉えられるのだ。張力と流動の力学に沿って、形はほぼ必然的に決定される。どんな形態がそこに出現しようとしているのか。内部と外部の力の方向性に目を向け、それが生み出す流れと張力を意識してみよう。

選択

## 最適化——徹底的に無駄がないか

よりシンプルな構成の探究を繰り返せば繰り返すほど、モノは必然的に美しくなっていく。こうした最適化の知恵は、デザインにとって不可欠な観点だ。構造力学における最適化とは、部材が多すぎず、少なすぎない状態に向かうことを指す。そして自然界のあらゆる膜には、最小になろうとする小さな張力がまんべんなく働いている。生物の身体には、この膜が小さくなろうとする圧力が常に働いてきた。

さらに進化のなかでは、不要な部位がなくなる現象がよく起こる。たとえばヒトとサルの共通の祖先にはあったはずの尻尾が、わずかな尾骨を除いてヒトにはもう存在しない。川のなかの石が長い時間をかけて下流に行くうちに丸くなるように、悠久の長い年月に磨かれた生物の形態進化の過程には絶えず、減らす負圧がかかりつづけてきた。

こうした観点で比較してみると、自然物と人工物では最適化のレベルがまったく違うことに気づく。たとえば、オリーブと扇風機の模型を見てみよう（図13-9、239頁）。オリーブの木は、大まかに分類すると実・葉・枝・幹・根・花のような大別可能な部位で成り立っており、それらすべてを構成しているのは共通構造をもつ植物細胞だ。一つ一つのパーツが複数の機能を有していて、こうしたシンプルな構成要素にもかかわらず、植物は生殖からエネルギーの創出や水の汲み上げ、害虫を寄せつけない仕組みに至るまで、数多くの機能を実現している。

それに対して扇風機は一〇〇種類以上のパーツから成り立っていて、一つ一つのパーツに込められた意味はとても少ない。各パーツの形態も、まだまだ無駄を省けそうだ。オリーブの木と比較すると、ただ風を発生させるだけのために、ずいぶん非効率に作られているように見えてしまう。生物のデザインもまた完璧ではなく、非効率なディテールも実はたくさんあるけれど、それでも人工物よりもずっと効率的かつ美しくできている。そして一人のデザイナーとしても、私は自然の生み出すデザインに憧れを禁じえない。

モノを作る私たちは、常に無駄の削減を意識したいところだ。なぜなら人工物の多くは、細胞が元になっている生物ほどには物質としての柔軟性が高くないため、減らそうとする張力が発生していても、注意深く意識しないと、その力は感じ取れない。

統合して減らせる要素や質量、エネルギーなど、そこに無駄はないだろうか。それは本当に最小の構成要素だろうか。自然ならこれをどう解決するだろう。

この圧力は生物を効率的で美しい形態に磨き上げる。どの生物を見ても、その効率的な機構に驚かされる。無駄の発生を抑制する張力を伴う現象は、生物の部位の単位を超えて細胞や分子レベルでも起こっている。こうした機構は、材料、工程、エネルギーの無駄を減らすことに繋がる。そこには、持続可能な社会を目指す私たちに有効な知恵が隠されているはずだ。

デザインの本質を「少ないほど豊か（Less is more.）」と表したのは、史上最高の建築家の一人に数えられるバウハウスの三代目校長ミース・ファン・デル・ローエだ。彼は最適化の考え方を巧みに活かし、ユニバーサルスペース（どんな用途にでも使える部屋）という概念を提唱した。これは一〇〇年近く前の建築の概念にもかかわらず、あらゆるオフィスビルの基本概念になっている。そんな彼は「細部に神が宿る」という言葉も残している。彼は建築のあらゆる細部から、全体の最適化を目指していた。

そんなミースへの敬意とともに、「少ないもので多くを実現する（More with less.）」と語ったバックミンスター・フラーも、デザインの最適化を語る上で忘れてはならない建築家だ。彼は「宇宙船地球号」という言葉で、たった一つの地球を守る大切さを提唱した哲学者でもある。彼は最適化と統合性を体系化する学問「シナジェティクス」という新しい科学を提唱していた。シナジェティクスという彼の造語は、私たちがよく使うシナジーという言葉から来ている。

そんな彼の最適化に対するあくなき探究が生み出した発明としては、先に紹介した、棒とジョイントだけで建造できる歴史上最も軽いドーム「ジオデシック・ドーム」がある。こうした新しい構造の発見から彼は地球環境と文明の共生を目指した。のちに、このドームそっくりのサッカーボール型の形状を持った炭素構造が発見され、彼の名をとってフラーレンと呼ばれている。

シンプルな造形を追求した伝説的なデザイナーもいる。電気シェーバーで日本でもおなじみのブラウン社のプロダクトデザイナーだったディーター・ラムスだ。彼のシンプルなデザイン哲学は、現代プロダクトデザインの一つの原型だ。二〇一六年にラムスが来日した際に話をする機会に恵まれたが、プロダクトやグラフィック

図13-26　ファンズワース邸。ミースのユニバーサルスペースを体現している

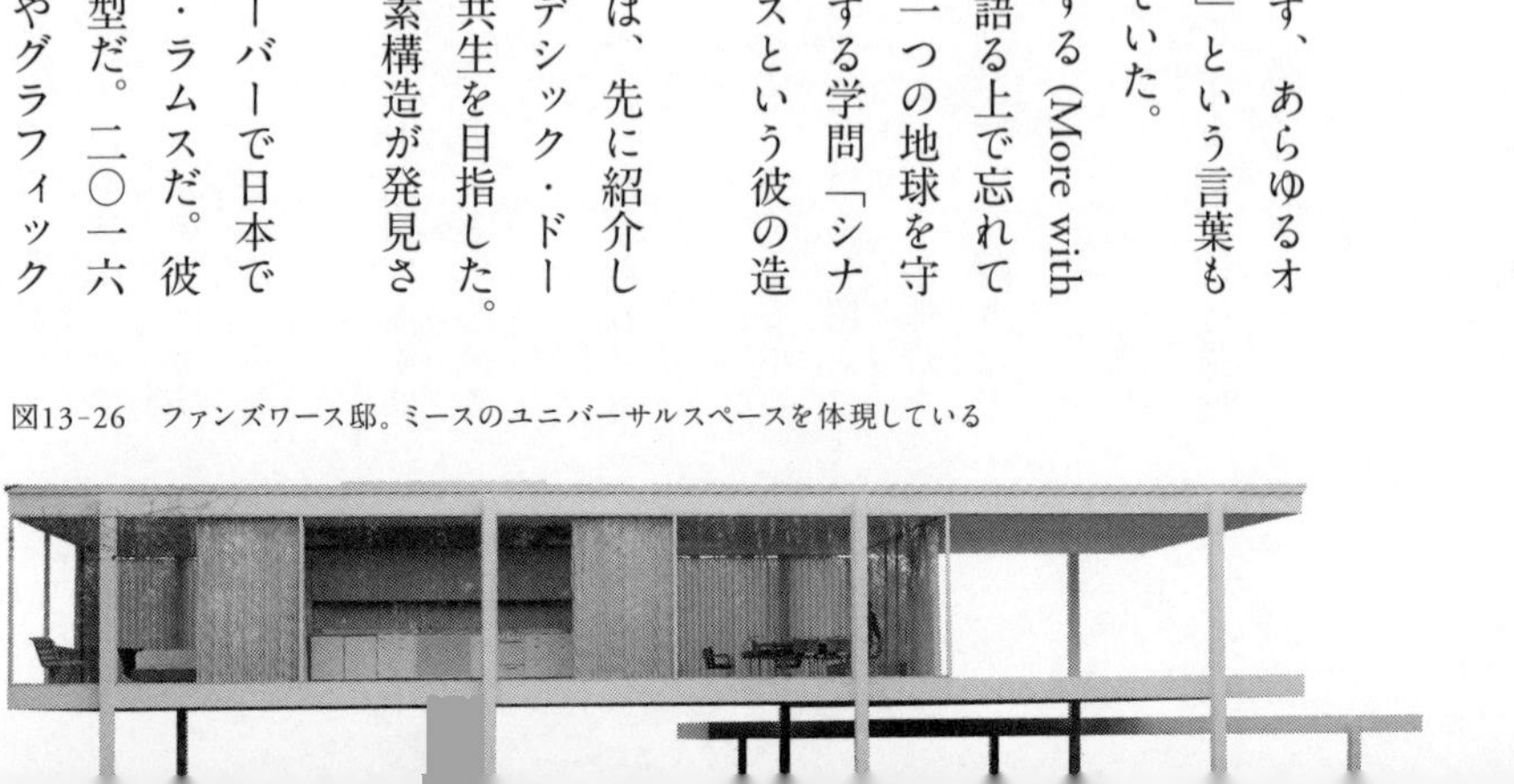

といった垣根を越えて、彼のデザイン思想が「いかに減らすか(As Little Design as Possible)」にあることに感銘を受けた。彼の思想はアップルコンピュータのデザイン上級副社長だったジョナサン・アイブに強い影響を与え、iPhoneやMacBookなどの製品に活かされている。このように歴史的なデザイナーたちは最適化を意識しつづけてきた。

私たちは、どこまで無駄を減らせるだろうか。最適化の重要性は、形態を磨くだけでなくプロセスの美しさの話でもある。言うまでもなく、プロセスは少ないほうがいい。行政の手続きなど、世の中はあふれるほどの無駄なプロセスばかりだ。そして無駄があるかは、よく観察し、工夫しなければわからない。もっと少ない材料やプロセスを目指す最適化の思考は、無駄な時間やエネルギーから文明を解放し、社会の流動性を上げる挑戦だ。

人工物は無駄に満ちあふれている。デザインを駆使して減らそうとしなければ、どこまでも無駄は増殖してゆく。私たちのゴミ捨て場を見れば一目瞭然だ。こうした無駄が発生する要因の一つに、過剰供給がある。「量が心配だから多めにしておこう」とか、「安く作れるから作れるだけ作ろう」といった考えだ。

こうしたプロセスが当たり前になっていると、いつのまにかそのモノは贅肉だらけの美しくないモノになってしまう。結果的に私たちは、生産した食料の三分の一を捨てつづけ、無駄の多いデザインを廃棄しつづけている。時にはこうした過剰供給による汚染によって生物種が絶滅し、資源が枯渇する。減らせる無駄は、できる限り減らしたい。そのためにも、ここで改めて、最適化の知恵を自然から学びたいと思う。

## 解剖的観察と選択――内在する可能性の種への愛

モノの内部に秘められた姿を観察してよく知ること、そしてモノの本来の意味を考えること、そのモノの育み方を知ること、これらはつまるところ、モノに対する愛情の話なのだ。解剖のプロセスから見えてくるのは、モノに内在する可能性の種（SEED）だ。取るに足らないと思っているモノが、本来の力を発揮したときに、新たな可能性の扉を開くことがある。内部に秘められた可能性に気づける人がいて初めて、モノは輝きを放つ。このことは、モノでも人でも変わらないかもしれない。

よく知っているつもりのモノのなかに、秘められた関係を再確認してみよう。丁寧な解剖から仕組みをよく観察すれば、改善可能な箇所がいくつも見つかるだろう。一見完成しているように見えても、あらゆるものは不完全で、内部にはフロンティアが眠っている。

モノの形や理由、そして作り方を理解する解剖の思考に慣れていくと、方法がないことや脆弱になり得る仕様に悩むことなく、変えられる箇所に集中できる。すると現在より効率の良い方法への改善もイメージしやすくなるだろう。変更可能な細部から大きな効果を上げるイメージがもてれば、その創造はより効果的になる。

モノの内部には可能性が満ちている。解剖から見えてくるすべてのパーツは、すでに実現可能性が証明されたモノばかりだ。しかしその使い方はその用途だけとは限らない。人は仕組みを知ることで、その応用を考えられるようになる。解剖から見える要素に変異的思考をかけ合わせれば、異なる課題を解決できる可能性がある。取るに足らないと思われているものが、ほんの少し考え方を変えるだけで大きく開花するかもしれないのだ。

こうした解剖的な思考力は誰にでも備わっている力だが、思考の癖として無意識に使えるまで、繰り返し練習してみよう。物事の細部を日々新鮮な目で見つめ、当たり前の景色の中に新たな可能性の種を発掘しよう。目の前のモノが本領発揮すれば、新たな創造の可能性が開く。その鍵は見えない内部に隠れている。

## 進化ワーク20　内在する可能性（SEED）［20分］

解剖したモノの形やその機能に改めて目を向けてみよう。そこにはさまざまな可能性の種（SEED）が眠っているかもしれない。それを探してほしい。パーツの新しい用途や、生産プロセスの改善、非効率なまま放置されている機構を想像してみよう。それらをもっと少ない手数で、効率的に改善する方法はないだろうか。あるいは内部に隠れている機構は、他の分野にも応用できないだろうか。そのモノが本領を発揮する余地を発見できるかもしれない。

子どもの成長を励ますような気持ちで、モノの内部にある要素を見つめれば、何か新しい可能性の種が開花を待っているかもしれないのだ。

# 必然の観察2 歴史

## 過去の系譜を引き受けよう

はじめに、少しだけ昔話をしたい。学生の頃、友人とデザインについて話していると、友人がぽつりと言った。その言葉は、違和感とともに脳裏に残った。

「もう世界には無数のデザイナーがいて、数え切れないほどデザインがあるじゃないか。もうすべてのデザインはやり尽くされているんだ」

確かに地球上に八〇億もの人がいれば、私たちが閃いたことなど、すでに他の誰かが思いついていて、実現している可能性は高いのだろう。まだ誰も考えついていない発想など、もう残っていないのかもしれない。だが、本当にそうなのか……。

このざらっとした違和感に対して、今の私はこう断言できる。

「それは違う。なぜなら、すべての創造は未完成で、進化のように変化しつづけるからだ」

世の中は、確かに数千万種類を超える道具であふれている。あらゆる発想はもう出尽くしてしまったように見えるし、既存のモノも過酷な競争に晒されている。だが、あと一〇〇年もすれば、いま使われている道具のほぼすべてが、別の形に変わっているはずだ。こう断言できるのは、現に私たちがすでに、一〇〇年前に誰もが使っていた道具の多くを手放していて、日常から跡形もなく消え失せてしまっているからだ。

これまで生まれた道具が超えてきたように、制約を超えるための新しい方法は、どんな時代にも生まれつづけている。世界に完璧な生物がいないように、世の中には完璧な道具もまた存在しない。状況が変われば道具は常に変わるのである。その繰り返しによって、世の中はデザインで埋め尽くされた。しかし同時にあらゆるデザインは未完成なのだ。

新しいものをデザインすることは、系譜のなかに新しい歴史を作ることに他ならない。もしそうなら、私だって人類史にわずかばかりながら貢献できるはずだ。そう気づいてから、私のデザインへの考え方が大きく変わった。すべてが未完成なら、現在のものを疑って、新しい価値を発想して歴史を刻むのは、読者のあなたでもいいはずだ。

では、過去からの流れのなかに創造を位置づけることに意識的に取り組むには、どうすればよいのだろうか。まずはそれぞれの創造の歴史的文脈を知ることがその第一歩となる。もし、過去から何も影響を受けていないと主張するクリエイターがいれば、それは不遜であり無知なだけだろう。実際に優れたクリエイターと見なされている偉人たちの作品を調べれば、歴史への理解の深さと創造性の高さが同時に宿っていることが見てとれる。

思い返せば私の周りでも、創造的な人のなかには、世界の歴史や芸術の歴史的文脈などに、やたらと詳しい人が多かった。恩師である隈研吾さんや黒川雅之さんも、建築家なのに歴史家が舌を巻くほど歴史に詳しい。歴史的な背景を知ることで、その文脈に潜んでいる必然性が浮き彫りになるのかもしれない。

すべての創造は、進化のように遺伝的に、過去からの影響を受けた変異として発生する。だからこそ創造において、私たちが歴史的な系譜から学ぶことは数多くある。過去の偉大な創造に敬意をもち、そこに流れている文脈を探究することは、創造力を磨くために欠かせない姿勢なのだろう。過去からの大いなる創造の文脈が遺伝して、現在も新しい創造が世界中に発生している。そんな観点で、永い時間を生き残る必然的な選択圧を探るための思考を、進化思考では「歴史」の思考と呼んでいる。

生物進化の過程では、細菌からいきなり魚になったり、魚から唐突に哺乳類になるような一足飛びの進化は発生しない。生物は、長い時間をかけて小さな変異を積み重ねながら、連続的に進化してきたのだ。そして同時にこれは、先祖となる生物がいなければ、あらゆる生物は生まれてこなかった、ということでもある。

創造もまた進化と同じで、天才が唐突に「〇から一を生み出す」ような現象は発生せず、既存のものの変異的エラーの連続によって、過去の創造に必ず強い影響を受けて出現する。真の意味でゼロからビッグバンのような創造をした人は、人類史上には誰もいないのだ。

ライト兄弟の飛行機は、リリエンタールのグライダーがなければ実現されなかったし、リリエンタールは鳥を参考にした。カール・ベンツの自動車は、馬車がなければ生まれていない。エジソンの電球も、ガス灯がなければ誕生しなかった。創造にもまた種の起源があり、脈々と遺伝する。過去を受け継ぎ、創造は進化しつづける。どんな発明やデザインにも、それに影響を与えた先祖の創造が存在するのだ。

それなら、オリジナリティとは何なのか。私たちが何かをオリジナルな発想だと見なすときには、過去からの流れを、異なる状況への適応に見事に繋いだ変異的な創造性を指すことが多い。つまりオリジナリティには、革新的な変異と適応的な選択の両方が必要なのだ。過去の文脈に宿る叡智を受け継ぎながら、歴史を一歩ずつ更新する姿勢で創造に向き合えば、あなた自身が次の歴史的な作品を作る日がくるかもしれない。

過去を参照する歴史的な思考は、決して古典をアーカイブする保守的な思考などではない。新しいものを創るなら、過去のケースを知らないわけにはいかないし、世界を変えた発想の誕生も歴史から観察できる。歴史には、革新のための知恵が流れているのだ。

たとえば大企業で新規事業の提案を求められたとき、自分だけの意見を通すのは至難の業だ。しかし創業者がその事業への挑戦を示唆する言葉を残していたら、上司はそれを否定できない。なぜなら創業者は上司の上司なのだから。この例のように、歴史の探究は創造の方向性を導き、革新のための追い風となる。新しい挑戦への追い風を、過去の文脈から探し当て、ご先祖の力を借りて変化を推進しよう。

歴史の探究は創造性に直結するにもかかわらず、技術開発の現場などでは軽視されているように思える。歴史的な観点で創造性を刺激する仕組みを取り入れれば、いま街中に点在する博物館は、単に古い記録を保存するだけの場所ではなく、新たな価値創造の舞台として生まれ変わるだろう。ではこれから、深くて広大な創造の進化史をひもとく知恵である「歴史」の思考プロセスを探究していこう。

# 博物学──分類・比較・系統

何かを集めるのは楽しい。石や貝や昆虫などの自然物から、自動車や服やスーパーのビニール袋まで、あらゆる領域にコレクターがいる。誰に教わるでもなく子どもたちが何かを集めるのに夢中になるように、収集して比較し、分類する本能が人にはすでに宿っているのかもしれない。このコレクター気質は、創造性と密接に関わっている。

およそコレクションというものは、同じ領域のものを集めて比較分類し、その差分の背景を把握し、ラベルをつけて全体像を俯瞰する趣味だ。そして、集めたものの文脈的な価値などを調べつつ、ふむふむと悦に入る。それがコレクターの醍醐味だ。収集には得も言われぬ魔力があり、時にはコレクションが人生の目的にまで昇華される人もいる。家族に邪魔だから捨てろと言われても手放すわけにはいかない。オタクだと白い目で見られても構わない。コレクターにはこうした気概が宿っている。本書のようなマニアックな本を手に取っているあなたにも、多少の心当たりがあるのではないか。

コレクションの探究は、生物学では博物学と呼ばれている。分類・比較・系統。こうした博物学の本質は、たくさんのものや知識を集めて、種類に分けて名付け、それらを比較してさらに細かい違いに気づき、その差分を生み出した歴史的な文脈を知っていくことだ。

博物学はまさに自然の標本を収集する学問であり、現在のあらゆるジャンルの博物館など歴史アーカイブの基盤はこの影響を受けている。博物学者はまさにプロのコレクターとして、モノ同士の細部の構造の違いを比較し、それらを種類に分類し、さらにその歴史的文脈を理解する。だから生物学の歴史に登場するさまざまな博物学者は、比較解剖学者や分類学者や系統学者を兼ねていることが多い。

こうした収集から学ぶプロセスは、あらゆる専門を超えて、子どもの頃からの普遍的な知識醸成のプロセスにそのまま見られるものでもある。三歳になる私の息子の発達を見ても、このプロセスをたどっているように思えてならない。そして歴史をひもとくと、博物学にまつわる学問自体が、このプロセスで発達しているようにも見えるのだ。実は個人の知識発達のプロセスと学問の歴史的発達のプロセスは、結果的に一致するのかもしれない。

この相似性を信じるなら、歴史の前例や文脈の探究プロセスを自然科学の歴史から学び、過去を観察する方法をひもとけば、すべての人に役立つ知識発達の手法へと応用できるかもしれない。博物学や歴史学は決して退屈なアーカイブではなく、創造的知恵の集合へと昇華され得るものだと私は信じている。そしてアーカイブの場としての博物館やミュージアムを、ただのサンプルの羅列から解き放ち、新たな文脈の起点を生み出すヒントに満ちた、創造的な知的探究の場へと変えたい。その変化の可能性もまた、博物学の発達に見られる普遍的な探究のプロセスに宿っていると、私は直感している。

では分類学から比較解剖学、そして系統学へと繋がる、博物学の発達を追いながら、過去を観察する自然科学のさまざまな観察手法に触れていこう。歴史を見逃さない目で社会を見つめれば、未来に変化を生み出す起点に気づくかもしれない。

## 観察 分類観察――種類を決め分ける観察

自然物を秩序立てて整理する方法を分類学として確立したのは、スウェーデンの神学者カール・フォン・リンネ（一七〇七〜七八）だ。稀代の博物学者リンネこそ、コレクションで歴史を変えたという意味で、人類史上、最高峰のコレクターだった。彼の著書『自然の体系』[37]（一七三五年）を見ると、美しい絵とともに彼の収集が紹介されていて、その知的探究にわくわくする。リンネは徹底的に自然物を集めて観察し、この世の物体を動物、植物、鉱物の三つに分け、さらに形態の種類ごとに細かく分類していった。

リンネ以前にも自然物の収集は行われていたが、それまでの分類では名前のつけ方や分類の定義に共通するルールがなく、分類されたモノ同士の関連性がわからなかったため、コレクション同士が繋がることはなかった。そこでリンネは、スコラ哲学（本質主義）を基本として徹底的に論理によって分類を試みた。分類の論理的かつ明快なルールとして、ラテン語を二つ重ねる二名法を考案して学名をつけ直し、分類学として定義した。この学名のルールは、今でも自然学の根幹を成す命名ルールとして用いられている。リンネの分類学の登場によって、生物学は飛躍的に前進した。

分類学の基本は、何が近い系統にあるのかを徹底的に洗い出し、それに名前をつけ、定義がないモノには新しい名前をつけて、コレクションを増やすことである。その際に、どのような基準を論理的に設定できるかどうかが、意味のある分類を設定するための鍵となる。この論理を元にして全体を統合する思考は、大見出しから中見出し、小見出しと段階を分類していく本の編集的な思考にもよく似ている。

まず論理的に基準を定め、それに従って分類を試みる。その基準での分類がうまくいけば、カテゴリごとにフォルダ的な入れ子構造が浮かび上がる。こうした種類の入れ子構造はどんなジャンルでも生まれ得る。

生物学ではそんな探究の結果として、生物は現在では上から順に、ドメイン・界・門・綱・目・科・属・種などのいくつかの段階のフォルダに分けて分類されている。

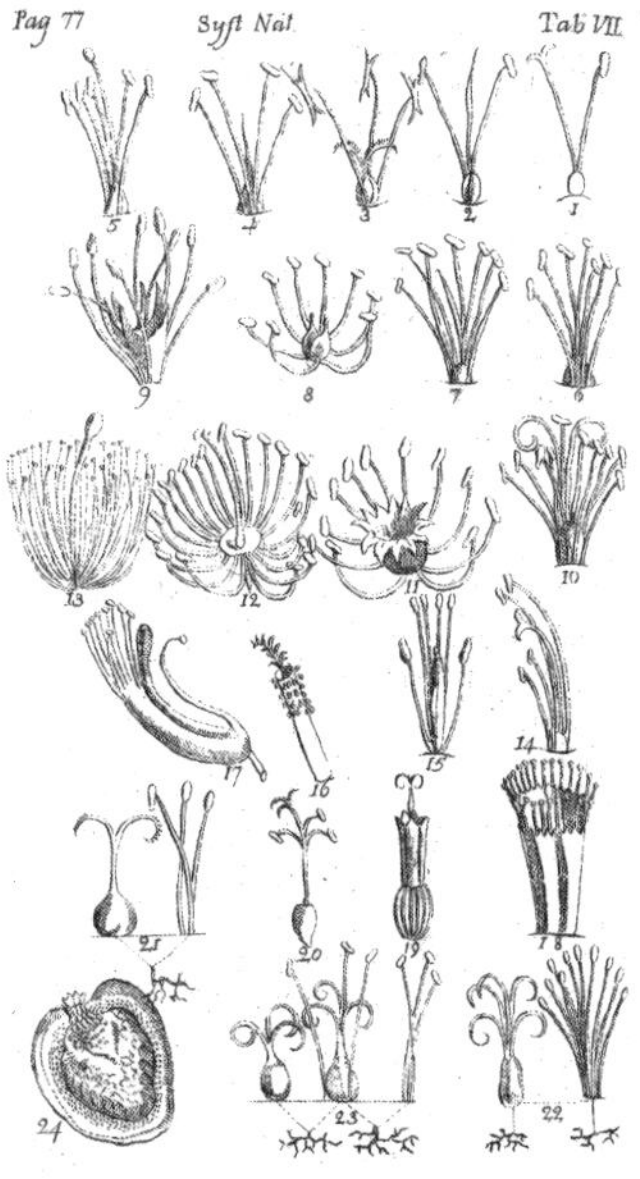


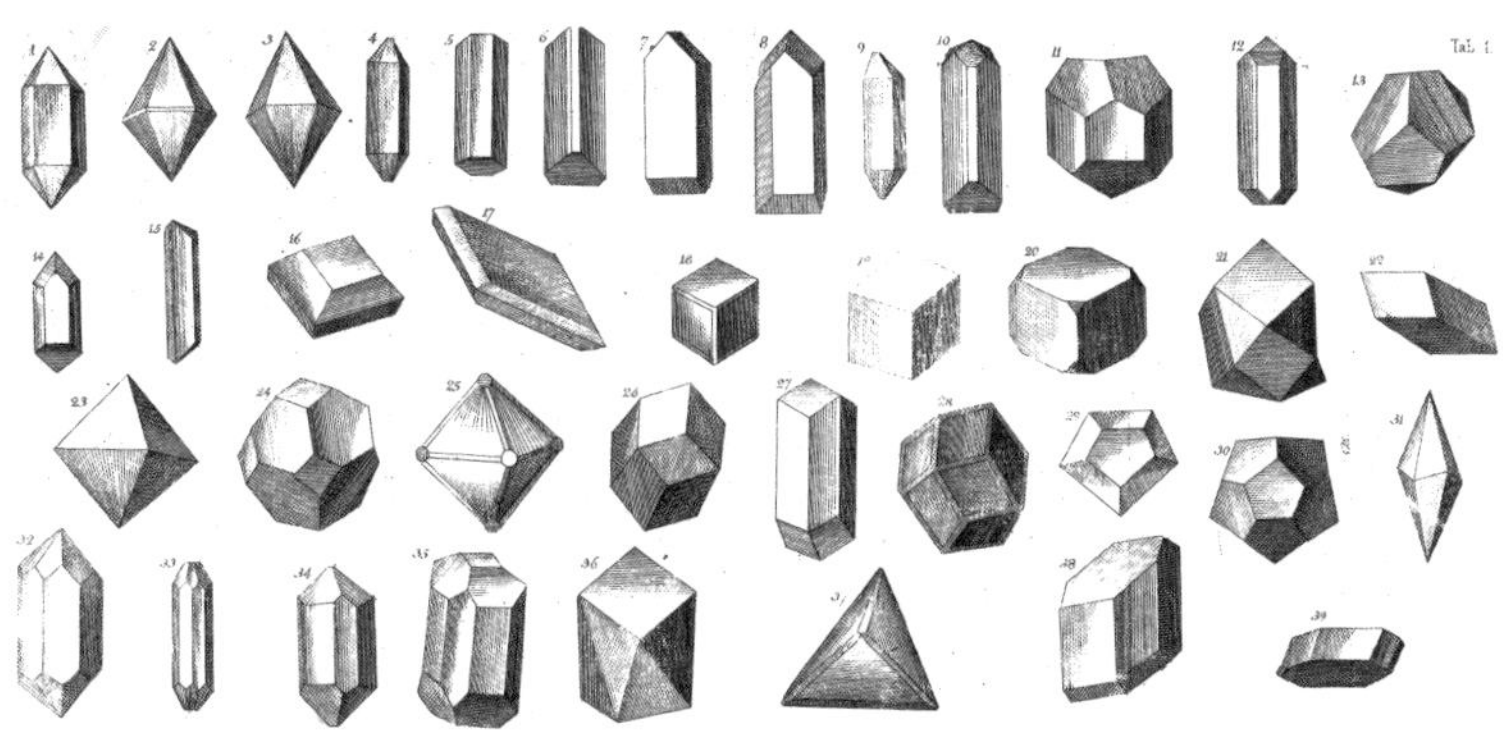

図14-1　リンネの『自然の体系』より。ここから分類学が始まった

分類学の思考（WHATの系統）は、解剖で触れた形態学（WHATの解剖）の思考とよく似ている。考察の対象が身体の内部の要素のリスト化か外部のさまざまな種のリスト化かという観点が違うだけで、「それは何なのか（WHAT）」を定義してリストに分類する点では、探究の方法はほぼ同じだ。分類学の探究は、あるカテゴリを論理的基準によってそれぞれの種類に因数分解するようなプロセスをとる。こうした分類観察から、さまざまな領域の情報を整理する方法を学ぶと、探究から世界の豊かさに気づく感受性が養われる。

興味がない人には一見無駄に思えても、分類的観察力を養うコレクションには創造性に役立つ側面がある。もしあなたが、コレクションする分野のモノを創造しようとするならなおさらだろう。

人はコレクションによって文脈を知り、分類することで文脈に流れるクオリティの評価軸や、その文化を生み出してきた創造の歴史的価値を理解

図14-2　リンネの『自然の体系』には、膨大な自然物のリストが書かれている

する。優れた創造力を発揮する人のなかに、そのジャンルの分類に詳しいオタクが多いのは、創造がゼロイチの現象ではなく、さまざまな既存の種類から強い影響を受ける漸進的な変化だからだ。

前例を収集し、比較し、分類して理解する知恵は、それを超える意思をもつ人にとって創造の土壌になる。過去の偉大な挑戦者たちを、好奇心をもって探究してみよう。

## ☑ 進化ワーク21　分類観察［60分］

今より良いモノを作るには、まず、その領域の既存事例に精通する必要がある。まずは進化させる対象xに近い種類のモノを徹底的に書き出そう。分類観察を深める場合、対象xが含まれるカテゴリを設定するところから始めると良い。たとえば自動車を考える場合、電車やバイクなどの乗り物の種類や、バスや消防車といった自動車の種類のように、対象を広めに捉えたカテゴリを設定し、それに属するものを書けるだけ書き出してみよう。

近い種類のモノたちを書き出したら、何かの基準を決め、可能な限り分けてみよう。種類ごとに分類できたら、リストを作り、全体像を俯瞰しよう。この分類観察のプロセスは、その分野の歴史的文脈に流れる固有かつ多様な価値軸を理解するのにとても役に立つ。

## 観察 比較観察——細部まで比較する観察

たくさんの種類のものを並べてみると、中にはよく似ているけれどわずかに違うものもある。そもそも生物の個体同士は変異していてわずかに違うから、よくよく観察して比較しなければ同種か別種かもわからない。生物の分類のためには細部にわたって細かく見る必要が出てくるため、分類学と解剖学はすぐ隣にあるのだ。このような、生物や個体同士を徹底的に比べる解剖学を、比較解剖学という。

下の二つの絵は、象の顎の骨だ。よく見ると、わずかに違う。上はインドゾウの骨、下はマンモスの化石である。似ているようだけれど、生きていた時代も場所もまったく異なる。

このわずかな違いに気がつかなければ、地中から象の骨が出てきたとき、ただの骨だと思うだけかもしれない。しかし同じだという思い込みを外して徹底的に比較した結果、もしこの骨は現存しない象だと気づけば、絶滅に気づいた

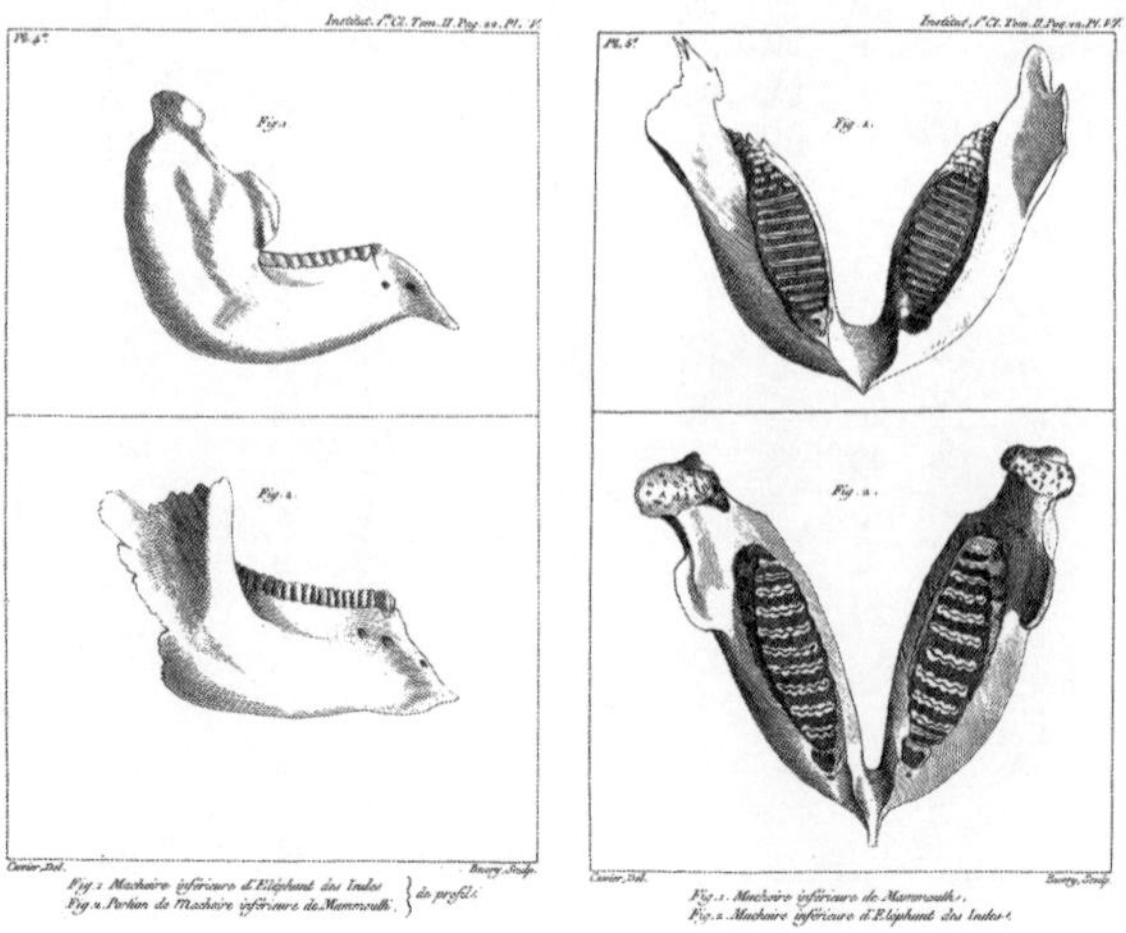


図14-3 上がインドゾウ、下がマンモスの顎の骨

り、その差を生み出した環境への適応を推測することから、かつての生態系を知る大きなヒントが得られる。この象の絵は比較解剖学の創始者であるジョルジュ・キュヴィエの『比較解剖学教程』（一八〇〇年）に登場するものだ。生涯を通して彼の着想の原点はリンネの『自然の体系』であり、まさに比較解剖学は分類学のために誕生したのだ。

キュヴィエはリンネの言葉を守るかのように、生涯を通して種は不変であるとする立場を貫き、当時芽生えつつあった初期の進化論に対して激しく反対した人物でもある。しかし彼の培った比較解剖学は、その後ダーウィンにも強い影響を与え、ダーウィンが進化論を支持する証拠をあげるための主要な手段の一つとなった。これも創造における進化が作者の目的通りには進まないことを表す例とも言えそうだ。

細部を徹底的に比較する観察は、創造性に対してもポジティブな影響を与える。同種のモノ同士の違いはそもそも微差であり、その違いの理解は進化を読み解くために必須だ。そして時には微差が大差を生み出すきっかけとなる。実は私たちの認知の仕組みには、微差を繰り返し比較することで、微差を大差として認識できる性質がある。つまり細部の比較によって、物事の評価軸を解像度高く捉える感受性が鍛えられるのだ。

一般的にどのジャンルのものでも、クオリティの高いものと低いものの違いは、微差に表れる。なぜならそれらは基本的に同種であり、違いもまたさまざまな微差の集積にしか発生しえないからだ。その評価軸の目を養うためにも、世界中のトップクオリティのケースを収集し比較して、わずかな違いの因子を自分なりに定義してみよう。

比較による創造性への効果はそれだけではない。時に微差は、結果の大差を生み出す。一〇〇メートル走にとって〇・一秒の記録差が天地を分ける違いとなり、わずかなスープの味の違いがラーメン屋の存亡に関わるように、細部での微差が、社会ではまったく違う結果を生み出す。つまり未来が劇的に変わるほどの波及効果のある微差は、そこかしこに存在する。だからこそ、微差に気づく感受性は創造力に直結するのだ。

微差を集積して、あらゆる創造は進化しつづけてきた。逆に言えば、どんなに創造的な人でも、実際には微差しか生み出せないのかもしれない。しかし微差だからこそ、手触り感のある範囲で新たな発想が生み出せるのだ。どんなわずかな一手でも、世界を変えるレバレッジへと繫がるだろう。結果の大差に繫がる微差を発見する着眼力は、徹底的な細部の観察と比較によって養われる。ともすれば解剖の観察に限らず、選択の章で紹介するすべての観察技法は、微差を大差に導く着眼点を見つける力を養う手法だ。

あなたが自分のプロジェクト創造のために比較観察を行うときには、私はまず現世に存在するベストケースをいくつか吟味し、その比較解剖から始めるのをすすめる。物事がうまくいかない理由はそれこそ無数にあり得るが、逆にうまくいく理由は比較的その方向性がシンプルに収束しやすいのと、細部までよく考えられているからだ。ベストケースのもつ高い基準に触れることで、逆にうまくいかない理由も明確に見えるようになる。

歴史上のベストケースは、適応の理由に満ちたディテールを数多く備えている。微差の集積が結果の大差を生み出すまでの流れを、ベストケースの比較解剖から理解しよう。

比較を繰り返すことで、その文脈に共通する適応の理由を率直に言葉にできればしめたものだ。ここで抽出した適応の理由は、クオリティの普遍的な基準として、いつしかあなたの血肉になり、次の創造に活かされるだろう。
ただ誰かの真似をするだけでは、オリジナルは超えられない。だが歴史上のベストケースに共通するクオリティの評価軸を理解できれば、徐々にその再現と再構築が可能になる。事象を単純に真似るのではなく、その奥にある基準を感じ、その方向性に身を委ねれば、いつしか同じ軸線上での史上最高峰を突破しているかもしれない。そのときあなたは気づかぬうちに、前例を超えた一つの歴史を生み出しているのだ。

---

### ☑ 進化ワーク22　比較観察［60分］

同じカテゴリのモノの中で、特に注目すべき、クオリティが高いもの同士を比べてみよう。クオリティが高いものには、何が共通しているのか。普通のものとの差はどこにあるのか。
さらにそれらを解剖して、同じ部分の要素を取り出し、細部まで徹底的に比べてみよう。生理的機能がうまく機能しているのはどこか、その要素がうまくいく理由はなぜなのか。徹底的な比較から質を抽出してみよう。

---

## 進化論の歴史をたどる

せっかくなので少し寄り道して、進化論の系譜を振り返ろう。この本のテーマは進化と創造だが、まさに進化論の歴史は神の創造と自然の進化を巡る論争の歴史でもあった。

一六世紀頃までの一神教的な宗教観では、あらゆる生物は神によって完璧な形にデザインされたと考えられていた。しかし一七世紀になると、岩の内部からたびたび発見される生物の痕跡のような不思議な石、すなわち化石について、新しい解釈が出てきた。当時の博物学者ジョン・レイは、こうした化石はすでに絶滅してしまった生物の痕跡ではないかと考えた。しかし聖書によれば、神はすべての生命を完璧な形で創造したはずだ。ではなぜ、完璧であるはずの生物が絶滅してしまうのか。なぜ現在の生物と形が違うのか。科学と宗教のあいだに横たわるこうした問いに、当時の人々は明確な答えを出せずにいた。

生物に対するこうした疑問は、違った角度でも問われるようになる。一八世紀前半のリンネによる分類学の誕生以降、さまざまな学者が生物の分類方法を共有できるようになった。すると、それまで明確に定義されてこなかった生物種全体の分類が浮き彫りになり、分類の行間に種の繋がりが見えてきた。

同じ親から生まれた子に違いがあるように、すべての種に個体差があることは、それまでも知られていた。しかし生物学者が分類した種のなかには、個体差なのか種差なのか、判断を下すのが微妙な種も多かった。そんななかで、個体差が大きく開いていったものが、種の違いだと考える学者が出てくるのも無理からぬことだった。もし個体差と種差に連続性があるなら、生物は完成した創造物ではなく、変化しつづけていることになる。そうした説を提唱する進化論者たちが、自然科学者のなかに徐々に登場しはじめた。

この進化論は、宗教の権威にとって厄介な存在だった。なぜなら、その原理は神の完璧な創造を否定するばかりか、人間もまた特別な存在ではなく、サルの一種に過ぎないという結論を示唆するものだったからだ。やがて教会は、進化論は危険思想であり、神の創造性への冒涜だと反発するようになった。各国の教会はいわば国家権力を有していたので、その権威を是が非でも守ろうとした背景もあるだろう。

その結果、かつての天動説と地動説の激論のように、進化論的な観点を語った科学者は異端とされ厳しく批判された。はたして生物は、自然発生的に進化したのか、神が作り出したのか。こうして現代まで尾を引く歴史的な論争が勃発したのである。

進化論の黎明期において、忘れてはならない人物がいる。それがチャールズ・ダーウィンの祖父、エラズマス・ダーウィンだ。彼は著書『ズーノミア』[38]（一七九四年）のなかで、自身が提唱する進化論を語り、「進化（evolution）」という言葉もその中ですでに用いていた。エラズマスは、現代ではあまり功績を語られることも少なく、「チャールズ・ダーウィンの祖父」として引き合いに出されるくらいだが、どうやら彼は、あふれんばかりの創造力を備えた人物だったようだ。

歴史の断片から垣間見える彼の実像はといえば、王室に頼られるほどの名医でありながら、複写機や飛行機などに関する原理を考案した天才的エンジニアであり、かのジェームズ・ワットの蒸気機関にも強い影響を与えたと言われている。さらには進化論や光合成を提唱した革新的な自然科学者であると同時に、詩人としても名を馳せていたようで、まさにダ・ヴィンチのような万能型の創造の天才だったようだ。チャールズ・ダーウィン自身は、この偉大な祖父の影響をあまり語りたがらなかったが、エラズマスの進化論の観点が若きチャールズに巨大なインスピレーションを与えたのは間違いないだろう。

リンネによる分類学の誕生から七〇年ほど経った一九世紀初頭になると、エラズマスの進化論のような新しい自然論への反証が求められるようになった。そんななか、自然科学的な視点を持った神学者が現れる。ウィリアム・ペイリーだ。彼は、この世の生き物の構造が美しく設計されているのは、生き物がうまく生きられるように神様がデザインしたからだと主張し、『自然神学』[39]（一八〇二年）のなかで、生物の緻密な構造は神の創造性の表れだとする「デザイン論」を提唱した。この説では、生命がうまく設計されている理由や自然界の緻密さ自体が神の存在証明なのだと説明できるため、当時の世間に広く受け入れられた。こうして自然神学は、当時の主流の考え方となった。

だが皮肉なことに、ペイリーの登場によって自然科学が加速したことで、さらに歴史は進化論の核心に近づいていく。ペイリーと同時代の科学者だったフランスのラマルク（本名　ジャン=バティスト・ピエール・アントワーヌ・ド・モネ、シュヴァリエ・ド・ラマルク……長い）は、流行していた自然神学に疑問を抱き、近代にbiologie（生物学）という学問を提唱した。その名前の長さに恥じない、とんでもなく偉大な学者である。

ラマルクは無脊椎動物の分類をする中で、生物は個別に独立しておらず、連続して進化したものと考えるようになった。そして生物は自らが望む方向へ進化するという仮説を立てた。こうしてラマルクは『動物哲学』[40]（一八〇九年）のなかで、獲得しようとした能力が子どもにも遺伝する「獲得形質の遺伝」を基本とした進化論（ラマルキズム）を主張した。たとえば、キリンの首が長くなったのは、親が高いところにある葉を食べるために首を伸ばしたから、子どもがさらに長く首を伸ばせるようになった、という考え方だ。

ラマルクが考えたように、生物が目的を持って形態を変えながら進化したのなら、生物が環境に適応した理由を直感的に説明できる。そのため、ラマルクの進化論は一部の人たちからは熱狂的に支持された。だが身体に内在する力によって生物は変わるというラマルクの仮説の真偽に疑問が沸き起こり、いくつかの研究によって間違いが指摘されてしまう。こうして、ラマルキズムは徐々に終息に向かっていった。

ラマルキズムから五〇年が経過した一九世期中頃、彗星のように登場したのが、チャールズ・ダーウィンとアルフレッド・ウォレスによる自然選択の進化論（一八五八年）であり、それに続くダーウィンの『種の起源』（一八五九年）だった。これはそれまでの進化論の問題に鮮やかに答え、進化を個体差と自然選択による現象として説明した鮮烈な書籍だった。一〇〇年にわたる進化論の論争の歴史を知るダーウィンらは、論と検証に慎重を期して完成度を高めていた。そのため、『種の起源』の進化論は、それまでの進化論よりも遥かに膨大な生物学的証拠とともに提示されている。これが発表されるや、人類史上最大級の発見として、トマス・ハクスリーやエルンスト・ヘッケルのような一流の科学者たちに強く支持されるようになった。

ダーウィンらの進化論を補強する科学的証拠は、その後も次々と発表された。一八六五年に遺伝の仕組みを説明する「メンデルの法則」が発見され、一九〇一年にユーゴー・ド・フリースによる「突然変異説」が提唱され、ダーウィンの考えに遺伝の機構を統合した進化の総合説 (evolutionary synthesis) が誕生した。また一九五三年にはジェームズ・ワトソンやフランシス・クリックらが遺伝の根源となるＤＮＡの構造を発見する。そして遺伝的浮動による中立進化や、有害遺伝子の蓄積の重要性などＤＮＡに基づく理論が提唱された。現在ではこれらの理論がダーウィン説を補強し、進化はＤＮＡの複製エラーによる「変異」と、状況の必然性が導く「自然選択」が繰り返されて起こるという前提に基づいて、その具体的なプロセスの解明を目指す段階へと発展している。

こうして、この数百年にわたって、進化論と創造論の歴史的な系譜が大河のように流れ、私たちの時代へと続いている。創造と進化の壮大な論争の果てに、ようやく現在の進化生物学に実を結んだのである。創造的現象のように見える生物の形態は、誰かによってデザインされた形ではなく、進化によって自然に形作られる現象だったのだ。

もし進化が自然発生しているなら、デザインやアートなどの創造性もまた、個人の意思によらずに、偶然と必然に導かれて自然発生する現象と考えられるのではないか。だとすれば、創造力は偉大な天才だけの能力だと諦めがちな私たちにとって、大いなる福音となるだろう。

「進化思考」は、進化論の系譜から学び、知の巨人たちの肩に乗って、創造という現象を改めて解き明かそうという取り組みだ。創造には本質的な構造があるか。それは答えのない問いだと言われるかもしれない。しかし私は、そこに構造があることを疑わない。

進化論が示す通り、変異と自然選択が繰り返されれば、そこに誰かの意図がなくても、進化は起こる。それと同じように、創造は意思を超えた現象であり、偶然的変異と必然的選択の往復によって、誰もが創造の発生確率を上げられるという考え方が、進化思考だ。進化思考の大きな目標は、生物進化のプロセスから学んで、創造的発想の過程を解き明かし、創造性を育む教育を当たり前のものにすることだ。そして創造性を進化的現象と捉える前提から、創造と進化のあいだを切り裂いてきた約二五〇〇年にわたる分断を繋ぎ直し、進化と創造が融合する補助線を引くことである。

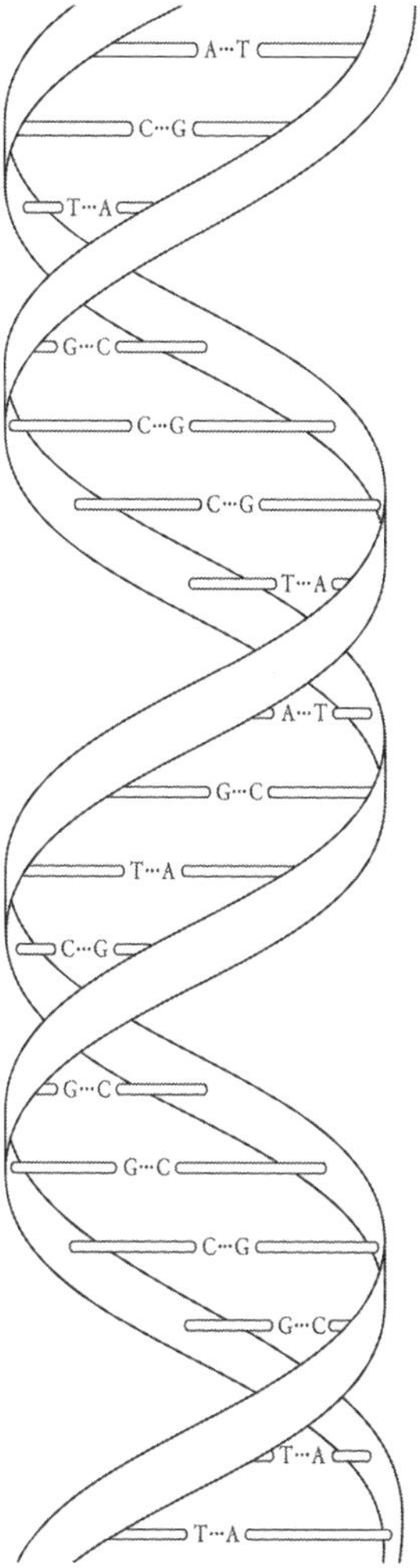


図14-4　DNAのらせん構造

## 観察 系統観察――進化の流れを知る観察

モノを集めて細部まで比較し、それらを分類すると、生物も創造も過去のものに影響を受けて出現し、それぞれの種類の誕生には歴史的背景が密接に繋がっていることに気づく。ウイスキーでもアイドル歌手でも、ある分野に詳しくなる人は、こうした過去の影響への気づきから、歴史的な経緯や文脈にも詳しくなっていく。収集していくなかで、なぜその形になったのかを探究すると、必ずどこかでその歴史を探究せざるを得なくなるのだ。

生物は、三八億年ほど前の起源から始まり、進化の過程で分岐と絶滅を経ながら徐々に多様化してきた。気が遠くなるような回数の分岐を繰り返した結果、世界は多種多様な生物で満ちている。その多様な種の分岐を図示すると、まるで大きな樹の幹から枝が分かれるような図が描ける。この系統発生を表現したダイヤグラムが、ダーウィンの『種の起源』に登場する。ダーウィンの進化論以前から、家系図などでもこうした樹のような図は用いられていた。このような図は系統樹と呼ばれ、時間軸を伴う分類を示すのに便利なものだ。生物学では、進化系統樹を前提として生物同士の歴史的な繋がりを理解する学問を系統学と呼ぶ。

生物が現在の多様性を獲得したプロセスを理解する上で、ダーウィンの進化系統樹は多くの人のインスピレーションの源となった。特に画家であり生物学者でもあったエルンスト・ヘッケルは、このダイヤグラムに強い影響を受け、その類まれなる絵の表現力によって「生命の樹」としてのビジュアルを世に問うた。ヘッケルのようなさまざまな科学者の共感によって、進化の概念は系統樹とともに世界中に広まったのである。ダーウィンの進化論が広がるにつれて、進化系統樹は生物学の基盤となり、さまざまな領域の思考や哲学に強い影響を与えることになった。

生物学的な探究だけでなく創造性を高める上でも、系統的な観察は役立つ。対象を分類していくと必ずそのルーツとなる文脈が存在することがわかる。描かれる系統樹の分岐が、それぞれの領域の文脈的な起源なのだ。強力な創造的差分を生み出した起源である最初の一つ目の変異は、すでに現存していないことが多い。しかしその変異の微差がどのように歴史に影響を与えたかは、系統樹を構築する観察によって学び得る。

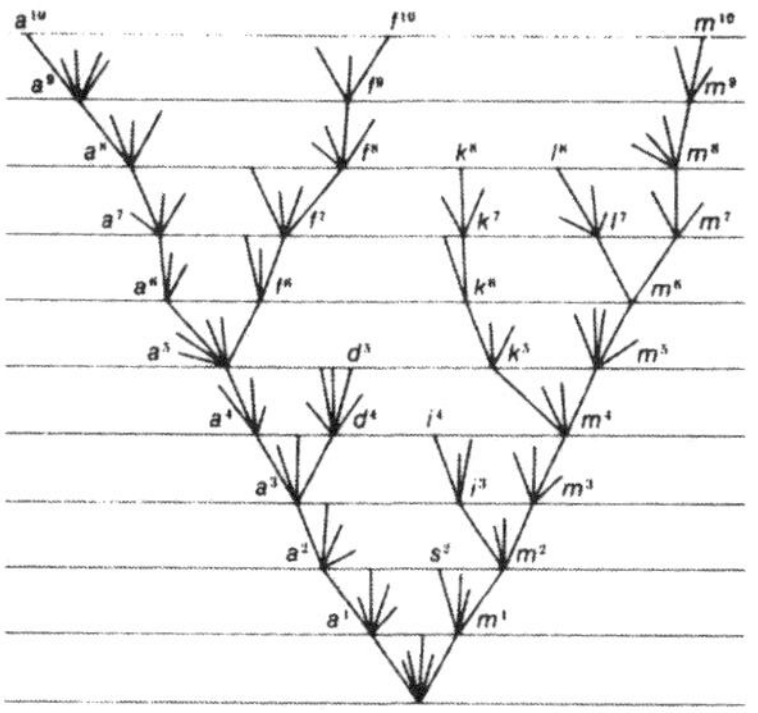

図14-5　『種の起源』のダイヤグラム

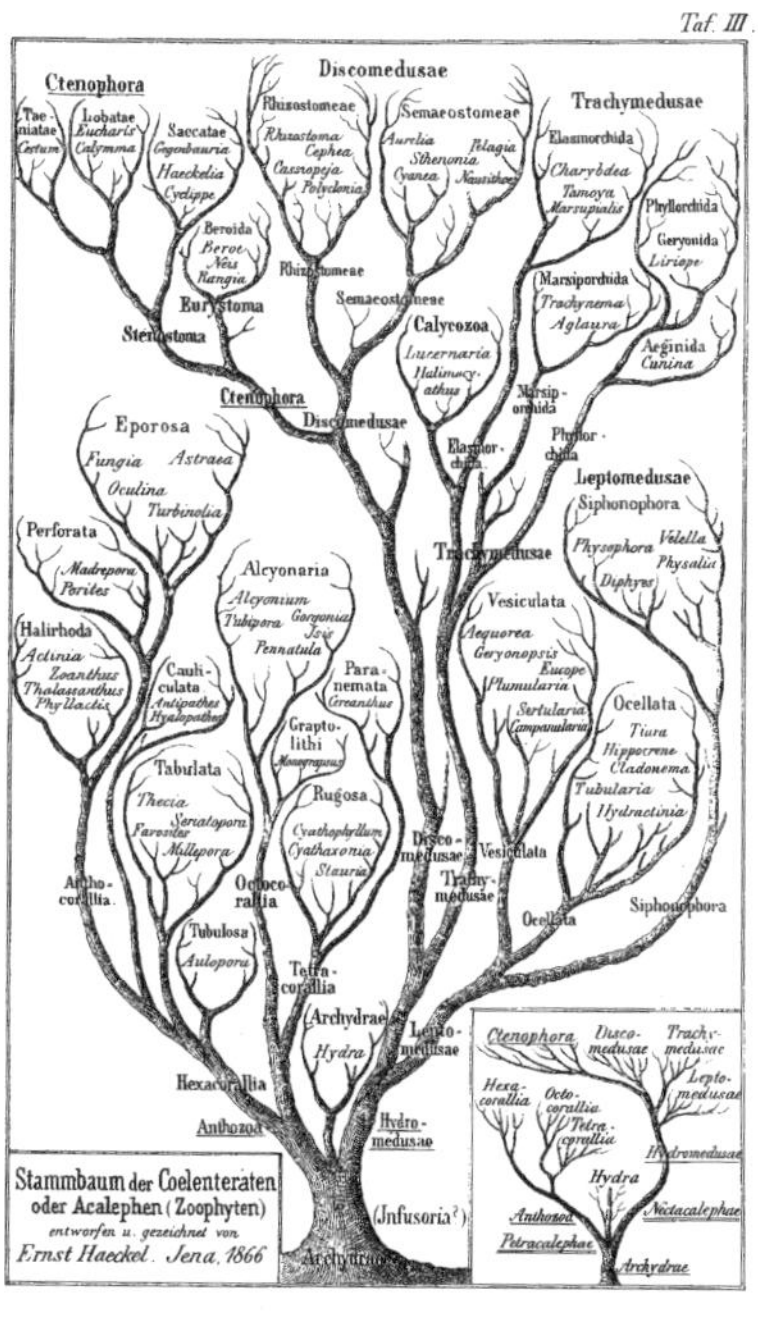


図14-6　エルンスト・ヘッケルによる生命の樹

選択》
解剖
歴史
生態
予測

系統観察は、創造の歴史的文脈を理解し、その本質を知るための強力な思考の道具だ。そのためにはまず、系統樹の描き方を覚えるとよい。系統樹を頭のなかでイメージできれば、過去の創造に込められた意図を掴み、新しい創造を歴史という大きな文脈のなかに位置づけられる。つまり、歴史の続きを作れるのだ。

ここで大切なのは、時代を経て微差の連続的進化が生み出してきた文脈への好奇心だ。先に紹介した分類観察を実践できていれば、準備はすでに整っている。系統樹を描きはじめることを難しく考える必要はない。これまでの自分の知識に時間軸を与え、流れとして捉えるところから始めてみよう。系統の知恵は、文脈を探究すればどこまでも深く続く道のりで、その探究に終わりはない。しかし一度その観点での世界の見方を身につければ、生涯にわたって使える本質的な知恵となるだろう。創造における系統樹の描き方は、分類学から系統学への発展のように、概ね次のプロセスをたどる。あなた自身の創造力に役立つことは保証するので、ぜひ挑戦してみてほしい。

1　まずは対象のリストを作ったら、それらを種類ごとに分類していく。分類は入れ子状になるので、それらを繋ぐと種類全体の構造が浮かび上がっていく。

2　そして対象や種類が歴史的にいつ発生したのかを調べ、分類の中や外の種類との関係性を並べ替える。自然に系統が繋がると、自動的に樹のような図になる。

図14-7　ggg　動物の系統樹模型

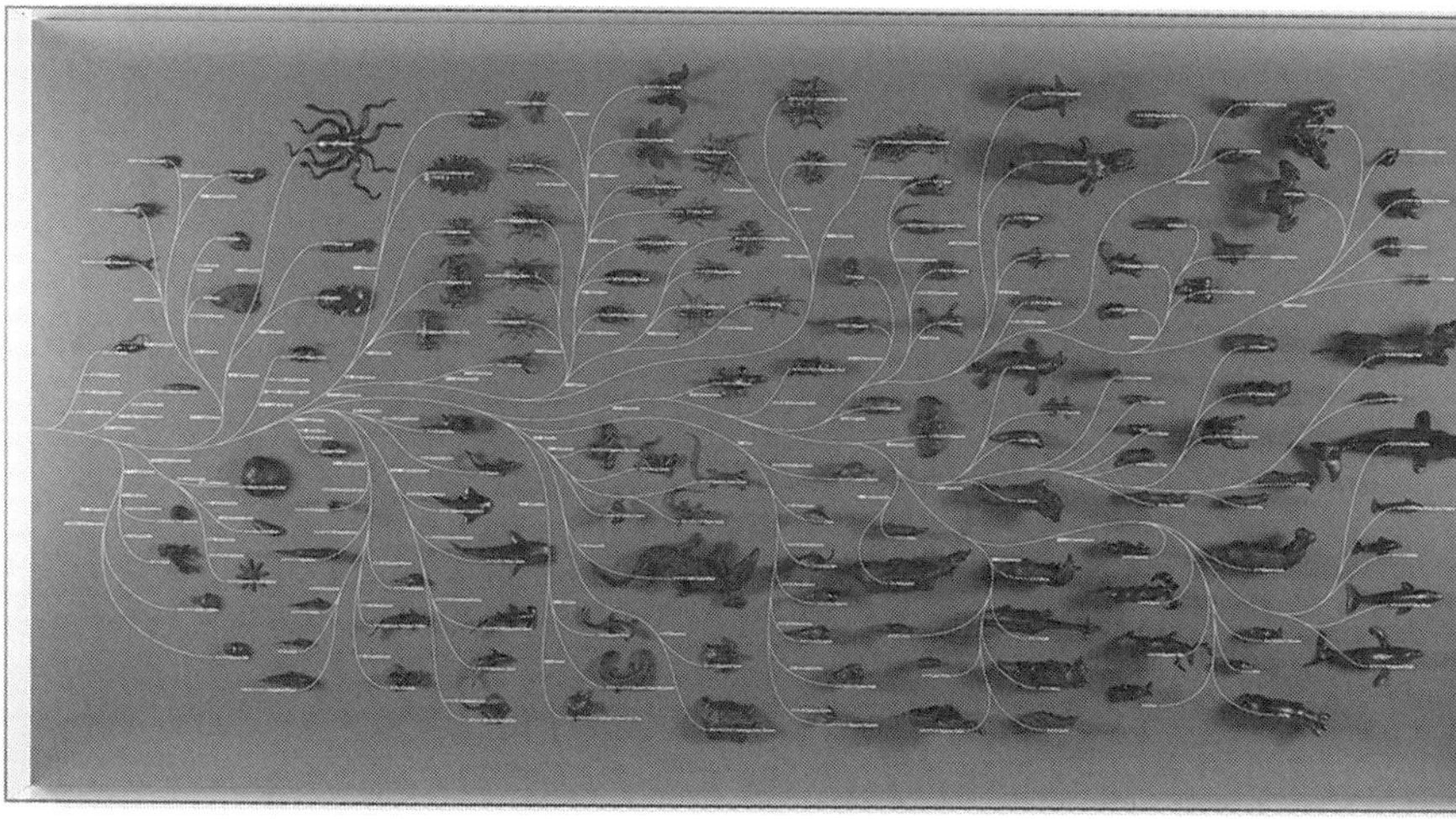

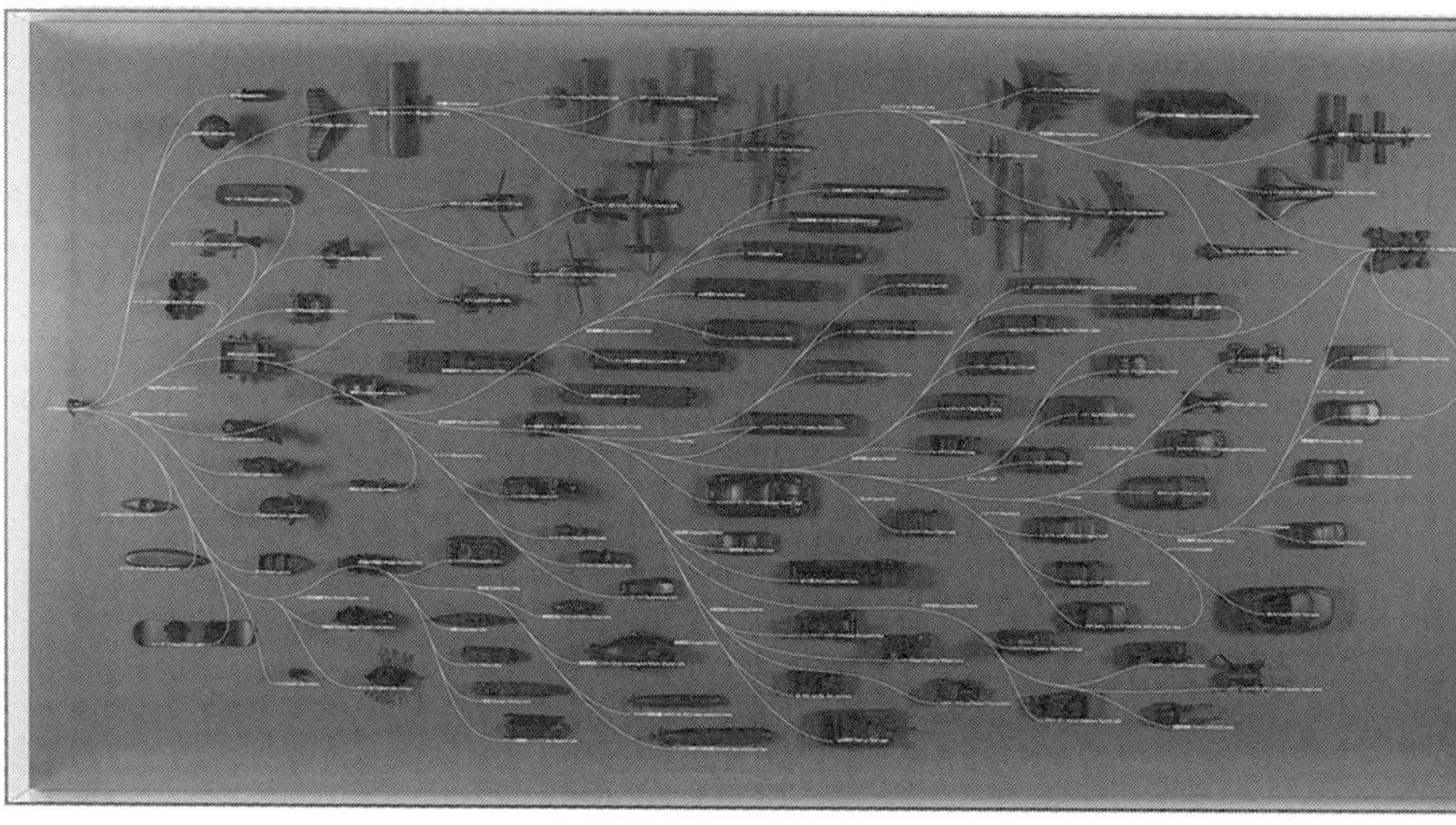

図14-8　ggg　乗り物の系統樹模型。ギンザ・グラフィック・ギャラリーでのNOSIGNER展より

## 創造の系統樹を描いてみる

今日我々が使っている道具はすべて、先史時代の初期に作られたモノを基盤としている。

——ウンベルト・エーコ[41]

私たちの身の回りにある道具の起源を考えてみると、原始的な方法のなかに、それらの先祖として思い当たる道具が出てくる。キッチンのコンロは、焚火による調理から始まっただろうし、椅子は、岩や切り株などの自然物から始まったと推測できる。文字もまた、洞窟の壁や岩や樹の皮のような自然物に絵を刻んだことから始まったと考えられる。

このように、創造の多くは、共通の目的をもつ原始的な創造を起源として世の中に出現する。目的は同じだが、時代とともに用いられる方法の変化によって、創造もまた進化する。それゆえに、創造には生物の進化のような遺伝的な現象が観察され、種が分化するようにさまざまな道具が出現していった。創造と進化は基本的な現象が似ているので、発明についても進化系統樹が描ける。実際に文化進化学と呼ばれる学問では、モノの系統樹を描くことがある。私も生物と無生物の系統樹を比べてみようと思いたち、個展のための作品として乗り物と動物の模型をひたすら集めて立体の系統樹を描くことにした。

アイデアを思いついたはいいけれど、一四六種類の動物のフィギュアと、一〇一種類の乗り物の模型を集めるのが、とにかく大変だった。驚くことに、世間にはミドリムシからカモノハシまで、あらゆる生物の模型が存在していた。乗り物のほうも、タンカーから月面ローバーやローラースケートまで、多くの種類の模型を発見できた。世の中に存在するほぼすべての道具には、それらのミニチュアが存在するのかもしれない。

こうしてフィギュアやミニカーを買い漁って分類し、系統樹にする過程では、実にさまざまな気づきがあった。また興味深いことに乗り物の系統樹を作る際、その元となるような研究を探してみたが、適切なサンプルとなる系統樹を見つけることはできなかった。

乗り物という身近なカテゴリですら見つかりにくいのだから、創造の系統樹に関する研究は思いのほか未発達のようだ。だが創造の系統樹を描くことには価値がありそうだ。実際に創造の系統樹を作ってみると、創造性に役立つ多くの観点に出会うことができた。

系統樹を観察すると、その分野の起源となる原始的な発明が浮かび上がってくる。たとえば乗り物の起点になったのは、紀元前三五世紀頃に発明された車輪だと思われる。ピラミッドの巨岩を運ぶコロとして使われたものがその原型だ。ギヤなどの動力の基本的なテクノロジーも、車輪から転用されている。時代によって必要とされる乗り物も、その時代によって大きく異なる。国々の覇権争いのための乗り物が主流だった時代と、市民の大量移動が始まった時代では、重要視される観点が大きく違う。こうした社会情勢に伴う用途の変化、蒸気機関やモーターなど主流となる動力の変化、流行を反映した形態の変化などによって、数千年のあいだに多様な乗り物が生まれている。こうした歴史的な起源を理解して創造に取り組むと、進む方向性や観点が大きく変わるだろう。

## 系統樹に正解はあるか

さて、実際に創造の系統樹を描いてみよう。そのためには系統樹の性質を少しだけ理解しておくとよい。特に二つほど意識してほしい視点があるので、補足的に説明をしておく。こうした観点を少し持っているだけでも、系統樹はずいぶん描きやすくなるはずだ。

まず知っておきたいのは、絶対的に正しい系統樹を描くのはほぼ不可能なことだ。これは創造に限らず生物学でも同じで、近年に至っても生物の系統樹の厳密な正確さは保証されていない。そもそも自然界の生物を分類することも、厳密には大変困難な作業だ。

生物の進化には「魚でしたが、このときからカエルになりました！」といった明確な区分はない。つまり単に私たちが「魚」だと思う範囲の種を、分類上「魚」と命名しているに過ぎない。そして生物は変わりつづけている。自然に発生する微差にすべて名前をつけることはできないので、人間が理解しやすいように区分するしかない。つまり綱・目・科といった生物学上のカテゴリは、理解しやすいように人の都合で名付けているだけなのだ。

進化系統樹の中の生物の順番も不確かだった。前述の通り、もともと系統樹は分類学から始まった。ではかつての生物学者がどのように順番を決めていたかといえば、形態の類似性や派生形質の共有、古生物では地層の年代の違いなどを観察し、専門家同士の見解を学会や論文で交換しながら決めていた。当然、位置づけに迷う生物もいるし、うまく説明できない化石も出てくるし、根拠が曖昧なまま順序を決めることもあった。

その後に正確な系統樹が描けるようになったのは、なんとリンネから二五〇年近い歳月を経た二〇世紀の終盤に、分子生物学が台頭して以降のことだ。ＤＮＡの解析技術によって、系統の正確な順番がわかるようになったのである。実は、今世紀に入ってからの二〇年のあいだにも、生物の系統樹には順番の激変が起こっており、生物の教科書も急速に内容が更新されている。かといって誤解しないでほしいのは、不正確だから価値がないのではなく、系統学の探究の本質は、正確さの追究によって見えてくる、系譜の流れの全体像を理解することにあった。実際にこの数百年にわたって、進化系統樹の探求は、厳密な正解かどうかにかかわらず、概ね十分に機能し、生物進化の理解に大変役立った。

生物学にもまして創造の系統樹には、客観的な正解は存在しない。実際の発明者が他から強い影響を受けていたとしても、その客観的な記録が遺されているものは稀だ。そして記録が残されていなければ、その発明の先祖を正確に推定することは不可能となる。

しかしそれでも、系統を探究することには対象を知り、新たなものを創造する上で計りしれない価値がある。だから開き直って言えば、もし創造性のために系統的な知恵を活かすなら、創造の系統樹に繋がる文脈を納得のいくまで調べて、間違いを恐れず忠実に描いてみればよいのだ。そもそも正解がないのだから、肝心なのは正確さではない。系統樹を描くことで見えてくる大きな文脈の理解のほうが、計りしれないほど重要だ。まずは自分自身の理解のために系統樹を描く姿勢で、あまり構えすぎずに挑もう。歴史を調べて自然な文脈の流れを探りながら、自分が納得できる創造の系統樹を描いてみよう。

## 進化の結び目に気をつける

生物と創造の進化系統樹を対比したとき、特に違いが見られるのが交配だ。自然界では、遠くかけ離れた種の生物が交配しても、子孫を残すことはできない。どんなに愛し合っていても、人と犬のあいだに子どもは生まれない。異なる生物集団のあいだでは、長い年月をかけて、自然選択された遺伝子や偶然に獲得した遺伝子で違いが生じている。そのために、異なる生物の変異のほとんどは有害となる。

それに対して、創造では頻繁に異種交配が発生する。たとえば私たちの空想のなかでは、犬と人間の子として狼男を創造できる。発明でも異なる種類のモノ同士の異種交配が、あらゆる領域で発生する（192頁の「融合」で詳述）。たとえば、車輪と馬が馬車になったり、船と自動車が水陸両用車になったりと、創造では異種も簡

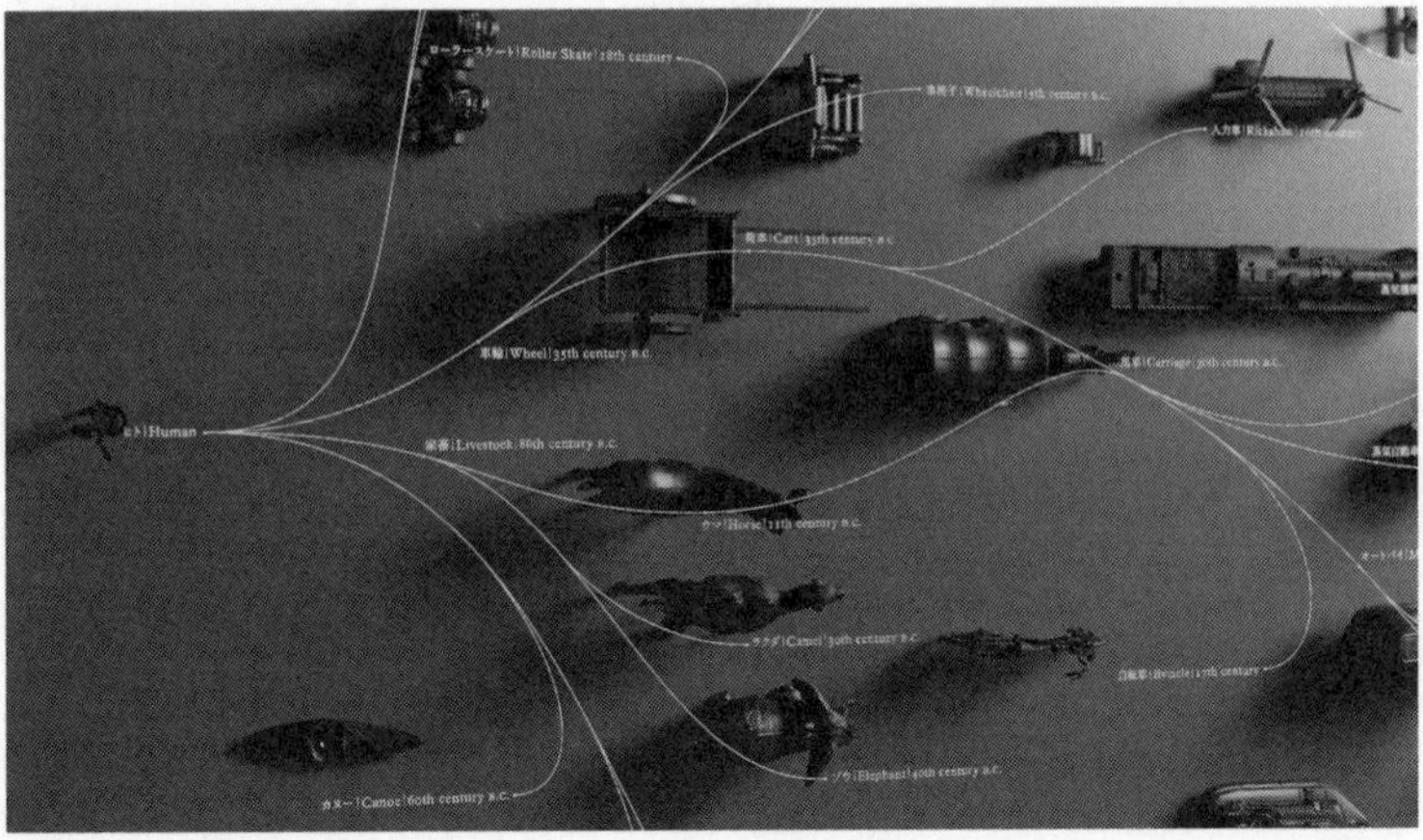


図14-9　ggg　乗り物の系統樹模型。よく見ると分岐が繋がった箇所があり、馬と車輪が交差している

単に融合する（501頁の「創造の交配」で詳述）。異種交配的な融合によって新種が発生すると、系統樹にも変化が表れる。つまり創造の進化系統樹では、分岐だけでなく分岐の先端がふたたび結びついたような網状の接続が頻繁に表れるのだ。この創造の系統樹上で頻発する再結合を、進化思考では「進化の結び目（evolutionary knot）」と呼んでいる。進化の結び目は、創造の系統樹では頻発するので、特に注意を払ってほしい。

先に述べた通り、生物の進化においては進化の結び目は発生しにくいが、全く起こらないわけではない。特に原始生物を中心に、実は生物にも「進化の結び目」を発生させる遺伝子の水平伝播は観察されている。

たとえばハリガネムシという寄生虫がいる。この寄生虫はカマキリに寄生し、宿主のカマキリに異常行動をきたすことで知られている。なんと寄生されたカマキリは、入水自殺してしまうのだ。しかしこれまで、この異常行動の原因はよくわかっていなかった。

日本と台湾の研究グループがハリガネムシとカマキリの遺伝子を詳細に調べたところ、なんとハリガネムシからカマキリに由来するＤＮＡが大量に発見された。この研究から、ハリガネムシは大規模な水平伝播によってカマキリ由来の遺伝子を獲得し、それを発現させることで異常行動を引き起こしている

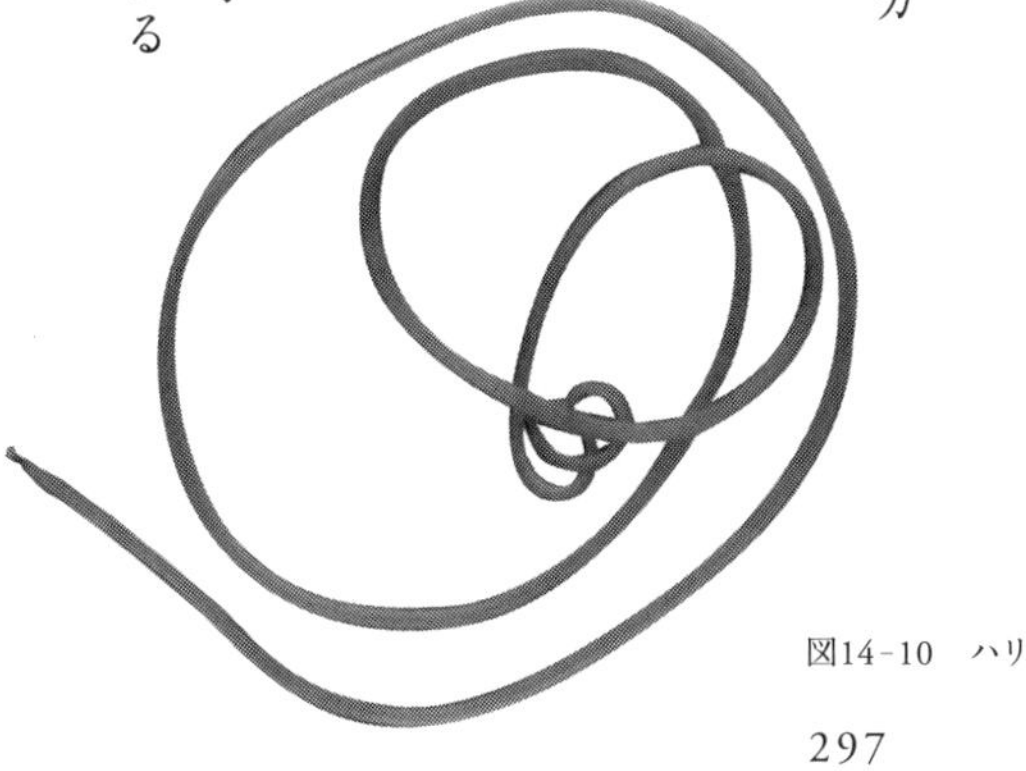

図14-10　ハリガネムシ（ほぼ原寸大）

可能性が示唆されている。

また近年ではCRISPR-Cas9などのDNAの編集技術が飛躍的に向上した。すでにさまざまな動植物の品種改良に用いられており、加速的に生物の人為的な進化に応用されていくだろう。DNA編集が一般的に広がるのは生命史上初めての出来事であり、その先には希望と不安が同居している。技術は我々をどこに導くだろうか。

### 進化ワーク23　系統観察［60分］

生物と同じように、モノにも先祖がある。そのモノはどんな文脈に影響を受けて現在の形になったのか。系統樹を描いて考えてみよう。

1　「進化ワーク21」(277頁)で作成した分類リストを用意する。
2　リストの各要素が登場した時期を調べ、時系列に並べ替えてみよう。
3　系譜としての繫がりを感じる要素を線で結び、系統樹にまとめよう。

完成した系統樹を俯瞰すれば、過去から現在に至る歴史的な経緯が理解できるだろう。過去の偉人たちの創造性に触れることで、あなた自身のイマジネーションも湧いてくるはずだ。

選択

## 形質の保存――永く引き継がれ得るか

過去の影響を受けずに突然出現した生物は、この世に一匹もいない。すべての生物は祖先から引き継がれる形質に、強い影響を受けている。こうした形質の中には、数億年にもわたって保存されつづける形質もある。たとえば私たちにとって身近なゴキブリは約三億年前の古生代石炭紀からあまり変わっていないと言われているし、シーラカンスも約四億年前の古生代デボン紀から現在とほとんど同じ姿の化石が発見されている。こうした生物たちは、生きた化石と呼ばれることもある。

さて、周囲を見渡してみよう。確かにたとえば一〇〇年前の道具を、私たちはもうほとんど使っていないが、それでも一〇〇年前のピアノと今のピアノがほとんど同じ形をしているように、過去からの影響は、現在の発想に深い影響を与えている。創り手が自覚していなくとも、あらゆる創造は歴史的な影響を強く受けて出現する。私たちに許されている創造力とはゼロからイチを作ることではなく、系統の流れを引き継いでわずかな適応的変化を生み出すことだと達観すれば、過去を学ぶ意義がわかるだろう。つまり完全にオリジナルなモノもまた存在しないのだ。すると世界は、進化の可能性に満ちていることに気づく。

系統を注意深く観察すれば長時間変わらない価値が浮かび上がってくる。過去を読み解き、前例の失敗を理解し、変わらないものを頼りにしながら、新たな挑戦を目指そう。新しい価値は、いつも前例から進化した先に生まれてくるのだ。

## 選択 過去の失敗——変化の可能性はあるか

永い歴史の中で、適応的な性質のものが結果的に生き残ってきた。では過去から継承されたものがすべて正しいのかといえば、そんなことはない。時間に磨かれた生物のデザインは驚異的に美しいが、現在はかつて適応した環境とは状況が違うかもしれない。そして完璧な生物もまた存在しない。不完全を生み出しつづけて、生物は進化してきたのだ。

では生物進化の仕組みにおいて、失敗はどう抑制されるのか。生存や繁殖に有害な変異の発生を失敗と定義して考えてみよう。実際に変異は有害なことも多く、その除去にも自然選択が役立っているが、それだけでは取り除けないこともよくある。

また有害な変異を抑制する作用として、生物には変異に対する頑健性、つまり有害な遺伝子をある程度受け入れながら生きていけるバッファなどもある。このような仕組みの中で、不完全を受け入れながら生物は進化していく。

完璧なモノが存在せず、また過去の系統的制約が強く影響するのは、創造も同じだ。あらゆるモノは、少なからず失敗している。そして過去からの惰性的な制約に囚われている。もっといい方法があるのに、そのことにまだ誰も気づいていないのだ。

不適合が変化の誘引となる。申し分のない適合からは何も生まれない。

——クリストファー・アレグザンダー[42]

建築家のアレグザンダーは、失敗の発見こそが創造的変化の源泉だと看破した。そして彼は、創造性によって変化を起こす人たちを「単なる代行者」とも評している。失敗の観察から不都合に気づき、解決方法を思いついた人であれば、誰もがそれを創造し得たからだ。創造を「代行」と呼んだアレグザンダーの気持ちはよくわかる。なぜなら私もまた創造という現象を、過去の形質からのわずかな変化が、適応への選択圧に導かれて自然発生するものと考えているからだ。多くの発明家の言説に耳を傾ければ、既存のモノの不合理さの発見や怒りが、次なる創造の原動力になっている。私たちの創造的意思もまた個人の意志とは言い切れず、過去や現在の選択圧から暗黙的に自然発生しているのだ。

変わるものと変わらないもの。老舗企業の経営者が、変化することの価値を語るのをよく見る。世界中には、創業から二〇〇年を超える会社が五五八六社あり、うち半数を超える三一四六社は日本の会社だ。私も創業三三三年を迎えた日本最古の煎茶商、山本山のブランディングに関わっているが、老舗には共通する知恵がある。それは変わらない歴史を受け入れ、変えられる部分は徹底的に変えること。伝統と革新のバランス、すなわち不易流行だ。

時に失敗を承知で挑戦し、変わるものと変わらないもののバランスをとることで、過去の文脈を時代に活かす選択ができる。このことを、脈々と伝統を受け継いできた昔の人は、よく知っていたのだろう。歴史を受け継ぐ視点に立つときにはまず、歴史を振り返り「変わるもの」と「変わらないもの」を歴史から探究してみてほしい。

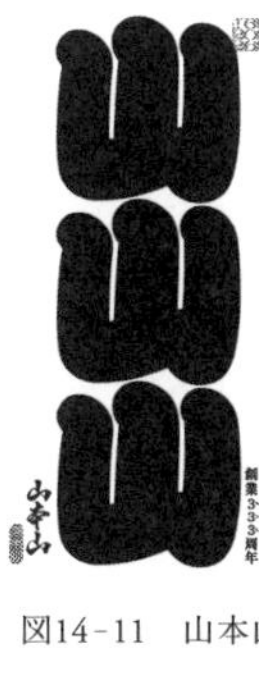

図14-11　山本山333周年マーク　上から読んでも横から読んでも「さんさんさん」

## 要求の系統樹

系統樹は生き残った理由の結晶だ。系統樹の根元には、姿を消してしまったモノがたくさんある。その一方で、数千年や数万年という単位で生き残ってきた原初的な創造も存在する。長い時間を生き抜いてきた創造は、成功要因の保存と、失敗や変化への耐性を備えている。

創造の系統樹を作っていると、それぞれのモノが開発された社会背景や時代の欲求への選択圧が浮かび上がってくる。系統樹を眺めながらじっくり考えてみると、私たちの欲求や意志は、本当に私たち自身が生み出しているのかという疑問が湧いてくる。系統樹に浮かび上がる生理的欲求には、何かの構造があるのかもしれない。

そうした私たちの欲求を構造化しようという研究は、主に心理学の領域で盛んに行われてきた。まず思い浮かぶのは、欲求のピラミッドだ。心理学者のアブラハム・マズローは一九四三年に、人間が本質的に備えている欲求を「生理的欲求」「安全欲求」「社会的欲求」「尊厳欲求」「自己実現欲求」の五段階に分類し、下から上に積み上がっていくものとしてピラミッド型で定義した。

しかし近年、このピラミッドに疑問を呈する、新しい欲求のピラミッドが提唱された。進化論の考えを心理学に応用した、進化心理学と呼ばれる分野が近年一つの学問として生まれた。その研究で、ダグラス・ケンリックらが新しい欲求のピラミッドを提案した。

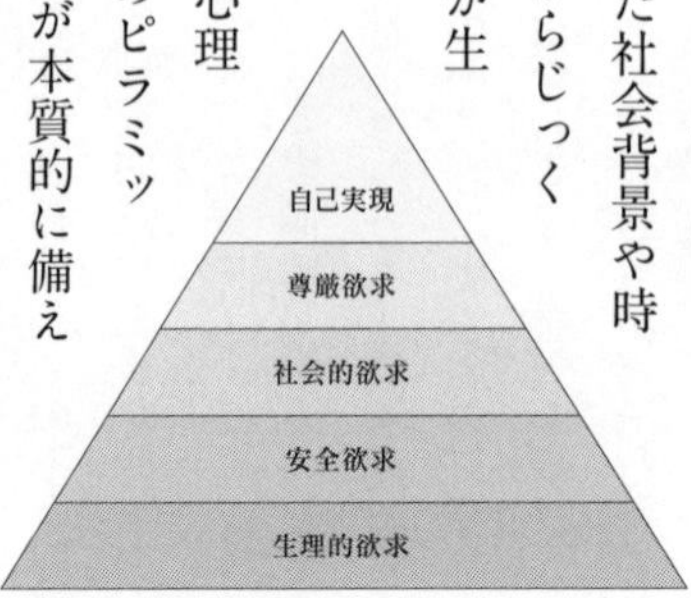


図14-12　マズローの欲求のピラミッド

それによれば、進化的に正しい欲求の段階は、「緊急の生理的必要性」「自己防衛」「所属」「地位／自尊心」「配偶者の確保」「配偶者の維持」「子育て」だという。これらの欲求の順番や分類は、確かにどことなく説得力がある。そしてよく見ると、下の欲求もまた上の欲求と同居するように重なっている。何より身体の進化によって生理的な欲求が生まれたという考え方は、きわめて興味深いものだ。

この研究にインスピレーションを受け、系統樹から逆に理由が読み解けることを実感していた私は、系統樹から本質的な欲求を理解する考え方として、「要求の系統樹」という概念を考えた。この概念に慣れると、みなさんが描いた系統樹にどのような理由が伴っているのかを理解しやすくなりそうなので、少しご紹介したい。

まず人間の欲求を思いつく限り羅列した上で、生物の系統樹と重ね合わせる。すると、系統樹のなかで、人間の欲求がいつ頃発生したのかを推測できることに気づいた。ではもし生物が身体の進化に対応して、欲求の源泉となる本能的な要求を獲得したのだとしたら、人間だけでなく他の生物種にも身体的に共通の要求が自然発生することになる。そうすると、ヒトの欲求も、他の生物と系統樹の上での共通性を見つけられるかもしれない。その考え方を応用すれば、生物と私たちの共感を高めることに用いられるのではないか。

ではヒトまでの進化をたどって、要求の系統樹の考え方を次の頁で説明してみよう。

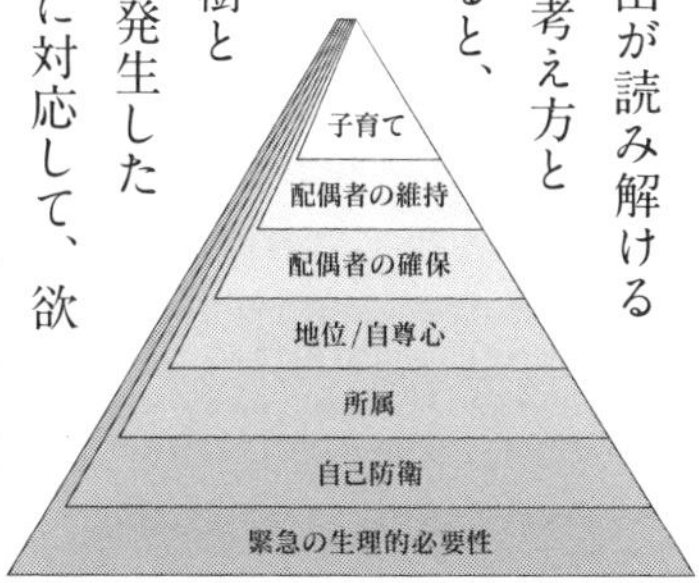


図14-13　ケンリックの欲求のピラミッド

**二〇億年前から「酸素が欲しい」**
古細菌はプロテオバクテリアをとりこんで
真核生物となり、酸素を使ってエネルギーを得た。

**一二億年前から「異性を獲得したい」**
有性生殖を獲得して以来の生物は、
異性と交配して子孫を残すようになった。

**五億年前から「見た目が気になる」**
光を集めて映像を知覚できる
眼が誕生して以来、魅力や危険などを
視覚でコミュニケーションするようになった。

**三億九〇〇〇万年前から「硬いものも食べたい」**
顎が発達し、硬いものも食べる対象になった。

**二億二五〇〇万年前から「子を長く大切に育てたい」**
哺乳類以降は、哺乳を介しての親密な親子関係による
長期の育児が生存の一つの前提になった。

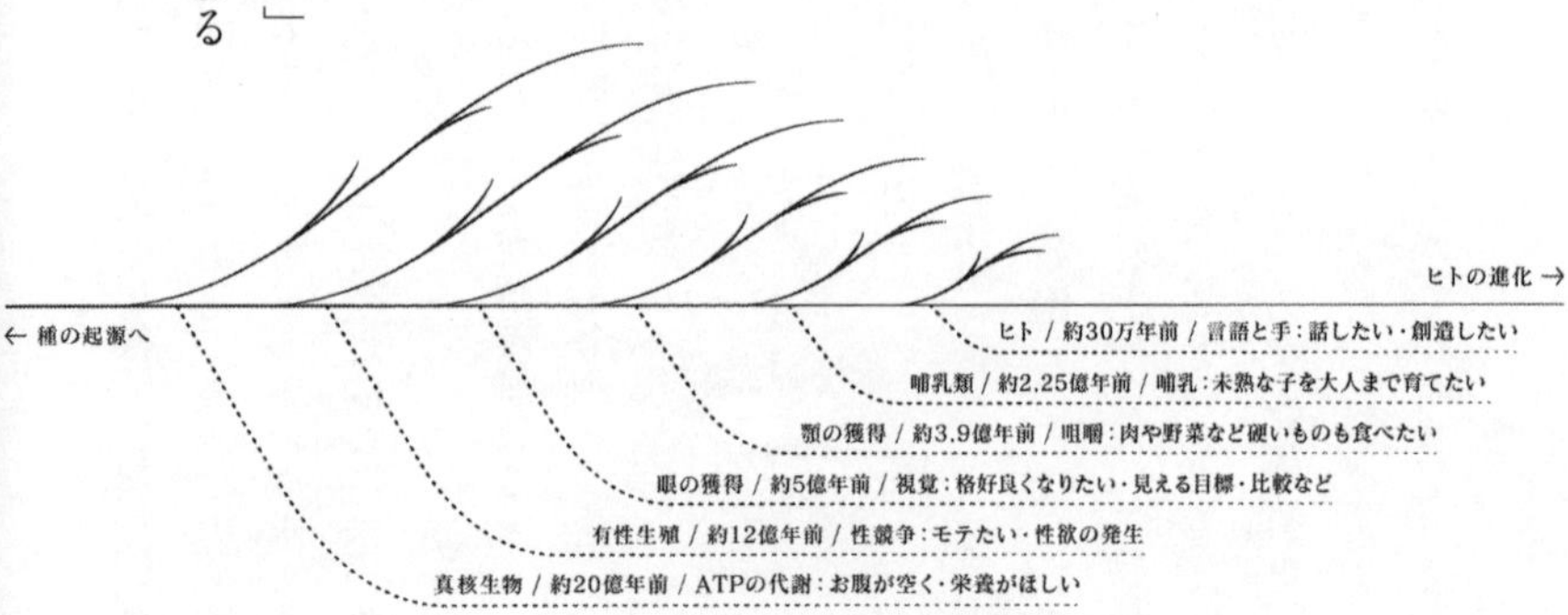


図14-14 人に至る要求の系統樹
PHYLOGENETIC TREE OF DEMANDS LEADING TO HUMANS

右に示したのは系統樹から読み取れる要求のごく一部だ。その身体的要求を欲求として認知できる能力の有無はあれども、生物は進化によって形質を獲得するとともに、こうした要求を同時に獲得したはずだ。ここでは、この要求が導いてしまう意思を欲求と考えてみる。すると、欲求の段階が自然と浮かび上がる。

系統樹に同じ幹をもつ種や、結果的に近い形質を備えた種は、生存戦略の方法に違いはあっても、本質的に共通する欲求を備えやすいのではないか。その結果として欲求は、進化上で獲得した要求の方向性の多層かつ複雑なベクトルの合成となる。だから個体には、複雑に絡み合った多様な欲求が表れる。どのベクトルが優先されるかは個体や状況で異なり、そのバランスの違いによって個体に「欲求の個性」が発生するのではないか。

ここで重要なのは、この心理学的観点が人間のみならず、すべての動物に適用できることだ。身体の進化とともに生理的欲求が発達したのなら、系統発生を見ることで、人間だけでなくさまざまな生物に内在する本能的な要求を推測できる。他の動物に共感できるのは、欲求の系統発生の共通性によるのではないか。これが「要求の系統樹」の考え方だ。

「要求の系統樹」の思考は、私たちが自分ごとのように自然を理解し、自然との共生のために不可欠な視点をもち得るものだ。たとえば、私たちはペットに対して慈しみの愛情を感じるが、これは自分とペットに共通する欲求による共感的な感情と考えられる。

有性生殖の生物は「異性を獲得したい」を共有しているし、哺乳類の母は「一人ひとりの未熟な子どもを大切に可愛がりたい」で共感できる。だからこそ、こうした観点で自然界の生態系を見直すことで私たちはペットなどに共感できるように、人間以外の種の「気持ち」を理解し、共感関係を結べるのではないか。私たち人間が自分たちの延長として自然を捉えるために、要求の系統樹の考え方が役立てられるかもしれない。

系統には私たちの本能的要求が詰まっており、それを理解することが他者を理解することにも深く関わっている。このように、「要求の系統樹」から系統全体を視野に入れてその根本を理解すると、人間社会だけでなく、広大な生態系との共生へのヒントがたくさん見えてくる。そもそも私たちは、人間以外の生物に共感することが苦手だ。

しかし生物多様性が急速に失われている現在、私たちにはさまざまな生物や自然への共感が求められている。人間中心の文明から脱却するためにも、進化系統樹に宿る太古の記憶は、自然への共感と慈しみを取り戻すのに役立つのではないだろうか。

---

「要求の系統樹」の要点

1 身体の進化において獲得する能力は、それが適応的な場合は生命維持にとって本質的に必要なものなので、本能的要求が自然発生する。

2 進化上獲得した本能的要求の方向性は、個体ごとに異なるバランスで合成されて、時には個性ある欲求として表れる。

3 異なる種同士でも、共通する系統樹の分岐までは本能的要求が共通するため、それを手がかりに、犬と人間など異種間でも共感が生まれている。

---

選択

## 本能——欲求の方向性に沿うか

この話がどのように、私たちの創造性と関わるのか。実は要求の系統樹は、創造の系統樹の場合でも同じように読み取ることができる。そのため系統樹を観察すれば、それぞれの発明が生まれた理由が推測できる。つまり過去の系譜を理解すると、今まで歴史的にそのモノに求められてきた本質的なニーズが読み取れるのだ。

たとえば、二〇一九年にテスラ社の新しいＥＶ「サイバートラック」が話題になった。自動運転と貨物室のカスタマイズ性に優れた最先端のＥＶトラックの発明品の本質的な目的は何かと問われれば、「自分の身体や重いものを、少ない労力で効率的に遠くまで楽に早く運ぶことだ」と答えるはずだ。

ではここで、五五〇〇年前に登場した「車輪」のもつ本質的な目的について、もう一度考えてみよう。車輪の目的は「自分の身体や重いものを、少ない労力で効率的に遠くまで楽に早く運ぶこと」という答えが浮かんでこないだろうか。このように、最新の発明と太古の発明において、その本質がまったく同じ目的を示しているのである。つまり、道具の系統樹を見ると、時代とともに方法（ＨＯＷ）は変異しつづけるが、我々の身体に由来する本質的な創造の目的（ＷＨＹ）はほとんど安定的に変わらないのだ。

自動車を解剖すると、さまざまなものが融合して一台の自動車になっている。それぞれの要素には、それぞれの歴史がある。たとえば人類史上で「屋根」が発明された時期は、約二万年ほど前の竪穴式住居の屋根が最初期だと考えられている。その頃から雨風を防ぐ手段の発明は当たり前になった。「動力」の起源が家畜とするなら、一万二〇〇〇年ほど前から人は自分以外の力に頼るようになった。もはやすべてを腕で運ぶ必要はないのだ。シートベルトの元である「ロープ」は一万六〇〇〇年前にはすでに使われていた。初期からロープは安全のためにも用いられていたはずだ。車輪が開発されたのは約五五〇〇年前。工夫次第でモノは驚異的に楽に動かせるようになった。約四〇〇〇年前に椅子が開発されると、居心地よく座れる席が当たり前になった。こうして各要素の系統を知ることで、いま自動車が目指しているさまざまな本質的ニーズを感じ取れるだろう。こうした目的は、長い歴史を生き残る。なぜなら、この目的の根源には、身体が進化上獲得した生理的欲求があるからだ。

　この二〇万年間にわたって、人の身体はほとんど変化していない。つまり時代が進んでも私たちはお腹が減り、

図14–15　自動車に至る要求の系統樹

PHYLOGENETIC TREE OF DEMANDS
LEADING TO THE AUTOMOBILE

定期的に排泄し、冬は凍え、重いものをもてば手が痛いし、腰痛もちは多いし、モテたい。身体が変わらない以上、私たちが本能的にもつ欲求も変わらない。そして創造は、人類の普遍的な欲求に対して、擬似的な進化を供給するかのように新しい手段を提供しつづけてきたのだ。

私たちも含めて、すべての生物の行動には、進化によって先天的に獲得している本能的かつ普遍的なニーズに応えるものから、後天的に学習によって獲得した多様性ある特殊なニーズに応えるものまでグラデーションがある。

イノベーションを普遍的に広められるかどうかは、本能的なニーズに対して、新しい方法で接続できるかどうかにかかっている。

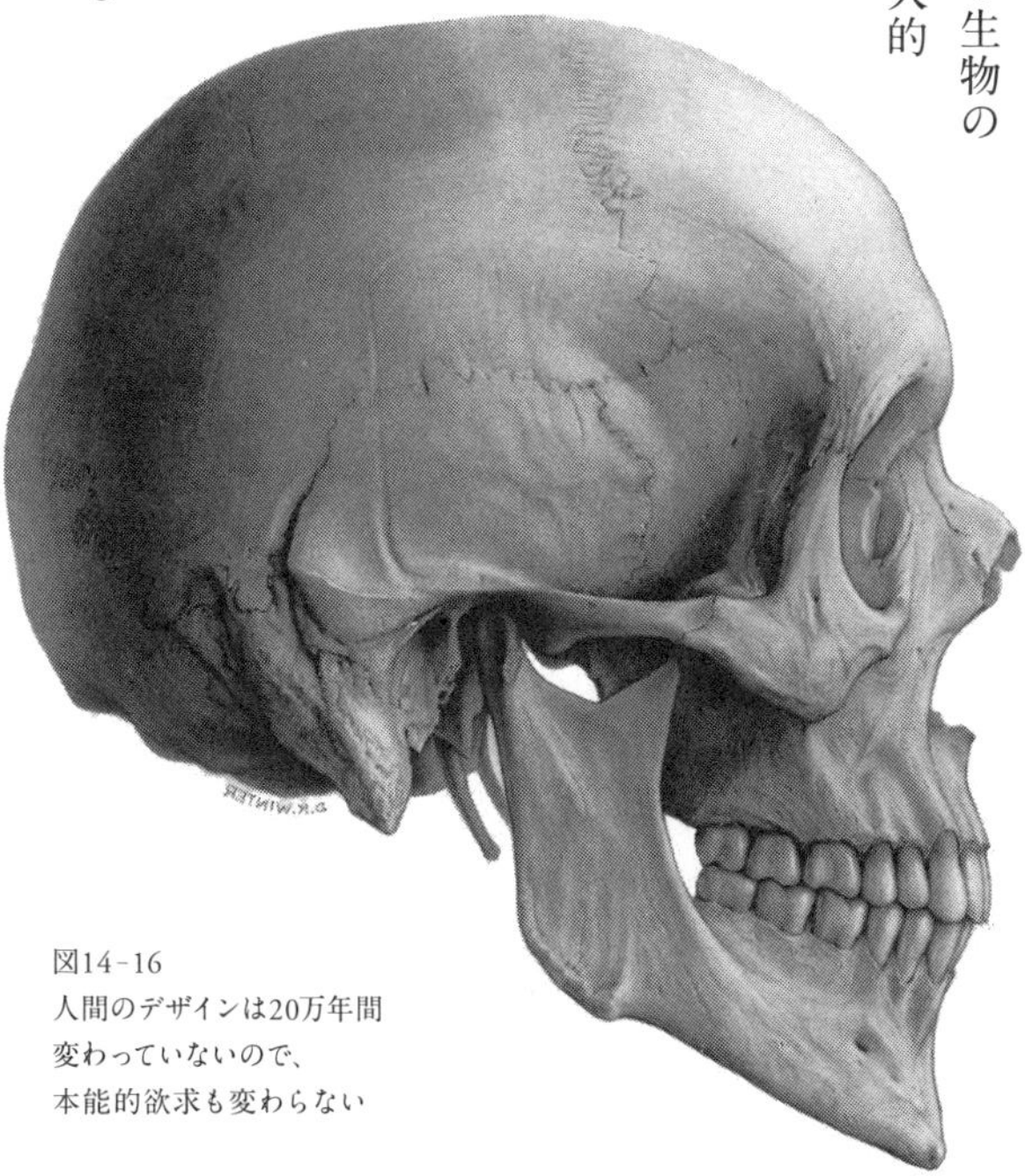

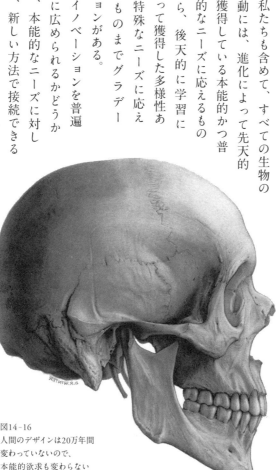

図14-16
人間のデザインは20万年間変わっていないので、本能的欲求も変わらない

## 新たな創造の系統発生

歴史を調べながら系統樹を整理すると、イノベーションの性質についても興味深い現象が考察される。たとえば新技術が産業全体にいかなる影響を与えるのかも読み取れるのだ。たとえば内燃機関が開発されると、既存のテクノロジーと融合する形で、わずか数年のあいだに時代が一気に変化した。その典型がゴットリープ・ダイムラーによる発明だ。彼は小型の内燃機関を発明し、それを自転車に搭載することで、一八八五年に人類で最初のモーターバイクを作った。彼の発明はそれだけに留まらない。彼はその小型エンジンをボートや四輪車にも取り付け、世界初のモーターボートや四輪自動車を生み出した。自身の発明を他所に移動させ、さまざまなイノベーションを生み出したのだ。

飛行機を最初に開発したのはご存じの通り、ライト兄弟だ。しかし彼らに強い影響を与えたリリエンタールも、生前にはライト兄弟よりも何年も前から内燃機関を内蔵しようと実験を繰り返していた。だが、小型化が追いつかなかった。つまりライト兄弟の発明は、ダイムラーらが生み出した内燃機関の小型化がもたらしたのだ。基本技術は、私たちの想像よりも遥かに速いスピードで、さまざまな産業に水平転用される。

ちなみに近年はEVシフトと呼ばれるほど電気自動車が話題になっているが、電気自動車の最初の特許がいつ頃出願されたのか、ご存じだろうか。この質問を進化思考の講義の参加者にしてみると、一九六〇年代とか一九八〇年代ではないかと答える人が多い。ところが実際は、それよりも遥かに古いのだ。電気自動車の特許はなんと一八三〇年代まで遡り、その歴史はダーウィンの進化論よりも古い。二一世紀になってようやく脚光をあびた電気自動車は、実に二〇〇年近く前の古い技術だったのだ。

では、どうして電気自動車はこれほど登場に時間がかかったのか。近年ようやく出現した理由は、解剖的に見るとリチウムイオン電池の開発のような技術の進歩、そして生態的に見ると化石燃料による温室効果ガスが生み出す気候変動への国際的な危機感が重なったことによる。新たな選択の準備が整ったことで、これまで二〇〇年近く起こらなかったEVシフトという系統発生が、今日になって急激に、起こるべくして起こっている。最先端の創造は、必ずしも最先端の技術がもたらすとは限らない。社会的なインパクトのある発想は、電気自動車のように、かつての発想がリバイバルされて生まれることも多いのだ。

EVの出現にとって重要だったリチウムイオン電池は、自動車だけでなくさまざまな分野の製品に水平転用されている。この電池の基礎技術を発明しノーベル賞を受賞したのは旭化成の吉野彰さんだ。二〇二二年の旭化成一〇〇周年の記念式典において、私は吉野さんと対談し、その技術が出現した背景を進化思考でひもとくお役目をいただいた。彼の発見までのストーリーには創造の系統発生のさまざまなヒントがあった。

吉野さんの発見を少し補足すると、彼はリチウムを使った電池を提案した人ではない。リチウムの陽極と対を成す負極の電極棒にポリアセチレンを用いて実証に成功し、さらにその後その素材を捨てて、炭素結晶を選んで普及させたのが吉野さんだったのだ。

考えてみてほしい。つまり彼が発見したのは棒の素材であり、彼が自分自身で変化を起こすのに十分に小さい起点だった。個人が世界を変えようとしても、なかなか変わらない。しかし棒の素材という小さな起点が、大きく世界を変えることもある。時に微差は大差を生み出す。だからわずかな視点に気づく比較が重要なのだ。また彼は小型電池を作るために一度発見した素材を躊躇なく捨て、別の素材に柔軟に移行した。「思い入れのあるポリアセチレンを捨てるときに葛藤はなかったのか」と問う私に、彼はまるで尋ねられたことが不思議とばかり、「そんなのは普通の基礎研究のプロセスですよ」とあっさり答えた。

そのとき私は鳥肌が立ち、彼のすごみを見たような気がした。変異をいとわない柔軟さが、発見には重要なのだ。また実用化したリチウムイオン電池の当初の目的は電子機器の小型化だったという。しかしいまその電池が、自動車のガソリンエンジンを消し去ろうとしている。創造が進化現象であり、必ずしも目的通りに進まないことがよくわかる。

二〇〇年前の電気自動車のように、出現が見込まれながら埋もれる発明がある。それはリチウムイオン電池のように足りない技術があったり、社会がまだそれを受け入れられない場合があるからだ。その断絶を繋ぐのは、わずかな差かもしれない。目の前の小さな変化によって大きな変化を生み出す着眼点を発見するために、私たちは観察力を磨くのだ。

解剖的な内部の状況と、生態的な周囲の状況が整ってはじめて、新しい技術は時代の標準に浮上する。未来を予見するには、内部の機構の歴史的な変化（解剖）と、外部の繋がりの歴史的な変化（生態）まで視点を広げて、歴史を創る着眼点を見つけたい。

## 前例に学び、歴史を超える

ひとたび歴史を調べると、現在までの数万年間にわたる人類史上のさまざまな創造に出会うことになる。そして創造が前例のない新しいモノを作り出すことだとすれば、私たちは創造において、過去の前例と常に競争していることに気づく。

アートやデザインの名作、歴史的発明のような素晴らしい創造物たち。過去の前例は確かに素晴らしい。しかし憧れるだけでなく一部分でも過去の前例にはない新規性を獲得しない限り、何かを新しく創造したことにはならない。新しい発想は生存率も低いが、うまくすればニッチをついて新しいポジションを獲得する鋭いアイデアにもなる。

つまり新しいモノを作るには、前例への敬意だけでなく、その前例を疑うことも、大切な姿勢なのだ。先述のライト兄弟を飛行機の開発に駆り立てたのは、オットー・リリエンタールへの憧れだった。リリエンタールはグライダーの翼断面のスケッチを数多く残していたので、ライト兄弟はその形状を飛行機に適用することにした。だが、リリエンタールの図面通りに作っても、機体は浮き上がらない。そこで彼らは風洞実験を繰り返し、最適な翼断面の形状を割り出し、史上初の飛行機ライトフライヤーでの有人飛行に成功する。

このプロセスからもわかる通り、前例を超えるには、敬意を持って前例を学ぶ姿勢と、前例に疑問を投げかける姿勢の両方が役に立つ。敬意と疑問の繰り返しによって前例を超えたとき、その創造は歴史に刻まれる。

## 歴史的観察と選択——不変の願いを引き受ける敬意

創造の系統樹には、私たちの本能に繋がる、個々の願いを超越した文脈的な願いが流れている。系統を探るプロセスは、過去の創造的な人たちが残した足跡をたどり、その人たちが掘り起こした人々の普遍的な願いを引き受けることでもある。こうした歴史の探究は、過去への敬意そのものだ。そして、変わらない目的を新しい方法で超えていくための大切な準備運動でもある。こうした不変の願いは目に見えず、歴史の系譜を意識しなければ浮かび上がってくることはない。時には現在普及しているモノが本来の目的を見失い、乖離した状態にあるかもしれない。本来の普遍的な願いを見失い、個々の特殊性のみに陥った創造は脆弱で、一時の繁栄のあとは急速に廃れていく。歴史の系譜に宿る願いこそ、創造の本質的な方向を指し示す羅針盤だ。そして本質的な目的の再確認が、創造力の源泉にも繋がる。現存するあらゆる道具は、そんな普遍的な願いを引き継いでいる。

歴史的観察は、時空を超えて脈々と受け継がれてきた本質的な願い（ＷＨＹ）と、時代に合わせたまったく新しい方法（ＨＯＷ）の系譜に、過去への敬意を持って出会い直すプロセスだ。この二つの流れが、歴史のなかで創造を前進させる。歴史的な観察は、今までのモノを理解するのに役立つだけでなく、創造の進化に触れ、その未開の地を眼前に想像することにも役立つ。歴史に流れる本質的な選択圧を捉えながら、大差となる微差を発見し、そこに新しい変異をもち込むことで、私たちは創造の系統樹に描かれる歴史上に、新しい蕾（つぼみ）を生やすことができる。

系統の分岐のなかには、花開くことを待っている別の系譜への道がまだまだ眠っている。何かを創造するときには、この大いなる系譜の一部として、私たちは新しい手段を系統樹上に提供している。こうして私たちは連綿と、同じ目的（WHY）を抱えながら、別の手段（HOW）を未来に遺伝させてきたのだ。敬意を持って過去と向き合おう。そして人類が連綿と願ってきた変わらない願いを引き受けよう。

## ☑ 進化ワーク24　不変の願い［20分］

創造の系統樹を描くと、それぞれの分岐には発生の必然性があり、全体には変わらない自然発生的な願いが流れている。この流れを観察し、引き受けよう。

1　創造の系統樹を俯瞰し、分岐にどんな願いがあるのか観察してみよう。
2　そのモノの不変の願いは何だろうか。想像して書き出してみよう。
3　場合によっては対象を解剖して、要素の歴史も同じように調べてみよう。

現在までの創造が引き継いできた不変の願いに立ち返ることで、過去の偉人たちの力を借りながら、自信を持って創造を進められるだろう。

# 生態

## 必然の観察 3

### 外部に繋がる関係を観よう

私たちは気づかないうちに、さまざまな人やモノとの関係に頼って生きている。いま私が着ているパジャマは、家の近所のショッピングモールで購入したものだ。タグを見ると、メイドインチャイナ。縫製は中国で行われているらしい。生地自体は別の工場で作られているはずで、布に織り上げる前の糸も、地球上の誰かが紡いで染色したはずだ。糸に使われているコットンは、どこかのオーガニックの綿花畑から来たらしい。だが、誰が育てたのかはわからない。白いボタンは、インジェクション成形された樹脂製だが、どこの油田から来たのだろう。これらの素材はすべて工場に集められ、製品になり、売り場まで運ばれてきたはずだが、一体誰がどう運んだのか、私には知るよしもない。

少しだけ想像力を発揮すれば、パジャマ一着を作るだけでも、その背景に数万人は下らない人の繋がりが見えてくる。たかが一枚のパジャマを完成させるために、地球からどれほどの資源をいただいているのかに思いを馳せると、少し胸が痛くなる。でも白状すれば、今こうして文章にするまで、私は自分のパジャマが、そんな広大な物語の結果だということを、一度も意識したことはなかった。

こうした物語が、私たちの身の回りのモノすべてに宿っているのだ。ペットボトルで外国の水を飲めば、今度はその水が地球の裏から来たと書いてある。店に並ぶまでに、採水、陸送、税関、海洋物流、ボトリング、ラベリング、スーパーマーケットのバイヤーとの交渉、出荷、接客などを経て、私たちの口に入る。けれども、それがどういうことなのか、私たちはまったく気にもとめず、その水を口に運ぶ。

この広大な物語の一部を切り取って、開発の現場ではバリューチェーンと呼んだり、マーケティングと呼んだり、調達ルートと呼んだりする。しかし本当は、この全体の一部だけを独立して扱うことはできないはずだ。とはいえ一体どこから手をつければよいのか。

こうした繋がりを理解するプロセスを、進化思考では「生態」と呼んでいる。生態の繋がりは、解剖や系統樹のような入れ子構造や樹形状の繋がりよりも遥かに複雑で、風変わりな形の網の目のようなネットワーク構造を作っている。そのため、時空間観察の四つの観点、すなわち「解剖」「歴史」「生態」「予測」のなかでも、生態的な思考は最も探究が難しい。

しかし私たちが意識さえすれば、今より広い想像力で「生態」の繋がりに配慮し、またその構造を捉えられるはずだ。幸いなことに現在の私たちは、地球の裏側で今何が起こっているのかを、すぐに手元で検索できる時代に生きている。一歩先の繋がりに踏み込む勇気を持って、広大な繋がりの物語を探究してみよう。繋がりの理解と接続こそが、創造の本質的な目的なのだから。

# 生態学——行動・実験・地理・関係・連鎖

誰かが言っていた。人間という言葉は、人と人のあいだの関係性のことなのだと。私たちは繋がりのなかで生きている。両親に産み育ててもらったから現在があり、友人が心の支えになったり、先生に叱られたり、たくさんの人が影響し合う関係のなかで生きている。

こうした関係のなかには、受験や試合でのライバルもいれば、お店同士の競争もあり、ポジティブな関係ばかりとは限らない。しかしながら結果的に競争的な関係もまた、私たち自身の可能性を広げたり、サービスを適正な価格で受けられることに貢献している。良い関係も悪い関係も含めて、繋がりの連鎖が社会を培っている。繋がりがなければ、私たちは生きていくことすらかなわない。

人間ばかりではない。あらゆる生物も、他の生物との繋がりのなかで生きている。数千万種もの生物のなかで、生態系との繋がりのない環境でも存在できる種は、ほぼ存在しない。最強の微生物といわれるクマムシは、単体で生殖し、真空状態や放射線にも耐えるが、そのクマムシですら、他の微生物を食べなければ活動できない。

こうして生物は互いに依存し合っているが、その大前提として生物は環境に依存している。太陽光のおかげで植物は光合成でエネルギーを作り、空気のおかげで陸上動物は呼吸でき、海のおかげで多種多様な海洋生物が生息できるのだ。

狭くは人間関係から、広くは自然環境まで、私たちは繋がりに頼って生きている。そして私のパジャマのように、それを取り巻く繋がりは複雑で、全体の把握がとても難しい。生物学では、こういった環境や生命の繋がりを探究する学問を「生態学」と呼ぶ。

生態学を英語でいえばecologyとなる。そう、よく聞く言葉だろう。あのエコロジーだ。いま私たちはエコロジーという言葉を、「環境にいいモノを買う運動」といった狭い意味で使っているが、本来の意味は「あらゆる生命の繋がり」を解き明かす学問のことなのだ。ecologyの誕生は、進化論とも深い関係がある。進化論の歴史でも登場したエルンスト・ヘッケルという、進化論の重要人物がいる。彼はダーウィンの進化論を美しい系統樹によって広めた芸術的な生物学者だ。そんな彼が『種の起源』から七年後の一八六六年に、学術領域として名付けたのがecologyだった。あらゆる環境や生物同士の繋がりへの想像力をかきたてる生態学は、科学のみならず哲学としても、さまざまな形で広がっていった。

繋がりを理解する力は、ますます重要になるだろう。なぜなら社会が変わったからだ。二〇世紀までの事業開発は、製造から販売までの、売上に関わる狭い範囲の繋がりだけを理解すればよかった。だが現在は、繋がりの延長線上にある汚染や労働の搾取、流通のための物流の環境負荷、顧客が使用後に廃棄するときの環境に与える影響など、生態系への影響が限界を迎えている。つまり生態系に対する深い洞察と配慮が不可欠になる時代だ。生物多様性の喪失や気候変動が大きな問題となっている現在、生態的な観点をすべての人が身につけるための新しい教育が待ち望まれている。では私たちは、どうすれば近視眼に陥らず、広い視野と思慮深さをもてるのか。

## 森羅万象の視野に立つ——5W1H

「どうして?」「それなあに?」「だれなの?」子どもたちは私たちに質問しつづける。異星人が知らない星に着陸したのと同じで、子どもたちにとって世界は不思議なことだらけだ。だから子どもたちは本能的に、繋がりを理解しようとする。世界の繋がりは複雑だが、それを追いかける方法は単純なのだ。そう、子どもでも知っている。

私には、うそをつかない正直者のお手伝いさんが、六人いるんだよ。
(その人たちは、私の知りたいことを何でも教えてくれるんだよ)

その人たちのなまえは
「なに?(WHAT)」さん、
「なぜ?(WHY)」さん、
「いつ?(WHEN)」さん、
「どこ?(WHERE)」さん、
「どんなふうに?(HOW)」さん、それから
「誰?(WHO)」さんと言うんだよ。

——ジョゼフ・ラドヤード・キップリング[43]

キップリングは絵本のなかで、５Ｗ１Ｈの問いを使えば、森羅万象の繫がりを網羅的に理解できることを、子どもたちに伝えた。誰もが本能的にやってきた思考の整理術は、この絵本が登場して以来、しだいにキップリング・メソッドと呼ばれるようになった。

言語が発達する中で、文明は自然と物事を説明するための文法体系を構築していった。その結果、５Ｗ（「いつ」「どこで」「誰が」「何を」「なぜ」するのか）と１Ｈ（「どう」やるのか）を使えば、あらゆる状況を説明できるからだ。このキップリング・メソッドは、複雑な繫がりを理解するための強力な道具だ。全体像を把握するには、たとえそれを知っているつもりでも、５Ｗ１Ｈの一つ一つを改めて確認することが役に立つ。

そもそもヒトは、わかってもいないことを、わかったつもりになる生き物だ。私が着ているパジャマの広大な物語だって、繫がりを意識するまでは、そこに数万人もの人が関わっていたことなど想像もできなかった。私たちの誰もが複雑な繫がりのなかに身を置いているが、その複雑さを理解しないでも生きていける世界でもある。では私たちが意識しないものは、存在しないのか。もちろんそんなことはない。我々が捨てたゴミが思いもよらないような場所で人間や動物の命を奪っているかもしれないし、我々を幸せにするモノが誰かの涙によってできているかもしれない。考えすぎると辛くなるが、私たちは、それぞれの主観が作りあげた固定観念の世界に生きている。この認識の範囲を拡張するには、知っているつもりの関係性が、いかにわかっていないのかを再確認する必要がある。その最初の一歩となる道具箱として、改めて５Ｗ１Ｈの観点に向き合ってみよう。

## 登場人物に思いを馳せる——WHO

あなたの周りに多くの人がいるように、繋がりの物語には、多様な個性を持ったさまざまな人が登場する。生態系の繋がりの物語を読み解く最初の一歩として、登場人物に注意を向けよう。なかでも注意してほしいのは、いつもは登場しない人物だ。なぜなら彼らは簡単に見落とされるからだ。普通に暮らしていれば誰でも、目の前にいる人物のことしか目に入らない。友人の親戚とか、店員の取引先を意識することは、ほとんどないのだ。しかし世界は無数の人たちが繋がり、全体の一部を担っている。

たとえば企業活動では、開発からマーケティングに至るまで、コストの最小化と売上の最大化に重点が置かれる。その結果、「持続不可能なほど生産者や資源に膨大な負担を強いる」ことや、「被害が出ても顧客が買ったあとのことまでは関知しない」といった、極端な部分最適の歪みが生じる。歪みの発生に気づかないことすらある。すると世界の遠く離れた場所や、未来の世代に対して、甚大な負荷をかけることになる。繋がりの歪みを改善するには、広く俯瞰する視点が必要だ。この歪みはそれ自体が課題なだけでなく、逆に未来の新しいサービスや道具にとってのニーズにもなるからだ。二〇三〇年までに国連が推進する持続可能な開発目標（ＳＤＧｓ）では「誰も取り残さない」というテーマを掲げている。できるなら、悲しい思いをする人や非合理が増えることのない方法を模索したい。思慮深くあるために、繋がりの物語に登場する人物を広い範囲で思い浮かべてみよう。

## ☑ 進化ワーク25　登場人物のリストを作る［15分］

あなたのテーマに関連する人物のプロフィールを、思いつく限り書き出してみよう。広い視野に立って、普段あまり意識してこなかった、あるいは見えていなかった人物にも注意を払ってほしい。

例：素材の生産者（農家、一次加工者、経営者）、生産現場（工員、営業、経営者）、物流（管理者、ドライバー、港の職員、経営者）、流通（バイヤー、売り子、経営者）、顧客（買った人、そこの家族や友人）、廃棄（業者、経営者）、廃棄された土地の住民など。

## ☑ 進化ワーク26　登場人物の願い［20分］

登場人物は、どのような立場で、どんな気持ちを抱えているのか。「進化ワーク25」で作成した登場人物のリストを見たり、あるいはそれぞれの登場人物の具体的な行動観察を元に、あなた自身が当事者になったつもりで、その行動の背景にある想いや願いを、思いつく限り書き出してみよう。

具体的な人物の名前や性別、職業や年収、考え方などをドラマの登場人物のように設定すれば、その立場の人の気持ちが理解しやすくなる。それぞれの立場の違いが生み出す想いや願いを意識する癖をつければ、現在の生態系に流れる葛藤や共生関係が見えてくるはずだ。

## 観察 行動観察――行為の意味を探る観察

ある人のことをよくわかっている、と言えるのはどんなときだろう。その人の本をたくさん読んだとか、その人がテレビ番組でこう話したといった、断片的な情報を知っているだけではまったく不十分だろう。その人とたくさんの状況をともにして、仕草や癖など、その人らしい行動に表れる非言語の情報から、その人の個性的な選択の背景にある思考プロセスが感じられたときに、ようやくその人を「よくわかっている」と言えるのではないか。もし相手が人間以外の生物なら、人間以上にこうした非言語の情報を観察から得ることが重要になる。彼らは人間の言葉を話さないのだから。

生態学において行動観察は、最も基本的な研究手法の一つだ。詳細な動物の行動観察研究は、古くは二〇〇〇年以上前のアリストテレスまで遡り、近代では動物行動学がニコ・ティンバーゲンやコンラート・ローレンツらによって確立されている。動物はさまざまな本能的習性を持っており、その行動は一見すると意味がわからないものもある。

こうした行動はそれぞれの個体が学習した結果でもあるが、種に共通する本能的な行動は何世代もかけて獲得された適応進化の結果でもある。つまり自然選択と変異を繰り返す中で、生物の本能的行動もまた進化してきたのだ。だから一見すると意味不明な行動にも、理にかなった適応が隠れていることは多い。個体の種内における関係や種間での相互作用の中で、あるいは環境で生き残るために、その行動にはどんな意味があるのだろう。

私たち人間の社会、とりわけ経営学や心理学にも、動物行動学からの知恵はさまざまな形で応用されている。たとえば行動経済学や行動心理学は、まさに動物行動学の手法を用いて人間の行動を観察し、その傾向や理由を理解する学問と捉えられる。こうした学問の歴史をひもといても、最初期から生態学や行動学の強い影響を受けている。企業にとって、商品を買ってもらえるか、サービスを使ってもらえるかは生命線だ。そのため行動経済学は広くマーケティング分野などにも応用されている。

人は自分自身の行動の理由ですら、時にうまく説明できないことがある。つい本能的にやってしまうことや、無意識による選択に、もっともらしい理由を後からつけているだけかもしれない。だから理由を言葉で答えさせても、それが本当とは限らないし、行動をよくよく客観的に観察したほうが、相手を正確に理解できる場合があるのだ。

---

## ☑ 進化ワーク27　行動観察〔60分～〕

ある登場人物に対して洞察を得るために、登場人物の行動を観察できる場所へ実際に行き、よく観察してみよう。可能ならばユーザーに直接インタビューをして、内なる気持ちを聞き出してみよう。あるいは実際に自分もユーザーとして体験しよう。こうしたエスノグラフィ（行動観察）は、生態系の繋がりを理解するのに有効だ。行動には理由がある。その理由を見つめてみよう。

---

## 種内関係

あらゆる生物にとって、同種内で自身に有利な関係性を構築することは、生存の基盤であり、一つの本能だ。次世代に子どもを残しやすい形質が集団中に広がることを指して適応進化と呼ぶが、これはつまり同種内の関係性で有利に立つ形質が進化する、ということでもある。だがこれは、必ずしも強いものが生き残るということではない。

確かに戦って勝つオスが遺伝子を残しやすいなら、勝ちやすい行動や形質が進化しやすい。だがもし群れてお互いを守る行動が遺伝子を残しやすいなら、群れの協調行動や、そのために有利な形質が進化しやすい。進化によって多様な生き残り方が生まれるのだ。

生物の進化を知ることや生態系の観察にとって、種内関係をひもとくことは大変重要だ。生物の行動を読み解く上でも、特に同種の中でお互いに示す行動には、その種がどのように適応したかという謎を解く手がかりが詰まっている。

私たちが創造力を発揮する上でも、同じ職業や同カテゴリの商品など、同種に属する前例を観察することは、非常に重要だ。同種内での相互作用が、ダイレクトに成否に結びついてしまうからだ。同じ業種や職業は、時に競合としてライバル関係になったり、あるいはコラボレーターとして共創することもあるし、同種内だから発生する作法もある。このように、同種同士の関係は、進化でも創造でもまず見逃すことのできない観察対象だ。生物と人間社会において種内関係に発生する選択圧を、いくつかの観点で見てみよう。

選択

## 性淘汰——魅力で競争に勝てるか

同種内のオス同士がメスを巡って競争する種は少なくない。そしてメスがある形質をもつオスを選ぶ異性間の選択圧も働いている。いわば雌に選ばれるための競争ともいえる。こうした現象は性淘汰と呼ばれ、種ごとにかなり特殊かつ多様な争いのルールがある。鳥だけに限っても、鳴き声を競う鳥、羽の模様を競う鳥、求愛のダンスを踊る鳥、餌を貢ぐ鳥と、実にさまざまなテクニックを駆使して異性に好かれようとする。性淘汰の様式を列挙してみると、なんだかナンパや婚活のテクニックにも似ていて微笑ましい。

性淘汰では、それぞれ特殊なルールに基づいてクオリティを競う姿がよく見られる。その結果、進化は時間をかけて極端さを生み出す。変異自体は常にランダムに起こるが、性淘汰によって方向性が生まれる。この方向性は、それぞれの生物の特徴に現れていく。こうしてニホンザルの尻は赤くなり、鳥の鳴き声は美しくなり、より早く卵子にたどり着く精子が選ばれ、遺伝子を未来に繋いでいくのだ。

生殖のための熾烈なクオリティのバトルは、時には生きるための実用性から離れて、特殊すぎる進化を導いてしまうこともある。たとえばオスのクジャクの羽はこの上なく美しいが、大きすぎるし派手すぎて、どう考えても実用的とは言いがたい。かのダーウィンも、生存競争には不利なはずのクジャクの羽を見て頭を悩ませ『種の起源』の発行後に追加で性淘汰の本を書いたくらいだ。



選択 ≫ 解剖 歴史 生態 予測

異性を巡る競争は極端な基準の性淘汰を生みやすく、実用性を通り越して先鋭化に進むことがある。たとえば、ギガンテウスオオツノジカは、オス同士の競争のために五〇キログラムもの重さの角を持っていたが、その角の形成にカルシウムを消費しすぎて骨粗鬆症になっていたらしい。ある形質をもつ魅力的なオスをメスが選択する現象が続くと、たとえその形質が生存に不利な場合でも、その傾向に進化することがある。ライバルとの性競争に勝てる進化が、必ずしも生き残るために合理的なわけではないのだ。こうした現象は、現在の進化生物学ではランナウェイ説と呼ばれる。

つまり同一種内の争いは時に不条理だということをまずは覚えておいてほしい。なぜなら、創造の競争も同じような極端な状況を生み出すからだ。オス同士が争うように過酷なクオリティの競争に晒されるのは、創造もまた同じだ。あらゆる商品は、市場での競合同士のあいだで、クオリティの競争原理に晒されている。たとえば、自動車の販売競争、人気ラーメン店の競争、コンビニエンスストア同士の争いなど、それぞれ個別の評価軸で争っている。

私たちが普段、競争相手は誰かと聞かれたときに真っ先に意識するのが、同じ領域の競合相手のことだ。競争から逃れるすべがないなら、負けるわけにはいかない。周囲よりも一つ頭を超えないとマー

図15-1　クジャクの不合理なほど美しい羽

ケットという生態系におけるポジションを取れないからだ。こうして競争は激化する。

同じ業種内の競争は、往々にして独自の評価軸を生み出す。進化と同じように、創造の競争も先鋭化するのだ。こうして競争が先鋭化すると、クオリティの評価軸もまた理不尽に偏って単純化されることがある。その結果、クジャクのような実用性を超えた競争が生まれるのも進化とまったく同じだ。たとえば一〇〇〇円ショップで買えるクォーツ式腕時計は十分に正確で軽く実用的だが、数千万円する機械式腕時計は不正確で重く、保険をかけなければ持ち歩く気も起こらない。けれども超高級時計は、その美しさや文脈を愛でる多くのファンを魅了し、固有のマーケットを生み出している。専門分野内での競争は、その本来の目的を超えて特殊化するのだ。

競争が導く偏りは、あらゆる領域で見られる。たとえば、一万円で買える中古車がある一方で、時速四九〇キロ以上という世界最高時速を誇る、四億円の超高級スポーツカーもある。もし日本の道路で時速四九〇キロで走れば、スピード違反および殺人未遂に問われるかもしれないし、私なら十中八九、そのまま人生からランナウェイする自信がある。

実際のところ、一万円の車でも四億円の車でも、できることはほぼ変わらないし、公道で走ることのないスピードが出せる車は理にかなっていない。だがスーパーカーも

図15-2
ギガンテウスオオツノジカ

世界中の多くのファンに愛され、限界への挑戦や高みを目指す精神への憧れが強く表れる。クオリティの高さは、私たちを魅了し、狂わせることもあるのだ。さて、こうした激しい魅力の競争に勝つには、どんな戦略があるのか。

一つのヒントは、競争の評価軸を理解することにある。クオリティの高いものを「歴史的観察」で比較分類し、評価軸の正体が明らかになれば、やるべきことが明確になり、わずかなポイントだけでも相手の魅力を凌駕できるかもしれない。

創造におけるミッションは、常に前例を超えることにある。特定の相手に追いつきたい場合は、「解剖」によって「どんな仕組みがその良さに直結しているのか」を分析してみよう。そうするとクオリティを向上させる技術的な方法が浮かび上がる。歴史的観察によって、前例が築いた競争の評価軸の正体が見えてくる。また速すぎる車を運転できないのと同じで、狭い範囲での行き過ぎた競争は時に絶滅に直結する。やりすぎて絶滅した例は、第二章の「変量」も参照してほしい（92頁）。

改めて考えてみよう。あなたのプロジェクトの競争相手は誰だろうか。その競争の評価基準はなんだろう。現在のアイデアは、前例との魅力の競争に勝てるだろうか。評価軸の角度を変えれば、勝てるポイントはないだろうか。また逆に競争が過激になりすぎて、不条理なまでに行き過ぎていないだろうか。その行き過ぎはマイナスに結びついていないだろうか。こうした観点で、競争の全体像を捉えてみてほしい。

## ☑ 進化ワーク28　魅力の競争［20分］

競争のある領域に挑むなら、その領域ならではのクオリティの基準が強い選択圧として存在する。この評価軸の基準を理解することは、競争に生き残るために必須だ。そのためには、まず相手を知る必要がある。

1　同じ領域で直接の競争相手を書き出そう。

まずは競争相手を分類観察しよう。同じレベルの相手だけでなく、自分が同じ分野の歴史の中で尊敬する競争相手なども意識的に書き出してみよう。

2　競争相手のことを徹底的に調べてみよう。

競争相手はどのような活動をしているのか。その相手の特徴は何か。解剖的観察や歴史的観察で相手の状況をできるだけ詳しく調べてみよう。

3　クオリティの勝敗を分ける評価軸は一体何かを比較観察しよう。

コストや美しさ、素材の質感や使いやすさなど、競争にはさまざまな評価軸があり、領域ごとに異なっている。たくさんの競争相手を比較し、競争の評価軸となる基準を、端的な言葉で書き出してみよう。

選択

## 群れ――目的を共有しているか

多くの生物は、群れを作ることで敵を警戒したり、餌の捕食を容易にしたりする仕組みを持っている。そこでは群れの個体間で共通する、進化上で獲得した本能的な応答規範が身体に備わっている。この本能的な規範が、群れが生存に機能する性質をもたらす。

ミーアキャットの群れを見てみよう。愛くるしい外見の彼らには、実はまるで軍隊のように規則正しい行動規範と役割分担がある。彼らは外敵を警戒して交代で順番に見張りをする。敵を発見して声をあげるや否や、群れ全体がいっせいに逃げ出す。また、群れのなかでは優位なオスとメスの一組だけが生殖し、他の個体はヘルパーとして、子守や授乳を受け持って協力する。子どもは成長発達の段階によって役割が変わり、群れの中で必要な能力や役割を覚える。

さらに群れのなかでは、教育を施すことさえも行われている。ミーアキャットの教育プログラムは徹底的で、そのプロセスも驚くほど緻密だ。たとえば子どもにサソリの取り方を教えるときは、まず死んだサソリを与え、次に毒針を抜いたサソリを与え、最後は実際にサソリを取らせるらしい。三段階の教育ステップを通して、一人前に育ててあげる。こうした教育が本能的に行われているのを見ると驚くばかりだ。

図15-3　立って遠くを見張るミーアキャット

一方、私たち人間はミーアキャットよりも遥かに複雑な社会に生きているので、部活、会社、村、政党、チームといったグループを多層にわたって作り出している。それらのグループは個人に内在する共通規範が機能する限り、お互いを助け合うコミュニティとなる。だが人間社会は複雑なので、時間が経つにつれて規範の源泉となる目的や存在理由を見失い、規範が形骸化してしまうこともある。そうなれば組織の機能は大きく低下する。

創造的なプロジェクトや組織を生み出すためには、共有できる目的をきちんと見定め、個が自律的に動くための規範を共有することが大切だ。その目的がチームのなかで見失われていなければ、それ自体がプロジェクトや組織の規範の源泉として機能する。組織を機能させるには、組織内の個人の行動規範を同調させる必要があるのだ。

---

## 進化ワーク29　組織と目的と規範［20分］

1　あなたの組織が共有している目的やルールや性質を書き出してみよう。組織のメンバーが無意識のうちに共有し、大切に守ろうとしている規範は何だろうか。それを確認してみよう。

2　組織の目的と規範へのメンバーの視点は一致しているか、確認してみよう。規範がゆるいことが価値をもつ場合もあれば、厳格ゆえに強さを発揮する場合もある。そうした空気感も含めて、メンバーに共通認識があるかを確認しよう。

---

## 種間関係

自然のなかにも、さまざまなドラマがある。獲物を追う者、逃げる者、食べかすを漁る者、それを土に還す者、水の恵み、太陽の暖かさなど、種や個体同士の状況の物語は互いに複雑に広く繋がっている。同じ環境に生息する生物同士は、お互いに複雑な相互作用の中で生きている。同種関係だけでなく、種間関係での相互作用を見落とせば、生態系の中で起こるバランスを読み取ることはできない。図15-4のような食物連鎖図を、あなたも目にしたことがあるかもしれない。複雑な関係を理解するには、このような相関図による可視化が役に立つ。

食物連鎖のように食うか食われるかのよ

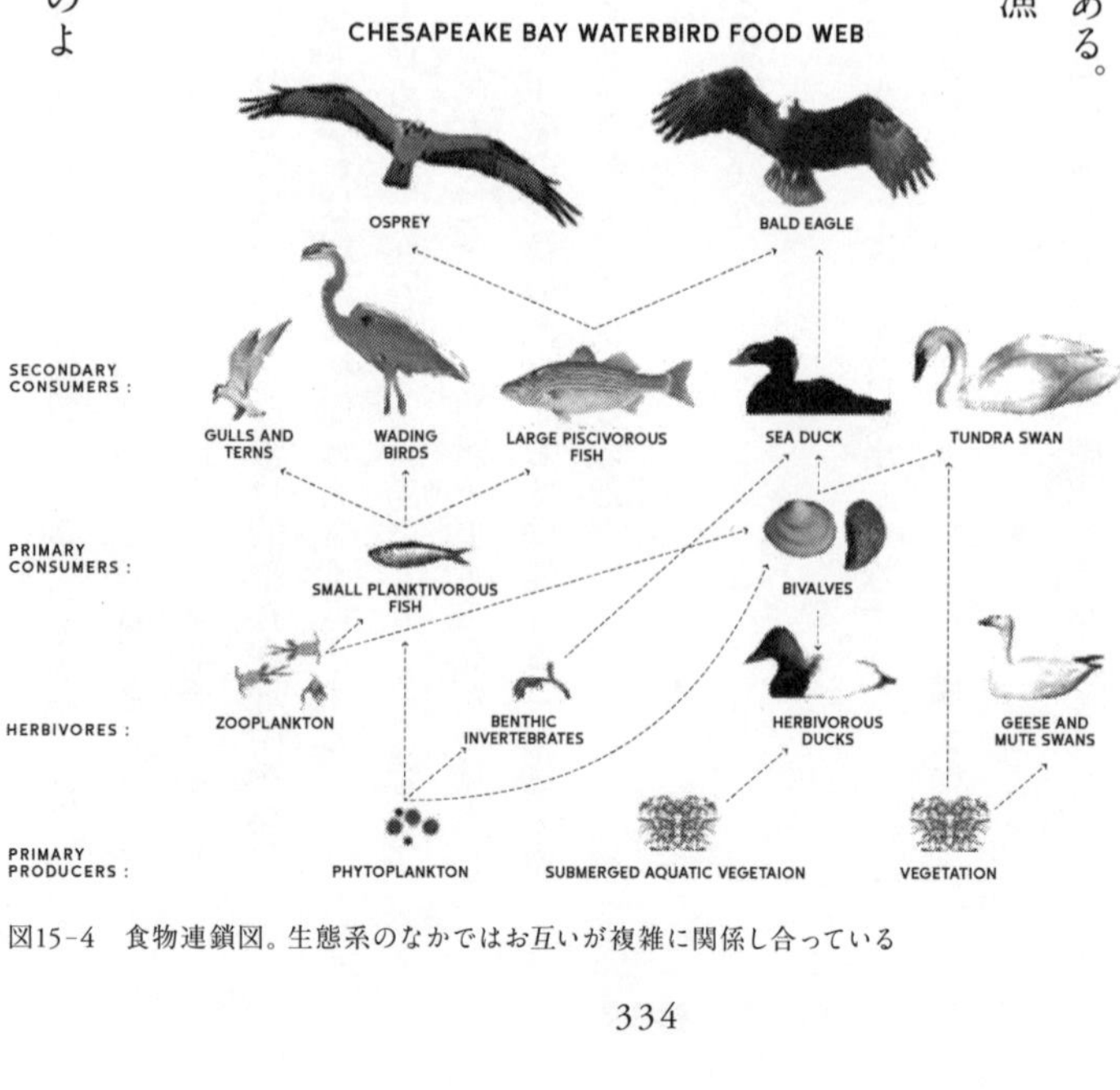


図15-4　食物連鎖図。生態系のなかではお互いが複雑に関係し合っている

うな壮絶な関係、気づかぬうちに同じ餌を取り合う関係、お互いがお互いの存在に依存しながら共生している不可欠な関係など、無限とも言うべき多様な種間関係が生態系には満ちている。

複雑な種間関係の中で、共存したり絶滅したりといったさまざまなドラマをくぐり抜け、結果残っているのが、現在の生態系だ。種間相互作用は、常に絶滅する種と生存できる種の差を生む主な原因となっている。種間関係は複雑で、作用を及ぼした側も、及ぼされた側も、気づかないことが多い。そして私たち人類自身が、この関係に現在最も破壊的な影響を与えている生物であることは明白だ。だからこそ現在の私たちにとって、生態系の繋がりの観察や記述を、生態学が磨いた専門的な手法から学ぶことには価値がある。

生物の種間関係の観察は、生態系の視点に立つだけでなく、創造力を磨く上でも大変参考になる。たとえば人間社会での業種や領域間のさまざまな相互作用のヒントが、この生態系の仕組みの中には宿っている。私たちの社会も生態系と同じように、さまざまな業界やセクターのあいだにはさまざまな相互作用があり、そこに適応した産業や文化が存続してきた。同じカテゴリ内で有利なほうが生き残れるとは限らず、思いもよらない他種との関係から危機が訪れることもあるし、また他業界の力を借りて発展することもあるのは、生態系や進化と大変良く似ている。多様な関係の相互作用によって社会が安定していると見ることもできるだろう。多様性を失ってこのバランスが偏りすぎれば、ある日全体を不安定化させる要素となり得ることも、時に生態系は事実をもって教えてくれている。

選択

## 天敵――簡単に破棄されないか

生物学では、捕食される側から見て、捕食しようとする相手の種を天敵と呼ぶ。生態系のなかでは、さまざまな昆虫にとっての鳥や、葉にとってのさまざまな昆虫のように、捕食される種と捕食する種が、連鎖的に繋がっている。天敵はわかりやすい脅威だ。また天敵がいないと思っていても、ある日突然出現することがある。たとえば飛べない鳥だったスティーブンイワサザイは、人間が連れてきた猫に食い殺されてあっという間に絶滅してしまった。

ところで、私たち人間の天敵はなんだろう。人間はさまざまな道具を創造することで、今や地球上で最強の生物になった。そのため、人間自体を取って食おうとする種は、もはや少ない。けれども私たち人間にも、生存の脅威となる天敵がいる。それはウイルスや細菌だ。感染症を発生させるウイルスや細菌は、私たちの生命を脅かす強力な寄生者として、歴史上で何度も人類に脅威を与えてきた。それは時に戦争並みかそれ以上の被害を人類にもたらしてきた。

一〇〇年前に流行したインフルエンザ、すなわちスペイン風邪は、三〇〇〇万人から一億人もの人命を奪ったと言われている。また、本書を執筆している現在（二〇二三年八月時点）、新型コロナウイルス感染症のCOVID−19によって、世界中ですでに約六九〇万人の人命が失われている。[44] その対策のために私たちは、約三〇〇人

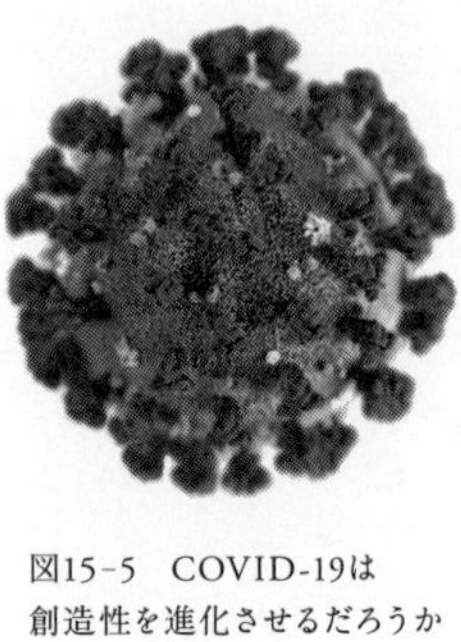

図15−5　COVID-19は
創造性を進化させるだろうか

の有志の仲間とともにPANDAIDというプロジェクトを始めた。危機に創造性を刺激されたのだ。ペストのような疫病とルネサンスの出現時期が重なったり、一九一八年のスペイン風邪の翌年に、モダニズムを代表する創造性の学校バウハウスが創立されたりといったように、危機に際して人類は、医学や薬学のみならずデザインを発展させてきた。またCOVID－19によって人間の行動が制限された期間には、各地で短時間に自然の劇的な回復が見られた。変化は新たな可能性を示すことがある。

　では、別の側面から天敵について考えてみよう。私たちが創造するモノにもまた、天敵は存在する。モノなのだから、何かに襲われたり食べられたりすることなんてありえないと思うかもしれない。だが実際には強烈な天敵がいるのだ。

　創造にとって最大の天敵は、まだ使えるものでも価値がないと見なして強制的に役割を終わらせるもの、つまり「価値を廃棄する」行為だ。

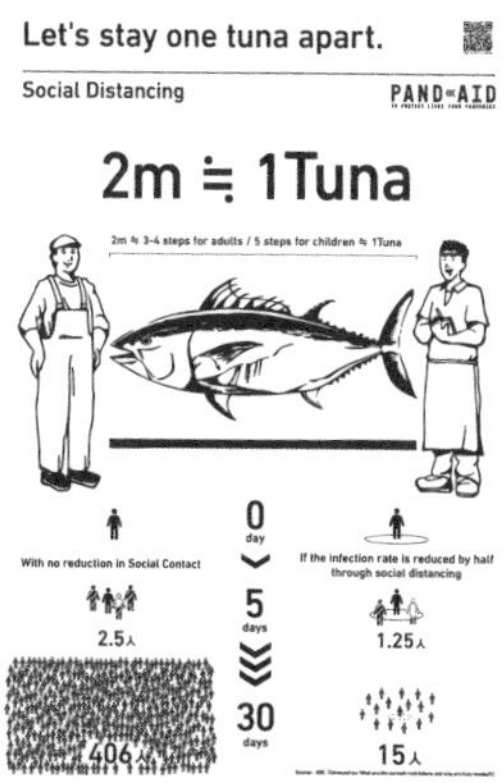


図15-6　PANDAID
パンデミックのためのオープンソースデザイン。
クリアファイルをフェイスシールドにした例

これまで、私たちはモノを捨てつづけてきた。日々の暮らしのなかで捨てているゴミはもちろんのこと、捨てることなど思いも寄らないモノまで捨ててきた。一〇〇〇年以上の歴史を持ったお寺や仏像を廃仏毀釈したり、石炭が採れなくなった小さな島を捨て去ったり、数万年にわたって影響を及ぼす高レベルの放射性廃棄物を生み出してきたのだ。

そして、私たちが廃棄するスピードはますます加速している。価値の高いモノでも、現代社会ではすぐに捨てられる。というのも、次から次へと使い捨てにして、新しいモノを買い直させて利益を上げる方法は、経済発展と利益追求にとって都合がよかったからだ。

その結果モノの寿命はどんどん短くなり、世界中で毎年数億トンもの膨大なゴミの塊が捨てられていく。環境省によると、二〇一八年度における廃棄物の総量は、日本だけで四〇〇〇万トンを超えていたそうだ。[45] これらのゴミのなかには、考え方次第では、まだ何らかの価値を十分に発揮できるモノが多かったに違いない。では、どうすればモノの寿命をもっと延ばせるのか。

図15-7
廃棄されるのは、捕食されるのと同じだ

まず思いつくのは、モノ自体の耐用年数を延ばすことだ。廃棄までの時間を引き延ばすために、製品をなるべく丈夫に作ったり、美しく飽きないデザインに設計すれば、自ずと息の長いモノになるだろう。もう一つは、なるべく原型を留めて他の目的に生まれ変わらせるリユースやリサイクルの工夫だ。つまり本来の役割を終えたあと、別の役割を担えるように設計するのだ。使われなくなったモノをリサイクルやシェアすることで誰かに使ってもらったり、捨てられる前に別の用途に使えるようにデザインを工夫し、廃棄までの段階を多段階に設計できるだろうか。廃棄物のカスケード利用という言い方をすることもある。そうすれば完全に廃棄されるまでの寿命を引き延ばすことができる。

モノには寿命がある。新しいモノを作るときには、それが不要になった先のことまで考えて、長く寿命をまっとうできるように設計するべきだろう。この観点をみんなで意識して、世界をもう少しサステイナブルにデザインしたいものだ。

---

## ☑ 進化ワーク30　廃棄される前後［15分］

1　モノが廃棄されるまでのプロセス、そして廃棄されたあとの状況を書き出してみよう。その先に発生している負荷はどのようなものなのか。

2　廃棄される予定のものを循環させて、他の誰かにとっての価値になる可能性を探り、創造の寿命を延ばせるか想像してみよう。

---

選択

## 赤の女王——より早く進化できるか

天敵との関係が長期化すると、生物は結果的にお互いが適応進化する。昆虫が鳥から身を隠すために擬態を進化させ、周囲の景色に溶け込めば溶け込むほど、昆虫を捕食する鳥も、擬態を見抜く能力を進化させていくのだ。ガゼルの逃げるスピードがどんどん速くなったので、チーターの足もより速く進化していく。相手がいることで進化が加速していく。

こうした進化上の競争的な現象は、天敵と獲物の関係が長期的にはっきりしている環境では頻繁に発生し、どちらかが駆逐されるまで、この進化の競争は続く。進化しつづけなくては生き残れないのだ。こうした現象を、ルイス・キャロルの『鏡の国のアリス』[46]の、その場に留まるために走りつづけなくてはいけない状況になぞらえて「赤の女王仮説」と呼ぶ。

社会活動や技術でも同じことがいえる。ライバルがいない独占的な市場は活性化せず、やがて進化が遅くなる。競争がなければ変化する必要がないからだ。たとえば第二次世界大戦のあと、ソ連との宇宙開発競争のためにアメリカは

図15-8
チーター　時速120kmの短距離走者

ＮＡＳＡを立ち上げ、宇宙技術や天文学が大躍進を遂げた。近年、急速に発展してきたスマートフォン市場も、iPhoneだけでは、これほど急激に浸透しなかったはずだ。後発のライバルとしてGoogleのAndroidが出現したことで、結果的に「赤の女王」的な競争と共進化が引き起こされた。

動物たちが同じ餌を奪い合うように、同じ目的を目指して開発されたさまざまな道具が、同じユーザーのシェアを奪い合っている。たとえある段階で大差がないとしても、こうした状況では競争に対して変化が早いものが勝者となる。競争相手の優位性を学び、相手よりも早く進化したものが生き残るのだ。

新しい創造を生み出したとき、それが他の競争相手に淘汰されないためには、周囲のライバルよりも早く進化することの重要性を知っておきたい。ライバルがいない場所で新しい創造を生み出した場合は、しばらくの猶予があるかもしれない。それでも、あなたの企みが成功すれば、それを羨んだ誰かが追いかけてくるだろう。

新しい試みが成功したあとには、進化競争が遅かれ早かれ発生する。その競争を予見し、進化の競争に勝てる態勢をイメージしておくことが大切だ。そして適切なライバルの存在が、時には進化の加速に繋がることもあるのだ。

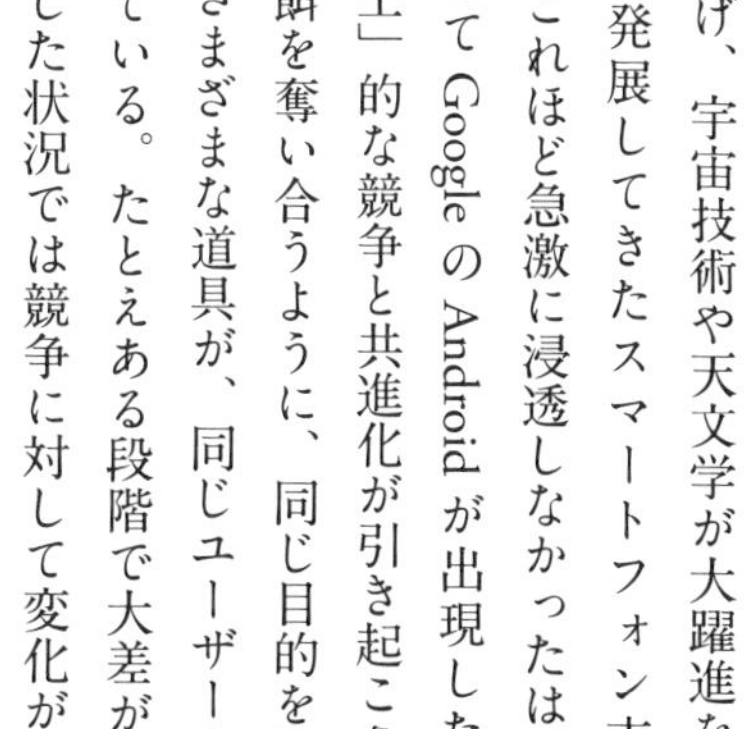

図15-9
ガゼル　時速98 kmの長距離走者

選択

## 寄生——敵にハックされないか

「寄生される」と聞くと「ぞくっ」と身震いしないだろうか。寄生虫とか、なんとなく怖い。できれば共生的な関係がいい。共生という言葉は良い感じがする。しかし生物学的に見ると寄生も共生の一種だ。片方だけが役に立ち、もう片方にとっては特に何の役にも立っていない状態のこととして、寄生は片利共生と呼ばれている。一方で、いわゆる共生はお互いがお互いの役に立っている状態として、相利共生とも呼ばれている。寄生と共生の境目は、私たちが思っているよりも線引きが難しいのだ。

自然界において、寄生者にとっての宿主(しゅくしゅ)は生存に重要な環境であり、大切な資源だ。自然界では、寄生者は宿主が死ぬと自身も危険に晒されることが多い。とはいえ宿主の生存にとって、寄生者が脅威であることに変わりはない。宿主は栄養をとられてしまったり、不自由になったりするからだ。

また、寄生虫のなかには、よりよい宿主を探すために、現在の宿主を殺そうとする恐ろしい習性を備えた種も存在する。カタツムリに寄生するロイコクロリディウムという寄生虫がいる。カタツムリはロイコクロリディウムに寄生されると脳が侵され、異常行動をとりはじめる。普段は天敵である鳥から身を守るために木陰に身を隠しているカタツムリが、逆に鳥に見つかるために外へ出て行くように操られてしまうのだ。そして、ロイコクロリディウムの巧妙さは、それだけに留まらない。

この寄生虫は、カタツムリの頭を、鳥が大好きな緑色の芋虫そっくりの色と形に変形させてしまう。脳や体を操られ、姿まで変わってしまったカタツムリは、まんまと鳥に見つかり食べられてしまうわけだ。こうしてロイコクロリディウムは宿主を代え、最後は鳥の体内に寄生する。まるで保険金を目当てに毒を盛りながらマンションを買わせる結婚詐欺師のような、サスペンスの香りただよう寄生虫だ。

人間社会でも、寄生者は脅威となる。うまくいってても安心してはいられないのだ。産業においても、成功した事業の寄生者が半ば自然に発生する。コンピューターにおけるウイルスやクラッカー（悪意あるハッカー）、ブランド商品に擬態して寄生するコピー商品、お金持ちを誑（たぶら）かす結婚詐欺師、有名人狙いのＳＮＳの炎上商法、税金を横領する政治家など、社会にもさまざまなタイプの寄生者がいる。

事業や商品などの開発がうまくいったとしても、すぐにハックされたりコピーされたりして無駄になってしまうこともある。そこで事前に寄生者のリスクについても、イメージしておきたい。こうした寄生者との向き合い方も、私たちの創造性次第なのだ。

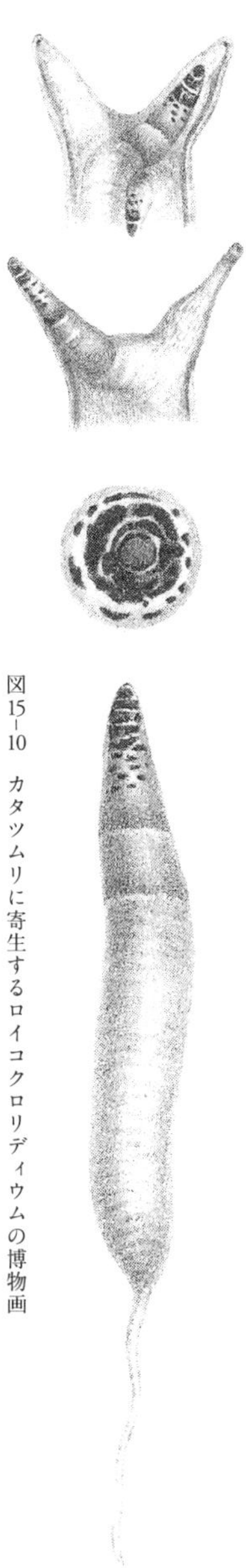

図15-10　カタツムリに寄生するロイコクロリディウムの博物画

では寄生者の脅威に適切に対処する方法を考えてみよう。これはどのような変化が寄生からのダメージを緩和するのに役立つか、と言い換えられるので、変異的な思考が役に立つ。思いつくのは次の五つだが、きっと他にもあるはずだ。

1 寄生者や寄生箇所を切り離す――変異：分離
2 寄生者への防護壁を厚くする――変異：変量
3 寄生者の入る経路を遮断する――変異：消失
4 寄生者に必要な資源をなくす――変異：消失
5 寄生者を共生者に変化させる――変異：交換

このように寄生者への対策もまた、変異的なプロセスによって進化できるかもしれない。これを書きながらなんとも胸が痛むのは、当の私たち自身が寄生者になっている事実だ。私たちの生活や構築した社会が、共通の自然環境のリソースに頼る他の生物や未来の私たちの子孫にとって、最も厄介かつ強力な寄生者になってしまった。

現在の人間社会は、成長の限界が指摘されてから五〇年の時を経てもなお、自然との共生関係を構築することに失敗し、私たちはいま大量絶滅の時代に生きている。私たちの子どもや孫の未来のためにも、私たちの無自覚による生態系への寄生的関係を理解し、文明の持続可能性への脅威となる生態系への負荷を取り除かなければならない。

そして生態系との共生関係を築く思考は、この文明を永続させるための重要なテーマだ。未来に寄生する現在の私たちがどのように共生的な関係をもたらす存在へと変化できるか、あらゆる職種の中で可能な手立てを真剣に考えてみよう。

## 進化ワーク31　寄生者がいるとしたら［10分］

いつのまにかプロジェクトの活力が奪われていることがあるとしたら、その状況の中に、何か見えにくい寄生的な関係があるからかもしれない。

1　プロジェクトの周囲に寄生者がいるとしたら、それは誰だろう。可能性のある相手を書き出してみよう。

2　もし寄生者が思い浮かばないなら、性悪説的に「もしこんな寄生者がいたら怖いな」という相手を想像してみよう。

3　逆に自分たちが寄生しているものはあるだろうか。もし他者や自然にとって、私たち自身や私たちの活動が寄生者となっているとしたら、何に対して、どんな形で寄生しているのかを想像してみよう。

寄生者と共生者は、紙一重の存在だ。どのように共生関係へと導けるだろうか。

選択

## 共生——相手と一体感を生むか

同種でなくても、生物同士が互いに助けあうコミュニティを形成することがある。寄生の説明で触れた通り、別の種同士が助け合う現象を、生物学では相利共生と呼ぶが、ここでは単に共生と呼ぶことにする。共生する生物同士は、お互いの違いを活かして、自身にはできないことを頼り合う関係を構築する。

生物の共生を説明するときには、映画「ファインディング・ニモ」の主役として一躍有名になったカクレクマノミの例がよく取りあげられる。カクレクマノミは、小さくて弱い魚だが、毒のあるイソギンチャクと共生して外敵から身を守っている。カクレクマノミの体表にある粘液はイソギンチャクの粘液と成分が近く、刺胞で攻撃されない。イソギンチャクのなかにいれば敵に捕食されづらいため、弱いカクレクマノミにとってイソギンチャクは安全な住処になっている。その一方で、カクレクマノミはイソギンチャクに発生する寄生虫を食べてあげたり、イソギンチャクの体を揺らして代謝を助けている。お互いの弱さを支え合う、何とも良い関係性が育まれている。

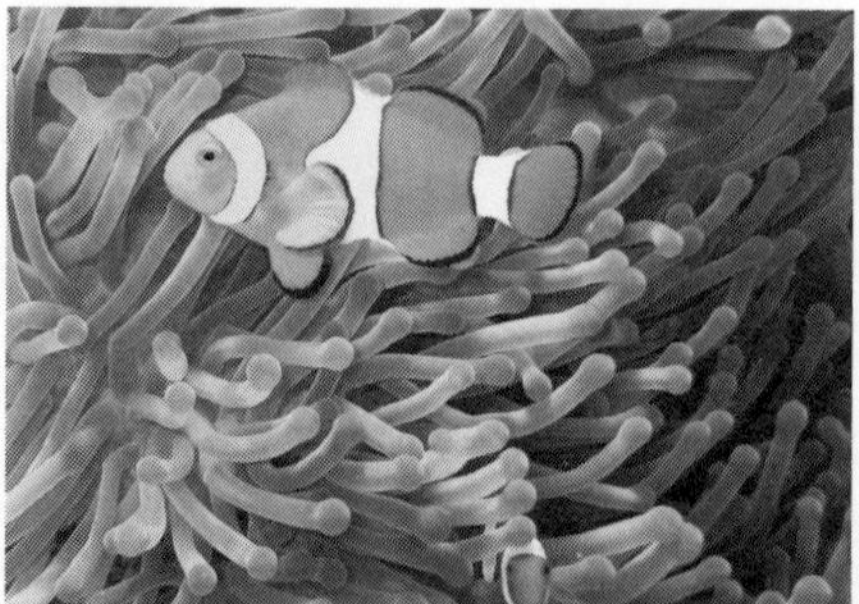

図15-11　弱いカクレクマノミと、毒をもつイソギンチャクの共生

同様の例としては、獰猛な肉食魚のウツボと、ソリハシコモンエビやベンテンコモンエビなど、通称クリーナーシュリンプと呼ばれるエビとの共生関係があげられる。クリーナーシュリンプは、ウツボの大きな口に自ら喜んで入っていく。ウツボはいまにも食べられてしまいそうなくらい口の奥までエビを招き入れるが、それでも食べようとはしない。実はこのクリーナーシュリンプは、その名の通りウツボの口のなかにいる寄生虫を食べて掃除する、歯磨きのようなありがたい存在なのだ。

こうした親密な共生関係は、昆虫による受粉や、乳酸菌と私たち人間など、さまざまな場所で観察されるが、生態系の中で見ると特殊な関係だと言える。

なぜなら相利共生はお互いの存在が前提となる状況で何世代にもわたって進化してきた証であり、その生物同士の関係でしか起こり得なかった進化だからだ。お互いの適応が噛み合った時、まさに一体の存在になるのだ。

共生関係には、創造性を考える上で重要な共感の生み出し方のヒントがある。一つ学べるのは、共生関係

図15-12　エビがウツボの口のなかに入り、寄生虫を食べる共生関係

が個性を活かし合う個と個のあいだに起こるということだ。つまり共感を生むには、個を深く理解した表現を磨けるかが重要なのではないか。

考えてみれば個人的な痛みに訴えかけない反戦の歌や、特定の誰かに寄り添えないデザインは、感動に乏しい。逆に個人的な痛みや経験は、強い共感を生みやすい。「みんな恋愛頑張れよ」という歌は共感のしどころが難しいが、「香水のせいで思い出しちゃったよ」という個人的体験に根ざした歌詞が共感を集めてヒットしたりする。

人間は社会的な動物として、人同士の共生関係に頼る形質に進化してきた。相手との共感性を高めるミラーニューロンが発達したり、誰かの役に立つ利他行動をとれば幸福感が増したりするように進化したのには、こうした理由があるのだろう。

製品を流通させるような場面でも、開発者、製造者、販売者、ユーザー、アフターサポートなど、多様なステークホルダーが助け合う繋がりができていて、それぞれがお互いを活かす生態系を形成しているのだ。しかし本当の意味で共生関係を強固に構築するには、役割の違いを生み出すだけでなく、お互いのことを深く理解する必要があるのだ。たとえば企業でエンジニアとマーケティングや、経営と現場がぶつかることがあるが、お互いを深く理解しない関係は脆弱になってしまう。

社会には、それぞれの立場の人ごとに違う観点があり、誰に寄り添うのかによって、創造の形も変わる。特定の相手を深く理解し、寄り添うことで初めて、共生関係が生まれる。創造では、ユーザーなどの特定の相手にどう響くかという観点が、常に問われている。

作り手の自覚を超えて、個からの共感が共生的な価値を生み出す。この特殊な価値は、単純な機能としての価値だけでなく、むしろ感性的な価値を多分に含んでいる。

ある香水の匂いが誰かに切ない気持ちを与えるかもしれないし、浜辺の夕焼けが遠いあの日の記憶を呼び覚ますかもしれない。まさにきわめて個人的な価値観、私たちの心に訴える特殊な個のなかの価値観が、創造を磨く選択圧を生み出している。相手の心に寄り添って、その特殊性に共感しよう。そしてお互いの特殊性の中に価値を見出したとき、二つのものは一つになり、互いの生命を安定させるのだ。

---

### ☑ 進化ワーク32　相利共生と仲間［20分］

1　創造の周辺を支える、ありがたい存在に目を向けてみよう。
今まで助けられてきた仲間や、お互いに不可欠な存在になっている共生相手は誰だろうか。

2　これから深い関係を結びたい共生相手は誰だろうか。
できる限り書き出してみよう。

3　それらの共生関係を結ぶ相手について、深く理解しているだろうか。
相手が本当に望んでいることは何か、相手のためにできる行動はあるか。
深い信頼関係で結ばれた仲間になるにはどうすればよいかを考えてみよう。

---

## 必要不可欠なモノとの繋がり——WHAT

さまざまな人やモノが繋がって、状況が生まれている。演劇にも大道具や舞台があるように、登場人物だけでなく道具もまた、状況の不可欠な繋がりを担保している。

近所で買った私のパジャマがお店に並んでいたのは、「コンテナ船」や「列車」といった「物流」の発明なしには実現していないし、「ショッピングモール」がなければ、どこへ買いに行くのかもわからなかった。「照明」の発明がなければ、夜の暗い「店舗」のなかで、まともにパジャマを選ぶこともできないだろう。そもそも「お金」が発明されていなければ、物々交換しなければならなかったはずだ。当然、パジャマを製造するには「ミシン」が必須で、「布」は「自動織機」ができるまで、大変高価なモノだった。そして、布のための「綿花」や、製造・物流のための「燃料」など、「生態系からのリソース」がなくては、そもそもこのパジャマは存在すらしていないだろう。

いま「 」でくくったモノたちは、パジャマを買うまでの繋がりを支える、不可欠なモノだ。こうしたモノの存在はすっかり自明と考えられており、目を向けることすらないので、普段から繋がりを意識するのは難しい。通常こうした繋がりを実感できるのは、それらのモノが失われた場合だ。でもそれでは遅い。だからこそ、その関係がどんなモノ(WHAT)に支えられているのかを、一つずつ確認しておく必要がある。このプロセスによって、私たちが何のためにその状況を築いているのかが浮き彫りになる。

日本では、古くから生物・無生物を問わず、あらゆるモノに神様が宿っていると考えられてきた。お米の一粒一粒にも神様が宿っているから大切に食べるし、無機物の岩を御神体として崇めることもある。日本では一神教は広がらず、八百万を超える無数の神様がいて、ご縁の関係性のなかで生かされているという考えが根づいている。考えてみれば、日常的に使うモノたちはすべて自然に端を発している。モノを生物のように同一視して捉える思想は、歪みなく生態系を見渡すための自然な観点なのだ。

創造の生態系の繋がりは、「解剖」で探究したのと同じように、「機能（生理）」と「製造（発生）」の観点で考察できる。私たちが頼りつづけているモノたちを、改めて読み解き直そう。

### ☑ 進化ワーク33　道具の分類［15分］

対象を成り立たせている繋がりに必要不可欠なモノ（WHAT）を思いつく限り書き出して、分類してみよう。気づかないうちに助けられている道具や、不可欠なのに見えていなかったモノを想像してみよう。

すると繋がりが自ずと明らかになってくるだろう。気づいていなかったモノとの繋がりに気づくプロセスは、あなた自身が実は頼っているはずの状況の生態系への認識を更新してくれるはずだ。

## 観察 実験観察――状況を再確認する観察

コンラート・ローレンツが動物行動学の入門書として書いた『ソロモンの指輪』の冒頭には、アクアリウムの話が出てくる。彼の水槽は普通のものとは違って、一切のポンプや浄水器などの補助装置を使わない。ただ池の水や水草や魚を掬って、一つの生態系を小さな世界に切り出して観察するのだ。すると水槽はどうなるのか。もし中の水草や魚のバランスが取れていれば、それはまったく手のかからない、掃除もいらない、水の澄んだ水槽になるという。しかしほんのわずかでも魚が多すぎれば、水槽中の酸素の欠乏が起こり、微生物が死ぬなどさまざまな悪循環が生じ、ついには魚の棲めない腐ったヘドロになってしまう。

この小さな世界が自活する絶妙なバランスをとるのが、ローレンツが語るアクアリウムの醍醐味なのだ。こうしたタイプの水槽は平衡水槽（バランスドアクアリウム）と呼ばれるが、この本でローレンツによって紹介されたことで広がり、愛好家たちにはローレンツアクアリウムとも呼ばれている。

動物行動学の提唱者が、その入門書の冒頭でアクアリウムの話をしたのはなぜか。それは生態学にとって実験環境（模擬生態系）の構築と観察がとても重要だからだろう。生物学で用いられる実験環境はもちろんアクアリウムだけでなく、虫籠や動物園などさまざまな手法や規模のものがあり、また現象の一部だけを再現するために切り取ることも多い。しかし生態系の一部を切り取って再現するという実験の基本的な考え方は同じだ。

生態系は現世そのものであり、広大かつ複雑で扱いにくい。自然の中で特定の種や個体同士の詳細な繋がりを理解するのは困難だし、環境を激変させるような大実験はとてもできない。そのため小さな実験環境が役に立つ。環境の要素を切り出せば、そこに働く作用が観察しやすくなるのだ。

たとえば別々に繁殖させたつがいを入れ替えてみる、わざと怪我をさせて回復プロセスを見るなど、自然界では難しい観察も、実験環境では簡単にできる。実験観察はもちろん生物だけでなく、あらゆる自然現象において有効だ。もしあなたに仮説があり、その真偽を問いたいなら、何らかの実験を構想できるか考えてみよう。その仮説が実験によって実証されたとき、私たちはようやくそれを事実として発見したことになるのだから。

---

### ☑ 進化ワーク34　実験観察［15分〜］

小さな環境を再現した実験での観察は生物学だけでなく、社会の多くの領域にとって不可欠なツールになっている。たとえばプログラミングにおけるサンドボックス、ウェブサイト構築時の仮想環境、政策における特区制度、マーケティングにおける実験店舗、建築やデザインにとっての模型の観察などだ。

現在のプロジェクトに小さい実験環境を構築する余地はあるだろうか。プロジェクトにとっての模擬生態系を想像し、実験の構想を描いてみよう。

---

## 状況の想像力——WHEN・WHERE

登場人物や不可欠な道具が繋がって一か所に集まると、時間的かつ空間的な状況が自然発生する。演劇でいえば、舞台が整う。モノにまつわる繋がりの状況は、まるで演劇のシーンが切り替わるように、限定されたシチュエーションが連続している。

たとえば先に登場した私のパジャマにも、さまざまな状況との関わりがある。このパジャマは「寝るときにベッドの前で着替える」モノであり、それまでは「洋服箪笥に収納される」。買う前は「店の棚に置かれる」し、買うと店員が「紙袋に入れる」。棚に並ぶ前は、「段ボールに梱包され、トラックの荷台に積まれる」。こうしたすべての状況（WHEN：いつ、WHERE：どこで）を通過して、いま私はパジャマを着ている。これらの場所での適応をデザインがもたらしたときに、パジャマの価値は向上する。

モノが置かれている状況によって、繋がりの物語は自然発生する。モノが状況を作り、状況がモノに価値を与える。誕生日の夜、部屋が突然暗くなり、涙を誘う映像が流れはじめたら、サプライズが起こるのではないかと期待する。あるいは、暴力的な配偶者と激しい夫婦喧嘩をしているシーンに、重たいガラスのボトルが置いてあると、私たちは勝手に悲惨なシーンの繋がりをイメージしてしまう。

モノは物語を語りかける。そしてひっそりと繋がりに参加するときを待っている。モノを取り巻く状況への想像力は、願う繋がりを具現化する。未知の新しい繋がりを生み出し、そのクオリティを高める指針となる。

モノを取り巻く状況を空想しよう。その場所に足を運んだりして空気を肌で感じてみよう。そして新しいモノを創造したいなら、まず理想的な状況を想像しよう。モノを売りたいなら、売り場に行って買ってみればいい。無駄を減らしたいなら、必要最低限の要素だけが残った状態をイメージしてみよう。相手に何かを理解させたいなら、かつて自分が何かを理解した状況を思い出すのもよいだろう。状況に適した選択のシナリオをイメージ通りに描くためには、場所的・時間的な状況を想像する解像度が求められる。状況を具体的にイメージする力を養えば、次の方向が自ずと浮かび上がるものだ。

## ☑ 進化ワーク35　状況の想像［15分］

創造の対象を取り巻く状況（WHERE・WHEN）を思いつく限り描いて、その状況に呼び名をつけて、一枚ずつ紙に書き出してみよう。たとえば、「朝の慌ただしい自宅」とか、「夕方のスーパーのレジ前の行列」といった具合だ。

それらを書き出したら、目を閉じて、その状況を想像してみよう。もしあなたが実際にその状況を体験できる場合は、足を運んで体験してみよう。シチュエーションを具体的に想像する力は、「繋がり」を生み出すための力になる。

## 観察　地理観察——広域の環境を知る観察

世界はどう広がっているのか。そんな好奇心は人類を捉えて離さなかった。遠くに旅をした者は、頭の中にある景色を誰かに伝えることに腐心した。目の前しか見えない身体は不便だ。そこで人は世界のミニチュアを作って、俯瞰する道具を思いついた。地図の登場だ。

狩りや都市計画などに使われた地図が、古くは紀元前六世紀頃から残されている。人々が視界を超えた想像力をもつために、地図は大変役に立った。そして地図に描かれた空間、自然、社会などの探究が、数千年かけて地理学へと体系化された。

世界を図示する学問である地理学は、その範囲がとにかく広い。自然科学だけでなく人文社会科学などマクロな視点で世界を捉える学問すべてが対象となる。地理もまた専門を超えて、世界を広く捉えるための観察手法の一つなのだ。

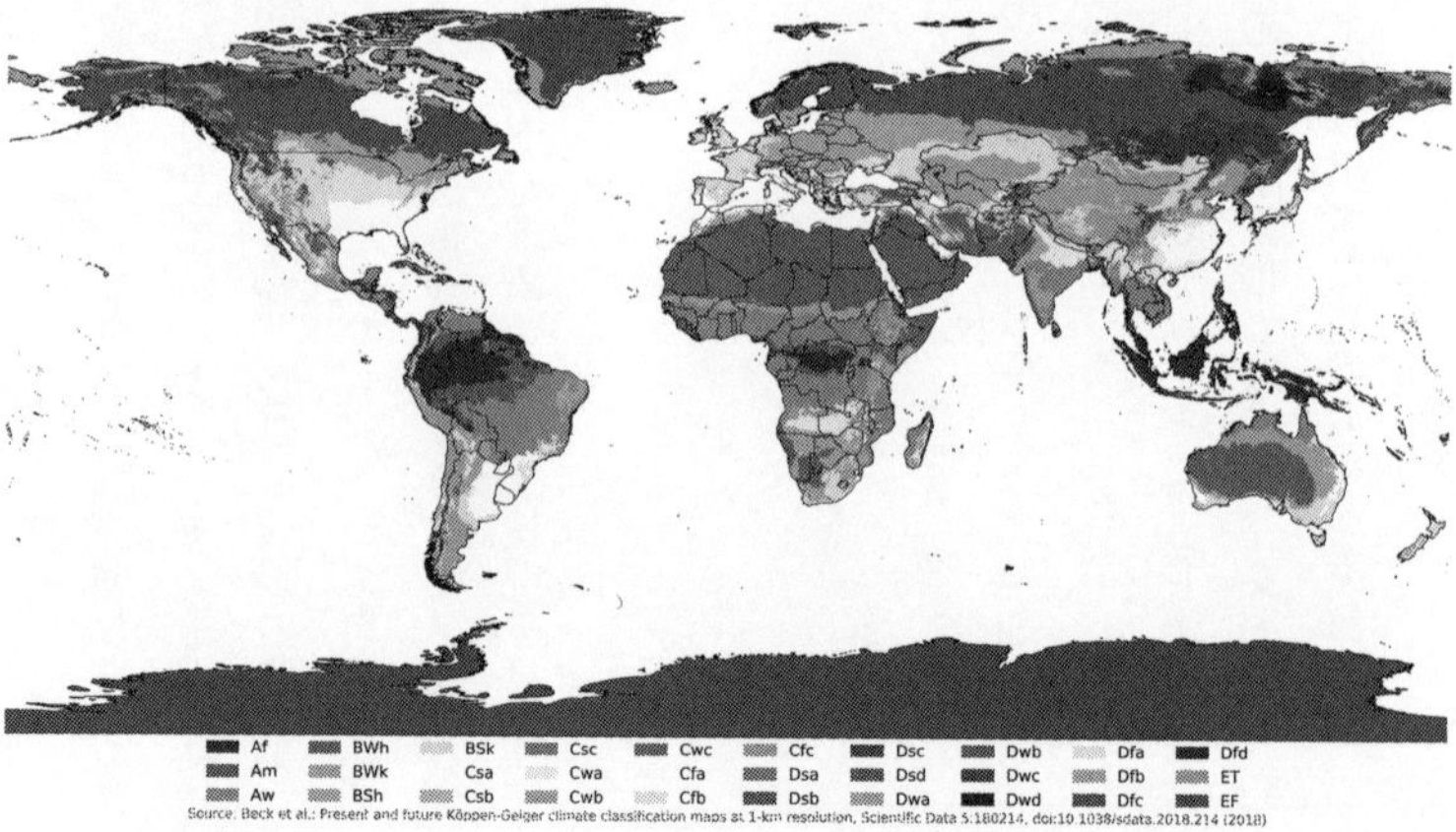


図15-13　ケッペンの気候区分

現在よく使われるメルカトル図法の世界地図は、経線を垂直に、緯線を水平に描いたグリッドに世界地図を表現したもので、16世紀から使われはじめた。上下の端に行くほど大きさが歪んでしまうのが玉にきずだが、直感的でわかりやすい地図投影法だ。図15-13は、メルカトル図法で描かれた世界の植生図だ。熱帯をA、乾燥帯をB、温帯をC、亜寒帯をD、寒帯をEとし、気候の特徴が小文字で表されている。ドイツの気候学者ウラジミール・ケッペンが19世紀末から20世紀初頭にかけて発展させたこの気候区分は、現在でも生態学などの分野で広く使われている。気候など広く世界を捉える科学分野にとって、地理学的な全体性の観察はその大前提となるのだ。

創造的発見にとって、観察のスケールをミクロからマクロまで広くもつことはとても大切だ。現在では測量技術の発達等によって地図は進化し、私たちはカメラや人工衛星などを活用して、地球の裏側の路地までですぐに見られる時代を生きている。近視眼を補うさまざまな第三の目を活用し、地理学者のような気持ちで広い世界を想像してみよう。

## 進化ワーク36　地図の確認［15分］

創造の対象に関わりのある規模や種類の地図を集めて、俯瞰してみよう。住所の地図だけでなく、航空写真や気象図、さまざまな予報図、地政学的な関係性が描かれた地図、生態系の状況を表した地図など、観点ごとに地図を集めてみよう。

## 環境との関係

種内関係や種間関係だけでなく、環境とのさまざまな相互作用の中で生物は進化する。ここで言う環境とは、そこにある気候や大気圧、地質や水質、あるいは重力や日差しのような無機的な環境と、さまざまな生物が複雑に織りなす生態系の有機的な環境を合わせた全体のことを指す。そのため種内関係や種間関係ももちろん環境の一部を成している。

環境は基本的には安定的で変わりにくいものと言えるかもしれないが、時には約六六〇〇万年前のように巨大隕石が衝突して地表面が焼き尽くされるなど、唐突な環境全体の変化が起こることもあり、環境の作用が生物進化にもたらす影響は特に大きい。

人間社会でも、抗いがたい社会環境の変化が物や職業や生活に与える影響は非常に大きい。たとえば現在私たちが経験している激烈な気候変動による災害の影響や、生物多様性の喪失は、経済や生活など社会活動のすべてに甚大な影響を与えつつある。

また時に創造は環境そのものを改変し、作り出すほどの力があるのも忘れてはならない。内燃機関やコンピューターが生み出した産業革命やデジタル革命のように、社会環境全体に大きな影響を与える創造が生まれることもある。そして法律や条約など、社会環境全体の選択圧を調整するための創造もある。そしてすぐ傍らには、急速に失われている生物の生態系という環境がある。こうした環境との相互作用のなかで、私たちは生きている。いかなるプロジェクトを作る時にも、こうした環境との関係は見逃すことはできない。

## 環境を他者として捉える

自分たちが頼っている相手が誰なのかを徹底的に突き止めていくと、相手への感謝の気持ちが生まれる。その相手はヒトだけではない。エネルギーや資源の根本は何か、モノを廃棄した先には何が広がっているのか。その行き着く先はまぎれもなく自然環境だ。

たとえば、私たちは農地を創出するために、地球上の地表の五％に相当する面積を毎年焼いている。こうした人間活動の多くが、地球のバランスを著しく崩している。ところが、私たちは自然側の意見に耳を傾けることなど、まったく念頭にない。もの言わぬ自然は、いつだって私たちに価値を提供してくれるが、私たちはそれを一方的に搾取するだけで、相手にお返ししようとは日頃まったく思わない。その想像力の欠如を補うには、自然を擬人化して想像する観点が有効になるだろう。もし自然が他者であり、私たちに語りかけるとしたら。そうすると、まったく違う世界の景色が見えてくる。

いくつか例を示そう。ニュージーランドの北東にあるワンガヌイ川流域に暮らすマオリの部族は、川を「アワ・トゥプア（祖先の川）」という名で呼び、古くから川を一つの人格を持った存在として崇めてきた。だが、一九世紀中葉になると、ヨーロッパ人の入植によって、川に対するマオリの敬意は蹂躙され、ダムの開発などによって河川の環境が荒らされた。かつて人格が与えられていた川の権利は、こうして入植者に奪われてしまった。

そんな過去から一〇〇年以上が経過した二〇一七年、ニュージーランド政府は驚くべき決断をした。過去の行いを猛省して、古くからのマオリの主張を尊重し、ワンガヌイ川に対する人格を認め、その権利を正式に国の法人として認めたのである。つまり、ワンガヌイ川は「テ・アワ・トゥプア」という生きた存在として、「法人がもつあらゆる権利、力、義務、責任」を有すると政府によって正式に承認され、川は人権を取り戻した。[47]自然を私たちと同じ「人間」として尊重することを法律化したニュージーランド政府の英断に、心からの拍手を送りたい。擬人化という手法は、生態系を捉えやすくする妙策だ。

私も現在、自然を擬人化するプロジェクトに関わっている。海洋生態系の研究機関「水産研究・教育機構」の杉本あおい博士らは、海の価値を、観光収入や漁獲高といった経済的指標だけで評価するのではなく、個々の人間が抱く海の主観的価値を社会学的・心理学的に明らかにする方法を研究している。

二〇〇一年より国連で世界初の生態系サービス評価が実施されたが、その評価の軸は経済的指標に重きが置かれていた。つまり海をお母ちゃんにたとえてみれば、「これくらいの小遣いをくれるから、母は偉大だ」と評価しているようなものだ。しかし杉本博士らは、沿岸地域に暮らす人々の参加型調査を行い、得られた文章のネットワーク分析により、人々にとっての主観的な海の価値を明らかにした。この調査から、人は海という自然物にも、大切な人に対して抱く愛情にも似た価値を感じていることが明らかになった。

私たちは、この研究が「海の母性を証明する」取り組みだと捉え直し、「MOTHER OCEAN」というプロジェクトを共同設立、人型のインフォグラフィックを作成した。

「MOTHER OCEAN」の目標は、「母なる海」が私たちに何を語りかけるのかを可視化し、「海を本当の母親のように想う」共通認識を世界に広げることだ。海に関わる諸問題が深刻化する中、ＳＤＧｓを掲げる国連では、海の理解と保全を推進するために「持続可能な開発のための国連海洋科学の一〇年」を設立し、二〇二一年より計画が実施されている。「MOTHER OCEAN」は、こうした世界的な潮流と連携を図り、研究者や社会活動家が繋がる運動体に育てていきたい。そして、多くの人が忘れかけている「母なる海」の存在を思い出すきっかけを作りたいのだ。

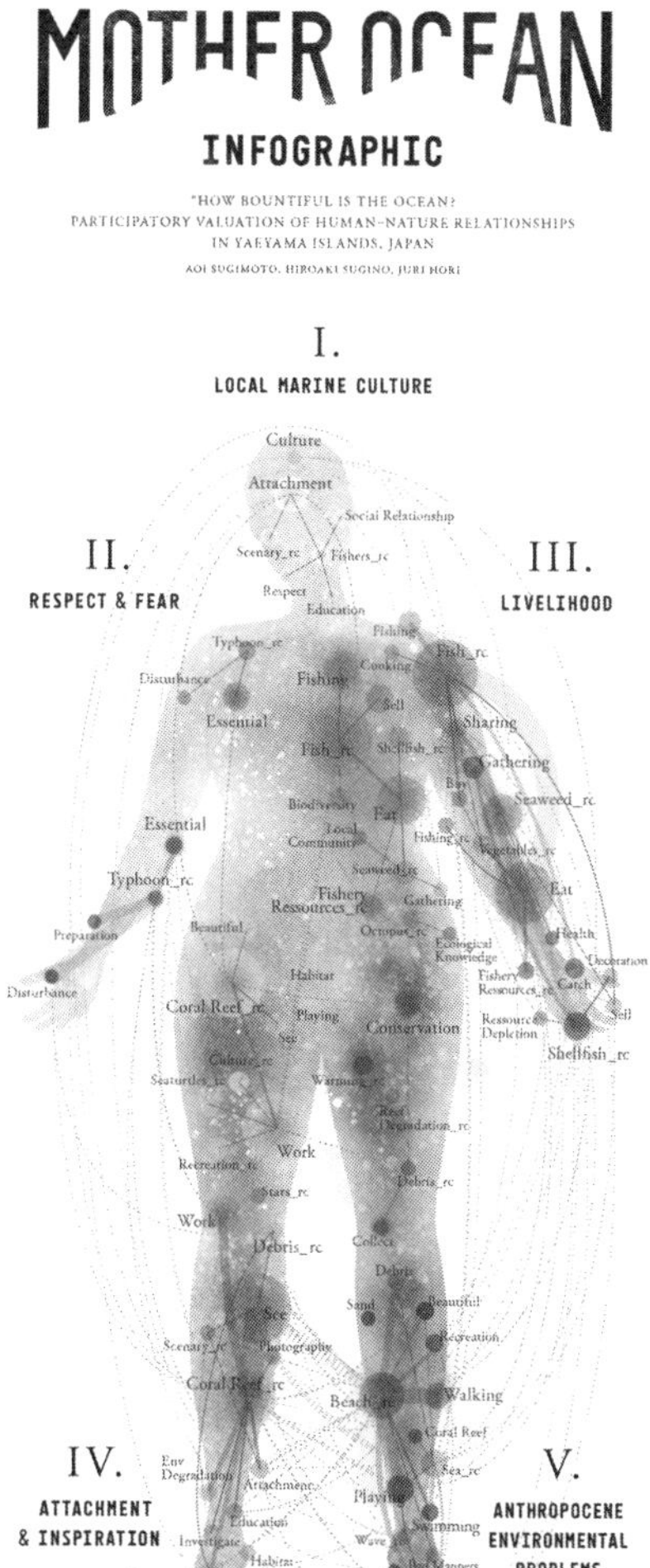

MOTHER OCEAN
INFOGRAPHIC
"HOW BOUNTIFUL IS THE OCEAN?
PARTICIPATORY VALUATION OF HUMAN-NATURE RELATIONSHIPS
IN YAEYAMA ISLANDS, JAPAN
AOI SUGIMOTO, HIROAKI SUGINO, JURI HORI
I.
LOCAL MARINE CULTURE
II.
RESPECT & FEAR
III.
LIVELIHOOD
IV.
ATTACHMENT
& INSPIRATION
V.
ANTHROPOCENE
ENVIRONMENTAL
PROBLEMS


図15-14　MOTHER OCEAN
人の心のなかにある海を母として擬人化するプロジェクト

選択

## 資源――リソースは持続可能か

生物の生態系のなかでは、同じ資源を取り合う争いが頻繁に起こっている。ライオンとハイエナのように、近くに生息していて同じ餌を食べる異種同士は、時に明確な競争相手となる。しかし餌を巡るこうした異種間の直接対決は稀で、ほとんどの場合は互いがあまり意識しない状況下で競争的な関係に置かれている。

つまり自然界では、いつのまにか誰かに餌を食べ尽くされてしまっても、相手がわからない状況が多いのだ。つまり種間競争は、直接的な競争というよりも、「最近、飯が少ねえなあ」という状況になりやすい。たとえば三〇〇万年前まで生息していたティラコスミルスは、サーベルタイガーと獲物を捕り合って絶滅したと言われている。

人間社会でも、異なる領域にある企業や商品やサービスのあいだで、資源を巡る争いが多発している。この競争の主軸はクオリティとは違うところにある。世の中には専門領域外ともリソースを巡る競争があふれているのだ。目的を巡る競争や、自然環境の資源を巡る競争において、実はさまざまな見えないリソースの奪い合いが発生している。

一見すると同じ領域ではないが、実は同じ目的をもつモノのあいだにも、顧客を奪い合う状況は発生する。たとえばテレビとゲームは、ユーザーの暇を満たす目的を取り合う。自動車と電車は、移動という目的を巡って競争関係にある。ラーメン屋とケーキ屋のあいだにも、客のお腹を満たす共通の目的を巡る競争があるのだ。

ところが実際に競争が発生していても、不思議なことに専門領域が違うと、お互いの存在を意識しないことがある。するとたとえばスマートフォンの登場で、紙の辞書や雑誌、カーナビゲーションの市場が駆逐されたように、ライバルだと考えていなかったモノが突然、脅威に変貌することがある。こうした資源を巡る競争は、眼前の脅威になるまで気づきにくく、普段は競争相手だと思っていないぶん、手遅れになりやすい。

逆にいえば、競争の評価軸を更新する新しいコンセプトを作るためのヒントが、むしろ他の領域にあることは少なくない。こうした競争に気づくためにも、専門にとらわれない広い視野をもちたい。地理学・地政学的な観点から広い繋がりを俯瞰すれば、意外な危機的要素が浮かび上がることもある。たとえば離乳食メーカーの売上は、出生率に依存している。ならば必然的に、新興国において子どもを安心して産める社会にする運動が重要だ、という広い観点に立てるかもしれない。荒唐無稽のようだが、目的が共通する場合は通常の手段以外の方法にこそ、イノベーションの可能性がある。

このように目的という市場の資源を取り合う競争がある一方で、もっと重要で本質的な、生態系の資源を巡る競争がある。言うまでもなく、現在のあらゆる産業の資源が、生態系サービスに依存している。そして何より、生態系が計りしれないほどの長い年月をかけて生み出した現在の天然資源は、すべて有限だ。未来から借りているといってもよい。資源を消費し尽くしていくと、ある日突然蛇口から水が出なくなるように、突然モノを製造できなくなったり使用を禁止される可能性もあるだろう。

たとえば化石燃料に由来する産業は、たとえまだ採掘ができたとしても、二酸化炭素由来の気候変動が限界を突破した現在、その使用が禁止される日は目前に迫っている。それだけでなく二酸化炭素排出削減の責任から、各産業は急激に転換を迫られている。持続可能性は地球環境のための言葉と思われるかもしれないが、現実には災害の激増など、ヒトの文明が持続できる資源を将来的に確保できるかという、ヒト自身の生存の問題なのだ。

当然のように存在する現在の環境だが、その環境が永続する保証はない。すでに実は私たちが意識しないうちに、その陸地面積の約七五%を人工的環境が支配しており、多くの面で環境からの恩恵を受けにくくなってしまった。そして現在、私たちは地球史上で六度目の大量絶滅を引き起こしている。たとえ現在の生態系が破壊されても、地球は永続するだろう。過去の大量絶滅のように、何らかの生物は生き残るだろう。ただそのとき、私たち人類の命があるかは大いに怪しい。ヒトは自分の首を絞めており、その生命は風前の灯だ。同時にこう捉えることもできる。生き残らなければ経済など意味がないのだから、この状況を覆すための持続可能性や気候変動適応に資する産業領域は、これから飛躍的に成長する巨大なマーケットを生み出すだろう。

未来の人類の資源を巡る競争相手は誰か。それは現在の私たち自身だ。持続可能性を考える上では、資源の状況や競争の状態を理解し、明日の人類の見えない競争相手にならないように自制することが鍵を握る。私たちを支える資源を深く知れば、そのリソースの浪費がどれほど危険なことかも自ずと浮かび上がってくるはずだ。

## ☑ 進化ワーク37　資源の理解と保全［20分］

私たちは自分たちを支えている資源について十分に知っているだろうか。

1　資源の確認　私たちが常に依存している資源には、一体どんなものがあるのか、思いつく限り書き出してみよう。

2　資源の知識　必要な資源の現在の状況を詳しく調べてみよう。

3　資源の保全　その資源が将来にわたって無限にあるわけではないとしたら、どのようにして、その資源を保全できるか考えてみよう。

## ☑ 進化ワーク38　見えない敵の正体［20分］

現在から未来にかけて、同じ資源を必要とする間接的な相手を意識してみよう。

1　見えない敵　同じ領域の競合相手以外で、同じユーザーの目的を担う他領域の競争相手を書き出してみよう。

2　資源の確保　その見えない相手とのあいだで、どんな資源を奪い合っているのか、その繋がりを考えてみよう。

選択

## ニッチ——状況を活かし切れるか

生態系は競争や共生など、さまざまな関係に満ちている。人にもさまざまな立場があるように、生態系においても結果的にさまざまなポジションの生存戦略がひしめき合っている。この生態系ポジションを、英語で窪みや隙間を示すニッチと呼ぶ。多くの種が見向きもしない食料を食べたり、ライバルが少ない場所に進出したり、競争の比較的少ない生態系のポジションにたどり着き、生き延びる。ニッチはマーケティングで頻繁に使われる言葉なので知っている人も多いだろうが、このように生態学から影響を受けた言葉なのだ。

他の種がいったん生態的地位を確立してしまうと、別の種が同じポジションに入り込むのは比較的難しくなる。こうして進化上では、既存ポジションの争奪戦が生まれる。このポジション合戦において進化の過程でさまざまな種が分化する中で、時にはかなり奇抜で新規性のある生存戦略をとる種も現れた。

たとえば、コアラは猛毒のあるユーカリの葉を食べる。周りからすれば「あいつマジか。あんなもの食ってるよ。腹壊すだろ」という感じだ。当のコアラは大丈夫なのか。

実は、ダメらしい。コアラにはユーカリの葉を完全に無毒化する能力はなく、食べながらしびれている。それが原因か、コアラはゆっくりしか動けず、動物のなかで最もよく寝る。なんと一日のほとんど、二二時間も寝ている。コアラよ、そこまでして食うのか。

まったくニッチ獲得も大変だ。こうしたニッチが埋まっていく生態系の発達によって、結果的に多様な種が互いに気づかぬうちに支え合っている現在の自然界が、数千万年という気の遠くなるような時間をかけて構築されていったのである。

ニッチ獲得はマーケティングの基本でもある。そんな戦略のなかでも、W・チャン・キムらによる『ブルー・オーシャン戦略』[48]は、競争が過酷な生態系（レッド・オーシャン）から、ライバルの少ない生態系（ブルー・オーシャン）への移行を推奨する、生態系にたとえたマーケティング戦略だ。時に自然界の競争は、市場の競争環境と酷似する。

環境負荷を低減するリサイクルも、空きニッチの活用の例だと言える。ある種にとっての糞や食べかすが他の種にとっては絶好の餌であるように、廃棄物が価値に変わるかもしれない。私たちの社会も、まだ価値化できるモノを非効率に捨てている。余剰を互いに価値化し合えば、生態系は効率化し、安定化していく。

### ☑ 進化ワーク39　生態系のニッチ［15分］

これまでの競争を避けられる、新しい生き残り方を模索してみよう。

1　ニッチを探そう。あなたが創造したいものに、競争相手のいない生態的地位があるとしたら、それはどんな場所なのか想像してみよう。

2　移動的な発想（147頁）を参考に、どうしたらそこに行けるかを考えよう。

選択

## 絶滅——変化についていけるか

過去の環境にどれほど適応していたとしても、状況が変われば、新しい生き残り方を採用しなければ未来はない。だが環境の変化と適応進化のスピードがずれてしまうと、いずれその種は絶滅する。

二億五〇〇〇万年前から九〇〇〇万年前まで隆盛を極めた魚竜は、海底火山の噴火によって海洋が無酸素状態に陥り、餌がなくなって絶滅した。また恐竜は、六六〇〇万年前の巨大な隕石衝突によって地球が寒冷化されたことで絶滅した。

このように、環境は何らかの原因で激変することがある。そこで生き残るのは、激変以前の価値軸での強者ではなく、偶然にも変化に柔軟に対処できたものだ。多くの恐竜が絶滅していく中で、その一部は鳥として生き残った。また私たちを含む哺乳動物が発展を遂げたことも、一例としてあげられるだろう。

たとえば有性生殖は、まさに生物が進化上で獲得した「有利な変異を組み合わせ、有害な変異を除去する仕組み」でもあった。有性生殖は、無性生殖に比べて子孫を残すのに異性の存在が必要なので、通常二倍のコストがかかると言われている。しかし有性生殖では変異を組み合わせることで、個体が環境に適応して進化する可能性を高めたり、有害な変異を除去できたりする可能性が高まり、結果的に絶滅率が下がって有利になった。

図15-15　いきなりの火山噴火で絶滅した魚竜

環境の変化に適応するためには、変化へのコストは時に生き残る理由に繋がる。逆に環境の変化についていけなければ死ぬ。これとまったく同じことが、創造についても言える。もっと言えば人間自身の創造性が、環境の劇的な変化を招きつづけているのだ。こうした激変のなかで、職業や道具も容赦なく消えていく。石炭をくべることが仕事だった蒸気機関車の火夫の仕事は、電車が普及するとなくなった。手動で電話を繋いでいた電話交換手の仕事は、自動交換機の登場で消えてしまった。馬が主要な移動手段だったときには、伯楽と呼ばれる馬の医者が多くいたが、今は競走馬やレジャー施設でのわずかな馬の仕事だけが残されている。ガスが主流になると、薪売りの仕事は激減した。

より効率的な方法の発明は、社会環境を常に激変させつづけてきた。しかし過去の選択圧に縛られてしまい、変化できないものも多いだろう。それでも移動的発想（147頁）で書いたように、環境の危機的状況を捉え、逆にその変化を追い風にする会社もある。たとえば花札が売れなくなると、すぐにトランプを作ったり、テレビゲーム事業を立ち上げた任天堂のような会社がその一例だ。変化の激しい状況下では、強いものではなく、変化しやすいものこそが生き残りやすい。進化思考的に言えば、変異の挑戦に重きを置くと、生存可能性が高まる。

テクノロジーの躍進と、産業がリソースとして頼る生態系の崩壊を同時に抱える現代は、変化が激しすぎて先が読みにくい時代だ。こんな時代だからこそ、強者であるよりも、誰よりも早く変化する、しなやかな者を目指したい。変化に挑戦してみよう。そして偶発性を手に入れ、生き残る進化へと進もう。

選択 ≫
解剖
歴史
生態
予測

## それぞれの意思と存在意義――ＷＨＹ

生態における個々の役割や関係を理解し、その繋がりを知ると、物語を紡ぐ準備が整っていく。役者が揃い、道具が準備され、状況が可視化されるのだ。マップの上に見えはじめた状況の下で、それぞれの登場人物は一体どんな気持ちを抱えて、そこにいるのか。

それぞれの思惑が、食物連鎖の矢印ベクトルのように渦巻いている。願いが現実に影響を与え、想いの絡まりが、自然発生的に物語を動かしはじめる。たとえば、モノの売買のような単純な関係のなかにも、高く売りたいお店、安く買いたい顧客、関係を深めたい工場、ドライに相見積もりを取るメーカー、現在のモノに不満のあるユーザーなど、さまざまな立場の多様なニーズが渦巻いている。これらの意図が価格や行動に表れ、社会の繋がりを動かしている。こうした意図のベクトルが生み出す流れを捉えると、ミクロな繋がりの理解からマクロな社会動態が推測できる。そしてその流れは、創造性の追い風となるのだ。

それぞれの登場人物の状況とその意味（ＷＨＹ）を、細かく観察しよう。そこに危険があれば、自然と逃げる。自分が守られる状況があれば、そこに留まる。状況の中に、行動の必然が隠れているかもしれない。そして地理的状況や個体の行動はさまざまな相互作用を生み出し、その集積が複雑な生態系になる。だから生態学では、行動観察や地理観察を重視する。何気ない動物の仕草も実は、状況が導いた進化と学習の結果なのだ。そして適応に隠れたＷＨＹに導かれながら、関係性は連鎖していく。

## 正の連鎖と負の連鎖——好循環と悪循環

生物は取り入れたエネルギーを必ずしも自分のためだけに使うわけではない。自分だけでは消化できない余剰は誰かの栄養となり、利他的な行動が時には自身の利益に繋がり、相利共生的な進化に繋がる。そんな利他行動を進化させた種の代表格が人間だ。

リューベック大学の研究者は、人間の脳は誰かに何かを与えると快楽を得るようにできていることを突き止めた。分け与えるからこそ、共生的な繋がりができる。そう考えると大阪のおばちゃんが誰にでもあげる「アメちゃん」はかなりコスパの良い、幸せを得る方法かもしれない。良い関係の繋がりは、さらなる良い状況を生み出す。友人の友人には親愛の念をもって接するだろうし、寄付をすればその少額が、自分よりも遥かに価値を感じる人のところへ届くかもしれない。この循環はいずれ自分のところにもやってくる。

逆に負の関係をもつものは、さらなる負の連鎖を生み出しやすい。発注の見積もりを安く叩きすぎれば、その二次請けの業者が海外で子どもを強制労働させる結果になるかもしれない。こうした繋がりの連鎖はとても読みづらい。

沖縄本島北部のやんばるの森では、林道開発のために山を切り開いたところ赤土が海に流れ込み、珊瑚礁が大きなダメージを受けた。林道を開発した人は、人々の暮らしを良くしようとして環境を破壊したことになる。やるせない話だ。ＷＨＹの連鎖が生み出す好循環と悪循環に目を開こう。環境は私たちが思っている以上に繋がっている。

## 環世界——自分とは異なる、他者が生きる世界を尊重する

動物は人と同じようにこの世界を捉えているのか。実は世界は、自身の身体によって姿を変えてしまう。動物ごとに光の波長を認識できる幅も違うし、見ている高さや方向も違う。鼻の利く範囲や、耳が聞こえる範囲も違う。それぞれの生物は異なる感覚器官をもち、その違いによって、まったく違う感覚で世界を捉えている。

生物学者のヤーコプ・フォン・ユクスキュルは、それぞれの生物が異なった世界の認識をもつことを、「環世界」と呼んだ。[49] 各々の生物にとっての環世界は正しいが、自分の視点でしか世界を認知できないので、他の種の環世界から見れば大いに歪んでいる。

たとえば人間の世界とイヌの世界を想像してみよう。ヒトの嗅細胞が数百万個なのに対して、イヌには約二億個もあるという。ここまで桁が違うと、イヌは鼻でどのような景色を見ているのか興味が湧いてくる。その一方で、ヒトは赤緑青の三色を認識できる錐体細胞をもつのに対して、イヌは青と黄を認識できるだけだ。つまり、イヌはほとんどモノクロームの世界に生きているのだ。目よりも、鼻で関係を理解し合う世界。これだけでも私たちが経験している世界とは似ても似つかない世界が、イヌの脳のなかでは繰り広げられていることが想像できるだろう。

こうした環世界の違いは、人間同士にも表れる。それぞれの立場によって、世界はまったく違って見えているはずだ。それを一つの世界から見て、相手が間違っていると断言す

るのは、世界を正しく捉えた姿勢とはいえない。そう考えると自分の正義を相手に振りかざしそうになったとき、少し優しくなれそうな気がしないだろうか。

環世界の概念には、世界をありのままに捉えるためのヒントがある。世界の全体像は、個の視点だけでは正しく捉えられないばかりか、その視点を相手に押し付ければ分断が生じるだろう。相手の視点に立つには共感性、英語で言えばempathyが必要だ。

イギリスの義務教育には、empathyの能力を磨くために演劇の授業がある。自分の視点しか持っていない人々に他者の視点を理解させるため、他者に成り代わって振る舞うという演劇の手法を用いて学ばせているのだ。他者への想像力は、多くの人が協力してプロジェクトを進めるときに不可欠なスキルだ。自分と誰かの境界を曖昧にし、まるで相手に成り代わったかのような目線で、世界を観る練習をしてみよう。

---

## ☑ 進化ワーク40　ロールプレイを行う［30分］

登場人物になりきって、演技をしてみよう。

1　数人で配役を決めて、「いかにも、その人たちが言いそうなこと」をイメージしながら、アドリブで三分間ほど議論してみよう。

2　次に、各人の役を交代して、同じように演技を続けよう。それぞれの立場の違いから生まれる視点や目的が、浮き彫りになるはずだ。

---

## 自他非分離が仲間をつくる

同じ志をともにする仲間が生まれるには、相手の環世界を理解する共感力が鍵となる。日本語の「我（ワレ）」という言葉は、含蓄に富んだ言葉だ。自分を示す言葉のようでありながら、関西では相手にすごむときに「ワレ！」と言うし、「私たち」のことを「我我（われわれ）」と書く。このように日本語には、相手と自分の境界を溶かそうとする感性が宿っており、「我」という言葉にもそれが示唆されている。仲のいい人と会話していると、同時に同じ言葉を発したり、私（I）とあなた（YOU）の境目が薄れる感覚を経験したことはないだろうか。

相手に共感しながら話を聞くためには、なるべく相手が安心できる場を作ったり、割り込んで自分の話に繋げたりせず、相手の話を具体的に思い描きながら、相手と自分の境界線が溶け合った状態を想像しながら話すのがコツである。

そこで私は、短時間で自他非分離の状態をつくるために、「FUTURE SELF」というワークショップを考案した。その活動の一環として、アーツコミッション・ヨコハマと協働して、横浜DeNAベイスターズや横浜市役所のみなさんと「WE BRAND YOKOHAMA」というコミュニティの集まりを、これまで一〇回ほど共催している。

このイベントでは、横浜愛で繋がった産官学民のさまざまな領域の人たちが繋がり、横浜の未来を互いに成り代わって考える場から、多くの活動が生まれている。私たちが協力して推進している横浜市のイノベーション政策YOXO（よくぞ）や、ズーラシアとの

「進化の学校」も、ここでの出会いがきっかけとなって始まった。たとえ短時間でも相手に成り代わる時間をもつのは、強力に関係を繋ぐ力がある。自他非分離の視点から仲間が生まれると、その共通の目標が集合知を導く羅針盤となるのだ。

### 進化ワーク41　FUTURE SELF〔60分〕

1　三人組（ABC）になって順番を決め、まず一人（A）が七分間、自分のこれまでやってきたことを詳細に話す。聞いている二人（BとC）は、相手が話しやすいように傾聴する。よく聞いていないと、このあとが難しいので深く聞きこもう。

2　七分後、最初に話していた人（A）は、これから黙って聞く立場になる。話を聞いていた二人（BとC）は、順番に「めちゃくちゃうまくいった未来から来たその人（A）」の役を演じながら三分間、ありありと話す。一人（B）が話しているとき、もう一人（C）は、ヒーローインタビューをしにきた取材の人を演じる。

3　話が終わったら、今話した二人（BとC）は、役割を交代して同じように話す。それが終わったら、最初に話す人を交代して、同じ作業を繰り返す。三人全員が演じ合うまで繰り返そう。



選択》 解剖 歴史 生態 予測

## 愛と痛みによる共進化

生きていると辛いこともあるし、嬉しいこともある。そのどちらが私たちの創造性を豊かにするのか。この答えを自然界に求めるならば、その両方が創造力の源泉になる、という答えになるだろう。事実として生物の進化は、競争にも共生にも影響される。お互いの状況に深い関係があれば、そこに生まれる選択圧によって自然選択されるのだ。共生と競争。愛と痛み。許容と拒絶。逃避と戦い……。人生の豊かさも同じかもしれない。

自然界でも人間社会でも、利益を与え合う共生関係と命をかけた競争関係の両方の選択圧が進化を促していく。生物同士のあいだには実に多様な関係が存在する。たとえば、先に述べた食物連鎖のような複雑な関係のなかには、共生と競争の両方の関係が息づいている。自然の生態系では生物同士が深い関係を築きながらお互いに適応し、自然は何億年もの時間をかけて複雑なネットワークを築いていった。自然の生態系では、まるで長い対話をするように、個体に有利な関係も不利な関係も、自然選択を促す。そしてある種の進化が別の種の進化に影響を及ぼすことがある。こうした現象を「共進化」と呼ぶ。

人類史においても創造性は豊かな時代だけでなく、むしろ感染症の蔓延や災害の発生、あるいは戦争など、厳しい時代にこそ発揮されてきた。生態系における食物連鎖のように、社会のさまざまな関係を想像すれば、人間社会にもまた実に複雑な適応のネットワークが張り巡らされ、相互作用していることがわかる。

エコロジー（生態学）には、私たち自身の近視眼的な思考を克服する、隣人から自然環境までも含めた、広大な思いやりの探究が含まれている。広い視座に立って近視眼を超えよう。地球を一つの大きな生き物として考える「ガイア理論」や、地球をたった一つしかない貴重な宇宙船だと考える「宇宙船地球号」など、哲学的な影響を与えたエコロジー論の目指す姿は共通して、私たちの近視眼を補うことだった。ＳＤＧｓや気候変動への取り組みは今に始まったことではない。この五〇年、持続不可能と言われつづけて、それでも止められなかったのだ。しかし何度でも、広い視野をもつ知恵に挑戦しつづけよう。私たちにできることは、それしか残されていないのだから。

複雑な生態系の繋がりを一つ一つ丁寧に拾い出していくと、見えていなかった繋がりの全体像を俯瞰しやすくなる。この生態系の繋がりの先には、私たちが広い範囲に思いやりを持って思慮深く創造するための、人類の未来への成長の道が続いている。

しかし口で言うのは簡単だが、生態系のネットワークは複雑で、その構造は難解だ。その複雑さを目の前にして、途方にくれるかもしれない。だからこそ私たちは、自然科学の力を借りたいのだ。一体どうすれば、この複雑な繋がりの状況が改善できるのか。こうした疑問にもまた、繋がりの性質を解明した偉大な数学者たちの力が役に立つ。

すべての繋がりを理解しなくても、ネットワークの数学的な性質を使えば、全体の構造を捉えながら、その仕組みに働きかけるヒントが見えてくる。次節では、複雑ネットワークの性質を解き明かした科学者から、社会の関係性について学んでみよう。

## 観察 関係観察――複雑な繋がり方の観察

生態系には、種内関係も種間関係も、総じて一筋縄ではいかない複雑さがある。私たちを取り巻く人間関係だって、かなり複雑なものだ。ある日、心理学者のヤコブ・レヴィ・モレノは、見えない人間関係を可視化してみようと思い立った。

人には、ポジティブな感情とネガティブな感情がある。そこで、こうした感情を元にして、人と人との繋がりを探った。モレノはアンケートを手がかりにして、小学一年生から中学二年生までの生徒たちの人間関係を図に描き、完成したその不思議な図を、ソシオグラムと名付けた。

図の矢印は、誰が誰の隣の席に座りたいかを表したものだ。AさんがBさんの隣に座りたいなら、A→Bのように描かれている。お互いに隣に座りたいなら↕で結ばれる。そして円の大きさは、矢印を受け取った数が大きい人気者ほど大きくなっている。

この図を眺めてみると、小学一年生も、なかなか立派な人間関係のなかで生きていることがわかる（図15-16）。もちろん大人が生きている世界はもっと複雑なものだろう。これに似た関係図は、この本にもすでに登場した食物連鎖図など、さまざまなモデルを描くのに使われている。モレノのソシオグラムは人間関係（WHO）だけを表した図なので、自然やモノとの関係は描かれていない。そのため現実世界のネットワークは、これよりもずっと複雑なものになる。

すべての繋がりを把握するのは至難の業だが、この見えない繋がりを理解する力が、創造性の鍵にもなるのだ。なぜなら創造のもたらす価値とは、このネットワークの繋がりを調整し、繋がっていないポイントを繋ぎ、新たな関係を結ぶことに他ならないからだ。

この複雑な繋がりにも、その背景にシンプルなルールがあるとしたら、どうだろう。繋がりのルールがわかれば、何かを創造するときに、その周囲の生態系において良い関係を紡ぐ方法や、新たな関係を生み出すための手がかりが見えてくるかもしれない。

こうした繋がりのルールを解き明かす分野は「複雑系」や「ネットワーク科学」などと呼ばれ、合わせて「複雑ネットワーク」と呼ばれることもある。新しい流行の広がり方、感染症の広がり方、宗教の伝播の仕方などの複雑なネットワーク構造をもつ関係性には、実は共通した性質が隠されている。複雑ネットワークの性質を知っておくことで、一筋縄では把握できない繋がりの生態系との付き合い方が見えてくるだろう。

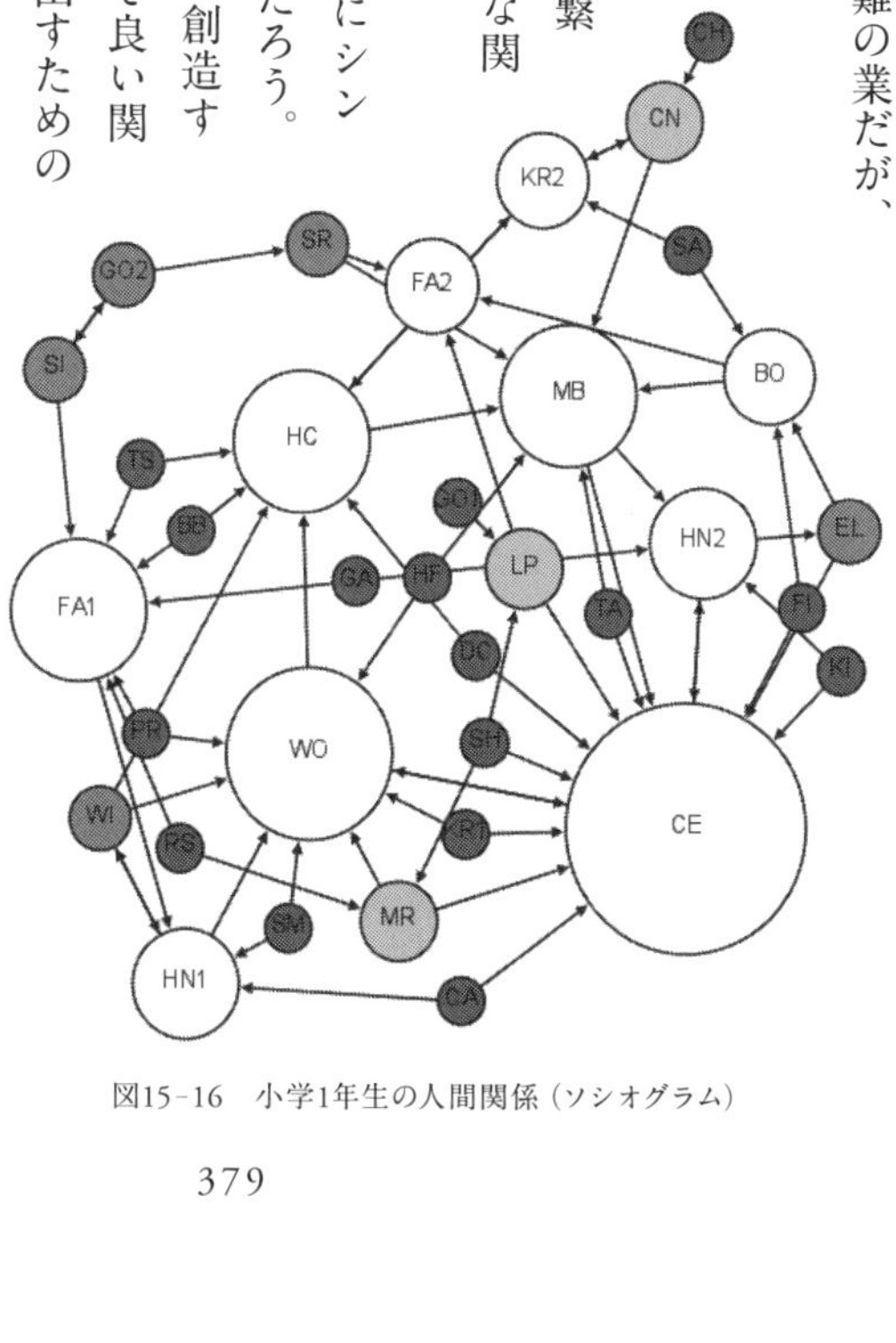


図15-16　小学1年生の人間関係（ソシオグラム）

## スモールワールド――世界が狭くなる繋がりの秘密

初めて会った人と話していて、偶然にも共通の友人の名前が出ると「いやあ、世界は狭いですねえ」なんて言葉をよく口にする。ここで考えてみたいのは、世界は本当に狭いのか、ということだ。もし世界が本当に狭いのだとしたら、どれくらいの狭さなのか。そんな素朴な疑問を抱いた研究者が実際にやってみた実験が、思わぬ発見に繋がった。

一九六七年のある日、アメリカの心理学者スタンレー・ミルグラムは、世界の狭さを測るために奇妙な実験をした。[50] まず彼は、カンザス州とネブラスカ州に住む、まったく知らない人をランダムに何人か選び出し、手紙を送った。そこには「この手紙を、ボストンに住む私（ミルグラム）の友人に転送してほしい」と書かれていた。しかし、ミルグラムは、ボストンの友人の住所は伝えなかった。

当時でも約二億人が住んでいたアメリカのなかで、こんな曖昧な方法で、本当にミルグラムの手紙は友人に届くのか。もし偶然届いたとしても、何回ぐらいの転送を経て届くのだろう。この不思議な実験の結果には、誰もが驚いた。なんと、いくつかの手紙がきちんと届いただけでなく、平均わずか六回程度のわずかな転送回数で届いたのだ。

全米の見ず知らずの人間同士を繋ぐ知人関係の人数がたったの六人ほどだとしたら、これは驚くべき発見だ。「スモール ワールド実験」と呼ばれたこの実験は、「六次の隔たり」という言葉とともに有名になった。そして彼の言うスモールワールドは、その後のさまざまな実験によって妥当性が明らかになった。どうやら世界は、思っているよりも狭い。

私自身もこの世界の狭さに助けられた経験がある。私の両親は、私が四歳の頃に離婚し、私は祖母と二人暮らしで育てられた。生き別れた母は、どこで何をしているかすらわからなかった。ある日私が一八歳になったとき、母を探そうと思い立った。会えないまま生涯を終えるのは嫌だった。どうやら母は結婚する前は生活用品の技術者をしていて、テレビ局に勤めていたらしい。そこで、テレビ局のお客様センターに電話をかけてみた。

「以前、そちらで働いていた女性で……今でも御社に勤めていますか？」

センターのスタッフは親切に調べてくれたが、こう答えた。

「残念ながら、彼女はすでに弊社には勤めていないようです……お力になれず、すみません。もし手がかりがあればご連絡しますね」

そんな言葉は社交辞令に過ぎないし、きっと見つからないだろう。そう思って電話を切った。それから三〇分後に電話が鳴った。先ほどのセンターの人だった。「ここへ電話をかけてみてください」と言う。その番号にかけてみると、聞き覚えのない高い声の女性の声が、私の名を呼びかけてきた。話を聞いてみると、確かに私の母に間違いなかった。

かつて主婦だった母は、立派な化粧品の研究者になっていた。何年もかかるかと思っていた母を探す旅は、一時間であっけなくカタがついてしまった。あの三〇分のあいだに、どんな転送や連絡があったのかは知るよしもない。けれども私は幸運にも、距離の短い繋がりに巡り合えたのだろう。

世界は狭い。複雑かつ広大な世界のなかで、世界が狭くなる理由はどこにあるのか。もし繋がり方の秘密がわかれば、私たちが経験するさまざまな分断において、繋がりを取り戻すことに役立つかもしれない。その複雑ネットワークの性質の一端を解き明かしてくれたのが、コーネル大学の数学者だったダンカン・ワッツとスティーブン・ストロガッツである。[51]

二人は、この不思議なスモールワールド現象が起こる背景には、どんな秘密があるのかに興味を持った。そこで彼らは、円になった人が規則的に二つ隣の人まで環状に繋がっている前提でグラフを描き、それぞれの頂点の辺をある確率（$\beta$）でつなぎ替えてみた。このルールに従うと、$\beta=0$（図15-17のA）から$\beta=1$（図15-17のC）までのさまざまなグラフができる。それらのネットワークの性質を調べてみると、実際に社会のネットワークで起こっているスモールワールド性と、コミュニティのようなクラスターを生み出す現象の両立は、左の完全に規則的なグラフにも、右の完全にランダムなグラフにも表れなかった。

中央のグラフは、AとCのあいだとして描かれた、繋がりのうちの数人だけが、近隣の人との繋がりを切ってランダムに遠い人と繋がった状態のものだ。繋がりの線の本数自体は変わらないのに、この半端なグラフにはスモールワールド性とクラスター性の二つの性質が表れたのだ。

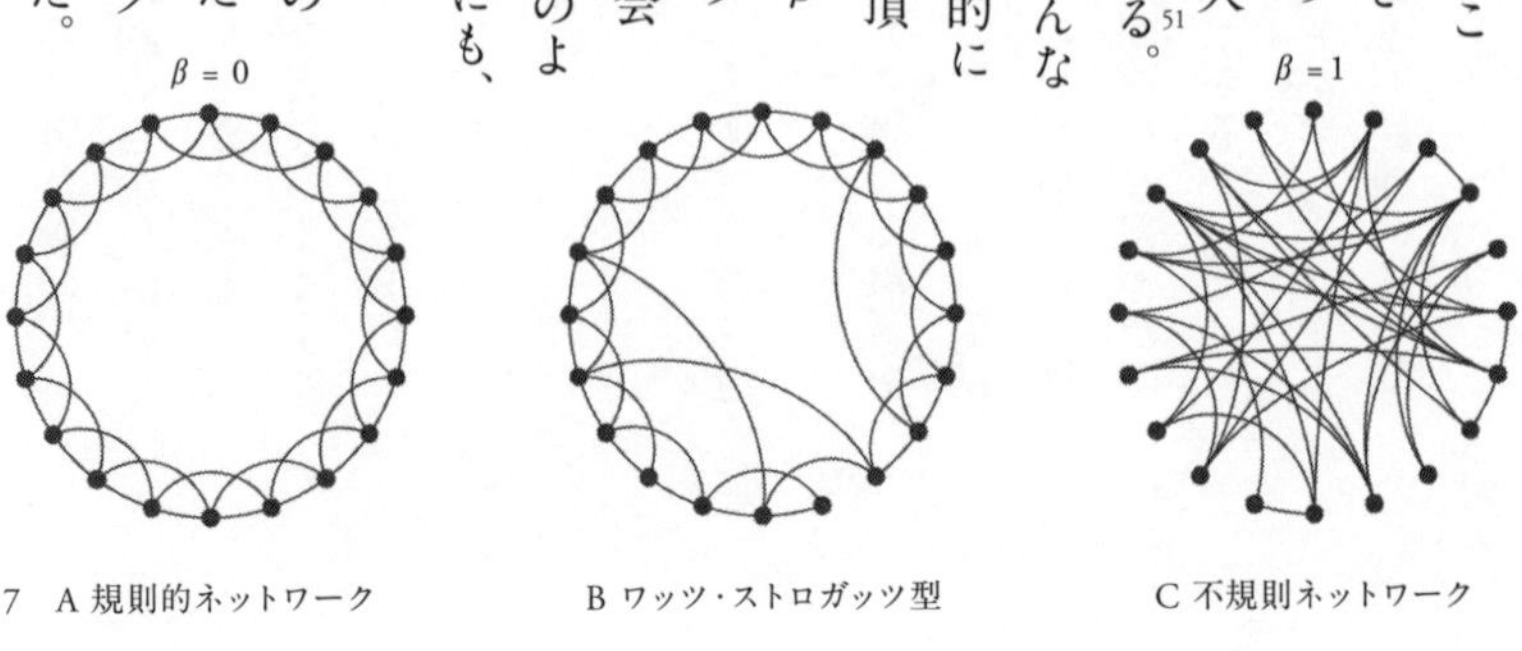


図15-17　A 規則的ネットワーク　B ワッツ・ストロガッツ型　C 不規則ネットワーク

ワッツとストロガッツは、このグラフで設定する人数の初期値を五〇〇〇人に増やし、一人が繋がっている人の数を五〇人として計算した。五〇〇〇人が図15-17のAのように規則的に繋がっている場合、ある人からある人に繋がるまでの平均的な隔たりは五〇、つまり平均五〇人を経ないと、目標の相手までたどり着けない計算になる。

そこで彼らは、規則的なグラフから全体の本数を変えずに、たった数本だけ繋がり方がランダムに越境するリンクを作ってみることにした。その結果は驚くべきものだった。規則的なグラフにランダムさを少しだけ加えたグラフでは、五〇人だった隔たりの次数が、わずか七人へと激減した。つまりなんと七分の一近くまで激減していたのだ。これが後にワッツ・ストロガッツ型（図15-17のB）と呼ばれるグラフである。こうして彼らは、スモールワールド現象の背景を数学的に示すワッツ・ストロガッツモデルの論文を一九九八年に発表した。

このセンセーショナルなモデルに類する構造は、二人が論文で示した「線虫の神経ネットワーク」「俳優の共演関係」「アメリカ送電網」「自然の生態系」「インターネット」「感染拡大」など、数多の関係性のなかに見られることがわかってきている。そのためこの論文が発表されて以降、複雑ネットワークを研究する科学者の数は学術領域を超えて増えており、すでに学問の一分野を成している。

どうやら多少規則から外れて、ランダムに遠くと越境することが、規則的な社会においてスモールワールド性が発現されるための鍵のようだ。一見ルールを乱しているような越境への挑戦こそが大きな価値を生み出す事実に、希望を感じるのは私だけだろうか。

選択

## 越境――領域を超えて繋がるか

もし世界が十分に狭いなら、その繋がりに秘められた性質を理解すれば、私たちの世界を変える近道を発見できるかもしれない。ワッツとストロガッツのグラフを改めて見てみよう（図15-17、382頁）。複雑ネットワークの理論に私は、越境的な繋がりが社会を変えるインパクトに繋がるという希望を感じる。先ほど述べたモレノが描いた人間関係の図（ソシオグラム）もまた、ワッツとストロガッツが提唱した複雑ネットワークの性質を備えている。実は遠くと繋がっている人が世界を狭くしている。社会の大人たちの繋がり方もこれと同じなのだ。一般的に組織では、こうした越境的な人物は協調性がなく、変わり者と見なされてしまうことがある。時には排除されることすらあるだろう。しかしこうした越境者たちこそ、組織を広い世界と繋ぎ、創造の可能性を高める力があるのだ。

ワッツとストロガッツの示したネットワークは、大まかな規則性とわずかなランダム性のあいだに出現する構造だ。それはこの本の主題である「変異と選択」「秀才とバカ」の構造とも、どこか似ている。信頼性をある程度保ったまま、稀にランダムな越境に挑戦することは、創造的な人生を生きる上でも、要となる姿勢なのだろう。

慶應義塾大学ＳＤＭで私が進化思考を教えるきっかけを作ってくれた、幸福学を研究している前野隆司教授によると、人の幸福度に関係するのは、友だちの人数よりも友だちの種類の多さに影響される研究結果があるらしい。その理由は、越境的な繋がりによって人生にスモールワールド性が生まれ、広い世界にアクセスできるからかもしれない。あるいは、イノベーションという言葉をつくったヨーゼフ・シュンペーターは、当初イノベーションを「新結合」と呼んだ（192頁の「融合」で詳述）。これは越境を示唆する言葉だ。距離の遠い、新しい結合が、人類の創造性を前へ動かしてきたのだ。

時代を変えた発想を観察すると、領域間を越境する発明が、世界を何度も革新してきたことに気づく。自動車の登場によって、郊外へと街が越境し、不動産の価値も劇的に変わった。航空機の登場で、世界旅行が一般的になった。インターネットの登場で、コミュニケーションのほとんどが越境した。越境的な創造の威力は、これまで繋がっていなかったものへのアクセスを実現させ、世界を劇的に狭くする。あなたが世界に影響を及ぼしたいなら、未知の領域を越境して、新しい繋がりをつくるのが近道なのだ。

---

## ☑ 進化ワーク42　越境のクリティカルパス［10分］

繋がっていない領域同士を繋ぐ、越境的な関係には大きな価値があるようだ。関連性が薄そうな遠い領域と現在地点を繋げる道筋を構想できないだろうか。

あるいは広く浅い他領域との繋がりを備えた越境人材は身近にいるだろうか。越境的な繋がりの先に、広い世界のどこと繋がりたいだろうか。距離を超えて遠くの世界との繋がりを想像し、その接続可能性を考えてみよう。

---

選択
解剖
歴史
生態
予測

## スケールフリー——世界の不平等はなぜ生まれるか

社会にはさまざまな不平等がある。たとえばクラスでバレンタインのチョコを独占する少数の輩がいたり、世界の富のうち約四六%を、二〇二一年時点ではたった一%の人々が独占しているように。なぜ互いに一生懸命に生きている人たちに、このような激烈な格差が生まれてしまうのか。その仕組みを知ろうとした人達がいる。

一八九六年にイタリアの経済学者ヴィルフレド・パレートは、上位二割の人々の富が全体の八割を占める、というパレートの法則を発見した。どうやら社会の様々な格差は下図のようなベキ乗則の分布になるという。

パレートの法則はなぜ発生するのか。彼の研究から約一〇〇年の時が流れたのち、ベキ則の不平等にも数学的な法則性があるのではないかと気づいた研究者たちがいた。アルバート・ラズロ・バラバシという統計物理学者とその学生のレカ・アルバートは、複雑ネットワークのさまざまなモデルを観察する中で、多くのモデルのハブ（頂点）に極端な不平等が発生していることに気づいた。社会に見られる様々なネットワークにおいて、パレートの法則と同じように、ベキ則に従って極端に多い次数を持った少数のハブが生まれることを指摘したのだ。

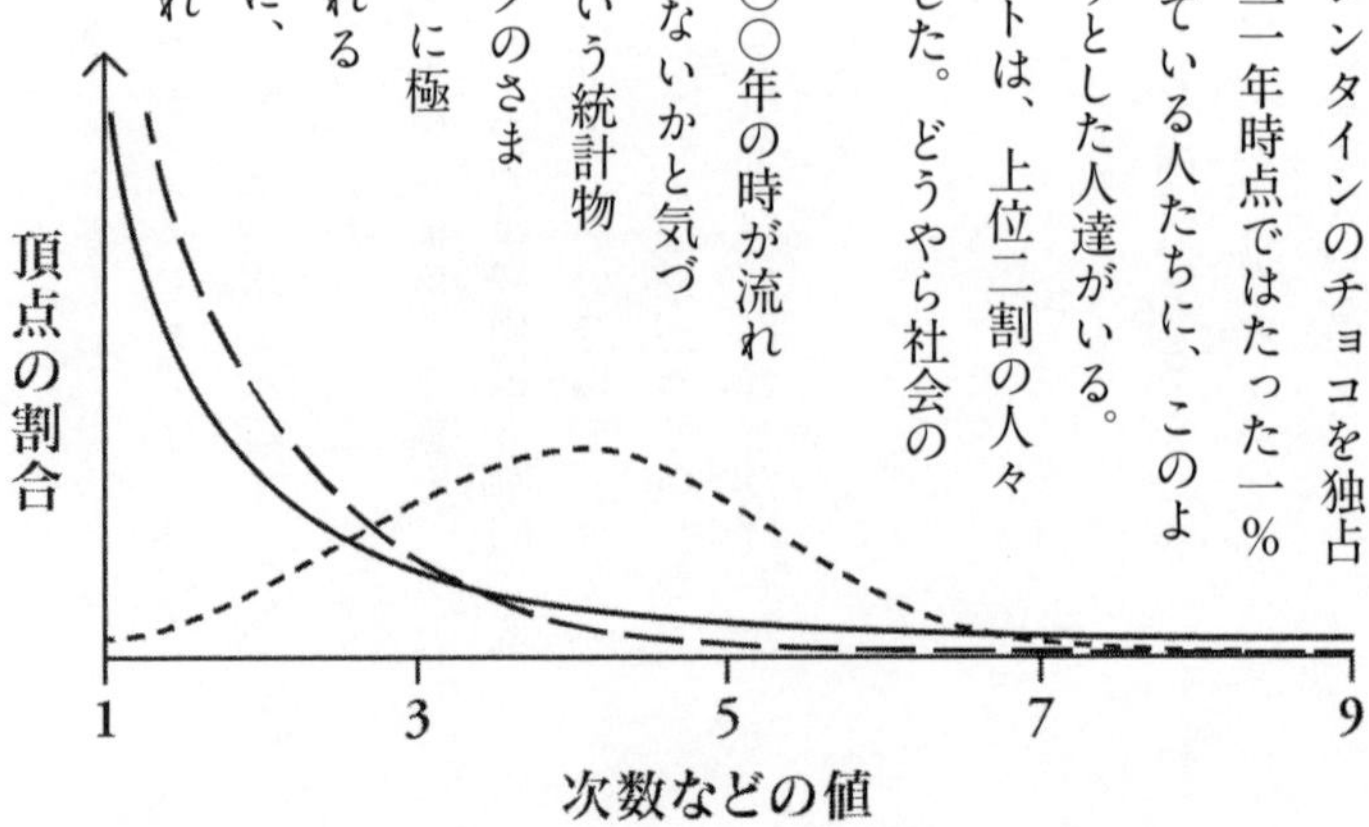

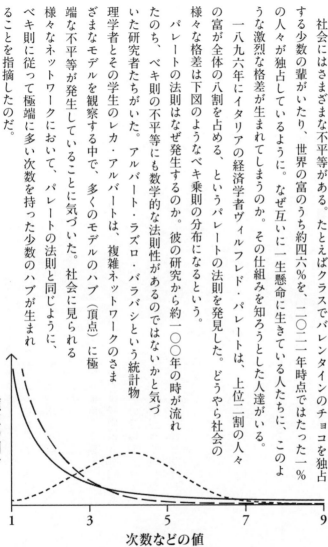

図15-18 ベキ則（——）、指数則（－－）、つりがね則（正規分布:----）の比較

他の頂点との繋がりの数を次数と呼び、それが極端に多い頂点をハブと呼ぶ。ネットワークの成長を時系列で追っていくと、ハブは最初から多くの繋がりを備えているわけではなく、時を経るにつれてネットワークの中で顕著に成長するハブが表れることがわかった。

バラバシらはこのネットワークの次数分布がベキ乗則に従う性質を発見し、スケールフリー性と呼んだ。リンクの分布を表現する「スケール（尺度）」が存在しない、という意味で、現在では定着した呼び名になっている。

インターネットでいえば、世界中には無数のウェブサイトがあるのに、私たちが共通して使う、被リンク数の数の多いウェブサイトは数えるほどしかない。このようにさまざまなネットワークにおけるハブの不均衡が、パレートの法則と同様のパターンを示していたのだ。このネットワークのスケールフリー性は、どこから生まれているのか。

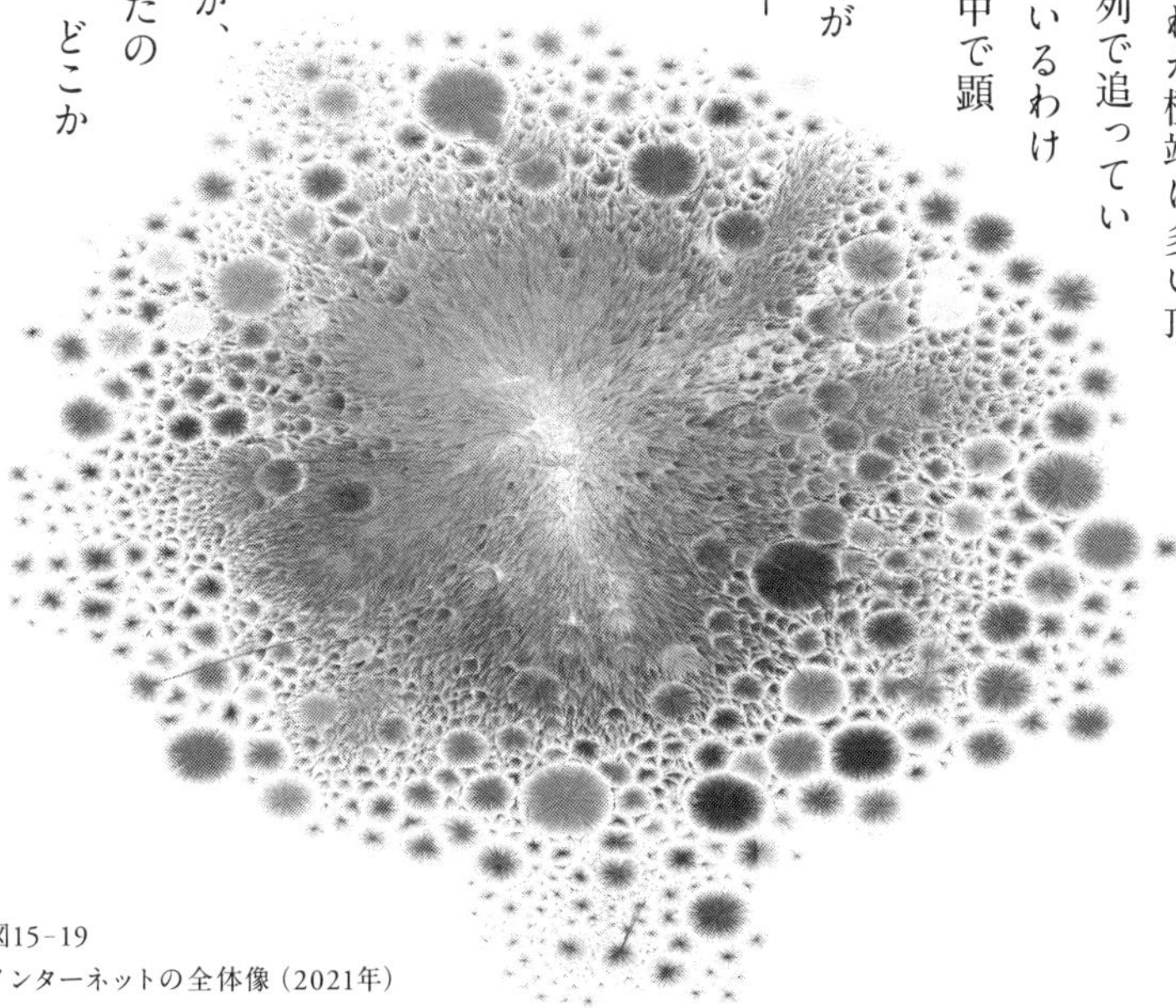

図15-19
インターネットの全体像（2021年）

バラバシらは、時間とともに枝がくっつくように成長するネットワークのモデルを構想した。それまで研究されてきたネットワークには成長という概念がなかったので、このモデルは革新的だった。この形で成長させるだけのモデルにはスケールフリー性は見られなかったが、すでに次数が多いものが優先的に新しい枝をもらいやすくなる優先的接続というルールを加えると、見事にスケールフリー性を示すようになった。

彼らはこのモデルをＢＡモデル（図15-20）と名付けた。ＢＡモデル的なネットワークでは、お金持ちには新しい投資の話がやってきてさらにお金持ちになり、友人が多い人ほど新しい友人に出会いやすい。

スケールフリー性を生み出す性質の一つはこの優先的接続にあり、これが積み重なって大きな格差になっていく。人間社会のベキ乗則的な不平等もまた、優先的接続が導いた結果なのかもしれない。

社会に大きなうねりが生まれるときには、ハブを生み出す優先的接続が鍵となる。バラバシのモデルは枝の接続数だけに優先的接続が依存するモデルだったが、実際の社会はもっと複雑だ。

私は一介のデザイナーとして、デザインがどう役に立つのかと問われたとき、プロジェクトにとって新たなご縁が生まれやすくなる優先的接続に繋がる性質を与えて、次の中心的なハブへと育つ可能性を高めるものだと答えている。

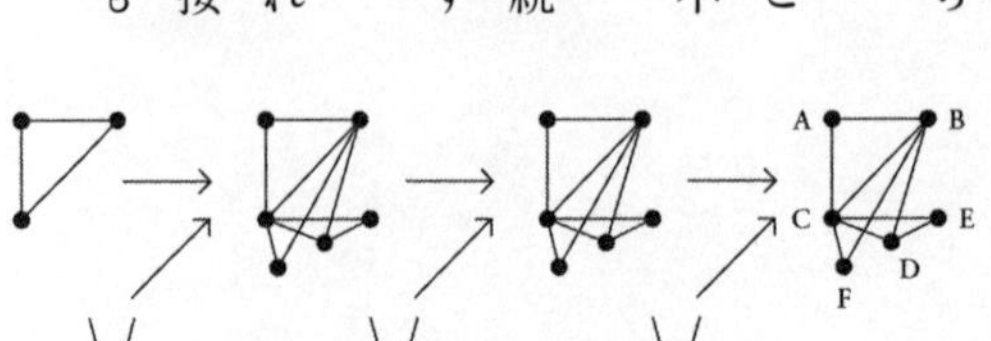


図15-20　段々と枝が加わって成長するBAモデル

ここまで見てきたネットワークの性質は、実社会の複雑な関係を読み解くために非常に参考になるものだろう。補足として、実際の自然や社会の生態系が全体としてスケールフリー性やスモールワールド性を備えていると単純に考えられるかにはさまざまな議論がある。生態系全体が大きすぎるし、関係が複雑に相互作用しているため、ネットワークの性質がきれいに抽出されづらいのだ。しかし生態系の一部ではネットワークの代表的な性質が確認されており、捉えにくい生態系全体を理解することに役立っている。

また社会において、ある発想が集団の中で広がるには、スケールフリー性を発生させる優先的接続をもつかを意識すると良いことがわかる。わずかな接続可能性の微差が、ネットワーク中では理不尽なほど極端な大差を生み出すことがあるのだ。進化思考で観察してきたさまざまな選択圧は、この大差を生み出す鍵となる、優先的にユーザーや社会と接続されやすい性質と考えても差し支えないだろう。

爆発的に大きく広がる思想や流行には、少数の強力なハブが生まれる。しかしハブは、一つのハブだけでは生み出されない。宗教やブランドを見ると、教会やコミュニティミーティングのようなクラスターの形成や、新領域への越境的接続を大事にしていることがわかる。何かを与えられる求心力も大切だが、同時に与えた相手自身を次のハブへと変容させるだけ勇気づける力も重要だ。音楽のジャンルは創始者一人ではなく、フォロワーが次のヒーローになることで生まれるのだ。ある考えが誰かに伝わったとき、その誰かが新たなイニシアチブとなる仕組みが備わると、ネットワークの成長は加速する。

選択

## 適応度——子孫を残すのに有利か

進化学では、形質の有利さをどう測るのか。その指標として、その名も適応度(fitness)という考え方がある。適応度の考え方を単純に説明すると、生まれた個体が生き残り、一生のあいだで残す子どもの数のことだ。つまりある個体の適応度がちょうど一ならば、その個体が残す子どもの数の期待値は一ということになる。適応度の測定では、同じ環境の他の個体との相対的な値が重要になる。たとえば体の小さい個体に比べて、体の大きい個体がどれだけ多く子どもを残せるか。あるいは白い個体に対して、黒い個体の適応度が相対的にどれくらい低下するかを測ることで、どちらが適応的なのかを判断するのだ。

この適応度の考え方を、少し創造性に応用してみよう。あるユーザーが他のユーザーを増やす比率を測ると、市場における適応度が計算できそうだ。商品やサービスがユーザーにとって魅力的かどうかはこの市場適応度にとって重要だが、それだけが要因ではない。

つまりムーブメントを起こすにはプロダクトアウトで考えるのは甘いのだ。現世最高の職人でも、誰にも知られずに一生を終えることはあり得る。いかにユーザーの満足を得られるクオリティを備えていたとしても、ユーザーが次のユーザーを増やさなければ、ネットワーク効果は発揮されず、ムーブメントは生まれないのだ。逆に商品の人気は、モノの性質の良し悪しだけでなく、メディアや口コミで広がる話題性によってファンが次のファンを生むことで、市場での適応度が高まって獲得されていく。

そのために問われれるだろうマーケティング上の戦略は数多くあるし、それぞれがデザイン戦略のテーマにもなり得る。一つにはユーザーの共感や理解を得るスピードを上げること、また次の顧客に繋ぐ行動を促す施策として、最初に目に触れる人を増やす広告戦略や、次のユーザーを獲得しやすくなる紹介戦略などが問われるだろう。マーケティングで口コミが重要視されるのは、この市場での適応度を直接高める施策だからだ。

だが一方で市場の適応度が未来や社会に必要な本来の適応とはかけ離れている場合がある。この歪みが、我々の社会の大きな問題でもあるのだ。例えばSNSでは真実よりもフェイクやデマを伴うコンテンツのほうがセンセーショナルさゆえに広がりやすいという調査結果がある。またサステナビリティや生物多様性の崩壊など、文明を支えるために必要な価値のある情報が、多くの人に共感を伴って伝わるとは限らない。

こうした本質的に意義のある情報を魅力的に伝え、理解や共感のギャップを埋めることもまた、デザインの役割だと私は信じている。

---

## 進化ワーク43　市場適応度［20分］

いま創っているものが誰かに伝わったとき、その人がさらに他の人に伝達する人数は何人くらいだろうか。さらに、その人数を増やすイメージをもてるだろうか。次の人に繋いでもらうには何が必要かを考えてみよう。

---

## 調和ある繋がりをつくるために

越境とハブ。この二つの要素が、複雑な繋がりを短い距離で結び、また巨大なうねりを生み出している。文化の伝播もまた、越境とハブによって引き起こされてきた。こうした繋がりの構造を知っていれば、生態系の全体像を把握できなくとも、共生的な繋がりを増幅させたり、闘争的な繋がりを遮断したり、ありたい繋がりを広げていく知恵に応用できることがある。

たとえば、日本で広まった仏教の伝播を考察してみると、越境的な観点では、遣唐使を任じた空海や最澄といった越境者が中国から仏教経典を伝来させ、その後には日本国内でのハブとなる宗派も立ち上げている。キリスト教の伝来も同じで、一五四九年にはフランシスコ・ザビエルが鹿児島に伝来のためにやってきた。宗教や歴史上の文化は、複雑ネットワークの構造的にも、ハブと越境が繰り返されることで広がったと説明できるのだ。その観点から、聖書・十字架・賛美歌、お経・数珠・声明（しょうみょう）などのような布教の道具を観察すると、ネットワークの仕組みとして実に良くできている。こうした道具の多くは、個人がその先の次の個人に同じ情報を伝えやすくなる仕組みとして設計されているのだ。

また別の観点での気づきとして、私たち自身の無意識の傾向は、身近な人たちを幸せにし、遠くの人たちに負担をかけがちになるということがある。それは目先の課題解決にはなるけれど、根本的な解決がなければ負担が遠くに越境し、負荷の総量もまた増えてしまう。そして負荷のネットワークもまた、不平等に巨大なハブを自然形成してしまう。

その結果、悪い影響が平均化されて散らばるのではなく、負担が局所的に集まり、破壊されるという事態も生じてくる。特定の森が大規模に伐採されたり、廃棄物が広大な処分場に集中したりといった負のハブが、極端な貧困や環境汚染が集中する場所を生み出す。

複雑ネットワークの性質を考えると、世界がなぜ現在のような皺(しわ)寄せの多い状態になってしまったのかの理由が少しイメージできるはずだ。複雑な関係の問題を解決するには、ネットワークの理解から始めるのがよいだろう。

たとえば下図は一八五四年に世界で初めて描かれた感染者のマップ（図15-21）だ。この地図を描いたイギリス人医師のジョン・スノウは、当時ロンドンで猛威を振るったコレラ禍が飲料水と関係しているという仮説を立てた。しかし当時の医学会はスノウの考えに否定的だった。そこで彼は、街中を回ってこの感染地図を描き、感染の原因だった水道会社を特定し、感染の蔓延を断つことに成功した。のちにその水道会社の水道管には下水が混ざっていたことがわかった。つまり繋がりの全体像を把握し、負の発生源への接点を断ったのだ。

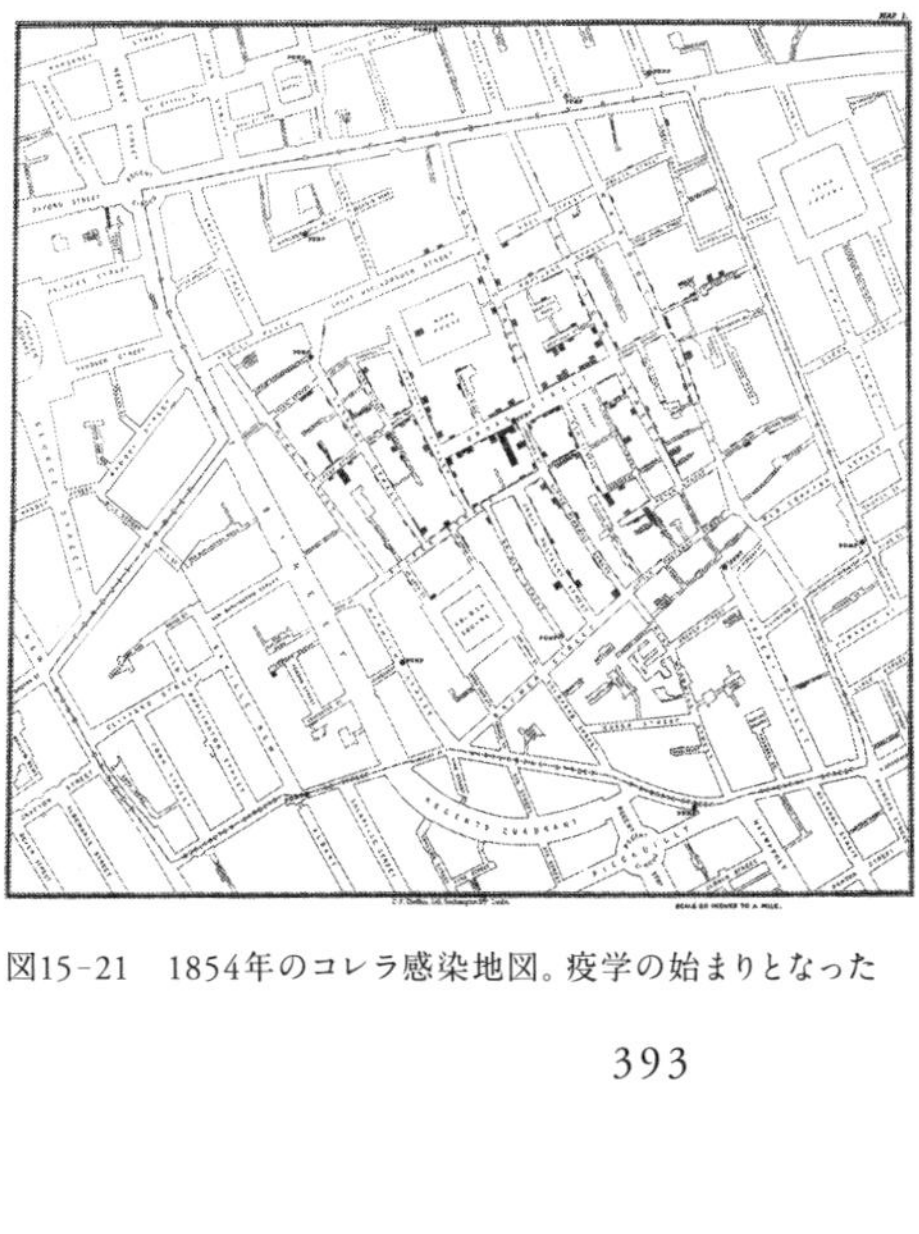

図15-21　1854年のコレラ感染地図。疫学の始まりとなった

感染症の対策にもネットワークの性質を知ることが役立つ。新型コロナウイルス対策でよく使われていた戦略も、実はネットワークの性質を前提としたものが多かった。感染者のハブであり発生源となり得る病院に行かせずオンライン診療を活用する対策は有効だった。感染者のネットワークの平均次数の増加を防ぐには、マスクや手洗いが効果的だ。また感染を他に越境させる者は、まず真っ先に抑え込まなければいけないため、移動が制限された。このようにパンデミック感染症の対策では、ハブの発生を抑える戦略や、平均次数を減らす戦略、また越境者を抑え込む戦略などが行われていた。ネットワークの性質に基づいて理解すると、これらの感染対策の合理性がよくわかる。

私たちが生態系にかけている負荷も、ネットワークの性質から捉えてみよう。繋がり方がわかれば、そこに負荷を抑え込むヒントもあるはずだ。たとえば捨てられたたくさんのペットボトルがどこに集まるか、知っているだろうか。「どこの誰かは知らないけど、誰かがリサイクルしてくれているから大丈夫さ」と、私たちが高をくくっていたら、近年その誰かを担っていた人たちがついに悲鳴をあげた。

その誰かとは中国のリサイクル処理業者たちだった。近年まで、全世界から放出されるプラスチックゴミのリサイクルを引き受けていた中国は、負荷が集中して処理量の限界を突破してしまった。そして二〇一七年に輸入廃棄物管理目録を改定し、二〇一七年から輸入を段階的に禁止する発表を行った[52]。この発表によって、世界中に激震が走った。

当時の中国は世界最大のプラスチックゴミ輸入国だったので、世界中が瞬時に変革を迫られたのだ。それまで、日本だけでも毎年一〇〇万トンものプラスチックゴミを中国に輸出し、処分を依頼していた。こうした超巨大規模のゴミが、それまで中国と世界各国とのあいだにもやり取りされていたはずだ。

一方でこの出来事が、世界中の脱プラスチックを加速させた大きな要因となったことは間違いない。ネットワーク上の負荷を把握する大切さや、ハブが変化するインパクトを感じさせる例でもある。地球環境の生物多様性を守ろうと行動する際にも、こうしたネットワークの性質が私たちの選択に大きな影響を与え、解決へのヒントも示してくれる。

覚えておきたいのは、実社会によって生まれるネットワーク効果は利益を不平等に集中させるだけでなく、負担も一部の人や場所に極端に集中させ得ることだ。負担の過度な集中は全体の破綻を招くこともある。会社などの組織が生き残る生命力を高めるためにも、ネットワークを見渡して無理を発見し、極端な負荷がかかっているハブの力を素直に分散させるように、流れの最適化を意識してみよう。

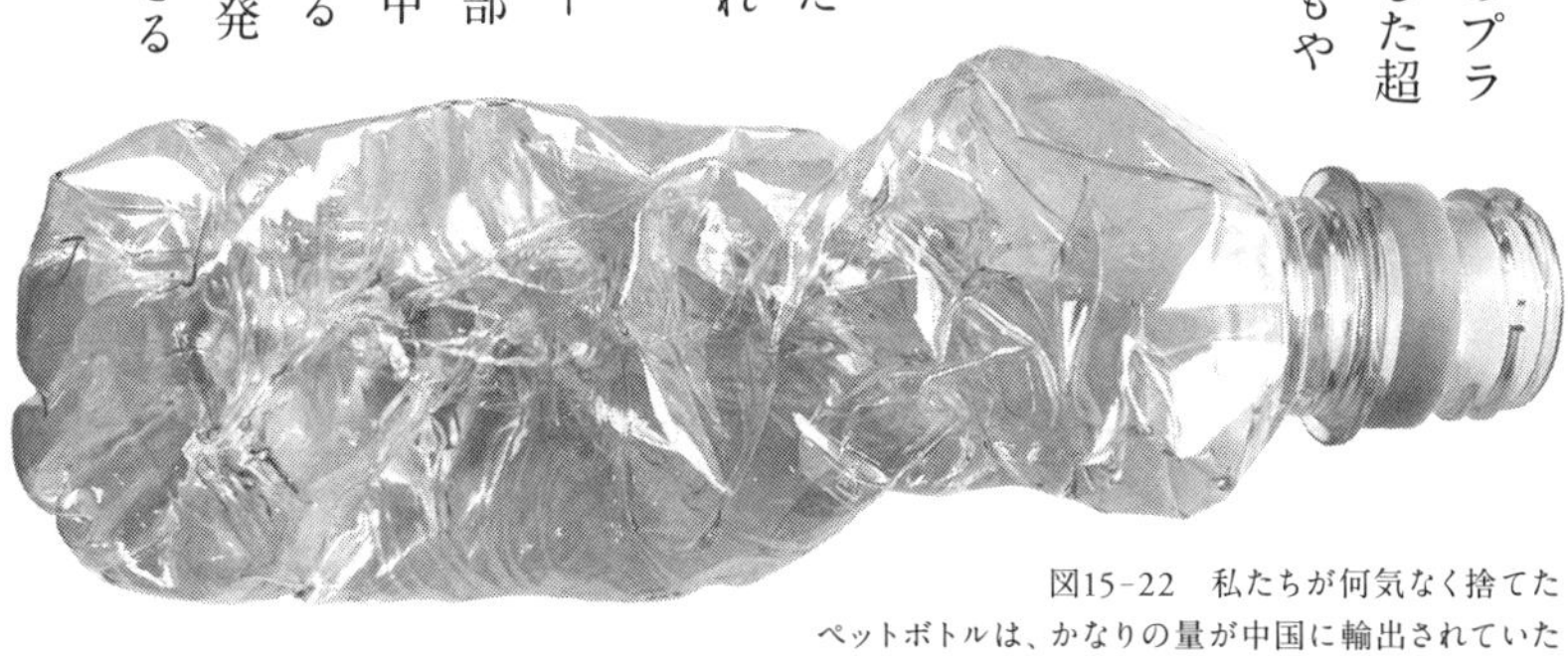

図15-22　私たちが何気なく捨てたペットボトルは、かなりの量が中国に輸出されていた

## 負のハブを変換する

すでに負のハブが生まれてしまっている場合は、それを負荷の少ない仕組みに変換できるかを考えてみよう。たとえば金融は経済全体のハブとなっているが、その仕組みに変化を促せば経済全体の負荷に影響を与えられる。近年の金融市場では、ESG投資（金融における環境、社会、ガバナンスの分析評価）が盛り上がりはじめた。二〇一七年にはESG投資残高は三〇兆ドルを超え、世界金融の一つの主要トレンドになっている。[53] 今後は上場要件などにもルールとして反映されていくだろう。一つの問題だけを解決するのではなく、環境負荷を生み出す経済のハブとなってしまった金融クラスターの仕組みにアプローチする視点は、地球環境にとって効果的な間接的解決策になっている。

---

### ☑ 進化ワーク44　負の繋がりを断つ［20分］

複雑ネットワークの性質は、コロナウイルスやＨＩＶ、また、麻薬の取引、政治の腐敗、人類の環境負荷といった問題解決など、負の広がりを阻止するためにも応用できる可能性がある。

1　ネットワークの性質から、負のハブに繋がらない方法を考えてみよう。
2　負荷の越境を断ち切ってコンパクトに解決する方法を考えてみよう。

---

## 共生的な繋がりを取り戻す

　共感できる人たちと繋がっている実感は、私たちを強くしてくれる。変化への恐れや、余剰を分け与えることへの不安を上回る心理的安全性のある状況が築かれれば、社会は共生に近づくはずだ。こうした共生的な関係を増やし、状況にとってポジティブな選択に必要なことを、複雑ネットワークの性質を元に考えてみたい。

　世界をアクセス可能にしてポジティブな変化を促すには、複雑ネットワークに見られたハブの求心力と越境が鍵となる。人の繋がりで考えるなら、人が心から深く共感し、誰かに伝えたくなるコンセプトを、その願いをともにする仲間を集めてハブとなるコミュニティを作るとよいだろう。繋がる人の数が増え、彼らが心の底から伝えたいと思っているものができれば、それは強力なハブになる。その求心力を備え、越境しよう。あなた自身の共感を、領域の違う人たちに向けて届けてみよう。

　距離を超え、領域を超えて、誰かと願いをともにした仲間となることで、心理的安全性と越境性を兼ね備えた、多中心的な願いの総体が生まれる。

　そんなコミュニティは、一体どうすれば実現できるのか。そこで具体的なコミュニティのプロジェクトを例に見てみよう。それらは小さな取り組みから始まって、世界に影響を与えるムーブメントに育ったプロジェクトたちだ。

## 小さなネットワークから始める

二〇一三年、インドネシアのバリ島で、Bye Bye Plastic Bagsという運動が起こった。一〇歳と一二歳の姉妹が二人で始めたプロジェクトである。故郷の美しい海がたくさんのプラスチックゴミで汚染されていることを悲しんだ姉妹が、どうしたらレジ袋をなくせるのかを考え、まずはクラスメイトを仲間に巻き込んで活動を始めた。そして、オリジナルのエコバッグやステッカーを作り、親世代を仲間にしていくうちに、徐々に島全体を巻き込む大きなムーブメントになっていった。

地道な活動が実り、二〇一五年にバリ島の州知事は、二〇一八年までにビニール袋を撤廃すると覚書を交わし、そのニュースが世界中へ流れた。この流れを受けて、脱プラスチックのムーブメントが加速。[54] 二〇一九年一月には、バリ島の中心市街地にあるデンパサール市のスーパー・コンビニでレジ袋は使用禁止になった。

またフランス政府は、二〇二〇年から使い捨てプラスチックのカップやグラスやストローなどの使用を禁止する法律を施行した。[55] そして、先ほど紹介した中国のプラスチックゴミ輸入禁止がそれに連なった。バリ島の姉妹の活動は、こうして世界中の脱プラスチック運動に影響を与えた。姉妹の小さな草の根的な活動が、ネットワーク効果を伴って文字通り世界を変えたことになる。このように、小さなクラスターを作ることは無力ではなく、それが長い距離の繋がりに結びついたとき、劇的な変化が生まれるのだ。

私もコミュニティの力を体験したことがある。二〇一一年三月一一日。東日本大震災は、マグニチュード九・〇の地震と、約五〇〇キロメートルもの範囲に及ぶ大津波によって、東日本に壊滅的なダメージを与え、福島の原発事故を引き起こした史上最大級の災害だ。私は東京で、津波のあとに火事で焼けていく沿岸の街の映像を、無力感を抱きながら呆然と見ていた。道路も電気も分断され、携帯電話以外のあらゆるライフラインが断たれていた。無力感で茫然自失となりながらも、指をくわえて何もせずにいるのが嫌だった。

そこで私たちは震災から二日後、OLIVE「生きろ日本」というWIKIを立ち上げ、被災地で今すぐに役に立つ知恵をたくさんの人に呼びかけ、書き込んでもらいはじめた。すると、高校生からおばあちゃんまで、さまざまな人がこのプロジェクトを助けてくれた。ペットボトルが湯たんぽになることや、ツナ缶がロウソクになること、仮設トイレの作り方など、二〇〇〇を超える知恵が二週間ほどで集まった。また翻訳ボランティアの手によって、英語版、中国語版、韓国語版が実現した。OLIVEに由来する情報は、震災から三週間で、少なく見積もっても約一〇〇〇万人の広範囲に、短時間で広がった。その半年後、OLIVEを防災の本として出版したところ、その本も順調に増刷を重ねた。

それから数年後に大きな変化が訪れる。実は震災以前の二〇〇二年より、東京と横浜のエリアは、ミュンヘン再保険会社の調査によって、すでに自然災害リスク指数が突出して高いと言われていた。そこで大震災から四年が過ぎた頃、当時の東京都知事が、都の全世帯への防災本の配布を企画することになった。

東京都の世帯数は、およそ六七〇万世帯だ。そこに行き渡らせるために、八〇〇〇万部以上もの膨大な本を発行したのだ。総頁数三三〇頁を発行部数で掛ければ、合計二五億頁の出版プロジェクトとなる。これは行政史上、最大級の出版物だ。

OLIVE の本を参考に、私たちは史上最大級の防災計画となる『東京防災』の全頁のデザインと編集に、東京都や電通のチームと協業しながら深く携わることになった。実際に『東京防災』の四〇頁ほどは、OLIVE の本と同じ内容がそのまま採用されている。二〇一五年、こうして出版された『東京防災』は、防災という陽の当たらなかった領域にムーブメントを生み出した。

今でも災害や台風が起こるたびに、ソーシャルメディアでは『東京防災』の頁が数百万の単位でシェアされており、世界最大の防災運動の一つに育った。

どちらの例も、ハブが生まれ、活動が越境することで、個人だけではたどり着けない場所までプロジェクトが育ち、社会が動いたケースだ。ムーブメントはいつも、小さなネットワークの形成から始まる。

図15-23
東京都の全世帯に配られた『東京防災』

## 自然発生を促す場づくり

最初から越境性と社会的インパクトの高いメンバーによるコミュニティを作り、深い信頼関係が得られるワークショップのプロセスを設計して、ハブを作るとどうなるか。そんな実験的なコミュニティを作る挑戦に、私も幾度となく協力してきた。

そのなかの一つに、一〇〇年後の未来に、本当に変化が起こる共創を探究する「コクリ!」という活動がある。発起人の三田愛さんをはじめ、三〇〇人を超える人が繋がるコミュニティだ。そこには、地域リーダー、官僚、農家、企業経営者、大学教授、クリエイター、首長、社会起業家、NPO代表、学生など、特に越境的なマインドセットを持ったイノベーターが集まっている。このコクリ!の活動に、私もディレクターの一人として伴走してきた。ここでは進化思考のワークショップを提供したり、コクリ!のさまざまなデザインを通して、共創が起こる場を仲間とともに探究している。

この繋がりの実験によって、具体的なプロジェクトや概念まで、コクリ!からはさまざまなプロジェクトが生み出された。例えば、安宅和人さんの「風の谷を創る」や、山田崇さんの「市役所をハックする!」など、数多くの活動コンセプトが生まれている。さらに、本書の出版社である「海士の風」の誕生や、本書『進化思考』の誕生も、このコミュニティの場づくりによって育まれたところが大きい。ハブに越境者が集まり、信頼を持って繋がると、コミュニティは創造性を宿していく。

選択 » 解剖 歴史 生態 予測

## 繋がりを体験する進化の学校

人間同士だけでもその関係性は複雑なのに、ヒトと地球の生態系の繋がりは、とうてい伝え切れないほど複雑だ。生態系との繋がりを直感的に伝える方法はないのか、そんな方法と創造性教育を組み合わせることはできないか、私は頭を悩ませていた。

たとえば街の中だったら、動物園や水族館のような場所で、実際に相手となる生物を見ながらであれば、より深い繋がりを感じ取れるかもしれない。そんなことを考えていたときに、横浜にあるズーラシアという動物園と一緒に、進化思考の学校「進化の学校 at ズーラシア」を実証実験するご縁をいただいた。

ズーラシアは、動物の生態地域の環境に近い状況を再現する展示を特徴にした国内最大級の都市型動物園だ。ズーラシアでは動物が種ごとではなく生息する生態系ごとにカテゴライズされている。それだけでなく彼らは絶滅危惧種の野生復帰を目指した飼育施設を設置したり、周囲の森林資源の保全活動を手がけている。まさに生物との繋がりを感じるにはうってつけの動物園だ。

動物園という場所は、都市生活で最も生態系を身近に感じられる場所だ。親子連れのエンターテインメント施設に甘んじているのは、実にもったいない。もしズーラシアが、生物多様性の繋がりの大切さを肌で感じ取れたり、生態系そのものの気持ちになったりしながら、授業を受けられる創造力の学校になったらと想像したとき、私は胸が膨らんだ。

動物園という場所を舞台として、さまざまな大企業の変革のための教育に活かし、環境分野のイノベーションを促せないか。そんな企画の趣旨を村田浩一園長に話すと、すぐに意気投合した。彼の口からは「動物園とは惑星の存続を考える場所でなければならない」という力強い言葉をいただいた。こうして私たちは、共同して進化思考の研修プログラム「進化の学校」を実験することになった。

ワークショップの当日には、エネルギーやIT分野に携わる日本のさまざまな大企業の経営企画の方や、海洋生態系の研究者、生態系の保全を進めるNGOの方々などが集い、減少しつづける種の個体を見ながら、その生態系の実情を学ぶ大変貴重な機会となった。日々、本当の家族のように動物たちとの繋がりを考えている園長のお話や、動物園職員ならではの観点で地球環境や生物多様性について語られる内容は、私たちが普段ニュースやＳＤＧｓの会議で聞くものとは、まったく臨場感の違うものだった。

この惑星がどんなに限界を迎えているのかを数値で話されるよりも、目の前にいる生物を通して同じ話に触れるほうが、私たちは物事をより感覚的に理解できる。目の前にいるカンガルーなどの動物が、オーストラリアの火事で合計一〇億匹焼け死んだと言われたり、実際にオランウータンを目にしながら、ボルネオ島の開発プロセスで彼らが危機に立たされたと言われるほうが、その繋がりへの身体的な理解を促せるのだ。

繋がりの理解が苦手な私たちが、生態系の認識を取り戻すにあたって、動物園や水族館を創造力の学校に変化させることに、私は大きな可能性を感じている。

## 観察 連鎖観察――動的なシステムの観察

生態の複雑な繋がりを理解するには、さまざまな相互作用の関係を観察する必要がある。つまり物語の「登場人物」「必要不可欠な道具」「それらが置かれた状況」など、人間同士やモノ同士のあいだには、さまざまな選択圧が自然発生しているのがわかる。

こうした複雑な関係は、自ずと物語を生み出す。食物連鎖の図（図15-4、334頁）やソシオグラムのように、繋がりの地図は、この複雑な物語の理解に役に立つが、同時に複雑になりすぎたり、大事なものがわからないことも多い。複雑な関係に変化や安定を生み出しやすくする、シンプルな考え方を提唱した人がいる。さまざまな生態系の作用を記述する方法は、現在のテクノロジーの基盤となる考え方である「システム」にあった。

システム、という言葉を聞くと、機械エンジニアを思い浮かべる人も多いだろう。しかし生態系をエコシステムと呼ぶように、システムとは本来物事の繋がりの全体的なまとまりを意味していて、その定義は広大だ。

一九四七年、マサチューセッツ工科大学（MIT）のデジタルコンピュータ研究所の初代責任者ジェイ・W・フォレスターは、汎用コンピュータWHIRLWIND1を開発し、その過程で偶然コンピューターに広く使われるメモリの基本概念を生み出した技術者だ。フォレスターは経験の中で、プロジェクトの問題の多くは技術側よりも社会側にあると感じていた。そこで彼は物理的なシステムと共通する方法で、経済や生態系などさまざまな社会システムの挙動を数学的に記述する方法を開発した。システム・ダイナミクスの誕生だ。このシステムをうまく図示する方法は、まずテクノロジー領域で発達し、さまざまな生態系の繋がりの描画に直接応用されてゆく。

システム・ダイナミクスが時代を席巻していた一九七〇年、フォレスターはスイスで開かれたローマ・クラブの会議に招聘された。システム・ダイナミクスを用いて将来の地球規模の危機をシミュレーションできるかと問われた彼は、すぐさまアメリカへの帰国の飛行機の中でWorld1と呼ばれるモデルの原案を作成した。そのモデルはWorld2へと発展し、『ワールド・ダイナミクス』という本に結実する。

この成果に感心したローマ・クラブは、彼の研究に資金を提供したが、当時別のプロジェクトに専念していたフォレスターは、彼の教え子だったデニス・メドウズらにこのWorld3のモデル作成を委ねた。そのメドウズらがWorld3の予測をまとめたのが、この本に何度も出てくる「成長の限界」であり、それが影響を与えたシステム思考なのだ。今ではこうした事例のほうが有名だが、システム・ダイナミクスの父であるフォレスターの功績を讃えたい。

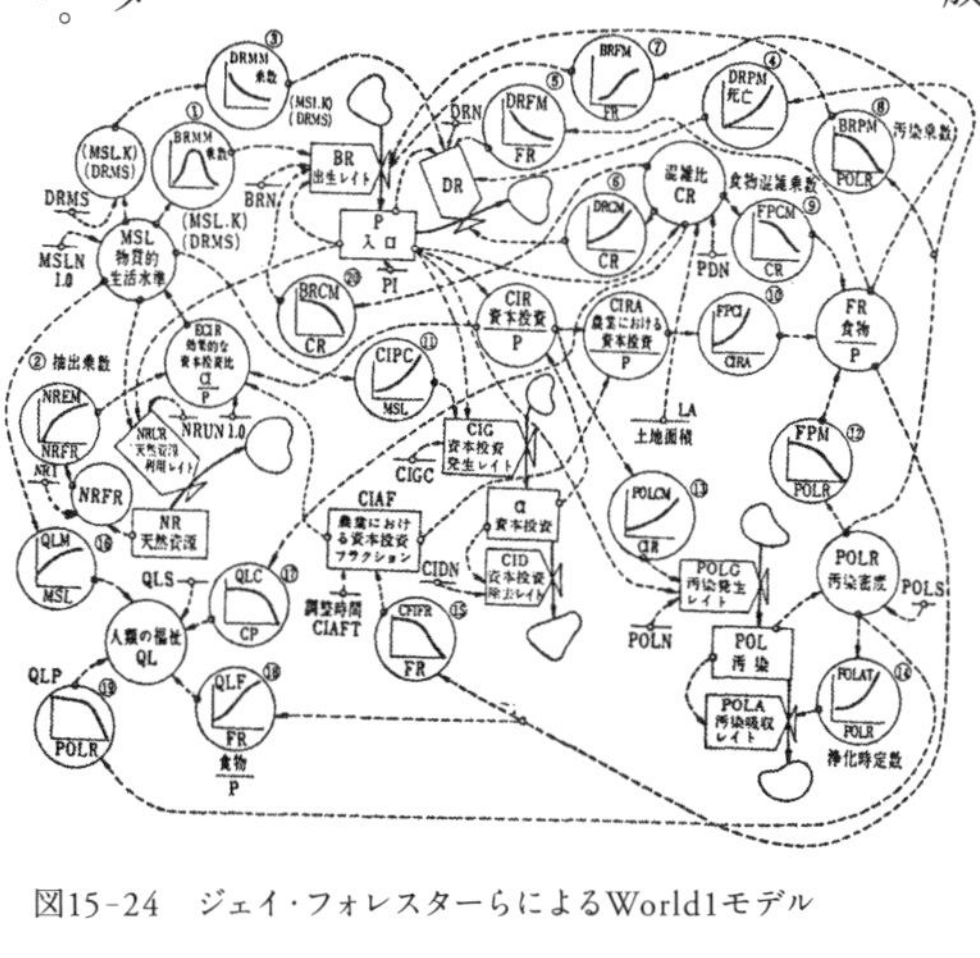


図15-24　ジェイ・フォレスターらによるWorld1モデル

選択

## 因果ループ――悪循環を止められるか

システム・ダイナミクスで鍵となる、ストックやフローの考え方を紹介しよう。わかりやすいようにお風呂の例で考えたい。まずストックとは貯蓄できる容量のこと、お風呂ならバスタブにあたる。そのストックに流れてくるものがインフロー、つまり蛇口から入るお湯だ。バルブがついていて流れの勢いが調整される。そしてストックから吐き出されるのがアウトフロー、つまりお風呂の穴だ。ここにも調整バルブがついている。またこのシステムでは考えない外側をクラウドという。お風呂のお湯がどこから来て、どこに行くのかを気にしないのと同じだ。

インフローとアウトフローが同じならストックは一定に保たれるし、インフローが多ければいつかあふれる。逆ならストックはいつか枯渇するだろう。

お風呂ではシンプルな図だが、この概念でさまざまなシステムの挙動を表せる。さまざまなストックを定義してこの図を繋いでいくと、なんと前頁のWorld1モデルのように生態の相互作用を描画できるのだ。

次にシステムの考察にとって重要な、フィードバックループという概念を紹介したい。フィードバックループは、ストックの状態がフローに影響するときに表れる二種類の循環構造のことだ。またお風呂の例で考えてみよう。

もしお風呂の水位（ストック）が十分なら、これ以上お湯を入れないかもし

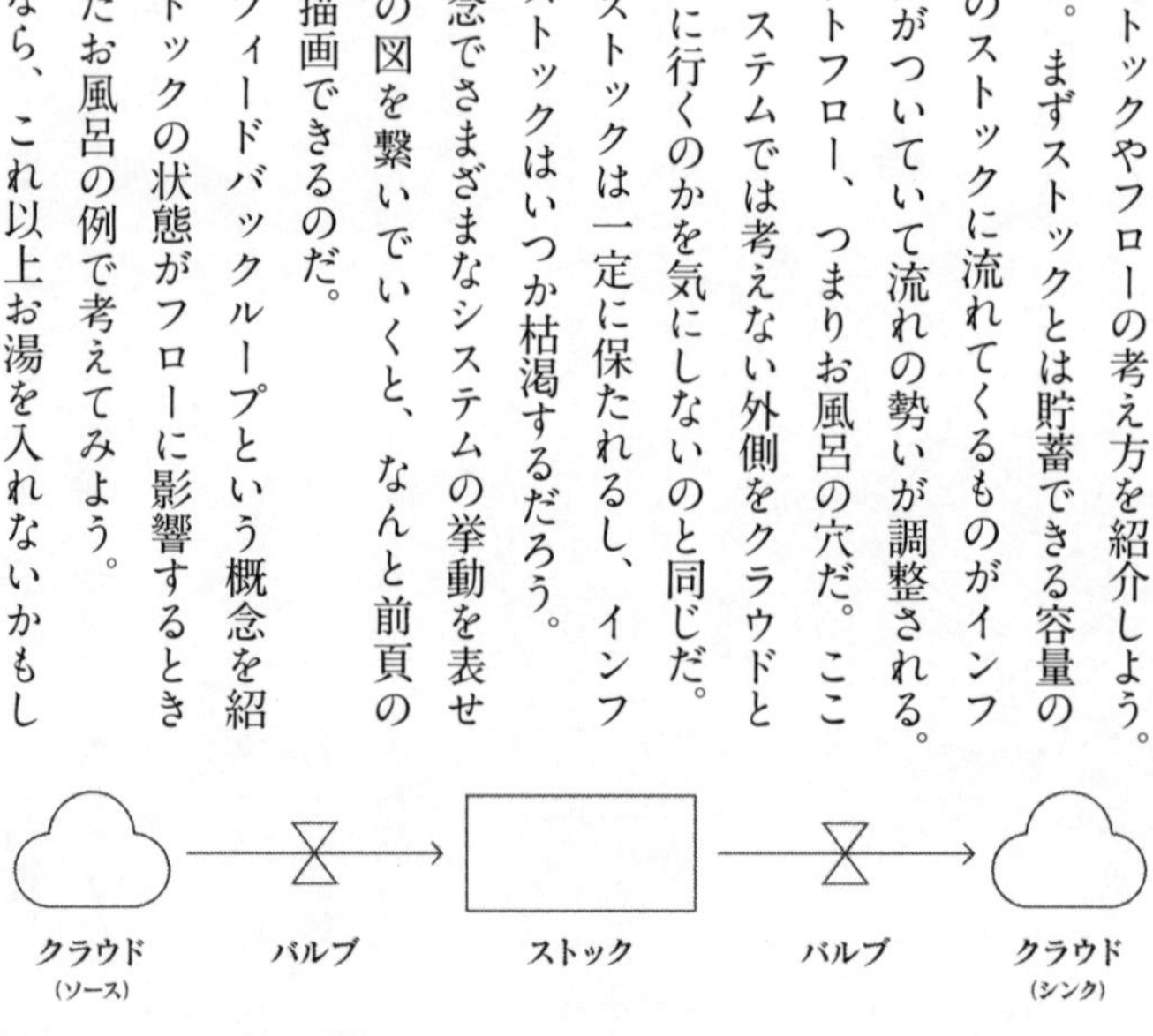


図15-25　ストックフロー図

れない。あるいは水位が少なければお湯をもっと入れたり、逆に穴から出ていく量を減らそうとするだろう。こうした操作はストックの水準を安定させるループでバランス型フィードバック（－で表す）と呼ばれ、適正な量のストックに調整する働きを持っている。

　ではもしお風呂が壊れていて、ストックのお湯の重さでヒビが入っていたとしよう。するとお湯を入れるほど、亀裂が大きくなってお湯が出ていく。もし同じ水位を保ちたいならさらにお湯を入れることになる。するとさらに亀裂が広がってしまう。するともっとお湯を入れなければいけない。このようにどんどん進行してしまうループが自己強化型ループ（＋で表す）で、システムを不安定化させたり変化をもたらす。経済でも生態系でも、さまざまなシステムの中ではこうした二種類のループの作用が流れを生み出している。

　システムの中に自己強化型のループがある場合、その影響がネガティブなものであれば借金が借金を生み出すように悪循環に陥ってしまう。自己強化型ループの悪循環が行き過ぎれば、その系は長くはもたない。

　これは生態系の中で絶滅に向かう生物種にも、破綻に向かう企業の中の環境でも、システムの視点で観察できる事実だ。なんとしてでも、加速する悪循環は断絶させたいところだ。

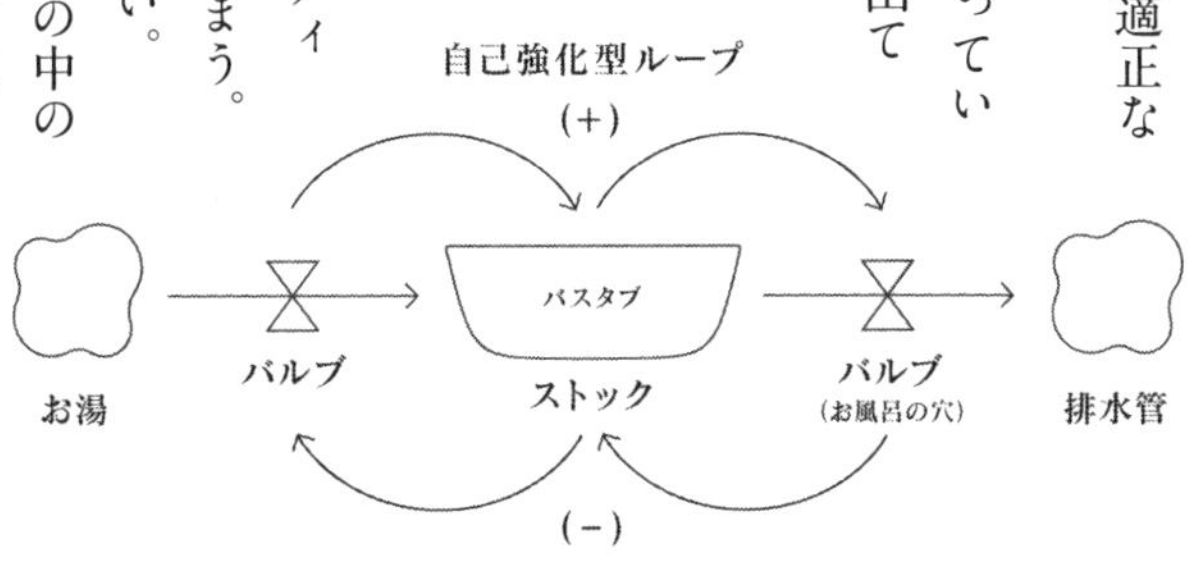


図15-26　システムのループ

もし何かのプロジェクトによってシステム全体に影響を与えたいなら、フローのループ構造に着目して、そのループに働きかけるのが、レバレッジが効く方法となる。

このような生態システムのモデルを描くとき、特に意識してほしいのが、クラウドの先にある、見えない誰かを取りこぼさないことだ。いつも存在を意識している直接の相手だけでなく、その周囲に広がる、意識してこなかった人や自然との繋がりにも目を向けてほしい。そうしないと取り返しのつかないこともある。

たとえば、タイタニック号の沈没事故が普及のきっかけとなったソナー（音波探知機）は海洋事故を減らした。しかし同時にクジラやイルカの大量死を招く結果となってしまった。たとえ便利でも、繋がりを無視して周囲に強い影響を与えれば、大きな弊害が出るかもしれない。見えにくいからこそ、繋がりには常に自覚的でありたい。私たちは目の前のものを知っているつもりでも、その先に「不都合な真実」など存在しないという思い込みのなかで生きている。搾取による飢餓に苦しむ農家があっても、数億トンのゴミが海に流れついても、誰かが罪に問われたりはしない。しかし繋がりの全体像を見れば、悲しいことに私たち自身の暮らしや文化が、その真犯人として浮かび上がってきてしまう。

繋がりに対して思慮深くありたい。そんな繋がりへの理解は、練習できるものなのだ。たとえ繋がりの全体像を俯瞰するのが難しくとも、今より一歩だけ先へと、繋がりを理解しようとする姿勢を持ってみよう。それこそがきっと、私たちに許された思慮深さであり、繋がりに対する愛なのだ。

## 進化ワーク45　生態のシステム［30分］

ここまで整理してきた登場人物（WHO）やモノ（WHAT）を、一枚の紙の上に配置して、生態系を描いてみよう。食物連鎖図やドラマの人物相関図のような関係性の地図を描き、そのフローとストックのフィードバックループを描画してみると、複雑な生態系の相互作用をイメージしやすくなるはずだ。状況を不安定化させる行き過ぎに向かうループはあるだろうか。

ある程度描けたら、それぞれの状況（WHERE・WHEN）ごとに状況を線で囲ったり、描けていない外側を想像してみよう。すると状況への必然性を発見しやすくなるだろう。さらにヒトやモノの目的や願い（WHY）を想像して書き出すと、さらにループに気づくかもしれない。

生態の想像は難しい。それは広大で、目に見えないものだからだ。まずは不格好でもよいので、ぜひ関係の可視化に挑戦してみよう。

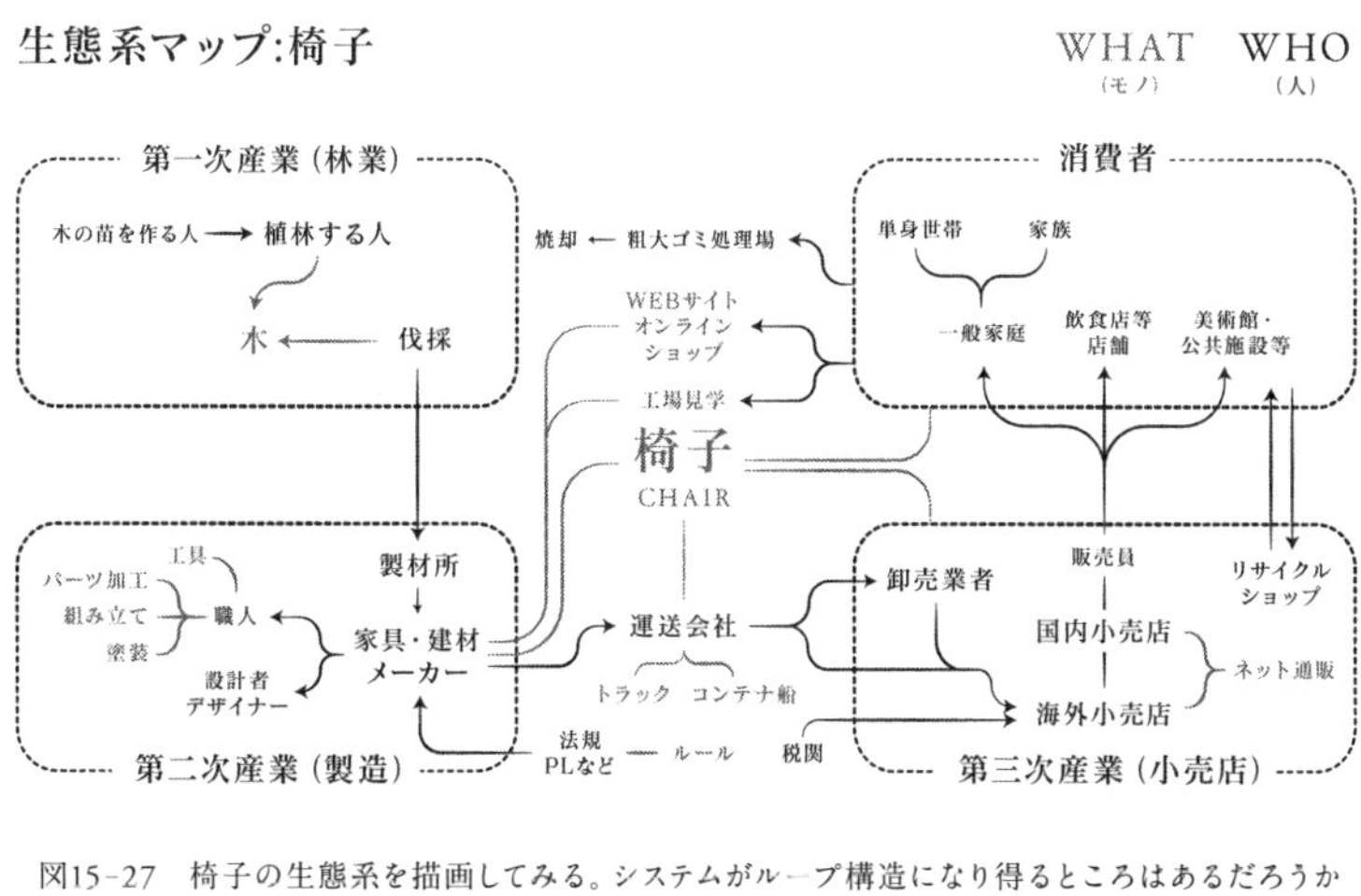


図15-27　椅子の生態系を描画してみる。システムがループ構造になり得るところはあるだろうか

## 共生圏のなかで循環させる

私たちが環境に悪い影響を与えない暮らしをするには、どうしたらいいだろう。環境や生態系により適応した暮らしもまた、ネットワークのやシステムの性質にヒントがある。

地球にまったく負荷のかからない生活をすることは残念ながらできないけれど、負荷がかかる距離を近づけ、越境させないことは想像できる。負荷を遠くに越境させないというのは、なるべく近くで生産したり、地域内で発生するゴミなどの負荷を遠くに廃棄せず、近くで資源として再循環させるといったことだ。たとえば、自然共生型の生活を実践しているパーマカルチャー運動のマニュアルを見ると、彼らは生活の行動範囲を次の五つの領域に分け、生活の影響を限られた範囲にとどめるような工夫をしている。

パーマカルチャーのゾーン

ZONE1——住民が生活している家や庭。人が最もよく活動し、廃棄物が及ぶ範囲
ZONE2——食物の収穫などでたまに外出する際に、生態系に影響を与える範囲
ZONE3——最小限の整備で、可能な限り自然を残している範囲
ZONE4——人が立ち入ってもいいが、整備せずに自然のまま残している範囲
ZONE5——野生動物に任せ、人が立ち入らない範囲

これは、目の前にある自然の資源を、人が受け取りやすいように設計されたものだが、逆に自然の側から見ても、人の生活によるダメージの範囲を限定している。また資源をできる限り循環する前提がその戦略となっている。こうした環境負荷を越境させないパーマカルチャーのゾーンの戦略が広がれば、自然界のダメージを減らし、人と自然の共生に役立つだろう（図15-28参照）。

この戦略は、一八世紀頃まではあらゆる地域に見られたプリミティブな生活への回帰でもある。世界がグローバル経済に向かう現在の方向を逆転し、ローカルな共生を目指す戦略でもある。環境省はこれに近い概念を地域循環共生圏と呼んでいる。

グローバル化によって経済世界は狭くなった。その代わりに環境への負荷も越境して、飛躍的に増大した。本来はコスト合理性もあるはずの地域内循環だったが、さらなる経済合理性が求められた結果、外部に依存する開発の構造が生まれ、地域内での共生的循環は忘れられていった。だがそこへの回帰にこそ、共生社会のヒントが宿っている。

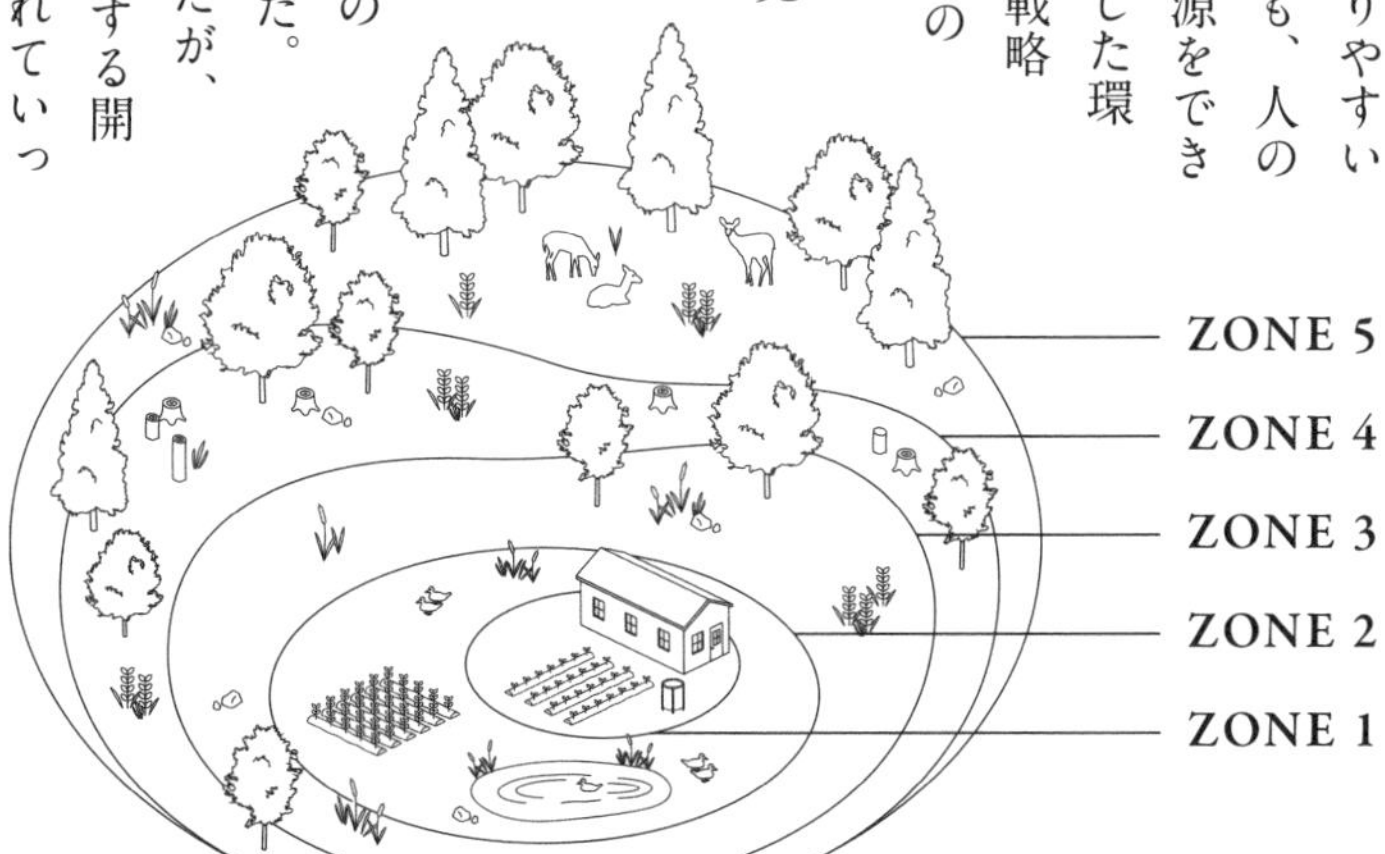


図15-28
パーマカルチャーの
ZONEをイラストにしてみた

環境への負荷を下げるには、域内の循環的な繋がりを取り戻さなければならない。グローバル経済はその裏返しとして、都市の一極集中を加速させているが、都市化は自給自足との両立が難しい。都市を維持するには、食料やエネルギーといった膨大な資源の供給が不可欠だ。また一極集中が進んだ都市の土地価格は高騰し、過疎化が進む地方の地価は相対的に下がる。都市と地方では賃金格差も生まれるため、都市は自給自足を放棄して世界で最も安いコストを求めて、世界中に負荷を越境させてしまう。これ以上負荷を越境させないためには、どのように都市に地域循環的なエネルギー・水・食・廃棄の仕組みを取り入れるかといった、イノベーションが必須になってくる。

私たちが現在の暮らしを適応させるには、グローバル化によって一度広がった負荷を閉じ込めて循環させ、越境させない仕組みを考える必要がある。すなわち地域循環共生圏を実現するには、「都市のなかでの自給自足」や「ローカルでの循環的な生活」の二つの側面で、戦略の再構築が求められるのだ。

都市生活でも、負荷の距離を近づけることは可能だ。たとえば、おいしい水を飲むために地球の裏側のミネラルウォーターを買うのではなく、自宅の排水を浄水器でおいしくすることが可能なら、水への負の越境の距離を数万キロから〇メートルまで縮められる。

再生可能エネルギーの分野でも、同じように仕組みによって解決できることもある。気候変動の大きな原因である温室効果ガスを削減するために、再生可能エネルギーの開発が世界規模で進められている。しかし再エネ発電所は景観を悪化させたり地域の資源を消費するにもかかわらず、電気が循環せず収益が地域に還元されないケースが少なくなく、エネルギーの地産地消はなかなか実現していない。再エネ発電所と地域における歪な関係性は、徐々に世界的な課題となりはじめている。

そんな中で私は「まち未来製作所」という再生可能エネルギー会社の取締役になった。この会社では再エネから生まれた利益を地域に還元しつつ、持続可能な再エネ地域循環を構築する「e.CYCLE（いいサイクル）」という事業を行っている。e.CYCLEは、再生可能エネルギー発電所から電気を預かり、入札で安く供給した上で、販売する際の手数料の七五％を地域活性化の基金として再エネ立地地域に還元する日本で唯一の事業だ。

e.CYCLEは震災後の福島を皮切りに、全国の自治体と連携協定を結び、地域での再エネ流通をそれぞれの地域が自分ごととして取り組む仕組みとして日本全国に急速に広がり、開始二年で全国の再エネの約〇・一％にあたる約三億キロワットの電力を流通させるプラットフォームにまで急成長している。

レジリエントな社会のヒントは地域循環にある。頼るゾーンを狭めていけば、社会は安定し環境への負荷も減っていくはずだ。

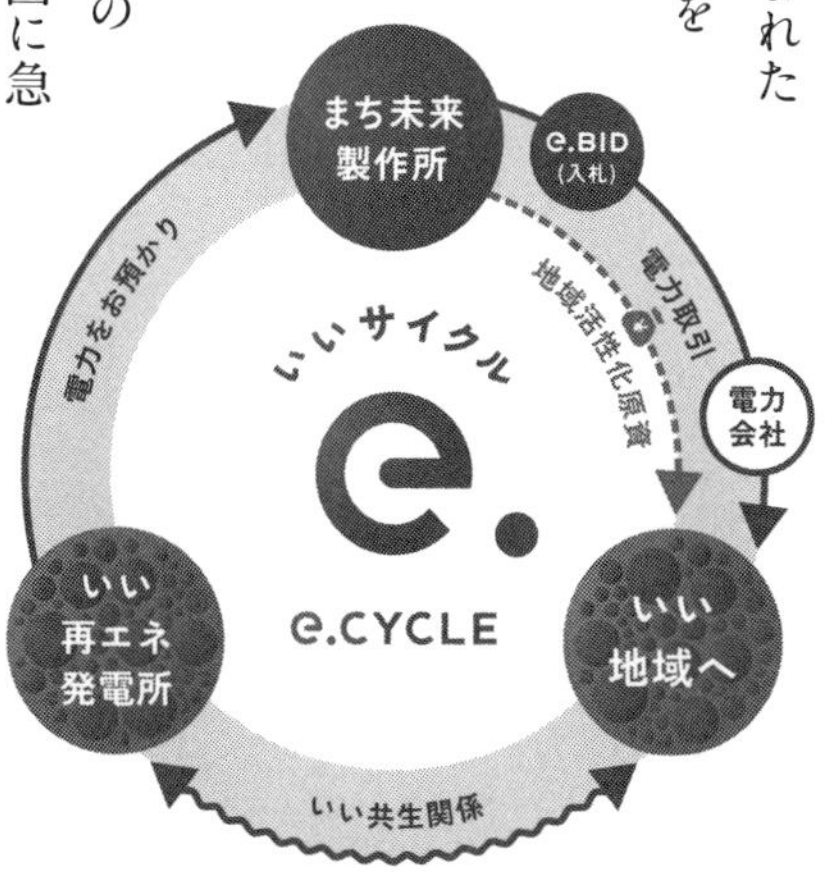


図15-29　再エネの地域循環共生を目指すe.CYCLE(いいサイクル)

## 生態的観察と選択——自己を生態と一致させる慈愛

あらゆるモノは繋がっている。私たちは常にこの繋がりに頼って生きているし、直接役立つものばかりが私たちを支えているわけでもない。創造において我々は、モノを通して繋がりをつくることを無意識に目指している。この繋がりを改めて確認して思いやる思考を拡張していくと、人や生態系に対する慈愛へと自然に繋がる。人が生態系に適応するとは、我々が自然の一部である自覚を取り戻すということではないか。

この本でたびたび登場する「成長の限界」というレポートの中に、下のような図が出てくる。この点の密度は「人の観点」を表している。図の縦軸は空間の広さで「家族→街→国→世界」と大きくなり、横軸は時間の長さで「来週→数年先→自分の人生→子ども世代の人生」と長くなる。つまり人は、来週の家族のことはよく考えても、一〇〇年後の世界なんてあまり考えないのだ。

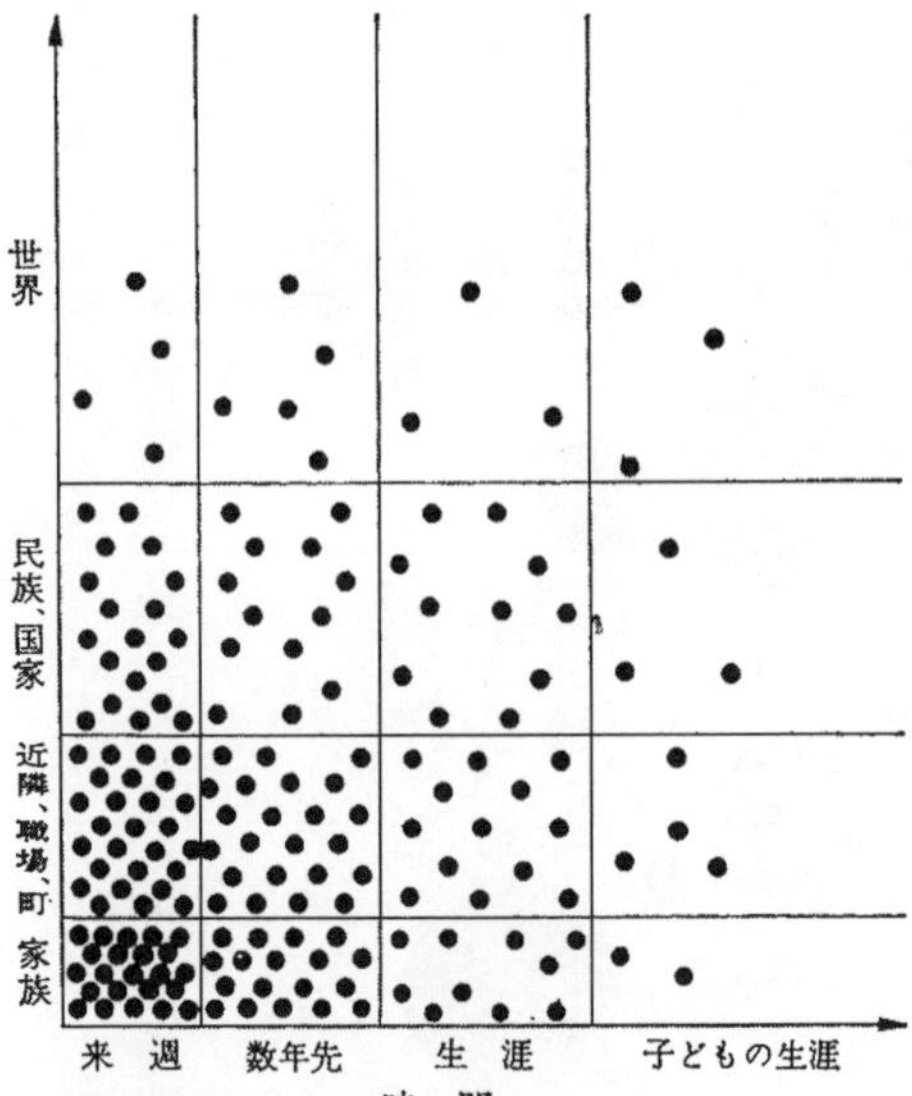

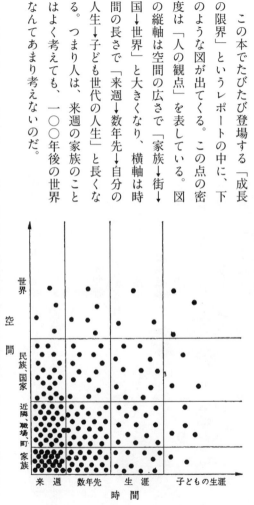

図15-30　人は未来になればなるほど、
遠い距離になればなるほど、それを意識しなくなる

人は悲しいかな、こうしてかけがえのない未来を容易に見失う。進化思考の時空間観察の四つの本質的な観察のうち、生態で扱う広い目線と、次項の予測で扱う未来の目線が特に難しいのは、こうした認知の歪みに由来する。また、この歪みを矯正し、私たちの近視眼を補うためにも、広い生態と遠い未来の観察が大切なのだ。

私が尊敬するデザイナーは多くいるが、そのなかにチャールズ・イームズという人物がいる。彼の映像作品Powers of Tenは、一〇秒ずつ画面の縮尺を一〇倍にする手法で、公園に寝そべっている男の周囲の街から始まって地域、国、大陸、地球、太陽系、銀河系、宇宙の果てのマクロまで広がり、また逆に拡大して男の手、細胞、分子、原子、原子核へとミクロまで旅する、一九七七年に製作されたわずか約九分の実験映像だ。この映像は、クリエイターの創造的探究において、生態系のマクロスケールを見渡し、また解剖的にミクロスケールへと注視する往復がいかに大切かを表しているように思う

では私が最も尊敬するクリエイターは誰かと聞かれたら、約一二〇〇年前に活躍した弘法大師空海だと答えている。空海は、アートでもグラフィックでも建築でも土木でも、当時の社会を劇的に変えた伝説的な人物だ。史実として後世に伝わる空海は、日本最大級の人工池「満濃池」の工事を率いた土木設計者であり、日本の三筆と称される最高の書家であり、曼荼羅を描いたグラフィックデザイナーであり、最先端の仏教哲学を輸入した思想家でもあった、まさに創造性の塊のような人物だった。

空海は、生態の知恵の本質を突いた思想をいくつか日本に遺している。

「排虚沈地、流水遊林、惣べて是れ我が四恩なり[56]」

「空を飛ぶ鳥や虫、地中に棲む生物たち、水にたゆたう魚や珊瑚、林をうごめく獣たち、これらがみな私たちを支えている」という意味の言葉だ。生態系との繋がりのなかに自分自身の存在がある。この当たり前のことを、人間社会だけが世界だと信じて生きる私たちはすぐに忘れてしまう。大切なことは一〇〇〇年以上前から変わっていない。この至言を、常に心に留めておきたい。

「大欲得清浄」

「大きな欲があれば清らかになっていく」という『理趣経』からの言葉だ。一見すると自分勝手な言葉に聞こえるが、その真意を私なりに意訳してみたい。「自分の欲求を素直に認めることは構わない。けれど、その欲を大きく捉えると、我は我々のこととなり、広い繋がりを自分の一部として捉えることができる」

空海のいう大きな欲という考え方は、生態の繋がりにアプローチする指針を与えてくれる。私という範囲の認識を拡張すれば、私とは家族のことであり、街のことであり、人類のことであり、生態系のことであるかもしれない。大欲得清浄という言葉には、自己を拡大した視点で繋がることの重要性が示されている。

私たちが生きている激変の時代に至るまで、生態的な知恵は軽んじられてきたと言わざるを得ない。しかし今私たちが直面するのは、生態的観点に対する近視眼が生み出した膨大なしわ寄せなのだ。もはや改善や効率化、あるいは狭い範囲での競争の勝利だけでは、この根本的な問題を解決できない。その挑戦がどんなに難しかったとしても、私たちは生態系的な知恵を身につけ直すことを問われている。

創造の力は私たちに大きな歪みをもたらしてしまったが、惰性から舵を切り直し、共生的な調和へと向かうのもまた創造の力をおいては他にない。生態の探究心を磨けば、繋がりの見落としを減らせるだろう。そして見えていなかった繋がりにこそ、新たな創造の種が眠っているはずだ。繋がりを理解する解像度を高め、自我を拡大して創造力を発揮する人が増えれば、少しずつ未来は共生的な社会へと進んでいくに違いない。

---

### ☑ 進化ワーク46　広大な想像の眼で観る［10分］

目を閉じて、部屋の広さを感じよう。その外を流れる風、近隣を流れる川や海の水、そして人と情報。それらが網の目のように繋がっている様を思い浮かべよう。雲を突き抜けて街を俯瞰しよう。時間を超えて夜明けから深夜までの光を思い浮かべよう。大陸に国境は見えるだろうか。そこで暮らす人と自然は、どのように繋がっているか。何がいま私たちに迫っているのだろうか。

---

# 必然の観察 4 予測

## 未来予測を希望に繋げよう

創造における選択圧を理解する時空間観察の締めくくりとして、未来予測について考えてみよう。人は予測する動物だ。未来に起こる出来事のために、私たちは何かを作ったり、準備したり、育てたり、消費したりと、私たちは日々何かを予測しながら創造しつづけている。今晩の夕飯は何を食べようか、今週末はどこへ行こうか、明日はどの仕事に取りかかろうか、と考えた時点で、すでに予測は始まっている。

私たちは、社会に劇的な変化があったとき、それを事前に予測した人たちのことを予言者として讃えてきた。イエス、マホメット、ブッダ、聖徳太子などの偉人たちも、数々の予言を残したとされている。近代でも、エドガー・ケイシーやジーン・ディクソンなど、予言者を名乗る人がテレビやメディアに数多く登場した。

だが未来予測は、たいてい当たらない。近年預言者を自称して知名度を獲得した人たちですらも、予言的中率を見ると、どうにも散々なありさまだ。未来予測は難しい。今晩の夕飯の献立すら予定通りにいかないのに、それが遠い未来の話なら、なおさらだ。

創造は、状況を変化させるために生まれることが多い。そのため予測とセットで出現する。つまり創造を語る上で、未来予測は避けられない宿命である。未来が不確実だからこそ、私たちは惰性の予測とは違うシナリオを、創造力によって描き直せるはずだ。

未来予測は難しいが、社会にインパクトを与えるモノを作るには、予測の精度をわずかでも上げることが肝心だ。だが予測の精度を上げるなんて、一体どうすれば可能なのか。ここでもまた、自然科学が私たちを助けてくれる。予測の精度を上げようとするとき、私たちは独りではない。人類の科学史に残る知の巨人たちが、数学、物理学、生態学、経済学、建築学などのあらゆる分野で予測研究を行ってきた。こうした巨人たちの肩に乗って、未来を見通すための予測方法を学んでみよう。

未来を扱うための科学的方法を大別すれば、「フォアキャスト」と「バックキャスト」の二つの方法に分類できる。この二つの考え方を説明するために、少しのあいだ、動物の気持ちになって考えてみたい。

地球上のさまざまな生物のなかで、人間だけが予測によって行動しているとは限らない。たとえば、一部の動物が明らかに予測的な行動をとっていることが、動物行動学によって解明されている。たとえば、山に生息する雑食性の野ネズミのなかには、主食にしている笹の葉の豊作具合を予測して、出産数をコントロールしているものがいるらしい。笹が不作のときには、繁殖量を事前に減らす傾向がはっきりと見て取れるそうだ。

この話が本当だとすれば、野ネズミは妊娠前に、笹の未来の生育状況を本能的に予測していることになる。それが単純に進化上で獲得してきた生理反応なのか、それとも因果関係を理解した上での行動なのかは、よくわかっていない。

ここでは予測にまつわる思考を説明するために、先ほどの野ネズミの予測を擬人化して、フォアキャストとバックキャストの違いを説明してみよう。ではちょっと人間味あふれる野ネズミになったつもりで、笹が不作のときの状況をイメージしてみよう。

今年は雨が少なかったなぁ〜（過去）
そうなると、笹の量が例年よりも少なそうだ。まいっちゃうな（現在）
それなら、今年は子どもは少なめに産むとしようかな（少し先の未来）

といったプロセスで考えていたとする。このような過去から現在までの推移を見て、現在の延長にある未来を予測する方法を、先述のようにフォアキャスト（forecast）と呼ぶ。つまりこのネズミはフォアキャストをしていることになる。

未来は、必ず過去から現在の流れの延長にある。だから現在までの流れを追うことで、未来予測精度は高まる。たとえば天気予報（weather forecast）は文字通り、典型的なフォアキャストだ。過去から現在までの雲の位置がわかり、そして現在風がこの方向に吹いているなら、明日は六〇％の確率で雨だろう、といった具合になる。フォアキャストでは過去から現在に至るまでのデータを分析し、その傾向が未来に続くだろうという前提で予測するのだ。では同じ状況で、別のネズミの気持ちになって予測をしてみよう。

私も、いつかお母さんみたいな素敵なネズミになりたいな〜（遠い未来）
七月ぐらいまでには一〇匹は子どもを産みたいわ（未来）
でも、今年の笹の生育次第では、将来子どもたちがかわいそう（少し先の未来）
だったら、七匹ぐらいにしておこうかしら（少し先の未来）
まずは喧嘩が強くてかっこいい旦那さんを見つけにいかないと（眼の前の未来）

彼女のような、未来のイメージをありありと思い浮かべて、望ましい未来から逆算して行動計画を立てることをバックキャスト（backcast）と呼ぶ。データから方向を導く前に、まずありたい目標から逆算を始めているため、この野ネズミはバックキャストをしている。ここで注目してほしいのは、予測の時系列だ。このネズミは未来の話しかしておらず、未来の目標に対して現在の行動を決定している。

例えば国連のＳＤＧｓのような未来の目標設定から逆算する指針は、バックキャストの典型だ。具体的な未来を想像すると、ありたい未来に近づけられる可能性が高まる。

フォアキャストやバックキャストを通して未来への道筋が筋書きとして浮かび上がると、いくつか分岐する未来の物語を描ける。未来の物語化を通して目標を見定める手法は、古くから神話やＳＦなど未来の物語として実践されてきた。シナリオプランニングと言われる方法はこれを応用したものだ。まだ起こっていない未来を想像する行為は、イマジネーションそのもの。未来予測は、それ自体が創造的行為なのだ。

フォアキャストとバックキャスト。未来を洞察するには、これら二つの方法があることを、まずは覚えておいてほしい。

ネズミが実際にどちらのプロセスで考えているのかは知るよしもないが、私たちが予測をするときには、無意識のうちに二つの思考プロセスを同時に使っている。これら二つの方法は意識のなかでは混ざり合っているので、改めて意識しない限り、二つの違いを区別して使ってはいないだろう。だからこそ予測の精度を磨くために、二つの方法を別々に鍛錬することをおすすめする。

思考には癖があり、フォアキャストで未来を悲観的に語りたがる人もいるし、バックキャストの観点で希望あふれる未来を描きたがる人もいる。前者に偏れば可能性が閉ざされ、後者ではリアリティがたりない。妄想をリアリティを持って語れる人になろう。

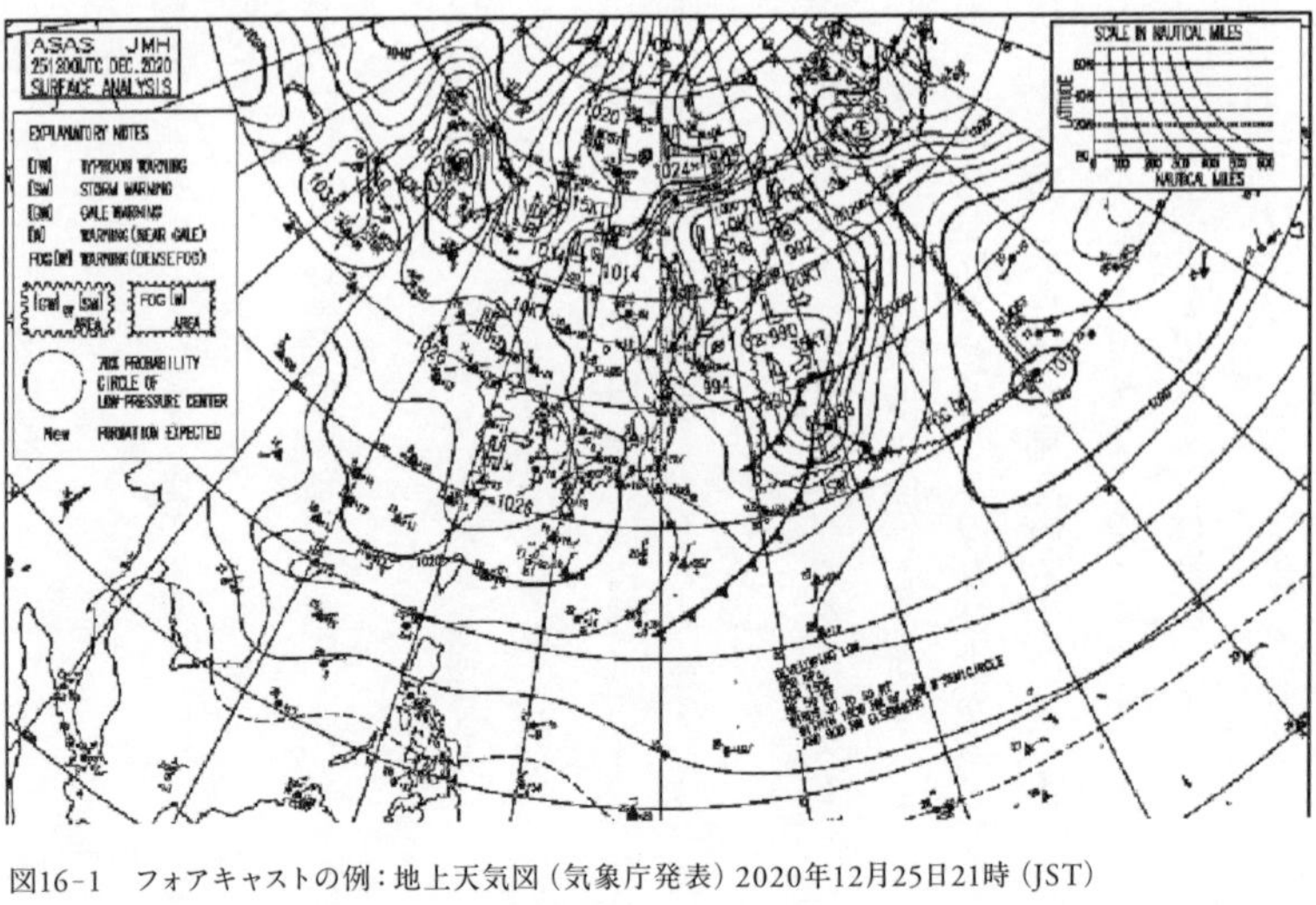


図16-1　フォアキャストの例：地上天気図（気象庁発表）2020年12月25日21時（JST）

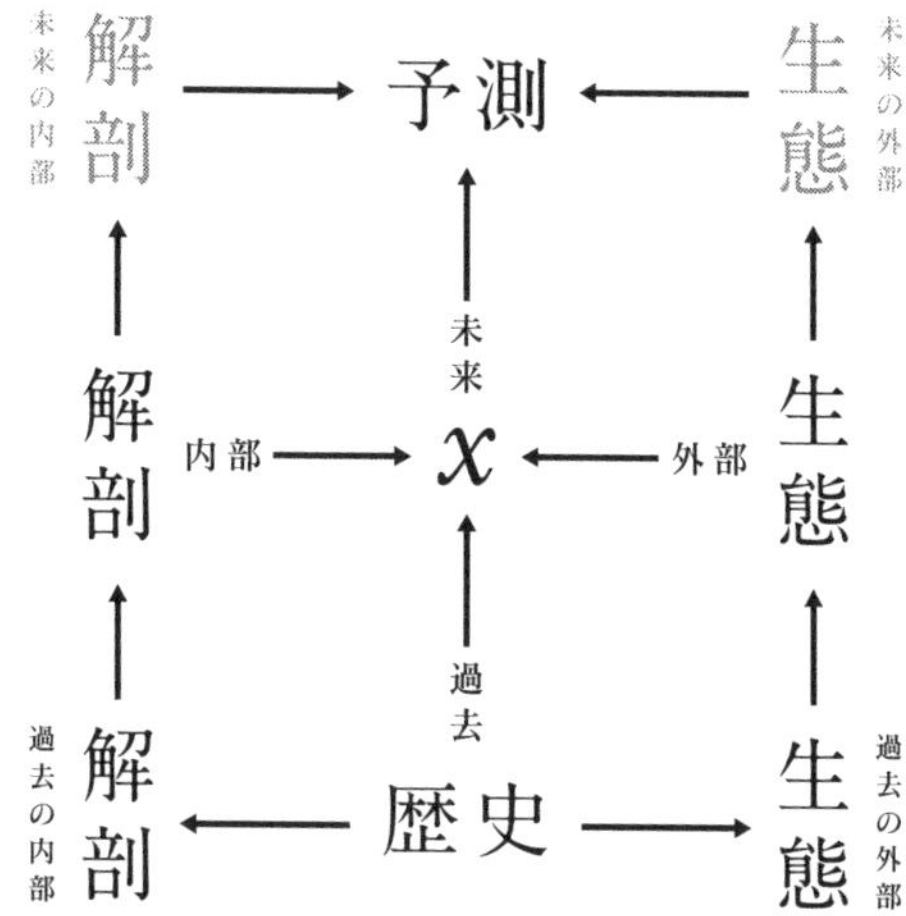


図16-2　フォアキャスト　過去から現在までの流れの延長にある未来をデータから導く

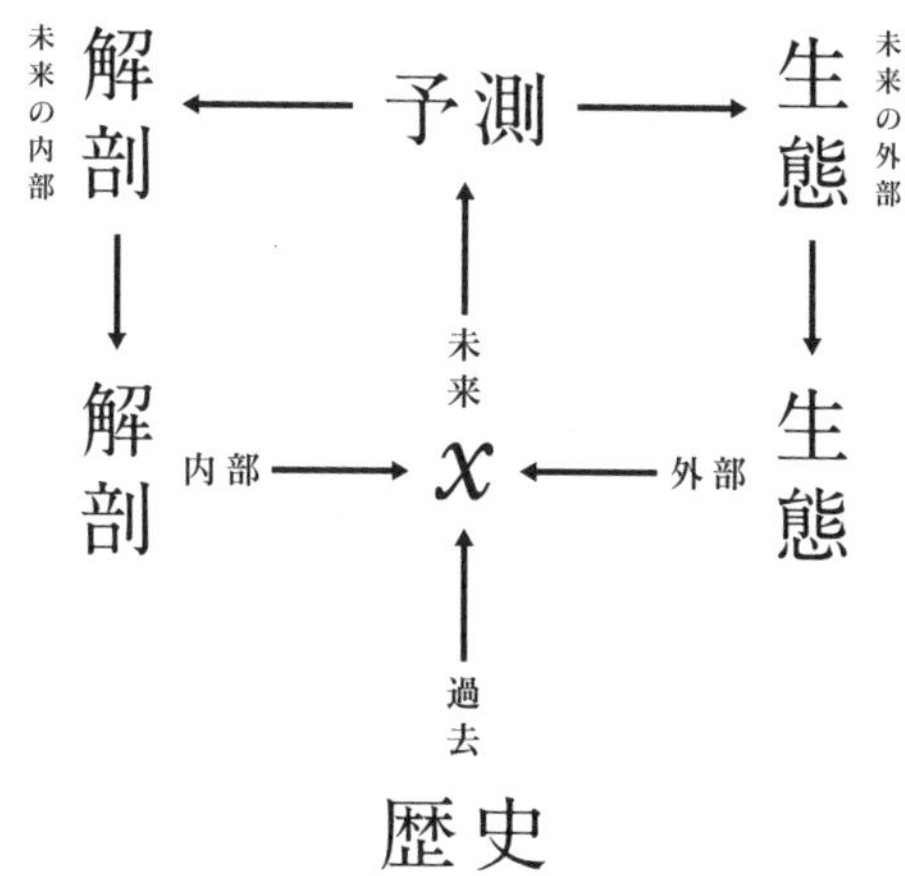


図16-3　バックキャスト　目標となる未来のビジョンを描き、そのディテールを細部まで想像する

## (観察) 統計観察——データで予測する観察

フォアキャストは、過去から現在までの流れを見て未来を予測する方法だ。過去から現在までの情報を知り、その延長を予測することで、現在から未来への傾向がわかる。過去の状況と現在を的確に知るためには、データを正しく扱うことがきわめて重要になる。データを用いて傾向を理解する学問を「統計学」と呼ぶ。統計の知恵は、そのルーツから国勢や市場などのフォアキャスト型の未来予測のために磨かれてきたものだ。

現在ではインターネットの登場によって、統計データを世界中の研究機関やウェブ記事から取得することが簡単になっている。調べたい項目を検索エンジンにかければ、無数のデータが世界中から見つかるだろう。ネット上のアンケートやさまざまな情報解析の発達などで、これまで存在しなかったデータも簡単に取得できるようになった。こうした既存のデータを組み合わせることで、新しいデータを導き出すことも容易になっている。

たった一つのデータを手に入れるだけでも膨大な時間を費やした一昔前からすれば、驚くべき時代になったものだ。フォアキャストに用いられるデータ量は、これから飛躍的に増えるだろう。データ同士の関連性を自動的に読み解く人工知能が発達すると、まるで明日の天気をたずねるように、さまざまな事象をコンピューターに予測してもらえる日が来るのも、そう遠くない未来だろう。では無数のデータを駆使して、未来予測の精度を上げるためにも、データの扱い方についての基礎をお伝えしておこう。

## 指標——尺度はなんだろう

世の中の事象は複雑に絡まっているが、単純化しないとデータとして読み取れる形にはならない。複雑な世の中を単純な物差しで測ったときに、初めてデータは出現する。逆にいえば、データを探したり、新たに構築する際には、物事はどんな尺度で測れるかという問いが生まれる。たとえば住民の健康について調査する場合、その指標になりそうな変数には、どのような項目があるだろうか。

・体重や身長などの個人データ、住民の病歴、一人当たりの医療費、医療費の総額
・行政からの社会保障費、救急車の出動件数、薬局や病院の売上高
・運動をしている人の数、助け合う友だちの数、ある食品を食べている人の数……

尺度となりそうな項目はキリがないほどある。健康との関連がすでに知られていて確かな指標となる項目もあるし、まだ曖昧だが関連が疑わしい指標もあるだろう。どれが有効かはまだ判断できない。まずは考えられる変数をあげ、さまざまなデータを集めることから始めてみよう。実際に影響度が大きくて新しい切り口の尺度を発見できたなら、世の中の誰も知らない事実に、一番乗りでたどり着ける可能性がある。指標の選定は、複雑な世の中をどんな切り口で理解するかを決定する、重要な最初の一歩だ。

## 新しい指標を考えてみる

もし基準としたい尺度が思い浮かんでも、それがまだ指標になっていないなら、新しい指標を検討してもいい。

この五〇年のあいだに台風やハリケーン、集中豪雨などの気象災害はおよそ五倍に増えた。そんな気候変動の大きな原因が$CO_2$をはじめとする温室効果ガスだ。気候の不安定化による気象災害の緩和のためにも、脱炭素社会への移行は産学官民すべてのセクターにまたがる全世界的なミッションだ。しかし国の政策や産業だけでなく、二酸化炭素は生活のあらゆるところで発生しているのだから、私たちすべての生活者がライフスタイルを更新することも不可欠なチャレンジだ。こうした脱炭素のライフスタイルを促進するための企画を関西電力株式会社から依頼され、進化思考のワークショップを経て、「CQ」という新たな指標のコンセプトを事業として提案した。

CQとは脱炭素のライフスタイルを、単なる$CO_2$排出量だけでなく定性的にも評価する新しい指標だ。たとえば飛行機に一回乗っただけで一人あたり数百キログラムもの$CO_2$が排出されるが、それを自覚している乗客は稀だろう。このように脱炭素は$CO_2$の排出量を単位として測るのが基本だ。

だがこれだけだと、促したい行動変容との歪みが生まれる。社会や文化への広がりを考えれば、こうした巨大な排出に比べて一回利用あたり数グラムにも満たないエコバッグを持つことが無力だと切り捨てるわけにはいかない。そのため脱炭素行動を定性的にも評価してあげる指標が必要だと我々は考えた。

CQは知能指数「IQ」のように、人々の認知に直感的に繋がる形で表現される。このCQは脱炭素行動をセルフチェックする指標であり、また環境に良い選択を促し、$CO_2$を削減（圧縮）したライフスタイルを推進するブランドでもある。その最初の実証実験として、二〇二二年九月に開催された音楽フェスティバル「中津川 THE SOLAR BUDOKAN 2022」において、会場で発生する$CO_2$のみならず人々の移動まですべての$CO_2$をオフセットし、カーボンニュートラルなフェスを実現した。

CQのプロジェクトから、地球と共生できる社会をみんなでつくる新しい脱炭素のムーブメントをブランドとして醸成していきたい。毎日の暮らしを楽しみながら$CO_2$を削減するライフスタイルが広がれば、訪れつつある気候変動の緩和にきっと役立つはずだ。現在CQはサービス化に向けて検討を進めている。

### 進化ワーク47　指標の設定［10分］

未来への状況の変化を感じているなら、実際にその事実にまつわるさまざまなデータを集めてみよう。ファクトを知れば、その実像を掴みやすくなる。過去から現在、未来までの関係を理解するには、どんな単位が尺度になるのか。状況を測定できそうな指標を、思いつく限り書き出してみよう。

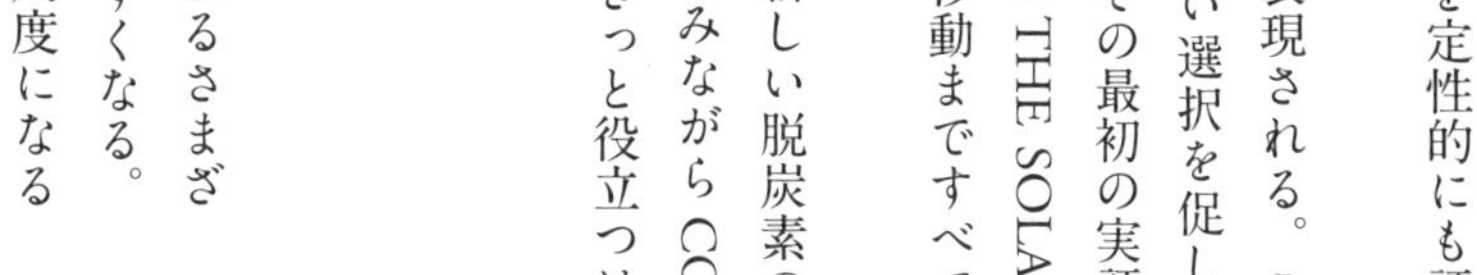


図16-4　CQのモーションロゴ。CO2が圧縮されるとCQになる

## グラフ——変化を可視化する

可視化の力は偉大だ。線グラフ、棒グラフ、円グラフなどのツールは、あらゆる予測や分析で用いられている。データを読むとき、単に数字で言われてもよくわからないが、グラフで見える形にした上で時系列データを見たり、データ同士を比較すると、そこから気づくことはたくさんある。

デザインによって世界の複雑さを切り出して流れを可視化すると、わかりにくい世の中の変化を頭のなかで追えるようになるのだ。

さて、世界で初めて誕生したグラフはどんなものだったのかを紹介しよう。フランスに住むスコットランド出身のウィリアム・プレイフェアは、私たちが今でもよく使っている線グラフ（図16-5）、棒グラフ、円グラフ（図16-6）の三種のグラフを発明した。まさに近代統計グラフの父ともいえる人物だ。

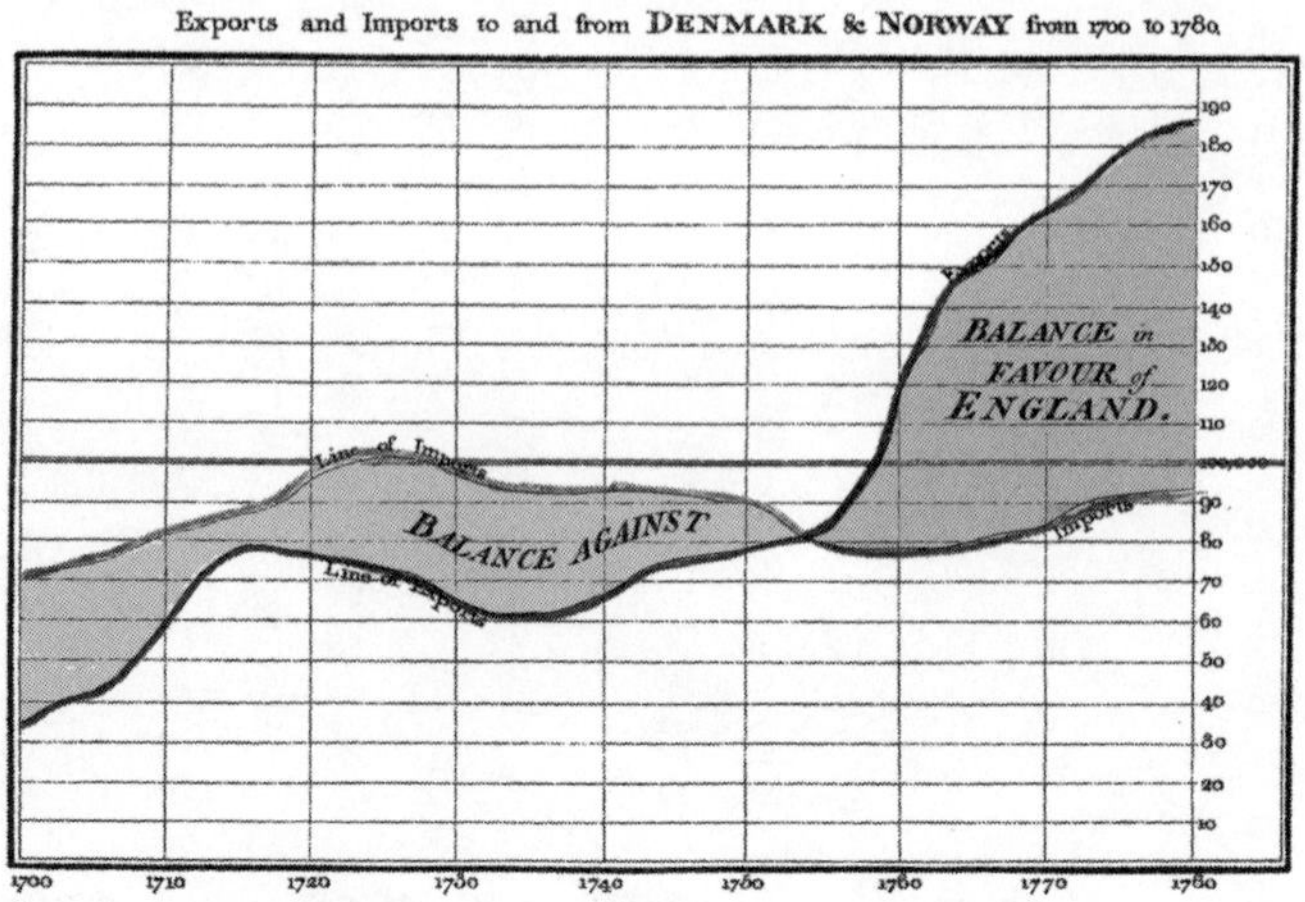

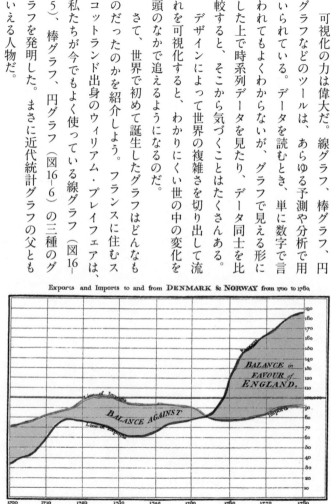

図16-5　世界初の線グラフ、イングランドの貿易グラフ

驚くべきことに、ウィリアムのグラフは初めて世に出たときからほぼ完成されていた。新しい発明は通常、粗い段階からしだいに改良されるものだが、ウィリアムが発明したグラフは、現在使われているグラフとほぼ同じ描かれ方をしている。

彼が世界で初めて描いたグラフは、一七八六年に貿易の未来予測のためにスコットランドの輸出入を表した棒グラフと、イングランドがデンマークやノルウェーと行った貿易の推移を示した折れ線グラフだった。このグラフを見た人々は、貿易における当時の列強の競争関係が手に取るように理解できただろう。

このグラフのように横軸を時間軸とした折れ線グラフは、フォアキャスト型の予測で頻繁に用いられる。確かにウィリアムのグラフを見ると、このあとの貿易の推移を推測できる気がしてくる。

また、世界初の円グラフは、一八〇一年に各国の国勢情報を描くために用いられたものだった。

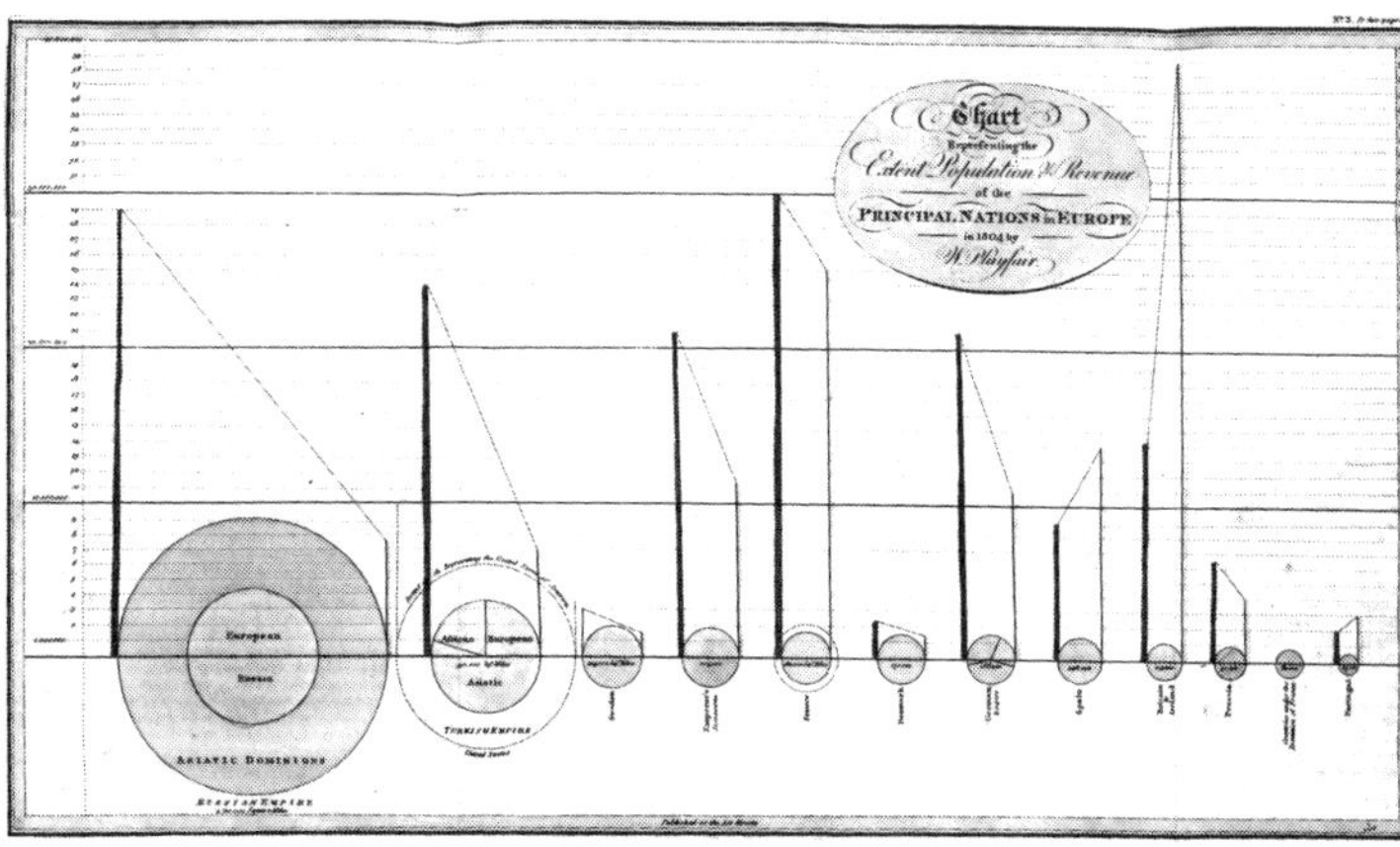


図16-6　世界初の円グラフ、列強各国の力関係

この史上初の円グラフは、棒グラフと円グラフ、そして円の大きさによる比較を重ねた、創意工夫の跡が垣間見える凝ったグラフだ。こうしたさまざまなグラフは、割合の比較に有効なため、予測だけでなくマーケティングなどの生態系的な分析にも利用できる。

ウィリアムが描いた世界初のグラフはどれも、ビジュアルとカリグラフィのスキルを併せ持ったできばえで、細部のカリグラフィに至るまで、繊細かつ優美に描かれている。グラフィックデザイナーの私から見ても美しいグラフィック作品だ。それもそのはず、実はウィリアムは数学者ではなく製図士、つまり今でいうグラフィックデザイナーのような存在だったのである。

ちなみに、ウィリアム・プレイフェアという人物は、なかなかに破天荒な人物だったようだ。スコットランド人なのにフランス革命に単身で関わってみたり、銀行を創業して潰してみたり、破天荒すぎて友人の評判も散々だったらしい。しかし、さらに興味深いのは、彼の兄であるジョン・プレイフェアが、当時のスコットランドを代表する数学者としてその名を知られていたことである。この兄の偉業が、また相当にすごい。なんと彼は、地質学者ジェームズ・ハットンの斉一説の普及に貢献し、共同研究までした人物でもあった。このマニアックな興奮が伝わるだろうか。少しだけ説明しよう。

ハットンは、地層が何億年もの長い時間をかけて形成されたことを発見した科学者で、なんとダーウィンはそこからヒントを得て進化論を考えついたと手記に記しているのだ。つまり、ジョン・プレイフェアの活躍は、ダーウィン進化論の誕生にも多大な影響を与えている。さらにジョンの生涯は、チャールズ・ダーウィンの祖父エラズマス・ダーウィンと時代的にも場所的にも重なるので、ジョンはエラズマスの進化論にも何らかの関係があったかもしれない。そんな天才的な兄がいた背景もあって、グラフの誕生はウィリアムが兄のジョンから薫陶を受けた結果とも言われている。

この繋がりは進化思考を探究してきた私にとって静かな興奮を伴う、感慨深いものがある。進化論や統計といった重要な科学が登場する場面に、主要人物が重なるのも不思議な話だが、ウィリアムとジョンという天才兄弟がいなければ科学の発展は相当遅れただろうし、進化論の発見もなかったかもしれない。

## ☑ 進化ワーク48　グラフを探す［15分］

「世の中は、こう変わってきているのではないか」という予感を目に見える形で確認するには、グラフがとても有効だ。インターネットの画像検索を使えば、さまざまなグラフを瞬時に探せる。「調査項目＋グラフ」で検索すれば、多種多様なグラフが出てくる。ＡＩに項目を提案させるのもいいだろう。

創造しようとしているモノ（対象x）が導く未来を予測するために、今から一五分間、徹底的にグラフを検索してみよう。そのなかに、今まで知らなかった事実を指し示すデータはあるだろうか。

## 相関関係と因果関係を読み取る

グラフの発明以降、さまざまな情報がひと目でわかるグラフは大流行し、多くの領域で数え切れないほど描画されるようになった。こうして大量のグラフが集まると、同じ時系列で揃えたときに似たような傾向を持ったグラフが出てきたり、あるいは正反対の傾向を示すグラフが見つかったりする。それらを比較することで、ある事実と別の事実のあいだに直感的な関係を見出せるようになった。

データを単体で扱うのではなく、データ同士を比較することで、新しい事実が見えてくる。複数のグラフから見えてくる関係を理解するために、相関関係と因果関係について説明したい。データを比較して分析するには、二つの違いを理解しておくことが重要だ。

まず、相関関係とは何だろう。日常的に使われる言葉だが、改めて説明してみよう。たとえば二つのデータを比べたとき、片方が上がると他方も上がるような傾向が見られたり（正の相関）、それとは逆に、片方が上がると他方が下がる傾向が見られる（負の相関）場合がある。相関関係とは、事象同士にこうした共通する関係性があることを指す。つまりデータの傾向が似ている事象は、すべて相関関係があるわけだ。

では、因果関係とは何か。それは、それらの事象同士に、直接的な原因と結果の関係があることを指す。だから相関関係とは違い、因果関係はデータ同士の直接的な関係性を実験などによって確認しなければ、本当に存在するのかはわからない。

相関関係がないのに因果関係があることは少ないが、逆に相関関係があっても因果関係がない場合はよくある。そして事実の観察には、相関関係よりも因果関係を観察する必要がある。

例を一つあげてみよう。図16-7は、世界の人口の増加とともに、生物の絶滅が急激に起こったことを示すグラフだ。そして近年の絶滅の主な原因は、人間が増えて自然の生態系に侵入したことによって、外来種がもたらされたり、生存の場所を奪ったことが大きな原因として明らかになっている。

つまりデータサイエンス的な統計には程遠いが、これらのグラフはある程度の相関関係があり、また生物の絶滅要因の多くに人間が関わっていることから、因果関係も示唆される。

では、ここにもう一つグラフを描き足してみよう。私は一九八一年に生まれたので、それから二〇〇〇年くらいにかけて身長が伸びつづけている。だからそのあいだは、私の身長とこれらのグラフに相関関係がある。つまり相関関係を見て因果関係があると誤解してしまうと、私の身長が伸びたせいで生物は危機に晒されたことになる。

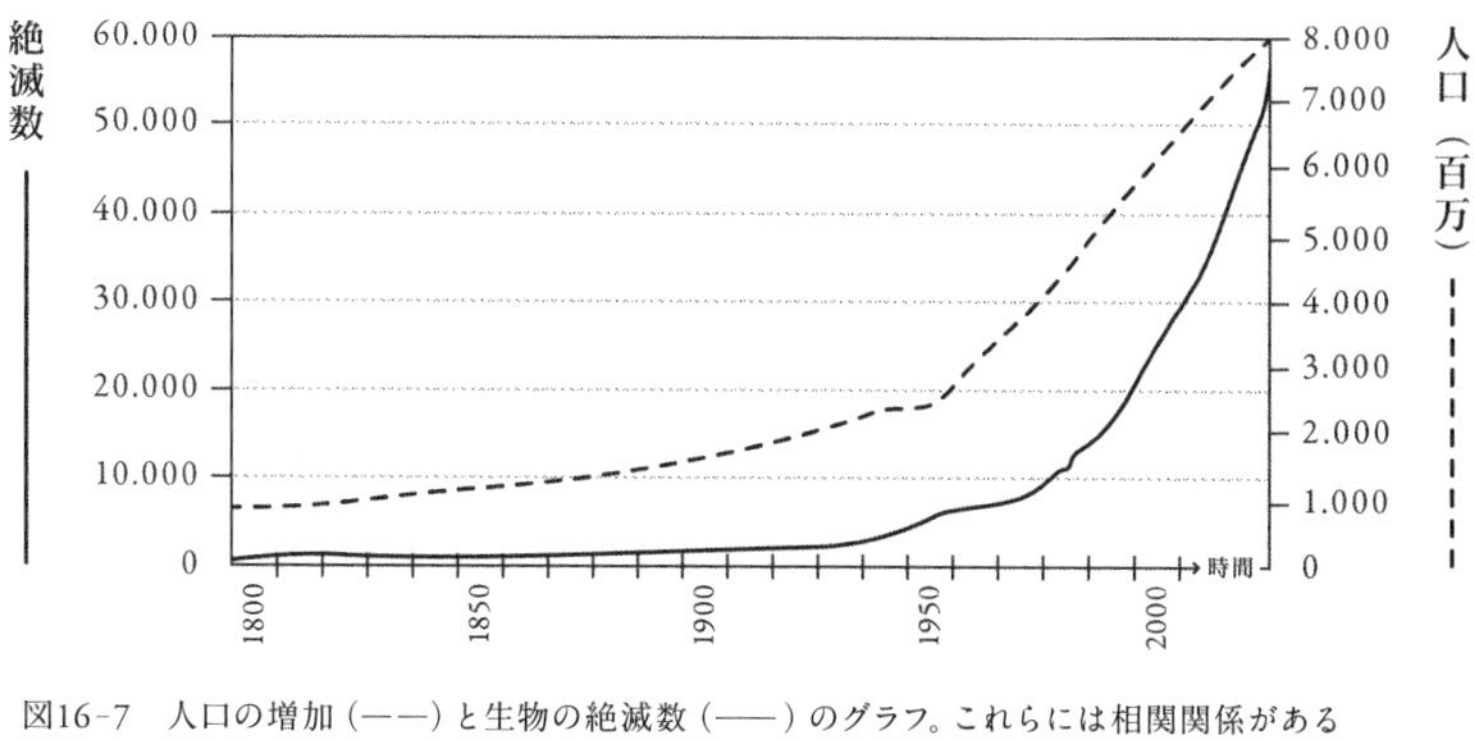


図16-7　人口の増加（——）と生物の絶滅数（——）のグラフ。これらには相関関係がある

さすがに地球をのみ込むほど、ご飯を食べた記憶は私にはない。この例からも、因果関係のないデータのあいだにも見かけ上の相関関係が生じてしまうことがわかるだろう。

まだ世界の誰も知らない因果関係を発見するのが、リサーチをする人の醍醐味だ。新しい因果関係を発見した人は、かつて誰も予測できなかった未来を予測できる可能性と出会う。そして、時にその発見は世界を変える。

因果関係の発見が大事業を生み出し、世界を変えた有名な例を一つ紹介しよう。コンピューターのプロセッサーがどのように進化するのかを予測した「ムーアの法則」をご存じの方も多いだろう。

コンピューターのCPU（中央演算処理装置）は、複雑な迷路のようなトランジスタの集積回路だ。その回路を小さく印刷できればできるほど、CPUの性能は上がる。なぜなら同じサイズのCPUのなかに多くのトランジスタが配置可能になるからだ。そして、基板の印刷技術は日進月歩で確実に向上しつづけるだろう。

図16-8　CPUの集積回路の顕微鏡画像

そんなＣＰＵの性能向上と印刷技術の向上のあいだにある新しい因果関係に気づいたのは、半導体エンジニアのゴードン・ムーアだった。彼は、基板の印刷技術がどの程度の速さで向上したかを調査し、一九六五年に画期的な論文を発表した。

その計算によると、これ以後もＣＰＵのトランジスタ数は、約二年で二倍になることになる。この驚異的なスピードで指数関数的にＣＰＵが速くなるなら、未来にはコンピューターを中心として、社会に劇的な変化が起こるだろう。これに気づいた彼は、世界的な半導体メーカーであるインテル社を創業する。

このムーアの法則として知られる有名な予測は、基板プリント技術とＣＰＵのスピードのあいだにある新しい因果関係の発見から生まれた。

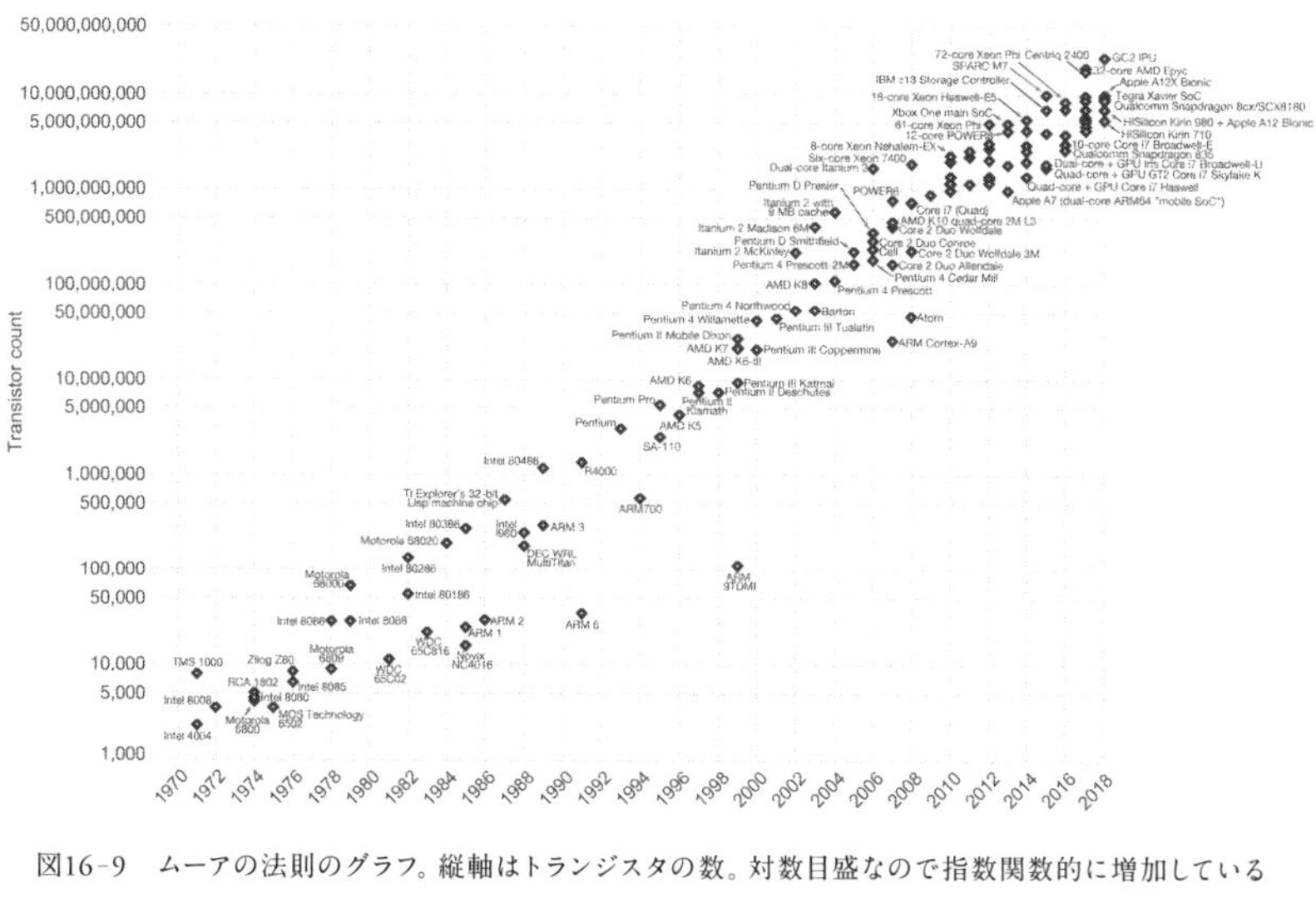


図16-9　ムーアの法則のグラフ。縦軸はトランジスタの数。対数目盛なので指数関数的に増加している

この法則はそれから五〇年以上も継続され、一九七一年にはCPU内のトランジスタの数は二三〇〇個（intel 4004）だったが、インテルは二〇三〇年までに一兆個の搭載を目指しているという。この桁違いの指数関数的な変化を追い風として、コンピューターは世界をことごとく変えてしまったことは、みなさんがいま実感しているとおりだ。

社会が変わるとき、新たな因果関係もまた生まれつづけている。未来への兆しが、誰にも発見されずに世界中に散らばっているのだ。データの数は増え続けているし、それを発見しやすい社会インフラも整っている。データの扱いを身につけ、変化の兆しに気づく力を得よう。すると想像もできない未来に、誰よりも早く気づく可能性が高まるだろう。

---

## 進化ワーク49　グラフの比較［15分］

意外な出来事同士のあいだにも、何か関係があるかもしれない。客観的なデータを集めて比較する観察は、こうした新しい関係の発見を促してくれる。

近年はインターネットの画像検索などによって簡単にグラフを発見できる。まずは観察対象に関係ありそうなグラフをできる限り集めて、そのグラフ同士を比較し、相関関係を探してみよう。相関関係があるグラフが見つかったら、そこに因果関係があるかどうかを考えてみよう。因果関係がありそうな場合は、関係の順番がどのように流れているのかも確かめてみよう。

---

## 確率――予測の確かさを判断する

未来には何が起こるかわからない。だから確実な未来なんて存在しない。しかし、いつか必ず未来はやってくる。不確かではあるけれど、未来の予測がいつも完全に外れるというわけでもない。まさに当たるも八卦当たらぬも八卦。この曖昧で不確実な未来と向き合う方法として、人は確率論を編み出した。最も確からしい未来は、どのようなシナリオなのか。それを想定するときに確率は強力な武器となる。

予測には常に〇%から一〇〇%までの確率がつきまとう。それが起こる未来はどれぐらい確かだろうか。一〇〇%的中しなかったとしても、確率を事前に知っておけば、未来の不確実性と付き合いやすくなる。現在では当たり前になった確率論という考え方の起源は、ジェロラモ・カルダーノやブレーズ・パスカル、ピエール・ド・フェルマーといった中世の数学者によって提唱された数学的哲学だった。

主観的な判断は、極端に悲観的あるいは楽観的な予測を生み出しやすい。そうした偏った判断を取り除くためにも、データサイエンスの客観性が役に立つ。

さまざまな未来の兆しが交錯していれば、その先の未来にはいくつものシナリオが想定できるし、それぞれのシナリオには確率が想定され得る。あるシナリオの未来に影響する事象が、どれくらいの確かさで起こるのかを客観的なデータで把握しておこう。知っているつもりの状況でも、なるべくデータを集めて正確な数字を追うことが大切だ。

## 客観から思い込みを超える

すでによく知っているものについて、改めて事実関係のデータを確認する必要などあるのかと思うかもしれない。それがあるのだ。データの確認は、私たちの主観的な思い込みを排除して、客観的に状況を捉えることに繋がる。

たとえば、あるグラフから何らかの時間的な関係が浮かび上がり、そこに明らかな傾向が見えた場合、人はその傾向が永遠に続くのではないかと思い込みやすい。価値が上がりつづけるモノは、これからもずっと上がりつづけると思い込んでしまう。ましてや多くの人がそれを信じている場合はなおさらだ。だが因果関係に注目していないと、上がり続けている原因に無自覚になることもあるだろう。するとその傾向が確かなものなのか、それとも変わり得るものなのか、判断を誤ってしまう。

因果関係に目を向けずに思い込みが生まれると、それが冷静な確率的判断を妨げ、過信を生み出してしまうこともある。そして過剰な思い込みが現実を遥かに超えてしまうと、いつか破綻が訪れる。株や不動産のバブルが崩壊するように、あるとき突然、手のひらをかえすように行き過ぎが是正される。こうした行き過ぎた状態をオーバーシュートという。実体から乖離したオーバーシュートが続くと、あるとき伸びきったバネが耐えられなくなるように、いつか破綻する。

人の思い込みというのは本当に恐ろしい。思い込みは、時には人生の可能性を著しく狭めてしまうこともある。賭け事がいい例だ。ある確率の出来事が一度外れたからといって、また外れるだろうと考えるのも、次は当たりやすいはずだと考えるのも、どちらも思い込みゆえの誤りだ。確率は毎回個別のものとして考える必要がある。

行き過ぎた自己への不信感も、こうした誤解の一種と言えるかもしれない。挑戦しない人にも理由がある。かつての惨憺たる失敗経験によるトラウマとか、次もまた失敗するかもしれないという固定観念から逃れられず、挑戦を躊躇するのだ。そういう人の話を聞いてみると、どれくらいの確率で成功するかを客観的に測っている人は、ほとんどいない。

たとえば、成功のチャンスが一〇〇人に一人しかない挑戦をしたとする。たった一度、残念な結果が出ただけなのに、すぐに諦めて二度と挑戦しない人がいるが、その姿勢は私に言わせれば、とてももったいない。逆にもし一回で成功したのなら、それは幸運すぎるだけのことなのだ。多くの人は失敗に対して本能的に構えてしまい、成功確率と冷静に向き合えず、思い込みによって自分の可能性を減らしている。しかし失敗に傷つく前に、ドライに確率論と割り切って、次の挑戦に向き合ってみてはどうだろう。

恐怖心にとらわれず、正しくリスクに挑戦するためにも、確率的な期待値をぜひ理解してほしい。確率論と割り切れば、打席に立てば立つほどヒット数は増える。そして試合と違って、水面下での失敗の多くは他の誰かに見られているわけではなく、ヒット数だけが話題に上がることが多いのだ。勇気をもて、と言われても難しいかもしれない。しかし客観的なデータから確率を把握するだけで、一歩を踏み出す勇気が湧くこともある。

## 選択 回避――悪い予測を回避するか

未来は明るくあってほしい。けれどもフォアキャストから浮かび上がる未来は明るいとは限らず、憂鬱なことも多いだろう。いつか地震はくるし、コンピューターは人間の知能を超えるし、生物多様性は失われつづけているし、国の借金は膨らみつづけている。社会が培ってきた惰性は強力だ。しかし、考えたくないからといって悲観的シナリオから目をそむけようとするのは、創造的な姿勢ではない。

客観的なデータによって望まない未来像を知ったときに初めて、私たちには使命感が生まれ、不幸な未来を回避する創造力を発揮しはじめる。未来に対しての責任を、現在を生きている私たちが実感するのは難しい。だが痛みを伴う未来の予測シナリオをイメージできる人が増えれば、現在を変えることで悪い予測を回避できるかもしれない。未来は不確実だ。現在の変化を生み出せれば、予測の先とは異なる未来を作れるかもしれない。

さまざまなデータを集め、それらの因果関係と確率をイメージしたならば、あなたの頭のなかにはすでに、データが示す確度の高い未来像が浮かんでいるかもしれない。部分や全体にまたがる変化は、未来にどんな状況をもたらすのか。

現在の延長にある未来に起こる自分自身の痛みや、生態系を含めた他者の痛みに敏感になろう。今できることに気づこう。そこから現在の行動やデザインを変える力が生まれてくる。未来の痛みを感じることは使命感を生み、現在に変化をもたらす勇気に繋がる。

## 進化ワーク50　フォアキャスト——データから見る未来シナリオ［60分］

フォアキャストを実践してみよう。まずは未来を予見するデータアナリストになったつもりで、たくさんのデータを集めよう。未来を予測するのは難しいが、たくさんデータを集めると、そこに相関関係や因果関係も推測できるようになる。こうしたデータの累積から、ぼんやりと未来像が浮かび上がってくるはずだ。たとえばデータから見える、現在の延長にある未来はどうなるだろう。その未来を深くイメージしたシナリオを、一〇〇〇文字程度で描いてほしい。

その際には、具体的に何年先の未来なのかを設定し、その未来にはどんな出来事がありえるのか、悪いシナリオの場合は、どんな状況へ向かうのか。なるべく客観的にデータに基づき、未来に起こり得るフォアキャストのシナリオを具体的な物語として描いてみよう。

フォアキャストのシナリオ

1　未来の年号を、「二一XXX年」とまず明確に設定しよう。
2　ネット検索などからデータを集め、相関関係や因果関係を見つけよう。
3　そこから見える未来の物語を描こう。文字数は、五〇〇〜一〇〇〇字。

## 観察 先験観察——目標から逆算する観察

未来は不確実だ。言い換えれば、未来はつくることができる。だから希望を語るのも自由だ。ここからはもう一つの未来との付き合い方、「バックキャスト」について話そう。

左頁の近代的なビルの建築パースを見てほしい。ニューヨークあたりにありそうだ。この絵に何か不自然なところはあるだろうか。手書きで描かれているようなので、何かの映画やマンガの設定資料か、建物の完成パースかもしれない。ともあれ、私たちからすれば何の変哲もなく見えるこの絵には、奇妙なところが一つある。それはこの絵が、一〇〇年以上前の一九一四年に描かれたという事実だ。

この絵は、建築家アントニオ・サンテリアが、未来の都市を予測して描いたスケッチだ。ガラスのカーテンウォールによる高層のタワー。無線のアンテナ。今では当たり前になった都市景観も、当時は一つとして存在しなかった。いわば未来の空想絵図だ。当時先端のガラスや金属やコンクリートなどの素材の工法が発明されると、その創造が導く未来を予測して、さまざまなスケッチによる高層ビルの未来予想図が描かれた。そのスケッチは、確かに現実を大いに刺激した。それから一〇〇年以上の月日が流れ、いま世界の都市にはこうした高層ビルによく似た建物が所狭しと立ち並び、都市の稜線を形成している。

フォアキャストが過去から現在の延長にある未来を想像する技術ならば、バックキャストは未来に目標を定め、それをこの絵のように可視化・精緻化して現実に近づける技術だ。

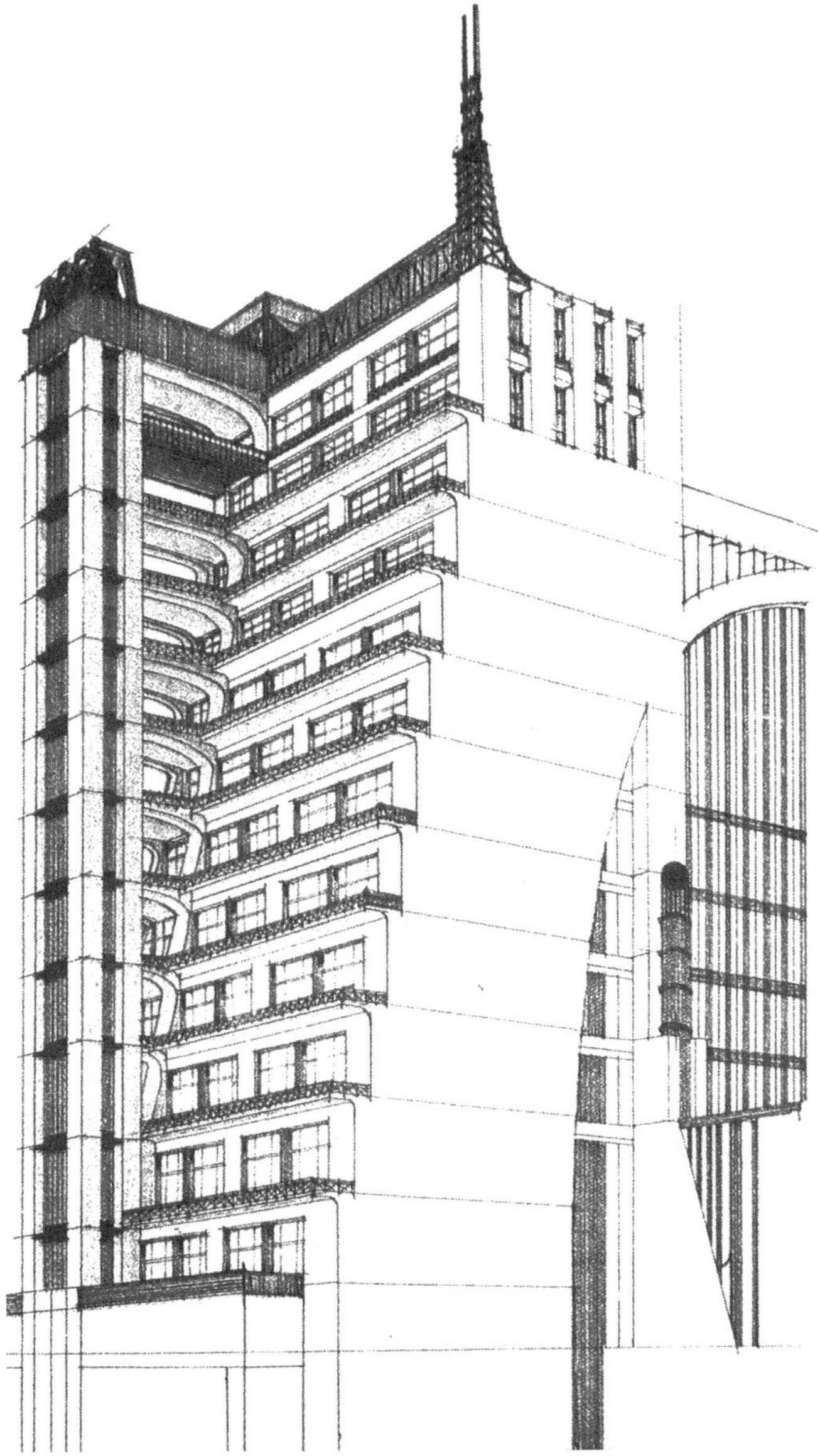

図16−10　まるで近代のビルのようなこのパースは、今から一〇〇年以上前に描かれたものだ

未来を予測する最善の方法は、それを発明することだ。

――アラン・ケイ[57]

パーソナルコンピューターの父と言われるアラン・ケイの言葉は、不安な未来の影に怯える心を奮い立たせる、しなやかな強さを持っている。創造性は偶発的な変異に満ちているので、現在の延長にある予測の通りには行かないのだ。暗い予測が立つときにこそ、明るい未来を発明すればよい。どんな時代にも、ありたい未来をイメージし、その方向に向かって変異を投げつづける人が、空想と現実のあいだを繋いできた。

イノベーションのためにはデザインが必要だと語られる背景には、デザインのもつ未来を可視化する力がある。可視化には、未来を手元に引き寄せる力があるのだ。

万能の天才と謳われたレオナルド・ダ・ヴィンチは、絵画のみならず数多の発明を後世に伝えた。ダ・ヴィンチの八〇〇〇枚以上残されているとも言われる手稿には、戦車、ヘリコプター、エンジン、水圧ポンプ、太陽エネルギーなどに関する膨大な発明のアイデアが記されていた。また、手稿のなかで、ひときわ美しく描かれた彼の発明は、構造上から見ても実際に実現可能なものがたくさんある。

ここにダ・ヴィンチがクライアントのために描いたと言われるスケッチがある（図16-11）。一五〇四年という年号から、フィレンツェ共和国の運河を掘削するために考案した工事用機械だと言われている。まるで実物を描いたスケッチのように、ありありと細部まで描写されている。これを見せられたクライアントは、彼の提案に投資しようと思ったことだろう。

ダ・ヴィンチだけでなく、ミケランジェロやラファエロなど、ルネサンスの時代に優れた創造力を発揮し、多様な発明や巨大な建築物を完成させた建築家やエンジニアの多くは画家でもあった。なぜ、当時の技術者は画家でなければいけなかったのか。彼らが爆発的に道具を発明できたきっかけには、当時開発された最先端の画法が関係している。

一四二五年頃、フィリッポ・ブルネレスキらによって遠近法が確立されると、それまで存在しなかった新しい機械や建築を、あたかも実物のように美しく描くスキルが、芸術家たちの手に渡った。この画法のイノベーションを用いて、スケッチを正確かつ素早く描き可視化できる技術者は、画家である彼ら以外に存在しなかった。

つまり当時のデザイナーたちは、そのたぐい稀なる正確なスケッチを駆使して、時代の権力者から建設現場の職人まで、言葉を超えたコミュニケーションを可視化の力によって行えるようになったのだ。その力の一端がダ・ヴィンチのスケッチにも表れている。そしてデザインによる可視化は、空想を現実に近づける架け橋となった。

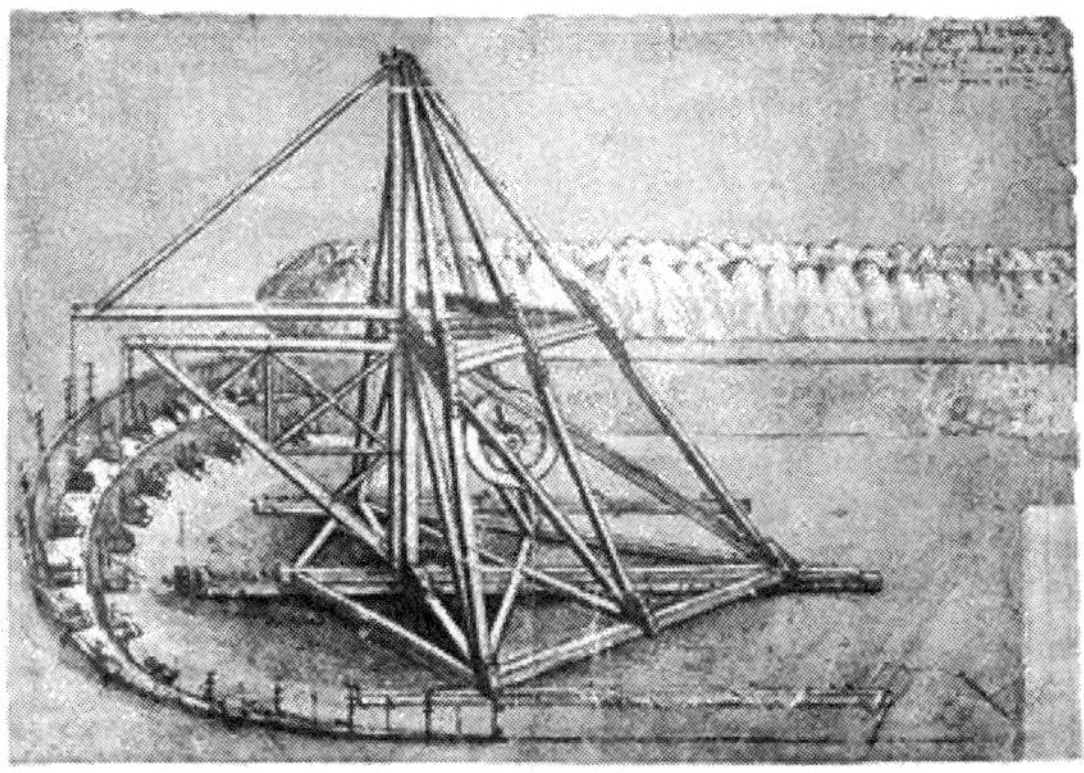
図16-11　ダ・ヴィンチがメディチ家のために設計したといわれる建設機械

## 視覚――カンブリア大爆発の理由

ここで話はかなり遡るが、今から数億年前の生態系の話をしてみたい。

約五億年前のカンブリア紀と呼ばれる時代には、それまでの時期とは比べ物にならないほど、驚くべき数の新種の生命が生まれた痕跡が地層に残されている。三八億年という生物の歴史からすると驚異的なことに、カンブリア紀のあいだのたった約五〇〇万年という期間に、現在の動物の祖先となる種類がほとんど一気に出揃ったというのだ。この謎の多い膨大な進化は、カンブリア大爆発と呼ばれている。

このカンブリア大爆発は、生物史にとって大きな謎として語られつづけてきた。カンブリア紀に進化した種の種類と数は、他の時代と比べても、あまりに多すぎるのだ。この時代に生物が急速に進化した理由は謎に包まれており、その謎に対して多くの仮説が主張されてきた。たとえば先カンブリア時代には地球が全球凍結するほどの氷河期があり、その厳しすぎる地球環境から一変して、競争相手のいない生態系の空白がたくさん生まれ、そこに適応した生物が急速に進化したとする説。あるいは大気中の酸素濃度が上がることで、酸素呼吸型の多細胞生物が大躍進したとする説。さらには栄養に満ちた浅瀬が形成されたからだとする説もある。このようにさまざまな仮説が飛び交うカンブリア大爆発だが、特に興味深い仮説がある。それはアンドリュー・パーカーらが提唱する光スイッチ仮説だ。

パーカーは、光を集めて像を結ぶ複雑な器官である「眼の誕生」がカンブリア大爆発の引き金になったと考えている。彼の仮説にはさまざまな議論があるが、化石からは確かにカンブリア紀以降になってから、生物は急速に眼の機能を獲得したように見える。眼が誕生するまでの生物は、文字通り世界が見えなかったし、お互いの存在が自分にどれほど深く関わっているかを知らなかったはずだ。

たとえ最初期に獲得した視覚能力が、目の前を通り過ぎる影がわかる程度だったとしても、相手が認知できる生物は圧倒的に有利だったはずだ。また眼が見える生物同士が出会えば、食料を得るための競争が始まり、追いかけたり逃げたりといった複雑な関係が発生したに違いない。この新しい選択圧が、生態系を激変させた。「見える＝目の前の繋がりが認知できる」ことで、世界の認識は激変したのだ。

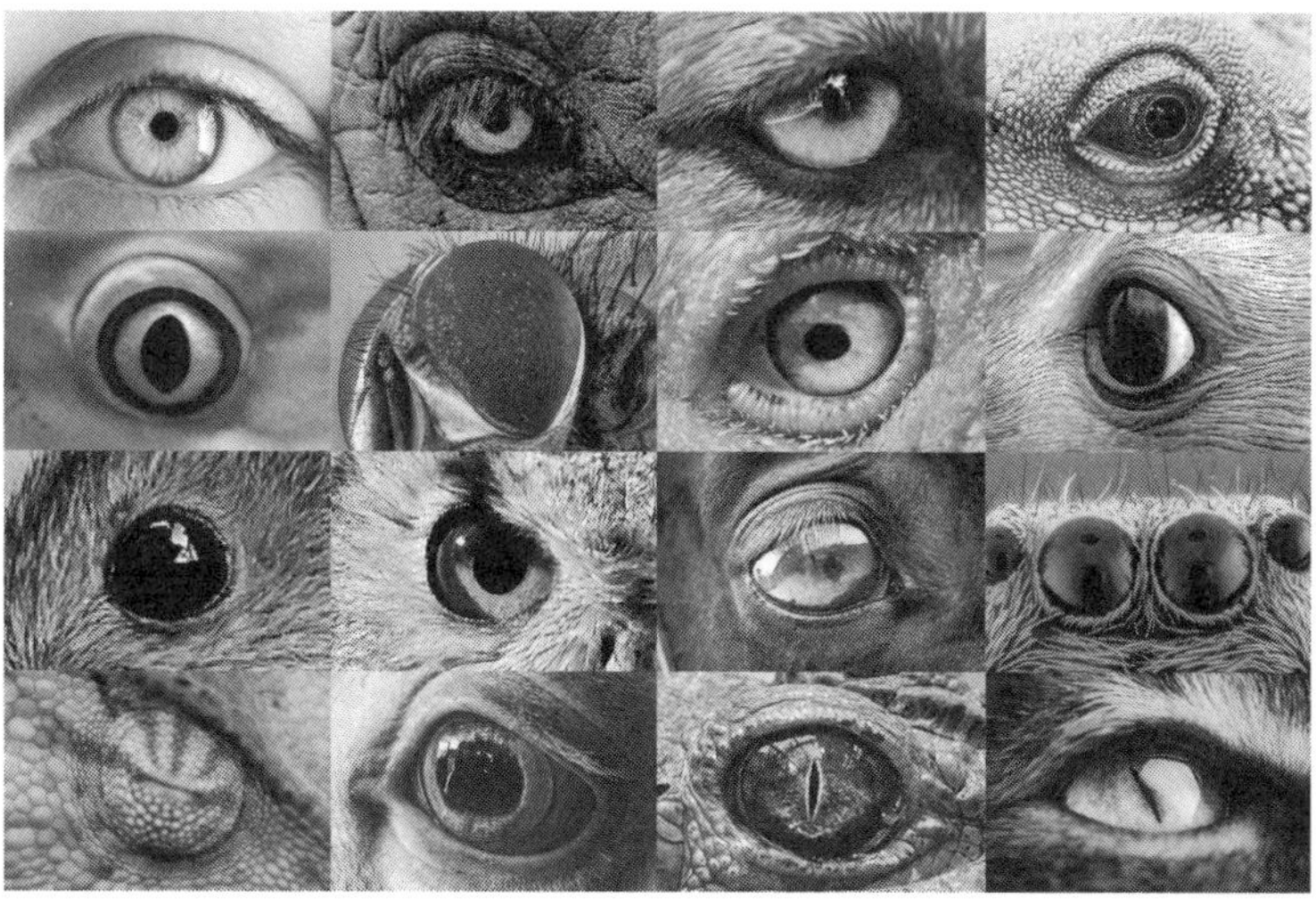

図16-12　生物はカンブリア紀以降、さまざまな眼を獲得した

相手を知覚できる個体が普通になれば、足が速い個体が有利になったり、背景に近い色の個体が有利（擬態）になったり、より魅力的な性をアピールする個体が有利になったりと、視覚的な生存戦略が生まれる。たとえばカンブリア紀になって初めて、他の動物を食べる肉食動物が出現したと言われている。これも眼の誕生によって捕食相手を認識できるようになったためだと考えると納得がいく。カンブリア紀には、生物によるカメラ開発競争ともいうべき眼の獲得の熾烈な競争があり、それが進化全体を加速したのかもしれない。「眼の誕生」による進化の仮説と、「ルネサンス」の創造性の発展に共通するのは、可視化による進化の加速だ。眼の誕生によって爆発的な進化が生まれたという仮説のように、創造には可視化が有効な知恵となる。それには未来を先んじる力があるからだ。

さて、創造の歴史において「眼の誕生」とは一体何だったのか。たとえば、メディアの誕生は、それに相当するものだった。文字、印刷、通信、映像、インターネットといったメディアの誕生は、そのたびに私たちの創造性を加速させた。印刷技術の誕生によって私たちは遠くまで情報を伝えられるようになり、映像の誕生によって臨場感あふれる体験を発信できるようになった。また、インターネットの検索によって、ほんの数秒もあれば世界中のケーススタディを発見できる時代を生きている。

新しいメディアや伝達方法が誕生するたびに、創造は劇的に進化する。それはまるで創造にとってのカンブリア爆発だ。デザインの技術がさまざまな創造性に役立つ背景には、具現化の働きだけでなく、可視化の価値が大きく影響している。

## VISION——視覚で未来を思考する

あの人にはビジョンがあるよね……こんな調子で、ビジョンという言葉は「先を読む力」を表す言葉として使われる。ビジョンという言葉には英語で「視覚」という意味があるが、思考の概念に視覚という名前がついているのはおもしろい。可視化の力が未来に与える影響の強さを感じる。実際に見る以前に、まだ存在していないものを、ありありと景色として思い描く力は、まさに未来への創造力の源泉なのだ。創造力が発揮されるとき、作るより前に、人は実際にそれを空想のなかで「観ている」のだ。

新しいモノが創造される以前には、ほとんどの場合その出現を予見する物語の作家が存在している。そして物語を書くためには、視覚的な想像力が不可欠だ。宇宙の果てまでワープする機械、人型の巨大ロボット、脳に知識をインストールする配線などは、実用的なレベルではまだ実現していない。しかしこうした発想がＳＦや空想のなかでは数多描かれていて、未来の誰かに実現される時を待っている。

「人間が想像できることは、人間が必ず実現できる」と語ったのは、ＳＦの父と呼ばれる小説家ジュール・ベルヌだ。[58] 空想の可視化や物語化は思考の現実化を加速させる。まるで実際に目で見てきたように未来を思考する視覚的な思考力を、私たちは想像力（imagination）と呼んだり、ビジョン（vision）と呼んだりする。この視覚的な思考力こそ、デザインという知の重要な一翼を成しているのだ。

未来はいつも、誰かがその景色をイメージするところから創られてきた。成功する組織には強いビジョンを持った人、すなわちビジョナリーがいると言われている。彼らはいち早くプロジェクトの未来の景色を見据えて、周囲の人の目を開かせる。ビジョンはロジックを超えた目の前に広がる雄弁な映像として、多くの人の脳内に浮かび上がる。具体的に想像できれば実現に近づく。こうして視覚的なイメージは思考に軸線を与える。

思考プロセスと視覚の関係を考えてみると、昨今の人工知能の世界では興味深い現象が起こっている。現在のコンピューターは、論理的思考をつかさどるＣＰＵと、映像的思考をつかさどるＧＰＵによって構成されるが、ディープラーニングなどの先端的ＡＩ技術は、ＣＰＵよりもＧＰＵでの処理を多用している。ディープラーニングは、画像に変異的なノイズをかけて偶発的なデータサンプル数を増やすことによって飛躍的に性能を向上させたことで知られている。つまり現在のＡＩは変異的エラーのある視覚イメージを何種類も重ねながら考えていると言ってもいい。

ジュール・ベルヌが語った通り、未来をありありと想像し、想像したものを実現する力こそ、まさに創造そのものだ。そしてデザインには本来、想像した景色を可視化する視覚的な思考力が備わっている。その景色を多くの人が共有できれば、集合知が生まれる。

デザインのもつ可視化の力によって、空想は現実へと近づく。そして未来の神話的空想に触発され、現実が変化していく。その先に、いつかイマジネーションを現実が追い抜く日が来るのだ。

## 神話は姿を変えて現実となる

古代より、世界中でさまざまな神話が語られてきた。今でも残っている神話の多くは「むかしむかし」から始まる世界創世の神話だ。しかし、なかには予言や未来予測などの未来の神話もまた、数多く語られてきた。むしろ語られてきた神話は、過去よりも未来の内容が多かったのではないだろうか。なぜなら私たちは過去よりも未来に興味をもつ生き物だからだ。では今も残る多くの神話が、過去のものばかりなのはなぜだろう。その理由は、きわめて単純に説明できる。私たちは常に未来に向かって進んでおり、予測した未来を、やがて現実が追い越してしまうからだ。

こうして神話は、永遠に神話でありつづけるわけではなく、五〇年前のＳＦのように、実現されて日常となるか、ノストラダムスの予言のように、外れた予測としてその役割を失う。原子力発電の安全神話がひとたび打ち砕かれれば、もう誰もその神話を語る人はいなくなる。コンピューターが人間の知能を超えるシンギュラリティを実現したら、それを当然として私たちは日常を生きる。こうして忘れられた数多の未来の神話たちがある。

それでは未来を語ることに意味はないのか。決してそんなことはない。未来は常に、物語が先行して出現する。むしろ過去の神話よりも、忘れられた未来の神話こそが、私たちに先の展望と希望を与えてきた。未来の神話は、私たちの現在を作りあげてきた物語なのだ。誤りを恐れずに、あなた自身の進みたい未来の物語を語ってみよう。

## 選択 希望——未来への希望となるか

過去に語られた未来の神話は、現在に影響を与えつづけてきた。もちろん、ほとんどの夢は叶わないし、予測は当たらず、未来は常に不確実だ。しかし創造的な人は、間違いを承知で「もし理想が現実になったら」と神話の視点で未来の景色を描く。現実の制約をいったん脇へ置き、自分が向かいたい未来の像を鮮明な物語として空想する力が、フォアキャストの予測を超えた未来に私たちを導いてくれる。

創造性が発露するとき、私たちは未来の夢を見て、それを実現させるための手法を発明する。その根底には希望がある。フォアキャストで予測される未来は、必ずしも明るい内容ではないだろう。最悪のシナリオが頭をよぎることもある。その悪いシナリオを避けられる未来を、変異とバックキャストの力で引き寄せられるだろうか。確実に決まった未来など存在しない。現在の延長があるだけだ。そして予測よりも少しマシな未来を引き寄せるのは、未来への道筋に希望を発見する想像力なのだ。

本書ができるきっかけにも、バックキャストの物語が関わっている。私が進化思考を唱えはじめたのは、二〇一五年のギンザ・グラフィック・ギャラリー（ggg）での個展まで遡る。重い腰を上げて創造性教育のカリキュラムとして進化思考を提供しはじめたのは、二〇一八年六月の「コクリ！」キャンプが最初だった。先述のように「コクリ！」は、日本の地域活性や、社会運動を促しているチェンジメーカーが集まる濃密なコミュニティだ。

そして、このワークショップが本書の出版に大きく影響を及ぼすことになる。
コクリ！のワークショップでは、進化思考を一通り伝えたあと、参加者に、自分が描く理想的なバックキャストの未来像を短い小説にまとめてもらうワークを行った。私自身も一〇〇年後の未来にタイムスリップしたつもりで、進化思考が広がった先の景色を描いてみることにした。少し恥ずかしいが、ここにそのときの原稿を掲載したいと思う。

---

すべては二〇一八年の六月のある日から始まった。

ＡＩの登場、コミュニティの崩壊、さまざまな社会課題が噴出していた時代に、ある哲学を中心に、新しい発明や芸術文化、あるいはコミュニティのあり方が転換していった。それが「進化思考」であった。

航海から世界が繋がりはじめ、あらゆる文化が花開いた五〇〇年ほど前のルネサンス期は、このような時代感覚から始まったのかもしれない。あるいは進化のアナロジーでいえば、人類の文化史におけるカンブリア大爆発だともいえるだろう。

二〇一八年六月のある日、日本の小さなイノベーターのコミュニティだったコクリ！に集まった変革者たちが、進化思考の提唱者の Eisuke Tachikawa から思想を引き継ぎ、それぞれのフィールドで実践する中で、現在を培う上で不可欠な

---

運動が自然発生的に数多く生まれたのである。〇〇による「ミディアムガバメント運動」や〇〇らによる「Data Union」などが、当時の時代の変化を促す重要な概念として始まった。

「進化思考」という概念は、人と社会を進化させる祈りであり、その方法論として誕生した。その概念は変化を求める時代の追い風を受けて、急速に世界中の変革者のあいだにムーブメントとして広がっていった。進化というアナロジーがもつ個を超えた願いは、変革を起こす人に強いインスピレーションを与えたのだろう。進化思考は、太刀川の言葉を借りれば「部分最適な世界を脱却し、人の観念を進化させ、人類を永続させるため」のメソッドであり、人類存続のための祈りだった。その思いは多くの人を動かし、芸術・科学技術・文化・コミュニティ・社会課題などのテーマを超えて、人と社会を進化させる取り組みとして、領域を超えた哲学を実践するための、日本の離島である海士町にある学校「EVOLAB」が誕生した。EVOLABの存在は、進化思考の求心性を高める大きなきっかけとなった。EVOLABが中心となり、ハーバードやスタンフォード、および企業連合体との協業によるプログラム開発によってMED（Master of Evolutionary Design）として整備され、二一世紀の大学教育に伝わるなかで「生態デザイン」「生存建築」「進化経営」「進化政治」など、現在の世界では当たり前になっているイデオロギーがそこから生まれた。

また、二〇四五年に人とＡＩのあいだを調停するプロトコルとしてのＥＥＥ(EVOLUTION EXPLANATION ETHICS) がＥＶＯＬＡＢから誕生した。現在のようなコンピューターと人の知性が共生し、ＩＱ三〇〇が平均的な知性となった現代が作られていったのもまた、進化思考の強い影響を受けているのだ。(※いまでは信じられないかもしれないが、人のＩＱはそれまで一〇〇を平均として算出されていた)

一〇〇年前、小さなコミュニティから始まった運動体が、いかにして現代の社会にインパクトを与えたのか。二一一八年、進化思考の誕生一〇〇周年を記念して行われた本展示を通して、今も生きつづける進化思考の哲学から、未来の進化を生み出す挑戦者が生まれることを願ってやまない。

二一一八年　スミソニアン博物館　館長　ジョージ・ミヤモト

これは、進化思考のワークショップが行われた日の一〇〇年後にニューヨークで開かれる「進化思考の展覧会」の会場に掲げられる序文のつもりで書いたフィクションだ。

夢が垂れ流しになった駄文で少し恥ずかしいけれど、こうして理想的な未来を描いてみれば、そこに近づく方法を考える勇気が湧いてくる。このワークショップでは、私と同じように参加者全員がこうした短いバックキャストのシナリオを描いた。

参加者のなかに、海士町からやってきた阿部裕志さんと、英治出版の原田英治さんがいた。彼らのストーリーからは、海士町から世界に叡智を発信する新しい出版社を立ち上げ、なんと進化思考の本を出版したい（！）という構想が生まれていた。そして出版社の「海士の風」を阿部さんが立ち上げ、海士の風にとって大切な最初の一冊として、あなたが手に取っているこの本が生まれたのだ。進化思考が多くの仲間に助けられながら育ってきたストーリーは、「おわりに」でも詳しく書きたい。

このようにバックキャストは、希望を具体的なシナリオに描くことで、現実に影響を及ぼす。これはフィクションかもしれないが、それを決意したあなた自身の変化や、それを受け取った人々の共感によって、未来は変わり得るのだ。未来はいくつも描けるので、自分が信じられるシナリオを見つけるまで、何度も想像し直してみてほしい。

シナリオによって明確化された未来像は、あなたが現実を目標に近づけるための武器となる。フォアキャストで見える未来は、必ずしも明るい未来ばかりではない。だからこそ、希望に近づけるために、臆せずにバックキャストによって夢を語る力を持っていたい。

夢や目標から現実を考えるバックキャストの素晴らしさは、その景色を想像するだけで、そこへ至る階段を私たちが意識せざるを得なくなることだ。気恥ずかしさを乗り越えて、ぜひ未来の物語を書いてみよう。「夢ばっかり見てないで、現実を見なさい」と人はよく言うが、私は「もっと夢を見なさい」と言いたい。実際には夢を語れる人だけが、そこに至る具体的なステップを思い描き、現実化への一歩を踏めるのだから。

## 進化ワーク51　バックキャスト――未来に描く希望の神話［60分］

バックキャストを実践してみよう。希望ある未来を想像し、そこに至る物語を、実際に短い小説のように描いてみよう。創造的なアイデアを実現するには、ビジョンを明確に描くことが力となる。実現したい未来は、どんな姿だろうか。荒唐無稽でもいいので、理想的な未来の状態をイメージして、希望ある未来を描いてほしい。未来人になったつもりで、一〇〇〇字程度の小さな物語にまとめてみよう。

バックキャストのシナリオ

1　「二一XX年」と明確に年号を設定し、現在取り組んでいる活動が最大限に成功した未来を可能な限り詳細に空想してみよう。

2　そのとき、自分のプロジェクトは予想だにしないほどの成功をおさめた。その結果が生み出すのは、どんな物語だろうか。その時代の未来人を主語として、五〇〇〜一〇〇〇字で短い小説を書いてみよう。

## 未来予測を精緻化する時空間観察

未来予測は難しい。だからこそ、変わらない本質や客観的事実に目を向けることが大切だ。さまざまなものが急速に変化しているけれど、変わらないものは数十万年単位でも変わらない。

徹底的に観察しよう。客観的な情報は未来予測の精度を高める。一つ一つの情報の正確さも大事だが、未来に影響を及ぼす多様な観点のデータを俯瞰し、その大局的な流れを見つめることが予測の精度を高める。その上で時空間観察は、予測にとても役に立つ。

図16-13 解剖的・生態的に時間軸を追い、シナリオを紡ぐ

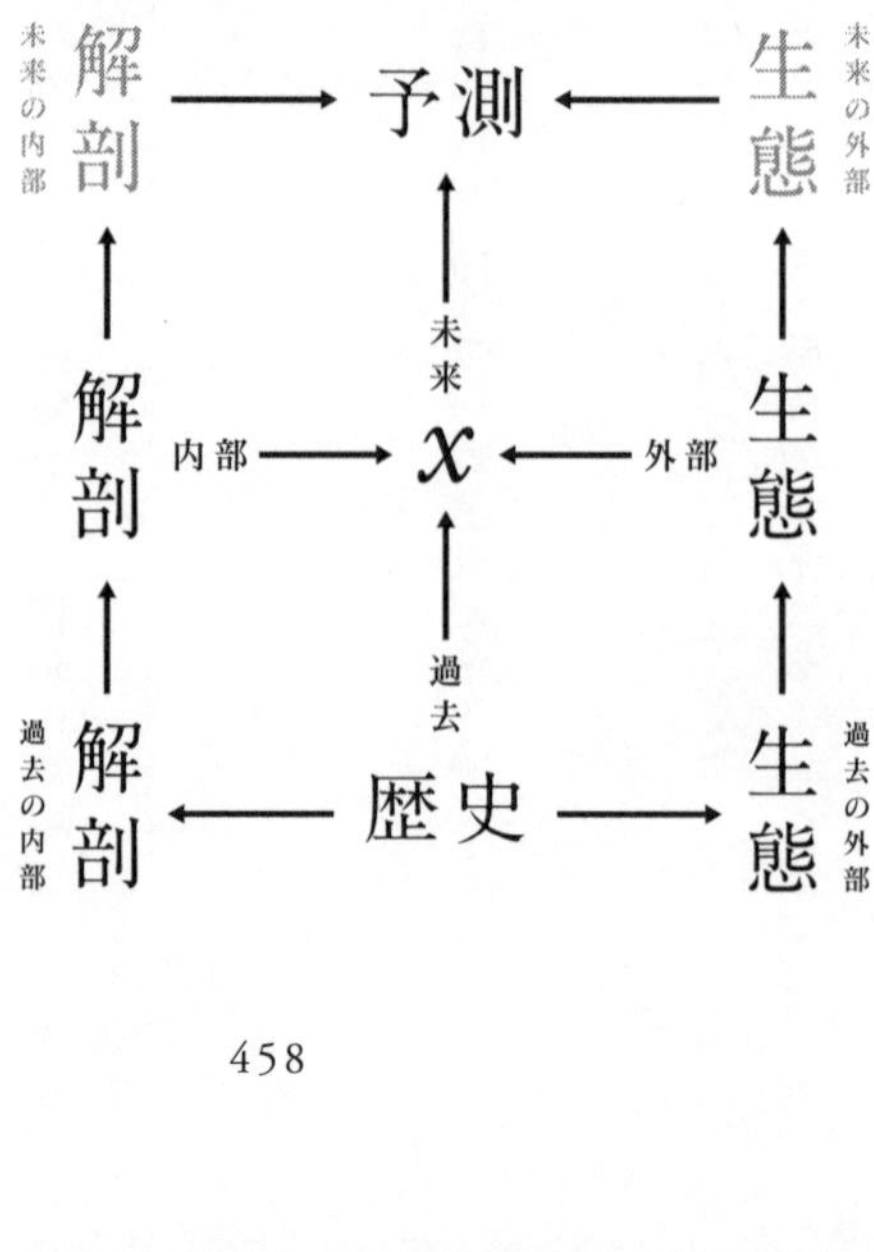


いま世界中で注目されている電気自動車の基礎的な特許が、すでに二〇〇年近く前に出願されていたという話を覚えているだろうか(310頁)。当時、その特許を出願した発明家は、それがすぐに世界中へ広まると思っていたに違いない。しかし実際には、その未来は二〇〇年のあいだ起こらなかった。予測されていた未来がずっと実現せず、眠ったままになっていたのはなぜなのか。そこに予測の難しさがあるし、逆にそこに予測の精度を上げるためのヒントが隠れている。

電気自動車がすぐに実現しなかった理由はいくつかある。一つには、科学や技術の不足だ。内部のパーツが未熟で、その技術の発見には長い時間を要した。特にバッテリーの発展が遅かった。リチウムイオンバッテリーが実用化されるまで、車の小さなボディのなかに、長距離移動に必要な電気を貯めることが困難だったからだ。つまり解剖的観点での予測の誤りがあり、実現性がまだない状態で、基本構想だけが先に走っていたわけだ。考えてみれば、バッテリーを必要としない「電車」は比較的早く出現している。

もう一つの理由は、社会の中での競争環境や状況への不適合だ。具体的には電気自動車はガソリン車との熾烈な競争に勝てなかったのだ。電気自動車はコストや実現性なども含めた性能だけでなく、強大な石油産業とのロビイングや競争にも負けつづけた。こうした生態的地位を巡る競争に勝てず、当初の開発者の思惑は果たされなかった。つまり生態的観点での予測が甘かったのだ。そして特許出願から二〇〇年が経過した現在、環境危機と技術革新によって、ようやく電気自動車は時代の日の目を見ている。

手段は変わり続ける。だが目的はあまり変わらない。改めてフォアキャストとバックキャストの図（423頁）を見てほしい。未来は、内部の解剖的観点と、外部の生態的観点の交差点に出現する。たとえ正しい情報を収集しても、そこに盲点があれば約二〇〇年間も出現しなかった電気自動車のように、予測は簡単に外れる。予測の精度を高めるには、時空間観察の「解剖」や「生態」の観点から垣間見える願いや目的を引き受け、手段の変化を観察し、さまざまなスケールで未来を予測することが不可欠なのだ。

重複なく抜け漏れのない網羅性のことを、よくMECE（ミーシー）という言葉で表現する。時空間観察はまさに、時間的観点と空間的観点においてMECEな観察の物差しを与え、予測の精度を上げるものだ。ミクロとマクロを横断し、データとデータのあいだにある文脈に耳を澄ませば、現在の先にある未来の物語が語りかけてくる。その傾向の先には、どんな未来が見えるだろうか。

未来の物語をありありと語ろうとするとき、私たちの空想や夢には、高い精度のディテールの描写と物語の設定が求められる。夢物語を実現する技術の中身はどんな仕組みで、どのように社会環境の必然性が新しい技術を受け入れるのか。その特殊な物語に至るまでの歴史は、どんな足跡だったのか。私たちがバックキャストによって未来の物語を語るとき、その内容を磨くには必然的に「解剖」「生態」「歴史」の知恵が活かされる。

バックキャストは、ある意味で夢を実現する思考の技術でもある。なぜなら未来を精緻に想像すれば、夢は目標に変換できるからだ。将来の夢は何かと学校で問われたとき、野球選手になりたいとか、お菓子屋さんになりたいとか、私たちは記号としての職業名を答えさせられる。けれども物語として夢を語るには、どんな経緯でそれを決意し、誰に学び、何の知識に精通し、いかなる経験を積み、どんな景色を実現したいのか、細かく想像しなければ物語は描けない。このプロセスは、まさにバックキャストだ。

まずは行きたい未来にピンを立てよう。その目標を「解剖」したり、その周囲の「生態」を想像したり、その「歴史」の系統を調べることで、夢に至るまでの現実のプロセスを精緻化しよう。夢に至るまでのプロセスを細かく解剖すれば、目標への道のりを具体的な行動にまで落とし込める。目標に近づくには行動を変える必要があるが、その行動を具体的に想像する力も、バックキャストの鍛錬によって養われる。未来は誰にもわからないが、未来予測の精度を高め、精緻化する知恵は存在する。その本質的な知恵は、観察を通した物語化のプロセス、すなわちバックキャストに詰まっている。

未来のシナリオ予測のためのモデルを一つ紹介したい。予測を扱う学問はさまざまだが、それらを包括して未来をどう学問として扱うか、すなわち未来学のあり方はたびたび議論されてきた。主に一九六〇年代から七〇年代は、戦後の黄金期と急速に発展するテクノロジーを背景に、盛んに未来学が議論されている。そんな時代に生まれた未来予測の技法が、オムロンの創業者立石一真氏によるＳＩＮＩＣ理論だ。ＳＩＮＩＣ理論は一九七〇年、大阪万博開催の翌月に京都で開かれた第二回国際未来学会で発表された。その後この理論のモデル図（図16-14、463頁）は高い精度で未来を予測したダイヤグラムとして伝説的な存在になっていく。だがダイヤグラムは学会で一度発表されたきり、この理論にまつわる物語は一般には謎に包まれていた。

二〇二二年になって、長年ＳＩＮＩＣ理論を研究してきたオムロンの社内シンクタンク、ヒューマンルネッサンス研究所の所長だった中間真一氏によってＳＩＮＩＣ理論を解説した初めての本が出版された。中間さんから連絡を受けたのは、彼が本を出版されてから半年ほど過ぎた頃だった。彼は進化思考の第一版を読むやＳＩＮＩＣ理論との共振に驚き、一緒にこの理論を発展させられないかと相談しにきてくれた。



選択 ≫ 解剖 歴史 生態 予測

SINICとは、Seed-Innovation to Need-Impetus Cyclic Evolution の略だ。この文字の並びにあるCyclic Evolution、螺旋的進化という言葉に目が行く。なんと立石氏はこの法則性を生物学、それもダーウィン進化論の「適者生存の法則」から導き出したらしい。すでに進化思考とのただならぬ一致を感じる。

改めてSINIC理論のダイヤグラムを見つめてみよう。この図は「社会」と「科学」の相互作用によって生まれる「技術」の発展、そして「技術」が生み出す「社会」と「科学」への作用による共進化の図になっていると気づく。

科学とは技術の要素となる基礎的な発見であり、ミクロな現象であることが多い。そして社会は主に人間の生きる経済や文化のマクロな生態系のことだと捉えられるだろう。これを進化思考の目線で解釈すれば、科学とは解剖的観察の結果であり変異的な要素、社会は生態的観察が可能な適応する環境だと読み取れる。

立石氏は一〇〇万年の人類史の流れを歴史的観察からひもとき、社会や技術の相互作用を記述することで、未来に繋がる文脈を構成している。立石氏は精度の高い未来予測は内部のミクロな観察と外部のマクロな観察、過去から未来への文脈のフローの先に出現すると考えていたに違いない。これは電気自動車の読み違いの例で説明した、予測の精度を上げるには内部の過去から未来の解剖、そして環境の過去から未来の生態に及ぶ時空間観察が必要だと考える進化思考の姿勢と完全に一致する。こうした広い観察眼をもつには、専門に閉じずに細部から全体を見つめる観察眼が必要なのは言うまでもない。

ＳＩＮＩＣ理論の図において、現在の私たちは最適化社会にいる。立石氏の予想によればこれからサイコネティックスによる精神生体技術を経て自律社会に、そして超心理技術を経て自然社会へと向かう過程にいるらしい。精神生体技術はウェルビーイングの技術で、超心理技術はＡＩが心をもつ未来だろうか。

ＳＩＮＩＣ理論が発表された一九七〇年代初頭は、この本でもたびたび登場する成長の限界のレポートが発表され、またディープエコロジー運動など環境意識が高まった時代だ。当時から、自然社会は大きなゴールであっただろう。だが五〇年以上が過ぎ、私たちはどれくらい自然社会に近づけたのか。むしろ今私たちは気候変動や生物多様性の喪失を目の当たりにしながら、自然崩壊社会を生きている。一刻も早い自然社会の到来を切実に願う時代だ。はたして私たちは自然社会への到達までの時間を加速できるのか、それとも間に合わずに文明が潰えるのか。それは今を生きる私たち自身の手にかかっている。

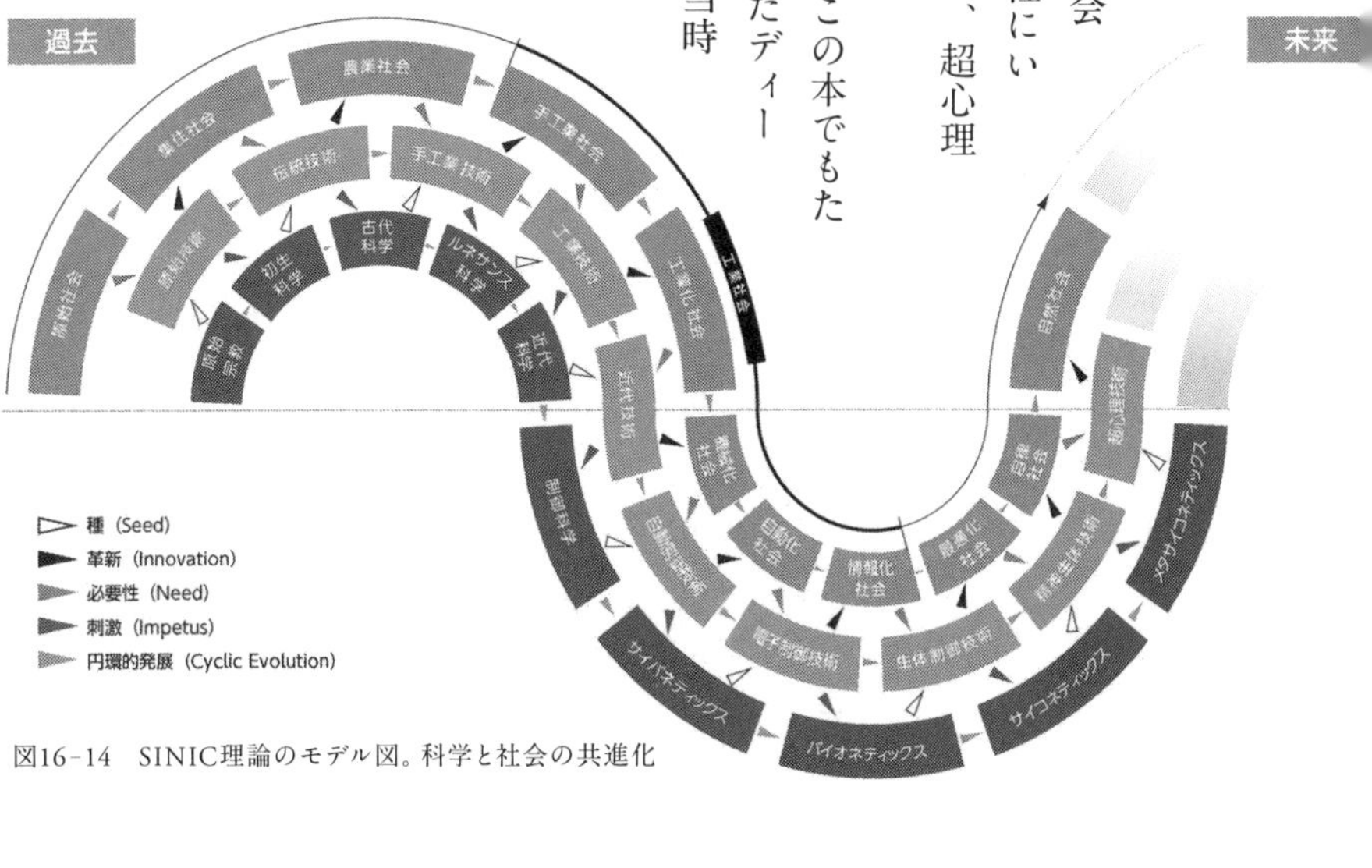


図16-14　SINIC理論のモデル図。科学と社会の共進化

## ADAPTMENT——気候変動に適応する開発

気候変動の話題が世界をにぎわせている。地球温暖化が進み、二一〇〇年頃には一・五度から四度、地球の気候が暖かくなるらしい。なんだ、そんな変化は数か月ごとに経験しているじゃないかと、季節の豊かな日本人は思うかもしれない。

しかし問題はこの数字の変化ではない。これまで約四〇万年間も安定してきた気候がいま不安定化しており、激烈なスピードで災害が増えているのだ。たとえば二〇二二年には洪水でパキスタンの国土の三分の一が水没したように、災害は世界中で増えている。線状降水帯による土砂災害はもはや日本でも身近な例だろう。ダボス会議では世界経済にとって最大のリスクを発表するレポートが毎年発行される。二〇二三年の第一位は「気候変動の緩和への失敗」、第二位は「気候変動への適応への失敗」と、気候変動がランキングを総なめにした。この緩和と適応が、気候変動への戦略として国際的なコンセンサスになっている。

まず気候変動の緩和とは、二酸化炭素やメタンなどの温室効果ガスを削減して気候変動を和らげる戦略だ。これは指標が具体的でわかりやすい。社会の制度にも反映しやすいから、近年劇的に社会の脱炭素化が進んでいる。一方で気候変動への適応とは、起こってしまう気候変動に社会を合わせる戦略だ。うむ……わかるような気もするが、一体どうすれば適応したことになるのか。防災も食料生産もエネルギーも洋服も土木工事もすべてが適応の手段なので、指標も測りづらい。

適応策はこの複雑さゆえに、緩和策ほどには進んでいない。しかしこれは間違いなく、今世紀最大の課題の一つなのだ。何とかわかりやすく、社会実装する必要がある。

二〇二二年度に、私たちは環境省の事業として、気候変動適応策のデザイン戦略を作ることになった。第一版の進化思考に深く共感してくれた環境省の専門官が、適応の考え方を気候変動適応策に応用できないかと相談を投げかけてくれたのだ。

こうして始まったラウンドテーブルには生態学者や防災学者、気候変動の専門家やODAの専門家など、日本の各分野を代表する約一〇人の英知が集まり、未来のための深い対話がなされた。私たちは専門家との議論から気候変動適応策を改めて構造化し、都市生活を脅かす災害を人と自然の境界領域に起こる問題として定義した。

適応とはまさに、この本で何度も出てきた進化学の言葉だ。進化学とは用語の使い方が異なるが、生物の適応から人類の気候変動適応について、もっと学べないのか。実際のところ、現在生き残っている生物はそれぞれの環境の変化に適応しながら進化を果たしてきた。そこで我々に最も身近な気候変動適応の具体例を、都市の進化として考えてみたい。

進化から適応を学ぶ発想は、進化思考に慣れ親しんだ私にとって自然なものだった。そして都市をレジリエントにする適応策の方法を羅列してみると、実は生物の身体と行動の進化に、類似の構成を見出せると気がついた。こうして生物の適応進化から二一世紀の気候変動に適応したレジリエントな都市開発のコンセプトを抽出したADAPTMENT（アダプトメント）というプロジェクトが誕生した。

ＩＰＣＣ（気候変動に関する政府間パネル）の報告書などで示される気候変動適応策は、陸・海・川そして人間の四つのカテゴリに分けられており、これが現在の国際的なスタンダードになっている。しかし実際には陸・海・川などの生態系や人々が暮らす都市は相互に関係があり、本来はそれぞれの対策を分けて語ることはできない。自然環境と人間環境の境界で起こる災害を、局所の問題として対策すれば、時に生態系が本来もつ強靭性を弱めてしまうこともある。そこで私たちは四つのカテゴリを前提として、中心に人間を置いたときの周辺との境界面を、適応を考えるべき擬似的な身体として定義することにした。この人間環境と自然環境の境界でのさまざまな葛藤が、「災害」という適応障害として私たちに襲いかかっているのだ。

あらゆる適応策の分類の上位構造として、私たちは小流域を単位として適応策に取り組むこととした。

これまでの都市開発では流域という生態系と災害の共通単位での繋がりを顧みず、その循環をグリッドで分断するように行政区分を設け、自然環境に人間の生活環境を差し込んできた。けれども上流や下流との関係を考えずに洪水などの自然災害の対策をとるのは不可能だ。行政区分が生まれた時代には、そもそも極端な気候変動は存

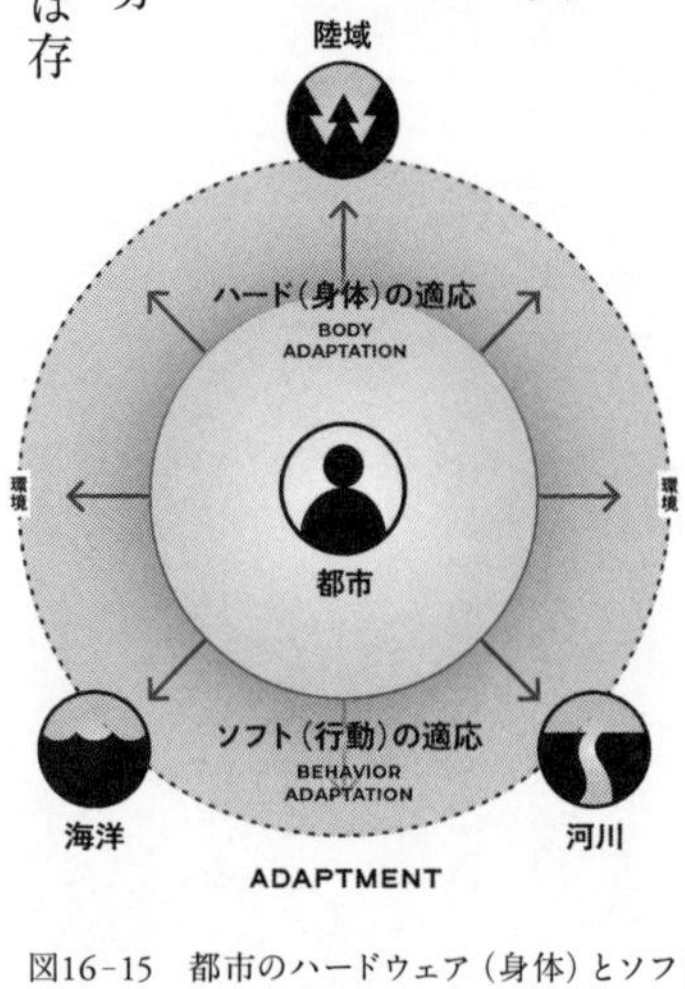


図16-15　都市のハードウェア（身体）とソフトウェア（行動）の適応進化

在しなかった。改めて私たちは根幹から開発のコンセプトを考え直さなければならないだろう。

ADAPTMENTは、小流域を都市開発の単位として、暮らしと自然との境界をリデザインする。本来の自然がもつ安定した生態系のシステムを最大限に活かし、時には従来の開発によって失われてしまった生態系のシステムを回復させることを目指す。それは過去に類を見ない気候変動から人類を守ると同時に、従来の都市開発での環境への負荷を軽減し、気候変動時代の新たな産業創出にも繋がるはずだ。

またADAPTMENTでは、都市における気候変動適応策を理解しやすく構造化するために、生物の身体と行動の進化を参照している。ADAPTMENTの「身体の適応進化」では、生物の身体構造を参考に、建築や土木など環境に適応する柔軟な都市のハードウェア構造を考える。神経のように外界からの危険を理解する「知覚性」は通信のようだし、脂肪のように緩衝地帯としてダメージを未然に防ぐ「冗長性」はまるで防砂林のようだ。筋肉のようにしなやかな弾力で変化を跳ね返す「弾力性」は建物の免震構造などに見られるし、血管のように体内で資源を循環させる「循環性」は資源のリサイクルの話のようだ。骨のように

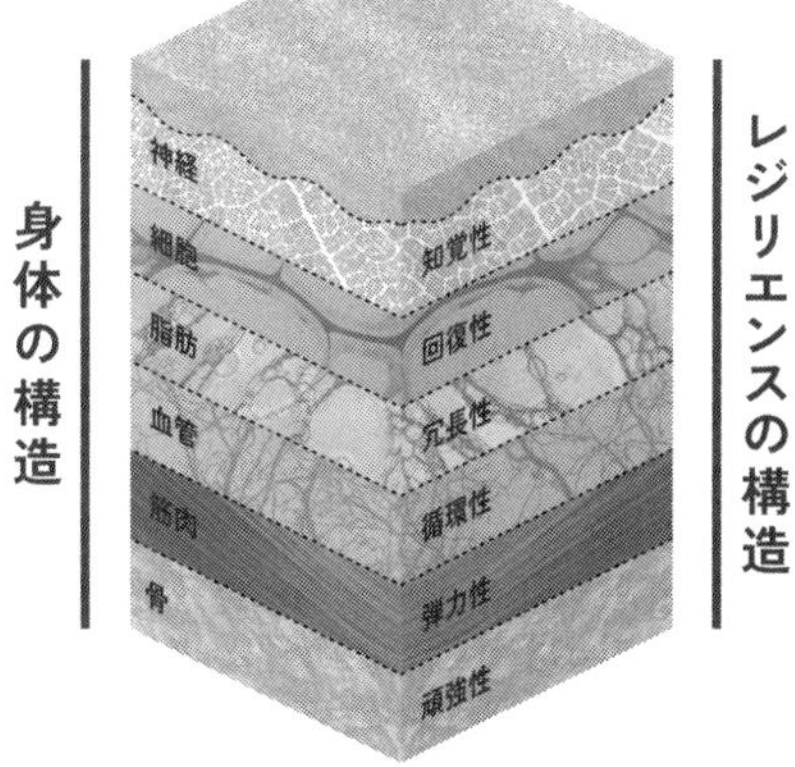


図16-16　身体の適応進化から考える、気候変動に適応した都市のハードウェア

衝撃から身を守る「頑強性」はまさに構造の強さだろう。そして身体についた傷を癒やす「回復性」を素材にもたらすことで、私たちは気候災害のダメージを防ぐ都市の身体を獲得できるかもしれない。私たちが暮らす都市が気候変動と災害に晒されている現在こそ、生物の身体や行動がもつレジリエントなメカニズムから開発デザインを学び直し、社会実装を考えることが、適応する都市の全体像を捉える視点に役立つはずだ。

生物の身体がもつ性質と比べてみると、これまでの都市開発はまるでカニやカブトムシの甲羅のような頑強な構造を目指してきたことに気づく。しかし頑強なだけの構造は、一度壊れると回復しづらい性質を持っている。生物の身体から考えると適応的な都市像ではしなやかな回復性を備えた都市の開発が求められるだろう。

ADAPTMENTの「行動の適応進化」では、市民の行動や文化における防災やコミュニティなど、ソフトウェアとしての都市活動の適応進化を考える。生物の適応的な行動から、環境に適応する柔軟な仕組みは学び得る。例えば危機や状態を理解する「観察性」はアセスメント力だろう。かつての痛みを覚える「記憶性」はその場所で起きた災害の情報を伝承することに近い。将来の危機を想定して準備する「予測性」はシミュレーションだ。危険が迫ったら場所を移す「移動性」は避難訓練などに見られる。

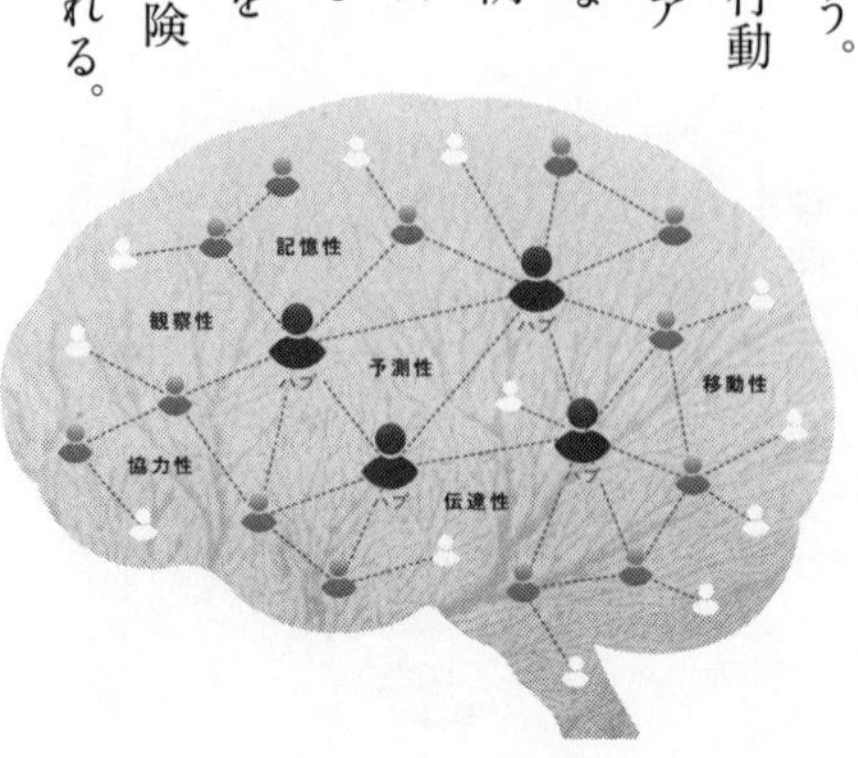

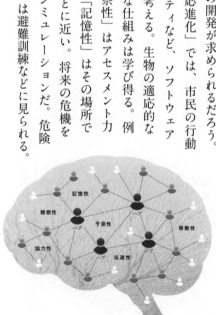

図16-17　行動の適応進化から考える、気候変動に適応した都市のソフトウェア

また群れの「協力性」はコミュニティで助け合うことそのものだ。そして「伝達性」があってこそ、仲間に危機を知らせられる。激しい気候変動に適応するには、ハードウェアだけでなく市民の関係性からレジリエンスを高める必要がある。こうした適応行動のパターンに学びつつ、市民の防災行動計画を考えてみたい。

ADAPTMENTによる都市開発は、進化思考と同じく、私のライフワークとなる可能性を感じている。ADAPTMENTは、すでに水害で苦しむインドネシアでのバンドン工科大学との連携や、巨大台風で多くの死者を出したフィリピンのタクロバンで、社会実装が検討されている。

ADAPTMENTのプロジェクト、そして気候変動への適応進化の思想を、持続可能な開発の方法論として、さまざまな技術をもつ会社や、気候変動に苦しむ各国の地域のために、役立つ活動へと育てていきたい。

図16-18　ADAPTMENT化された都市の状態を表すパースをAIと共創した

## 予測的観察と選択

未来には、希望もあるし絶望もある。どのようなバランスで未来のシナリオがブレンドされるかはまだわからない。だが未来に影響を与えたいなら、希望ある未来も絶望的な未来も、詳細なディテールから社会の広がりまで想像してみるべきだろう。楽観的でも悲観的でもなく、そのあいだで揺れ動きながら、中庸を見つめるのが創造的な姿勢だと私は考える。なぜなら進化思考において創造は進化現象であり、それは偶然に開かれた変化と、客観的で必然性のある選択の動的な往復現象だからだ。両輪を見つめ、痛みによる使命感に駆り立てられ、希望を語りながら、変化を生み出すプロジェクトは適応進化していく。

未来は誰にもわからないカオスの中にある。しかし何のパターンもなく、手がかりもないわけではない。ギリシャ神話では神々が生まれる前の混沌とした無秩序な空隙をカオスと呼んだが、科学で扱われるカオス理論の様相は少し異なる。

科学にとってカオスとは、インプットの結果が予測できない複雑な力学系のことを指す。多くの場合カオスには何らかの秩序はあるが、ほんのわずかな変化によって結果が劇的に変わる初期値敏感性があり、インプットとアウトプットの関係が予測できないのだ。

気象学者のエドワード・ローレンツは、この初期値敏感性によって、蝶が羽ばたくほどの小さな撹乱でも、遠くの大きな気候の変化に影響を与えてしまう可能性があることを指して、バタフライエフェクトと呼んだ。さまざまな分野での未来予測はまさにカオスであり、一見変わらないシステムに見えても、わずかなインプットが結果の大差を生み出すかもしれない。これはどんなに苦しい未来が一見目の前に広がっていようと、わずかな行動が未来を劇的に変える可能性があることを示す意味で、一つの希望だ。

変化を生み出すレバレッジある一点を発見するには、解剖的なミクロな目で科学や形態の時系列の変化を追い、生態的なマクロな目で社会や環境の変化を追うことだ。アウトプットの結果はわからなくとも、大きな変化に繋がる可能性のあるインプットのポイントはかなり絞れる。わずかでもいい。実際にその変化を試みよう。観察によって割り出したレバレッジポイントに変異の試行回数を重ねると、未来は少しずつ揺さぶられる。

それが人事を尽くして天命を待つということだ。私たちは未来や社会を変えるには無力かもしれないが、目の前を変える力は誰にでもある。どのディテールが変われば、連鎖反応が関係性を揺るがし、変化が波及するのか。独りでは難しくとも、その波及を願う人たちと繋がり、わずかな撹乱から新たな潮流を生み出せるだろうか。

## 進化ワーク52　一点の希望［15分］

希望も絶望もシナリオにしたら、すこし立ち止まってみよう。わずかな変化で未来が変わるとしたら、その一点の変化とはなんだろう。望む未来に近づく波を起こす、実現可能な一点はどこか。可能性を想像してみよう。

# 選択—適応の起点を見出す

生物は、驚くような進化を成し遂げてきた。奇想天外とも感じるほど異なる多様な生物種のすべては、ほんのわずかな変異と自然選択の繰り返しの結果だ。ほとんどの変異が役に立たずに消えていく中で、ごく一部は悠久の時間を耐えて時代を切り開く。それは毎日無数に生まれる新しい物語の中で、ほとんどのものが忘れられるけれど、永遠に語り継がれる物語があるのと同じことかもしれない。

私たちは誰もが、未来や社会に対して、わずかな変化しか生み出せない小さな存在だ。しかし小さな変化が無力なわけではない。ほんのわずかな変異が、進化の中で大きな生物種のカテゴリへと発展することも、わずかな技術の変更が、世界を劇的に変えることも、実際にこれまで何度も起こってきた。むしろ小さな変化だけが、歴史を生み出してきた。

わずかな一手にもかかわらず未来が劇的に変わる挑戦と、結果が出ないのに懸命にコストや時間をかける挑戦。一体なにが、その差を分けるのか。全体に影響を与える、自ら取り組める細部の要点を見つけたい。そういうときは、時空間観察に示した自然科学の観察手法を応用してみよう。

私たちは自分の知っているものがよく見えて、知らないものは見えない。つまり盲点がある。そしてこの盲点の中に、まだ発見されていない創造の起点は宿っている。つまりチャンスは、知らないものを知ることから始まる。

まずは「解剖」的に観察してみよう。詳細に「形態」を観察し、形の理由となる「生理」を観察し、その「発生」を観察すれば、対象自体が深く理解できる。そして「歴史」を、遠い過去から観察しよう。種類を「分類」し、違いを細部まで「比較」し、適応的なディテールの特徴を掴もう。歴史的な「系統」を理解し、過去からの流れを感じれば、進化の方向性の勘所が掴めるだろう。さらに広く「生態」的に観察しよう。対象に関わる人々や生物の「行動」を観察し、仮説があれば「実験」で確かめよう。「地理」的に広く状況を見渡し、「関係」の「連鎖」的な性質から、レバレッジの効く起点を割り出そう。未来を「予測」して見据えよう。観察からデータを抽出して「統計」的に理解し、未来像をありありと「先験」して可視化し、物語を書いてみよう。不確実な未来でも予測の確度は上がり得る。

進化思考で探究してきた時空にわたる観察と、多様な選択圧への適応は、私たちの創造力を磨き、時には作り手の意思を超えた視点へといざなう。そのための観察手法を、次の頁の「時空間観察のツールボックス」にまとめた。観察から変異的手段（ＨＯＷ）が有効な要点を割り出し、対象の選択圧が導く方向（ＷＨＹ）を見定めよう。

観察と選択圧の発見が血肉化されれば、いち早く盲点に気づき、未知の可能性を発見できるかもしれない。その創造の極大なる目的は何か。どんな極小の変化がその方向へと導くのか。その二つが結びついたとき、手元から世界が変わるかもしれない。

## （観察）時空間観察のツールボックス

適応に向かう選択圧を観察する本能を、人は誰もが生まれながらに備えている。その本能は人類の科学史の中で、科学的観察の主な手法として徐々に体系化され、数百年から数千年にわたって継承されてきた。しかし、こうした先人たちの自然観察の叡智は、これまで一般的な教育では教えられていない。だがここにこそ、サイエンスとデザインを接続する鍵があると、私は確信している。

進化思考では、数多ある観察手法を時間と空間に分類し、空間の内部では解剖、外部の生態、時間では過去の歴史、未来の予測の四つを中心軸として、時空間観察として構造化した。左のリストはあらゆる事象の観察に役立つ、超強力な創造的思考のためのツールだ。これらの観察を使いこなし、あなたがテーマとする探究をぜひ深めてほしい。

偉大な自然科学の先人たちが培ってきた観察のツールボックスを胸に、さまざまな事象に向かい合ってみよう。時空間観察の四つの観点と、それに紐づく数多くの観察手法から見えてくるのは、進化と創造を磨く、さまざまな必然的選択圧だ。

創造のクオリティを高め、良い方向を模索するのに何が必要かは、状況の必然性から自然に発生する選択圧が教えてくれる。ここまでの考察で浮かび上がった必然的な選択圧を、進化思考では「選択のチェックリスト」と呼んでいる。このリストを478頁に掲載した。

自分のアイデアと照らし合わせながら、そのアイデアがいかなる必然性から磨き得るのかを考えよう。一つの発想に自信がもてなかったり、コンセプトが曖昧だと感じたときは、このチェックリストに立ち返り、発生しつつある選択圧と照らし合わせよう。そうすれば、自ずと適応に向かう道が見えてくるだろう。

ここで問われる選択圧は、進化と創造に共通する本質的な問いかけだ。生物の進化において、悠久とも言える歴史の中で常に発生しつづけてきた、本来自然が備えている選択圧に、はたして現在の私たちの技術や社会の創造は応えられているのか。その答えは、残念ながらノーだ。自戒をこめて言えば、現代の創造の多くが、その目的を市場経済で勝つための仕組みとして矮小化している。そのスコープは時間的に短く、空間的に狭い。

それによって生産プロセスでの負荷には目もくれず、廃棄後の生態系への影響は見て見ぬふりをし、目先の売上を重視して未来には目をつぶる。この蓄積が、結果として社会に大きな歪みを生み出しているのだ。ここで本書の序章で述べた疑問を思い出してほしい。

## 「自然は創造がうまい」のはなぜか

そろそろ、この疑問への答えを示せそうだ。何かが形づくられるときに、本来は自然に発生しているはずの選択圧を無視すれば、創造のクオリティは必然的に下がる。ある意味ではこれまで、人工物の創造よりも自然界の進化のほうが遥かに、強く多様な選択圧に対して長い年月をかけて適応してきたと言えよう。

この違いが、生物と人工物のあいだにあるデザインクオリティの、決定的な差を生み出しているとすれば、この疑問の答えが見えてくる。つまり私たちが自然よりも創造が下手なのは、根本的に問うべき問いを矮小化しているからなのだ。時間的にも空間的にも、私たちが見ようとしてきた範囲は狭い。視界の先にある本質な選択圧を想像して、何度でも変異を作り直すプロセスの繰り返しを、利便性のために意図的に避けてきたのだ。だが見えていなかった本質的観点に気づくところから、創造の探究は始まる。

私たちが現在よりも創造的であるには、さまざまに働く関係性の選択圧を空間的かつ時間的な観点で読み解き、未来や生態系のために創造しようとする、問いの本質的更新がいるだろう。個体としての私たちが創造にかけられる時間も、私たちが頼る生態系も有限だけれども、せめてもう少しだけ思慮深くあるために、創造性の方向を見定める問いとして、次頁の「選択のチェックリスト」を胸に刻んでおきたい。予定調和を超えて、自然に流れる選択圧の導く方向を感じよう。

選択

## 選択のチェックリスト

このチェックリストは、生物進化を導いた適応に向かう選択圧を、創造性への応用のために抽象化し、進化思考の時空間観察の観点から抽出したものだ。こうした選択圧を生き残った変異が、生命の歴史のなかで長い時間を生き抜いてきた。人工物の創造やイノベーションにも選択圧は自然発生しており、共通する部分がある。変化する時代を生き残る創造を作るために、私たちが胸に刻んでおくべき本質的な観点だ。

### 解剖［内部の選択圧］



### 歴史［過去の選択圧］

# 選択のまとめ——方針の自然発生

思い込みを超え、観察から必然的な選択を掴もう。そして適応へと近づこう。

生物の進化にも人の創造にも共通して、モノの周りには必然的な理由（WHY）がある。長い時間を生き残るものは、それが偶然の産物か製作者の想定通りかは問わずとも、この理由に叶っている。偶然的変異と必然的選択が十分に往復した先では、まるで最初から狙ったように、適応した姿に収斂する。誰のためにどう役に立つのか。なぜ生まれる必要があったのか。何が伝わるべきなのか。選択圧を読み解けば、適応の方向性に自ずと出会う。適応の方向を読み取る感受性は、創造の先を照らす眼なのだ。

この自然発生する選択圧を読み取る感受性は本来誰にでも備わっていて、鍛えられる。「解剖」「歴史」「生態」「予測」に集約した時空間観察は、それを学ぶための本質的な観点だ。その感受性を使って、私たちはモノに込められた真意を読み取り、価値を判断する。

たとえば同じメニューの食事であっても、丁寧に作られたものか、そうではないかを無意識に感じたことはないだろうか。ほぼ同じ分量の食材を同じようなプロセスで加工したのに、心象的な結果がまるで違うのは、栄養価などの数値化できる情報だけで我々は価値を判断しておらず、見えない適応的関係性を読み取り、どれほどの選択圧をくぐり抜けたかを判断して、価値を認識しているからなのだ。

選択圧を読み解く眼は、創造力を磨く。創造を取り巻く関係性が明確になってこそ、必然的な形態が自ずと絞られてくる。必然的な関係性の観察と理解が、適応に即したデザインの補助線をあぶり出すのだ。社会はこうした関係が絡み合って、空間的にも時間的にも広がる、巨大な網のようなネットワークを形成している。この網が複雑に絡み合い、引っ張り合っている状況をイメージしてみてほしい。適応の引っ張り合いによって、状況にふさわしいデザインが形作られているはずだが、時間と空間に流れる関係を観察する感受性を養わない限り、人はその必然性の流れを観ることはできない。

創造のプロセスは、ＷＨＹの探究でもある。適応の向かう方向と、現実の差が大きい場合には、その歪みを繋ぐ創造を生み出す追い風のような力が働く。それが新たな創造を出現させる力になるのだ。またそれは、創造のための命綱のように働く。声にならない声に気づいた誰かによって、関係のなかに潜んでいる物語が代弁されると、創造は共感によって伝播する。前例のない新しい方法に挑戦したとしても、常に適応的な選択圧の方向に耳を傾けていれば、大きな間違いを犯すことはないだろう。本質さえ見失わなければ、いくらでも変わればいい。その確信が腹にあってこそ、新しい方法に向かう勇気が湧いてくる。

あらゆる発想は、自然発生する進化のように、世界に出現する。物事に秘められた声にならない声を聴くように、目に見えない関係を読み解き、必然的な選択圧による適応の方向を見定めること。時間・空間上の関係に宿る、秘められた方向性を感じ取る力は、新たな創造を未来の世界に適応させるための鍵なのだ。

## 必然性の観察は愛を目指す

長かった選択の旅はここまでだ。ここで本書の序章で示した疑問に戻ってみよう。

「関係」をどう捉えるか

この問いに答えるのは並大抵のことではない。しかしここまで探究した時空間観察が、問いに迫る軸線を与えてくれる。関係は内部の構造から外部の生態系まで空間的に広がり、また過去から現在そして未来に至るまで時間的に広がっている。時空間観察で探究した関係の繋がりがモノを必然的に選択し、それが形態や機能に昇華する。こうした自然発生する関係性を丹念に観察する姿勢は、自ずと一般的に愛情と呼ぶものに似ていく。愛情という本能は、時間と空間のなかに、適応のあり方を探す思考のことなのかもしれない。

解剖的に、内側を丁寧に読み解き、可能性に目をくばる観察は、「理解」。
歴史的に、過去からの系統を引き受け、願いを受け取る観察は、「敬意」。
生態的に、相手の視点に立ち、繋がりと想いに共鳴する観察は、「共感」。
予測的に、子孫の将来を願い未来の地球や人々を慈しむ観察は、「希望」。

細部に至る細かい理解、過去から現在までの繋がりに対する敬意、相手に対する共感、未来に対しての希望。こうした観察の感受性は、創造のプロセスだけでなく、人を繋ぎ、協力によって何かを成し遂げる集合知のために欠かせない能力だ。

フレデリック・ラルーは、数々の組織を観察する中で、経営者のいない「生命体型」の新しい会社のあり方として「ティール組織」を提唱した。[59]私なりの理解では、上下関係による指示系統の代わりに、その組織が本来的に備えている「進化のための目的（evolutionary purpose）」を各自が照らし合わせていけば、自律的な組織運営ができる、というものだ。

私たちは各々で違う思考をしているが、それを束ねるのは難しく、方向性のない集合は簡単に衆愚に陥る。集合知が生まれるには、愛と共感を導く適応の方向性が、自律的に観察されて選ばれることが不可欠だ。適応の方向が共感されたとき、集合知がもたらされる。この自律的発見と方向性の共有が共創への心理的安全性を高める。時間と空間の隅々まで慈愛ある観点を失わず、選択の方向性を見定めていきたい。

変異と選択を繰り返し、収斂した先には、創造の誕生が待っている。選択の方向性が見え、それに適合する変異が見つかると、そこに方向性が生まれ、新しい名前がつく。コンセプトの誕生だ。コンセプトは日々生まれながら泡のように消えていく。

だが粘り強い思考から見出されたコンセプトは、時代の共感を伴って、時に社会を変えることすらもある。実はコンセプトにも、変異と選択の二種類の観点が存在するのだ。次の章では、進化の螺旋からコンセプトが誕生するまでのプロセスを探究していこう。

# 第四章

# 創造

Chapter «IV» Creation

iPhone に融合された道具たち（INTEGRATION）：ggg 企画展「NOSIGNER Reason behind forms」

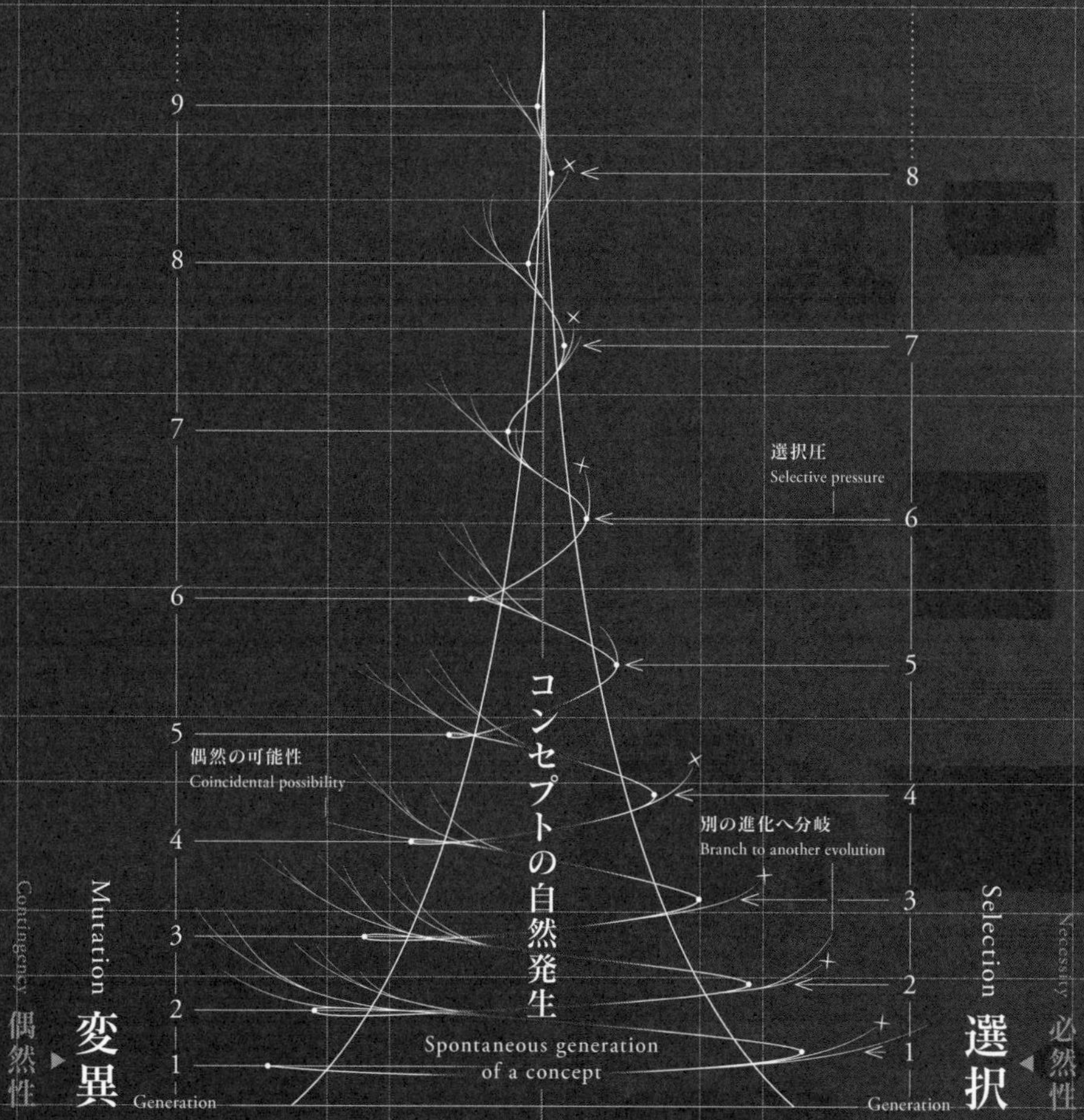


進化と創造の螺旋

THE SPIRAL OF EVOLUTION AND CREATION

# 偶然と必然の一致

宇宙のなかに存在するものはすべて、偶然と必然との果実である。——デモクリトス[60]

右脳と左脳、バカと秀才、実験と観察、手段と目的、野性と理性……。

創造性とは、変異的思考と選択的思考の二項対立のあいだに自然発生する現象だ。そして生物は「偶然による変異」と「必然的な自然選択」の繰り返しによって進化してきた。

創造においても変異的思考はエラーに過ぎず、エラーが必然性から選択されなければ創造にならない。逆に選択的思考だけでは、既存のものから変化しないので、創造は生み出されない。つまりどちらかの思考だけでは創造を成しえないのだ。偶然的変異と必然的選択が繰り返されると、まるで両足で自転車をこぐように、創造が始まる。そしてこの往復運動が収斂する先に、美しいデザインが自然発生する。

生物の進化が、誰の意図も介さずに偶然の変異と自然選択の繰り返しで発生するように、進化思考では創造もまた偶発する現象だと捉える。実際のところ創造は、意図するだけではできないし、逆に意図しないでも偶然に生まれてくることがある。私たちは自分が思うほどには、意図してモノを創造してはいないのだ。

「どうできるか（ＨＯＷ）」を試しつづける偶発的な変異と、「なぜなのか（ＷＨＹ）」に基づく必然的な選択を往復する進化ループが何度も回れば、自然にそれらが一致する圧力が発生し、コンセプトと形態が自然発生する。極端に言えば、自然物と人工物にまたがる地球史上のあらゆる創造のプロセスが、この繰り返しだと私は信じている。

　創造がたとえ偶然の産物だとしても、私たちは自分の意識を使って、その発生確率を高めることはできる。極端な方法（変異≒ＨＯＷ）を無数に生み出しつづける観点と、適応的な方向（選択≒ＷＨＹ）を観察しながら、無数の変異を本質的な軸で選択しつづけ、粘り強く往復しながら両立を探すことが、創造を自然発生させるプロセスとなる。これを鍵にたとえるなら、無数の形の違う鍵を作りながら、同時にたった一つの鍵穴に詰まった汚れを取り除くプロセスが結びついたとき、初めて創造の扉が開くのだ。

　二〇世紀の日本を代表する自然科学者である南方熊楠は、密教の曼荼羅に強い影響を受け、人間界に影響を及ぼすあらゆる事象は、「心（こころ）」と「物（もの）」という異なる概念のあいだに立ち現れる「事（こと）」によって生じると説いた。熊楠が言わんとした「心」が慈愛に満ちた「選択」で、「物」が具体的な挑戦としての「変異」だと考えれば、熊楠も進化思考と相似形を成す創造性を提唱していたのかもしれない。

　変異と選択はまったく違うプロセスだ。磁石が反発するように、完全に一致することはない。しかしそれらを近づけようとすると、ふとした共通項から距離が狭まり、統合することがある。こうして二つの観点を一致させようとすればするほど創造性は高まる。

一組の男女がワルツを踊るようなものだ。習いはじめの頃は不揃いでぎくしゃくしていた動作も、何度も繰り返すことで、あたかも二人が一体となったかのようにシンクロナイズした状態へと洗練されていく。創造もそれと同じで、二つの思考が交換されることで一致していく。そして創造は成長する。これは、エラーばかりを繰り返す赤子が、しだいに、きちんと成長した大人に近づくプロセスに似ている。

変異的思考と選択的思考を往復しつづけると、最初は偶然に過ぎなかったアイデアが徐々に必然的な理由を帯び、ついには揺れ動かない強固な思考の結晶に育つ。それが創造という現象なのだ。できあがったものは、完成された論理の結晶のように見えるかもしれない。しかしそれでもまた完璧ではない。社会は変わり、新しいものは生まれ続ける。

既存の考えを疑いながら偶発的な変異に挑戦しつづけ、心新たに観察から選び続けてこそ、新しい創造の種が生まれることを忘れてはならない。

多くの思考法を試した人からは、同じ悩みをよく聞く。たとえば、大量の付箋に無数のアイデアを書き出す発想法は数多あるが、最終的にアイデアを収束できない、という悩みだ。発想を収束できないのは、必然的な選択圧への理解のなさが原因だ。収束できないから、発散も難しくなる。選択圧への適応を徹底すれば必然的に表れるはずの、デザイン的な美の軽視も起こるだろう。創造が実を結ばないのは、こうした態度に由来している。

新しい発想が出たときに、それを適切に選択するのは難しくはない。選択のチェックリストで、選択圧を意識する癖をつけよう。時空間観察の四つの軸に従って発想の精査を繰り返せば、その創造的な強度は確実に磨かれる。創造という偶然と必然の一致を目指すとき、その道すがらでは答えの見えない途方もない気持ちになったり、困難を感じることもあるだろう。そんなときには「偶然的変異のパターン」と「必然的選択の観察手法」の両方を思い出してほしい。

変異と選択。これらを同時に思考するのには練習が必要だ。その手助けとなるように、これらの普遍的な観点からエッセンスを抽出して、高い創造性を発揮するための五つの原則にまとめてみた。この五つの原則に立ち返ると、創造力は必然的に上がるだろう。ハードルはかなり高い。これを守ろうとするのは一苦労だろう。だが暗中模索よりも清々しい旅になるはずだ。これらを気持ちのどこかで意識するだけでも、生み出す形の線が変わる。何度でも本質に立ち返って、偶然的変異と必然的選択の往復を続けよう。

---

**創造性の五原則**

変異——明確で非常識な挑戦を繰り返したか
解剖——シンプルで無駄がなく揺るぎないか
歴史——過去からの願いを引き受けているか
生態——人や自然のあいだに関係を築けるか
予測——現在を触発し未来に希望を与えるか

---

## 偶然の力、必然の愛

力のない正義は無力であり、正義のない力は圧倒的である。力のない正義は反対される。なぜなら、悪いやつがいつもいるからである。正義のない力は非難される。したがって、正義と力をいっしょにおかなければならない。
——ブレーズ・パスカル[61]

愛なき力は無謀で乱用を招き、力なき愛は感傷的で実行力に乏しいものです。
——マーティン・ルーサー・キング・ジュニア[62]

ここで二人が語る言葉は、私には変異と選択に向かう創造的な心を想起させる。思慮深さには愛が宿る。状況に適応する選択を探究する先に、相手への思いやりと愛がある。適した選択を探究するプロセスは、まさに人や物に対する母性的な愛情の表れだ。そしてまったく新しい挑戦へと駆り立てる変異的な偶然のアイデアは「てこ」のように力を生み出す。まるで変異は父性的な力を象徴しているかのようだ。

愛や正義を目指す選択的思考。そして、新しい力を示す変異的思考。変異と自然選択が進化を生み出したように、愛と力の両輪が揃って初めて価値が生まれるのは、あらゆる創造性に共通しているのかもしれない。どんなに地球環境や差別などの課題に胸を痛めても、解決策を提案する力がなければ変化は起こらない。逆に発想する力がどれほどあっても、それが間違った目的に使われれば、多くの人を犠牲にする暴力的なモノが誕生してしまう。世界を根底から革新した現在のコンピューターの基本形を発明したフォン・ノイマンは、広島と長崎を一瞬にして焼き尽くし、二一万人以上の市民を殺害した原子爆弾の開発に関わった科学者の一人でもあった。現在コンピューターのプロセッサーはとどまることを知らずに増えているが、核兵器は一九六八年を境に廃絶の対象としての削減が世界統一の目標となった。この対比は、創造性における愛と力のバランスが長期的な観点に立ったとき、世の中にどのような影響を与えるのかを物語っている。

創造性は、人に新しい希望と可能性の扉を開く一方で、未来を破壊するパンドラの箱を開くこともある。創造を生み出す私たちが思慮深く振る舞ったかどうか、常に未来から問われている。必然を目指す愛と偶然を起こす力が融合した先に、新しいコンセプトが生まれる。ここで本書の序章で投げかけた問いを思い出してほしい。

「真に作るべきもの」は何か

この問いに、唯一の正解はない。しかし私にとって、常にこの問いへの指針は、愛ある選択と変異の力を兼ね備えたデザインへの挑戦だ。もはや祈りと言っていいかもしれない。これを両立させるのは並大抵ではないけれど、その両立が叶ったとき、私たちは本来の創造力を発揮し、時には時代や社会さえも変えられる。

## 創造の受精

コンセプトという言葉を、私たちは創造のプロセスでよく使う。ではそもそも、コンセプトとは何なのか。英語にはConceptionという言葉がある。そのまま「コンセプト、構想」という意味でも使われるが、この言葉には別の意味があるのを知っているだろうか。

Conceptionは、英語で「受精」という意味を持っている。この意味を知ったとき、私は唸ってしまった。言葉が生まれる背景はさまざまだろうが、この「受精」と「コンセプト」には深い意味での類似性があり、そのたとえは秀逸きわまりない。

変異と選択による進化思考の構造は、実際に生物の受精のプロセスにも少し似ている。オスの無数の精子による多様な変異と、メスの宿す選択圧をくぐり抜けた遺伝子を保つ卵子が出会い、Conception（受胎）が起こる。メスの一つの卵子に対して、二億〜三億個もの精子を競争させて受精させるという数の不均衡がある。多様な変異と本質的な選択圧は、それぞれ精子と卵子に象徴されるかのようだ。それらが掛け合わさる創造のプロセスもまた、数億個の精子のような変異的挑戦を競争させ、一つの卵子に至るまでの選択圧をくぐり抜け、その交配による一致を何度も繰り返してたどり着くプロセスに思えてならない。

生殖というのは不思議な現象だ。そもそも自然界に最初に出現したのは、性別のない、ある意味ではメスしか存在しない無性生殖の生物だった。オスの出現はその遥かあと、有性生殖の獲得まで待たねばならない。オスとメスがいないと生殖できず、メスしか子どもを産めない有性生殖の仕組みは、一見すると非効率だ。一匹では生殖できず、選ばれなければ子孫も残せない。多くの子孫を残すだけなら、有性生殖はきわめて不合理な仕組みだ。ではなぜ、オスが必要だったのか。

不合理にもかかわらず有性生殖の生物がたくさん存在しているのは、そこに欠点だけでなく利点もあるからだ。有性生殖では遺伝子の新しい組み合わせが作られ、環境や病原体の進化が発生しやすい。

そして生存や繁殖を向上させる多様な変異が遺伝しやすく、また有利な遺伝子が有害な遺伝子と一緒に淘汰されてしまうことを防ぐ効果がある。かくして有性生殖は、変化に適応する進化のスピードを加速させる性質として機能したのだ。

有性生殖とは選択の結果を象徴する卵子と、無数の変異を象徴する精子を掛け合わせる仕組みであり、また相手を選別するプロセスによって無数の組み合わせが発生する仕組みだ。つまり有性生殖とは、変異と選択の効率

図17-1　精子と卵子の受精は、コンセプトの誕生と相似形を成している

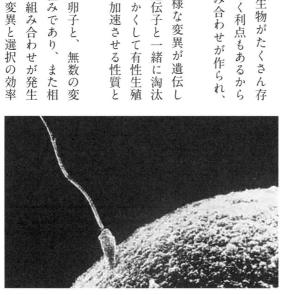

が高まるように、進化のなかで獲得された機能だと私は捉えている。

その一方で、創造のプロセスにおけるコンセプトもまた、私には母性と父性によく似た二つの方向性が存在するように思えてならない。

「なぜそうあるべきか（ＷＨＹ）」を必然性から求める選択的思考は、そのプロセスの中に周囲や内部への配慮、過去への敬意などの愛情を孕んでいる。たとえるなら、先祖や隣人への愛情、子どもに秘められた可能性への期待といった、母性愛のプロセスだ。

一方、「どのように変化できるか（ＨＯＷ）」を求める変異的思考は、やってみようという挑戦心を励まし、新しい可能性を探究して提示する父性的な野心にも思えてくる。そしてその二つが一致したときに、初めて生き残る次の世代の創造が現れる。

変異と選択の往復から生み出したいのは、長い時間を生き残る強力なコンセプトだ。選択圧を生き抜いた発想は、深い適応と強力なアイデアを兼ね備えたモノだ。しかし、新しい発想は前例がないため、それを誰かに伝える言葉が存在しないこともある。

そこで新しい概念を名付けるプロセスが発生する。子どもに命名するようなものだ。その意味でも創造は、出産や子育てに似ているように思う。ＷＨＹとＨＯＷ。母性と父性。こうした二つの思考のあいだに、あたかも卵子と精子が出会うように、新しいコンセプトが発生する。私たちは意図して創造することはできない。しかし往復を加速して創造の発生を促すことはできる。そして二つが結びついたとき、それは適応したモノとして現実に現れる。創造が生み出される瞬間、私たちは神秘的な体験をしているのかもしれない。

## コンセプトの往復と収斂

狂気と正気が両立する仮説。変異としての極端な偶発性の狂気を保ちながら、それでも選択圧に耐える必然性を備えたもの。この両立の発見こそが、創造的なコンセプトの萌芽だ。その一致を目指すプロセスが、私たちのアイデアを収斂させていく。

偶然と必然が両立するまで、言語やデザインの力を借りて、何度も具体的な仮説を立ててみよう。まずは観察による選択的思考から状況が向かう必然性（ＷＨＹ）を導き、その方向性を示すビジョンとなる言葉を与えよう。また狂気的で偶発的なアイデア（ＨＯＷ）を変異的思考から発生させ、その新しさが伝わる言葉やデザインを与えてみよう。

つまりコンセプトを考えるとき、一致して完成された一つのものとして考えずに、ＷＨＹとＨＯＷの二種類の粗い仮説的なコンセプトを立て、その両立を目指す往復的な現象として捉えると、考えやすくなるはずだ。偶然の可能性と必然的理由が、最初から一致することはほとんどない。もっと言えば、完璧な一致も存在しないだろう。

粗くてもいい。創造のプロセスの序盤は、躊躇なく仮の言葉やデザインを何種類も立ち上げてみよう。ぼんやりした抽象的な概念が、具体的な言葉に変換されれば、それを客観的に観察できるようになる。観察から望ましい性質を次の創造へと活かし、不合理な性質を淘汰する選択を繰り返し、何度も変異によって多様な発想を発生させよう。このプロセスを何世代も重ねると、ＷＨＹとＨＯＷは徐々に自律的に一致していく。

## ＷＨＹのコンセプト――必然による方向の選択

選択的思考で繋がりを読み解くと、秘められた自然発生的な願いに触れることになる。「解剖」的に、内部の仕組みを精査すれば、美しく効率的になれる可能性が見える。「歴史」的に、過去からの系譜を見れば、人がもつ数万年変わらない願いに気づく。「生態」的な繋がりを読み解けば、その広がりから人や自然との共感を受け取れる。「予測」的な未来視によって、悪い未来を回避する使命感や未来への希望を感じる。

あえて「願い」と呼んでいるこれらの意識の総体は、具体的な誰かの声ではなく、すでにある関係から自然発生し、出現を待っている声なき声だ。この自然発生的な願いは、創造が共感を集めて広がるときの強力な追い風となる。

すでに何かを作る前から、そのモノの周りには、時間的・空間的な流れが発生している。その選択圧の方向性に明確な名前をつけると、多くの人が扱える概念になる。

たとえばＮＩＫＥのブランドコンセプトは「Just Do It.」だ。この言葉は、スポーツで限界に挑戦する多くの人への励ましを込めたＷＨＹのコンセプトの例と言える。こうしたコンセプトには「男女平等」や「エコロジー」のように、運動の旗印になるものや、「Just Do It.」や「Think different.」のように人を励ます言葉もある。

変わることのない人類の普遍的な願いを引き受ける想いを、新しい言葉に編み上げよう。そんなコンセプトには、人を結びつけて気づきを与える力が宿る。

## ☑ 進化ワーク53　ＷＨＹ（選択）のコンセプト――普遍的な願い［30分］

思慮深くあるための宣言として、多くの人と熱量を持って共有できるコンセプトを考えよう。選択のワークから見えた時空間の四つの観点を思い出せば、すでに関係性から自然発生しようとしている言葉があるはずだ。


「解剖：内部の可能性」「生態：他者との繋がり」

「歴史：過去からの遺志」「予測：未来の痛みと希望」


関係から自然に立ち現れてくる願いを、誰かと深く共有する強い言葉がほしい。他者への愛情に満ちた眼差しを示すＷＨＹのコンセプトを考えてみよう。

本当に願うべき願いは何か。二〇字以内、できればもっと短い言葉で、そこに潜む願いを代弁する言葉を探そう。そんな一言が書けたら、その真意を一〇〇字程度で詳細に補足してほしい。

例：Think Small.（Beetle）／Think different.（Apple）／Just Do It.（NIKE）／Gives you wings.（Red Bull）／Spaceship Earth.（Buckminster Fuller）

## HOWのコンセプト——偶然による手段の変異

変異的思考によって、私たちは非常識なアイデアに偶発的に出会える。今のまま変わらないと考える必要はない。固定観念を取り払って無数の新しい可能性に目を向ければ、これまで起こらなかった変化を起こす手段に出会えるかもしれない。

世界を変えてきたのはクレイジーな偶発的挑戦だ。また同時に、具体的な手段の誕生だ。変異的思考には「変量」「擬態」「消失」「増殖」「移動」「交換」「分離」「逆転」「融合」という、九つの偶発的挑戦のパターンがあった。どの変異のプロセスを用いても構わない。馬鹿げた空想からでいい。先鋭的で意外だけれど、可能性のあるコンセプトを探そう。

強い発想を選び取るためには「新規性」と「明確さ」の二つの軸を意識してみよう。まったく新しい手段が明確に示されたとき、その発想は願いを具現化するパワーをもつ。その新しい挑戦に短くて聞き覚えのない名前をつけよう。これがHOWのコンセプトだ。常識を打ち破る代案は、どんな姿をしているだろうか。HOWのコンセプトは、空気をぱんぱんに入れた靴「Air Max」のような「変量」的コンセプトや、小さく作ったラジカセを「WALKMAN」と呼ぶような「移動」的コンセプト、「カレーうどん」のような「融合」的コンセプトなど、変異の状況をわかりやすく伝える言葉で命名される。

斬新で極端な方法をイメージさせる言葉は、常識を打破する具体的な手段を示し、強い共感や認知を生み出す力を与えてくれるだろう。

## ☑ 進化ワーク54　ＨＯＷ（変異）のコンセプト——先鋭的な手段［30分］

変異的思考には、新しい方法を発生させるパターンがあった。強力なアイデアは、変異のパターンに明快にフィットしていることが多い。そんな変異のコンセプトでは、新しさと強さがとても重要になる。

「変量」「擬態」「消失」「増殖」「移動」「交換」「分離」「逆転」「融合」

変異のワークに垣間見える無数の変化への挑戦には、選択圧をくぐり抜けて適応する強く具体的なアイデアが眠っている。今までの常識をブレイクスルーできる、強力かつ具体的な方法はあるだろうか。

そんなコンセプトを、二〇〇字以内、できればもっと短い言葉で書いてみよう。

さらに、その真意を一〇〇字程度で補足してほしい。

強いコンセプトは、変異的なアイデアがそのまま名前になることがよくある。いくつか例を出すので、参考にしてみよう。

例：Beetle（カブトムシのような車：擬態）／WALKMAN（歩行中への移動）／Automobile（自動化による労力の消失）／Paperless（紙の消失）／Air Max（空気の変量）

## 創造的進化の加速

自然界は膨大な時間をかけて、変異による多様性を生み出しながら、自然選択によって適応を繰り返してきた。その結果、多様で環境に適応したさまざまな生物が誕生した。

しかし私たちが創造するときには、何千年という時間の猶予はない。だから本当に適応的なモノを生み出したいなら、自我の誘惑を離れて必然性に寄り添って選択し、また変異的で多様な発想を数多く生み出す往復のスピードを早めることが不可欠だ。つまり早回しをするように、進化の往復現象を思考の中で再現するのだ。

ダーウィンの『種の起源』の冒頭がどう始まるかをご存じだろうか。『種の起源』は、人為的な交配による品種改良と、生物の異なる種を見分けることの難しさの指摘から始まり、進化論の仮説に繫げていく本なのだ。交雑による品種改良がわずか数年のあいだに起こるように、変異の掛け合わせと選抜を重ねることで、何万年も待たずとも人間の望む表現型を進化させるのが、品種改良だ。

しかし創造の適応にとって注意が必要なのは、自身で決定せず必然と偶然から無我によって選び取る意識だ。自身の固定観念を変異で壊して偶発性を高め、思い込みから離れて観察から必然を選べれば、創造的進化は加速する。この往復を繰り返し、連鎖的に思考する連想力が大切になる。考えてみれば品種改良と創造は大変よく似た行為だが、創造にとっての受精と交配の繰り返しとは、まさに無意識に行う連想のことではないか。

アイデアにも受精が必要である。自然を故意に突ついて、アリストテレスのすすめるように、「思考を次々に駆り立てて一つのものから別のものへ、類似、対象、接近するものへと進めていかねばならない」。

——A・オズボーン[63]

五〇年以上前に「ブレインストーミング」という言葉を作ったA・オズボーンの著書の一節だ。コンセプトがもつ受精という意味を考えると、この言葉は独特の深みをもちはじめる。彼が引用している二三〇〇年前のアリストテレスの言葉も、思考の交配的連想の重要性を示唆している。そうはいってもオズボーンさん、そんなのどうやるんだ。という声が聞こえてきそうだ。大丈夫。進化思考を一緒に探究してきたあなたなら、そのための方法は、すでにあなたの手中にある。

創造の交配。それはすなわち複数の「進化の対象」を同時に考える思考プロセスだ。今まで創造の対象xとして定義してきたものを、他の対象のyやzにも次々とピボットして考えてみよう。次の対象にも「変異と選択」を繰り返すと、対象同士が一体になる瞬間が訪れる。品種改良と同じく、結果は予想できない。しかし生物でも創造でも他のモノがもつ優れた性質を選択して組み合わせることで、適応的な結果を得やすくなるのだ。

生物の交雑とは違い、創造ではあらゆるモノが交配可能性を持っている（296頁の「進化の結び目」で詳述）。創造の対象は揺れ動いている。発想する幅を広げ、獲得したい形質をもつ他のモノとの選択的交配による進化を思い描いてみよう。

## 変異と選択の往復による創造のプロセス

交配による有性生殖の獲得が進化を加速させたならば、交配的思考によって創造力もまた高められるかもしれない。創造の交配では一つの対象にとらわれず、創造が別のものと合わさることを見越して、多中心的に思考する癖をつけよう。

具体的には進化させる「対象x」を一つに限定しないで、他の対象yやzについても同じように選択圧を観察し、適応する変異的発想を考えるのだ。やってみれば、難しいことは何もない。進化させるモノをx、交配させるモノをyとして、実際の創造の交配のプロセスを文章で再現してみよう。

---

Q　現在の課題が解決される別のモノ（y）はあるか。

例1　学校の「学び（x）」が楽しくないことが課題なら、逆に「遊び（y）」にヒントがある。同じ理由で「教科書（x）」を考えると、それは「マンガ（y）」がヒントになるだろう。

Q　場所（x）に課題があるなら、解決される別の場所（y）はあるか。

例2　創造的な気持ちになれない従来の「教室（x）」を「美術館（y）」や「公園（z）」だと考えると、まったく違う内装の設計になるだろう。

---

アイデアを交配させようとすれば、既存の創造の対象だったxにはなくとも、他の対象であるyやzがもつ、xに適した性質を選択的に得られる。この例では、授業を進化させるために「遊び」との交配を試みた。なぜなら授業にとってはおもしろくないことが大きなペインになるからだ。この思考では、遊びを主体とした授業を本気で考える姿勢が大切だ。授業を忘れて遊びを見つめよう。概念を交配できれば、授業が劇的に楽しくなるだろう。

既存の概念に交配させるyやzが思い浮かんだら、「時空間観察（解剖、歴史、生態、予測）」でyやzを考察すると、発想の突破口が開けることがある。

先ほどの例を、さらに深めてみよう。別の対象に視点を移して観察し、選択圧を読み取ると、「遊び（y）」を読み取りながらも、実は「学び（x）」を楽しませるための深い示唆が得られるはずだ。変化を生み出す智慧は、実は観念の外側にあるのだ。

---

例1　学校の「学び（x）」が楽しくないことが課題なら、逆に「遊び（y）」にヒントがあるかもしれない。学びを遊びに擬態させる変異を考える。

↓

**解剖**――y（遊び）は、どんな要素の集合でできているのか。それはなぜなのか。

**歴史**――y（遊び）の歴史を系統樹で描くと、どのような願いが流れているのか。

**生態**――y（遊び）の周囲の人や道具は、どんな繋がりの状況を生んでいるのか。

**予測**――y（遊び）の未来を予測すると、その不安や希望はどんなものだろうか。

---

創造の交配は連想ゲームだ。ある始点から始まり、連鎖反応のように思考の対象を変えながら、内部からも外部からも考察する。そうすれば一つの視点に縛られない多中心的な発想が生まれてくる。この本ではここまで、役割や専門を超えて越境する重要性や、自身の枠を超えて自他を分離しない重要性を語ってきたが、それはまさに創造の交配を発生させ、進化のスピードを速めるマインドセットと言えるかもしれない。

特定の問題を解決するには集中して既存の選択圧に向き合うのも大切だが、創造的課題ではそれが進化に繋がるとは限らない。むしろ多動的にさまざまな領域を横断して考えるほうが偶発性が高まり、創造の交配の発生確率が高まるのだ。

もうお気づきかもしれないが、この創造的交配の連想ゲームは無限に続けられる。yもまた別のものへと、種類を増やしてもよい。新しい対象の選択圧を読み取り、変異から大量のアイデアを偶発的に生み出しつづけよう。創造的な連想が続くなかで、アイデアは無限に広がるだけでなく、自然と適応へと収束していく。創造の交配可能性を探るプロセスは、まさに有性生殖が進化を加速させたように、創造のスピードを加速させるのだ。

あくまで一例だが、変異のパターンに従って一つずつアイデアを考えてみたので、参考にしてほしい。変異的思考に慣れれば、こうしたアイデアを出すのは難しくない。

五分もあれば一〇個程度は偶発的なアイデアが出せるだろう。こんな調子で一〇〇個ぐらいアイデアを出せば、いつか必ず優れた企画のアイデアと偶然に出会うときが訪れる。そのタイミングまで、思考の偶発性を高めつづけよう。

**変量――極端に量が変わった遊びによる学びとは？**

［例］一〇秒授業。きわめて短い時間でどれだけの内容を相手に教えられるかを競う。

**擬態――遊びとは一見違うものに見える遊びとは？**

［例］落書きテスト。答案用紙の落書きの芸術点が、テストの点数に加算される。

**消失――何かがなくなる遊びによる学びとは？**

［例］先生ごっこ。先生がいなくなり、生徒がぶかぶかのスーツを着て教える。

**増殖――遊びのなかの何かを極端に増やしたら？**

［例］世界ゲーム模試。授業が全世界で繋がり、ゲームバトルが開かれる。

**移動――いつも遊ばない場所で遊ぶとしたら？**

［例］アルバイト社会科。バイトで現場の人から実際の社会を習う授業。給料ももらえる。

**交換――遊びのなかの何かを別のモノと入れ替えると？**

［例］先生と「信長の野望」。歴史の先生と日本史ゲームをし、熱い物語を理解する。

**分離――遊びを要素に分けてみると？**

［例］サイコロ時間割。授業の時間割を遊びでよく使うサイコロで決める。

**逆転――遊びの関係が逆になったら？**

［例］ガリ勉ゲーム。クラスで競争してＲＰＧをクリアする。ただし英語版。

**融合――遊びと合体できる学びとは？**

［例］ドッジボール英単語。投げた人が英単語を言い、取った人が日本語で答える。

# 創造が価値になるとき

## 遊びと好奇心の融合

偶然的変異と必然的選択から浮かび上がる二つのコンセプトは、性質がまったく異なる。しかし二つが呼応することで初めて、現実を変化させる力が発生する。変異しなければ時代に適応できず、選択圧をくぐり抜けられない変異は長い時間のなかで淘汰されてしまうだろう。だがこの変異と選択の往復によって、その二つが昇華したときに、生き残るコンセプトが自然発生する。

創造的な思考は具体的であり、同時に抽象的でもある。選択の方向性は抽象的で、変異的な新しい方法は具体的だ。具体と抽象、これもまた変異と選択に呼応する。パスカルやキング牧師が看破するように、具体的な方法をもたない抽象的な理想を唱えても、理想は実現しない。現実が変化するには、具体的で実現可能な代案が必要だ。逆に具体的な提案があっても、それがさまざまな状況にとって適応的な選択でなければ、周囲に共感されず具現化できなかったり、時には暴力にすらなるだろう。

変異か選択のどちらかに偏ったアンバランスな思考を繰り返すと、人は自分自身の創造力を諦めてしまいがちになる。言い換えると、創造の才能はすべての人に宿っているのに、二つの思考のバランスをとる方法を教えてもらっていないだけなのだ。私たちには誰しも、コンセプトを生み出す創造力が宿っている。変異と選択の探究は、私たちに大きな流れと繋がる自信や、変化する遊びの楽しみをもたらすはずだ。

変異と選択は、遊びと好奇心の追求に他ならない。クレイジーな変異には、遊びから生まれる可能性のパターンが表れている。選択圧を観察する時空間観察の四軸には、好奇心のパターンが表れている。遊びと好奇心。この二つもまた変異と選択に対応している。創造から価値をつくるプロセスでは、最初に自由でおおらかな「遊び」のプロセスと、その高みはどのような景色なのかを示す「好奇心」のプロセスがあるのだ。

逆に言えば、創造力を閉ざす教育は、最初から「遊んじゃダメ（変異の否定）」であり「絵では食えないよ（選択の放棄）」なのだ。これは革新を生まない組織構造と一致する。

絵が好きな子どもなら、たくさんのスケッチブックを渡そう。バカな絵が次々に生まれるよう変異を促そう。そして一緒に笑おう。さらに、その「好奇心」の先に選択の方向性を導こう。絵の画法を知る。世界を変えた挑戦的な絵を見る。絵を楽しむ人に触れる。絵が希望になるときを探究しよう。事業のイノベーションでも、子どもの成長でも、創造力を育むための構造はまったく同じだ。胸に留めておきたいのは、遊びも好奇心も、その始まりにおいては、仕事の成果や高水準の結果とは無縁なことだ。しかし二つの思考の往復から、望ましい質を継承していくと、まるで螺旋階段の山を登るように創造は出現する。

創造は、最初から価値が出現するプロセスではない。「進化の螺旋」を改めて見つめよう（図17–2）。底のほうでは、偶発的な変異を遊びのように無数に試しながら、それを好奇心による探究で選び取っていく。こうした変異と選択を繰り返すなかで、人は一歩ずつ創造の螺旋の山を登っていく。その螺旋を歩むうちに、山の高度が上がっていく。最初はなだらかな山が、山頂に向かうと徐々に険しくなっていく。

こうして変異と選択を往復し、その山を登るうちに、選択圧はどんどん強くなり、酸素も薄くなるだろう。その圧力によってふるいにかけられる。なぜ山を登るのか。麓の人は不思議に思うかもしれない。それでも、高みにおいてなお、変化の可能性を確かめることが、まだ見ぬ景色を観ることが、本人は楽しいのだ。

ふと振り返った時には、多くの人が到達できない高さまで到達しているかもしれない。雲を突き破ったとき、初めて創造は価値として姿を現す。さらに登れば登るほど、一歩の重みが価値となる。そしてコンセプトは未到へと磨かれていく。

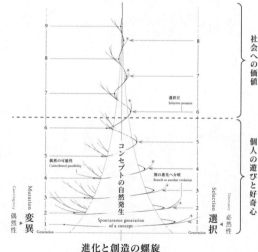

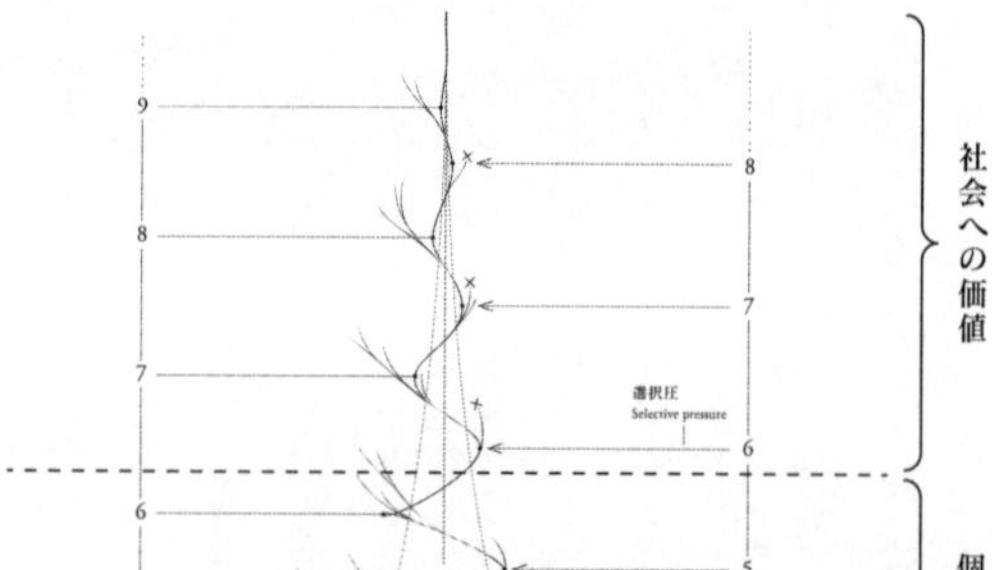


図17–2　進化と創造の螺旋を登っていく

## 生き残るコンセプト

誰もいないところまで山を登れば、あなたはすでに創造の歴史を刻んでいる。その創造は、美しくデザインが最適化され、過去の願いを引き受け、しっかりと周囲の生態系に根づき、希望に満ちているだろう。こうしたプロセスをくぐり抜けたコンセプトはたくましく、永い歴史を生き残る。この創造の螺旋を登るスピードは、進化から創造を学び、変異の挑戦と選択圧の観察を繰り返すことによって加速できるはずだ。

変異と選択を見つめると、この探究が私たちの幸せと深く結びついていることにも気づく。本来的に学びは人生を豊かにする、楽しいものだ。創造的であることはヒトの生存戦略そのものであり、創造力の発揮に幸せを感じるように、私たちは進化してきた。

多くの人が幸せに創造力を最大限に発揮しながら、その結果として生態系との共生が形作られる世界が見てみたい。それこそが私たち自身が生き残るコンセプトの追求なのだ。

まずは狂おう。常識を疑って、現実を塗り替える変異の可能性を考えよう。愛情をもって、時間と空間が自ずと導く必然的な選択の道を引き受けよう。継承を繰り返し、創造の螺旋を登り、生き残るコンセプトに磨き上げよう。コンセプトに宿る祈りを共有する仲間を見つけて、領域を超えて繋がろう。その先に希望ある物語を描き、未来を具現化させ、世界に衝撃を与えよう。

# 終章

# 創造性の進化

Evolution of Creativity

動物の系統樹模型（EVOLUTION）：ggg 企画展「NOSIGNER Reason behind forms」

# « Conclusion »

# 人間中心からの卒業

産めよ、増えよ、地に満ちて地を従わせせよ。海の魚、空の鳥、地の上を這う生き物をすべて支配せよ。

——創世記[64]

人はすべての生物の支配者であると旧約聖書は言う。確かにこれまで人間の創造性という超能力は、人が自然のなかの不自由を克服し、自身と世界との関係を人のために変える行為そのものだった。私たちはそこに疑問をもたなかった。

改めて生物の進化系統樹を眺めてみる。すると、その先端には人がいる。無数に存在する進化の危うい先端の一つとして。人は数万年にわたって無数の道具を発明しつづけ、この一〇〇年単位で見ても劇的に不可能を可能にし、これまで認知できなかったことを理解できるようになった。今や人間は、地球のあらゆる場所と瞬時に繋がり、一瞬で都市を吹き飛ばし、生物のＤＮＡを編集し、地球の温度を変えてしまうほどのエネルギーをもつ、さまざまな意味で地球史上最強の種になった。

すべてのものは繋がっている。人の営みに関係ないものは、もはや地球には存在しない。私たちはすでに、人間中心の世界を達成したのかもしれない。確かに人は、創造によって周辺の生態系を劇的に変えられるようになった。だがテクノロジーが発展した現在でも、生態系との因果関係の把握や、持続可能な共生は苦手なままだ。理解がとどかない無知をいいことに、人の活動は自然とは無関係だという幻想のなかで生きながら、人は数世紀にわたって生態系を搾取しつづけてきた。

明らかに問題は悪化しているのに、幻想の先にある本質を人は見ないようにしてきた。それは私たちにとって、耳の痛い話だからだ。一九七二年、ローマ・クラブから「成長の限界」が発表されて、地球環境と文明の限界の予見とともに、強い警鐘が鳴らされた。

それからすでに五〇年以上も経過したというのに、アメリカ元副大統領アル・ゴア氏の言葉を借りれば「不都合な真実」には見て見ぬ振りをしつづけている。こうして人間中心の世界を作りあげていった結果、数億年かけて築かれてきた生物の生態系と、人間社会の生態系とのあいだには強烈な断絶が生まれてしまった。

そして悲劇が起こった。私たちが自覚的か無自覚かはともかく、現在の地球は二・五億年前の海水の酸性度上昇や酸素量低下や、白亜紀の巨大隕石の襲来に匹敵する、地球史上で六回目の大量絶滅を引き起こしている。最も控えめに試算しても、人類登場以前と現在を比較すると、絶滅率は最低でも一〇〇倍高く、この数値は今後一〇〇〇倍以上にまで増大すると予測されている。

現在を象徴するのは、未来の世代の生存可能性を予測できないほどの生態系サービスの喪失や汚染、さらには毎年のように歴史的災害を生み出している気候変動だ。

数万年単位の時間をかけて生態系が生み出したバランスを、わずか数十年のあいだに私たちは著しく崩してしまった。ストックホルム・レジリエンス・センターのヨハン・ロックストローム博士（現ポツダム気候影響研究所所長）らは、すでに私たちの住んでいる地球は、生物多様性の喪失や窒素循環への干渉などにおいて、この惑星の限界（プラネタリー・バウンダリー）を遥かに超えてしまったと警鐘を鳴らしている。

もはや人間中心の世界は、この惑星にとって限界なのだ。こんな状況で、私たち人間は環境との調和を取り戻し、生き延びられるのか。まさにそれは、ぎりぎりのバランスで綱渡りのロープに立っている私たち全員に突きつけられた創造的試練とも言えるだろう。

現在の進化論では、個体が種全体を保存する本能は否定され、個体自らの生存や繁殖を向上させるのが進化の本質だと説かれている。つまり種を守る本能を生物は備えていない。自問してみると、自分の生存は理解できても、利他的に人類や地球全体の生存を考えるのは難しい。しかし生物の利他性は確かに存在しているし、共生もまた進化を促したのだ。私たちが導く創造の進化においても、生態系への利他性の発揮を諦める必要は何もない。むしろ人は社会的動物であり、利他性の獲得によって社会を築いてきた。ただ現在まで、他者と認識していた範囲が、人間社会のみに限定されてしまっただけなのだ。

このテーマは人類にとって、利己的な問題でもある。気候災害から生き延びる方法や、生態系の崩壊を和らげる方法は、これから巨大なマーケットとして現れるだろう。状況が逼迫しているからこそ、共生社会の創造を最優先で進める必要がある。八〇億の人や、無数の企業の利己性と利他性を繋げ、悪化した状況を好転させる方法を探らなければ、人は生き残ることすらままならない。我々は人間中心を脱することができるだろうか。

自然界には優劣はなく、もちろん人間中心でもない。生存戦略が異なる生物が多様に存在しているだけだ。けれども人が自然に対して支配的な影響を及ぼすようになった現在、私たちはこの多様な生態系を維持するために何を創造できるかが問われている。

意識を個体から解き放ち、どこまで私たちは遠くの関係性を見通せるのか。繋がりを理解する広大な想像力は、避けられない知のテーマだ。

何を作るのかを超えて、なぜ作るのかを改めて捉えたい。エネルギーからモビリティー、居住空間や道具に至るまでのあらゆる創造を見直し、生態系に対して負担が少ないデザインに作り替え、時には過去に戻って検証し直すことも求められるだろう。

自らの創造性によって失ってしまった自然との関係を、私たちはもう一度、創造できるのか。この問いは、人の生息できる惑星環境が持続可能なのかという根源的な問いと表裏一体を成している。もはや創造の課題は人間中心のデザインではなく、未来や自然の生態系との共生のデザインに変わってしまったのだ。


今こそ人間中心の観念を卒業して、生物の生態系から学ぼう。

時間と空間の観点を広げて、私たちの創造性を進化させよう。

自然のバランスを取り戻すための創造を、私たちで始めよう。

# 教育の創造的進化

教育にとって教養は大切だ。だが教養が雑学と同義だと考えられているなら、それは大きな誤解だ。なぜなら本来の教養は創造性の源泉でもあるからだ。

大学の教養課程の源流は、古代ギリシャの自由人の知に始まり古代ローマ時代に体系化された自由七科、つまりリベラルアーツにあるとされている。七つの科目のうち、あらゆる学問に必要なのが「論理学」「文法学」「修辞学」を指す三学だ。それに加えて幾何学・天文学・音楽・算術が四科と呼ばれていた。だが古代ローマは二〇〇〇年以上もの大昔であり、七つに編纂されたのも当時から約五〇〇年後の著述家マルティアヌス・カペラの編集が元だったと言われる。さらに古代ローマ時代の文献によれば、自由学科は建築、土木、医術なども加わった複合的な教育だった可能性が示唆されている。結局のところ四科は、四つでは収まらず一〇〇科であったのかもしれない。だが改めて気になるのは、わざわざ科目の上位に三学が設定されていることだ。つまりリベラルアーツのうち三学にこそ、自由な思考を導く創造的な教育の根幹があったのではないかと、私は考えている。

ここまでこの本で私たちは、言語性の偶然が導く変異、状況の必然が導く選択、その往復から適応進化を目指す創造の三つのプロセスを探究してきた。この三つを元にして、改めて三学の内容を見てみよう。ここからは二〇〇〇年以上の時を経た現在から、アリストテレス、プラトン、ソクラテスなどの史上最高の知の巨人たちを生み出した古代ギリシャ当時のリベラルアーツを空想する、著者の推測を含むことをお許しいただきたい。

三学の「文法学」とは、本当にただの言語学習だったのか。だとしたらなぜ語学でなく文法学と呼ばれていたのだろう。ではもしこの教科が、文法を利用した思考術の練習だったとしたらどうだろう。創造的変異は、DNAと言葉に共通する言語性が導く偶然のエラーだと進化思考では考える。つまり文法は使い方によって無数の発想を生み出す。ならば三学の文法学が、変異的発想術を含んでいた可能性はないだろうか。

また三学の「論理学」とは論理的思考のことならば、それは必然性の観察と提示だ。ならば必然的な選択を観察から導く解剖・歴史・生態・予測の手法は、古代には体系化されていなかった自然科学の観察手法を活かした論理学の順当な進化とは言えまいか。

そして最後の「修辞学」は、弁論・演説・説得の術だったという。つまり提案プレゼンテーションの練習だが、提案とはまさに創造だ。創造的提案には新たな変化が必須であり、同時に選択圧を知る論理性が必要だ。つまり修辞学は、文法学による変異と、論理学による選択の往復を通して、創造的な言葉に紡ぐ練習だったとも考えられないか。

もしリベラルアーツの三学が、文法（変異の練習）と論理（選択の練習）、そして修辞（創造の練習）という進化と相似形の思考練習だったとすれば、進化思考は二〇〇〇年の時を超えて、その続きを描こうとしているだけなのかもしれない。

すべて天地間の万物の中には、一つの永久不滅の法則が存在し、これが万物を生かし、しかも、これを支配している。その法則は、外界すなわち自然にあっても、内界すなわち精神にあっても、また内外両界の結合としての生命にあっても、同様に常に明瞭に現れている。

——フリードリヒ・フレーベル

現在の幼児教育の基盤となる幼稚園(Kindergarten)運動を始めたフレーベルは、一八二六年に『人間の教育』[65]の一節を書いた。この言葉に、私は励まされるのだ。なぜなら私も、人間の知の成長と自然の原則には相似形の構造があると信じているからだ。

フレーベルは教育運動を始めるにあたって、分類学の創始者リンネを参照し、自然誌を授業に取り込む構想を持っていた。また彼は形態学を生み出したゲーテなどのドイツ自然哲学から多大なる影響を受けた。そしてフレーベル自身も、ダーウィン以前の原初的な進化論者の一人だったという。彼の『人間の教育』が執筆された約三〇年後に登場するのが、チャールズ・ダーウィンによる『種の起源』だ。原初的な進化論者による教育革命から、ついに科学的な進化論の登場へ。時期的な繋がりを考えると、フレーベルによる教育哲学が、ダーウィンたちの進化論の再発見に影響を与えた可能性は、十分にあるだろう。

フレーベルの思想はその後の教育の基盤となり、幼児教育だけでなく、さまざまな教育に対して多大な影響を与えた。また、現代の建築、デザイン、絵画、パフォーミングアーツなどの誕生の起点として語られる伝説的な創造性の学校バウハウスも例外ではない。

一九一九年、ヴァイマル共和国で産声をあげたバウハウスは、フレーベルの教育思想に絶大な影響を受けたカリキュラムを取り入れていた。バウハウス設立から五年を経た一九二四年には、バウハウス初代校長のヴァルター・グロピウスらが、フレーベルの功績を讃えてフリードリヒ・フレーベルハウスという教育施設の建設を計画していたことからも、その影響の強さがうかがえる。

そしてフレーベルの教育に影響を受けたバウハウスの教育が、今では世界中のあらゆる大学や専門学校での建築、デザイン、芸術学科のカリキュラムの基盤となっている。つまり私自身も含めて、いま活動しているすべてのデザイナーやアーティストは、フレーベルやバウハウスに少なからぬ影響を受けている。

古代ギリシャからのリベラルアーツ、自然哲学からのフレーベルの教育、そしてバウハウスへ至る創造性の進化。つまり現在の教育には、生物の進化に宿る創造性の原理が思想の源流として流れていた。ところが自然科学を源流とする創造的な教育は、その後形骸化していった。その証拠に、もはや現在の教育の源流が進化論に影響を受けていたとは、ほとんどの教師が知らないだろう。しかし自覚がなくとも、進化という自然の叡智から教育を抽出した思想が、現代に繋がる教育の歴史には宿っていたのだ。

自然科学の発展によって、現在の私たちは進化などさまざまな自然現象をより深く理解できつつある。こうした最新の生物学を元に創造性教育を再設計すれば、素晴らしい教育が出現するだろう。しかし自然科学を応用した創造性教育は時を止めたままだ。

私はもう一度、リベラルアーツ、アリストテレス、リンネ、ゲーテ、フレーベル、ダーウィン、バウハウスの道のりをたどり直し、進化に秘められた自然の真理から教育を創造的なものへと作り直したい。自然に立ち返った教育の進化は、世界中の人の創造性を進化させるだろう。かつてフレーベルの語った永久不滅の法則の正体。それが「進化思考」、すなわち変異と選択の往復から生まれる創造的進化の構造なのだと、私は確信している。

世界は今、人間を超える可能性を持ったコンピューターという知の出現と、人類の持続可能性という究極の歴史的審判を前に、改めて創造性の再構築を必要としている。このままでは人類の未来は暗いと嘆く声が聞こえる。国連が掲げるＳＤＧｓは、それらの目標のほとんどを達成できずに二〇三〇年を迎えると言われている。

だが歴史を振り返れば、危機的な状況を乗り越えてきたのも、また創造性の進化だった。ルネサンス期の創造性の爆発は、ペスト菌による感染症の蔓延がきっかけだったと言われる。スペイン風邪が猛威を振るったときは、世界中で数千万人が亡くなった。その翌年に、史上最高の創造性の学校と言われるバウハウスが誕生し、近代デザインの時代が始まった。もちろん、これは偶然かもしれない。だが新型コロナウイルスを経験して未来を目指す現在の私たちこそ、新たなルネサンスのように、創造性を進化させる時期なのではないか。

現在の社会を変える挑戦者が、あと世界にどれくらい増えれば、未来は変わるのだろう。序章でこんな計算をした。多くの人が創造性を学び、一〇〇人に一人が一生の中で一回だけ多く、未来のためになるプロジェクトを実現する人が増えたらどうか。

統計によれば、世界の人口は二〇五〇年には約九七億人に達する。そのうちの一〇〇人に一人が新しいチャレンジを実現するなら、世界中で約一億のプロジェクトが変化を生み出すことになる。それはとてつもないソーシャルインパクトだ。それぞれの村や町から発明家が出現し、世界中の課題を光で照らし、共振を広げる世界は、今より少しまともで素敵な未来に思える。

創意工夫に満ちた人、未来への愛がある人が増えれば、少しずつ、未来の景色はきっと変わるだろう。この本を読んでいるあなたも、その一人であってほしい。

未来はまだ決まっていない。そして時にわずかな変化が大きな変化になるカオスの中にある。まずは、私たちの世代でできることをやろう。そして未来の子どもたちに、大きな変容への期待を託したい。時間を超えて、創造的な仲間を増やせるだろうか。その成否は、創造性を体系的に学べる理論と教育を生み出せるかにかかっている。

未来の仲間の創造性に役立つことを祈って、私はこの本を書いた。その変化を生み出す創造力は自然から学べるものであり、私たち全員に宿った本来の力だ。その本質は、生物の適応進化という現象のなかにこそ眠っていると私は確信する。

私たちの誰もが本来持っている創造性を、進化が示す自然の叡智から学び直そう。未来の持続可能性という大きな課題を乗り越えるために、創造性を進化させよう。そして、憂いに満ちた予測とは違う溌剌たる未来へと、ともに一歩を踏みだそう。

# おわりに

ここまで進化思考の探究に付き合い、あとがきまで読んでくれてありがとう。改めて、本書が誕生して現在に続く物語を少しお話ししたいと思う。

この本は「海士の風（あまのかぜ）」という出版社から出ている。この出版社がある海士町は、島根県の北六〇キロにある人口約二〇〇〇人ほどが暮らす離島だ。かつて後鳥羽上皇が島流しにあった場所として知られていて、たどり着くだけで東京から八時間くらいはかかる。極東の島国である日本のなかにあって、さらに世界の辺境といっていい場所だ。しかし、現在の海士町は、地方創生と学校教育で大きな成功を収め、奇跡の島と呼ばれている。

この海士町を活性化させた立役者である阿部裕志さんと、変革者を応援する本を数多く出版している英治出版の原田英治さんは、海士町に新しい出版社を立ち上げる構想を描いた。この本の「予測」の内容としても登場するバックキャストの物語は、まさにその出版企画の誕生の瞬間に生まれたものだったのだ。

「海士の風」という辺境の離島に誕生した出版社による最初の本が、二〇二一年に出版された第一版の『進化思考』だった。そこから二年半の月日を経て、あなたが手に取ってくれた本書、つまり『進化思考［増補改訂版］』が出版された。

そんな製作者たちを代表して、厚かましい限りだが、あなたにお願いしたいことがある。

お願い一　自分の手元から、創造的な進化を考えてほしい。
この本は、あなたの役に立つために書いたものだ。だからあなたが日頃から取り組んでいるプロジェクトの進化を考えてみてほしい。本書の学びから創造的な変化が生まれるなら、これほど嬉しいことはない。

お願い二　創造性を必要としている人に、この本をあげてほしい。
この本は、創造的な人を増やすために書いた本だ。だからあなたが読み終えたら、進化思考が役立ちそうな人に本を渡してほしい。本の見返しに便箋のような箇所を用意したので、次の誰かにメッセージを書くのに利用してほしい。

お願い三　あなたの進化思考の探究を、誰かの先生となって教えてほしい。
学習の効果は、教わるよりも教えたほうが遥かに高い、という研究結果がある。だから血肉化するために、進化思考の学びをぜひ誰かに教えてみてほしい。創造的な人が増えるには、創造性を教えられる人が増えるのが大切だ。あなたも、その仲間に加わってほしい。

この本が辺境から出たことに、私は大きな希望を感じていた。なぜなら世界はいつも辺境から変わると、私自身が信じているからだ。未知の出版社から本を出すなんて、無謀な選択に思えるかもしれないが、彼らとなら一緒に思想を広められるイメージをもてたのだ。

つまり本書が実際に小さな離島の創造性教育を高め、それが離島の外へ広がり、さらに世界中へ広がって徐々に教育をアップデートしていく、そんなイメージだ。この予感はそのまま、この本を読んでくれたあなたへの期待でもある。あなたがいるその場所からも、変化は生まれ得る。みなさんが挑戦した小さな風が、バタフライエフェクトを起こし、世界にハリケーンを巻き起こす未来を、私はみなさんと一緒に見てみたい。

初版の時に抱いていた願いは、少しずつ現実になり始めている。進化思考の第一版はＡＭＡＺＯＮ ＪＡＰＡＮのビジネス部門で一位となり、人文科学分野を代表する学術賞、山本七平賞を創造性の分野から初めて受賞し、多くの高校や大学の入試問題に採用された。

その一方で著者の未熟さ故に、ＳＮＳでの批判にも晒されることとなった。中には赤面するような記述の誤りが見つかって正誤表を入れたり、真逆とも言える方向に論旨を誤解されることも、事実ではない情報を拡散されて罵詈雑言をあびることもあった。

しかし私は一連の出来事のすべてに、改めて感謝を申し上げたい。なぜならこれらの賛否両論こそが選択圧となって、進化思考の進化、すなわち本書の増補と改訂が実現したのだから。そして何よりも増補改訂の執筆プロセス自体が、またとない私自身の学習と成長の機会となった。

この増補と改訂では、東北大学の進化学者である河田雅圭先生ら、素晴らしい監修者に恵まれ、数多くの対話を通して独学で曖昧だった私の理解を改める機会をいただき、かけがえのない学びが得られた。この学びのおかげもあって、基本的な修正は韓国や台湾での翻訳出版に間に合い、なんとか世界に恥を晒すことを免れた。

進化思考が広がる景色を、いま多くの仲間が一緒に願ってくれているのを感じる。まずは第一版の以前に試作版の進化思考を読み、フィードバックをくれた一〇〇人の応援者のみなさんに感謝を伝えたい。みなさんがいなければ今日の本は存在し得なかった。また進化思考を学ぶ、数百名を超える進化の学校の仲間にも、心からの感謝を伝えたい。山田崇さんをはじめ、この私塾の卒業生のみなさんに、どれだけ支えられたことだろうか。

進化思考をイノベーション手法として導入し、持続可能なイノベーションのためのワークショップを開いた企業は、すでにパナソニック、無印良品、関西電力、NSKなど六〇社以上を数える。みなさんの進化に、この思想が役立てられていることを切に願う。

そしてこの本に共感してくださった多くの領域のみなさんにお礼を言いたい。大学院の指導教官だった隈研吾さん、イノベーターとして知られる濱口秀司さん、柳澤大輔さん、黒崎輝男さん、山口周さん、経営学者の入山章栄さん、良品計画の金井政明さんなどには帯文や推薦文などをいただいた。そして養老孟司さん、長谷川眞理子さん、中西輝政さん、伊藤元重さん、八木秀次さんらには、山本七平賞という過分な評価をいただき、この探究が学際的な知へと繋がる確信を与えてくれた。

進化思考の種火は、国を越えてすこしずつ広がっている。インドのＵＮＥＳＣＯでの講演や、台湾デザインミュージアムでの展示、34年ぶりの日本開催となる世界デザイン会議での学会発表など、夢にも思わぬ現実が形になりはじめている。

こうした一歩ずつが、世界中の仲間に助けられているのだ。台湾での出版を実現してくれた社会学者の鄭陸霖さん、進化思考の展示の機会をいただいた台湾デザイン研究院のみなさん、インドネシアでの推進に協力してくれているバンドン工科大のみなさん、そして中国の展示プロジェクトで協業している精華大学や南方科技大学のみなさん、日本科学未来館元副館長の中西忍さんらにもお礼を言いたい。さらに世界デザイン会議での発表でご縁が生まれたＷＤＯの仲間が、この思想を別の地平に導いてくれる予感を感じている。

なによりも、本書は海士の風の仲間がいなければ誕生しなかった。苦しいときにも私を励ましてくれた編集チームの阿部裕志さんや山下智也さんたち、最高の出版社と編集チームに巡り合えた私は幸せだ。進化思考のさまざまなデザインに関わったNOSIGNERの仲間たちにも、常に高みを一緒に目指してくれる姿勢に改めて感謝を伝えたい。

すでに進化思考は私から自立している。私一人では進化思考を育てられないだろう。これからも多くの人の力をお借りするに違いない。すべての人を挙げられず心苦しいが、これまで進化思考に関わったすべてのみなさんに、この場を借りて感謝の意を表したい。

最後に、家族への感謝を伝えたい。

幼い頃から両親とも家にいなかった私は、祖母の太刀川洸子(ひろこ)と二人暮らしで育った。多くは語らないが、我が家は本当にいろいろあったので、私が社会人になってから親戚同士の不和によって、母代わりだった祖母とも生き別れてしまった。

後悔するのは嫌だったので、離縁していた親戚に思い切って電話をしたところ、祖母は高齢者福祉施設にいるとわかった。そして私たちは、生き別れてから七年ぶりに再会した。

祖母は一〇〇歳になっていた。少し認知症の症状が見られたが、年齢からすると驚異的に元気で、楽しそうに過ごしていた。話してみると家族の辛かった時期の記憶だけがすっかりなくなり、家族が仲良く暮らしているときの記憶だけが残っていた。私がデザイナーとして仕事できているのを話せば、彼女は泣いて喜んでくれた。こうやって人間の記憶の構造は、幸せに天寿をまっとうするように設計されているのかもしれない。

私はそれから家系図を作ろうと思い立った。自分の血がどんな繋がりに生かされてきたのか、親戚中にインタビューする中で、会ったことのない曽祖父や多くの親戚の名前、人柄などを聞くにつけ、私は確かに繋がりを感じた。その家系図を親戚一同に送ると、そのことがご縁を繋ぎ直し、また家族が一つになれた気がした。実はこの経験が、進化思考における系統観察の重要性に気づくきっかけとなった。

祖母の容態が急変したのはそれから一年後、進化思考のワークショップを初めて友人たちに実験した前日だった。もう開催は難しいだろうと覚悟した。だが急いで病院へ向かうと、苦しそうな彼女はなんとか峠を越えてくれ、安静を保っていた。

そして私は埼玉の病院から山梨へ急行し、進化思考を友人たちに体験してもらい、大きな反響を得るとともに大切な仲間たちと出会った。まさにその日、阿部裕志さんや原田英治さんのような仲間と私は、この本の出版を決意した。

祖母はそれから一か月後、安らかに旅立った。一〇一歳の大往生だった。葬儀が行われたのは七月二九日。その日は台風の予報だったけれど、空は晴れ渡っていた。その日、気象庁の観測史上で初めて、台風が東から西に流れて消えたらしい。まるでそこに祖母がいるかのような、本当に不思議な一日だった。祖母がいなければ、そもそも私は存在しない。進化思考の探究にも祖母の存在が機会を与えてくれた。改めて、ここで感謝を伝えたい。おばばちゃん、本当にありがとう。

そんな祖母が旅立つ直前に、私は妻と出会った。彼女と出会ってから不思議と、私は人生の宿題と感じていた進化思考の体系化にのめり込むようになった。彼女のおかげで、この思想の旅が本に結実したと言っても、過言ではないだろう。

私たちのあいだに生まれた二人の子どもが、この本に明確な目的を与えてくれた。第一版の執筆中に生まれた長男は、人類史において最もサステイナブルな発明の一つである車輪から「輪」と名付けた。改訂中に生まれた次男は持続可能な未来をつくる智慧から「慧」と名付けた。毎日すくすくと成長する息子たちを見ながら、この本を書いている。子どもたちの創造的な教育を、より具体的に考えるようになった。彼らが自分自身の創造性を諦めず、本領発揮できるように育む教育は、どうしたら普及できるだろうか。

子どもたちと触れ合う中で、私は今日の先にある未来をより具体的に考えるようになった。シンギュラリティの兆しも、生物多様性の崩壊も、現在彼らが経験している出来事なのだ。未来を生きる息子たち、さらに何世代にも続く子孫のことを考えると、胸が痛くなる。だが私は彼らに希望ある明日を見せてあげたい。

こうした道を歩むなかで、諸先輩に推薦されて私はＪＩＤＡ（公益社団法人日本インダストリアルデザイン協会）の理事長となり、また国連の諮問機関でもあるＷＤＯ（世界デザイン機構）の理事を担うことになった。この機会を、世界各国のさまざまなセクターに創造的な教育を届け、持続可能なデザインを届ける機会に活かしたい。

人間だけでない、いのちの循環を考える時代にようやくなってきた。現在のあらゆる不合理な仕組みは、未来に適応した形へとデザインし直せるはずなのだ。私たち自身の創造性を進化させたい。未来のために、現在を変えたい。私はそのためにデザインをしている。そしてデザインには、明日を変える力があると信じている。

進化思考による創造的な教育の実現は、私の人生をかけたアクションだ。私たち人類の創造性は確かに自然現象であり、その構造は説明可能なはずだ。その可能性を、私は生物の適応進化のなかに確かに見た。子どもたちが少し大人になったとき、進化思考の探究が創造的な教育への革新に繋がることを祈っている。

そして何よりも、この本での旅が、どうかあなたの目の前の現実を変える勇気に繋がり、創造的な進化を促すものであったことを願う。



おわりに

# 増補改訂版の協力にあたって　監修者

河田雅圭　東北大学 総長特命教授

『進化思考』は、自然選択による生物進化のプロセスからヒントを得て、太刀川さんが考案した「創造性」を生み出す思考法の体系である。あくまで思考法であり、生物進化の解説書ではない。著書の生物進化に関する一部をとりあげて批判するのではなく、生物進化を理解し、応用しようとしている著者の誤解を解いてもらい、正しい理解の普及に努めるのが専門家の役割だと思う。今回は、進化に関してできるだけ間違いのない記載にしたいという太刀川さんの意欲に対する敬意と、それが読者の進化学への関心に繋がればという思いで、監修を務めさせていただいた。

私が太刀川さんと最初に出会ったのは、二〇一一年に起きた東日本大震災の復興を支援するワークショップの場であった。そのとき、太刀川さんは、「生物進化に大変興味がある」ということを語られたように記憶している。当時は具体的な興味の内容まではわからなかったが、本書が出版されたことで、太刀川さんのもつ進化への興味が理解できた。

私は、ジョギングやウォーキング中にオーディオブックで本を聞くことが習慣になっている。二年前に本書を最後まで一通り聞き、実際の生物の変異から着想を得る点などがおもしろいと感じた。ランダムに言葉やコンセプトをあげ、それを繋げていくというブレーンストーミング法や、コンピューターの中でランダムに変異を生じさせ、その中から最適なものを選ぶというプロセスを繰り返す進化的計算手法によるアイデア創出法など、これまでも、自然選択のプロセスを模倣したような思考法や計算法はあった。また、「オズボーンのチェックリスト」では、弛緩、逆転、結合、拡大などのような発想法を提案しており、これは進化思考で解説している「変異」の考えと類似している。

太刀川さんの「進化思考」のオリジナルな点は、生物進化のプロセスにより近づけるために、生物の変異から着想を得て、デタラメな変異ではなく、変異の作り方をリスト化したこと、また、選択のプロセスにおいては、主体者が意図をもって選ぶのではなく、自然科学から発展させた観察方法を体系化し、客観的に変異を観察することで必然的に選ばれていくという具体的なメソッドとして提案したことだろう。

進化思考は、実際の生物における自然選択のプロセスからヒントを得たといっても、アイデア創出の方法であるので、自然選択のプロセスをそのまま正確に適用するものではない。そのため進化思考の方法が、生物進化を正確に模倣する必要はない。しかし、本書の第一版には、実際の生物における進化について記載されている箇所があり、そこでは、進化に対する誤った理解、正確でない表現や誤解を招く可能性のある記載が見受けられた。特に、本書で語られている進化は、「自然選択による適応進化」に限定され、中立あるいは有害な性質の進化に触れておらず、適応進化＝進化という印象を与えかねないものでもあった。また、変異・適応という繰り返しで進化が生じるという表現は、自然選択のプロセスに誤解を招きやすい表現であった。

そうした点について、太刀川さんにメールで指摘したところ、太刀川さんは積極的に修正したいと回答された。その後一年以上にわたり、知り合いの一人の研究者とともに監修作業にあたった。彼のチェックは私よりも細部にわたり、今回増補された内容の監修も合わせて、大幅に文章を修正する基になった。太刀川さんには、生物進化について正しく理解したい、進化思考をより良いものにしたいという強い意志があり、原稿確認は三往復、検討箇所は数百箇所に及んだ。著者が監修者の意見を真摯に受け入れ、努力されたことで、増補改訂版の本書は大きく改善されたと思う。

監修者の私としては、生物進化についての誤った記載や誤解を招きやすい点を修正できればという思いと、本書は生物進化の解説書ではないため太刀川さんご自身のユニークな表現を変えてしまうのは適切ではないという思いがあった。そのため、読者の誤解につながらないことを前提に、進化についての解説書に求められる厳格な正しさよりも、進化思考ならではのおもしろさを優先した。繰り返しになるが、本書の目的は生物進化の解説ではなく、創造性について学ぶことだ。そのため生物進化のすべてを正確に述べているわけではない。生物進化について正しく理解したい方は、進化学の専門家による解説書などを読んで理解を深めていただければ幸いだ。進化についての誤解を解説した私の本（光文社新書）が二〇二四年春に出版予定だ。ぜひ読んでみてほしい。

現在の進化学は、生物の進化メカニズムを解明するだけでなく、進化現象をさまざまな分野に応用する進化応用学という分野にも進展している。医学、害虫駆除、農林水産業、生物多様性の保全などへ、実際の生物進化プロセスを応用しようとする試みだ。これらは、今後さらに重要になると思われ、その応用には進化メカニズムの高度な理解がもとめられる。それとは別に、進化論的解釈が、人間社会へ思想的に応用されることも多かった。そのような思想的応用には、時に進化機構を都合よく改悪したり、間違った進化理論を元に創られたものが多かった。また、生物学の専門家が、間違った進化的解釈を一般の記事や本ですることも少なくない。このような応用や一般への普及には、生物進化機構に関するできるだけ適切な説明が要求され、誤った生物進化の解説は批判されるべきであろう。

一方で、ランダムな変異と選択という自然選択のプロセスからヒントを得て、遺伝的アルゴリズムや進化的計算法という手法がさまざまな分野での最適解の探索や技術開発などにも用いられている。さらに、生物の構造や生成メカニズムをヒントに製品を開発するバイオミメティクスという分野もある。これらの応用は、生物進化をヒントに創造されるものであり、生物進化のメカニズムを正確に模倣する必要はない。本書の「進化思考」も、こうした「発想的思考法」への間接的な進化の応用の一つだが、今回のように著者が進化学者と議論を交わしながら内容を精査する執筆のプロセスが、今後の応用にとって参考となるケースになればと思う。

最後に、自身の著作に真剣に向き合う太刀川さんと、経済性ありきではなく著者の活動を真摯に応援する出版社の阿部さんの姿勢に、改めて敬意を払いたい。

二〇二三年一〇月　秋が色づく仙台の研究室にて

eye-1660537/

ID アカウント 2488716 号 , 2016, PIXABAY, https://pixabay.com/photos/eye-elephant-gray-elephant-eye-1363161/

Virvoreanu Laurentiu, 2017, PIXABAY, https://pixabay.com/photos/macro-fly-compound-eyes-insect-2300109/

Alexas_Fotos, 2017, PIXABAY, https://pixabay.com/photos/owl-raptor-bird-feather-plumage-2903707/

neverfurgetmypet, 2019, PIXABAY, https://pixabay.com/photos/horse-animal-eye-farm-riding-4743764/

Sofie Zbořilová, 2017, PIXABAY, https://pixabay.com/photos/eye-iris-macro-natural-girl-2340806/

Christel Sagniez, 2018, PIXABAY, https://pixabay.com/photos/shark-look-fish-eye-animal-3197574/

Alexas_Fotos, 2016, PIXABAY, https://pixabay.com/da/photos/mus-gnaver-s%C3%B8d-pattedyr-nager-1708379/

madfab / Fab Wüst, 2013, PIXABAY, https://pixabay.com/photos/sleeping-chameleon-yemen-chameleon-202417/

図 16-13 太刀川英輔 , NOSIGNER, 2023.

図 16-14 立石一真 , SINIC 理論

図 16-15 太刀川英輔 , NOSIGNER,《ADAPTMENT》, 2023 〜 ( クライアント：環境省 ).

図 16-16 同上

図 16-17 同上

図 16-18 同上

## 【第 4 章　創造】

図 17-1　PDImages (http://www.pdimages.com/), *Sperm and Egg,* 作成日不明 , http://www.pdimages.com/03709.html

図 17-2　太刀川英輔 , NOSIGNER, 2023.

図 15-28 太刀川英輔 , NOSIGNER, 2021.

図 15-29 太刀川英輔 , NOSIGNER,《e.CYCLE》, 2023( クライアント：まち未来製作所 ).

図 15-30『成長の限界　ローマ・クラブ「人類の危機」レポート』、図 1「人間の視野」グラフ、D・H・メドウズ、D・L・メドウズ、J・ラーンダズ、W・W・ベアランズ三世著、大来 佐武郎監訳（ダイヤモンド社）

図 16-1　気象庁 ,「アジア太平洋域白黒 , 2020 年 12 月 25 日時の実況」, 2020. https://www.jma.go.jp/bosai/weather_map/

図 16-2　太刀川英輔 , NOSIGNER, 2023.

図 16-3　太刀川英輔 , NOSIGNER, 2023.

図 16-4　太刀川英輔 , NOSIGNER,《CQ》, 2022 ～ ( クライアント：関西電力株式会社 ).

図 16-5　W. Playfair, *The Commercial and Political Atlas,* 1786.

図 16-6　W. Playfair, *Inquiry into the Permanent Causes of the Decline and Fall of Wealthy and Powerful Nations,* fig. 2, 1805.

図 16-7　USGS, *Species Extinction and Human Population,* 作成日不明を元に著者作成.

図 16-8　Pauli Rautakorpi, *Microchip PIC16C74A,* 2013, 変更点：白黒 (https://upload.wikimedia.org/wikipedia/commons/d/d7/Microchip_PIC16C74A_die.JPG) . クリエイティブ・コモンズ・ライセンス ( 表示 - 継承 3.0 非移植 ) https://creativecommons.org/licenses/by-sa/3.0/deed.ja

図 16-9　Max Roser, *Moore's Law - The number of transistors on integrated circuit chips (1971-2018),* 2019, 変更点：白黒 (https://en.m.wikipedia.org/wiki/Moore%27s_law#/media/File%3AMoore%27s_Law_Transistor_Count_1971-2018.png). クリエイティブ・コモンズ・ライセンス ( 表示 - 継承 4.0 国際 ) https://creativecommons.org/licenses/by-sa/4.0/deed.ja

図 16-10 A. Sant'Elia, *Bozzetto d'architettura,* 1914.

図 16-11 L. Da Vinci, *Codex Atlanticus,* fig. 4 recto, 1503 - 1505.

図 16-12 Anrita1705, 2020, PIXABAY, https://pixabay.com/photos/lizard-colorful-head-view-exotic-4763351/

Manfred Richter, 2017, PIXABAY, https://pixabay.com/photos/seal-robbe-mammal-aquatic-animal-2053165/

Virvoreanu Laurentiu, 2017, PIXABAY, https://pixabay.com/photos/spider-macro-jumper-nature-insect-2313079/

miezekieze, 2021, PIXABAY, https://pixabay.com/photos/cat-animal-eye-head-pet-feline-5887426/

mac231, 2019, PIXABAY, https://pixabay.com/photos/eye-dog-pet-animal-reflection-4458069/

Ralphs_Fotos, 2018, PIXABAY, https://pixabay.com/photos/hahn-rooster-head-crow-poultry-eye-3607868/

Christel Sagniez, 2017, PIXABAY, https://pixabay.com/photos/horse-eye-mirror-reflection-2112196/

Pfüderi, 2016, PIXABAY, https://pixabay.com/photos/crocodile-alligator-teeth-

図 15-9 AhmedAlAwadhi7, *Sand Gazelle,* 2018, 変更点：白黒 , 切り抜き, 反転 (https://commons.wikimedia.org/wiki/File:Sand_Gazelle_2.jpg). クリエイティブ・コモンズ・ライセンス ( 表示 - 継承 4.0 国際 )https://creativecommons.org/licenses/by-sa/4.0/deed.ja

図 15-10 A. A. Baudon, *Monographie des succinées francaises,* "Leucochloridium paradoxum", Pl. 10, 1879

図 15-11 Janderk, *Common clownfish,* 2002, https://commons.wikimedia.org/wiki/File:Common_clownfish.jpg

図 15-12 Brocken Inaglory, *Lysmata amboinensis cleans mouth of a Moray eel,* 2008, 変更点：白黒 (https://upload.wikimedia.org/wikipedia/commons/c/c2/Lysmata_amboinensis_cleans_mouth_of_a_Moray_eel.jpg). クリエイティブ・コモンズ・ライセンス ( 表示 - 継承 3.0 非移植 ) https://creativecommons.org/licenses/by-sa/3.0/deed.ja

図 15-13 Beck, H.E., Zimmermann, N. E., McVicar, T. R., Vergopolan, N., Berg, A., & Wood, E. F., *Present and future Köppen-Geiger climate classification maps at 1-km resolution,* fig. 1 "New and improved Köppen-Geiger classifications", 2018, 変更点：白黒 (https://www.nature.com/articles/sdata2018214/figures/1). クリエイティブ・コモンズ・ライセンス ( 表示 4.0 国際 ) https://creativecommons.org/licenses/by/4.0/deed.ja

図 15-14 太刀川英輔 , NOSIGNER,《MOTHER OCEAN》, 2020 ( クライアント：Aoi Sugimoto, Hiroaki Sugino, Juri Hori).

Aoi Sugimoto, Hiroaki Sugino, Juri Hori, *How bountiful is the ocean? Participatory valuation of human–nature relationships in Yaeyama Islands, Japan,*(Sugimoto et al. 査読中・一部改変 ).

図 15-15 Nobu Tamura (http://spinops.blogspot.com/), *Mixosaurus cornalianus,* 2007, 変更点：白黒 (https://commons.wikimedia.org/wiki/File:Mixosaurus_BW.jpg). クリエイティブ・コモンズ・ライセンス ( 表示 - 継承 3.0 非移植 ) https://creativecommons.org/licenses/by-sa/3.0/deed.ja

図 15-16 Martin Grandjean, *Social network analysis and visualization: Moreno's Sociograms revisited,* 2015, 変更点：白黒 (http://www.martingrandjean.ch/social-network-analysis-visualization-morenos-sociograms-revisited/). クリエイティブ・コモンズ・ライセンス ( 表示 3.0 スイス ) Jacob Moreno の研究より. https://creativecommons.org/licenses/by/3.0/ch/deed.ja

図 15-17 Watts, D., Strogatz, S. *Collective dynamics of 'small-world' networks.* Nature 393, 440–442, 1998 を元に著者作成 .

図 15-18 増田 直紀 , 今野紀雄著『「複雑ネットワーク」とは何か』図 5-1, 2006 を元に著者作成 .

図 15-19 Barrett Lyon, *The Opte Project,* 2021, https://www.opte.org/the-internet

図 15-20 増田 直紀 , 今野紀雄著『「複雑ネットワーク」とは何か』図 5-3 , 2006 を元に著者作成 .

図 15-21 John Snow, *On the Mode of Communication of Cholera,* 1854.

図 15-22 太刀川英輔 , NOSIGNER, 2021.

図 15-23 太刀川英輔 , NOSIGNER,《東京防災》, 2015( クライアント：東京都 , 撮影：佐藤邦彦 ).

図 15-24 小玉 陽一 ,『日本オペレーションズ・リサーチ学会 (Vol 16) 講演記録「ワールド・ダイナミックスについて」』図 1

図 15-25 太刀川英輔 , NOSIGNER, 2023.

図 15-26 太刀川英輔 , NOSIGNER, 2023.

図 15-27 太刀川英輔 , NOSIGNER, 2021.

図 14-2　C. Linnaeus, *Systema Naturae 1st Edition,* "Regnum Animale", 1735.

図 14-3　G. Cuvier, 1796-1799.

図 14-4　F. Crick, *Diagram of the double-helix structure of DNA,* 1968 を元に著者作成 .

図 14-5　C. Darwin, *Origin of Species,* "Tree of Life", 1859.

図 14-6　E. Haeckel, *Generelle Morphologie der Organismen,* "Tree of Life", 1866.

図 14-7　太刀川英輔, NOSIGNER, ggg 企画展「NOSIGNER Reason behind forms」, 2016（撮影：佐藤邦彦）.

図 14-8　同上

図 14-9　同上

図 14-10 D. Andreas Schmidt-Rhaesa, Necrophorus, *Paragordius tricuspidatus,* 2004, 変更点：白黒 , 切り抜き (https://commons.wikimedia.org/wiki/File:Paragordius_tricuspidatus.jpeg) クリエイティブ・コモンズ・ライセンス ( 表示 - 継承 3.0 非移植 ) https://creativecommons.org/licenses/by-sa/3.0/deed.ja

図 14-11 太刀川英輔, NOSIGNER,《山本山 333 周年》, 2022( クライアント：株式会社山本山 ).

図 14-12 A. Maslow, *Maslow's hierarchy of needs,* 1943 を元に著者作成 .

図 14-13 Douglas T. Kenrick, *Renovating the Pyramid of Needs: Contemporary Extensions Built Upon Ancient Foundations,* Fig.2, 2010 を元に著者作成 .

図 14-14 太刀川英輔 , NOSIGNER, 2021.

図 14-15 太刀川英輔 , NOSIGNER, 2023.

図 14-16 D.K. Winter, *Normal Human Anatomy Drawings,* 1942 (https://www.flickr.com/photos/medicalmuseum/3363076917/in/album-72157614213791479/). クリエイティブ・コモンズ・ライセンス ( 表示 2.0 一般 ) https://creativecommons.org/licenses/by/2.0/deed.ja

図 15-1　L. P. Vieillot, *La galerie des oiseaux,* "Le Paon Spicifère", Pl. 202, 1834.

図 15-2　H. N Hutchinson, *Extinct monsters,* "Cervus megaceros", Pl. 25, 1897.

図 15-3　Fir0002 / Flagstaffotos, *Meerkat,* 2009, 変更点：白黒 , 切り抜き (https://en.m.wikipedia.org/wiki/File:Meerkat_feb_09.jpg). GNU Free Documentation License, Version 1.2 (https://www.gnu.org/licenses/old-licenses/fdl-1.2.html).
*Permission is granted to copy, distribute and/or modify this document under the terms of the GNU Free Documentation License, Version 1.2 or any later version published by the Free Software Foundation; with no Invariant Sections, no Front-Cover Texts, and no Back-Cover Texts. A copy of the license is included in the section entitled "GNU Free Documentation License"*

図 15-4　M. C. Perry, USGS, *Diagram of a food web for waterbirds of the Chesapeake Bay, United States,* 2008, 変更点：書体 , 配置 , 白黒 , (https://en.wikipedia.org/wiki/File:Chesapeake_Waterbird_Food_Web.jpg).

図 15-5　A. Eckert, MS; D. Higgins, MAM, *Computer render of SARS-CoV-2 virus,* 2020.

図 15-6　太刀川英輔 , NOSIGNER,《PANDAID》, 2020.

図 15-7　johnpotter, 2013, PIXABAY, https://pixabay.com/photos/garbage-dump-tall-city-buildings-193363/

図 15-8　Cara Fuller, 2017, UNSPLASH, https://unsplash.com/photos/34OTzkN-nuc

図 13-3　Syracuse Post-Standard, *A Pierce-Arrow Advertisement,* 1911.

図 13-4　L. Da Vinci, *Codex Atlanticus,* "Drawing of a reciprocating motion machine", 1478–1519.

図 13-5　C. F. Voigtländer, *Die Anatomie des Pferdes für Künstler und Pferdeliebhaber,* 1876.

図 13-6　J-B M. Bourgery, H. Jacob, *Traite complet de l'anatomie de l'homme,* 1831-1854（スキャン：Michel Royon, 2010, https://commons.m.wikimedia.org/wiki/File:Bourgery_%26_Jacob-cs04cl.jpg#mw-jump-to-license). クリエイティブ・コモンズ・ライセンス（表示 - 継承 1.0 一般）https://creativecommons.org/licenses/by-sa/1.0/deed.ja)

図 13-7　太刀川英輔 , NOSIGNER, 2021.

図 13-8　太刀川英輔, NOSIGNER, ggg企画展「NOSIGNER Reason behind forms」, 2016（撮影：佐藤邦彦）

図 13-9　同上

図 13-10　太刀川英輔 , NOSIGNER, 2021.

図 13-11　G. Eiffel, *La Tour de 300 mètres,* Pl. 20, 1900.

図 13-12　太刀川英輔 , NOSIGNER, 2008.

図 13-13　C. V. Boys, *Soap-bubbles: their colours and the forces which mould them,* 126, fig. 73, 1912.

図 13-14　D'Arcy Wentworth Thompson, *On Growth and Form,* fig. 227, 1917.

図 13-15　F. R. Buckminster, *Geodesic Dome Patent 926229,* 1961.

図 13-16　太刀川英輔, NOSIGNER, ggg企画展「NOSIGNER Reason behind forms」, 2016（撮影：佐藤邦彦）.

図 13-17　太刀川英輔 , NOSIGNER, 2021.

図 13-18　E. Haeckel, *Kunstformen der Natur,* "Diatomea", Pl. 4, 1904.

図 13-19　太刀川英輔, NOSIGNER, ggg企画展「NOSIGNER Reason behind forms」, 2016（撮影：佐藤邦彦）.

図 13-20　同上

図 13-21　J. W. Lowry, A. Ramsay, R. Tate, A. N. Waterhouse, S. P. Woodward, *A manual of the Mollusca : a treatise on recent and fossil shells,* "The Pearly Nautilus", 1868.

図 13-22　Doron, cmglee, *Vogel's formula of the pattern of sunflower florets,* 2007, 変更点：白黒 (https://commons.m.wikimedia.org/wiki/File:SunflowerModel.svg). クリエイティブ・コモンズ・ライセンス（表示 - 継承 3.0 非移植）https://creativecommons.org/licenses/by-sa/3.0/deed.ja

図 13-23　J. McCabe, *Cyclic Symmetric Multi-Scale Turing Patterns,* 作成日不明 , https://www.flickr.com/photos/jonathanmccabe/

図 13-24　Егор Камелев , 2018, UNSPLASH, https://unsplash.com/photos/I3I57Wu2exs

図 13-25　Herbert Bieser, 2018, PIXABAY, https://pixabay.com/photos/elephant-skin-structure-wrinkled-3647747/

図 13-26　Victor Grigas, *Farnsworth House by Mies Van Der Rohe,* 2013, 変更点：白黒 (https://commons.m.wikimedia.org/wiki/File:Farnsworth_House_by_Mies_Van_Der_Rohe_-_exterior-6.jpg). クリエイティブ・コモンズ・ライセンス（表示 - 継承 3.0 非移植）https://creativecommons.org/licenses/by-sa/3.0/deed.ja

図 14-1　C. Linnaeus, *Systema Naturae 12th Edition Volume 3,* Pl. 1, 1768.

C. Linnaeus, *Systema Naturae 6th Edition,* Pl. 7, 1748.

図 9-4　W. Judson, *Improved shoe fastener patent,* 1893.

図 9-5　Mike Gattorna, 2018, PIXABAY, https://pixabay.com/photos/closet-clothing-walk-in-3615613/

図 9-6　太刀川英輔 , NOSIGNER,《PLOTTER（Mesh Case メッシュケース）》, 2020 ( クライアント：株式会社デザインフィル ).

図 9-7　I. Newton, *Letter to the Royal Society,* "Dual PrismExperiment", 1671.

図 9-8　M. Curie, *Traité de radioactivité - Tome 2,* 1910.

図 10-1　Smithsonian Institution, *Smithsonian scientific series,* 1929-1932.

図 10-2　G. Shaw, *General Zoology or Systematic Natural History Volume 3,* fig. 36, 1800.

図 10-3　Encyclopædia Britannica, *Encyclopædia Britannica Volume 9,* "Otis Standard Hydraulic Passenger Lift", 264, 1911.

図 10-4　H. P. Griswold, *Submarine Torpedo Boat patent drawing,* 1888.

図 10-5　太刀川英輔 , NOSIGNER,《ふじのくに⇄せかい演劇祭》, 2019 ( クライアント：SPAC 公益財団法人 静岡県舞台芸術センター ).

図 10-6　太刀川英輔 , NOSIGNER,《HYPER GEIGER》, 2019 ( クライアント：経済産業省資源エネルギー庁 ).

図 11-1　L. Howard, *Mitochondria, mammalian lung,* 2006.

図 11-2　dantevskafka, *Corkscrew 3D Model,* 2018 を元に著者作成 .

図 11-3　Cheetah, 家のカレーうどん _ 俯瞰 , photoAC, https://www.photo-ac.com/main/detail/3310197&title=%E5%AE%B6%E3%81%AE%E3%82%AB%E3%83%AC%E3%83%BC%E3%81%86%E3%81%A9%E3%82%93_%E4%BF%AF%E7%9E%B0

図 11-4　Xiaomi Corporation, *Mi Electric Scooter Pro.*

図 11-5　kjpargeter, Freepik, https://www.freepik.com/free-photo/3d-render-cargo-delivery-truck_1110770.htm#page=1&query=truck&position=23

図 11-6　太刀川英輔, NOSIGNER, ggg 企画展「NOSIGNER Reason behind forms」, 2016 ( 撮影：佐藤邦彦 ).

## 【第 3 章　選択】

図 12-1　T. A. Edison, *Electric Vote Recorder Patent,* 1869.

図 12-2　太刀川英輔 , NOSIGNER, 2023.

図 12-3　太刀川英輔 , NOSIGNER, 2023.

図 12-4　同上

図 12-5　太刀川英輔 , NOSIGNER, 2023.

図 12-6　同上

図 13-1　N. Grew, *The anatomy of plants,* "Small Root of Asparagus", tab. 10, 1682.

図 13-2　L. Da Vinci, *Anatomical Manuscript B,* 1508-1511.

図 7-2　J. Gutenberg, *Bible,* 1454-1455.

図 7-3　太刀川英輔 , NOSIGNER,《MOZILLA FACTORY SPACE【OPEN SOURCE】》, 2013.

図 7-4　同上

図 7-5　A. G. Bell, *Improvement in telegraphy patent drawing,* 1876.

図 7-6　NASA, *Components of International Space Station (ISS) by nation,* 1999.

図 7-7　NASA, *Space shuttle Atlantis external fuel tank-solid rocket booster stack, atop a mobile launcher,* 2018, Rawpixel, 変更点：白黒 , https://www.rawpixel.com/image/440906/free-photo-image-nasa-astronaut-astronaut-atlantis

図 8-1　太刀川英輔 , NOSIGNER,《PLOTTER（Ballpoint Pen Refill）》2018( クライアント：株式会社デザインフィル ).

図 8-2　Jan Mesaros, 2014, PIXABAY, https://pixabay.com/photos/bulb-electricity-energy-glass-lamp-546859/

図 8-3　Arun Kulshreshtha, *Compact Disc,* 2007, 変更点：白黒 (https://upload.wikimedia.org/wikipedia/commons/e/ed/Compact_Disc.jpg). クリエイティブ・コモンズ・ライセンス ( 表示 - 継承 2.5 一般 ) https://creativecommons.org/licenses/by-sa/2.5/deed.ja

Atanasov, *A microSD card next to a Patriot SD adapter (left) and miniSD adapter (middle),* 2007, 変更点：白黒 (https://upload.wikimedia.org/wikipedia/commons/c/c6/Sdadaptersandcards.jpg). クリエイティブ・コモンズ・ライセンス ( 表示 - 継承 3.0 非移植 ) https://creativecommons.org/licenses/by-sa/3.0/deed.ja

Evan Amos, *VHS tape,* 2016, https://ja.wikipedia.org/wiki/VHS#/media/%E3%83%95%E3%82%A1%E3%82%A4%E3%83%AB:VHS-Video-Tape-Top-Flat.jpg

サニードレッシング , *MiniDisc,* 2005, 変更点：白黒 (https://upload.wikimedia.org/wikipedia/commons/f/f0/MiniDisk_Cassette.JPG). クリエイティブ・コモンズ・ライセンス ( 表示 - 継承 3.0 非移植 ) https://creativecommons.org/licenses/by-sa/3.0/deed.ja

PublicDomainPictures, 2014, PIXABAY, https://pixabay.com/photos/isolated-floppy-file-save-white-314363/

WikimediaImages, 2017, PIXABAY, https://pixabay.com/photos/vinyl-lp-record-angle-2202325/

PublicDomainPictures, 2013, PIXABAY, https://pixabay.com/photos/cassette-tape-plastic-tape-audio-164396/

図 8-4　Classical Numismatic Group, Inc., *KINGS of LYDIA,* 2018, 変更点：白黒 (https://commons.m.wikimedia.org/wiki/File:KINGS_of_LYDIA._Alyattes._Circa_620-10-564-53_BC.jpg). クリエイティブ・コモンズ・ライセンス ( 表示 - 継承 3.0 非移植 ) https://creativecommons.org/licenses/by-sa/3.0/deed.ja

図 8-5　General Post Office of the United Kingdom of Great Britain and Ireland, *Penny Black,* 1840.

図 9-1　Berkshire Community College Bioscience Image Library, 2014, https://flickr.com/photos/146824358@N03/36363882171/in/album-72157683985537212/

図 9-2　The British Museum, A. C. William, *A monograph of Christmas Island (Indian Ocean),* "Lepidodactylus listeri", Pl. 7, 1900.

図 9-3　W. Painter, *Bottle-sealing device patent,* 1892.

図 4-4　O. Lilienthal, *Der Vogelflug als Grundlage der Fliegekunst,* 1889.

図 4-5　O. Lilienthal, *Gliding Experiment,* 1894.

図 4-6　R. Culos, *Arctium lappa,* 2014, 変更点：白黒 (https://commons.wikimedia.org/wiki/File:Arctium_lappa_MHNT.BOT.2004.0.16.jpg). クリエイティブ・コモンズ・ライセンス ( 表示 - 継承 3.0 非移植 ) https://creativecommons.org/licenses/by-sa/3.0/deed.ja

図 4-7　太刀川英輔 , NOSIGNER, 2021.

図 4-8　太刀川英輔 ,《THE MOON》, 2011.

図 4-9　太刀川英輔 ,《ARBORISM》, 2007 ( クライアント：株式会社コトブキ , 撮影：八田政玄 ).

図 4-10　太刀川英輔 , NOSIGNER,《ston》, 2019 ( クライアント:BREATHER 株式会社 , 撮影：BREATHER 株式会社 ).

図 5-1　Leopold Joseph Fitzinger, *Bilder-Atlas zur wissenschaftlich-populären Naturgeschichte der Wirbelthiere,* Pl. 42, 1867.

図 5-2　Kaiserliches Patentamt, Benz & Co., *Benz Patent-Motorwagen Nummer 1 Patent,* 1886.

図 5-3　YAMAHA, サイレント・チェロ , SVC110S.

図 5-4　DYSON, 羽根のない扇風機 , Air Multiplier.

図 5-5　N. Tesla, *Apparatus for Transmission of Electrical Energy patent drawing,* 1900.

図 5-6　Dickenson V. Alley, *Nikola Tesla, with his equipment,* 1899.

図 5-7　撮影者不明 , Photography of Martin Luther King, 1963.

図 5-8　PIRO4D, 2017, PIXABAY, https://pixabay.com/photos/robot-robot-arm-strong-machine-3007905/

図 5-9　iRobot, ルンバ e シリーズ .

図 5-10　太刀川英輔, NOSIGNER,《SUASI》, 2016(クライアント：アシート・コバシ株式会社, 撮影：久次雄一).

図 6-1　N. Roret, *Nouvelles suites à Buffon,* Pl. 42, 1834-1890.

図 6-2　H. Thompson, *Elementary lectures on veterinary science, for agricultural students, farmers, and stockkeepers,* 203, 1913.

図 6-3　WebStockReview, *spine clipart transparent background,* 変更点：白黒 (https://webstockreview.net/image/spine-clipart-transparent-background/3168820.html). クリエイティブ・コモンズ・ライセンス ( 表示 3.0 非移植 ) https://creativecommons.org/licenses/by/3.0/deed.ja

図 6-4　John Roxborough Norman, *Field book of giant fishes,* 175, fig. 58, 1949.

図 6-5　James Wainscoat, *A whale in the sky,* 2018, UNSPLASH, https://unsplash.com/photos/b7MZ6iGIoSI

図 6-6　W.J. Barron, *Type-writing machine patent drawing,* 1897.

図 6-7　Ryan Searle, 2017, UNSPLASH, https://unsplash.com/photos/k1AFA4N8O0g

図 6-8　C. G. Kirk, *Toy building brick patent drawing,* 1958.

図 6-9　太刀川英輔, NOSIGNER,《Regene Office》, 2021.

図 7-1　Artiom Vallat, 2020, UNSPLASH, https://unsplash.com/photos/CNQSA-KfH1A

図 2-5　太刀川英輔 , NOSIGNER, 2022.

図 3-1　D'Arcy Wentworth Thompson, *On Growth and Form,* fig. 377-380, 1917.

図 3-2　Ernst Keil, *Die Gartenlaube,* 1883.

図 3-3　E. Joseph d'Alton, *Fruit Bat Skeleton,* 1838.

図 3-4　太刀川英輔, NOSIGNER, ggg 企画展「NOSIGNER Reason behind forms」, 2016 ( 撮影: 佐藤邦彦 ).

図 3-5　The Zoological Society of London, *Proceedings of the Zoological Society of London,* 1848-1860.

図 3-6　IKARUS, *Ikarus 556 Bus blueprint,* 1962 (https://getoutlines.com/blueprints/car/ikarus/ikarus-556.gif). クリエイティブ・コモンズ・ライセンス ( 表示 4.0 国際 ) https://creativecommons.org/licenses/by/4.0/deed.ja

図 3-7　太刀川英輔 , NOSIGNER,《PLOTTER (GLOBE 地球儀 ホワイト)》, 2019 ( クライアント: 株式会社デザインフィル ).

図 3-8　C-L. Bonaparte, *Iconografia della fauna italica,* 1832-1841.

図 3-9　Piqsels, https://www.piqsels.com/en/public-domain-photo-zbgll

図 3-10　Macbook Air は、Apple Inc. の商標です .

図 3-11　Orna Wachman, 2019, PIXABAY, https://pixabay.com/photos/book-dictionary-french-language-3986093/

図 3-12　Albert C. L. G. Günther, *The Gigantic Land-Tortoises (Living and Extinct) of the British Museum,* 1877.

図 3-13　Peggy und Marco Lachmann-Anke, 2015, PIXABAY, https://pixabay.com/illustrations/empire-state-building-architecture-1026926/

図 3-14　J. Sir Richardson, J. E. Gray, *The zoology of the voyage of the H.M.S. Erebus & Terror,* 1844-1875.

図 3-15　C-H. Pander, E. Alton, *Die vergleichende Osteologie,* 1821-1838.

図 3-16　M. E. Bloch, *Allgemeine naturgeschichte der fische,* 1782-1795.

図 3-17　W. Blackwell, The Zoological Society of London, *Proceedings of the Zoological Society of London,* 1921.

図 3-18　Myriams-Fotos, 2017, PIXABAY, https://pixabay.com/photos/drops-of-milk-spray-splash-2062100/

図 3-19　住友ゴム工業株式会社 , ニトリルゴム手袋 .

図 3-20　太刀川英輔 , NOSIGNER,《SOCIAL HARMONY》, 2020.

図 3-21　太刀川英輔 , NOSIGNER,《秋川牧園》, 2020 ( クライアント: 株式会社秋川牧園 , 撮影: CCDN・久次雄一 ).

図 3-22　太刀川英輔 , NOSIGNER,《Amorphous》, 2016 ( クライアント: AGC 株式会社 , 撮影: 三嶋義秀 ).

図 4-1　N.M.Banta, A.Schneider, W.K.Higley, *G.A.Abbott, Nature neighbors, embracing birds, plants, animals, minerals, in natural colors by color photography,* Pl. 518, 1914.

図 4-2　P. Cramer, C. Stoll, *Aanhangsel van het werk, De uitlandsche kapellen : voorkomende in de drie waereld-deelen Asia, Africa en America,* Pl. 34, 1779-1782.

図 4-3　太刀川英輔, NOSIGNER, ggg 企画展「NOSIGNER Reason behind forms」, 2016 ( 撮影: 佐藤邦彦 ).

＜図版＞

【序章　創造とは何か】

図 0-1　Marc Pascual, 2018, PIXABAY, https://pixabay.com/ja/photos/romanescu-3297134/

図 0-2　E. Haeckel, E. H. P. August, *The evolution of man : a popular exposition of the principal points of human ontogeny and phylogeny*, 1879, 178, fig. 204-208

【第 1 章　進化と思考の構造】

図 1-1　Cattel, *Theoretical life span curves of intellectual ability,* 1987 を元に著者作成 .

図 1-2　Blokland, *Average age-crime curve for the entire sample based on individual careers,* 2005を元に著者作成 .

図 1-3　Dr. J. Sobotta, *Atlas and Text-book of Human Anatomy Volume III,* 1909.

図 1-4　Doc. RNDr. Josef Reischig, CSc., *Escherichia Coli,* 2014, 変更点：白黒 (https://commons.wikimedia.org/wiki/File:Escherichia_coli_(259_02)_Gramnegative_rods.jpg). クリエイティブ・コモンズ・ライセンス ( 表示 - 継承 3.0 非移植 ) https://creativecommons.org/licenses/by-sa/3.0/deed.ja

図 1-5　Chiswick Chap, *Biston betularia,* 2006, 変更点：白黒 (https://en.wikipedia.org/wiki/File:Biston.betularia.7200.jpg). クリエイティブ・コモンズ・ライセンス ( 表示 - 継承 3.0 非移植 ) https://creativecommons.org/licenses/by-sa/3.0/deed.ja

Chiswick Chap, *Biston betularia f. carbonaria,* 2006, 変更点：白黒 (https://commons.wikimedia.org/wiki/File:Biston.betularia.f.carbonaria.7209.jpg). クリエイティブ・コモンズ・ライセンス ( 表示 - 継承 3.0 非移植 ) https://creativecommons.org/licenses/by-sa/3.0/deed.ja

図 1-6　太刀川英輔, NOSIGNER, ggg 企画展「NOSIGNER Reason behind forms」, 2016 ( 撮影：佐藤邦彦 )

図 1-7　太刀川英輔 , NOSIGNER, 2023.

図 1-8　太刀川英輔 , NOSIGNER, 2023.

図 1-9　V. Tiziano, J. Oporinus, *De humani corporis fabrica libri septem,* 1543, 164.

図 1-10　太刀川英輔 , NOSIGNER, 2020.

【第 2 章　変異】

図 2-1　T. Edison, *Light bulb patent application,* 1880.

図 2-2　Didier Descouens, *Biface,* 2010, 変更点：白黒 (https://commons.wikimedia.org/wiki/File:Biface_Cintegabelle_MHNT_PRE_2009.0.201.1_V2.jpg). クリエイティブ・コモンズ・ライセンス ( 表示 - 継承 4.0 国際 ) https://creativecommons.org/licenses/by-sa/4.0/deed.ja

図 2-3　The Trustees of the British Museum, *Rosetta Stone,* 1799.

図 2-4　Gregory Podgorniak, *Part of DNA sequence - prototypification of complete genome of virus - 5418 nucleotides,* 2015 (https://commons.m.wikimedia.org/wiki/File:Part_of_DNA_sequence_prototypification_of_complete_genome_of_virus_5418_nucleotides.gif). クリエイティブ・コモンズ・ライセンス ( 表示 - 継承 4.0 国際 ) https://creativecommons.org/licenses/by-sa/4.0/deed.ja

46 ルイス・キャロル著，河合祥一郎訳『鏡の国のアリス』（角川書店，2010 年）

47 ケネディ・ウォーン「ニュージーランドが川に『法的な人格』を認めた理由」（National Geographic, 2020 年）https://natgeo.nikkeibp.co.jp/atcl/news/20/022700131/（2023 年 10 月 1 日にアクセス）

48 W・チャン・キム，レネ・モボルニュ著，入山章栄監訳，有賀裕子訳『[ 新版 ] ブルー・オーシャン戦略』（ダイヤモンド社，2015 年）

49 ユクスキュル，クリサート著，日高敏隆，羽田節子訳『生物から見た世界』（岩波書店，2005 年）

50 Stanley Milgram, "The Small World Problem", *Psychology Today*, pp60-67, May, 1967.

51 ダンカン・ワッツ著，辻竜平，友知政樹訳『スモールワールド・ネットワーク [ 増補改訂版 ]』（筑摩書房，2016 年）

52 循環経済ビジョン研究会（第 5 回）「中国政府による廃棄物輸入規制後の中国の状況」（三菱 UFJ リサーチ&コンサルティング，2019 年）https://www.meti.go.jp/shingikai/energy_environment/junkai_keizai/pdf/005_02_00.pdf（2023 年 10 月 1 日にアクセス）

53 太田珠美「世界全体の ESG 投資残高は 31 兆ドルに」（大和総研，2019 年）https://www.dir.co.jp/report/research/capital-mkt/esg/20190404_020725.pdf（2023 年 10 月 1 日にアクセス）

54 平野星良「12 歳と 14 歳、姉妹の熱意に州知事が動いた！バリ島『2018 年までにレジ袋撤廃』へ」（TABI LABO，2016 年）https://tabi-labo.com/253156/bye-bye-plastic-bags（2023 年 10 月 1 日にアクセス）

55 奥山直子「使い捨てプラスチックの一部製品の禁止延期は違憲、2020 年 1 月から禁止に」（JETRO, 2019 年）https://www.jetro.go.jp/biznews/2019/08/ff194113438a2098.html（2023 年 10 月 1 日にアクセス）

56 弘法大師著，密教文化研究所弘法大師著作研究会編纂『定本弘法大師全集第 8 巻』（密教文化研究所，1996 年）

57 Alan C. Kay, Predicting the Future, *Stanford Engineering*, Volume 1, Number 1, pg 1-6, Autumn 1989.

58 Allotte de la Fuye, *Jules Verne : sa vie et son oeuvre*, Paris, Kra, 1928.

59 フレデリック・ラルー著，鈴木立哉訳，嘉村賢州解説『ティール組織』（英治出版，2018 年）

60 ジャック・モノー著，渡辺格，村上光彦訳『偶然と必然』（みすず書房，1972 年）

61 パスカル著，前掲書（1973 年）

62 クレイボーン・カーソン，クリス・シェパード編，梶原寿監訳『私には夢がある　M・L・キング説教・講演集』（新教出版社，2003 年）

63 A・オズボーン著，前掲書（1969 年）

64『聖書　新共同訳』，前掲書（1996 年）

65 フレーベル著，荒井武訳『人間の教育』（上下巻、岩波書店，1964 年）

20 ビル・ゲイツ著，西和彦訳『ビル・ゲイツ未来を語る』（アスキー，1995 年）

21 William Bateson, *Materials for the Study of Variation*, Cambridge University Press, 2013.

22 ウルフ・ラーショーン編，津金・レイニウス・豊子訳，岡本拓司，高橋雄造，若林文高 日本語版監修『ノーベル賞の百年』（ユニバーサル・アカデミー・プレス，2002 年）

23 A・オズボーン著，前掲書（1969 年）

24 ダーシー・トムソン著，柳田友道ほか訳『生物のかたち』（東京大学出版会，1973 年）

25 P. J. B. Slater, Bird Song Learning, *Ethology Ecology and Evolution*, 1, 19-46. 1989.

26 Andrea K. Scott, "How Jeff Koons's "Rabbit" Became Big Game", *The New Yorker*, May, 21. 2019. https://www.newyorker.com/culture/cultural-comment/how-jeff-koonss-rabbit-became-big-game（2023 年 10 月 1 日にアクセス）

27 ブリュノ・ブラセル著，荒俣宏監修『本の歴史』（創元社，1998 年）

28 アダム・ハート＝デイヴィス総監修，日暮雅通監訳，日暮雅通，藤原多伽夫，山田和子訳『サイエンス大図鑑』（河出書房新社，2011 年）

29 孫正義 (@masason). " 髪の毛が後退しているのではない。私が前進しているのである。", 10:41PM, Jan, 8, 2013. https://twitter.com/masason/status/288641633187147776

30 「LGBT の割合がバラつく理由」（JobRainbow MAGAZINE，2021 年）https://jobrainbow.jp/magazine/lgbt-percentage（2023 年 10 月 1 日にアクセス）

31 「99 歳女性、5000 万人に 1 人の『内臓逆位症』　献体で初めて判明」（CNN.co.jp，2019 年）https://www.cnn.co.jp/fringe/35135498-2.html（2023 年 10 月 1 日にアクセス）

32 手塚治虫著『アトム今昔物語』（講談社，2010 年）

33 アダム・ハート＝デイヴィス総監修，前掲書（2011 年）

34 カエサル著，國原吉之助訳『ガリア戦記』（講談社，1994 年）

35 山本光雄編『アリストテレス全集 9』（岩波書店，1988 年）

36 A. M. Turing, The Chemical Basis of Morphogenesis, *Philosophical Transactions of the Royal Society of London. Series B, Biological Sciences*, Vol.237, No.641, pp. 37-72, Aug, 14, 1952.

37 Carl von Linné, *Caroli a Linné ... Systema naturae*, Holmiae: Impensis direct, Laurentii Salvii, 1766-1768.

38 Erasmus Darwin, *Zoonomia*, Dublin: B. Dugdale, 1800.

39 William Paley, *Paley's Natural Theology*, London: SPCK, 1902.

40 ラマルク著，小泉丹，山田吉彦訳『動物哲学』（岩波書店，1954 年）

41 ヘンリー・ペトロスキー著，忠平美幸訳『フォークの歯はなぜ四本になったか』（平凡社，2010 年）

42 ヘンリー・ペトロスキー著，前掲書（2010 年）

43 Rudyard Kipling, *Just So Stories for Little Children*, Penguin Books, 1989.

44 「新型コロナウイルス感染世界マップ」（日本経済新聞 WEB，2023 年）https://vdata.nikkei.com/newsgraphics/coronavirus-world-map/（2023 年 11 月 7 日にアクセス）

45 「一般廃棄物処理事業実態調査の結果（平成 30 年度）について」（環境省，2020 年）https://www.env.go.jp/press/files/jp/113665.pdf（2023 年 10 月 1 日にアクセス）

# 出典一覧
Source

<本文>


1 Suntsova, M. V. & Buzdin, A. A. Differences between human and chimpanzee genomes and their implications in gene expression, protein functions and biochemical properties of the two species. *Bmc Genomics* 21, 535 (2020)

2 パスカル著，前田陽一，由木康訳『パンセ』（中央公論新社，1973 年）

3 "You've got to find what you love,' Jobs says", *Stanford University*, June 12, 2005. https://news.stanford.edu/2005/06/14/jobs-061505/（2023 年 10 月 1 日にアクセス）

4 中村元訳『ブッダの真理のことば感興のことば』（岩波書店，1978 年）

5 新戸雅章編著『天才ニコラ・テスラのことば』（小鳥遊書房，2019 年）

6 江木聡，ニッセイ基礎研究所「基礎研レター：日米 CEO の企業価値創造比較と後継者計画」（2019 年）https://www.nli-research.co.jp/files/topics/60582_ext_18_0.pdf?site=nli（2023 年 10 月 1 日にアクセス）

7 朝日新聞デジタル「ノーベル賞吉野さん、研究者は『35 歳前後が重要』」（朝日新聞，2019 年）https://www.asahi.com/articles/ASMCC4SQRMCCULBJ00H.html（2023 年 10 月 1 日にアクセス）

8 ダーウィン著，渡辺政隆訳『種の起源』（上下巻，光文社，2009 年）

9 W・ブライアン・アーサー著，有賀裕二監修，日暮雅通訳『テクノロジーとイノベーション』（みすず書房，2011 年）

10 Lydia Ramsey Pflanzer and Samantha Lee, "Our DNA is 99.9% the same as the person next to us — and we're surprisingly similar to a lot of other living things", *Businessinsider*, Apr, 4, 2018. https://www.businessinsider.com/comparing-genetic-similarity-between-humans-and-other-things-2016-5.（2023 年 10 月 1 日にアクセス）

11 エドワード・O・ウィルソン著，伊藤嘉昭監修，坂上昭一ほか訳『社会生物学』（新思索社，1999 年）

12 W・ブライアン・アーサー著（2011 年）

13 ケヴィン・ケリー著，服部桂訳『テクニウム』（みすず書房，2014 年）

14 A・オズボーン著，豊田晃訳『創造力を生かせ』（創元社，1969 年）

15 エドワード・デボノ著，白井実訳『水平思考の世界』（講談社，1969 年）

16 ダニエル・C・デネット著，山口泰司監訳，石川幹人ほか訳『ダーウィンの危険な思想』（青土社，2001 年）

17 マイルス・デイビス，クインシー・トループ著，中山康樹訳『完本マイルス・デイビス自叙伝』（JICC 出版局，1991 年）

18 George Basalla, *The Evolution of Technology*, Cambridge University Press, 1989.

19 『聖書　新共同訳』（日本聖書協会，1996 年）

中間真一著『SINIC 理論』（日本能率協会マネジメントセンター，2022 年）

東京都現代美術館ほか編『未来都市の考古学』（東京新聞，1996 年）

安宅和人著『イシューからはじめよ』（英治出版，2010 年）

フレデリック・ラルー著，鈴木立哉訳，嘉村賢州解説『ティール組織』（英治出版，2018 年）

ジャック・アタリ著，林昌宏訳『21 世紀の歴史』（作品社，2008 年）

安斎勇樹，塩瀬隆之著『問いのデザイン』（学芸出版社，2020 年）

Jürgen Symanzik, William (Zelli) Fischetti, and Ian Spence. "Commemorating William Playfair's 250th Birthday.", *Computational Statistics,* 24(4) . May, 2009. http://www.math.usu.edu/~symanzik/papers/2009_cost/editorial.html（2023 年 10 月 1 日にアクセス）

西原史暁「近代的グラフの発明者ウィリアム・プレイフェア」（Colorless Green Ideas，2012 年）https://id.fnshr.info/2012/07/12/playfair/（2023 年 10 月 1 日にアクセス）

インテル newsroom「インテル・リサーチ、ムーアの法則を加速し、2030 年までに 1 兆トランジスター達成に向け前進」（2022 年 12 月）https://www.intel.co.jp/content/www/jp/ja/newsroom/news/moores-law-paves-way-trillion-transistors-2030.html?fbclid=IwAR25qkz4E3izBYXsBIMxBJlKoAXn7JSCKK4W23DyPO-vh_HV34V8Jir4U3s（2023 年 10 月 1 日にアクセス）

## 【創造】

環境省，太刀川英輔ら「ADAPTMENT」（2023 年）

ベネッセ教育総合研究所，太刀川英輔ら「GROWING AMBITION 学生よ野望を抱け」（2023 年）

リチャード・レスタック著，サイモン・ブラックバーン編，古谷美央訳『ビッグクエスチョンズ脳と心』（ディスカヴァー・トゥエンティワン，2018 年）

南方熊楠著『十二支考』（上下巻，岩波書店，1994 年）

中沢新一著『森のバロック』（講談社，2006 年）

WIRED「人類の文化的躍進のきっかけは、7 万年前に起きた『脳の突然変異』だった：研究結果」（2019 年 9 月）https://wired.jp/2019/09/01/recursive-language-and-imagination/（2023 年 10 月 1 日にアクセス）

国際連合広報センター「世界人口は 2022 年 11 月 15 日に 80 億人に達する見込み」（2022 年 8 月）https://www.unic.or.jp/news_press/info/44737/（2023 年 10 月 1 日にアクセス）

中島義明ほか編『心理学辞典』（有斐閣，1999 年）

※本書は以下の進化思考に関する過去の記事を一部再構成しています。

太刀川英輔「イノベーションの起こし方」（前後編，Business Leader Square Wisdom，2020 年 3 月）https://wisdom.nec.com/ja/series/design/2020033101/index.html（2023 年 10 月 1 日にアクセス）

太刀川英輔著，DIAMOND ハーバード・ビジネス・レビュー編集部編『生物の進化のように発想する「進化思考」』（ダイヤモンド社，2019 年）

## 【生態】


ユクスキュル，クリサート著，日高敏隆，羽田節子訳『生物から見た世界』（岩波書店，2005 年）

マーク・ブキャナン著，阪本芳久訳『複雑な世界、単純な法則』（草思社，2005 年）

増田直紀，今野紀雄著『「複雑ネットワーク」とは何か』（講談社，2006 年）

増田直紀，今野紀雄著『複雑ネットワーク』（近代科学社，2010 年）

コンラート・ローレンツ著，日高敏隆訳『ソロモンの指環』（早川書房，1998 年）

ニコ・ティンバーゲン著，丘直通訳『動物の行動』（タイムライフインターナショナル，1969 年）

ニコラース・ティンベルヘン著，日高敏隆訳『ティンバーゲン動物行動学　実験・理論編』（平凡社，1983 年）

J・ロックストローム，M・クルム著，谷淳也，森秀行訳『小さな地球の大きな世界』（丸善出版，2018 年）

J.Alcock，D.R.Rubenstein 著，松島俊也，相馬雅代，的場知之訳『オールコック・ルーベンスタイン 動物行動学』（丸善出版，2021 年）

岸由二著『生きのびるための流域思考』（筑摩書房，2021 年）

澤宮優，平野恵理子著『イラストで見る昭和の消えた仕事図鑑』（KADOKAWA，2021 年）

エロル・フラー著，鴨志田恵訳『写真に残された絶滅動物たち最後の記録』（エクスナレッジ，2018 年）

筧裕介著『持続可能な地域のつくり方』（英治出版，2019 年）

ピーター・ビアード著，伊藤俊治，小野功生訳『ジ・エンド・オブ・ザ・ゲーム』（リブロポート，1993 年）

ドミニク・チェン著『未来をつくる言葉』（新潮社，2020 年）

環境省「一般廃棄物の排出及び処理状況等（平成 29 年度）について」https://www.env.go.jp/press/106564.html（2023 年 10 月 1 日にアクセス）

Nikkei National Geographic「ニュージーランドが川に『法的な人格』を認めた理由」（2020 年 3 月）https://natgeo.nikkeibp.co.jp/atcl/news/20/022700131/?ST=m_news（2023 年 10 月 1 日にアクセス）

ジェイ・フォレスター著，Arthur G. Bedeian 編集，システム・ダイナミックス学会日本支部訳『From the Ranch to System Dynamics: An Autobiography』（JAI Press，1992 年）

湊宣明著『実践システム・シンキング』（講談社，2016 年）

小玉陽一著「ワールド・ダイナミックスについて」（日本オペレーションズ・リサーチ学会，1972 年）

丸山貴史著，今泉忠明，サトウマサノリ，ウエタケヨーコ イラスト『わけあって絶滅しました』（ダイヤモンド社，2018 年）

NHK for School「地図の歴史」https://www2.nhk.or.jp/school/watch/clip/?das_id=D0005402652_00000（2023 年 10 月 1 日にアクセス）

尾島俊雄，古市淳他著「都市の安全性評価手法に関する研究」2005 年度日本建築学会関東支部研究報告集

前野隆司著『幸せのメカニズム』（講談社，2013 年）


## 【予測】


ハンス・ロスリング，オーラ・ロスリング，アンナ・ロスリング・ロンランド著，上杉周作，関美和訳『FACTFULNESS』（日経 BP，2019 年）

アンドリュー・パーカー著，渡辺政隆，今西康子訳『眼の誕生』（草思社，2006 年）

The Radicati Group. "Email Statistics Report, 2016-2020." March, 2016. https://www.radicati.com/wp/wp-content/uploads/2016/03/Email-Statistics-Report-2016-2020-Executive-Summary.pdf（2023年10月1日にアクセス）

## 【解剖】

ヴィルヘルム・エレンベルガー，ヘルマン・バウム著，加藤公太，姉帯飛高，姉帯沙織，小山晋平訳『エレンベルガーの動物解剖学』（株式会社ボーンデジタル，2020年）

スコット・F・ギルバート著，阿形清和，高橋淑子訳『ギルバート発生生物学』（メディカルサイエンスインターナショナル，2015年）

ジョージ・C・ケント，ロバート・K・カー著，谷口和之，福田勝洋訳『ケント 脊椎動物の比較解剖学』（緑書房，2015年）

レオナルド・ダ・ヴィンチ著，ケネス・キール，カルロ・ペドレッティ編，清水純一，萬年甫訳『レオナルド・ダ・ヴィンチの解剖図』（岩波書店，1982年）

オーウェン・ギンガリッチ編，ジーン・アデア著，近藤隆文訳『エジソン 電気の時代の幕を開ける』（大月書店，2009年）

ニール・ボールドウィン著，椿正晴訳『エジソン 20世紀を発明した男』（三田出版会，1997年）

Rob Thompson, *Manufacturing Processes for Design Professionals, Thames & Hudson,* 2007

Chris Lefteri著，田中浩也監訳，水原文訳『「もの」はどのようにつくられているのか？』（オライリージャパン，2014年）

スティーブン・ビースティー，リチャード・プラット著，入江礼子，平間あや，新井朋子訳『モノづくり断面図鑑』（偕成社，1998年）

トヨタ自動車75年史「第2節 自動車試作、第1項 自動車製作部門の設置」https://www.toyota.co.jp/jpn/company/history/75years/text/taking_on_the_automotive_business/chapter2/section2/item1.html（2023年10月1日にアクセス）

Jonathan McCabe. "Cyclic Symmetric Multi-Scale Turing Patterns." 2010. http://jonathanmccabe.com/Cyclic_Symmetric_Multi-Scale_Turing_Patterns.pdf（2023年10月1日にアクセス）

## 【歴史】

三中信宏著『系統樹思考の世界』（講談社，2006年）

三中信宏，杉山久仁彦著『系統樹曼荼羅』（NTT出版，2012年）

プランタジネット・サマセット・フライ著，樺山紘一監訳『世界の歴史　パノラマ』（講談社，1996年）

梶田昭『医学の歴史』（講談社，2003年）

Douglas T. Kenrick, Vladas Griskevicius, Steven L. Neuberg, and Mark Schaller. "Renovating the Pyramid of Needs: Contemporary Extensions Built Upon Ancient Foundations.", *Perspectives on Psychological Science* 5(3):292-314 . May, 2010. https://www.researchgate.net/publication/51602153_Renovating_the_Pyramid_of_Needs_Contemporary_Extensions_Built_Upon_Ancient_Foundations（2023年10月1日にアクセス）

理化学研究所「カマキリを操るハリガネムシ遺伝子の驚くべき由来」（2023年10月）https://www.riken.jp/press/2023/20231020_1/index.html?fbclid=IwAR3YjH9s6guIAxrElGkMIA34svjGKROrllzGaSz1bJNgnm6QTVdYQ1ZvGQI（2023年10月アクセス）

## 【創造の進化】

フレーベル著，荒井武訳『人間の教育』（上下巻、岩波書店，1964 年）

エドワード・O・ウィルソン著，伊藤嘉昭監修，坂上昭一ほか訳『社会生物学』（新思索社，1999 年）

レイ・カーツワイル著，井上健監訳，小野木明恵，野中香方子，福田実訳『ポスト・ヒューマン誕生』（日本放送出版協会，2007 年）

ケヴィン・ケリー著，服部桂訳『テクニウム』（みすず書房，2014 年）

W・ブライアン・アーサー著，有賀裕二監修，日暮雅通訳『テクノロジーとイノベーション』（みすず書房，2011 年）

ウルフ・ラーショーン編，津金・レイニウス・豊子訳，岡本拓司，高橋雄造，若林文高日本語版監修『ノーベル賞の百年』（ユニバーサル・アカデミー・プレス，2002 年）

ヘンリー・ペトロスキー著，忠平美幸訳『フォークの歯はなぜ四本になったか』（平凡社，2010 年）

池田源宏「フレーベルの発達思想について」（松本短期大学研究紀要 3 号，1988 年，p1-17）

テリー・ブレヴァートン著，日暮雅通訳『世界の発明発見歴史百科』（原書房，2015 年）

ジャック・チャロナー編，小巻靖子，松浦弘，安藤貴子，プレシ南日子訳『人類の歴史を変えた発明 1001』（ゆまに書房，2011 年）

アダム・ハート＝デイヴィス総監修，日暮雅通監訳，日暮雅通，藤原多伽夫，山田和子訳『サイエンス大図鑑』（河出書房新社，2011 年）

Editors of Phaidon Press, *PHAIDON DESIGN CLASSICS,* Phaidon Press, 2006.

アドビ システムズ 株式会社「アドビ、日本の Z 世代に関する意識調査結果を発表」（2017 年 6 月）https://www.adobe.com/jp/news-room/news/201706/20170629-japan-gen-z.html?fbclid=IwAR0QSZ_QQJoc5kVweEOEmRVjyxf6jLXH3mD2txQhPLg1GSys8GbLhDavmdQ（2023 年 10 月 1 日にアクセス）

## 【変異】

ダーシー・トムソン著，柳田友道ほか訳『生物のかたち』（東京大学出版会，1973 年）

マイルス・デイビス，クインシー・トループ著，中山康樹訳『完本マイルス・デイビス自叙伝』（JICC 出版局，1991 年）

エドワード・デボノ著，白井実訳『水平思考の世界』（講談社，1969 年）

高木芳徳著『トリーズの発明原理 40』（ディスカヴァー・トゥエンティワン，2014 年）

A・オズボーン著，豊田晃訳『創造力を生かせ』（創元社，1969 年）

クレイグ・グレンディ編，大木哲，海野佳南，片岡夏実，五味葉，権田アスカ，藤村友子，金井哲夫訳『ギネス世界記録 2020』（角川アスキー総合研究所，2019） ※同 2017，同 2015，同 2014

歴史ミステリー研究会編『教科書には載せられない悪魔の発明』（彩図社，2017 年）

読書猿著『アイデア大全』（フォレスト出版，2017 年）

グレイン調査団編『ニッポンの大発明』（辰巳出版，2010 年）

鍋西久「反芻動物」（環境ミニ百科第 42 号，公益財団法人環境科学技術研究所）http://www.ies.or.jp/publicity_j/mini_hyakka/42/mini42.html（2023 年 10 月 1 日にアクセス）

# 参考文献
## Bibliography

### 【進化論】


ダーウィン著，渡辺政隆訳『種の起源』（上下巻，光文社，2009 年）

ダグラス・J・フツイマ著，岸由二訳『進化生物学』（蒼樹書房，1997 年）

河田雅圭著，『進化論の見方』（紀伊國屋書店，1989 年）

河田雅圭著，『はじめての進化論』（講談社，1990 年）

ラマルク著，小泉丹，山田吉彦訳『動物哲学』（岩波書店，1954 年）

リチャード・ドーキンス著，吉成真由美編・訳『進化とは何か』（早川書房，2014 年）

リチャード・ドーキンス著，日高敏隆，岸由二，羽田節子，垂水雄二訳『利己的な遺伝子』（紀伊國屋書店，2018 年）

金子隆一，中野美鹿著『大進化する「進化論」』（NTT 出版，1995 年）

マーロン・ホーグランド，バート・ドッドソン著，中村桂子，中村友子訳『Oh! 生きもの』（三田出版会，1996 年）

エドワード・O・ウィルソン著，岸由二訳『創造』（紀伊國屋書店，2010 年）

ニコ・ティンバーゲン著，丘直通訳『動物の行動』（タイムライフインターナショナル，1969 年）

ショーン・B・キャロル著，渡辺政隆，経塚淳子訳『シマウマの縞　蝶の模様』（光文社，2007 年）

アラン・S・ミラー，サトシ・カナザワ著，伊藤和子訳『進化心理学から考えるホモサピエンス』（パンローリング，2019 年）

『現代思想 37(5)( 臨増 )』（ダーウィン『種の起源』の系統樹，青土社，2009 年）

『現代思想 20(5)』（ドーキンス 利己的遺伝子の戦略，青土社，1992 年）

長谷川眞理子著『進化とはなんだろうか』（岩波書店，1999 年）

長谷川眞理子著『生き物をめぐる 4 つの「なぜ」』（集英社，2002 年）

長谷川眞理子著『進化生物学への道』（岩波書店，2006 年）

長谷川寿一，長谷川眞理子著『進化と人間行動』（東京大学出版会，2000 年）

ジョナサン・ミラー著，ボリン・バンルーン イラスト，田中茂彦訳『ダーウィン（For beginners シリーズ）』（現代書館，1982 年）

P・B・メダワー，J・S・メダワー著，長野敬ほか訳『アリストテレスから動物園まで』（みすず書房，1993年）

スミソニアン協会監修，デイヴィッド・バーニー顧問編集，西尾香苗，増田まもる，田中稔久訳『地球博物学大図鑑』（東京書籍，2012 年）

チャド・バークレイ「進化の神秘」（ブルーアントメディア，Prime ビデオ，2016 年）https://www.amazon.co.jp/dp/B06XHH3D48

Masakatsu Watanabe, Shigeru Kondo, "Changing clothes easily: connexin41.8 regulates skin pattern variation", *Pigment Cell & Melanoma Research,* 25.3 (2012):326-30

## 詳細目次
Detailed Table of Contents

## 太刀川英輔　Eisuke Tachikawa

―

デザインストラテジスト
NOSIGNER代表
JIDA（日本インダストリアルデザイン協会）理事長
WDO（世界デザイン機構）理事

―

明日の希望につながるプロジェクトだけを手掛けるデザインファームNOSIGNERの代表として、気候変動の緩和や適応、再生可能エネルギー、防災、地域活性などの社会課題に取り組む。主なプロジェクトに、ADAPTMENT、OLIVE、東京防災、PANDAID、山本山、クールジャパン提言、横浜DeNAベイスターズなどがある。

建築、プロダクト、グラフィックなどを越境する総合的なデザイナーとして、グッドデザイン賞金賞、アジアデザイン賞大賞、ドイツデザイン賞金賞ほか、国内外で100以上のデザイン賞を受賞。また多くの賞の審査員を歴任する。

生物の適応進化から創造性の本質を学ぶ「進化思考」を提唱し、第一版の本書（2021年出版）において人文科学分野を代表する学術賞「山本七平賞」を受賞。ベネッセ教育研究所の「高等教育の未来を考える会」座長を務めるなど、創造的な教育の普及を進める。

2021年には日本で最も歴史ある全国デザイン団体JIDA（日本インダストリアルデザイン協会）の理事長に就任し、世界デザイン会議の34年ぶりの日本開催などに貢献。2023年からは国連の諮問機関であるWDO（世界デザイン機構）の理事を務める。

# 進化思考［増補改訂版］

生き残るコンセプトをつくる
「変異と選択」


発行日　2023年12月31日　第1版　第1刷

著者　太刀川英輔（たちかわ・えいすけ）

発行人　阿部裕志

発行　海士の風（株式会社 風と土と）
〒684-0403 島根県隠岐郡海士町大字海士1700-2
電話／FAX　08514-2-1966
https://amanokaze.jp/

発売　英治出版株式会社
〒150-0022 東京都渋谷区恵比寿南1-9-12 ピトレスクビル4F
電話　03-5773-0193
FAX　03-5773-0194
www.eijipress.co.jp

プロデューサー　阿部裕志
スタッフ　岡本夕紀、長島威年、萩原亜沙美、三重野優希、吉村史子
アドバイザリーチーム　岩佐文夫、原田英治
生物学監修　河田雅圭
編集協力　和田文夫（ガイア・オペレーションズ）、山下智也、石﨑優木（英治出版）
校正　株式会社聚珍社
装丁・組版　NOSIGNER（太刀川英輔、李妮燕、川喜多ノエミ、櫻井綾）
印刷・製本　中央精版印刷株式会社




ISBN978-4-909934-03-1 C0034　Printed in Japan



海士の風